本书由浙江省哲学社会科学重点研究基地
——浙江大学区域经济开放与发展研究中心资助出版

本书系国家自然科学基金面上项目（批号71473217）、国家社会
科学基金重点项目（批号10AGJ004）和教育部"新世纪优秀
人才支持计划"（批号NCET-12-0496）的研究成果

中国粮食安全与全球粮食定价权

——基于全球产业链视角的分析

马述忠　屈艺等　著

ZHEJIANG UNIVERSITY PRESS
浙江大学出版社

图书在版编目(CIP)数据

中国粮食安全与全球粮食定价权:基于全球产业链视角的分析 / 马述忠等著. —杭州:浙江大学出版社,2015.5

ISBN 978-7-308-14481-0

Ⅰ.①中… Ⅱ.①马… Ⅲ.①粮食问题－研究－中国 ②粮食－定价－研究－世界 Ⅳ.①F326.11

中国版本图书馆 CIP 数据核字(2015)第 051117 号

中国粮食安全与全球粮食定价权
—— 基于全球产业链视角的分析

马述忠　屈艺等　著

责任编辑	伍秀芳(wxfwt@zju.edu.cn)
责任校对	金佩雯　陈慧慧
封面设计	续设计
出版发行	浙江大学出版社
	(杭州市天目山路 148 号　邮政编码 310007)
	(网址:http://www.zjupress.com)
排　　版	浙江时代出版服务有限公司
印　　刷	杭州日报报业集团盛元印务有限公司
开　　本	710mm×1000mm　1/16
印　　张	31
字　　数	540 千
版 印 次	2015 年 5 月第 1 版　2015 年 5 月第 1 次印刷
书　　号	ISBN 978-7-308-14481-0
定　　价	98.00 元

前　言

粮食安全,即能够确保所有人在任何时候既能买得到又能买得起他们所需的基本食品。这意味着,粮食安全既要保障足够的供给量,又要最大限度地维持粮食在时间和空间上的合理分配,还需要保障粮食价格稳定与消费者有能力获得基本的粮食消费。粮食安全是关系国计民生的重大议题。保障粮食安全,对中国经济发展、社会稳定以及国家独立自主具有十分重要的战略意义。

在经济全球化背景下,以四大粮商等为代表的跨国公司逐步在全球范围内配置农业资源,强化全球资源、物流、贸易、加工、销售的"全产业链"布局,已经逐步控制了80%的粮食贸易,导致对全球农业资源的竞争更加激烈。随着农业国际分工和国际贸易格局的加速演变,各种影响粮食安全的不确定性和不稳定因素明显增多,如何在全球农业产业链的背景下,考量中国粮食安全的现实状况,从流通、资源、技术以及资本等领域寻求影响粮食安全的关键因素,抓住机遇和挑战,争夺中国全球粮食定价权,亟待经济学界展开深入研究。

改革开放三十多年以来,中国基本上实现了粮食的自给自足,粮食安全的整体形势较好。2014年中国粮食实现"十一连增",粮食亩产再创新高。然而,中国的粮食安全问题始终没有得到彻底解决。一方面,外国资本开始介入国内粮食产业链,利用其自身的资本、技术、管理和营销等优势,逐步控制了国内企业;另一方面,以美国为首的发达国家把掌握粮食定价权作为控制发展中国家的战略手段,利用其垄断地位左右粮食市场价格。这意味着,粮食安全的维护已不再仅仅是粮食产业或者农业的问题,而是一个全球粮食产业链的问题。

本书系作者多年对粮食安全问题相关研究成果的一个沉淀。与其他相似主题的研究成果相比,本书有以下几个显著特点:

第一,独特的研究视角。不同于以往有关粮食安全的研究,本书试图从完整的全球产业链的视角来考察中国的粮食安全与全球粮食定价权问题。全球粮食产业链将粮食生产资料的供应、粮食生产、加工、销售等环节看成有机整体，并对其中涉及的劳动、资本、技术等要素进行组织、协调和控制，从而实现粮食产品增值。本书从全球产业链出发，分析产业链的各个环节对粮食安全可能的影响，从产业链的角度提出维护粮食安全的解决方案，拓展了粮食安全问题的研究视角，为研究粮食安全问题提供了一种可行的研究思路。

　　第二，科学的研究方法。粮食安全问题本身是一个极其复杂的问题，要想对产业链视角下的粮食安全有个全面深刻的认识，就必须借助科学合理的研究方法。本书采用理论综述与实证检验相结合的方法进行了综合研究，生产与效率理论、全球价值链理论、国际竞争理论、依市定价模型等为本书的研究提供了深厚的理论支撑。同时，本书十分重视采用实证方法检验相关理论研究成果，主要的前沿经济学计量分析工具有 DEA、非线性时间序列模型、负二项分布模型、系统动力学模型以及结构方程模型等。此外，本书还使用了比较研究、问卷调查以及案例研究等方法，使得本书的研究结果更加严谨，更具可信性和科学性。

　　综上所述，本书是一部极具理论和实际意义的研究成果，希望对那些关注粮食安全问题的人们有所裨益。

　　本书由浙江省哲学社会科学重点研究基地——浙江大学区域经济开放与发展研究中心资助出版。本书系国家自然科学基金面上项目（批号71473217）、国家社会科学基金重点项目（批号 10AGJ004）和教育部"新世纪优秀人才支持计划"（批号 NCET－12－0496）的研究成果。本书是我和研究生团队合作的结晶，参加各章初稿撰写的有：博士研究生屈艺（第1、3、4、5、6、13 章）、王军（第9、10、11、12 章）、冯晗（第2、4 章）、任婉婉（第7、8 章）和王笑笑（第 8 章），硕士研究生张碧溶（第 4 章）、段钒（第 6 章）、叶宏亮（第 7 章）、陈颖（第 8 章）、聂晶（第 8 章）和汪金剑（第9、10、11 章），以及本科生吕淼（第 6 章）。在此，对他们的辛勤付出和奉献由衷地表示感谢！

马述忠

2015 年 3 月于浙江大学玉泉校区

目　录

第一章 引 言

第一节 研究背景

粮食安全是关系到中国国民经济发展、社会稳定和国家自立的全局性重大战略问题。保障中国粮食安全,对实现全面建设小康社会目标、构建社会主义和谐社会和推进社会主义新农村建设具有十分重要的意义。改革开放 30 多年来,中国基本实现了粮食的自给自足,粮食安全形势总体较好,2012 年中国粮食生产实现半个世纪以来首次"九连增",粮食总产首次连续六年超过一万亿斤,粮食亩产再创历史新高。[①] 但是,粮食安全问题始终没能得到彻底解决,如何解决十几亿人口的吃饭问题仍然是一个重大课题。在经济全球化背景下,世界各国的相互影响日益加深,如继续在封闭状态下寻求国家发展与粮食安全越来越困难。2008 年以来,世界性的粮食危机再次爆发,持续时间长、涉及范围广、波动幅度大、影响程度深,为中国粮食安全敲响了警钟。面对这种新的形势,课题组认为,在粮食产业链的视角下探讨中国粮食安全、特别是全球粮食定价机制问题,应该引起社会各界(特别是学界)的更多关注。在经济全球化背景下,中国粮食安全面临着诸多不容忽视的问题,突出地表现在以下几个方面。

一、国内粮食供给增长空间有限,粮食安全国际化要求提升

伴随经济社会发展,中国粮食需求总量持续增长、粮食消费结构不断升级。然而,由于受到多种因素变化影响,国内粮食供给的增长空间有限。[①]耕

---

① 农业部新闻办公室。粮食"九连增"成为经济社会发展突出亮点。http://www.moa.gov.cn/。

地数量逐年减少。1991 年至 2010 年,全国粮食播种面积从 112314 千公顷减少到 109876 千公顷①,人均耕地面积仅为世界平均水平的 40%。随着经济的发展和城市化、现代化的推进,农业与非农产业、农村与城市对耕地资源的竞争仍会不断加剧。由于农业比较利益低,在与非农产业和城市争夺耕地资源的竞争中,农业和农村的不利地位会日趋明显。②农业水资源严重短缺。中国是一个水资源短缺、水旱灾害频发的国家,人均水资源占有量仅及世界平均水平的 1/4,系全球十三个贫水国之一,而工业化、城市化又导致非农产业用水增长、水资源污染严重。③气候变化影响凸显。全球气候变化已对中国的粮食生产造成了一定影响,预期如果不采取适应性措施,小麦、水稻和玉米三大作物均会以减产为主。② 气候变暖后,干旱出现的概率会增大,持续时间会加长,土壤肥力会进一步降低。此外,粮食生产的机会成本上升、科技支持体系薄弱以及自然和市场风险等因素也制约了国内粮食供给的增长空间。因此,为确保粮食有效供给,除了努力搞好国内农业生产、挖掘农业增产潜力外,还要在更广范围和更深程度上开发和利用国外的农业资源。

二、全球粮食供需不平衡现象加剧,粮食安全实现成本攀升

首先,由于全球人口持续增长和收入水平逐渐提高,世界粮食消耗的数量和质量与日俱增。在数量上,根据联合国粮农组织(FAO)等机构的测算,近十年来全球谷物消费需求增加了 2200 亿公斤,年均增长 1.1%,而产量仅增加 1000 亿公斤,年均增长仅有 0.5%。③ 在质量上,由于发展中国家国民收入的不断增加,饮食结构发生了巨大变化,人们不再满足于大米和大豆的消费,对肉、奶、蛋的需求量大幅度增加,由此引起动物粮食消耗的增加,加剧了饲料作物的消耗。其次,受耕地与水资源约束、气候异常和政策变动等因素影响,全球粮食供给减少、库存下降。根据 FAO 的统计,近 10 年来全球谷物产量的增长幅度远低于谷物消费的增长幅度。从库存情况看,全球粮食库存处于历史低位,目前世界谷物存储与消费比率已经接近 30 年来的最低水平。2007年,全球粮食储备总量已经下跌到 3.09 亿吨,仅相当于 54 天的全球消费量。受粮食减产和粮价上涨的影响,自 2008 年以来,乌克兰、哈萨克斯坦、印度、泰国、越南和俄罗斯等近 30 个粮食生产国为确保本国的粮食供给,多次采取禁

---

① 国家统计局。中国统计年鉴(1996—2011)。http://www.stats.gov.cn/。

② 见《中国应对气候变化国家方案》。

③ 见《国家粮食安全中长期规划纲要(2008—2020)》。

令、限量或征收出口税等方式大幅度限制粮食出口。国际市场粮食供给的减少使得实现国内粮食安全的成本大幅攀升。

三、国际粮食价格高企并剧烈波动,国内粮食价格稳定难度加大

①未来受一系列因素影响,国际高粮价趋势难以避免。FAO 和经济合作与发展组织(OECD)指出,未来十年世界粮食价格整体呈现上涨趋势。考虑到世界粮食供需形势以及国际能源价格和国际游资流动等多种因素的影响,未来国际粮食价格将继续维持在高位运行。②在全球粮食产需矛盾加大背景下,国际粮价波动也逐渐加剧。2008 年上半年,国际市场小麦、稻谷、玉米、大豆等主要品种的价格大幅度上涨,引发全球"粮食危机"。2008 年下半年,受石油价格下跌等多种因素影响,世界主要粮食品种的价格快速回落。而 2010 年 10 月,世界主要粮食价格指数又同比上涨 25%,逼近 2008 年 6 月所创下的历史最高纪录。粮食供需矛盾、出口限制措施、投机因素推动是导致此轮价格波动的主要因素。③随着经济全球化和中国对外开放的不断深化,国内市场与国际市场的联系与互动日益增强。国际市场粮食供求关系的变化与价格走势不但影响着中国粮食的进出口,而且对国内粮食价格的波动产生了重要影响,两者的联动效应逐步显现。1996 年以来,国内粮食价格波动与国际粮食价格波动基本保持一致。因此,在国际粮食价格高位运行和剧烈波动的情况下,实现国内粮食价格稳定的目标也更加艰难。

四、外国资本介入国内粮食产业链,粮食产业竞争格局改变

在国际农产品贸易格局中,美国等世界农业大国及以四大粮商(ABCD)为首的跨国公司掌控了全球范围的农业资源,在资金、技术、管理、渠道和信息等方面占据优势,控制了世界范围内粮食生产、分配、交换和消费等产业链的各个环节,并能据此制定其所期望的粮食战略,最大化地为其经济利益服务。外资大量进入东道国,一方面在弥补资金缺口、引进先进技术、促进商品出口、提升产业结构等方面有重要贡献;另一方面,随着引资力度的加大,东道国的产业安全成为利用外资的一大隐患。外商可以利用其资本、技术、管理和营销等方面的优势,通过合资、收购等方式控制国内企业,甚至某些重要产业。近年来,随着中国对外开放的不断深入,外资进入中国粮食加工流通领域的设限消除,跨国粮商开始大举进军中国并"布网收粮"。外资企业凭借雄厚的资金规模、先进的管理模式、庞大的购销体系,逐步拓展业务并延伸到中国的粮食加工领域。外资企业竞争优势较强,导致很多市场份额逐渐被外资蚕食,如果

不加以控制,容易形成产业垄断,这将成为中国粮食市场面对的最大威胁。目前,跨国粮商在粮源、加工、物流三大体系上均开始布局,中国农产品市场竞争关系发生了重大变化,开始由单一的国内竞争逐渐转向国际和国内双重竞争。

五、全球粮食产业链定价权缺失,非传统粮食安全挑战加剧

随着经济全球化的深化和南北差距的扩大,以美国为首的发达国家把掌握粮食为主的大宗农产品供给和定价权作为控制发展中国家食品主权,进而全面控制其经济、政治、社会的"农产品武器化"战略手段。世界小麦贸易的70%、玉米的90%、大豆的70%均被少数跨国农业公司控制,它们利用垄断地位左右着市场和价格。例如,大豆产业就形成了"南美人种大豆、中国人买大豆、美国人卖大豆并决定价格"的格局。近年来,粮食除传统意义上的商品属性外,又被赋予了能源属性和金融属性,使得粮食产业链上市场实力定价权的争夺又增添了新的变数。就能源属性而言,受全球石油等不可再生能源储量不断减少的影响,以美国为代表的主要发达国家正在积极推动生物质能源的开发和利用,然而在粮食供求不平衡的背景下,生物质燃料的兴起无疑将进一步加剧未来粮食短缺的状况,给粮食价格上涨带来压力。就金融属性而言,粮食价格与汇率、"热钱"流动等紧密联系。美国农产品期货市场对中国国内粮食价格的影响日益增强,一定程度上与中国部分粮食品种价格形成联动。粮食能源属性与金融属性的影响相互交织,使发达国家在能源和金融市场上的市场势力进一步延伸到粮食市场,粮食供求和价格走向越来难以准确判断,对中国粮食安全的维护提出了新的挑战。

第二节　研究意义

粮食问题是关系国计民生的重大问题。中国自古有"国以民为本,民以食为天,食以粮为源"的说法,认为"安民之本,必资于食,安谷则昌,绝谷则危"。本书基于产业链视角,围绕中国粮食安全和全球定价权等问题进行了深入探讨,具有重要的研究意义。

一、有助于贯彻中央路线方针,保障新时代背景下的粮食安全

进入 21 世纪以来,中国农业的开放度不断提高,城乡经济的关联度显著增强,环境变化对农业生产的影响日益加大,各种传统和非传统的挑战也在叠

加凸显。特别是一些非传统因素,如金融创新、投机资本、生物质能源和气候变化对农业发展的影响越来越大。面对复杂多变的发展环境,促进农业生产上新台阶的制约越来越多,转变农业发展方式的要求越来越高,保障国家粮食安全的任务越来越重。因此,切实解决"三农"问题、保障国家粮食安全,一直是中央工作的一个重点。2004年以来的连续七个"中央一号文件"都主要着重于应对传统"三农"问题带来的各种挑战,致力于偿还对"三农"问题的历史亏欠。2009年"中央一号文件"指出,要培育农业跨国经营企业,按照WTO规则健全外商经营农产品和农资准入制度。2010年"中央一号文件"强调,要加强国际农业科技和农业资源开发合作,引导外资,提高农业利用外资水平。《国家粮食安全中长期规划纲要(2008—2020年)》也指出,保障国家粮食安全必须坚持强化生产能力建设、完善粮食市场机制、健全粮食宏观调控、加强粮食进出口调剂。本书通过对中国粮食安全和全球粮食定价权的理论阐释和实证分析,为各级政府和相关部门及产业贯彻执行中央路线方针提供决策基础和智力支持。

二、有助于正确引导农业资本,规划农业"引进来"和"走出去"

在中国全面深入参与经济全球化背景下,粮食安全的维护必须结合世界经济发展的潮流。在农产品市场对外全面开放、自由竞争情境下,由于中国农民的作业方式和生存状态,基本仍处于传统式自营耕种的分散状态,个体小农户对农业产品的分散自发性销售,难以对抗境外农产品的价格竞争,更难以对抗境外农业投资规模化、集约化、组织化的生产能力。同时,在现有耕地、水资源等生产要素供给约束下,中国农业发展进入对国外资源和市场依赖程度较高的阶段,必须在相当程度上利用国际农产品市场和世界农业资源。因此,一方面,要积极利用外资,以提高农业整体竞争实力,同时处理好外资引入与粮食安全的关系,尽量减少或消除外资并购对粮食安全的负面影响;另一方面,着力提高农业对外开放水平和质量,赢取利用国际市场和资源的主动权。本书从保障粮食安全角度,分析外国农业资本"引进来"的挤出效应、中国粮食产业"走出去"的政治风险和影响因素,为引导外国农业资本引入和培育中国的跨国粮商提供有益的建议。

三、有助于推动农业科技进步,规避跨国农业公司技术垄断

粮食产量的增长是农业生产要素投入增加和农业技术进步共同作用的结果,受到一系列因素的制约,而农业劳动力、资本和生产资源等却逐渐向非农

产业转移。基于边际收益递减规律,如果不引进科学技术作为新的农业生产要素,而继续追加传统农业要素的投资,投资收益率将会递减,最终达到停滞的均衡。因此,必须转变农业发展方式,通过引进新的生产要素,规避传统农业停滞均衡出现的可能性。以科学技术武装农业,用机器代替手工劳动,以良种替代传统种子,实现农业快速发展,保障国家粮食安全。发达国家和跨国粮食巨头掌握着大量先进的农业生产技术和化肥、农药和种子等专利,加强国际农业科技开发合作,引进国外先进技术,是提高中国粮食生产能力的重要路径。然而,由于缺乏自主创新能力和实力,中国粮食产业链容易遭遇跨国公司的技术垄断。在知识产权保护制度下,外国资本更加轻而易举地巩固自身的技术垄断地位。粮食产业被外资技术控制,不仅令本土技术发展遭受制约,更重要的是还将影响国家粮食安全。因此,必须快速提升中国农业科技创新能力、企业竞争能力、技术保障能力和市场监管能力,构建现代农业科技体系。本书将对外国农业资本在中国的技术溢出问题进行分析,对中国粮食产业合理利用外国技术、加快农业科技进步、提高投资收益率与资源利用率具有重大意义。

四、有助于构建现代流通体系,增强粮食安全维护能力

粮食安全是指要确保所有的人在任何时候既能买得到又能买得起其所需要的基本食品。全方位的粮食安全不仅体现为供给总量的保证,还需要时空分布上的供给平衡、粮食价格的稳定和粮食消费的公平。为了实现全方位的粮食安全,在供给总量上需要提高粮食生产能力以保障基本自给、合理利用国际市场以调节国内供需,而在时间和空间上平衡余缺、控制粮食价格波动和保障粮食消费平等的问题都与粮食流通市场的整合有着密切的关系,因此粮食流通市场的整合对于保障全方位的粮食安全具有重要意义。在经历了数十年的粮食市场改革之后,中国粮食流通市场上的政府干预有了显著的减少。但是,中国的地方保护主义和区域贸易壁垒依然存在。在向市场经济转型的同时,要想高效率且低成本地实现粮食安全,必须提高粮食流通市场的整合程度。本书将测量中国粮食流通市场的整合情况,分析阻碍市场整合进程的可能原因,促进对中国粮食流通市场的运行机制及其存在缺陷的理解,为增强粮食安全维护能力提供新的视角。

五、有助于争取粮食定价权,提升全球产业链市场势力

跨国粮商通过国际农产品期货交易所和对目标国的产业链渗透的方式,掌控农产品的定价权以达到最终控制整个农业产业链的目的,从而对目标国

的农业甚至其他产业形成威胁,并导致国家的粮食安全受制于人。定价权对于维护中国的粮食安全具有重要的战略性意义,不仅有助于减少甚至避免国际粮食价格波动对国内物价产生的负面影响,有助于中国更灵活、更充分地借助国际市场保障国家粮食安全,也有助于实现农业产业链的跨越式发展,维护国家粮食安全。我们从产业链整体视角对中国粮食安全和全球定价权等问题进行了深入研究,厘清国际粮食定价权的形成及其对粮食安全影响的内在机理,梳理出市场势力与定价权之间的相互逻辑关系,可以帮助中国有效获取粮食产业链在各环节上的市场势力并提升其在全球粮食产业链中的市场势力,从而在一定产业优势的基础上夺取全球粮食定价权。

第三节 文献综述

一、基于全球化背景的粮食安全研究

加入 WTO 后,中国农产品市场逐渐放开,包括粮食产业在内的中国农业将受到较大的冲击,由此引起人们对中国粮食安全的忧虑(陈锡文,2002)。随着中国农业与国际市场联系的日趋加深,中国农业已进入对国外资源和市场依赖程度较高的阶段,国际价格传导机制的作用明显增强,国内市场价格受到冲击的压力日益加大(韩俊,2010)。

现有的关于中国粮食问题的研究成果,强调全局稳定和强调自由贸易两种倾向。通常,前者多从承担全局稳定责任的政府方面考虑,后者多坚持经典经济理论的一般信念(陈锡文,2002)。严瑞珍等(2001)指出,在一个开放的市场条件下,充分利用国内、国外两种资源,依托国内、国外两个市场,建立开放体系中的粮食安全保障体制不仅符合中国的客观利益,而且也是我国加入WTO 后抓住机遇、应对挑战的必然选择。韩俊(2010)也认为,在现有耕地、劳动力、水资源等生产要素供给条件下,所有农产品都靠国内生产实现自给是不可能的,必须统筹利用国内、国外两种资源、两个市场,着力提高农业对外开放水平和国际竞争力,赢取利用国际市场和资源的主动权。而究竟如何有效地利用国内、国外两种资源、两个市场,如何有效地推进中国农业"走出去"并保障粮食安全,值得进一步深入研究和探讨。

近年来,粮食多元属性导致的新问题引起了广泛的关注。在能源属性方面,世界粮食危机背景下生物质能源的发展使粮食市场和能源市场紧密地联系起来,带动了世界粮食价格上涨,加剧了粮食盈余地区和粮食匮乏地区的分配矛盾(Ignaciuk et al.,2006;Lipsky,2008;Collins,2008;Rosegrant et al.,2008;USDA,2008)。在金融属性方面,随着国际金融市场的快速发展,粮食市场与货币市场、外汇市场、期货市场、衍生品市场的联动不断加深,流动性过剩带来的投机行为加速了国际粮价的上涨,粮食安全本质上已转变为"贸易—金融"型的价格安全模式(FAO,2010;张茉楠,2010;徐彦,2011)。

许多国家的研究机构和决策部门均建有基于均衡理论的农业政策分析模型,用于研究全球化背景下农业与贸易政策、资源环境和技术进步等宏观变量对各国农业市场与贸易、经济福利和粮食安全等方面的影响。其中多市场、多区域局部均衡模型是较为常用的分析模式,例如美国农业部的 SWOPSIM 模型、欧盟的 CAPRI 模型、世界银行的 SMART 模型和国际食品政策研究所(IFPRI)的 IMPACT 模型等(Lampe,1998;Rosegrant,2002;Jammes & Olarreaga,2005;Britz,2005;Abdula,2006)。利用局部均衡模型或一般均衡模型,黄季焜(2004)和陆文聪等(2004)预测了未来中国粮食供求形势,刁新申等(2003)和蒋庭松(2004)衡量了加入 WTO 对中国粮食安全的影响程度,McDonald(2006)和 Tokgoz(2007)分析了生物质能源发展对各国粮食市场和社会福利的影响。但是,这些研究所用的模型在覆盖范围、地区差异、交易成本、大国效应等变量设置和条件假设方面存在局限性。

粮食安全状况如何,必须有客观的、科学的衡量方法和标准。许多学者对粮食安全的评价进行了大量的研究,不断地探讨更为科学和有效的粮食安全评价方法,提出了许多衡量粮食安全的指标(Maxwell & Frankerberger,1992;Rose & Oliverira,1997;Hamilton,1997;朱泽,1997;徐奉贤,1999;Smith,2000;马九杰等,2001;何维达,2003;高帆,2005;龙方,2007;刘凌,2007)。部分学者还根据中国粮食生产和需求的实际情况建立了粮食安全预警体系,所采用的方法主要有经济周期法、经济计量模型法、警兆指标法、Delphi 系数评价法、景气分析法和系统评价法等(游建章,2002;吕新业,2006;朱丽萌,2007)。然而,目前还缺少针对外国资本、资源与技术利用的粮食安全评价和预警体系。

二、基于产业链视角的粮食安全研究

农业产业链将农业生产资料供应、农产品生产、加工、储运、销售额等环节链接成一个有机整体,并对其中人、财、物、信息、技术等要素流动进行组织、协调和控制,以期获得农产品价值增值的活动过程。

产业链环节作为产业链的组成部分,是产业链研究中重要的研究内容之一。毛尔炯和祁春节(2005)通过研究国外实践指出,让农民(不仅仅是农产品)进入产业链的各环节,才能使农民从农产品深加工和贸易(甚至是涉外贸易)中分得利益。通过企业和农户经营的联系,既发挥了农业家庭经营成本低、生产管理精心等优越性,又弥补了小规模分户经营难以调整结构、难以衔接市场、难以获得产后利润等缺陷。同时,龙头企业也通过与农户建立稳定的连接,保障了稳定的原料供应,实现农户与企业在农业产业链中的双赢。Hofman(2001)认为,信息和交流技术(ICT)对农业产业链的发展相当重要,可以为农业关联企业提高竞争能力,增加市场份额提供机会。因此,农业产业链上的合作企业应该站在国内和国际两个市场的高度实施ICT战略,有关这方面的教育培训也亟待加强。

产业链环节之间及农业产业链和其他行业的联系也是学术界的主要研究方向之一。王凯(2004)指出,农业加强与第二、三产业的联系是社会经济发展到一定阶段的必然要求。在目前信息化、网络化、快节奏的现代社会里,人们对农产品的需求变得多种多样,单一、传统的农业已不再胜任这种供给职责,发展的趋势是由三次产业联手分工协作来满足多样化市场需求。李杰义(2007)认为,农业价值链的分离可以分为基本农业生产过程的各环节分离以及基本农业生产过程和农业服务部门的分离两大类。基本生产价值链的分解表现为农业产业链的延长,基本农业生产过程和农业专业化服务性企业的分离则表现为农业产业链的拓宽,两者共同构成农业产业链延伸的基本内容。

经过几十年的发展,企业与产业链之间的联系变得更为紧密。卜庆军等(2006)认为,从生物共生进化理论看,产业链更像是一个企业生态共生体,它是由共生单元(企业)、共生环境(企业之间流动的物质、能量和信息)以及共生模式(企业之间相互结合的形式)组成。它既反映共生单元——企业之间的作用方式、强度,也反映它们之间的物质、能量和信息交换关系。里昕和揭筱纹(2007)指出,联盟伙伴的相互信任是联盟合作成功的关键因素之一,对于一个成功的战略联盟来说,其内部成员之间的相互信任通常被视作必要的前提。但这种信任只有在长期的合作中才能建立和加深,产业链上业务关系为双方相互了解提供了一个窗口,这种了解也随着业务往来而日益加深。张利庠和张喜才(2007)指出,在农业产业链当中则存在着"双柠檬市场",首先是生产的柠檬市场,其次是消费的柠檬市场。这两个柠檬市场互为外部性,其交集构成了农业产业链的困境。

中国粮食企业应引进与吸收国际先进的农业产业化经验。徐晔和孟亚君

(2007)通过研究美国的农业产业化发展,指出在专业化生产的同时,美国农业中出现了农工商一体化经营的趋势,将农场生产与农业前部门(农业生产资料的制造与供应部门)和农业后部门(农产品储运、加工和销售部门)有机地结合在一起,降低市场风险,增加经营效益,提高专业化生产的稳定性和适应性。相比于农业产业发达国家,中国的农业产业发展还处于相对落后的地位。陆峰(2007)指出中国的产业集群大多集中在产业的某个位置上,相对而言,产品销售和研发这两个产业链两端的企业比较少,尤其体现在研发方面。

三、市场势力与定价权研究

市场势力的研究近年来不断发展,但大多以经验性研究为主。根据产业组织理论现有的研究成果,可将市场势力的衡量指标分为传统衡量指标和新兴衡量指标两类。传统的衡量指标主要有市场集中度、赫芬达尔指数、洛伦兹曲线与基尼系数、熵指数,新兴的衡量指标主要有勒纳指数、价格-边际成本指数、利润率、贝恩指数、托宾 q 等。20 世纪 70 年代后期,博弈论和信息经济学的广泛应用催生了新经验产业组织(New Empirical Industrial Organization,NEIO)理论的迅猛发展,而传统的结构主义方法由于缺乏理论基础而受到广泛批评,学者们认为(William & Rosen,1999;Sheffrin,2001;赵建群,2011),这些指标往往不能准确衡量市场势力,因此越来越多的学者从不同角度建立计量经济模型对市场势力进行经验研究,经典的模型如 Appelbaum(1982)的新经验产业组织(NEIO)模型、Hall(1988)的价格—边际成本模型(Price-Marginal Cost Model,PCM)及 Goldberg & Knetter(1999)的剩余需求弹性(Residual Dem& Elasticity,RDE)模型等。20 世纪 80 年代以来,许多学者开始运用时间序列模型对市场势力进行经验研究,80 年代中期布雷顿森林体系的瓦解及美元的大幅贬值引发了研究者们对汇率与价格调整之间关系的关注(Menon,1995;Goldberg & Knetter,1997)。Dornbusch(1987)指出不完全竞争的市场结构及市场势力的存在是引起汇率传递(Exchange Rate Pass-Through,ERPT)不完全的主要原因,Krugman et al. (1987)也认为汇率对出口价格不完全传递的原因是出口商拥有市场势力,此后 PTM 模型也被广泛应用于市场势力的分析中。

国外对于市场势力的研究较早,研究的文献也比较多。如 Sakakibara & Porter(2001)检验了国内市场势力对海外市场中创新绩效及出口竞争力的影响;Nardis & Pensa(2004)采用 Goldberg & Knetter(1997)建立的模型,对意大利的传统贸易产业在主要出口市场上的市场势力进行了实证估算,得出了意大利大部分传统产业的出口企业在相关市场都具有行使市场势力的权利的结论；Silvente & Francisco-Requena(2005)通过经验研究,得出了意大利及西班牙的瓷砖业创新持续受益于国际市场势力的结论。相比而言,国内专门针对市场势力的研究为数稀少,部分学者已认识到中国企业在国际市场上形成一定市场势力的合理性和必要性。杨晓玲(2005)区分了垄断势力与市场势力,澄清了市场势力与有效竞争的一致性；张小蒂和孙景蔚(2006)提出了中国企业在国际竞争中应注意对控制权的掌握；张小蒂和朱勤(2007)探索了企业创新与市场势力良性互动的机理,并提出了构建企业创新与市场势力"良性互动"的思路与对策；黄先海和陈晓华(2007)运用修正后的 Hall 模型对浙江纺织服装业的国际市场势力进行了实证测度,发现了基于产业层面的潜在国际市场势力与基于企业层面的现实国际市场势力的背离。

对于大宗产品市场势力的研究,国内学者还提出了定价权这一新概念。关于大宗商品国际定价权的研究主要可分为以下几个方面:①国际定价权的测定。白明(2006)通过设计中国国际定价权权商来研究中国对国际市场定价的影响力。他认为,一国实际定价权的大小,不仅要看一国的进口(或出口)能源类商品在国际市场上的占有率,而且也要考虑到国际市场上买卖双方集中程度的对比,即买卖双方赫芬达尔—赫希曼指数的对比。②国际定价权的影响因素。Jim(2005)从供给者的角度总结了影响定价权的因素:供给者所在的市场结构；供给者在给定的期间想要达到的经营目的；需求者的价格弹性以及交叉价格弹性；政府的管制；经济周期的影响。另外,人们还从定价权函数和SDI模型、五力竞争模型等角度对国家定价权的影响因素进行了分析。③国际定价权的争夺策略的研究。张明(2005)认为,要建立重要初级产品的战略储备和商业储备等缓冲机制。王晓慧和孙才仁(2006)认为应该靠发展和完善期货市场来获取定价权,并且国际定价权不是争来的,而是客观形成的。另外,丁泉(2007)和徐斌(2007)也从建立战略储备机制、健全期货市场、国际采购协调机制等角度对争夺国际定价权的策略进行了研究。

第四节　研究内容

一、基本思路

本书从文献研究出发,首先对粮食安全在全球化背景和产业链视角下的研究成果进行回顾,然后对粮食安全的影响因素和全球粮食定价权两大主题的研究进行梳理;在此基础上,首先对全球化背景下的粮食安全进行说明和评估,然后分别对流通、资本、资源、技术等粮食安全影响因素予以分析;针对全球粮食定价权这一突出问题,本书将从全球粮食产业链的市场势力出发,研究定价权缺失对中国粮食安全的影响,并给出解决方案。这一思路(图 1.1)力图保证研究逻辑上的自洽性和连贯性,对现有文献的不足进行有益的补充,并对实际工作部门的政策制定提供参考。

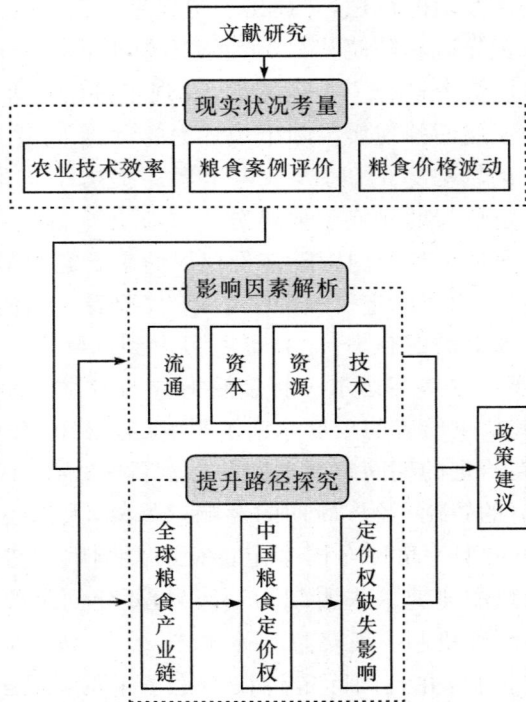

图 1.1　本书的研究思路

二、总体框架

本书共分十三章,其中主要部分分为三大板块,即上篇"现实状况考量"、中篇"影响因素解析"与下篇"提升路径探究"。

第一章"引言"阐述了本书的研究背景和研究意义,并对本书的相关文献进行了梳理和评述,对本书的研究内容、研究方法和研究创新做了说明。

上篇"现实状况考量"中:第二章"全球化背景下的中国农业技术效率"验

证了中国农业生产率在过去生产率整体增长和技术效率持续衰退并存的局面,预测了中国未来农业生产效率的变化趋势,为本书后续内容提供了研究基准。第三章"全球化背景下的中国粮食安全评价"解析了粮食安全的内涵和外延,介绍了粮食安全的综合评价体系,并分别评估了全球化背景下的世界粮食安全和中国粮食安全。第四章"全球化背景下的中国粮食价格波动"分析了来自国际农产品市场和能源市场的冲击对中国粮食市场价格波动的影响,对国内粮食价格的决定和传导进行了深入考察。

中篇"影响因素解析"中:第五章"影响粮食安全的流通因素"首先分析了粮食流通市场的整合对粮食安全影响的理论基础,回顾了中国粮食流通市场的改革与整合,然后利用空间价格传导方法分析了中国粮食流通市场的市场整合、交易成本以及对粮食安全的影响。第六章"影响粮食安全的资本因素"分别对农业资本"引进来"和"走出去"两方面对中国粮食安全的影响进行了分析,其中实证研究主要包括农业资本"引进来"对国内投资与就业的挤出效应、粮食产业"走出去"的政治风险和关键影响因素两个部分。在实证研究的基础上,第六章还分别就农业资本"引进来"和"走出去"提出了政策建议。第七章"影响粮食安全的资源因素"搭建了一个基于国内外耕地资源有效供给的分析框架,用动态仿真方法分析了国内耕地资源与中国粮食生产能力演进,并对国外耕地资源与中国虚拟耕地贸易进行了核算。第八章"影响粮食安全的技术因素"首先分析了外资技术垄断对东道国粮食安全的影响渠道,然后利用实证方法回答了"外国资本是否能形成技术垄断"和"技术垄断是否影响中国粮食安全"两个重要问题,最后介绍了种子产业的交易与服务模式以及产业链延伸的情况。

下篇"提升路径探究"中:第九章"全球粮食定价权的整体格局"首先在界定粮食产业链内涵的基础上简单介绍了当前全球粮食产业链的发展现状和特征,进而对市场势力和定价权的内在机理进行了深入剖析,并利用计量方法对世界主要国家的粮食产业市场势力进行了评估。第十章"全球粮食定价权的中国处境"阐述了中国粮食贸易的发展现状及其在全球产业链中的地位,进而以玉米和大豆为例,并从市场势力的视角对中国粮食进出口贸易是否存在"大国效应"进行了实证研究,在此基础上对各粮食品种的定价权进行了评估并进行了原因分析。第十一章"全球定价权缺失对中国粮食安全的影响研究"论述了定价权对中国粮食安全的战略意义及对其产生影响的内在机理,并采用测量指标进行了实证检验。第十二章"提升中国全球粮食定价权的路径选择"介绍了发达国家在获取粮食定价权和保障粮食安全方面的经验及对中国的启示,提出了中国有保障国家粮食安全方面的若干选择路径,并从建立健全国内期货市场、构造企业联盟等方面提出了获取全球粮食定价权的政策建议。

第十三章是"结束语"。

第五节 研究方法

一、文献研究方法

关于中国粮食安全与全球定价权的文献涉及了相当广泛的研究领域,因此厘清现有文献的研究线索,借鉴国内外最新的研究成果与方法,为后续研究提供理论和方法支撑具有非常重要的意义。本书运用理论综述与逻辑演绎的分析方法,在以往研究的基础上综述其理论发展脉络,并结合中国具体国情,进行更加明确的理论阐释,为中国粮食安全与全球定价权问题的深入挖掘提供新的研究思路。

二、计量经济学工具

本书大量采用现代计量经济学工具进行实证研究,除了较为常用的多元回归分析和线性时间序列分析等方法之外,其他工具包括:

(一)数据包络分析法

数据包络分析(DEA)是一种借助数学规划和统计数据确定技术前沿的方法。其特点在于,作为一种非参数方法,DEA 仅要求简单的凸性和自由处置假设,无须其他更加严格的新古典假设。本书第二章为了将生产率分解为技术前沿和技术效率变化两个维度,采用了 DEA 方法进行估计。

(二)非线性时间序列模型

由于早期价格传导模型的缺陷,非线性时间序列模型在价格传导和市场整合的文献中较为流行。该类模型由随数据所在区制而取值的参数构成,这些参数在一个区制内不变,而在不同区制之间则可能不同。当一个或多个变量超越门限(threshold)的时候,区制转移被触发。这种模型有助于我们从动态的视角研究市场之间不断变化的价格信号,并增强对市场互动的理解和认识。本书第四章和第五章分别采用了马尔可夫转换模型和门限自回归模型对生物质能源对中国粮食价格波动的影响以及中国粮食流通市场的价格传导进行了分析。

（三）主成分分析法

主成分分析的主要思想是将原来众多具有一定关联性的指标，运用某种数学方法将它们重新组合，最终得到一组新的相互间无关的指标来代替原有指标。为了研究中国粮食企业"走出去"的关键影响因素，本书第六章运用主成分分析法对调查问卷得到的样本数据进行分析，以此为基础提取出中国粮食企业"走出去"的关键性影响因素并分析其对中国国家粮食安全的内在影响。

（四）负二项分布模型

负二项分布模型包含了对横截面异质的自然表述，在被解释变量具有不确定性的情况下不容易出现回归偏误。由于专利生产具有不确定性，因此适用于专利生产函数的估计。本书第八章采用负二项分布模型分析外资在农业研发领域产生了正向的溢出效应还是负向的抑制作用，并以此考察外资对中国农业研发能力能否形成技术垄断。

（五）系统动力学模型

系统动力学为了模拟真实世界中的现象，创造了存量与流量这两个概念，利用各要素间的因果关系、有限的数据及一定的结构进行推算分析，以显示事物的数量在动态的过程中如何增加或减少。为了克服统计数据上的缺陷，实现动态地追踪、反映系统行为。本书第七章选用了系统动力学方法对中国粮食生产能力演进进行了动态仿真，第八章也采用该方法模拟了外资在种业所具有的这种技术垄断地位来分析技术垄断能否影响中国粮食安全。

（六）依市定价模型

依市定价的概念最初用以解释汇率的不完全传递现象，即当本币升值时，为了维持在出口市场的稳定份额，出口商在制定出口价格时可能保持以外币表示的出口价格不变，调低以本币表示的加成，其本质是三级价格歧视行为。由于这一概念与市场势力有一定的内在联系，越来越多的研究开始运用依市定价模型对贸易商品的市场势力进行测度。与其他估计市场势力的模型相比，依市定价模型侧重于评估汇率对一国进出口商品的影响。本书第九章和第十章采用了这一模型对中国及其他主要国家的粮食产业市场势力进行实证检验。

（七）结构方程模型

结构方程分析，也称为结构方程建模（Structural Equation Modeling，

SEM），据理论构建包含一系列变量且相互形成体系的模型，运用已有的知识对模型的合理性进行识别，然后运用收集的数据对模型进行检验。本书第十一章采用了结构方程模型对战略性农产品产业链割裂的影响因素进行了实证检验。

三、比较研究方法

本书的相关章节采用了纵向比较和横向比较相结合的方法，对粮食安全维护和全球定价权争取等实践过程中的经验教训进行总结。纵向比较主要是基于时间维度的分析，横向比较主要是基于空间维度的分析。例如，世界主要国家粮食产业市场势力评估即采用纵向比较的方法根据各个国家不同的政策特点展开空间维度的分析；关于农业资本"引进来"的纵向考察则是根据不同时期政策和效果的变化展开了时间维度的分析。

四、问卷研究方法

粮食安全是一个横跨宏观领域与微观领域、具有双重性质的论题，本书的实证部分除了需要整理大量年鉴和统计资料数据之外，还需要收集许多年鉴和统计资料无法提供的微观数据。通过问卷调查法有助于在纷繁复杂的因子与数据中分辨与提取出有助于研究的相关性较高的内容，对扩展研究范围和细化研究内容有着重大意义。例如，有关中国粮食企业"走出去"的分析即采用问卷调查的数据进行主成分分析，从而提取出中国粮食企业"走出去"的关键性影响因素并分析其对中国粮食安全的内在影响。

五、案例研究方法

维护中国粮食安全与争取全球粮食定价权是经济实践中的现实问题，有众多复杂的现实场景和纷繁的影响因子无法纳入理论框架和实证模型当中，因此，需要针对特定场景开展深入而细致的案例研究。本书不仅基于理论和实证探讨相关问题，还在调研分析的基础上，获取有关粮食安全粮食定价权的典型案例，并通过对典型案例深入具体的分析和比较，从中获取启示及经验，为相关决策部门的政策方针制定提供第一手资料。例如，对于研发能力、技术垄断与中国粮食安全关系的研究，本书就具体分析了美国杜邦先锋公司玉米种子案例。

第六节　研究创新

一、研究视角上的创新

与以往关于粮食安全的研究不同,本书没有把粮食安全仅仅视作一个粮食产业或者农业的问题,而是试图从完整的产业链视角来考察粮食安全问题。产业链是资源在流动中创造价值的连续体,是上下游诸多经济参与者通过信息交流与共享,使各种资源要素彼此配套从而形成的一个动态的生态系统。组成产业链的经济参与者,可以是农民、企业,也可以是其他经济组织,他们具有不同的规模、占据不同的环节,彼此之间既竞争又合作,在产业链当中分别扮演不同的角色。随着经济社会的不断发展,粮食安全的维护早已不是局限在粮食产业内部所能解决的问题。资本、资源、技术、贸易、流通、金融等多个经济环节已经成为维护粮食安全所必须涉及的领域。本书从全球产业链出发,对以上各个经济环节与粮食安全的关系进行梳理,分析各个经济环节对粮食安全可能的影响,以从产业链角度提出维护粮食安全的链式解决方案。特别是,针对中国粮食产业逐步融入全球粮食产业链的新局面,本书以大量篇幅专门研究了全球粮食产业链的市场势力和全球粮食定价权的相关问题。

二、研究内容上的创新

在对现有研究脉络进行梳理的基础上,本书力图从传统的研究对象上挖掘出新的研究内容。例如,对于影响粮食安全的资本因素,以往研究多侧重于外国资本对国内粮食市场本身的控制,而本书一方面从国内投资和就业挤出视角来分析外国资本对国内粮食安全的长远影响,另一方面则针对国内粮食生产资源限制的实际情况对中国粮食企业"走出去"的政治风险和影响因素进行了分析。在影响粮食安全的技术因素方面,以往只有关于农业科技创新对粮食生产方面影响的研究,而本书针对农业科技领域逐步融入世界市场的新现象,分析了外资技术垄断对东道国粮食安全的关系。本书以农业科技中至关重要的种子产业为例,回答了外国资本是否能形成技术垄断、技术垄断又是否能影响粮食安全等关键问题。在关于影响粮食安全的流通因素部分,以往研究多是对粮食流通市场运行和改革的规范研究,而对于粮食流通市场的实证研究非常少。本书以粮食价格为工具,利用实证方法客观分析了中国粮食流通市场的运行状态和所存在的问题,为进一步改善粮食流通市场运行效率提供了坚实的基础。关于中国粮食定价权的研究主要集中在大豆领域,而近一两年来的粮食贸易格局发生了巨大变化,玉米和稻米的定价权问题也亟待研究,本书就以玉米和大豆为例分析了中国粮食贸易的"大国效应"是否存在等问题。

中国粮食安全与全球粮食定价权

>>> **现实状况考量**

第二章 全球化背景下的中国农业技术效率

第一节 全球化、技术溢出与生产率收敛

效率增进是中国农业在长期内保持产出增长，满足国内消费者需求的必由之路；也是维持国际竞争力，化解世界市场上农产品价格波动对国内影响的根本解决之道。因而研究开放环境下中国农业生产效率的变迁就具有很强的现实意义，本章将从这个角度出发，观察开放环境下中国农业生产效率的变化，总结其过往规律，预测其未来走向。

相对于开放给国内农产品价格波动所带来的影响，开放对生产效率的影响要更为间接也更为微妙：一方面，与开放环境相伴随的 FDI 或国际贸易都会出现技术溢出，使得先进地区的技术向落后地区扩散；另一方面，即使不考虑贸易和投资，开放本身也会加强不同地区间的沟通，从而加速技术在地区间的传播速度。

开放本身难以直接衡量，不过 FDI 和贸易规模都很容易观测。因而与 FDI 和国际贸易相伴随的技术溢出现象长期以来一直为研究者所关注。在经典的内生增长模型（Romer，1990；Aghion & Howitt，1992）当中，跨国的技术溢出在落后国家的追赶当中扮演十分重要的角色。而在实证研究当中，技术溢出各渠道的存在性也得到了多方验证。

比如 Eaton & Kortum（2001，2002）指出，进口使得一国可以获得其他国家独有的生产要素或技术，扩展了生产可能性前沿，因而有助于其生产率的进步。通过生产中的"干中学"（learning by doing）效应，参与出口同样有助于提高企业生产率（Clerides et al. ，1998），这种效应甚至不仅在发展中国家出现。Bernard & Jensen（1999）估计，出口带来的"干中学"效应使得在美国，平均而言，出口企业的劳动生产率要比非出口企业高 0.8 个百分点。参与出口还可

能会使得企业所面临的市场由相对较小的国内市场变成广阔的世界市场,这会导致企业所面临的需求曲线弹性增加,同时也拓宽了企业的增长空间,在更大市场中活动的企业将会拥有更强的创新激励和创新能力,因而也会有更高的生产率增长速度(Desmet & Parents,2010)。

相比贸易,FDI的技术溢出效应更为人所关注,也更为复杂。它可能是源于跨国公司向发展中国家分支机构转移的先进技术(Markusen,2002)、提供的高质量投入品(Rodriguez-Clare,1996),也可能是源于本地企业在与跨国公司接触中的自我学习(Fosfuri et al.,2001)。在全球化导致资本和技术在国际的流动越来越频繁的情况下,这种技术溢出也变得越来越常见。即使对技术水平较高的发达国家而言,它也在整体的经济生产率增长中起到了相当重要的作用。比如 Keller & Yeaple(2009)就发现,美国制造业生产率增长大约有11%是由 FDI 技术溢出所带来的。

自然,这种技术溢出效应的发挥与很多因素相关,东道国的人力资本状况(Xu,2000)、自身研发水平(Keller,2004)、金融市场效率(Alfaro et al.,2004),甚至产业自身的特征(Yang et al.,2009)都与其息息相关,而东道国的经济开放程度也被认为对此具有显著影响(Holmes & Schmitz,2001)。针对中国的实证研究也发现,经济开放程度是中国不同地区在吸收技术外溢能力方面存在差异的主要原因(赖明勇等,2005)。

正因为此,开放对生产率的影响也并非是无差异的。开放的环境可能会强化或削弱某些因素对技术或效率的影响,放大或缩小这种因素差异所带来的农业技术或效率差异。比如,假设不同地区间在要素禀赋上存在差异,再给定不同要素禀赋地区对同样技术的不同适应能力,那么,与技术先进地区要素禀赋更为相似的地区就更能够利用开放的环境提升自身的生产率。

开放还可以从更深入的角度来影响生产率。很多研究都将生产率的进步分解到互相垂直的两个维度之上:表示技术前沿进步的技术变化(Technical Change,TC)和表征技术利用率变化的技术效率进步(Technical Efficiency Progress,TE)。从宏观视角观察到的生产率进步,可能是源于技术前沿的进步:新的技术被开发出来、新的要素被投入生产当中;可能是源于原有技术利用范围的扩大、利用效率的提高;也可能是两者的综合。而开放可能会同时从这两方面对生产率进步造成影响。

开放意味着与外部世界沟通的增加。通过这种沟通,新的技术、新的组织管理方式的使用将成为可能。对农业而言,更多的沟通机会和来自外界的信息也有助于突破农业生产技术开发者和利用者之间信息不对称的障碍,从而有利于较先进的技术在生产中的实际应用。赵绪福(1996)通过对贫困山区农户杂交玉米技术采纳情况的分析指出,越是偏僻的地区,人们学习机会越少,也就越不容易采纳新技术。而开放的环境显然有助于学习机会的增加和新技术采纳可能性的提高。孔祥智等(2004)对农户技术采纳影响因素的分析也发现,赶集频率的提高增加了农户采纳新技术的可能性。这个结果同样强调了与外界的交流在技术前沿进步上的重要性。开放带来的交流增加同样也有助于生产者充分利用现有技术的潜力,因而会促进技术效率的提升。比如李谷成等(2008)就发现,信息资源可得性的增强有助于农户效率的提高。

整体而言,开放环境下的技术流动对生产率水平相对较低的发展中国家较为有利。它容许并鼓励要素在地区间的流动,强化了要素边际产出递减规律的影响,因而开放应当会加强地区间生产率的收敛趋势(Madsen,2007)。而中国在技术和生产率水平上较发达国家尚有不小差距,因而开放虽然加大了市场波动、给国内企业带来了新的挑战和更激烈的竞争,但它很有可能也会提高国内企业的生产率水平,从而有助于国内各产业的健康发展。如果这种效应在农业上也是显著的,那开放就可能会有助于中国农业的长期健康发展。

在下一部分当中,我们将总结中国农业近年来的生产率变化趋势,分析开放可能对其造成的影响。

第二节　开放环境下的中国农业生产率

虽然具体数值略有出入,不过几乎所有研究都一致地发现中国农业生产率在 1978 年到 1984 年间有过堪称飞跃的高速增长(Lin,1992;Wen,1993)。Lin(1992)估计这段时间中国农业全要素生产率(TFP)年均增长率高达3.16%,他的研究令人信服地指出:制度方面的变革,尤其是家庭联产承包责任制的推广是生产率增长的最主要推动力量。他同时也发现,这段时间内中国农业产出增长的大约 50% 是由投入尤其是肥料的增长推动的,而后者的增长在长期内显然是不可持续的。[①] 当农业投入的较大幅度增长不再可能时,生产率的增长便是农业产出长期增长的唯一指望。

---

① Lin(1992)发现,在所有要素中,肥料投入的增长是中国农业产出增长的最主要来源。而此后毛育刚(2000)的研究却发现,1991 年到 1995 年间,肥料投入增加带来的边际产出增加仅有 1981—1985 年间的不到 1/5。要素边际递减规律的威力,由此可见一斑。

此后的事实也说明了生产率的重要性,Lin(1992)发现1984年到1987年中国农业总产出累积增长率仅为4%,甚至不如此前的年均增长率。这既是由于要素边际产出的递减以及必然与之相伴的要素投入增长停滞甚至倒退,更是源于生产率增长的放缓:这段时间生产率一共仅增长了2.05%。

或许正是因为这样,20世纪90年代初,悲观主义的论调一度盛行,甚至有人开始怀疑家庭联产承包责任制是否还会继续有效(Wen,1993)。

所幸也正是从20世纪90年代初开始,随着各项新改革措施的推行(de Brauw,2004),中国农业生产率增长的转折点再次出现,其增长率几乎恢复到了20世纪80年代初的水平(Wu et al.,2001)。此后虽然略有波动,但也基本维持在了一个超过2%的高水平之上。很多研究用各种方法计算了这段时间内中国农业整体或是各种主要农产品各自的生产率变化情况,比如Rozelle et al.(2005)用标准的Divisia指数法计算了中国主要农作物从1979年到1995年的TFP水平,发现这段时间内中国主要粮食作物的生产率都在以大约2%左右的速率健康增长,不过不同地区差异很大。他们的计算同时表明,除了改革初期的制度变革因素之外,技术因素,尤其是新品种的采纳是生产率增长的最主要推动力量:中国农民平均每年都要替换20%~25%的品种。李静和孟令杰(2006)则用DEA的方法,以农业总产值为产出变量,同样发现中国农业生产率存在较大的地区间不平衡的同时,也在长期内保持了稳定的增长。Jin et al.(2010)用随机前沿分析(Stochastic Frontier Analysis,SFA)计算了中国23种主要农作物的生产率,他们同样发现,几乎所有的农作物生产率都保持了年均2%左右的增长率。家禽和牲畜养殖业的生产率年均增长率甚至更高,处于在3%~5%之间。比起中国整体经济动辄10%以上的增速,农业生产率的年均增长虽然并不算快,但如果这个速度能一直维持,那中国农业就可以做到在长期内基本满足国内对农产品的需求,并在世界市场上保持竞争力。

让我们有理由乐观的不仅仅是这些数据,近年来中国在农业R&D上的投入与日俱增,据估计,中国1999年经过购买力平价调整的植物生物技术投资高达11200万美元(Rozelle et al.,2005)。中国主要农产品的亩产也在逐年递增,从1980—1995年,中国水稻的最高亩产平均每年增长2.3%,小麦和玉米的亩产数据同样有类似增长(Jin et al.,2002)。在部分领域,比如转基因技术上,中国无论是在投入还是在技术水准上事实上都已经接近了发达国家的水平(Huang et al.,2002)。截至2000年,中国已经有大约50多种不同的植物品种以及120多种功能性基因被应用于植物基因工程改造当中,中国已经日渐成为世界转基因植物开发的先导者(Rozelle et al.,2005)。

即使中国相对落后的市场化水平,近年来也取得了令人乐观的长足进步。Rozelle et al.(2005)发现,即使是相处遥远并且各种条件截然不同的广东、福建和大连市场之间,农产品价格变化都表现出了很明显的相同趋势。他们认为,2000 年以后中国的大豆和玉米市场都已经具有较高的一体化程度。Rozelle et al.(2005)的研究同样支持了这个结论。即使是尚受到政策严格限制的土地市场,近年来也有了一定的进步。随着经济的发展,越来越多的农民开始离开土地寻找工作,而他们留下的耕地又促进了土地租赁市场的发展(Kung,2002),提高了耕地资源的配置效率和农业整体的生产率(Deininger & Jin,2005)。虽然由于制度上的原因,土地流转尚无法在全国范围内推广,但至少在部分地区,土地租赁市场已经有了相当的规模(Kung,2002;Zhang et al.,2004)。Rozelle et al.(2005)同样发现中国的土地市场也有了一定的发展:1988 年中国仅有 0.6% 的耕地进行了租赁,到 1995 年,这一数据仍然低于3%,而到了 2001 年,全国有 9.5% 的农户租赁土地,并有 6.2% 的农户出租土地。他们同时也发现,土地租赁市场的发展降低了农村贫富差距,提高了农业生产效率。

然而,在这些光鲜背后,中国农业生产率的增长同样存在着不少的隐忧。比如,中国农业生产普遍存在较严重的滥用化肥问题,中国平均每亩耕地施用化肥量超过全球平均水平的两倍(World Bank,2006),高化肥使用量虽然在短期内会带来产量的上升,但却会伤害到耕地和水资源,损害农业在长期内的增长潜力。事实上,当前农业化肥施用是中国碳排放的主要来源之一和水体污染的主要原因之一(World Bank,2006)。同时,中国在农业上的研发投入虽然在总额上堪称巨大,但在结构上却可能存在潜在问题:由于这些投入绝大部分都来自政府,因而也就大部分集中在政府最关注的目标之上。Rozelle et al.(2005)指出,中国超过 90% 的田间试验是以抵御病虫害为目标的,而在发达国家,这一比率仅为 19%;相反,它们有高达 45% 的田间试验都是为了提高农作物对除草剂的抗性和提高产品的质量。结构上的过分集中可能会影响到研发投入的产出效率,并且它可能会偏离对企业而言最优的投入结构,使得研发在满足政府目标的同时,却对提高企业竞争力帮助不大。而企业竞争力的缺失,从长期看可能会对行业的健康发展不利。

当进一步深入研究时,我们发现生产率的稳定增长本身也变得不那么可靠了。Mao & Koo(1997)利用数据包络分析(Data Envelopment Analysis,DEA)工具首次将中国农业生产率的变化分解成两个部分:技术前沿进步和技术效率变化,他们发现,虽然平均而言中国各省区农业生产率在 1984 年到

1993 年间保持了不算低的增长率,然而该增长却完全是由技术进步驱动的,在这段时间内,中国农业生产的效率事实上是在衰退。

此后 Tian & Wan(2000)、陈卫平(2006)、Chen et al. (2008a)、Jin et al. (2010)等学者分别使用了不同时间段、不同来源的数据和不同的研究方法做了类似的研究,他们的结果也十分一致:在中国农业生产率看似健康的稳定增长背后,效率却在持续地衰退(表 2.1)。

效率的降低,意味着生产与技术可能性前沿的距离在增大,意味着现有的技术未能得到充分有效的利用。在最悲观的预期之下,如果这种现象一直持续,最终将导致 R&D 投入边际收益的降低和 R&D 投入的减少,进而危及中国农业生产率的长期稳定增长。

表 2.1　1990—2003 年中国农业生产率变化情况(Chen et al. ,2008a)

	1990—1996 年年均变化率	1996—1999 年年均变化率	1999—2003 年年均变化率	1990—2003 年累积变化
生产率	1.014	1.003	1.025	1.212
技术前沿进步	1.032	1.036	1.055	1.658
技术效率变化	0.983	0.968	0.972	0.731

与效率降低背后的学术和现实意义相比,试图寻找技术效率水平或其变化决定因素的研究并不算多。Tian & Wan(2000)将目光集中于粮食生产当中,用随机前沿分析(Stochastic Frontier Analysis,SFA)的方法,分别研究了人均受教育年限、人均耕地面积、灌溉面积占总耕地面积的比例、复种指数(Multiple Cropping Index,MCI)在效率水平决定中的作用。Chen et al. (2008a)则把研究的对象直接放在了农业整体之上,以农业增加值为产出变量计算农业生产率,再基于此研究生产率变化及其组成部分的决定因素。他们引入回归的变量包含农业有效税率、农业机械使用量、R&D 支出、人均受教育年限、灌溉面积占总耕地面积的比例、农村电力使用量、自然灾害情况等。不过他们将技术效率变化分解成了纯技术效率变化(Pure Efficiency Change)和规模效率变化(Scale Efficiency Change),考虑到他们使用的实际上是以省为单位的加总数据,这个分解似乎并不妥当(Coelli & Rao,2005)。

从理论上来说,将样本当中的生产单位从省缩小到县市甚至农户会有助于减少回归当中的偏误(Herrmann-Pillath et al. ,2002),但这样的数据往往很难在较大范围或较长时期内持续获得。而现有的基于这些数据的研究也往往仅仅是基于截面或短时间的面板数据,因而难以从中获得生产率或技术效率变化的长期规律。但这些研究对研究技术效率的决定因素仍然是有所帮助的;相比省级的宏观数据,这些研究往往能对一些在省级样本中难以获得的变量进行研究。比如李谷成等(2008)使用农户级别的微观数据,分析了人力资本、信息化、耕地细碎化等家庭禀赋对农户生产技术效率水平的影响。Chen & Song(2008)则关注了人口密度、人均非农总产值、信贷可得性、人力资本等变量对农业生产效率水平的影响。

在这些研究的基础上,此后的研究开始逐渐将目光有针对性地集中于少数变量之上。Chen et al.(2009)使用农户级别的微观数据,计算并分析了中国农业技术效率水平状况,他们将主要的关注点集中于劳动力流动、农户户主年龄、土地集中度等变量之上。Monchuk et al.(2010)使用县级截面数据发现,较发达的工业、较高的信贷比例和较高的农业劳动力比率将伴随着较低的农业生产效率水平,他认为这反映了工业,尤其是重工业所带来的污染等外部性因素对农业效率的损害。不过重工业化显然不足以解释大部分内陆省份农业生产效率的衰退,而根据 Chen et al.(2008a)的结果,效率衰退最严重最显著的省份,恰恰是那些内陆省份。

显然,现有研究都存在这样或那样的问题,因而它们都仍然不足以回答我们最关心的问题:首先,中国农业生产的效率衰退背后原因何在? 其次,衰退是否还会继续持续? 只有为这两个问题找到了答案,我们才能获知开放环境下中国农业的生产率会如何演化。

一般认为,由于要素边际产出递减,不同地区在生产率演化上会表现出一定程度的收敛特征。理论上说,技术效率水平较低意味着技术没有得到充分有效的利用,意味着现有技术尚有很大的利用空间,这势必会降低效率较低地区引入新技术的积极性,促使其在对更有效利用现有技术方面投入更多,因而技术效率的演化过程同样应当存在着地区间的收敛。Coelli & Rao(2005)基于跨国数据的研究也观察到了这种收敛。

而开放方便了资本、技术和知识在地区间的流动,因而会加速生产率在不同地区间的趋同(Madson,2007),从而加速相对落后地区生产率的增长。考虑到中国巨大的贸易和 FDI 规模,研究它们的技术溢出对国内生产率影响的文献并不算少见。比如 Cheung & Lin(2004)就在中国省级层面上发现了 FDI 技术溢出的显著证据;Chuang & Hsu(2004)则使用了公司层面的数据,发现不仅 FDI 具有正向的技术溢出,并且同发达国家开展贸易本身也显著提高了本土企业的生产率;不过也有学者提出,这些研究可能忽略了制度变化对生产率增长的影响,因而高估了 FDI 的技术溢出效应(蒋殿春和张宇,2008)。

争议的存在本应使得开放对农业生产率的影响成为一个受人关注的话题,但农业领域的相应研究却寥寥无几,这可能与中国农业贸易和 FDI 流入在整体经济中所占比率较低有关:2009 年,中国农业 FDI 流入占 FDI 流入总额的比例不足 1.6%,而当年农业总产值占 GDP 的比重为 10.3%。[①] 然而全社会在开放程度上的巨大变化却很难对农业不产生巨大影响。即使农业本身因为各种因素并没有大规模的外资流入,也没有积极参与到对外贸易当中,但我们看到,开放仍然对中国农业生产造成了巨大的直接冲击。考虑到开放在促进技术和信息流动上的作用并不因农业本身贸易或 FDI 规模上的问题而稍减分毫,所以我们不应该忽视对开放与农业生产率或其组成部分之间关系的研究。

从理论上分析的话,开放环境也会对技术效率的收敛效应造成影响:一方面开放会降低新技术的获得成本,这会鼓励技术效率较高的地区更换新的生产技术;另一方面开放所带来的信息交流也使得更有效地利用现有技术成为可能,因而有助于改善落后地区的效率水平。综合两方面的影响,开放环境下中国农业技术效率的收敛趋势应当会增强。

倘若这种收敛足够强大,那技术效率平均水平的长期衰退似乎就是不可能的:收敛意味着技术效率水平越低的地区将会拥有的技术效率增长率越高,因而当平均的技术效率水平足够低时,足够强大的收敛效应应当足以推动它走上增长的道路。然而,在中国农业的发展当中,我们的确观察到了平均的技术效率水平在相当长的时间内一直处于衰退状态。

要解决这个矛盾,势必需要对中国农业生产技术效率的地区间收敛效应进行观察。这不仅可以帮助我们寻找过去一段时间内中国农业生产技术效率衰退的原因所在,也可以帮助我们回答这种衰退是否会持续的问题。

第三节　中国农业生产的技术效率衰退是否会终结

这部分旨在用实证研究的方法观察中国农业生产率及其组成部分在过去的演变,分析其决定因素,确定其未来的演化趋势。这些研究可以帮助我们回答上文提出的两个问题:首先,中国农业生产率的技术效率衰退背后原因何在? 其次,衰退是否还会持续? 我们将尤其关注开放在其中扮演的角色。

[①]　数据来源:《中国统计年鉴 2010》,国家统计局,2011。

一、生产率计算

显然,要回答上文提出的两个问题,我们首先要做的,就是选择恰当的方法和数据,准确地计算出中国农业历年来的生产率及作为其组成部分的技术效率水平。

（一）计算方法

生产率计算的方法多种多样,很多研究使用 Solow 剩余来代表生产率。不过本章的研究需要对技术效率施加特别关注,因而需要将生产率分解到技术前沿进步和技术效率变化两个维度之上。要实现这个目的,最常用的方法可以分为两类:基于 Malmquist 指数的 DEA 方法(比如,Chen et al.,2008a；Wu et al.,2001；Mao & Koo,1997)或是 SFA 方法(比如,Tian & Wan,2000；Jin et al.,2010)。Hjalmarsson et al.(1996)分别用不同的方法计算了同一组数据的效率值,结果发现不同方法的结果间存在显著差异。有些结果间的相关系数甚至是负的。可见具体方法的挑选需要仔细斟酌。

从根本上说,不同方法间的差异主要体现于两个方面:技术前沿的确定和给定技术前沿时的技术效率计算。在确定技术前沿时,作为一种非参数方法的 DEA 仅要求简单的凸性和自由处置(Free Disposal)假设,而无须其他更严格的新古典假设,特别是不需要假设特定的函数形式和经济单位的行为模式。而 SFA 对假设的要求则要严格得多。

当给定技术前沿估计技术效率指数时,情况又刚好相反。DEA 假设经济单位对生产的各个方面有完全控制能力,将经济单位与技术前沿的所有偏离都归因于技术效率低下。而 SFA 则允许随机因素的存在,换句话说,它将生产与技术前沿的偏离归因于两个方面:技术效率低下或是随机冲击。显然,DEA 的结果对数据的选择往往更为敏感(Fiorentino et al.,2006)。

综合两方面可知,当经济单位所在环境市场与新古典假设偏离较大或者特定函数形式解释能力值得怀疑时,DEA 会是个更好的解决方案;相反,当数据的准确性可能存在疑问时,SFA 会是个更稳妥的选择(Mortimer,2002)。[①]

因此,对我们的研究而言,DEA 会是个更恰当的方法:众所周知,中国的土地等生产要素交易仍然十分有限,市场并不发达,因此新古典假设可能无法被满足。虽然 DEA 将所有与生产前沿的偏离均归结为技术效率低下的假设

---

① 这两种方法的详细说明参见 Coelli et al.(2005)。

也不能让人满意,但如果我们能在此后的因素分析中控制其他可能因素,那这个缺陷就可以接受。

DEA 首先通过线性规划的方法,基于投入产出数据建立一个分段的生产可能性前沿曲线,再基于这条曲线和特定的距离函数得到生产的技术效率数据。它既可以从投入的角度也可以从产出的角度来建立生产可能性前沿曲线以计算技术效率。在规模报酬不变假设下,从两个角度计算的结果应当是完全等同的。

假设存在 N 个生产单位,M 种产出和 K 种投入,则第 i 个生产单位的效率可由如下线性规划中解出:

$$\max_{\lambda} \phi \tag{2.1}$$

$$满足:\quad \begin{aligned} -\phi y_i + Y\lambda &\geqslant 0, \\ x_i - X\lambda &\geqslant 0, \\ \lambda &\geqslant 0 \end{aligned}$$

其中,ϕ 是个标量,$\phi \geqslant 1$。而 $1/\phi \in (0,1]$ 就是 i 单位的技术效率。λ 是个 $N \times 1$ 阶权重向量,通过选择满足三个约束条件的向量 λ,它可以定义 i 单位的技术前沿方向。y_i 是 i 单位的 $M \times 1$ 阶产出向量;x_i 是 i 单位的 $K \times 1$ 阶投入向量;Y 和 X 分别是所有单位的产出和投入矩阵。对每个单位解线性规划就能获得所有单位的技术效率和技术前沿方向信息。

进一步地,以生产可能性集 $P(x)$ 定义生产技术,$P(x) = \{y:$ 投入 x 能生产的 $y\}$。生产集满足一般的公理性要求。可以由生产集定义一个产出距离函数:

$$d_o(x,y) = \min(\delta : (y/\delta) \in P(x)) \tag{2.2}$$

只要产出变量 y 属于生产可能性集,则 $d_o(x,y)$ 必然小于等于 1。如果将生产可能性前沿理解为技术前沿,则 $d_o(x,y)$ 代表的实际上就是我们所讨论的技术效率。

基于距离函数的概念,Malmquist 指数可用于计算同一单位在不同时间内的生产率增长:

$$m_o(y_s, x_s, y_t, x_t) = \left[\frac{d_o^s(y_t, x_t)}{d_o^s(y_s, x_s)} \times \frac{d_o^t(y_t, x_t)}{d_o^t(y_s, x_s)} \right]^{1/2} \tag{2.3}$$

其中,s 为基期,m_o 是 s 期到 t 期的生产率增长率。式(2.3)可以被等价地改写成如下形式:

$$m_o(y_s, x_s, y_t, x_t) = \frac{d_o^t(y_t, x_t)}{d_o^s(y_s, x_s)} \left[\frac{d_o^s(y_t, x_t)}{d_o^t(y_t, x_t)} \times \frac{d_o^s(y_s, x_s)}{d_o^t(y_s, x_s)} \right]^{1/2} \tag{2.4}$$

式(2.4)中,括号外的部分是 t 期和 s 期技术效率之比,反映了这段时间内技术效率的变化情况;而括号内的部分则是技术变化,它可以用类似 DEA 的方法通过线性规划计算得到。其中:

$$[d_o^t(y_t,x_t)]^{-1}=\max_\lambda \phi \tag{2.5}$$

$$-\phi y_i+Y\lambda \geqslant 0,$$

$$满足: \quad x_i-X\lambda \geqslant 0,$$

$$\lambda \geqslant 0$$

$$[d_o^t(y_s,x_s)]^{-1}=\max_\lambda \phi \tag{2.6}$$

$$-\phi y_i+Y\lambda \geqslant 0,$$

$$满足: \quad x_i-X\lambda \geqslant 0,$$

$$\lambda \geqslant 0$$

$[d_o^s(y_t,x_t)]^{-1}$ 与 $[d_o^s(y_s,x_s)]^{-1}$ 亦可通过类似途径计算获得。

关于 DEA 方法的更详细说明可见 Coelli et al.(2005)。

(二)数据与变量选择

Herrmann-Pillath et al.(2002)认为,基于中国省级行政区的计量分析一方面忽略了省区内部的差异,另一方面也忽视了更多因地理、历史因素而形成的行政区划分与经济区之间的差异。从这个角度来说,基于县级或市级行政区的研究或许可以得到更准确的结论。

不过一方面迄今基于后者的研究并没有得到足以颠覆之前研究结论的结果,另一方面县市级的数据在可获得性和准确性上都存在更大的问题。而更重要的是,在我们最关心的问题——开放对农业技术效率的影响上,省级行政区或许是一个更好的分析层面:它可以以足够而不太大的样本量提供开放变量的充分变化。而如果是基于县市级的数据甚至更微观的农户级数据,要获得开放变量变异足够大的样本将意味着巨大的工作量和数据可比性、准确性上的风险。因此,即使需要承担可能的偏误风险,省级层面数据的采用仍然是值得的。

我们使用的数据大都来自《新中国六十年统计资料汇编》(以下简称《六十年》);对一些《六十年》当中没有或缺失的数据,则采用历年《中国统计年鉴》、《中国人口统计年鉴》、《中国农村统计年鉴》等的数据补充。虽然重庆于1998年才成为直辖市,但《六十年》中对1998年之前重庆的各项宏观数据均有公布。因此,我们的回归分析包含了除台湾、香港、澳门地区外的所有31个省级行政区。

研究针对的时间范围被限制在 1994 年直至当前数据可得的 2008 年,这一方面是源于数据可得性的问题——本章采用的一些变量数据在更早的时间内很难获得,另一方面也是因为这段时间是中国开放进程推进稳定、政策变化相对较少的一个时期,这有助于我们将注意力更多地集中于主要的解释变量之上。

我们采用的产出变量是第一产业总产值,并通过公布的第一产业总产值指数来计算经过价格调整的各年份总产值数据。

与产出变量相匹配的,我们的投入变量包含劳动、土地、大牲畜、肥料和农业机械。

我们使用的劳动投入数据是来自《六十年》及各年《中国统计年鉴》中按三次产业分的第一产业就业人数数据。由于未能及时统计向其他部门转移的农业劳动力等原因,此数据在准确性上常遭人诟病(Rawski & Mead,1998)。不过 Rawski & Mead(1998)在使用了经过调整的农业就业数据之后也并没有得到存在显著差异的结果。此外,我们也有理由认为,至少在本章所针对的 20 世纪 90 年代后期至 2000 年以后,随着统计方法的进步和乡镇企业的衰落,此数据的准确性应当会比之前有所增强。考虑到目前也并没有得到公认的良好替代性数据,我们仍然遵循一般惯例,使用第一产业就业数据作为劳动投入。另外,我们未能在任何来源中找到 2006 年第一产业的就业数据,这导致本章的效率变化变量缺失了两年的观测值:除 2006 年,我们计算所得的 2007 年效率变化实际上是相对 2005 年的,因而也不得不被排除出回归过程。

我们使用的土地投入数据是来自《六十年》及各年《中国统计年鉴》中的农作物播种总面积数据。用播种面积而非耕地面积,有助于更精确地描述土地投入量。此外,与劳动投入类似,中国耕地面积数据的准确性常为人所诟病,土地普查曾经导致全国耕地总面积数据大幅度增加。官方数据显示历年耕地面积呈下降之势,然而,一些基于卫星照片数据的研究却发现耕地总面积变化不大,甚至略有上升(Deng et al.,2006),这也加重了对官方耕地数据的怀疑。而播种面积数据在统计的及时性和准确性上都要强于耕地面积数据(白人朴,2005)。

大牲畜、农业机械投入和肥料投入数据分别是来自《六十年》及历年《中国统计年鉴》中的年底大牲畜头数、农业机械总动力和化肥折纯施用量。

(三)结果

本章计算所得的中国历年平均的农业生产技术前沿和技术效率变化情况如图 2.1 所示。大于 1 的值代表平均技术前沿的进步或技术效率水平的改

善,小于 1 的值则相应地代表了技术前沿或技术效率的退步。因为 2006 年第
一产业就业数据的缺失,图中缺少了 2006 年的相应值,而 2007 年的效率和技
术变化情况也是基于 2005 年水平计算所得。与以往研究十分一致,本章的计
算结果表明,在大部分时间中,技术前沿进步都是中国农业生产率进步的唯一
推动力量,而技术效率的变化非但没有提高生产率增长率,反而损害了其
增长。

在图 2.2 中,本章对比了历年中国农业生产技术效率的均值和中位数。
从 1999 年开始,中位数就一直低于均值,说明从那时候起低效率省份技术效
率的衰退就一直是全国平均水平下降的主要原因。

作为对比,Coelli & Rao(2005)同样使用了基于 Malmquist 指数的 DEA
的方法计算了 1980 年到 2000 年 93 个国家的技术效率变化情况。在他们的
样本中,只有 11 个国家的累积技术效率变化呈现衰退局面,而在本章的样本
中,31 个省份中的 21 个累积技术变化率为负。中国农业生产技术效率衰退
情况之普遍、局面之严重由此可见一斑。

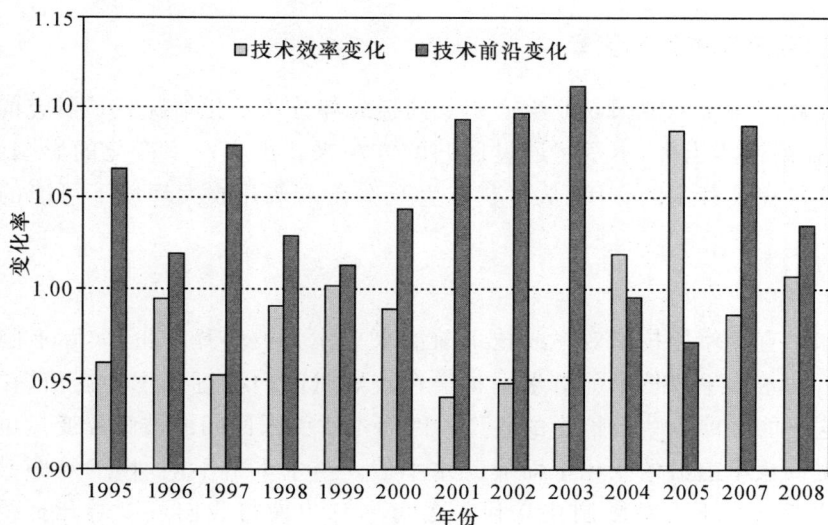

图 2.1　1995—2008 年中国农业生产技术效率与技术前沿变化情况

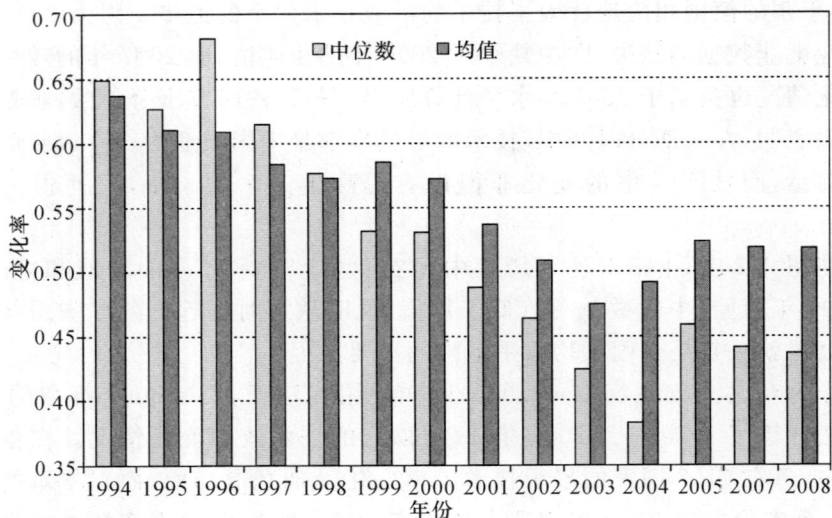

图 2.2 1995—2008 年历年中国农业生产技术效率均值及中位数

二、生产率的影响因素

计算出历年来中国农业生产率及其组成部分的变化情况只是研究的第一步,而在第二步当中,本章将通过回归的方法来找出生产率变化的影响因素,明确开放在其背后的作用,从而获知生产率在未来开放大环境下可能的变化方向。

(一)回归方法选择

如果直接使用技术效率或技术前沿水平作为被解释变量,实际上隐含地假设了技术效率或技术前沿水平将会在较短时间内接近某个均衡值,在很多时候这可能并非是一个恰当的假设。因而本章引入回归的被解释变量也是技术效率或技术前沿的变化率而非其水平值。与水平值不同,技术效率或技术前沿的变化率不会被限制在 0 到 1 之间①,这也使得我们可以避开是否选择

---

① DEA 计算所得的效率值介于 0～1 之间,基于这个原因,不少相关研究都在第二步效率决定因素回归当中采用了 Tobit 等截尾回归的方法,不过效率计算结果介于 0～1 之间的原因却与 Tobit 方法的基本假设存在差异:它并非是将＞1 的观测值都当成 1 而将＜0 的观测值都当成了 0,因此效率观测值虽然也介于 0～1 之间,但这并不必然意味着误差项分布与正态分布的偏离。因而使用去尾回归的方法可能并非必须。事实上,现有同时报告了 Tobit 和 OLS 回归结果的研究,大都未发现两种方法的结果存在显著差异(比如,Bravo-Ureta et al.,2007)。

Tobit 等截尾模型的两难境地。

此外,本章强调的开放因素和收敛效应的作用应当是长期而潜移默化的。因此,与以往研究不同,在第二步回归当中本研究采用了滞后的五年累积技术或效率变化作为被解释变量[①],以第 n 期的解释变量,解释第 $n+1$ 到第 $n+5$ 期的技术效率或技术前沿变化总和。

生产率影响因素繁多,又缺乏一个全面系统的决定模型,因而任何关于生产率或其组成部分的回归都不得不面对解释变量遗漏的质疑。从这个角度考虑,二元固定效应(Two-way Fixed Effect)模型或许是最适合的方法。在空间层面上,它可以控制不同地区间在气候、水土的地理环境条件下的固定差异;在时间层面上,它也可以控制不同年份间的政策变化。考虑到中国各省区间截然不同的农业生产环境和样本时间内频繁的政策更迭,对这两者的控制将在很大程度上减少解释变量遗漏所可能带来的问题。基于以上考虑,本章在第二阶段的回归方法上选择了基于普通最小二乘法的二元固定效应模型。

此外,技术效率和技术前沿的变化都是生产率变化的组成部分,因而两者应当是相关的,而对两者独立地进行回归会忽略掉这种相关性。因而我们同时还在第二阶段回归中纳入了看似不相关回归(Seemingly Unrelated Regression,SUR)的方法。考虑到我们的样本是非平衡面板,具体地,本章使用了Biørn(2004)提出的方法。

(二)变量及数据描述

本章通过期初技术效率水平的引入来观察技术效率的收敛趋势,如果这个变量的系数显著为负,那收敛就是存在的。同时本章以各地区出口额占当年 GDP 的比率为基础构造最关注的开放变量 Open。这一选择至少有三个理由:首先,较多参与国际贸易的地区必然与外界交流较多,信息沟通无碍因而较为开放;其次,较多参与国际贸易的地区应当在发展贸易的先天条件上存有优势,比如,距离港口更近的地理位置、与国外联系更为紧密的社会关系网络等,而这些先天条件,同样有利于地区开放程度的提高;第三,用全社会而非农业本身的出口,可以减少内生性问题存在的可能,提高回归分析的可信性。

不过,影响出口的因素繁杂多样,这使得出口占 GDP 比率起伏多变,而开

①　之所以选择五年这个数字,是一个综合考虑的结果:时间太短则不能体现长期性,本章所关注的主要解释变量在回归中也并不显著;时间太长则会导致数据损失过多。我们的结果对于具体的累积时期选取是稳健的,只要超过某个最短时期,结果就不会有显著变化——直到样本量的缩小对显著性的损害无可挽回为止。

放程度变量的变化频率应该低得多,特别是一些外生的波动——比如金融危机——会对出口占 GDP 比率造成十分显著的影响,然而没理由认为这些因素也会对开放程度带来类似程度的影响。考虑到样本时间内中国各地区的开放程度基本上是处于增长的趋势当中,本章采用 1994 年以来最高的出口占GDP 比率代表地区开放程度以便滤去过多的波动。具体来说,某年份某地区的 Open 变量值等于此地区 1994 年开始的出口额占 GDP 比率历史最高值。

引入回归的其他控制变量包括:灌溉面积占总耕地面积的比率,农业R&D 支出,粮食播种面积占总播种面积的比率,农村人均受教育年限,农村电力使用量与农业产出比率,受灾面积占总播种面积比率(对自然灾害情况的控制有助于降低 DEA 方法固有缺陷对研究结果的负面影响。与其他变量不同,自然灾害对生产率的影响应当是立竿见影的,因而我们对变量做了与被解释变量相同的累积和滞后处理),政府农业支出占总产出比率,农村居民人均纯收入对数值(Chen et al.(2008a)发现,收入较低的地区,平均而言,会有更低的效率和技术前沿增长率),非农总产值占 GDP 比率,第一产业就业人口占总人口的比率(这两者都反映了非农产业发达程度对农业生产效率的影响),信贷资金占 GDP 比率(Monchuk et al.(2010)发现过多的投资和较发达的工业都会损害农业生产的效率)。

除此之外,本研究回归中还纳入了各变量与开放程度变量 Open 的交叉项,以此来观察和控制开放环境对不同效率的影响渠道尤其是对收敛效应的影响。

具体到数据来源,农村人均受教育年限根据历年《中国农村统计年鉴》数据计算得出,受灾面积数据来自历年《中国农村统计年鉴》,政府农业支出数据来自《六十年》和历年《中国统计年鉴》,农村电力使用量数据来自历年《中国农村统计年鉴》,农村居民人均纯收入数据来自历年《中国农村统计年鉴》。近年来,中国进行过数次的 GDP 数据回溯调整,这使得公布时间不同的 GDP 数据存在一定的差异,本研究统一采用了迄今最近一次调整的结果。

较之以往研究,本研究未将人均耕地、人均机械使用量等变量纳入回归当中,这与我们所用的方法有关:DEA 是非参数的技术效率计算方法,而本研究计算技术效率时所用投入已经包含劳动、耕地和机械使用量,因此我们有理由认为 DEA 计算所得的技术效率已经包含了这些信息。除此之外,本研究未能获得农村税费和复种指数数据。不过对于后者,由于使用播种面积而非耕地面积数据,其影响应当不大;而对于前者,回归中将会控制年份虚拟变量,如果假设同一年份不同省区间农业税率相同,那它就不会造成任何影响。

第二步回归所用各变量基本统计特征在表 2.2 中给出。

表 2.2　第二步回归中各变量主要统计特征

变量名	样本容量	均值	标准差	单位根检验
累积技术效率变化	262	0.939	0.222	0.0002
累积技术前沿变化	262	1.271	0.186	0.0001
技术效率水平	262	0.566	0.228	0.0000
灌溉耕地比率	262	0.366	0.163	0.0000
粮食种植比率	262	0.710	0.105	0.0000
人均收入对数值	262	7.582	0.427	1.0000
农村电力消费量/农业总产值	262	0.090	0.069	0.0000
农业总产值/GDP	262	0.678	0.678	0.0000
第一产业就业人口/总人口	262	0.256	0.092	0.0822
信贷总额/GDP	262	1.011	0.293	0.0000
政府农业支出/GDP	262	0.032	0.021	1.0000
农村人力资本	262	7.327	1.187	0.0274
农业研发支出/农业总产值	262	0.004	0.008	0.0000
受灾面积比率	262	0.333	0.113	0.0000
开放程度	262	0.179	0.201	0.4890

注:面板数据的单位根检验采用 Choi(2001)提出的 Fisher 型方法。

　　本研究样本包含 15 年的观测值,时间跨度较大,因而需要在回归之前进行平稳性检验。考虑到样本是非平稳面板数据,本研究选择了 Choi(2001)提出的 Fisher 型单位根检验方法。计算得到 Z 检验的 P 值同样在表 2.2 当中给出。本研究的大部分变量,即除了人均收入、政府农业支出和开放变量之外的其余变量都至少在 10% 的程度上拒绝了存在单位根的原假设。而即使是三个不平稳的变量,也在一阶差分后变得平稳。同时,本研究还进行了 Kao 协整检验,结果在 1% 程度上拒绝了不协整的初始假设,因而这些变量可以被纳入第二阶段回归当中。

　　(三)结果与讨论

　　第二步回归结果报告在表 2.3 当中,列(1)、(2)、(4)、(5)中列出的是二元固定效应模型的回归结果,而列(3)、(6)中则是 SUR 方法所获得的回归结果。其中列(1)、(2)和(3)的被解释变量是滞后的五年累积技术效率变化,而列

(4)、(5)、(6)的被解释变量则是滞后的五年累积技术前沿变化。回归(1)、(4)仅包含各控制变量本身,而其他回归则在同时还引入了各控制变量与开放变量的交叉项,借此观察各因素对生产率的影响在开放环境下的变化。大量交叉项的引入不可避免地会导致多重共线性(Multicollinearlity)的出现,不过多重共线性只会导致变量系数显著性的下降,而并不会带来结果的有偏。因而任何在多重共线性存在情况下依然显著的变量系数都仍然具有讨论价值。而在本研究的回归当中,不少交叉项系数是显著的。此外,即使在最显著的几个变量被剔除出回归之后,剩余的交叉项都仍然是联合显著的(表 2.3 回归(1)当中的剩余交叉项的 F 检验值为 3.27,在 1%程度上显著)。这些结果都反映了开放对生产率变化复杂而深刻的影响。

Biørn(2004)提出的 SUR 方法基于随机效应模型,因而无法像固定效应模型那样控制随时间不变的遗漏解释变量,但固定效应模型又忽略了技术效率和技术前沿之间的相关性,因而不同方法在不少变量的系数上都得到了不同的结果。并且两种方法各有优劣,很难说哪个结果更为可靠。所幸本研究最关注的变量系数在不同方法下表现出了一致的显著性,我们有理由认为这一结果是可靠的。在接下来的分析中,笔者将重点关注那些在不同方法下表现一致的变量。

表 2.3　回归结果

被解释变量	累积技术效率变化			累积技术前沿进步		
	二元固定效应模型		SUR 模型	二元固定效应模型		SUR 模型
	(1)	(2)	(3)	(4)	(5)	(6)
技术效率水平	−1.249*** (0.142)	−1.107*** (0.200)	−0.654*** (0.073)	0.771*** (0.157)	0.549** (0.237)	0.437*** (0.087)
×开放程度		−1.422* (0.743)	−0.590* (0.355)		1.330 (0.933)	0.313 (0.422)
灌溉耕地比率	0.763** (0.356)	1.129** (0.506)	0.452*** (0.075)	0.111 (0.235)	0.136 (0.273)	−0.087 (0.079)
×开放程度		−1.509 (1.416)	−0.146 (0.501)		−0.052 (1.137)	0.560 (0.543)
粮食种植比率	0.475 (0.474)	−1.681* (0.881)	−0.054 (0.135)	0.914*** (0.290)	0.126 (0.348)	−0.960*** (0.121)
×开放程度		6.562*** (1.747)	2.374*** (0.535)		2.527** (1.208)	5.431*** (0.578)

（续表）

被解释变量	累积技术效率变化			累积技术前沿进步		
	二元固定效应模型		SUR 模型	二元固定效应模型		SUR 模型
	(1)	(2)	(3)	(4)	(5)	(6)
人均收入对数值	−0.369** (0.175)	−0.139 (0.185)	0.110** (0.057)	−0.127 (0.124)	−0.130 (0.141)	0.154** (0.063)
×开放程度		−0.952* (0.513)	0.341* (0.197)		0.566 (0.449)	0.089 (0.228)
农村电力消费量/农业总产值	0.569 (0.378)	2.793** (1.280)	0.210 (0.393)	0.605 (0.406)	−0.039 (1.251)	0.088 (0.361)
×开放程度		−7.761** (3.080)	2.843*** (0.769)		4.368* (2.535)	−2.453*** (0.786)
非农产业总产值/GDP	−1.066*** (0.401)	−2.004*** (0.546)	0.266 (0.181)	0.310 (0.285)	0.898* (0.464)	0.537** (0.208)
×开放程度		10.996** (5.084)	−7.986*** (1.237)		−10.477*** (4.041)	2.219* (1.365)
第一产业就业人口/总人口	−0.027 (0.481)	0.385 (0.627)	0.138 (0.184)	1.066** (0.418)	1.882*** (0.618)	0.268 (0.197)
×开放程度		1.185 (5.828)	−0.170 (1.643)		−10.255 (6.889)	0.968 (1.684)
信贷总额/GDP	0.041 (0.092)	0.256* (0.149)	0.088* (0.046)	−0.038 (0.057)	−0.047 (0.094)	0.394 (0.053)
×开放程度		−0.456 (0.417)	−0.208 (0.157)		0.010 (0.381)	−1.190*** (0.180)
政府农业支出/GDP	4.000 (2.432)	3.175 (2.928)	2.934*** (0.593)	2.467*** (0.841)	0.846 (1.228)	−4.474*** (0.664)
×开放程度		13.518 (8.33)	6.121* (3.702)		10.472 (7.636)	33.150*** (4.153)
农村人力资本	0.060 (0.074)	−0.061 (0.855)	0.009 (0.019)	−0.069 (0.057)	−0.050 (0.071)	−0.040** (0.019)
×开放程度		0.262 (0.332)	−0.015 (0.133)		0.069 (0.424)	0.002 (0.156)
农业研发支出/农业总产值	−14.918 (18.679)	−30.068 (44.271)	7.321 (11.926)	−15.149 (12.007)	61.135* (31.981)	0.292 (12.288)
×开放程度		51.030 (73.788)	7.293 (20.535)		−117.008** (54.335)	−41.386* (21.434)
受灾面积比率	−1.154*** (0.338)	−1.029*** (0.324)	−0.803*** (0.071)	0.509*** (0.158)	0.385*** (0.144)	0.449*** (0.084)

（续表）

被解释变量	累积技术效率变化			累积技术前沿进步		
	二元固定效应模型		SUR 模型	二元固定效应模型		SUR 模型
	（1）	（2）	（3）	（4）	（5）	（6）
开放程度	0.244 (0.567)	−4.866 (3.866)	2.544* (1.362)	1.367** (0.567)	2.966 (3.463)	−6.060*** (1.600)
年份虚拟变量	控制	控制	控制	控制	控制	控制
F 检验值	14.27	14.94	N/A	24.34	26.97	N/A
Within R^2	0.5191	0.5803	N/A	0.6609	0.7065	N/A
样本容量	262	262	262	262	262	262

注：①回归中包含常数项，虽然并没报告在表格当中。②回归(1)、(2)、(4)和(5)括号中的数字是异方差文件标准误。③ *，**，*** 分别代表在 10%，5%，1% 程度上显著。④回归(1)、(2)、(3)的被解释变量为滞后的累积五年技术效率变化率，而回归(4)、(5)、(6)的被解释变量则为滞后的累积五年技术前沿变化率。⑤笔者未能获得上海 1998 年和 2006 年、重庆 1994—1996 年受灾面积数据，海南 1994 年及 1998—2001 年灌溉面积数据和所有省份 1994 年政府农业支出数据和 2006 年第一产业就业数据，因而我们的样本容量仅为 262。

受灾面积比率在所有回归中都十分显著，而它对农业技术效率的负面影响也很容易理解：DEA 将随机冲击归结为技术效率低下，自然也将自然灾害视作低效的来源之一。然而它在技术前沿回归中的表现却令人惊异：表 2.3 回归(4)、(5)、(6)的结果表明，受灾面积的增加反而会提高技术前沿的进步速度。这与 Chen et al.（2008a）的结果是类似的，这可能是因为自然灾害降低了放弃旧有技术的机会成本，反而促使生产者主动更换新技术。

一般来说，受教育水平较高的农民有更强的能力和更高的倾向来学习和采纳新的生产技术，因而我们可能会认为人力资本的提高有助于技术前沿和技术效率的进步。然而在表 2.3 列出的结果当中，人力资本变量却仅在回归(6)当中显著为负，而在其他回归中均未表现出任何显著性。这可能是源于本研究以农村人均受教育年限表示人力资本，而后者与实际投入农业的人力资本存在较大差距：受教育较多的人群，反倒更可能离开农业去从事其他产业。

类似的因素在灌溉比率和信贷比率变量表现背后可能同样起了一定作用。灌溉比率的提高显著地加速了技术效率的改善，却对技术前沿变化毫无影响。这可能是源于效率计算时投入品选择上的问题：投入不包含水资源投入。因而水资源投入较多的地区就被认为拥有较高的效率水平。而信贷比率对技术效率改善的显著作用和对技术前沿变化的毫无影响背后反映的则可能是农业信贷在信贷整体中几乎无足轻重的地位：这使得信贷整体规模无法良好地代表农业信贷规模，从而削弱了它在回归中的显著性。

粮食生产在农业当中具有特殊地位，然而粮食却一直是一个经济价值较低的作物，考虑到本研究以农业总产值为产出变量，粮食种植比率较高的省份技术前沿和技术效率水平似乎都应该较低（Arnade,1998）。不过考虑到中国政府对粮食安全的特殊重视和在粮食生产技术上的重点投入，在中国，粮食种植比率较高的地区反倒拥有更高的生产率水平和增长率也不足为奇。

而本研究的结果则表明情况甚至比这更复杂：粮食种植对农业生产率的影响与开放程度息息相关。在开放程度较高的地区，较高的粮食种植比率将会有助于农业技术前沿和技术效率的进步。

技术效率水平的系数同样在不同方法下表现出了一致的显著性。它在表2.3回归(4)、(5)、(6)中一致为正的符号说明了技术效率水平对技术前沿进步的重要性，也说明如果中国当前的技术效率衰退一直持续的话，将最终伤害到技术前沿的进步，危及生产率整体的增长。而它在表2.3回归(1)、(2)、(3)中显著为负的表现则充分地证明了技术效率演化过程中收敛效应的存在性。而效率水平与开放变量交叉项在表2.3回归(2)、(3)中一致为负的符号则说明开放环境显著地强化了这种收敛。而我们所需要知道的是，收敛效应的强度是否足以在未来扭转技术效率水平的下降趋势，从而使得生产率整体避免衰退的命运？

由于技术效率水平作为解释变量被引入，表2.3中的回归(1)、(2)、(3)实际上构成了一个动态的技术效率决定模型。对任何给定的初始变量和参数值，这个模型都将会给出一个唯一确定的长期"均衡"技术效率水平。通过对这个"均衡"技术效率水平的观察和将它与实际技术效率水平的对比，我们可以获知技术效率水平在未来的变化趋势。如果这个"均衡"技术效率水平十分低下，或者与实际技术效率水平相去不远，那我们就很难期待技术效率水平在未来的大幅度改善。

基于表2.3回归(2)所获得的回归系数和各变量的年平均值，我们计算出了各年均衡的技术效率水平。图2.3中表示出了历年"均衡"和实际技术效率水平的变化情况，我们还将开放水平不变时的技术效率水平同样表示在了图中。

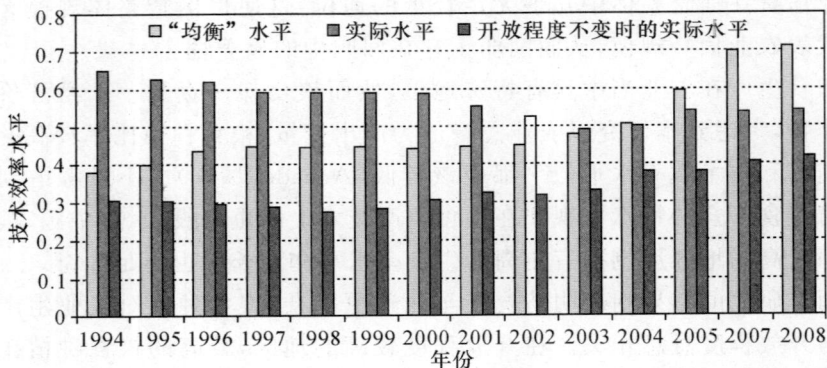

图 2.3　1994—2008 年"均衡"和实际的技术效率水平①

从这个角度看,开放程度的提高或许正是扭转过去中国农业生产技术效率衰退趋势的希望所在:它提高了技术效率向"均衡"水平的收敛速度。而如图 2.3 所示,开放也在一定程度上提高了"均衡"的技术效率水平,更令人乐观的是,"均衡"的技术效率水平甚至已经接近 1。因而只要给定开放之大势所趋,那中国农业生产的技术效率就必然会有走出衰退开始复苏的一天。

作为稳健性检验,在未报告的回归当中我们尝试过调整变量形式、剔除直辖市和广东等开放程度特别高的样本等②、在计算均衡技术效率水平时使用表 2.3 回归(3)所得回归系数,但得到的结果均不存在大的差异。这说明我们的结果是稳健的。

总而言之,以上的研究确认了开放环境对中国农业生产技术效率和技术前沿变化的影响。这种影响并非一成不变:如我们所见,开放环境有助于粮食种植比例较高和非农产业较发达地区的技术效率改善,开放的环境也有助于政府农业支出更充分地发挥其在生产技术效率提升上的作用。而对本研究最为关注的问题而言,开放环境更为重要的作用体现为其对农业生产技术效率收敛速度的影响:在更开放的环境之中,农业生产技术效率的收敛速度将会大

---

①　这里的真实效率水平与图 2.2 中的结果存在差异,其原因在于在图 2.2 我们只是想观察变化的趋势,因而是未经加权的均值,而图 2.3 当中数据则是以产出为权重的加权平均值。

②　以回归(2)为例,在剔除直辖市和广东样本的回归当中,只有农业劳动力比重及其交叉项的显著性有所增强,灌溉比率变量的显著性有所减弱,而对本研究结论最为重要的技术效率水平变量及其交叉项的显著性和符号都没有太大变化。篇幅所限我们无法列出所有的回归结果,对此感兴趣的读者可以联系作者索取。

大加快。我们同时还发现，自2001年以来，"均衡"的技术效率水平已经超过了中国真实的农业效率水平，达到了接近1的水平之上，这意味着中国农业生产的技术效率水平将很快走出衰退的轨道，开始复苏之旅。

本章小结

本章总结了1978年以来中国农业生产率的演变历程，指出了其背后存在的隐忧，分析了1994年到2008年中国省级层面上农业生产率及其组成部分的变化和决定情况，明确了中国农业生产率在过去生产率整体增长和技术效率持续衰退并存局面的存在性。与此同时，这部分研究还重点关注了开放环境下的农业生产率演变，从中我们可以直接地获得如下两个结论。

首先，开放给中国农业生产率演变造成了十分显著的影响。循着这条逻辑链，我们可以获知，开放对中国农业造成的影响并不仅限于直接的价格波动和竞争加剧，它同样对农业生产率带来了潜移默化而又深刻异常的影响。

其次，开放加速了信息、资本、生产资料和人本身的流动，这使得技术在不同地区间的传播成为可能，使落后地区在技术水平上追赶先进地区成为可能。这部分的研究表明，开放加速了技术效率在不同地区间的收敛，也提高了均衡的效率水平，这两个结果的综合为中国未来农业生产效率的变化描绘出了一幅乐观的场景：随着给定开放程度的日益提高，中国农业生产的技术效率的衰退将会终结，而增长终将到来。

不过我们同样需要认识到的是，技术效率的收敛归根结底是经济当中各行为人一起努力的结果。开放仅仅是个环境变量。因此本章得到的乐观结论并不是在说单纯的开放就可以导致中国农业生产效率持续、稳定地保持增进了。它实际上是在说开放环境下，人的行为可以带来中国农业生产效率的改善，而不是说只要开放持续，我们就可以无所事事地等待技术效率的收敛效应给我们一个令人满意的结果。恰恰相反，要真正发挥开放环境对农业生产技术效率收敛效应的促进作用，我们就必须在此背景下付出真正的努力。

结合研究结果，本章的政策建议可以用一句话概括：在开放环境下，政策制定者应当设法鼓励农业产业链整合，消除其所面临的各种障碍，以此来实现农业的各种政策目标。

不过需要注意的是，本章所指的产业链整合都是由企业自发实施的，只要企业的内部治理是良好的，企业管理层是理性的，那这样的产业链整合必然是向着对企业长期发展有利的方向进行的。但这一结论并不能自然推广到一切的产业链整合当中,如果无视一般市场规律,由第三方从外部强行发起的产业链整合就不一定能实现我们所提到的效果。周黎安和罗凯(2005)就曾经发现,虽然企业规模的增大有助于企业创新成果的增加,但这一规律在公司治理水平较低的国有企业当中却并不成立。因而我们认为,对政策制定者而言,最佳的做法并非是直接强行推动产业链整合,而是设法消除产业链整合的障碍,以经济手段鼓励自发的产业链整合。

而要实现这一目的,归根结底,农产品生产环节生产的集中和产业集中度的提高是必需的,而这又是建立在土地流转市场的建立和成熟之上的。在此之外,鼓励农民通过建立生产合作组织的方式来实现生产的联合也是可行之道,不过参与人数过多必然会导致交易成本的迅速提高,这使得生产合作组织可能并不能在所有地方都得到顺利推广。

当生产环节自发的整合无法完成时,产业链整合也可以由下游企业发起。理论上说,相比上游的小农生产者,下游企业在资金实力、市场渠道和信息掌握上都具有较大的优势,因而在当前环境下可能更适合成为产业链整合的主导者。不过根据我们之前的分析,当前不健全的法律和其他制度环境同样提高了这种产业链整合的交易成本,使其无法自发地大规模推广。并且相比由上游企业主导产业链整合的做法,这一选择可能也只能是权宜之计:Karanti-ninis et al.(2010)发现,虽然无论是由上游还是下游企业主导的农业产业链整合都对创新激励有正面的促进作用,但由上游企业主导的整合,其促进作用却更显著、更强。

总而言之,本章的研究表明产业链整合可以成为中国农业在长期内保持效率增进的有效手段。不过这种产业链整合应当由产业内企业自发进行,政策制定者在其中所起的作用,应当是通过对法律等制度环境的健全来减少交易风险,降低交易成本,以此来鼓励产业内的企业自发地实施产业链整合行为。

第三章　全球化背景下的中国粮食安全评价

第一节　粮食安全的内涵和外延

一、粮食的基本概念

（一）国内关于粮食的概念

"粮食"一词的概念自古以来历经演变。最早，"粮"、"食"两字是有区别的。《周礼·地官·廪人》中记载"凡邦有会同师役之事，则治其粮与其食"，汉朝郑玄注解："行道曰粮，谓糒也；止居曰食，谓米也。"就是说，"粮"是指行人所携带的干粮，"食"是指定居在家时所吃的谷物。后来，"粮食"才成为一个合成词。《左传·襄公八年》中曾记载"楚师辽远，粮食将尽"。在古代，粮食也称五谷、八谷、九谷、百谷等，其中五谷最为常见。在《周礼·夏官职方氏》中五谷是指"黍、稷、菽、麦、稻"五种（高帆，2005）。

在现代，人们通常将传统上的主食统称为粮食。其中，狭义的粮食特指谷物类，即禾本科作物（包括稻谷、小麦、玉米、大麦、高粱、燕麦、黑麦等），习惯上还包括蓼科作物中的荞麦。而更为广泛应用的是广义的粮食概念，根据《现代汉语词典》的解释，粮食是指供食用的谷物、豆类和薯类的统称。其中，谷物即上述狭义的粮食，豆类包括大豆、绿豆、蚕豆、豌豆、小豆等，薯类包括甘薯、木薯和马铃薯等（曹宝明等，2011）。

在统计部门的统计指标解释中，粮食除包括稻谷、小麦、玉米、高粱、谷子及其他杂粮外，还包括薯类和豆类。其中，豆类按去豆荚后的干豆计算；薯类包括甘薯和马铃薯，不包括芋头和木薯，按 5 公斤鲜薯折 1 公斤粮食计算。城市郊区作为蔬菜的薯类(如马铃薯等)按鲜品计算,并且不作粮食统计。[①]

统计数据显示,2010 年中国粮食作物总产量 58957 万吨,其中谷物 51939 万吨,占粮食总产量的 88%;豆类 1908 万吨,占 3%;薯类 3273 万吨,占 6%。在谷物中,稻谷产量 20100 万吨,占粮食总产量的 34%;玉米 19278 万吨,占 33%;小麦 11740 万吨,占 20%。[②] 图 3.1 展示了 1991 年至 2011 年中国粮食作物产量的构成情况。从图中可以看出,稻谷、玉米和小麦占粮食构成的绝大部分,而古代曾作为主食的黍、稷、粱等其他谷物所占比例已经非常小,并且还在不断下降。

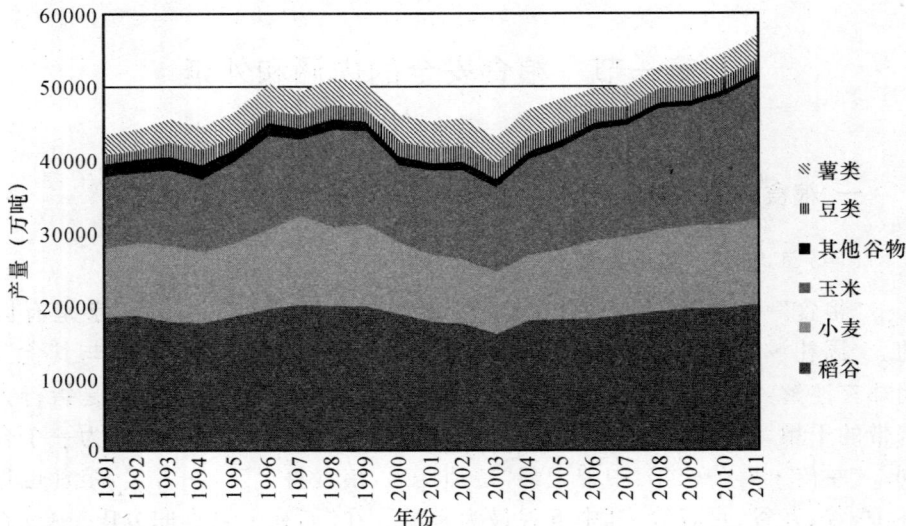

图 3.1 中国粮食作物产量
资料来源:国研网宏观经济数据库。

粮食部门的粮食概念,是指其经营管理的粮食商品品种,一般按贸易粮口径统计。粮食部门对粮食品种的分类经过了多次调整,在 1994 年之后,粮食部门的粮食品种定为稻谷、小麦、玉米、大豆和其他五大类,这一定义沿用至今(肖春阳,2009)。

在粮食商品品种中,粮食部门根据其领域和作用,划分出四类:①原粮,指收割、打场和脱粒后,未经碾磨加工和不需要加工就能食用的粮食。在计算原

---

① 国家统计局,《中国统计年鉴》(2011)。
② 国家统计局,《中国统计年鉴》(2011)。

粮总数时,对已加工为成品粮的粮食,要按规定的折合率折算为原粮。在统计全社会粮食生产时,采用原粮。②成品粮,指原粮经过加工后的成品,如面粉、大米、小米、玉米面等。在统计成品粮时,对不是成品粮的品种,要按规定的折合率折算为成品粮品种。中国供应给城镇居民的口粮,供应给饮食、食品业的粮食,都是按成品粮统计。③混合粮,指原粮和成品粮的统称,基层粮食部门为了便于直接观察业务活动的实际情况,通常使用混合粮。④贸易粮,是指粮食部门在计算粮食收购、销售、调拨、库存数量时,统一规定使用的粮食品种的统称(高帆,2005)。

(二)国际关于粮食的概念

在英语中,没有与"粮食"直接对应的词汇,与之密切相关的是食物(food)和谷物(cereal/grain)两个概念。其中,谷物(cereal/grain)与中文"粮食"的狭义概念近似,包括小麦、稻谷、粗粮(包括大麦、玉米、黑麦、燕麦、黑小麦、高粱)等(曹宝明等,2009)。与国内广义的"粮食"概念相比,"谷物"并不包含豆类和薯类。

在粮食安全领域,"粮食"通常与食物(food)相对应,例如 Food and Agriculture Organization 和 World Food Programme 的中文名称分别被译为"联合国粮食及农业组织"与"世界粮食计划署"。在粮农组织(FAO)的统计中,根据不同的用途,对食物有不同的分类(表 3.1)。在生产统计数据中,共分为 14 大类;在国际贸易统计数据中共分为 13 大类;在食物平衡表中,共分为 6 大类。[①] 需要注意的是,对于这几种关于"食物"的分类标准,其统计口径都比中国的"粮食"概念对应的统计口径要大(图 3.2)。图 3.3 展示了世界主要粮食作物产量的构成。

表 3.1 粮农组织关于食物的分类标准

序号	生产	序号	国际贸易	序号	食物平衡表
1	谷物	1	谷物	1	谷物
2	淀粉类块根及块茎	2	豆类	2	植物油
3	豆类	3	马铃薯	3	糖和甜味剂
4	糖料作物和原糖	4	食糖	4	块根和块茎

---

① FAO. FAO Statistical Yearbook 2010. http://www.fao.org/docrep/015/am081m/am081m00.htm.

（续表）

序号	生产	序号	国际贸易	序号	食物平衡表
5	油料作物	5	水果	5	肉类
6	蔬菜	6	油籽和油脂	6	奶类
7	水果和可可豆	7	咖啡		
8	咖啡和茶叶	8	可可豆		
9	烟草和橡胶	9	茶叶		
10	牛肉和绵羊及山羊肉	10	烟草		
11	猪肉和鸡肉	11	肉类		
12	奶和蛋	12	奶类		
13	捕捞渔业和水产养殖	13	蛋类		
14	部分林产品				

资料来源：FAO. FAO Statistical Yearbook 2010.

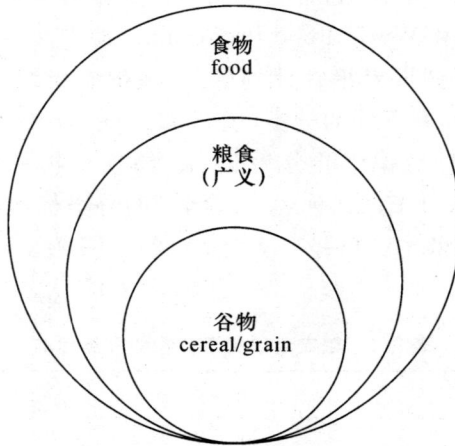

图 3.2　粮食相关概念的关系

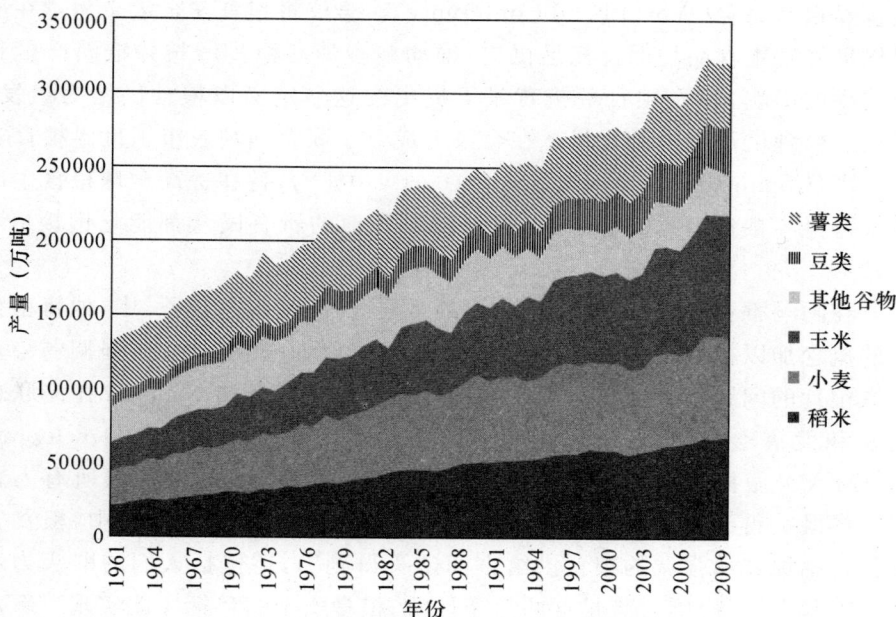

图 3.3　世界主要粮食作物产量

资料来源：FAO. FAOSTAT. http://faostat.fao.org/. 根据中国粮食统计口径进行了整理，其中，"豆类"为 FAO 数据中油料作物组的大豆（soybeans）与豆类组（pulses）之和，"薯类"为 FAO 数据中淀粉类块根及块茎组的甘薯（sweet potatoes）与马铃薯（potatoes）之和。

二、粮食安全概念的发源和延伸

"粮食安全"（food security）概念的形成最早可以追溯到 20 世纪 40 年代。1943 年，在美国总统罗斯福的召集下，44 个国家的代表参加了联合国粮食与农业会议（United Nations Conference on Food and Agriculture）。会议决定建立一个粮食和农业方面的永久性国际组织，即后来成立的联合国粮农组织。会议认为，"免于匮乏的自由"意味着每一名男人、女人和儿童都拥有牢靠、足够和适当的粮食供应，其中"牢靠"是指粮食的可获得性，"足够"是指粮食供应的数量充足，而"适当"是指粮食供应的养分含量（CFS，2012）。虽然当时还没有用"粮食安全"一词来归纳这一概念，但可以认为是"粮食安全"概念的雏形。

20 世纪 70 年代初，在全世界范围内连续的粮食歉收导致了全球库存下降、市场短缺、粮价上涨和人均主食可获得性的大幅下滑，发生了战后 30 多年来最严重的粮食危机（见图 3.3）。为应对这一危机，1974 年在罗马召开了一次世界粮食大会（World Food Conference）。会议将粮食安全定义为："在所有时候世界基本食品均保持充足供应，推动粮食消费稳步增长并抵消产量和价格波动的影响。"①在粮食危机背景下提出的这一定义以粮食供给为出发点，强调了粮食供给总量的充裕。在会议上成立了联合国粮农组织世界粮食安全委员会（Committee on World Food Security，CFS），旨在提高全球粮食生产量并维持世界粮食市场的稳定，以确保世界各地的所有民众都能吃饱饭（CFS，2012）。

在阿马蒂亚·森（Amartya Sen）的重要著作《贫困与饥荒》中，他将粮食安全的概念加以扩展，把侧重点放在了个人和家庭的权利问题上，强调弱势人群获取粮食的问题（Sen，1981）。1983 年，粮农组织总干事 Saouma 在向联合国贸易和发展会议（United Nations Conference on Trade and Development，UNCTAD）做报告时，将世界粮食安全的最终目标扩展为："确保所有人在任何时候既买得到又买得起他们所需的基本食品。"②在这一定义中，粮食安全不仅包括原先所强调的粮食供给方面（"买得到"），还包括人们的购买力水平（"买得起"），只有同时满足这两个条件时，粮食安全的目标才能实现。新定义对消费的强调与森的观点相一致。

1996 年，世界粮食首脑会议（World Food Summit，WFS）通过了关于粮食安全的新定义："粮食安全系指所有人在任何时候都能在物质上和经济上获得充足、安全和富有营养的食物，满足其膳食需要和饮食偏好，过上积极和健康的生活。"③这一定义确定了粮食安全的四个维度：可供量（availability）、获取（access）、稳定（stability）和利用（utilization）。这就意味着粮食安全既要保障足够的供给总量，又要最大限度地维护粮食在时间和空间上的分配平衡，还要保障粮食价格的稳定与所有家庭和个人有能力获得基本的粮食消费（马述忠和屈艺，2012）。这一定义目前仍在广泛使用，2009 年的《世界粮食安全首脑会议宣言》（Declaration of the World Summit on Food Security）再一次对该

---

① 原文为"Availability at all times of adequate world food supplies of basic foodstuffs to sustain a steady expansion of food consumption and to offset fluctuations in production and prices"。

② 原文为"The ultimate objective of world food security as being to ensure that all people，at all times，have both physical and economic access to the basic food they need"。

③ 原文为"Food security exists when all people at all times have physical and economic access to sufficient，safe and nutritious food to meet their dietary needs and food preferences for an active and healthy life"。

定义进行了正式确认,并在"物质上、社会上和经济上"这一表述中增加了"社会"一词。

随着"粮食安全"概念的不断发展,营养和健康也逐渐成为人们所关注的问题,20世纪90年代中期出现了"营养安全"一词。1995年,国际食物政策研究所(International Food Policy Research Institute,IFPRI)将"营养安全"定义为:"全体家庭成员在任何时候,在蛋白质、热量、维生素及矿物质方面处于适宜的营养状况。"[①]在1996年的粮食安全定义中,首次将营养维度纳入了粮食安全概念的范畴。2009年,粮农组织强调了营养维度是粮食安全概念和粮安委工作的固有组成部分。在2012年粮安委会议上,对"粮食安全与营养"和"粮食和营养安全"两个新概念进行了讨论。

第二节　粮食安全的综合评价体系

一、粮食安全评价方法

要采取措施维护粮食安全首先就需要知道粮食安全状况究竟如何。测度粮食安全的程度,必须有客观的、科学的衡量方法和标准。粮食安全是一个涉及多方面、具有高度复杂性的问题,对粮食安全的测度应当有一个适用的评价体系。

(一)微观层面评价方法

粮食安全的微观层面的衡量即对家庭及个人层面的粮食安全与否的度量。家庭及个人层面的粮食安全反映在家庭和个人的粮食获取能力上,直接关系到个人能否获得足够的粮食以保持健康和积极的生活。微观层面的粮食安全评价通常直接通过家庭和个人的食品消费、能量摄入和收入水平等指标进行估计,其中最具代表性和权威性的是食粮农组织的评价方法。

粮农组织自建立以来就负责监测全球粮食安全状况以帮助国际社会采取恰当的行动来保证人类免于粮食缺乏。因此,粮食组织一直在收集相关数据并开发工具来监测全球粮食安全状况。1996年的世界粮食首脑会议(World Food Summit)和联合国千年发展目标(UN Millennium Development Goal)为

[①]　原文为"Nutrition security can be defined as adequate nutritional status in terms of protein, energy, vitamins, and minerals for all household members at all times"。

国际社会制定了在 2015 年将全球饥饿人口减少一半的目标。为了评价各国实现上述目标的进展,自 1999 年以来,粮农组织每年都会测算发布《世界粮食不安全状况》(The State of Food Insecurity in the World)报告。

《世界粮食不安全状况》报告中对粮食安全最基础的评价指标是"营养不足发生率"(Prevalence of Undernourishment,PoU),即营养不足人口占总人口的比例。这里的"营养不足",或称"饥饿",是指持续地无法获得足够保证健康和积极生活的食物。粮农组织对"营养不足发生率"的定义可以用以下公式表示:

$$PoU \equiv \int_{x<MDER} f(x)\mathrm{d}x \qquad (3.1)$$

其中,x 表示一国人口的人均膳食能量消费量,$MDER$ 是指该国人口的最低膳食能量需求量(Minimum Dietary Energy Requirement)。因此,"营养不足发生率"就是人均膳食能量消费量小于最低膳食能量需求量的概率分布。在这一框架下,营养不足发生率指标较好地反映了粮农组织粮食安全定义中的"可得性"维度和"获取"维度(Cafiero,2012)。营养不足发生率的评价在上述基本公式的基础上得到了不断的改进,例如,人均膳食能量消费量经过了零售层面粮食损耗等指标修正,最低膳食能量需求量则根据各国最新的人口统计、健康及家庭普查结果得出的新的人体测量数据进行调整。

除了"营养不足发生率"这一核心指标之外,近年来粮农组织在《世界粮食不安全状况》报告中还综合考虑了其他影响粮食安全的因素。新的指标体系(表 3.2)分为三大部分:第一部分"粮食不安全的决定因素"的指标衡量了在没有政策干预的情况下可能导致粮食不安全的各项因素;第二部分"结果"则代表了粮食不安全的最终结果;第三部分"易损性和稳定性"衡量了未来粮食安全的易损性。前两部分根据粮食安全定义中的可得性、获取和利用等维度对各项指标进行了分组(FAO,2012b)。

表 3.2 粮农组织粮食安全指标(FAO,2012b)

指标类型	核心指标	2012 年新增指标
粮食不安全的决定因素		
可得性		
——平均食品供给充足性	✓	✓
——食品生产指数	✓	
——能量供给中来自谷物、块根和块茎的比例		

（续表）

指标类型	核心指标	2012 年新增指标
一平均蛋白质供给		
一平均动物蛋白供给		
物理获取		
一经过铺设的道路占所有道路比例		
一铁路密度		
一公路密度		
经济获取		
一食品价格指数	✓	✓
利用		
一经过改善的水源获取		
一经过改善的卫生设施获取		
结果		
食品获取不足		
一营养不足发生率	✓	
一贫困人口食品支出比例	✓	✓
一食品赤字程度	✓	
一食品不足发生率	✓	
利用		
一5 岁以下儿童发育不良比例	✓	
一5 岁以下儿童死亡比例	✓	
一5 岁以下儿童重量不足比例		
一成人重量不足比例		
易损性和稳定性		
一国内食品价格波动	✓	✓
一人均食品产量波动	✓	
一人均食品供给波动	✓	
一政治稳定性、暴力和恐怖主义情况		
一食品进口占商品出口总量的比例		
一装备灌溉设施的可耕地比例		
一谷物进口依赖度		

（二）宏观层面评价方法

在宏观层面的评价主要关注全球或各个国家的粮食安全水平。为了衡量中国粮食安全的程度，国内许多研究者对宏观层面粮食安全的评价进行了大量的探索，不断地提出更为科学和有效的粮食安全评价方法，提出了许多衡量粮食安全的指标。

朱泽（1997）是较早提出中国粮食安全的评价体系的研究者，他选择了粮食总产量波动系数、粮食自给率或粮食贸易依存度、粮食库存水平、人均粮食占有量和低收入人口的粮食供应水平等 5 个指标来衡量中国的粮食安全状况。例如，粮食总产量波动系数表示为：

$$V_i = \frac{Y_t - \overline{Y}_t}{\overline{Y}_t} \tag{3.2}$$

其中，V_i 表示粮食总产波动指数，Y_t 表示第 t 年的实际粮食产量，$\overline{Y}_t$ 表示第 t 年的趋势粮食产量，即粮食总产量随时间推移表现出来的一种较为稳定的增长或下降趋势。

在计算第 i 国的粮食安全系数（λ_i）的时候，首先需要为各项指标进行赋值得到指标系数（λ_{ij}），然后对各指标进行加权平均处理得到 $\lambda_i = \left(\sum \lambda_{ij}\right)/4$。其中，$\lambda$ 取值范围为 0 到 1，越接近 1 表示粮食安全水平越高，越接近 0 表示粮食安全水平越低。

马九杰等（2001）构建了一个中国粮食安全及预警系统，该系统的主要组成部分就是粮食安全的评价体系。该系统的工作流程首先提出能够衡量和反映粮食安全的若干指标，并通过一定的方法如聚类分析、主成分分析、因子分析、相关分析等方法筛选和确定粮食安全的警兆指标和警情指标。其中，警兆指标是指与粮食安全相关的先兆性指标，包括播种面积、灌溉面积、良种覆盖率、农机总动力、化肥销量、农药销量、受灾面积、科技投入等粮食供给相关指标，以及人口增长、人均收入、食品工业产值等粮食需求指标；而警情指标直接反映粮食安全与否，由粮食及膳食能量供求平衡状况以及与粮食供求平衡状况紧密相关的系列指标构成，具体分为食物及膳食能量供求平衡状况、粮食生产波动指数、粮食需求波动指数、粮食储备—需求比率、粮食国际贸易依存度和粮食价格上涨率等六项。在计算粮食安全综合评价指标时，为上述指标的得分分别赋予不同的权重，以此综合反映国家的粮食安全总体水平。

后续关于粮食安全评价体系的研究（刘晓梅，2004；高帆，2005；农村社会经济调查司，2005；龙方，2007；刘凌，2007；曹宝明等，2007）均是在以上方法的基础上进行的修正和改进,在这里不再赘述。

（三）现有评价方法评述

以粮农组织为代表的微观层次评价方法从营养摄入的角度来衡量粮食安全的程度,利用实际膳食能量消费量与最低膳食能量需求量的对比来测算个人是否获取了足够的粮食。这一方法具有严谨的科学基础,并且便于国际比较,对发展中国家、特别是最不发达国家减少贫困和饥饿具有非常重要的意义。中国已经进入了全面建设小康社会的新阶段,虽然贫困地区和低收入人群的营养不足问题依然存在,但是微观层面的粮食安全重点已经转移到营养构成和经济获取等更高的层级。而中国作为人口大国的特殊属性,也使得国家层面的粮食安全成为需要重点关注的问题。因此,完全套用粮农组织的评价方法并不适用于中国的实际情况。

国内研究者设计的评价方法多用国家层面和总量级别的指标进行考量,这些指标可以衡量粮食安全定义中的可得性维度,存在着"保障粮食供给即实现粮食安全"、"国家粮食安全即家庭和个人粮食安全"等前提假设。这些评价方法多没有考虑购买能力、流通效率、利用效率等因素,没有覆盖到获取、稳定和利用等粮食安全的维度,不能对粮食安全进行全面的评估。此外,现有的评价方法在对粮食安全总体情况进行计算时,多采用加权平均的方法。然而,粮食安全问题存在着"木桶效应",即任何一方面的短板都将导致整个粮食安全的风险。因此,对粮食安全总体情况进行评估时,加权平均方法并不合适。

二、综合评价体系构建

（一）评价体系设计

研究粮食安全的目的就在于规避潜在风险以保障粮食安全,构建粮食安全评价体系的实质就是要构建一个粮食安全风险的预警系统。粮食安全风险预警就是要根据理论规律和历史知识对粮食安全的潜在情况进行评估,并提前发出预警,以便采取措施化解风险。

鉴于现有粮食安全评价体系的缺点和不足,本章将构建一个新的粮食安全综合评价体系。这一体系将综合考虑国家宏观层面和家庭及个人层面的粮食安全,选取指标将覆盖粮食安全定义中的可得性、获取、稳定和利用等维度以及营养安全概念,力求全方位地反映粮食安全状况。体系的构建将按照预警分析系统的思想,根据粮食安全风险特征确定警情,监控指标变化分析警兆,给出粮食安全风险程度变化信号。

为了综合反映粮食安全各个层面和各个维度的特征,本章设置了三个类别共十个指标来对粮食安全进行衡量(表3.3)。

表 3.3　粮食安全评价指标

一级指标	二级指标	指标代码	数据来源
生产	粮食生产变动率	A_1	国家统计局
	粮食生产成灾率	A_2	国家统计局
贸易	粮食进口占商品出口总额比率	B_1	UN
	粮食进口占世界粮食出口总量比率	B_2	FAO
	国际粮食价格变动率	B_3	FAO
流通与储备	国内粮食价格波动率	C_1	中华粮网
	零售层面损耗率	C_2	FAO
	粮食库存—消费比	C_3	USDA
消费与营养	恩格尔系数	D_1	国家统计局
	营养不足发生率	D_2	FAO

(二)评价指标说明

1. 生产指标

(1)粮食生产变动率

粮食生产受到气候、政策、投入、价格等多个因素的影响,年际变化往往有一定的波动。粮食产量在年际的变化通常用波动系数来衡量。波动系数越大,对粮食安全的不利影响可能就越大。这一指标衡量了粮食安全的"可得性"维度。粮食生产波动率可以表示为:

$$A_1 = \frac{Y_t - \overline{Y}_t}{\overline{Y}_t} \tag{3.3}$$

$$\overline{Y}_t = \frac{\sum_{i=t-3}^{t-1} Y_i}{3} \tag{3.4}$$

其中,A_1 为粮食生产波动率,Y_t 为第 t 年的粮食总产量,$\overline{Y}_t$ 为第 t 年的趋势粮食总产量,这里趋势粮食总产量定义为前三年粮食总产量的平均值。如果 A_1 大于零,表示当年粮食产量高于趋势产量;A_1 小于零表示当年粮食产量低于趋势产量;A_1 等于零表示粮食产量与趋势产量相同。因此,A_1 越接近于零,说明粮食生产越稳定。

（2）粮食生产成灾率

粮食生产容易受到旱灾、水灾、风雹灾、霜冻、病虫害及其他自然灾害的影响，与正常年景相比将会导致产量减少。因此，粮食生产成灾率衡量了粮食生产受自然灾害的影响范围，是衡量粮食安全生产环节的重要指标。粮食生产成灾率可以表示为：

$$A_3 = \frac{DA_t}{SA_t} \qquad (3.5)$$

其中，A_3 为粮食生产成灾率，DA_t 为第 t 年遭受自然灾害的受灾面积中，农作物实际收获量较常年产量减少 30％以上的播种面积，SA_t 为当年播种面积。A_3 越大，则粮食安全威胁越大；A_3 越小，则粮食安全威胁越小。

2. 贸易指标

（1）粮食进口占商品出口总额比率

国际粮食贸易可以弥补国内粮食生产和需求的缺口，为维护粮食安全的一个重要途径之一。但是一国的粮食进口能力有一定限度，因此进口粮食的购买力也是粮食安全维护能力的一个重要衡量指标。粮食进口占商品出口总额比率这一指标回答了一国进口粮食满足国内需求时是否"买得起"的问题。粮食进口占商品出口总额比率可以表示为：

$$B_1 = \frac{I_t}{TX_t} \qquad (3.6)$$

其中，B_1 为粮食进口占商品出口总额比率，I_t 为第 t 年谷物及其制品进口额，TX_t 为第 t 年商品出口总额。B_1 的取值在 0 和 1 之间。B_1 越高表示粮食进口能力越弱，进而粮食安全威胁越大；B_1 越低则表示粮食进口能力越强，进而粮食安全威胁越小。

（2）粮食进口占世界粮食出口总量比率

由于世界粮食生产的总量有限，而能供出口的粮食总量则更少，因此，在进口粮食的时候不仅要考虑能否"买得起"的问题，还要考虑能否"买得到"的问题。粮食进口量与世界粮食出口总量（减去该国出口量）的比例即是衡量能否"买得到"的问题的指标。这一指标可以表示为：

$$B_2 = \frac{I_t}{WX_t} \qquad (3.7)$$

其中，B_2 表示粮食进口占世界粮食出口总量比率，I_t 表示谷物及其制品进口量，WX_t 表示世界粮食出口总量减去该国出口量的部分。B_2 的取值在 0 和 1 之间。B_2 越高表示粮食进口难度越大，进而粮食安全威胁也越大；B_2 越低则表示粮食进口难度越低,进而粮食安全威胁也越小。

（3）国际粮食价格变动率

除了要考虑粮食进口能否"买得起"和"买得到",粮食进口价格也是影响粮食安全的重要因素。如果国际粮食价格波动过大,则对进口国的购买能力和粮食安全造成严重威胁。国际粮食价格波动率衡量了粮食安全的"稳定"维度。国际粮食价格波动率根据下式进行计算：

$$B_3 = \frac{WP_t - \overline{WP_t}}{\overline{WP_t}} \qquad (3.8)$$

$$\overline{WP_t} = \frac{\sum_{i=t-3}^{t-1} WP_i}{3} \qquad (3.9)$$

其中,B_3 为国际粮食价格波动率,WP_t 为第 t 年的国际谷物价格水平,$\overline{WP_t}$ 为第 t 年前三年的平均国际谷物价格水平。B_3 越大则粮食安全威胁越大;B_3 越小则粮食安全威胁越小。

3. 流通与储备指标

（1）国内粮食价格波动率

粮食市场的流通效率对于粮食安全具有至关重要的意义。一个整合良好的粮食流通市场有助于解决粮食供需的空间平衡和时间平衡问题,还有利于保持粮食价格稳定、保障粮食消费平等。粮食价格波动是衡量粮食流通市场效率的重要工具。国内粮食价格波动率根据当年每周的国内粮食批发价格指数进行计算：

$$C_1 = \sqrt{\frac{1}{52} \sum_{i=t-51}^{t} (P_i - \overline{P})^2} \qquad (3.10)$$

$$\overline{P} = \frac{1}{52} \sum_{i=t-51}^{t} P_i \qquad (3.11)$$

其中,C_1 为国内粮食价格波动率,P_i 为第 i 周国内粮食批发价格指数,$\overline{P}$ 为全年每周价格指数平均值。C_1 越高则粮食价格波动越大,粮食安全威胁越大;C_1 越低则粮食价格波动越小,粮食安全威胁越小。

（2）零售层面损耗率

粮食价格波动率 C_1 主要关注批发层面的流通效率,而零售层面的流通效率并没有包含在该指标中。然而,粮农组织指出,零售过程中损耗的粮食相当可观,忽略该层面的粮食损耗会导致粮食安全评估的偏误（FAO,2012b）。因此,我们使用零售层面损耗率 C_2 来衡量零售层面的粮食流通效率。该指标根据地理环境和食品种类等因素进行计算。C_2 越高，则粮食安全威胁越大；C_2 越低则粮食安全威胁越小。

（3）粮食库存—消费比

由于粮食生产具有季节性，又有自然灾害等原因导致的年际波动，因此需要通过粮食储备体系来平抑产量波动。粮食储备的目的就是在粮食歉收时作为一种保护和救济手段，是应对粮食危机的最重要的方式。粮食库存—消费比是指粮食库存量与当年粮食消费总量的比例，衡量了粮食危机发生时的应对能力。不过，粮食库存比并不是越高越好，因为过多的粮食库存会造成粮食安全实现成本攀升，造成大量的浪费。粮食库存—消费比可以表示为：

$$C_3 = \frac{S_t}{D_t} \tag{3.12}$$

其中，C_3 为粮食库存—消费比，S_t 为第 t 年粮食库存量，D_t 为当年粮食消费总量。C_3 在合理范围内时，粮食安全效益成本比最好；C_3 在合理范围以下，粮食安全应对能力受到限制；C_3 在合理范围以上，粮食安全实现成本过高。

4. 消费与营养指标

（1）恩格尔系数

前三大类指标主要关注国家层面的粮食安全，而家庭和个人层面的粮食安全则是整个粮食安全的最终落脚点，因此也应当包含在粮食安全的评价体系之中。恩格尔系数衡量了食品消费支出在总消费支出中的比例。根据恩格尔定律，在粮食价格急剧上涨时，低收入群体无法通过减少非食品支出作为缓冲，容易暴露在粮食危机的风险之下（马述忠和屈艺，2012）。因此，恩格尔系数是衡量粮食安全在家庭层面或利用（utilization）维度的指标。在统计数据中，城镇居民和农村居民的恩格尔系数分别汇报，因此我们在这里采用加权恩格尔系数：

$$D_1 = EC_1 \times Pop_1 + EC_2 \times Pop_2 \tag{3.13}$$

其中，D_1 为加权恩格尔系数，EC_1 和 EC_2 分别为城镇居民和农村居民的恩格尔系数，Pop_1 和 Pop_2 分别为城镇居民和农村居民人口比例。D_1 越高则食品消费支出在总消费支出中的比例越高，进而暴露在粮食危机的风险中的机会越大；D_1 越低则食品消费支出在总消费支出中的比例越低，进而暴露在粮食危机的风险中的机会越小。

（2）营养不足发生率

营养不足发生率，即营养不足人口占总人口的比例，是个人层面的粮食安全，或者说是"营养安全"的重要衡量指标。我们对营养不足发生率沿用粮农组织的计算方法，即：

$$D_2 = \int_{x < MDER} f(x) \mathrm{d}x \tag{3.14}$$

其中，D_2 为营养不足发生率，x 表示一国的人均膳食能量消费量，$MDER$ 表示指该国人口的最低膳食能量需求量。D_2 越高则表示营养不足人口比例越高，即营养安全问题越严重；D_2 越低则表示营养不足人口比例越低，即营养安全问题越乐观。

（三）预警系统设计

在明确了粮食安全的衡量指标之后，就需要对各指标对粮食安全的影响进行界定（表 3.4）。指标取值与其对粮食安全的影响有两种主要关系：一是指标取值与粮食安全呈单调正比或者反比，例如粮食生产成灾率越高则对粮食安全影响越大；二是指标取值有一个最优区间，例如粮食生产变动率应在一个最优范围之内，超过或低于最优范围都会对粮食安全造成不利影响。

表 3.4　中国粮食安全各指标的警级、警情和信号划分标准

警级	5 级	4 级	3 级	2 级	1 级
A_1	1～5	5～10； −2～1	10～15； −5～−2	15～20； −8～−5	≥20； ≤−8
A_2	≤12	12～18	18～24	24～30	≥30
B_1	≤1	1～2	2～3	3～4	≥4
B_2	≤3	3～6	6～9	9～12	≥12
B_3	−10～5	5～10； −20～−10	10～20； −30～−20	20～30； −40～−30	≥30； ≤−40
C_1	≤3	3～6	6～9	9～12	≥12
C_2	≤2	2～3	3～4	4～5	≥5
C_3	25～30	30～40； 21～25	40～50； 19～21	50～60； 18～19	≥60； ≤18
D_1	≤35	35～45	45～55	55～65	≥65
D_2	≤5	5～10	10～15	15～20	≥20
警情	安全	轻度风险	中度风险	高度风险	严重风险
信号	绿色	蓝色	黄色	橙色	红色

以往研究通常采用加权平均方法计算粮食安全综合指数。但是，由于粮食安全的"木桶效应"特征，任何一个方面的隐患都会导致整个粮食安全的威胁。因此，本章将不会采用加权平均方法给出粮食安全综合指数，而是根据各指标分别给出预警信号，在通过分指标预警信号给出总体预警信号。

第三节　全球化背景下的世界粮食安全

一、世界粮食安全的基本状况

（一）世界粮食生产

世界农业生产在过去的半个世纪中取得了非常显著的进步。截至 2010 年，全球食品总产量在 1961—1963 年的基础上增长了二倍（图 3.4），这意味着年平均增长率约为 2.36%，远高于同期的全球人口增长率。其中发展中国家，特别是最不发达国家①的食品生产增长更为显著，最不发达国家在过去 50 年中的食品总产量增长接近三倍（图 3.4）。从人均情况来看，虽然在早期最不发达国家人均食品产量有一定波动，但从 20 世纪 90 年代中期以后一直保持着较快增长（图 3.5）。

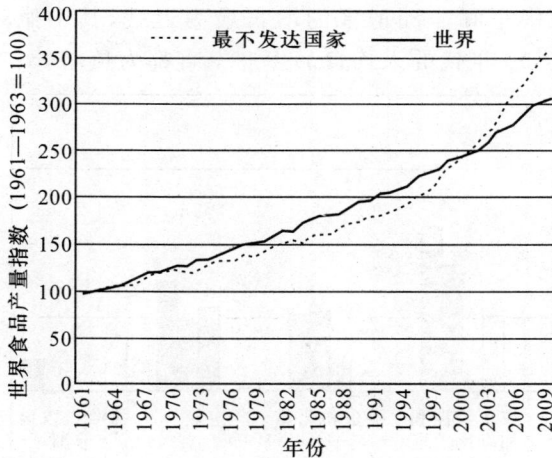

图 3.4　世界食品总产量指数
资料来源：FAO. FAOSTAT. http://faostat.fao.org/.

---

①　根据联合国标准统计，最不发达国家共 48 个，包括尼泊尔、孟加拉国、缅甸、柬埔寨、也门、不丹、老挝、阿富汗、东帝汶、安哥拉、贝宁、布基纳法索、布隆迪、中非共和国、乍得、科摩罗、刚果民主共和国、吉布提、赤道几内亚、厄立特里亚、埃塞俄比亚、冈比亚、几内亚、几内亚比绍、莱索托、利比里亚、马达加斯加、马拉维、马利、毛里塔尼亚、莫桑比克、尼日尔、卢旺达、圣多美和普林西比、塞内加尔、塞拉利昂、索马里、苏丹、多哥、坦桑尼亚、乌干达、赞比亚、所罗门群岛、萨摩亚、瓦努阿图、图瓦卢、基里巴斯、海地。

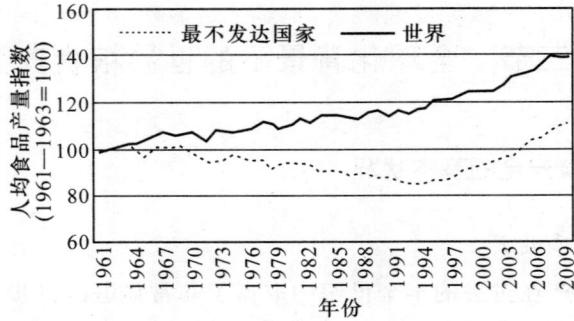

图 3.5　世界人均食品产量指数

资料来源：FAO. FAOSTAT. http://faostat.fao.org/.

　　自 1961 年以来，世界人均食品生产的年增长率约为 0.70%，但是世界各地的增长率并不一致（图 3.6）。最为强劲的增长出现在东亚和太平洋地区，20 世纪 90 年代该地区的年均增长率高达 3.5%；其次是拉丁美洲及加勒比地区和南亚地区；而中东和非洲地区的增长最为迟缓，其中撒哈拉以南非洲在 20 世纪 70 年代至 90 年代的人均食品生产一直都为负增长。

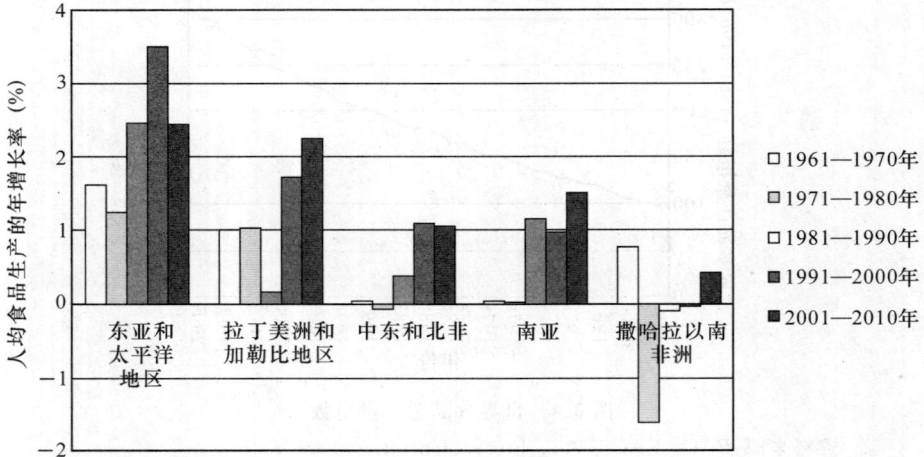

图 3.6　人均食品生产的年增长率

资料来源：World Bank. World Development Indicators. http://databank.worldbank.org/；FAO. FAOSTAT. http://faostat.fao.org/.

　　此外，农业生产结构在过去的半个世纪中也发生了显著的变化。世界谷物、油料作物、糖和甜味剂、蔬菜、蛋类、肉类的年增长率均超过了人口增长率，而豆类和块根的年增长率则低于人口增长率（图 3.7）。这说明近半个世纪以来,人们对豆类和块根等替代性粮食品的生产和需求有所下降。从时间上来看,谷物、糖类和肉类的生产增长率有明显的下降,而油料、蔬菜和蛋类的生产增长率则随时间有更快的增长。

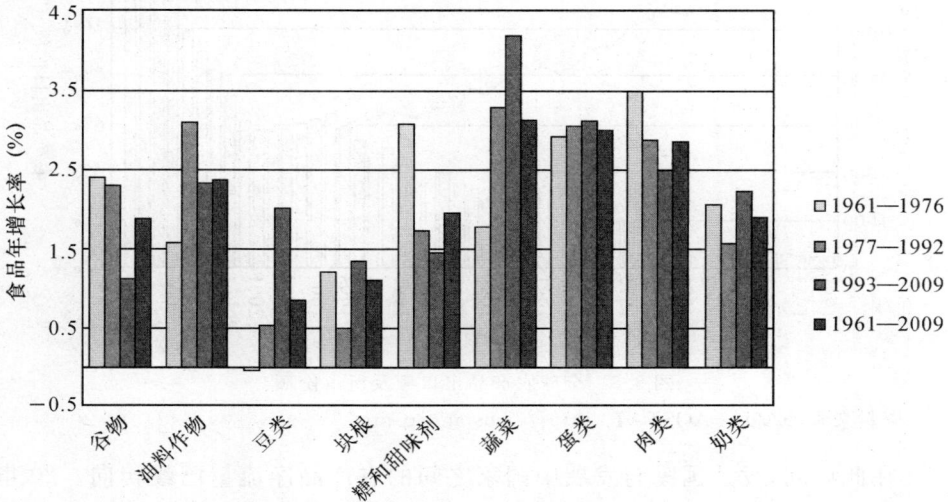

图 3.7　不同食品的年增长率

资料来源:FAO. FAOSTAT. http://faostat.fao.org/.

　　然而我们必须看到,在全球食品产量增长的同时,未来世界食品生产的前景并不乐观。除了需求的强劲增长之外,资源的约束也成为产量增长的重大阻碍。从耕地资源来看,全球大多数最优质的土地目前已经用于农业。潜在的新增耕地主要分布在拉美和非洲撒哈拉以南地区,但是这些地区远离人口中心和农业基础设施,很难投入生产。另外,很多潜在的可耕地面临着城市扩张、工业发展和环境保护等方面的竞争(FAO,2012a)。从水资源来看,农业在世界所有用水中占 70%,在许多发展中国家高达 95%,几乎全都用于作物灌溉。由于生活用水和工业用水增加,总用水量预计继续上升。在世界许多地区,水资源供应与用水需求之间日益加剧,从而限制了未来农业灌溉用水的增长(FAO,2007)。

　　(二)世界粮食贸易

　　20 世纪 60 年代以来,世界农产品贸易大幅增长,特别是进入 21 世纪之后,农产品贸易额增幅加大。2010 年世界农产品贸易总额达 7388 亿美元,是 1961 年的约 38 倍。但是,农产品贸易在所有商品贸易总额中所占比例则由 1961 年的 14.5%下降到 4.9%(图 3.8)。

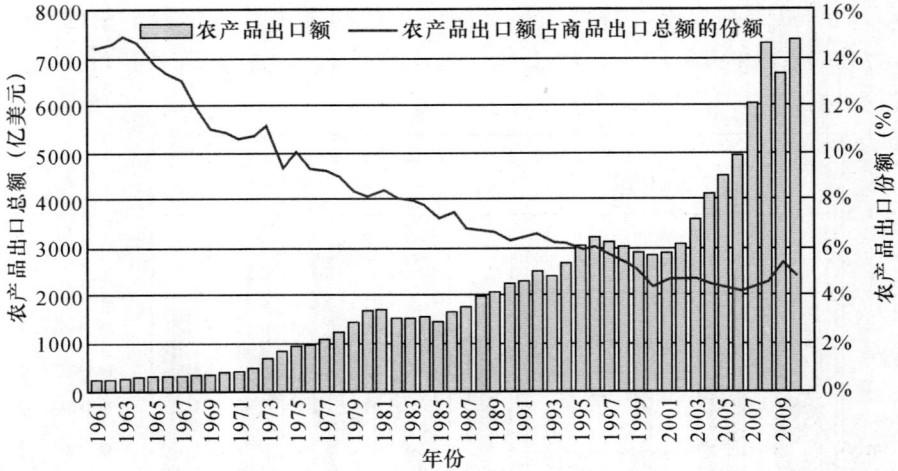

图 3.8　全球农产品出口额及所占份额

资料来源：FAO. FAOSTAT. http://faostat.fao.org/.

在此期间，发达国家与发展中国家之间的农产品净流量已经转向。20 世纪 60 年代初，发展中国家整体农业贸易剩余每年约为 70 亿美元。然而，截至 80 年代末，这一剩余已经消失。在 20 世纪 90 年代大部分时间和 2000 年年初，发展中国家已经成为农产品净进口国（FAO，2007）。其中，最不发达国家的变化最为显著，它们在过去的半个世纪中，已经从农产品净出口国变为可观的净进口国（图 3.9）。从 2001 年到 2010 年，最不发达国家的农产品贸易赤字翻了两番。

图 3.10 展示了世界主要粮食作物（小麦、稻米、玉米和大豆）的基本贸易格局。从出口上来看，主要粮食作物的出口集中在加拿大、澳大利亚、阿根廷、巴西、美国和法国等少数国家。与出口相比，这些主要粮食作物的进口没有那么集中，只有中国和欧盟分别占全球进口总量的 10% 以上。将主要农产品的贸易格局与产量相比，突显了进口与出口在不同国家所发挥的作用。尽管主要出口国的供应偏紧对出口供应和国际农产品市场影响巨大，但对全球农业生产几乎没有影响。

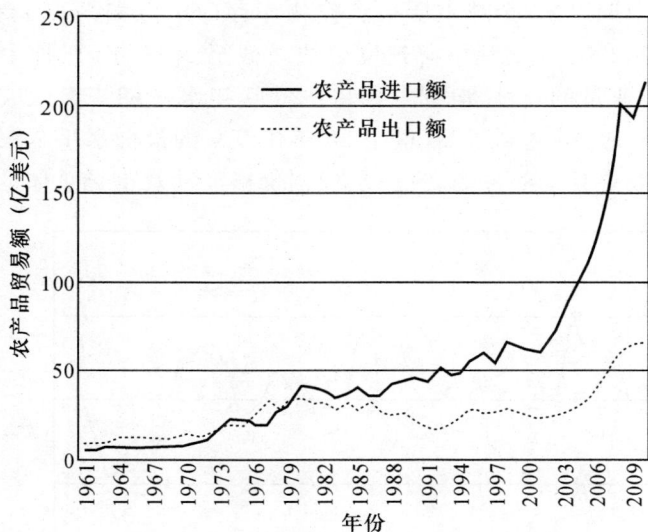

图 3.9　最不发达国家的农产品贸易平衡

资料来源：FAO. FAOSTAT. http：//faostat. fao. org/.

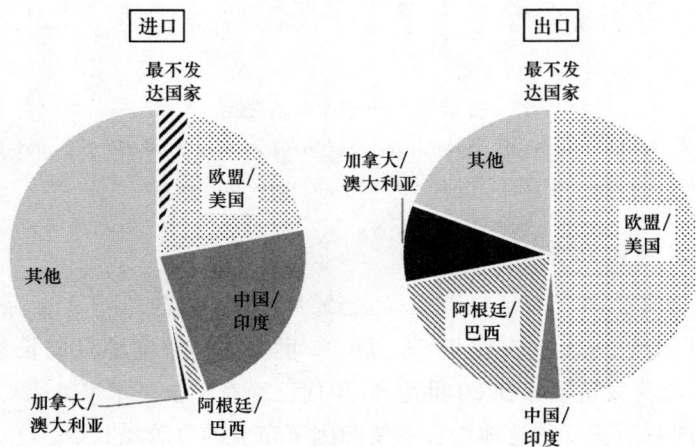

图 3.10　主要粮食作物进出口额（2010 年）

资料来源：FAO. FAOSTAT. http：//faostat. fao. org/.

（三）世界粮食储备

粮食储备可以抵消农产品市场遭受的冲击。价格上涨时，储备会迅速减少；价格下降时，储备又会增加。因此粮食库存可以缓和价格和消费波动。20

世纪 80 年代中期以来,全球主要粮食作物库存(小麦、稻米和玉米)随使用需求而逐渐下降,2000 年之后下降速度更快。截至 2011 年,三种主要粮食作物的全球库存消费量的比率是 22%,只占 2000 年水平的三分之二(图 3.11)。在 2006 年,这一比例达到了 20 世纪 80 年代以来的最低水平。粮食储备水平过低,会使市场更易受到冲击,进一步加剧价格波动及市场总体的不稳定性。

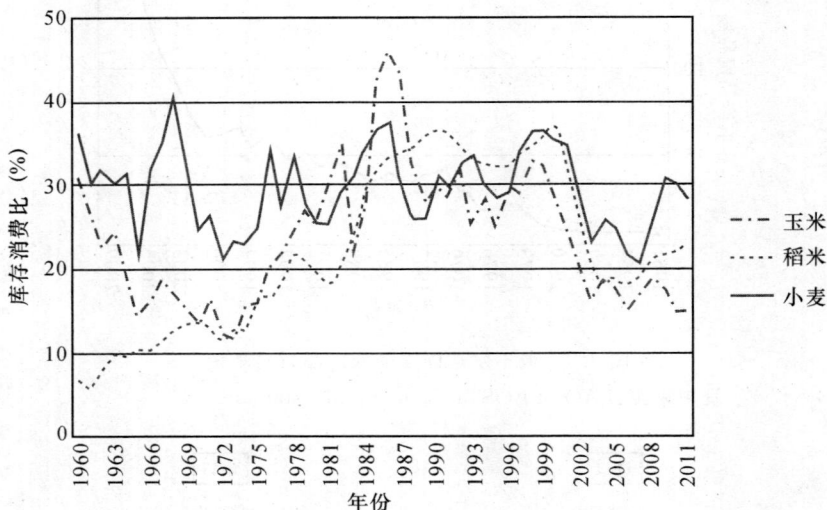

图 3.11　全球库存消费比

资料来源:USDA Foreign Agricultural Service. Production, Supply and Distribution (PSD) Online Database. http://www. fas. usda. gov/psdonline/.

(四)世界粮食消费

世界人均食品消费有了显著提高,已经从 1961 年的 2189 千卡路里/人/日,上升到 2009 年的 2831 千卡路里/人/日。[①] 世界平均粮食消费增长集中反映在发展中国家,因为发达国家在 20 世纪 60 年代已经有了较高水平的人均粮食消费,而且发展中国家所获得的总体增长主要归因于东亚的显著增长(FAO,2007)。

在食品消费总量大幅提升的同时,膳食结构也发生了巨大变化,已经从谷物、块根及豆类主食转向畜产品(肉和奶)、植物油、水果和蔬菜。从图 3.12 中可以看出,从 20 世纪 60 年代初到最近,世界食品消费构成中,谷物、豆类和块根所占比例有了显著下降,而肉类和蔬菜有了大幅增加。

---

① 　FAO. FAOSTAT. http://faostat. fao. org/.

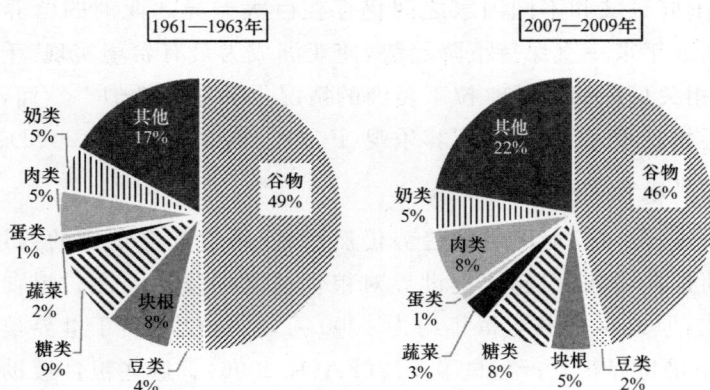

图 3.12　世界食品消费的构成

资料来源：FAO. FAOSTAT. http://faostat.fao.org/.

（五）世界营养不足趋势

2010 年至 2012 年间，估计全球约有 8.7 亿营养不足人口，占全球总人口 12.5%，或八分之一。这些人口中绝大多数（约 8.52 亿）生活在发展中国家，那里的营养不足发生率目前估计为总人口的 14.9%（图 3.13）。发展中国家作为一个整体，已经朝着实现在 2015 年前将遭受长期饥饿的人口比例降低一半的"千年发展目标"前进。如果过去 20 年的平均降速能够延续到 2015 年，那么发展中国家的营养不足发生率就会降至 12.5%；虽仍然远远高于"千年发展目标"提出的目标，但相比早些时候，已经朝着实现目标又迈进了一大步。

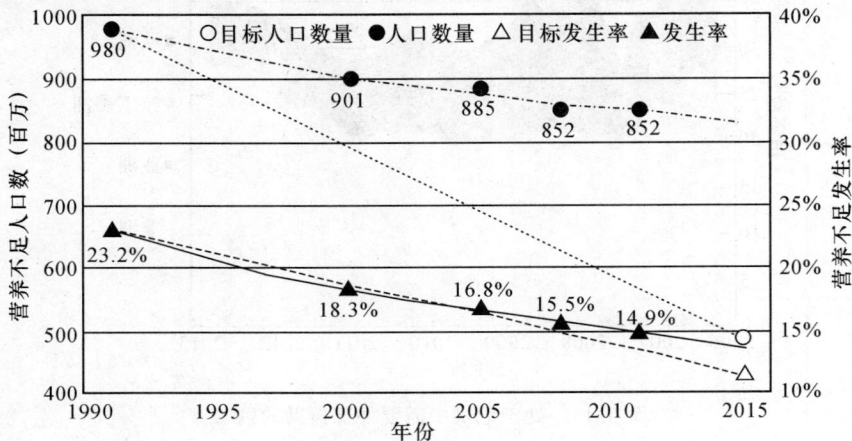

图 3.13　发展中国家营养不足人口数及营养不足发生率

资料来源：FAO. The State of Food Insecurity in the World 2012. Rome，2012.

不过,不同区域和不同国家之间仍存在巨大差异。亚洲的营养不足人口数量及比例近年来一直保持下降趋势,使亚洲成为最有希望实现"千年发展目标"中饥饿相关目标的区域。拉丁美洲的情况也和亚洲类似。然而,非洲却离实现目标还相差很远,且前景不容乐观(FAO,IFAD,WFP,2012)。

(六)世界粮食援助需求

如前所述,全球营养不足的趋势仍然严峻,粮食安全危机的数量、复杂性和持续时间都在增加,引起了全世界对粮食援助的强烈关注。粮食援助的总量逐年变化,但近年来平均每年约为 1000 万吨,这仅相当于世界粮食贸易总量的 2%,不足世界粮食产量的 0.5%(FAO,2006)。这些粮食援助惠及的人口大约为 2 亿,与 8.7 亿的饥饿人口总数相比还远远不够。

波及各国的粮食危机,冲击并动摇了部分或全部人口(新增粮食不安全人口),粮食安全状况令紧急状况出现之前即已处于粮食不安全境地的人口境况更加恶化。近年来,有记载的紧急状况总数远远高于 20 世纪 80 年代。其中,大多数紧急状况是战争和冲突等人为因素导致,而过去的 20 年中突发自然灾害的比例也呈上升趋势(FAO,2010)。从国家分布来看,大多数需要外部援助的国家位于非洲,其次为亚洲和拉丁美洲,而欧洲仅有摩尔多瓦和车臣在个别年份处于危机之中(图 3.14)。

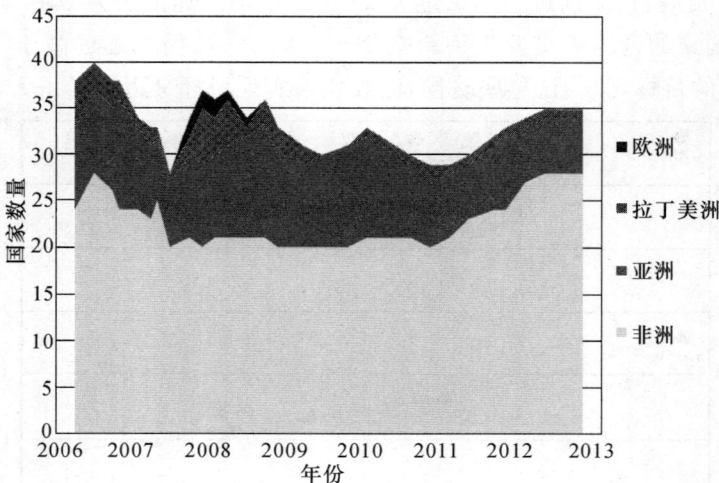

图 3.14 处于危机中需要外部援助的国家

资料来源:FAO. Crop Prospects and Food Situation. http://www.fao.org/giews/english/cpfs/index.htm.

二、世界粮食安全的热点问题

(一)粮食价格波动

自 20 世纪 80 年代和 90 年代实际价格持续回落后,国际粮价在 2002 年出现反弹。在此后的 10 年中,国际粮价两度疯狂上涨,分别在 2008 年和 2011 年达到峰值(图 3.15 和图 3.16)。2011 年 2 月,FAO 食品价格指数达到 2002 年至 2004 年水平的 2.38 倍。在 FAO 食品价格指数涵盖的若干商品中,糖类、油类和谷物价格在 2010 年和 2011 年年初上涨势头最为显著。其中,糖类价格的波动尤为明显;肉类价格涨幅较小,且波动并不显著;乳制品价格则在 2010 年年末开始下降。最新的数据显示,2012 年年中以来,谷物价格再度上升。

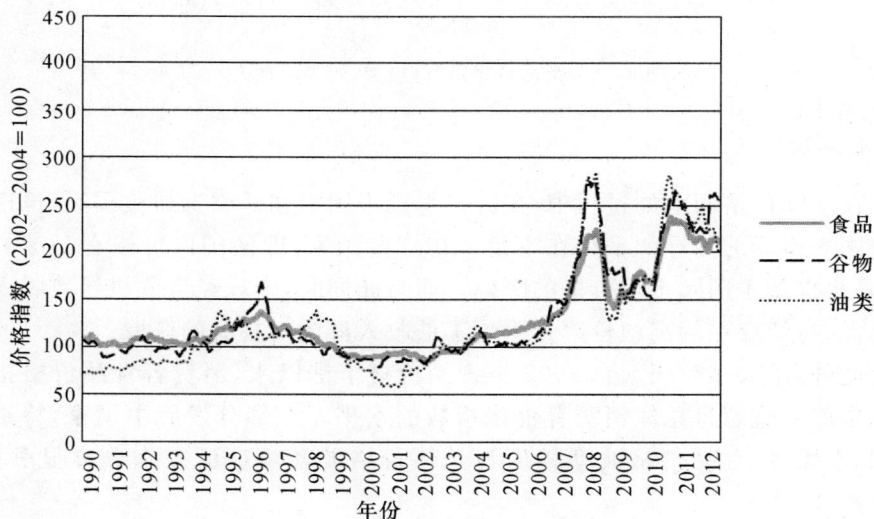

图 3.15　食品价格指数和商品价格指数(谷物与油类)

资料来源:FAO. Food Price Index. http://www. fao. org/worldfoodsituation/wfs-home/foodpricesindex/en/.

在价格指数上升期间,大部分农产品价格都发生了上涨,但是基本食品(特别是谷物和油类)的涨幅最大、波动性最强。由于这些基本食品既是发展中国家农村收入的主要来源,又是贫困人口膳食的核心组成部分,所以基本食品上涨的态势引起了国际社会广泛的关注。

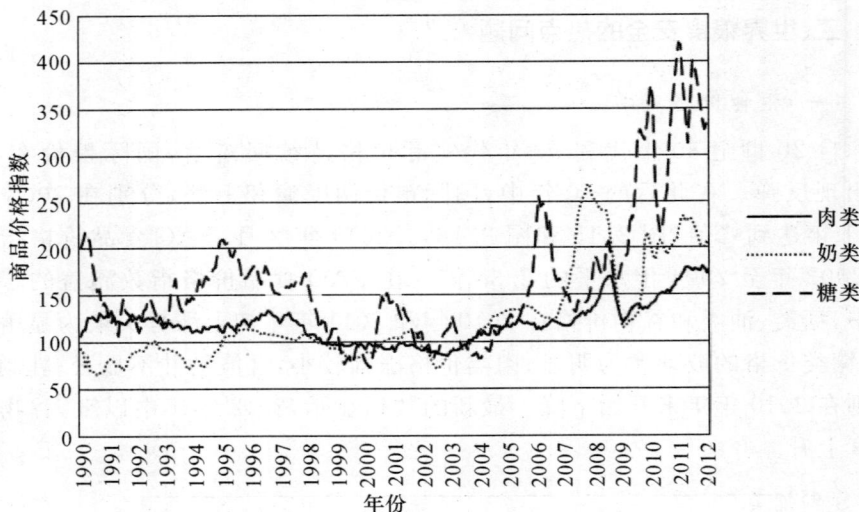

图 3.16 商品价格指数(肉类、奶类与糖类)

资料来源:FAO. Food Price Index. http://www.fao.org/worldfoodsituation/wfs-home/foodpricesindex/en/.

在国际价格回落的过程中,在许多发展中国家和低收入缺粮国家,价格下降向国内市场的传导似乎存在不足。在这些国家,即使国内价格有一定的下降,降幅也低于国际市场价格的降幅。而与此同时,全球经济危机导致收入大幅降低,持续存在的高粮价严重影响了低收入群体对食品的获取。

此外,绝大多数国家自 2002 年食品价格上涨以来,消费者食品价格指数的涨幅就一直超过总体消费者价格指数的水平。在部分发展中国家,特别是中国、泰国等,食品价格波动幅度与总体价格波动幅度的差别非常显著(图3.17)。

针对粮食价格的上涨,许多国家都调整了相应的贸易和消费政策。在2008 年的粮食上涨浪潮中,各国实施的贸易政策包括降低进口关税和实施出口限制,消费政策包括提供消费补贴和减少粮食税,此外还有国家实施了价格控制(图 3.18)。

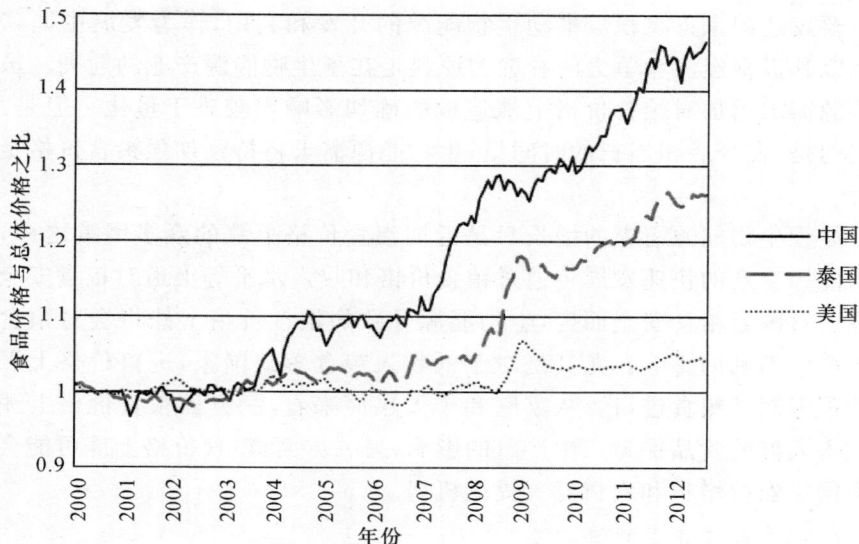

图 3.17　消费者食品价格与总体价格对比

资料来源：FAO. FAOSTAT. http://faostat.fao.org/.

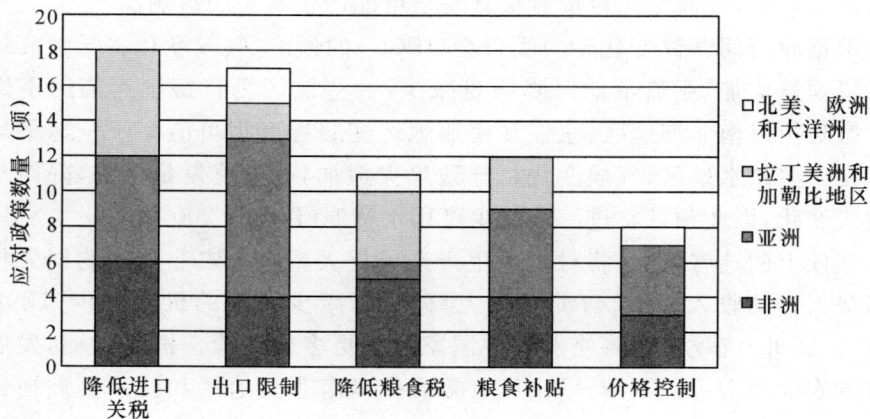

图 3.18　各国对粮价上涨的应对政策

资料来源：FAO. Soaring Food Prices：Facts，Perspectives，Impacts and Actions Required. High Level Conference on World Food Security：The Challenges of Climate Change and Bioenergy，3-5 June 2008，Rome.

（二）生物能源与粮食安全

受全球石油等不可再生能源储量不断减少的影响，以美国和欧盟为代表的主要发达国家正在积极推动生物能源的开发和利用,作为发展中国家的巴西也以其极富经济竞争力的甘蔗为原料走在了生物能源产业的前列。虽然生物能源需求增加对粮食价格上涨造成的确切影响比较难于量化。但是,可以确定的是,在今后相当长的时间里,生物能源需求将持续加强粮食价格走高的压力。

尽管生物能源需求的增长只是近期粮食价格上涨的众多因素之一,但是生物能源生产的快速发展将通过粮食价格和收入水平等渠道对粮食安全造成影响。对国家粮食安全而言,生物能源导致的粮食价格上涨将会对粮食净进口国产生不利的影响。尤其是对于低收入粮食短缺国家,进口价格上涨可能会严重限制其粮食进口。从家庭和个人层面来看,一方面粮食价格上涨会对低收入人群的食品保障产生严重的影响;另一方面,粮食价格上涨可能会为发展中国家农业增长和农村发展提供机遇。

(三)气候变化与粮食安全

进入 21 世纪,气候变化将是影响人类发展前景的决定性因素之一。全球变暖将影响生态、降雨、温度和天气系统,最终直接影响所有国家,任何人都无法逃避。其中,气候变化对世界粮食安全可能产生重大的影响。

根据政府间气候变化专门委员会(IPCC)的预测,气候变化将导致高纬度地区降雨量增加,亚热带地区降雨量减少,一些地区仍将持续当前的干燥模式。撒哈拉以南非洲地区、东亚和南亚地区变暖程度很可能高于全球平均水平。在一些缺水地区,气候变化将导致旱灾愈加频繁,蒸发量增加,降雨与径流模式变化,因此预计将进一步减少可用水资源(IPCC,2007)。

气候上的这些变化,将对农业生产造成巨大影响。农业生产的损失将导致弱势人口的收入降低,营养不良人口增加,减少贫困的机会减少(UNDP,2007)。此外,气候变化将使发展中国家面临更多的风险。根据预测,发展中国家的农业潜力可能下降 9%,其中撒哈拉以南非洲地区和拉丁美洲损失最大。相反,发达国家的农业潜力可能增加 8%,因此世界粮食生产分布可能发生转变(图 3.19)。发展中国家可能更加依赖从富裕国家进口粮食,这些国家的农民将丧失农业贸易的市场份额(World Bank,2006)。

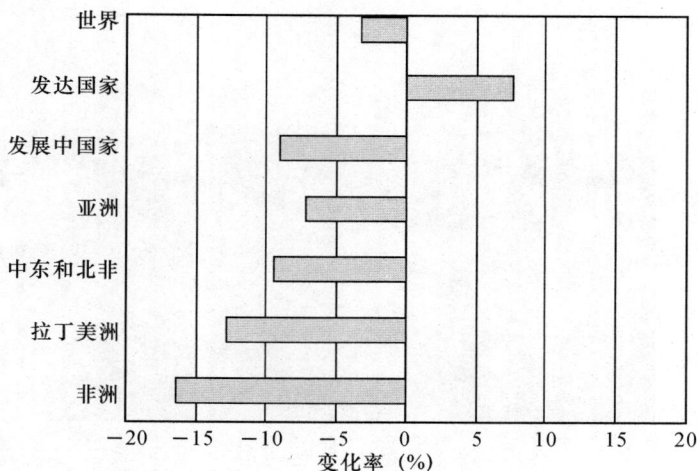

图 3.19　农业产出潜力变化(预计的 2080 年与 2000 年相比)(Cline,2007)

第四节　全球化背景下的中国粮食安全

一、中国粮食安全的基本状况

（一）中国粮食生产

自改革开放以来,中国用于粮食生产的耕地面积出现了一定的减少(图 3.20)。粮食总播种面积从 1978 年的 120587 千公顷下降到 2012 年的 111267 千公顷[①],降幅达 7.73％。20 世纪末到 21 世纪初,用于粮食生产的耕地出现了快速下滑。从 1998 年至 2003 年,粮食总播种面积减少了 14377 千公顷。在 2003 年之后,粮食总播种面积又有了一定的回升。从不同粮食品种来看,玉米播种面积占粮食总播种面积的比例大幅上升,从 1978 年的 16.6％提高到 2011 年的 30.3％。稻谷和小麦播种面积所占比例略有下降,其他谷物的播种面积下降较多。

---

①　国家统计局.国家统计局关于 2012 年粮食产量数据的公告. http://www. gov. cn/zwgk/2012-11/30/content_2279385. htm

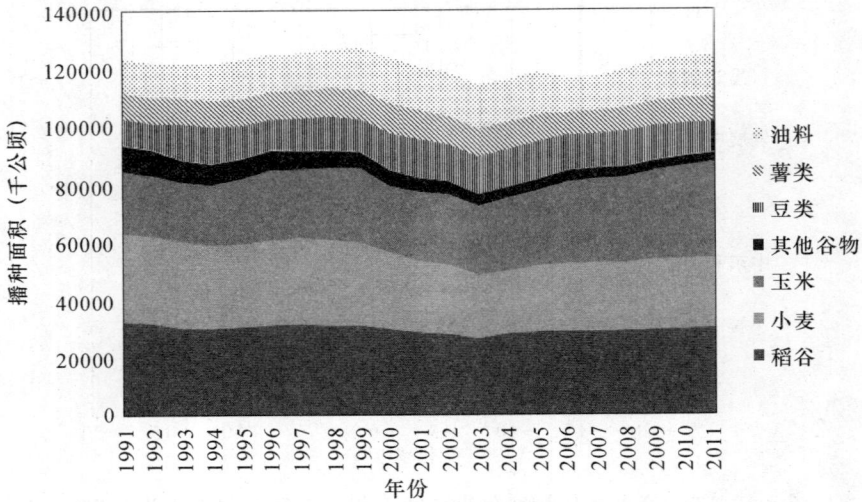

图 3.20　中国粮食和油料作物播种面积

资料来源:国研网宏观经济数据库。

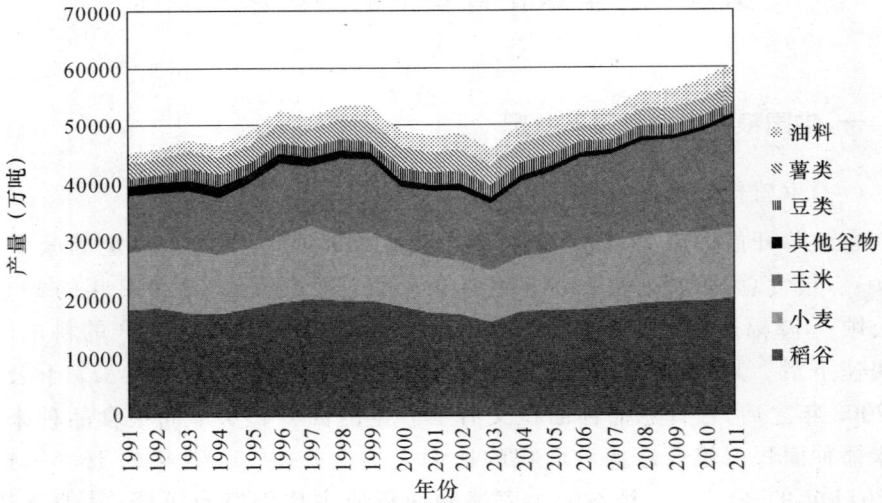

图 3.21　中国粮食和油料作物产量

资料来源:国研网宏观经济数据库。

近年来,中国粮食生产一直保持持续增长,2012 年实现了半个世纪以来首次"九连增"(图 3.21)。2012 年当年全国粮食总产量 58957 万吨,创历史最高水平,比 2011 年增长 3.2%,比 1978 年增长 93%。自 2007 年以来,粮食总产量持续超过 5 亿吨。从各粮食品种的生产情况来看,稻谷一直是最重要的粮食品种,产量从 1991 年的 18381.3 万吨增长到 2011 年的 20100.09 万吨,增产 1718.79 万吨;小麦产量也有一定的增长,从 1991 年的 9595.3 万吨增长到 2011 年的 11740.09 万吨;玉米增产幅度较大,从 1991 年的 9877.3 万吨增长到 2011 年的 19278.11,增幅高达 95%;豆类和薯类作物也有一定的增长,分别从 1991 年的 1247.1 万吨和 2715.9 万吨增长到 2011 年的 1908.42 万吨和 3273 万吨;而其他谷物的产量则呈现出逐渐减少的趋势,从 1991 年的 1712.4 万吨减少到 2011 年的 821.08 万吨。

从粮食品种的构成上来看,稻谷生产所占比重一直最高,小麦所占比重相对稳定,玉米产量占粮食总产量的比重出现了非常显著的增长。这可能是由于居民消费水平提高,动物产品需求增加导致以玉米为原料的饲料需求增加的缘故。

（二）中国粮食贸易

近年来中国粮食贸易额增长较快,2012 年粮食进出口总量达 8302 万吨,比 2008 年增长了 3792 万吨,增幅高达 84.1%。从粮食贸易的总体结构来看,中国粮食进口所占比重较大,增长速度较快(表 3.5)。2012 年,中国粮食进口量达 8025 万吨,占同期粮食进出口总量的 96.7%,比 2008 年增长 3894 万吨,增幅接近一倍。其中,稻米进口量在 2012 年猛增,全年稻米进口量达 237 万吨,约为 2011 年的 4 倍。而与此同时,粮食出口总量则显著下降(表 3.6),2012 年,中国粮食出口总量为 277 万吨,比 2008 年减少 102 万吨,减幅接近三分之一。

从粮食进口的结构来看,大豆进口占粮食进口总量的比重较大。2012 年,大豆进口量为 5838 万吨,占同期粮食进口总量的 72.7%。其他主要粮食品种,如玉米、稻米、小麦和大麦等进口量占粮食进口总量的比例均在 10% 以下。

表 3.5　中国粮食和食用油进口量　　　　　　　　（单位:万吨）

	2008 年	2009 年	2010 年	2011 年	2012 年
粮食	4131	5223	6695	6390	8025
—玉米	5	8	157	175	521
—稻谷和大米	33	36	39	60	237
—小麦	4	90	123	126	370

(续表)

	2008 年	2009 年	2010 年	2011 年	2012 年
—大麦	108	174	237	178	253
—大豆	3744	4255	5480	5264	5838
食用植物油	816	816	687	657	845
—豆油	259	239	134	114	183

资料来源:国研网对外贸易数据库。

从粮食出口的结构来看,豆类(不含大豆)出口占粮食(不含大豆)出口总量的比重较大(表 3.6)。2012 年,豆类出口量为 130 万吨,占同期粮食出口总量的 46.9%;其次是薯类及含有淀粉的块茎,其出口量占粮食出口总量的 18.1%;玉米和稻米的出口量占粮食出口总量的 10%左右。

表 3.6　中国粮食和食用油出口量　　　　　　　(单位:万吨)

	2008 年	2009 年	2010 年	2011 年	2012 年
粮食	379	329	275	288	277
—玉米	27	13	13	14	26
—稻谷和大米	97	79	62	52	28
—薯类及含有淀粉的块茎	48	52	39	51	50
—豆类	150	144	116	120	130
食用植物油	25	11	9	12	10
—豆油	13	7	6	5	5

资料来源:国研网对外贸易数据库。

近年来,中国粮食净进口量呈现快速扩大的趋势。2012 年中国粮食净进口量为 7748 万吨,比 2008 年增加 3996 万吨,增幅超过一倍。其中,大豆进口—出口比例最高,2012 年中国大豆进口量是出口量的 182 倍;而玉米和稻米也分别在 2010 年和 2011 年从净出口转变为净进口,其中玉米在 2008 年净出口 22 万吨,而到了 2012 年净进口量已达 495 万吨。

(三)中国粮食储备

适度的粮食储备是维护粮食安全的重要保障,粮食储备不足将导致粮食供给缺乏时不能满足消费需求,而粮食储备过多则会造成粮食安全实现成本过高而导致浪费。粮农组织提出了 17%～18%的粮食储备安全警戒线,其中周转储备 12％,后备储备 5％～6％。根据中国的具体情况,适度的粮食储备规模应该处在当年粮食消费量的 25％～30％的水平上(曹宝明等,2011)。

图 3.22 显示了中国玉米、稻米和小麦三大粮食品种的库存—消费比。20世纪 60 年代,中国三大粮食品种的总体库存—消费比为 14.53％,这一比例明显低于粮农组织给出的最低安全标准。70 年代总体库存—消费比上升到33.59％,80 年代进一步增加到 56.91％,90 年代更是增加到 79.39％,这一比例显然过高,大大增加了粮食储备的成本,造成了不必要的浪费。21 世纪前10 年,总体库存—消费比下降到 49.36％。2010 年至 2012 年,总体库存—消费比为 48.1％,已经逐渐趋向于合理水平。

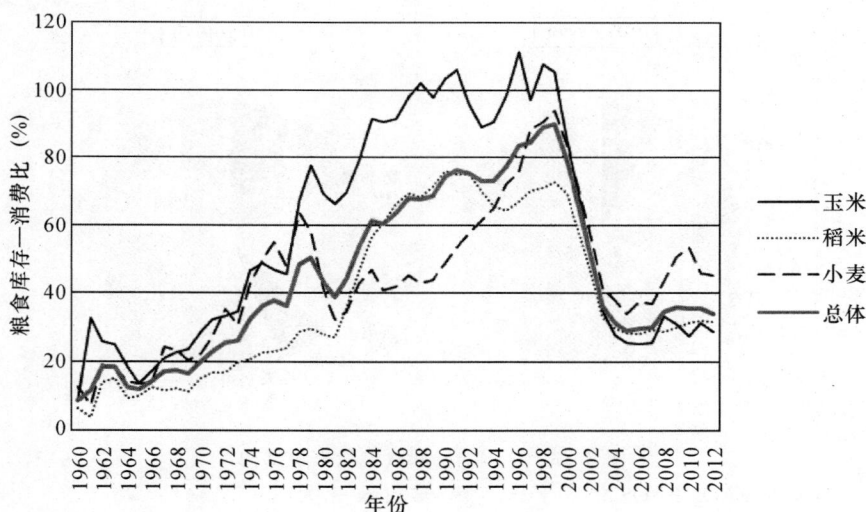

图 3.22 中国主要粮食品种库存—消费比

资料来源:USDA Foreign Agricultural Service. Production,Supply and Distribution (PSD) Online Database. http://www.fas.usda.gov/psdonline/.

从具体的粮食品种来看,2010 年至 2012 年间,中国稻米的平均库存量达到 4446 万吨,库存—消费比为 31.87％;玉米的平均库存量为 5630 万吨,库存—消费比为 29.26％;小麦的平均库存量为 5686 万吨,库存—消费比为48.10％。其中近三年中国稻米和玉米的平均库存量占全球库存总量的 40％以上,小麦的平均库存量也接近全球库存总量的 30％。

(四)中国粮食消费与营养状况

改革开放以来,中国食品消费水平有了显著提高,食品能量摄入已经从1977 年的 1933 千卡/人/日增加到 2009 年的 3036 千卡/人/日,在 1994 年超过了世界平均水平。根据粮农组织估计,2010 年至 2012 年中国最低膳食能量需求量为 1906 千卡/人/日,营养不足发生率已经下降到 11.5%(FAO, 2012b)。

在能量摄取总量大幅提高的同时,膳食能量来源结构也发生了巨大的变化(图 3.23)。1977 年至 1979 年,中国居民膳食能量中有 82% 来自粮食,其中谷物占到 67%,豆类和块根(薯类)等替代性粮食占到 15%。2007 年至 2009 年,来自粮食的能量已经下降到 53%,其中谷物为 48%,块根仅为 5%,豆类几乎可以忽略不计。与此同时,来自糖类、蔬菜、蛋类、肉类和奶类的能量比例则有了大幅提升。这说明中国居民的食品消费结构有了大幅的改善。

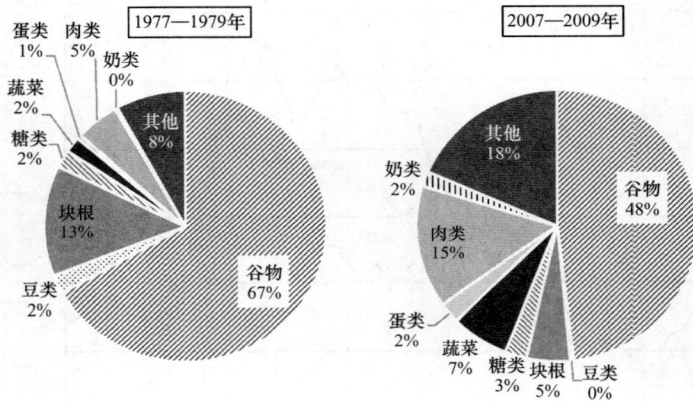

图 3.23　中国居民膳食能量来源结构

资料来源:FAO. FAOSTAT. http://faostat.fao.org/.

二、中国粮食安全的综合评价

利用第二节构建的粮食安全综合评价体系,本节对近 20 年中国粮食安全情况进行评价。首先,我们根据第二节给出的方法计算四个类别共十个粮食安全评价指标的实际评价值。然后根据实际评价值和第二节给出的各指标的警级划分标准为各指标确定预警级别。表 3.7 是近 20 年中国粮食安全指标的实际评价值,表 3.8 是各指标对应的预警级别。

表 3.7　中国粮食安全评价值

年份	A_1	A_2	B_1	B_2	B_3	C_1	C_2	C_3	D_1	D_2
1993	3.4	20.9	1.1	6.3	0.5	n.a.	3.1	72.7	50.3	20.3
1994	0.1	28.6	1.1	7.4	4.9	n.a.	3.1	72.9	50.0	18.3
1995	4.1	20.2	2.5	11.2	16.7	n.a.	3.1	77.0	50.1	16.8
1996	10.6	18.9	1.8	7.6	30.6	n.a.	3.1	83.3	48.8	15.9
1997	4.7	26.8	0.5	4.7	−7.6	n.a.	3.1	84.2	46.6	15.4
1998	4.9	22.1	0.4	4.1	−19.5	n.a.	3.2	88.7	44.7	15.0
1999	0.9	23.6	0.3	3.7	−23.0	n.a.	3.3	89.8	42.1	14.8
2000	−8.5	31.7	0.3	3.7	−15.6	n.a.	3.3	78.7	39.4	14.6
2001	−8.4	30.0	0.3	3.8	−5.8	n.a.	3.3	65.3	38.2	14.4
2002	−3.7	26.1	0.2	3.5	8.0	n.a.	3.3	51.4	37.7	14.3
2003	−5.8	32.7	0.2	3.4	10.6	n.a.	3.4	36.2	37.1	14.2
2004	5.1	16.0	0.4	6.0	15.6	n.a.	3.4	31.5	37.7	14.0
2005	7.0	19.2	0.2	4.6	3.5	n.a.	3.4	29.1	36.7	13.6
2006	7.9	23.5	0.1	3.4	18.1	n.a.	3.3	29.7	35.8	13.1
2007	3.7	23.7	0.1	2.5	50.5	n.a.	3.3	30.1	36.3	12.6
2008	6.9	20.9	0.1	2.2	81.9	n.a.	3.4	34.2	37.9	12.0
2009	4.2	19.5	0.2	2.8	−1.0	4.6	3.4	36.0	36.5	11.6
2010	5.0	16.9	0.2	3.5	−5.3	3.6	3.4	35.5	35.7	11.5
2011	6.7	11.3	0.2	n.a.	24.7	3.7	3.4	35.6	36.3	11.5
2012	7.3	n.a.	n.a.	n.a.	19.4	2.8	3.4	33.9	n.a.	11.5

资料来源：A_1 粮食生产变动率，根据历年《中国统计年鉴》的粮食总产量计算；

A_2 粮食生产成灾率，根据历年《中国统计年鉴》的播种面积和成灾面积计算；

B_1 粮食进口占商品出口总额比率，根据 UN COMTRADE 数据库的中国粮食出口总额和所有商品出口总额计算；

B_2 粮食进口占世界粮食出口总量比率，根据 FAOSTAT 贸易数据库的中国粮食进出口量和世界粮食出口总量计算；

B_3 国际粮食价格变动率，根据 FAO 食品价格指数数据库的国际谷物价格指数计算；

C_1 国内粮食价格波动率，根据中华粮网的粮食批发价格指数计算；

C_2 零售层面损耗率，取自 FAO 粮食安全指数；

C_3 粮食库存—消费比，根据 USDA Foreign Agricultural Service's Production，Supply and Distribution 数据库的中国玉米、稻米和小麦库存及消费量计算；

D_1 恩格尔系数，根据历年《中国统计年鉴》城镇居民恩格尔系数、农村居民恩格尔系数、城镇居民人口占比计算；

D_2 营养不足发生率，取自 FAO 粮食安全指数。

注：n.a. 表示数据不可得。

中国粮食安全与全球粮食定价权
——基于全球产业链视角的分析

表 3.8　中国粮食安全预警级别

年份	A_1	A_2	B_1	B_2	B_3	C_1	C_2	C_3	D_1	D_2
1993	5	3	4	3	5	n. a.	3	1	3	1
1994	4	2	4	3	5	n. a.	3	1	3	1
1995	5	3	3	2	3	n. a.	3	1	3	2
1996	3	3	4	3	1	n. a.	3	1	3	1
1997	5	2	5	4	5	n. a.	3	1	3	2
1998	5	3	5	4	4	n. a.	3	1	4	2
1999	4	3	5	4	3	n. a.	3	1	4	3
2000	1	1	5	4	4	n. a.	3	1	4	3
2001	1	2	5	4	5	n. a.	3	1	4	3
2002	3	2	5	4	4	n. a.	3	2	4	3
2003	2	1	5	4	3	n. a.	3	4	4	3
2004	4	4	5	4	3	n. a.	3	4	4	3
2005	4	3	5	4	5	n. a.	3	5	4	3
2006	4	3	5	4	3	n. a.	3	5	4	3
2007	5	3	5	5	1	n. a.	3	4	4	3
2008	4	3	5	5	1	n. a.	3	4	4	4
2009	5	3	5	5	5	4	3	4	4	4
2010	4	4	5	4	5	4	3	4	4	4
2011	4	5	5	n. a.	2	4	3	4	4	4
2012	4	n. a.	n. a.	n. a.	3	5	3	4	n. a.	4

注:n. a. 表示数据不可得。表中数值表示粮食安全预警级别,数值越小表示粮食安全风险程度越高。

从粮食生产方面来看,粮食安全预警级别随年份变化比较大。在粮食生产变动率上,2000 年至 2003 年间有了一次较严重的风险期,这次风险期主要是由于粮食播种面积急剧下降和自然灾害等原因导致的粮食减产。在 2003 年取消农业税等措施出台之后,随着粮食播种面积的逐步回升,粮食产量也逐步恢复,在 2004 年之后粮食安全预警恢复到轻度风险级别。2010 年以来,粮食生产变动率也显示了轻度风险,这主要是出于粮食产量连续大幅上升所可能导致的种粮收益降低而引起未来粮食减产的顾虑。在粮食安全成灾率方面,近年来的预警级别逐渐减低,这主要是由于抵御自然灾害能力的增强。综合来看,在粮食生产方面,中国粮食安全存在轻度风险。

在粮食贸易方面,粮食进口占商品出口总额比率一项自 1997 年以来就一直处于安全级别,这表明中国通过粮食进口保障粮食安全的购买力十分强。从粮食进口占世界粮食出口总量比率来看,自 1997 年以来大多在轻度风险级别,说明中国通过粮食进口保障粮食安全的可得性较好。而在国际粮食价格方面,粮食安全风险则不容乐观,近年来发生了两轮国际粮食价格暴涨,特别是 2007 年至 2008 年出现了存在严重风险的红色预警,2011 年至今也出现了中高度的风险预警。综合而言,由于国际粮食价格波动的严重性,中国粮食安全的贸易方面存在中度风险。

在粮食流通方面,虽然国际粮食价格波动加大,但国内粮食批发价格波动仍在可以承受的范围之内,仅存在轻度风险。然而,零售层面的损耗率一直较高,处于中度风险的黄色预警级别。在粮食储备方面,中国粮食库存—消费比的主要问题是粮食库存过多,造成了粮食安全成本过高,虽然近年来粮食库存—消费比在逐渐向合理化的比例调整,但依然存在轻度风险。综合来看,在粮食流通与储备方面,中国粮食安全存在中度风险。

在家庭和个人层面,城镇和农村居民的恩格尔系数都有了显著下降,居民抵御粮食危机的能力在逐渐上升,不过对于贫困地区和低收入群体而言依然存在应对粮食危机能力较弱的轻度风险。此外,营养不足发生率在近 20 年有了非常显著的下降,非常有望实现联合国千年发展目标中关于减少饥饿的要求。综合而言,在消费与营养方面,中国粮食安全存在轻度风险。

本章小结

在对产业链视角下的粮食安全影响因素和全球粮食定价权问题进行深入研究之前,有必要了解全球化背景下的粮食安全情况。本章的目的就是为后续研究对全球化背景下的粮食安全进行全面了解。

本章首先对国内外关于"粮食"的基本概念进行了梳理,为后续研究在辨析研究对象和研究范围时提供了依据。接下来,本章对"粮食安全"概念的发源和延伸进行了回顾,从总量充足到分配合理、再到营养安全,"粮食安全"的概念随着世界经济社会发展有着不断变化的内涵。明确概念的变化发展,有助于我们更加深入地理解粮食安全的多层次和多维度特性。

本章介绍了现有微观层面和宏观层面的粮食安全评价方法,并对这些现有方法的优点和不足进行了分析和评价。在此基础上,本章新提出了一个涵盖宏观、微观不同层面和维度的粮食安全评价体系,并具体给出了不同方面粮食安全评价的指标体系及其计算方法,还设计了中国粮食安全的预警系统。

本章从世界粮食生产、贸易、储备、消费等方面说明了世界粮食安全的基本情况,介绍了世界营养不足趋势和粮食援助需求情况。另外,针对近年来世界粮食安全的热点问题做了专题回顾,包括国际粮食价格波动、生物能源发展和全球气候变化对粮食安全的影响等。

本章也从中国粮食生产、贸易、储备、消费和营养等方面介绍了中国粮食安全的基本情况。然后利用之前提出的中国粮食安全评价体系对中国粮食安全情况进行了综合评价。我们认为,在粮食生产、消费和营养方面中国粮食安全存在轻度风险,在贸易、流通和储备方面中国粮食安全存在中度风险。

第四章 全球化背景下的中国粮食价格波动

第一节 全球化背景下的粮食价格波动

一、粮食价格波动的国际市场因素

如果市场是足够有效的,那在开放环境下国际和国内市场上的农产品价格将会是一致的,这种一致不仅体现在价格水平上,也体现在价格水平的波动上。而随着中国开放程度的日渐加深和农产品贸易规模的日渐扩大,中国在农产品国际市场上扮演的角色越发重要,而国际市场上农产品价格波动对国内市场的影响也日渐深入。

2006 年之后,国际市场上的农产品价格出现了显著的上涨趋势,从 2006 年 1 月到 2010 年 11 月,国际市场食品价格指数从 106.06 上升到了 173.35,小麦、大米、玉米、大豆等主要粮食作物的价格都出现了大幅度的上涨。在国际市场价格推动下,国内主要农产品价格同样出现了显著的上涨,从 2006 年年初到 2010 年年末,小麦的集贸市场价从 1.46 元/公斤一步步地上涨到 2.14 元/公斤,大米、玉米和大豆的价格也分别从 2.93、1.27 和 3.48 元/公斤上涨到 4.41、2.12 和 5.48 元/公斤,涨幅分别高达 47%、50%、67% 和 68%(王孝松和谢申祥,2012)。农产品和食品在国内外两个市场上的价格运行,正在走向同步。

图 4.1 显示了自中国加入 WTO 以来国内和国际两个市场上食品价格指数的变化情况。显然,两者的波动之间正在呈现出同步程度越来越高的趋势。

食品是生活必需品,在日常消费中占据相当地位,因而食品价格的上涨对消费者影响巨大,程国强等(2008)的研究表明,猪肉价格每上涨 10%,就会推动消费者价格指数(CPI)上涨 0.5%。而近年来的农产品价格上涨甚至使得

图 4.1　中国和国际食品价格指数变化情况(2002—2010 年)(王孝松和谢申祥,2012)。

食品价格成为中国 CPI 的重要推动力量。2010 年中国 CPI 的上涨中,70％源自食品价格的上涨(王孝松和谢申祥,2012),这使得农产品价格日渐成为全社会关心的话题。而国际与国内市场上农产品价格波动之间的联系,也日渐为学界所关注。

当前已经有不少学者在这方面进行了研究。这些研究中的大部分,使用的是协整检验(Co-integration Test)、格兰杰因果检验(Granger Causality Test)、误差修正模型(Error Correction Model,ECM)、向量误差纠正模型(Vector Error Correction Model,VEC)等针对时间序列数据的方法。而这些研究结果也表明,近年来,尤其是加入 WTO 之后,国内外市场上农产品价格波动之间的联系大大加强。较早期的张巨勇等(1999)和武拉平(2000)认为国内外农产品市场整合程度不高,而较近期的研究则普遍得到了截然不同的结果,比如丁守海(2009)以及罗锋和牛保俊(2009)均发现国内外两个市场上的农产品价格存在长期的协整关系,国际农产品价格变动对国内农产品价格具有显著影响,国际粮价波动无论在长期、还是短期内,都会在相当程度上对国内市场粮价造成影响。

在现代经济中,期货市场在价格的发现和形成中起到十分重要的作用,而各国期货市场价格也存在十分密切的联系。比如 Booth & Ciner(1997)发现美国和日本市场上的玉米期货无论在价格还是波动性上,都存在密切的联系,Booth et al.(1998)发现美国和加拿大市场上的小麦期货价格也存在长期的协整关系。而 Holder et al.(2002)还发现日本和美国市场上交易的玉米和大豆期货不仅在价格,在交易量上也存在密切联系。国内的农产品期货市场虽然相比国外成熟市场仍显稚嫩,但国内外农产品期货价格之间的长期协整关系已出现。Fung et al.(2003)就发现美国农产品期货价格的波动会对中国市场产生显著的影响。周应恒和邹林刚(2007)、赵荣和乔娟(2008)也分别发现中国大豆和棉花期货价格存在长期均衡关系,同时他们还发现,更成熟的美国期货市场在定价当中占据主导地位。罗锋和牛保俊(2009)将研究对象由具体农产品扩展到农产品价格指数,同样发现了类似的证据。

　　总而言之,现有从各个方面出发的研究都表明,随着开放程度的递增,中国国内农产品市场与国际市场间的联系越发紧密,国际市场上的价格波动对国内市场价格的影响也越来越显著。不过已有研究在很大程度上都只是定性的研究,它们可以确认国内外市场上农产品价格之间联系的存在性,却无法告诉我们这种联系究竟有多紧密。王孝松和谢申祥(2012)的研究可能是一个例外,他们以回归的方式定量地计算了不同农产品的价格弹性,发现各种农产品的国外价格波动都对国内价格具有显著的影响。不过与我们的研究不同的是,他们的研究更多的是从农产品消费者的视角出发,讨论市场价格波动可能给消费者带来的负面效应,而缺乏对农产品生产者的关注。更重要的是,他们并没有关注开放环境对国内外市场农产品价格之间关系的影响,从他们的研究结果当中,我们无从得知国内外市场上农产品价格联系的来源,更无从得知开放在其中扮演的角色。

　　鉴于现有研究在这些方面的缺陷,在本章接下来的部分当中,我们将在对国内外两个市场上农产品价格波动之间整合关系进行观察的基础上,定量地研究国际市场上农产品价格和生物质能源发展对中国粮食价格的影响,并尤为关注开放环境在其中的作用。

二、粮食价格波动的能源市场因素

　　全球化石能源危机、环境危机等问题使得各国面临新的能源与经济发展问题,生物质能源成为许多国家青睐的能源类型。目前主流的生物质能源主要包括燃料乙醇和生物柴油。

　　生物质能源的产业化最早出现在巴西。在 20 世纪 90 年代和 21 世纪初,世界生物质能源生产维持在较稳定的水平,每年产量均在 1000 万吨油当量以下。但随着化石能源的紧缺和国际油价的持续走高,生物质能源受到越来越多国家的重视,许多国家纷纷开始转向生物质能源的生产。到了 2002 年,生物质能源产量突破了 1000 万吨油当量,2002 年至 2009 年产量增长均在 10%以上。

　　从地区来说,世界生物质能源的生产主要集中在美国、拉美、欧洲和亚太地区。2005年之前,巴西一直是生物质能源生产的主要国家,而且产量波动不大,而美国、欧盟、亚太地区则呈现不断上升的态势,其中美国的增速最为明显,并且在2005年超过了巴西,成为世界第一生物质能源生产大国,此后也一直保持较高的增长速度。

近些年来生物质能源生产的扩张,使作为其原料的粮食在产量、消费量等方面产生较大波动。2000年至2012年间,玉米产量与小麦、大米等主要粮食作物相比,无论从绝对值还是比例上来说,都是增长幅度最大的。同一时期,玉米、小麦、大米三种作物的消费比例在不断上升,其中玉米的消费量上升是最快的。在全球总产量增长的背景下,玉米的储备率却是急剧下降的,这与生物质能源产业的发展有着密切的联系。

全球生物质能源生产的扩张,美国、巴西等粮食大国对生物质能源的开发,全球粮食消费量增加、价格高企,种种现象引起了学者们对粮食安全的担忧。当前关于生物质能源和粮食安全的主要争议包括:短期内,大量的粮食作物用于生产生物质能源,粮食供给紧张,引起粮价上涨;长期来看,大量的土地会转向生物质原料生产,造成耕地的紧张,面临"与粮争地"的难题等。

从短期考量,生物质能源对粮食安全最显著的影响是粮食价格的上涨。一些学者(Mathews,2007;Wright,2006)发现,能源已经动态改变土地使用,这导致了粮食价格的短期上升。但是他们也提出,这很可能并不是导致粮价上涨趋势的唯一因素,这也不会长期维持,他们认为主要的挑战是在可持续的形式下放缓生物质能源的生产,同时保持粮食产量。众多关于粮价和生物质能源的研究中,值得一提的是Ciaian & Kancs(2009)关于直接渠道和间接渠道的划分。他们认为生物质能源对粮食价格的影响并不仅仅是对粮食需求增多引起的,价格传导有两个渠道:①直接的生物质能源渠道,主要从能源价格影响生物质能源价格,进而使作为生物质能源原料的作物价格发生波动这一传导机制,分析生物质能源对粮食价格的影响;②间接的生产投入渠道。能源也是粮食生产的一种投入,主要从作为生产投入的能源价格波动会引起粮食生产成本的变动,进而使粮食价格发生相应变动这一传导机制,研究生物质能源对粮食价格的影响。他们的检验结果表明,直接渠道对农产品价格的影响是显著的,但间接渠道对价格传导的作用是很小的,在数据上也不显著。

从长期考量,生物质能源可能会与粮食产生资源争夺,例如用地之争(Azar,2003;Johansson,2007;Eggen,2006;Service,2007;Hill,2006)。关于这个问题有两种观点,一种认为扩大用于生产生物质原料的土地面积会与生产粮食的土地产生一种"零和"博弈的矛盾(陈健鹏,2009)。这类研究最早可以追溯到 20 世纪 70 年代。由于石油危机,巴西 1975 年便提出了酒精项目,研究从甘蔗中制造酒精(Brown,1980;Johansson,2007;Meekhof,1984)。因为比传统的生产活动收益更丰厚,许多农民转向生产能源作物,导致其他农作物被甘蔗替代(Rathmann et al.,2010)。对巴西的研究表明,燃料乙醇的生产可能提高了农业用地的价格(Wright,2006;Benedetti,2007)。美国燃料乙醇的发展不仅影响到国内玉米的供给与需求,而且进一步影响到玉米的国际贸易。也有人认为生物质能源和粮食间不会存在有效的竞争,理由包括新技术的使用、生产率的提高、边缘土地的使用等(Goldemberg,2008;Dale,2007;Kerckow,2007;Pimentel,2007;Turpin,2009;Sumathi,2008;Hazell,2006)。所以有学者得出了这样的结论:问题不是选择食物还是能源,关键在于如何实现粮食盈余地区和粮食匮乏地区的分配(陈健鹏,2009)。而且土地用途等选择主要是由利益主导,也有学者认为生物质能源生产未必有利可图。Yang et al.(2009)通过分析中国的数据发现,生物质能源的投资收益率很低,远低于化石能源。Rathmann et al.(2010)也提到,如果根据现有的研究认为生物质能源的回报高,所以转向其生产,造成了相关农产品短期价格的上涨,那么根据这一说法,农产品价格提高后,农民又会转向农产品的生产,从长期来看也会达到一个均衡。

中国作为世界主要的粮食生产、贸易大国,上述生物质能源可能产生的种种问题不可避免地会影响中国的粮食安全。作为一个拥有 13 亿人口的大国,中国粮食安全是世界粮食安全的重要一环。现有数据表明,1990—2012 年间,中国玉米的产量波动较频繁,并且在 20 年间增长显著,玉米的需求增长强劲。从出口层面来看,2000—2011 年间,中国玉米、谷物及谷物粉的出口量波动极为明显,总体上是波动下降的趋势。从进口层面看,中国主要谷物的进口量都很低,由于世界范围内的粮食供给紧张,国际对玉米的需求也在增加,中国国内如果想通过贸易途径由国际市场对国内市场进行补充,难度是比较大的。如果国内供给不能满足需求,易给国内玉米价格甚至是粮食价格带来振荡,成为上涨压力。

关注全球生物质能源的发展,研究其给中国粮食安全带来的影响及作用机理,明确各类型因素将带来的影响,对确保中国农业生产安全,保证农产品与资源有效配置、减少国际贸易争端,保持经济持续稳定发展,具有重要的现实意义。鉴于中国粮食安全的重要性,本章试图构建生物质能源影响中国粮食安全的基本传导路径分析框架。以往有关研究是多角度和多方向的,但针对中国的研究缺乏一个系统性的框架,即生物质能源是通过何种途径如何影响中国粮食安全的。在现有研究中,Ciaian & Kancs(2009)提出的价格传导路径具有重要的借鉴意义,他们提供了一个如何分析能源价格通过生物质能源影响粮食价格的分析思路。而本章结合已有文献的研究,在 Ciaian & Kancs(2009)的基础上进一步扩展了价格传导路径,提出政策传导路径,即同时从价格和政策两个方向上分析上述问题。另外,Ciaian & Kancs(2009)通过了协整检验的方法对价格传导路径进行了验证,但协整检验研究的是变量间的长期关系,实际上不管是能源价格或是粮食价格都具有较强的波动性,关注其短期间的联动关系更具现实意义。本章结合有关数据的特点,使用了马尔可夫转换模型(MSVAR)进行实证,能够反映价格路径中各要素短期的变动、传导关系。而目前采用较多的局部均衡与一般均衡、系统模拟等方法需要一些主观的赋值,本章则避免了采用主观赋值带来的问题。

第二节　国际农产品市场与中国粮食价格波动

一、数据与方法

为了对开放环境下中国市场上的农产品价格波动有一个全面的认识,我们的实证研究分成两部分。首先,我们将引入常见于时间序列数据整合关系分析的误差修正模型,对比已有研究,分析国内、国外两个市场上各种农产品价格在长期内的整合关系;然后,与王晓松和谢申祥(2012)的做法类似,我们以国内农产品价格变化为被解释变量,以相应农产品的世界市场价格变化为解释变量,在控制其他变量的情况下,以回归分析的方法来研究两者之间的关系,以此来获得更精确的定量数据;最后,我们再将所有农产品价格的时间序列数据合并为一个面板数据,通过面板数据的计量方法,在更有效地控制其他变量的同时,直接地观察开放对国内外农产品价格之间联系的影响。

在第二部分的回归当中,除了作为主要解释变量的农产品世界价格,我们引入的控制变量还包含相应农作物的生产成本、受灾面积、用于控制宏观经济环境的人均 GDP 和人均工业增加值变量、用于控制货币环境的货币供应量 M2/GDP 和外汇储备变量、用于控制能源价格的世界市场煤炭和石油价格变量。

我们研究针对的时间范围是中国加入 WTO 之后的 2002 年到 2010 年,这么短的时间内,使用年份数据会导致样本量严重不足,因而我们使用的是月度数据。不过受灾面积、人均 GDP 变量均无月度数据,因而我们以相应的年份或季度数据作为替代。月度数据会存在季节性波动,因而在进行协整检验和误差修正模型估计时,我们仿照卢锋和彭凯翔(2002)以及王晓松和谢申祥(2012)的做法,取滞后阶数为 12;而在进行回归时,控制月份虚拟变量以滤去因季节变化产生的波动。

本章使用的数据当中,国内市场上的农产品价格和生产成本数据来自历年《中国农产品价格调查年鉴》,货币供应量 M2 和外汇储备数据来自中国人民银行网站[①]。国际市场上的农产品价格、食品价格指数和能源价格数据来自国际货币基金组织(International Monetary Fund,IMF)网站[②]。历年中国人口、GDP、工业增加值和农业受灾面积数据来自国家统计局网站[③]。除了文献中常见的水稻、小麦、大豆、玉米四种农作物价格外,我们还在研究中引入了肉鸡价格,同时分析这五种农产品国内外价格之间的联系。

二、农产品价格整合关系研究

这部分研究中使用了时间序列数据,因而在一切实证研究之前,首先需要做的便是平稳性检验。表 4.1 是各价格变量及其一阶差分的单位根 ADF(Adjust Dickey-Fuller Test)检验结果。显然,所有价格变量本身都是非平稳的,但在差分之后,所有变量都变得平稳了,换言之,它们都是一阶单整的,因而接下来的实证研究可以继续。表 4.2 中是 Johanson 协整检验结果,所有五种农产品的国内外价格在检验中都在 5% 的置信程度上拒绝了不存在协整关系的原假设。换句话说,至少对这些农产品而言,国内外市场上的价格已经在长期内存在整合关系。协整关系的存在能够说明国内外农产品价格存在长期整合关系,却不能说明这种关系是如何形成的,更无法说明在长期整合关系的形成当中,国内和国际市场价格何者占据主导地位。不过我们可以进一步地通过格兰杰因果检验(Granger Causality Test)和误差修正模型(Error Correct Model)对此做出观察。

---

① 网址为:http://www.pbc.gov.cn/publish/diaochatongjisi/133/index.html

② 网址为:http://www.imf.org/external/np/res/commod/External_Data.csv

③ 网址为:http://www.stats.gov.cn/tjsj/

表 4.1 平稳性检验结果

		水平值		一阶差分	
		检验形式	ADF 统计量	检验形式	ADF 统计量
水稻	国内价格	$(C,t,2)$	−2.134	$(C,t,0)$	−8.061***
	世界价格	$(C,t,1)$	−3.878	$(C,t,1)$	−7.454***
玉米	国内价格	$(C,t,1)$	−2.687	$(C,t,0)$	−6.343***
	世界价格	$(C,t,1)$	−2.388	$(C,t,0)$	−8.156***
小麦	国内价格	$(C,t,0)$	−1.392	$(C,t,0)$	−7.114***
	世界价格	$(C,t,1)$	−2.347	$(C,t,0)$	−7.945***
大豆	国内价格	$(C,t,12)$	−2.725	$(C,t,0)$	−5.379***
	世界价格	$(C,t,1)$	−2.688	$(C,t,0)$	−6.223***
肉鸡	国内价格	$(C,t,1)$	−2.170	$(C,t,0)$	−9.647***
	世界价格	$(C,t,1)$	−3.653	$(C,t,1)$	−5.602***

注:检验形式(C,t,P)中三个参数分别代表有无常数项、有无时间趋势和滞后阶数。*,**,*** 分别代表在 10%,5%,1% 程度上显著。

表 4.2 Johanson 检验结果

	水稻	玉米	小麦	大豆	肉鸡
特征值	0.117	0.144	0.139	0.137	0.243
迹统计量	4.632	4.952	6.605	7.804	9.049
最大特征值	4.632	4.952	6.605	7.804	9.049
5%临界值	3.74	3.74	3.74	3.74	3.74

表 4.3 和表 4.4 分别是对各个农产品的国内外市场价格进行格兰杰因果检验和误差修正模型估计的结果。在误差修正模型当中,所有五个国内市场价格方程的误差修正项均在 1% 程度上显著,而所有国外市场价格方程的误差修正项均不显著。也就是说,国内外农产品价格之间的长期整合关系基本上是通过对国内市场价格的调整来实现的,而国内市场价格的变动却无法导致国外市场价格发生相应变化。

表 4.3　格兰杰因果检验结果

		F 统计量	P 值
水稻	世界价格对国内价格	4.351	0.976
	国内价格对世界价格	5.788	0.926
玉米	世界价格对国内价格	30.428	0.002
	国内价格对世界价格	15.157	0.233
小麦	世界价格对国内价格	7.874	0.795
	国内价格对世界价格	10.481	0.574
大豆	世界价格对国内价格	73.968	0.000
	国内价格对世界价格	25.508	0.013
肉鸡	世界价格对国内价格	33.859	0.001
	国内价格对世界价格	17.514	0.131

　　格兰杰因果检验的结果也能在一定程度上说明这一点:各农产品中,只有大豆的国内市场价格构成国际市场价格的格兰杰原因,而玉米、大豆、肉鸡的国际市场价格都构成了其国内市场价格的格兰杰原因。国际市场价格对国内市场价格的影响要远远大于相反方向的影响。

表 4.4　误差修正模型估计结果

		误差修正项	t 统计量
水稻	国内价格	−0.114***	−2.64
	世界价格	−508.97	−1.37
玉米	国内价格	−0.147***	−3.38
	世界价格	−69.342	−0.48
小麦	国内价格	−0.129***	−3.06
	世界价格	−298.41	−1.45
大豆	国内价格	−0.412***	−3.33
	世界价格	−358.88	−1.01
肉鸡	国内价格	−0.172***	−4.22
	世界价格	−1.164	−1.42

　　注:＊＊＊代表在1％程度上显著。

不过,在格兰杰因果检验中,小麦和水稻的检验结果无法拒绝国际市场价格不是国内市场价格格兰杰原因的原假设。这意味着不同的农产品,其国际市场价格对国内市场价格的影响能力仍然是存在差异的,我们将在接下来的研究当中分析这种差异的原因所在。

三、国内市场农产品价格决定:基于时间序列数据的研究

表 4.5 中是以各农产品国内市场价格为被解释变量的时间序列回归结果。由于不少变量[①]都是非平稳序列,因而我们先对这些变量进行了一阶差分处理,平稳后再纳入回归当中。换言之,我们实际上是以各变量的变化,来解释国内市场上农产品价格的变化情况。

表 4.5 所有回归的调整 R^2 和 F 统计量均表现良好。考虑到时间序列数据伪回归的可能性,我们还对各回归的残差序列进行了平稳性检验,结果各个序列残差均在 1% 程度上拒绝了存在单位根的原假设,基本排除了伪回归的可能性。也就是说,表 4.5 的回归结果是可靠的。

在表 4.5 给出的所有估计结果当中,农产品世界价格变量均显著为正,这充分说明当下国际市场上的农产品价格变化正在给国内农产品价格变化造成显著影响。并且被国际市场价格变化所解释的农产品国内市场价格变化部分,普遍接近甚至超过 20%,大豆甚至接近 50%,也就是说,国际市场价格变化已经是当前中国农产品国内价格变化的最主要影响因素之一。

国际市场价格变化之外的其他变量在回归中的表现也并不良好,没有表现出稳定的显著性,这可能是源于多重共线性的存在:我们使用的不少控制变量,比如人均 GDP 与人均工业增加值、世界市场煤炭价格与石油价格之间都存在很强的相关性。也可能是源于不恰当的变量形式:王晓松和谢申祥(2012)将这些变量对数化并差分后再放入回归当中,其显著性就明显地高于本章所获得的结果。不过它们并非本章关注的重点,因而我们并不对此展开深入论述。

至此为止,我们得到的结果与王晓松和谢申祥(2012)的类似:无论是长期还是短期,国际农产品价格对国内农产品价格都具有格兰杰意义上的因果作用,国际农产品价格对国内农产品价格的影响是十分显著的,并且这种影响在不同农作物之间表现出了很显著的区别。

---

① 具体为各价格和成本变量、人均 GDP 和工业增加值变量、外汇储备和 M2/GDP 变量。

表 4.5　时间序列回归结果

	水稻	玉米	小麦	大豆	肉鸡
世界价格	0.125** (0.054)	0.863** (0.414)	0.014** (0.007)	1.497*** (0.548)	67.447** (34.566)
生产成本	0.140** (0.069)	0.020 (0.086)	0.247** (0.102)	0.096 (0.192)	−2.730 (2.550)
石油价格	−0.925 (0.865)	0.301 (0.619)	−0.544 (0.558)	4.093 (2.624)	7.087 (5.611)
煤炭价格	0.149* (0.079)	0.005 (0.005)	0.063 (0.050)	0.132 (0.242)	0.158 (0.438)
人均 GDP	0.415** (0.198)	−0.013 (0.267)	0.274 (0.238)	−0.829 (0.936)	0.720 (2.345)
人均工业增加值	0.077 (0.221)	−0.157 (0.241)	0.228 (0.215)	1.650** (0.768)	−1.862 (3.237)
外汇储备	0.011 (0.383)	0.875** (0.427)	0.109 (0.358)	5.21*** (1.59)	2.840 (3.461)
M2/GDP	0.548* (0.283)	−3.88 (3.83)	0.279 (0.356)	−1.94 (1.40)	−3.933 3.569
受灾面积	−0.041 (0.069)	0.105** (0.053)	0.034 (0.058)	0.160 (0.172)	0.007 (0.533)
月份虚拟变量	控制	控制	控制	控制	控制
调整 R^2	0.1128	0.3919	0.3072	0.5098	0.2801
F 统计量	3.62	5.12	7.52	8.29	6.95
ADF 统计量	−8.126***	−7.325***	−6.824***	−7.755***	−9.572***
样本容量	107	107	107	107	107

注:①回归中包含常数项,虽然并没报告在表格当中。②括号中的数字是异方差稳健标准误。③ * , ** , *** 分别代表在 10%,5%,1%程度上显著;ADF 统计量的显著程度指的是原假设回归残差存在单位根的置信系数。④被解释变量为各农产品价格的一阶差分,除受灾面积变量,其余变量也做了一阶差分处理。⑤回归使用数据为月度数据,不过我们未能获得人均GDP,受灾面积变量的月度数据,因而分别以季度和年度数据代替之。

　　然而对于本章的研究,这样的结果仍然是不够的:从这些结果当中,我们只能知道当前国内外农产品价格之间存在十分密切的联系,但却无从得知这种密切联系是否源自开放。虽然在这段时间里农产品市场和中国整体经济开放程度的变化同样令人瞩目,不过却无法简单地直接从中得到开放导致农产品国际市场价格对国内市场价格影响加深的结论。

四、国内市场农产品价格决定：基于面板数据的研究

这部分的研究旨在弥补上一部分研究的不足，分析开放对国内外农产品价格之间联系的影响。我们的思路简单而直接：要获知开放对国内外农产品价格之间联系的影响，就需要观察不同开放程度下两者之间关系的变化情况。我们可以观察不同时间下开放程度和国内外农产品价格之间联系各自的变化情况，不过本研究所采用的时间跨度并不长，难以提供开放程度变量的足够变异程度，而延长数据时间跨度的尝试又受到了数据可得性方面的严格限制。因而我们另辟蹊径，转而在另一个维度上观察开放对国内外农产品价格之间联系的影响。

我们研究使用的数据包含了五种农产品，并且已知五种农产品的国际和国内市场价格之间的联系存在一定的差异，因而如果能证明这种差异源自不同农产品在市场开放程度上的差异，那就相当于证明了开放对国内外农产品价格之间联系存在影响。幸运的是，这些农产品之间在开放程度上的确存在不小的差异。因而通过将上一部分所有的数据合并为一个数据面板，我们就可以观察不同开放程度下国际和国内市场上农产品价格之间关系的变化情况。

各国在农产品生产的比较优势上存在较大差异，因而开放必然会导致国与国之间贸易的增加，基于这一思路，农产品贸易额的变化可以成为相应农产品市场开放程度变化的良好度量变量。图4.2是本研究样本中各种农产品自加入WTO以来进口量占当年总产量比率的变化情况。从图中可以看出，如果以进口量占当年总产量比率来衡量一个农产品国内市场的开放程度的话，一方面各农产品开放程度并没有在时间维度上表现出很明显的变化趋势，这使得我们很难基于时间维度来观察开放对国内外市场上农产品价格之间联系的影响；但在另一方面，不同农产品的开放程度却表现出了较大的差异：大豆市场的开放程度遥遥领先，而在大部分时间内，肉鸡市场的开放程度也要远远高于水稻、小麦和玉米三种粮食作物。

考虑到不同农作物在市场开放程度和国内外价格联系之间的较大差异，通过对一个包含多种农作物价格数据的面板数据进行回归分析，我们就可以获知开放与国内外农产品价格联系之间的关系。面板数据在计量上的优势并不仅限于此，通过引入固定效应模型，我们还可以进一步控制那些随农产品品种变化而变化，却随时间不变的不可观测变量。除此之外，我们还在回归中引入了年份虚拟变量作为控制变量，进一步控制那些随宏观环境变化而变化的

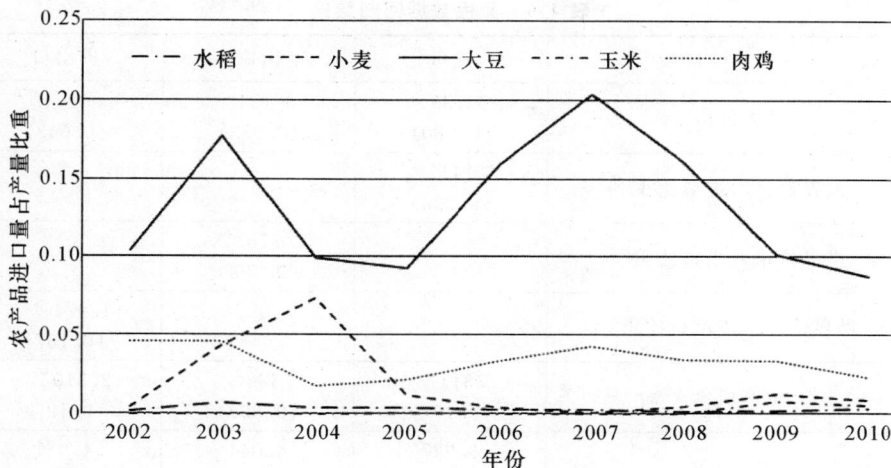

图 4.2　加入 WTO 以来不同农产品进口量占总产量比重变化情况

不可观测变量。对这些变量的控制,有助于降低遗漏关键解释变量的可能性,有助于增强我们所主要关心变量的系数在回归中的可靠性。

表 4.6 中数据是面板数据回归的结果。某一具体年份的贸易总额可能会受各种因素影响而无法有效地代表开放程度,因而我们分别以某种作物在整个样本时期内平均的进口量/总产量、出口量/总产量和进出口总额/总产量代表开放程度。这一变量随时间无变化,因而不能被纳入面板数据的固定效应回归当中。不过我们关注的重点并非是开放对国内农产品价格的直接作用,而是开放对国内外市场上农产品价格之间联系的作用。要观察后者,我们只需要在回归中纳入开放与相应农产品世界市场价格的交叉项即可;而后者在时间维度上是存在变化,因而是可以出现在回归当中的。理论上说,开放程度的提高应当使得各农产品国内外市场价格之间的联系加深,因而我们预期这一交叉项的系数显著为正。

相比之前的时间序列回归,面板数据提供的额外自由度使得我们可以将年份和月份虚拟变量同时纳入回归当中,这有助于我们更好地控制那些不可观测变量。由于年份虚拟变量的纳入,人均 GDP 和受灾面积等在相同年份内不变的变量被排除出回归。

表 4.6　面板数据回归结果

	进口	出口	进出口
世界价格	0.190* (0.080)	0.154* (0.073)	0.104* (0.043)
世界价格×进口比重	2.141*** (0.223)		
世界价格×出口比重		1.776*** (0.388)	
世界价格×进出口比重			1.974*** (0.167)
生产成本	2.311*** (0.197)	2.303*** (0.899)	2.310*** (0.197)
M2/GDP	3.927 (2.31)	4.044 (2.727)	4.951 (2.307)
外汇储备	−1.931* (0.755)	−1.930 (1.041)	−1.933* (0.7541)
人均工业增加值	0.002 (0.004)	0.001 (0.003)	0.002 (0.004)
月份虚拟变量	控制	控制	控制
年份虚拟变量	控制	控制	控制
Within R^2	0.6751	0.6748	0.6756
F 统计量	41.98	41.91	42.06
LLC 统计量	−39.967***	−33.781***	−39.434***
样本容量	535	535	535

注：①各列回归仅在开放程度表征变量上存在差异，分别为进口、出口和进出口总额占国内相应农产品产量的百分比。②回归使用方法为固定效应模型，回归中包含常数项，虽然并没报告在表格当中。③括号中的数字是异方差稳健标准误。④ * 和 *** 分别代表在 10% 和 1% 程度上显著；LLC 统计量的显著程度指的是原假设回归残差存在单位根的置信系数。⑤被解释变量为各农产品价格的一阶差分，其余变量也做了一阶差分处理。⑥回归使用数据为月度数据。

与时间序列回归类似，我们对大部分变量做了差分处理，使得纳入回归的变量均为平稳变量。同样，为了排除伪回归存在的可能性，我们也对回归的残差进行了单位根检验。因为残差同样是面板数据，因而我们使用了 Levin et al.(2002)提出的 LLC 检验，以赤池准则（Akaike Information Criterion，AIC）确定滞后阶数，并将得到的统计量报告在了表 4.6 倒数第二行当中，无论是哪个回归残差的 LLC 检验结果都显著地拒绝了存在单位根的原假设，换言之，伪回归没有出现。

与预期一致，无论我们以什么变量表征开放程度，它与相应农产品世界市场价格之间交叉项的系数都在回归中显著为正。这意味着市场开放程度较高的农产品，其世界市场价格对国内市场价格的影响也显著更强。这一方面意味着开放是当前国内外市场上农产品价格密切联系的背后原因之一；另一方面也说明，随着未来 WTO 农业谈判的深入，随着中国开放进程的逐步推进，国内外市场上农产品价格之间的联系还将会变得更为紧密，国内市场上的农产品价格受国外市场影响的程度也将会越来越深。

这也意味着国内农产品生产者所面临的竞争环境将大大加剧，他们必须设法提高自身竞争力，才有可能在新环境中生存下去。而要提高竞争力，生产效率上的进步是必由之路。

第三节　生物质能源发展与中国粮食价格波动

一、全球生物质能源发展影响粮食安全的传导路径

由于粮食安全的定义多维度、衡量指标多样，为了方便进行理论与实证研究，本章将主要关注粮食的价格，主要是基于以下理由：首先，粮食的价格很大程度上决定了粮食的产量、贸易量、库存量等，即粮食价格影响了很多粮食安全的指标；其次，粮食价格本身也是粮食安全的一个重要衡量指标，例如当粮食供求出现矛盾时，价格是矛盾的直接具体体现；第三，采用粮食价格数据具有可得性，可以根据需要来获得不同的数据类型。

通过对过往文献的研究、分析与总结，我们认为，生物质能源产业发展对粮食安全的影响主要由两条路径来实现：一是价格传导路径；二是政策传导路径。简单地来理解：①石油价格上涨提高了其他类型能源获利的可能性，从而生产生物质能源有利可图，生产扩大，增加了对原材料（例如玉米）的需求，在原材料供给跟不上需求增长速度的情况下，原材料价格上涨，而其他作为替代品的粮食需求也增加，价格也随之上涨，即本章所研究的价格传导路径；②生物质能源生产国对生物质能源的生产、销售、消费等环节进行补贴、实行税收优惠等措施，或者对生物质原材料（例如玉米）的进出口进行配额限制，从而影响了粮食价格或者贸易量，而这种影响又会通过国际贸易或者国际金融市场传递到他国，即政策传导路径。值得一提的是，虽然政策传导路径也会通过价

格影响粮食安全,但与价格传导路径不同的是,政策传导路径是政府的人为调控、政策干预的结果,而价格传导路径是市场的自发行为。

价格传导路径的具体描述可参见 Ciaian & Kancs(2009)的研究。他们先假设了初始状态时,石油价格较低,生物质能源生产无利可图,随后分析引入非农业能源需求冲击对农业价格的影响。分析表明,当能源价格上涨到某一价格阈值时,生物质能源才会开始生产,进而影响粮食价格。

除了上述价格传导途径外,政府也可以通过政策来影响生物质能源价格,从而影响粮食价格。我们进一步拓展了 Ciaian & Kancs(2009)的研究,在他们的模型基础上引入了政策的影响。下面以生产补贴为例加以说明,并且根据世界粮食价格所受影响分为大国模型与小国模型分别探讨。使用的变量包括:生物质原料供给 S^{AB},粮食产品供给 S^{AN},世界粮食消费对生物质原料的需求 $D^{AB}(P^{AB})$,对其他粮食产品的总需求 $D^{AN}(P^{AN})$,产出价格 P,能源价格 r。生产函数规模报酬不变,使用能源和土地两种投入。

（一）小国模型

如图 4.3 所示,(a)为粮食市场,(b)为能源市场。假设非农能源需求增加将世界能源需求从 D^{TF} 推升至 D_1^{TF},则世界石油价格上升至 r_1,生物质原料供给从 S^{AB} 移动至 S_1^{AB},价格为 p_{10}^{AB}。如果没有政府政策干预,此时石油价格仍未达到使生产生物质能源有利可图的价格水平 r_{10}。假设此时政府对生物质原料生产进行补贴,并且仅对用于生物质能源生产的生物质原料进行补贴(s),如果该原料用于一般贸易则无法享受补贴。如果该国是贸易小国,无法影响世界价格,则生产者相当于生产成本减少,供给曲线右移;假设此时移动到了

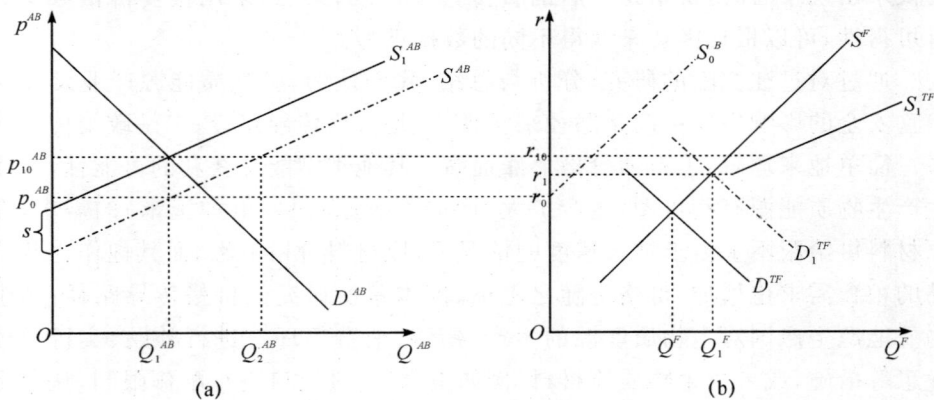

图 4.3　小国模型下政府补贴的影响

S^{AB}，由于世界粮食价格未受到影响，国内消费者面对的价格没有改变，仍为 p_{10}^{AB}。需求未发生改变，但生产者此时生产生物质能源的成本相当于降到了 p_0^{AB}，能源价格 r_1 高于 r_0，那么此时生产生物质能源便是有利可图的，超额供给（$Q_2^{AB} - Q_1^{AB}$）将用于生物质能源生产。那么在世界能源价格为 r_1 时便已经有生物质能源生产，世界总的能源供给为 S_1^{TF}。与上一小节相同，生产投入的价格上涨导致了成本的上升，粮食价格同时上涨。

（二）大国模型

如图 4.4 所示，假设非农能源需求增加将世界能源需求从 D^{TF} 推升至 D_1^{TF}，则世界石油价格上升至 r_1，生物质原料供给从 S^{AB} 移动至 S_1^{AB}，价格为 p_{10}^{AB}。如果没有政府政策干预，此时石油价格仍未达到使生产生物质能源有利可图的价格水平 r_{10}。如果该国是贸易大国，能够对该商品的世界价格产生影响，当大国对生物质原料生产实行补贴（s）时，生产者相当于生产成本减少，供给曲线右移；假设此时移动到了 S^{AB}，生产者此时生产生物质能源的成本相当于降到了 p_0^{AB}，能源价格 r_1 高于 r_0，生产生物质能源有利可图，但短期内由于土地等资源无法扩张，则供给粮食市场的生物质原料会减少，从而抬高粮食的世界价格至 p_{20}^{AB}，用于生物质能源生产的原料为超额供给（$Q_2^{AB} - Q_1^{AB}$）。在这种情况下，政府给予生产者的补贴比小国模型中的还要高，而且世界粮食价格上涨，全球均要为该国生物质能源生产买单。

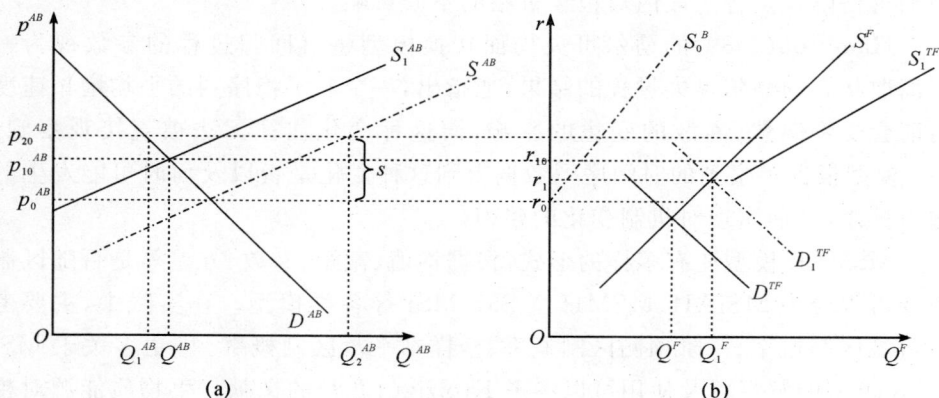

图 4.4　大国模型下政府补贴的影响

不管是价格传导路径或是政策传导路径，从本质上来看，它们都是通过影响生物质能源生产盈利与否来影响其生产与否，但它们的实现途径不同：价格传导路径主要是由市场的供需进行调节、施加影响；而政策传导路径则是通过政府行为对价格产生影响,但这种政府行为有效与否通常还受许多因素影响,例如补贴是否够高,补贴后世界粮食价格是否同时受到影响,预计的补贴效果是否能达到等。

引言中已讨论过研究中国粮食安全的重要性,为了验证上述途径对中国的影响是否显著,接下来将以中国为例进行实证检验。

二、生物质能源价格对中国粮食价格的影响

前面已经对生物质能源的价格传导路径进行了分析,但是具体的影响效果到底如何还需要实证数据的验证。由于生物质能源兴起时间并不长,对其的相关统计并不完善,数据量不足使得实证检验难以得到可靠的结论。Cia-ian & Kancs(2009)通过价格途径的研究,使用能源与生物质能源间的间接关系来解决这一问题。当世界能源价格上升到一定高度后,生物质能源才会有利可图并进行产业化生产。目前世界主要的能源还是化石能源,因此,本章运用原油价格指数来进行相关研究。这种间接的研究方法无法使用一般的线性模型,也不能使用虚拟变量来划分不同阶段的原油价格,因为一般的线性模型无法刻画原油价格的波动性,而使用虚拟变量一来会增加较多变量,二来原油价格的变动具有不确定性。因此本研究将采用马尔可夫局面转换模型(Markov-Switching Vector Autoregression,MSVAR)。该模型将自动划分原油价格阶段及各阶段内对粮食价格的不同影响。

Hamilton(1989)的马尔可夫局面转换模型将自回归过程的参数视为一个离散状态的马尔可夫过程的结果,他指出,一个非平稳序列的平均增长速度可能会受到偶然、离散的变化的影响,而这种变化往往无法被直接观察到。MS模型根据观察到的时间序列数据得到这种变化是否以及何时可能发生的概率推理,从而实现对机制变化的建模。

MSVAR模型还有多样的形式,根据均值、截距、参数、方差等是否随区制改变可以分为MSIAH、MSMH、MSM、MSI等各类模型。在实践中,主要考察过滤区制概率、一阶预测区制概率、全样本平滑区制概率。[①] 更多关于MS-VAR模型的解释以及使用可以参考Krolzig(1998)的文献。生物质能源对粮食价格的影响很可能存在区制转移的现象,而这种现象是否发生、何时发生都

---

① 根据所使用的信息集不同划分:滤波概率使用直到当期的信息来推断当期状态的概率;平滑概率使用全部的信息来判断当期的概率;预测概率使用直到前一期的信息来判断当期状态的概率。

是不可直接观测的,因此使用马尔可夫局面转换效应,可以准确模拟这种情形。同时 MSVAR 模型也具备了 VAR 模型的优点。

（一）变量说明

本研究的 MSVAR 模型主要考察三个变量:能源价格指数（Energy Price Index,EPI）、全球食品价格指数（Food Price Index,FPI）以及中国农产品批发价格指数（China's Wholesale Price Index of Agricultural Products,CWPI）。

由于目前世界主要的能源类型仍为化石能源,因此本研究将采用国际货币基金组织（IMF）的国际石油价格指数来表征能源价格。该指数以 2005 年为基准,为布伦特、德克萨斯及迪拜三地石油价格的平均。该数据为月度数据。石油的涨跌较为频繁,因此本研究使用了月度数据。

FPI 指数来自 IMF,以 2005 年为基准,为谷物、油、肉类、水果等农产品价格的加权平均。由于粮食价格指数不可得,本研究使用了食品价格指数。因为用于生产生物质能源的粮食种类有多种,并且当生物质原料价格上涨时,其他粮食替代品的需求量会增加,价格同时会上涨,因此整体的粮食水平、甚至是食品水平是呈现同趋势波动的。而且作者研究的不是具体的数量之间的关系,而是波动之间的关系,这样并不会影响研究质量。

CWPI 指数由笔者搜集整理而得,以 2005 年为基准。由于无法获得需要的粮食价格指数,本研究使用农产品批发价格指数来作为研究对象。粮食产品是农产品的主要组成部分,并且粮食价格的涨跌通常会反映到农产品的涨跌中;作为生物质原料的作物,如玉米、大豆等涨跌较为频繁,是农产品价格呈现波动的重要原因。因此,使用农产品批发价格指数来进行相关研究也具有一定的合理性。

以上所涉及的数据的时间范围为 2005 年 1 月至 2012 年 8 月。

（二）实证结果

由于该实证使用的是时间序列数据,因此需要先对各序列进行平稳性检验。本研究采用的是 DF 检验,在 10% 的置信水平下,三个序列均为 $I(0)$ 阶平稳序列,可以进行 MSVAR 回归。

常用的 MSVAR 模型的类型较多,本研究计算了几种常用模型的主要指标（见表 4.7）,其中各字母代表的含义如下:M 为马尔可夫转移均值,I 为马尔可夫转移截距项,A 为马尔可夫转移自回归参数,H 为马尔科夫转移异方差。通过指标的比较,本研究将采用 MSIA-VAR 模型。根据前面的分析,在不同的状态下粮食价格受石油价格的影响是不同的,因此本研究采用 MSHIA-

VAR 模型,并根据 AIC 准则结果选择 2 阶滞后。

模型整体评价指标结果如表 4.8 所示,模型总体拟合效果良好,对数似然估计、AIC 信息准则都支持时间序列数据存在明显的区制转移特征,因而运用区制转移模型研究石油价格影响下,世界粮食价格和中国粮食价格的波动是合理的。

表 4.7 MS-VAR 模型的选择

	MSIAH	MSMH	MSM	MSI	MSIH	MSIA
对数似然估计	−809.1490	−837.3250	−846.1242	−826.6296	−820.1607	−803.6044*
AIC	19.2255	19.4517	19.5139	19.0807	19.0702	18.9690*
HQ	19.8528	19.8773	19.8723	19.4391*	19.4959	19.5290
SC	20.7810	20.5071	20.4027	19.9695*	20.1257	20.3578

注:*代表在 10%水平上显著。

表 4.8 区制转移模型整体评价指标结果

	区制转移系统值	线性临界值
对数似然估计	−803.6044	−828.3034
AIC 信息准则	18.9690	19.0067
HQ 信息准则	19.5290	19.3092
SC 信息准则	20.3578	19.7567

本研究运用 OX-MSVAR 软件对数据进行处理,得到了区制一与区制二的概率图(图 4.5 和图 4.6)。区制一是石油价格平稳或处于下降阶段,而区制二是石油价格处于上升阶段。

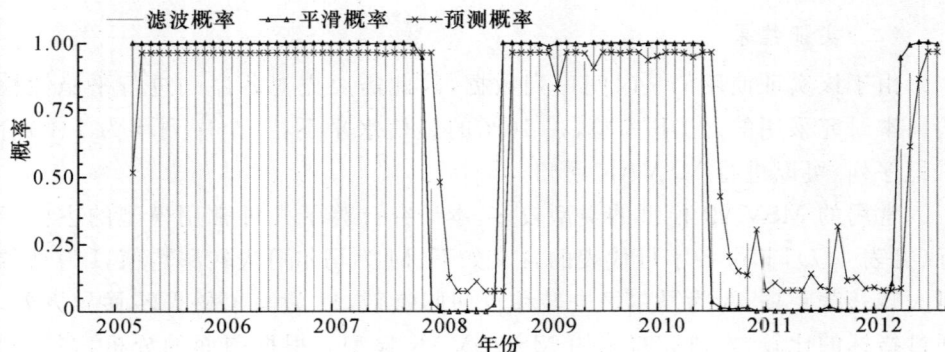

图 4.5 区制一的滤波概率、平滑概率、预测概率

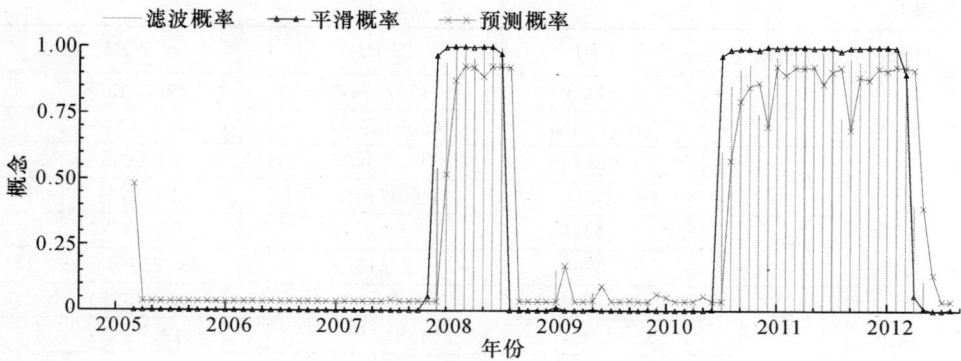

图 4.6 区制二的滤波概率、平滑概率、预测概率

从表 4.9 中可以看出,区制一与区制二都以较大的概率保持在各自原本的状态,区制之间的状态转移较为困难。也就是说石油价格对世界食品价格、中国农产品价格的影响在不同的价格走势下是不同的,具有明显的非对称性。而各区制的参数估计如表 4.10 所示。

表 4.9 区制转移概率矩阵

	区制一	区制二
区制一	0.9661	0.0339
区制二	0.0739	0.9261

表 4.10 区制转移模型的系数估计结果

区制	变量	EPI	FPI	$CWPI$
区制一	常数	7.697788	−1.469144	4.826847
		(0.8934)	(−0.3945)	(1.5731)
	EPI_{t-1}	0.887640	−0.093339	−0.050181
		(6.4902)***	(−1.5548)	(−1.0286)
	EPI_{t-2}	−0.092136	0.073282	−0.001509
		(−0.6815)	(1.2320)	(−0.0313)
	FPI_{t-1}	1.181698	1.296535	0.341220
		(3.3985)***	(8.5028)***	(2.7498)***
	FPI_{t-2}	−1.246948	−0.566382	−0.141574
		(−3.6497)***	(−3.7830)***	(−1.1594)
	$CWPI_{t-1}$	−0.314163	0.078219	0.968462
		(−0.8391)	(0.4793)	(7.2754)***
	$CWPI_{t-2}$	0.536090	0.245352	−0.165724
		(1.4986)	(1.5662)	(−1.2966)

（续表）

区制	变量	EPI	FPI	CWPI
区制二	常数	5.314103	43.768440	19.024565
		(0.2133)	(3.9669)***	(2.1462)**
	EPI_{t-1}	1.389749	0.193457	−0.226582
		(6.5128)***	(2.0748)**	(−2.9572)***
	EPI_{t-2}	−0.477042	−0.236927	0.273720
		(−2.0380)**	(−2.3186)**	(3.2595)***
	FPI_{t-1}	−0.163319	0.849004	0.209371
		(−0.4070)	(4.8454)***	(1.4616)
	FPI_{t-2}	0.279479	0.028463	−0.291919
		(0.6494)	(0.1524)	(−1.9033)*
	$CWPI_{t-1}$	0.487641	0.354156	0.840434
		(1.0607)	(1.7642)*	(5.0917)***
	$CWPI_{t-2}$	−0.529059	−0.455995	0.079469
		(−1.0615)	(−2.1047)**	(0.4446)
	标准差	8.885455	3.883674	3.172147

注：括号内为 t 值；＊＊＊,＊＊,＊分别表示在 1％,5％,10％水平下显著。

本研究重点关注粮食价格如何受原油价格影响。从回归的参数可以看出，在区制一，即原油价格较为平稳或者下行的时候，中国农产品批发价格受世界原油价格的影响并不显著，与世界农产品批发价格的联动也并不明显。此时，中国的农产品批发价格主要还是受国内供求的影响。这对应了原油价格较低，生物质能源生产无利可图而不进行生产，从而对粮食价格无影响的情形。在区制二，即世界原油价格走高阶段，中国农产品批发价格明显受原油价格影响。这对应了原油价格走高，生物质能源因有利可图而大量生产，从而对粮食价格产生影响的情形。这一结果表明，生物质能源受能源价格影响显著，其对粮食价格的影响也是显著的，能源价格—生物质能源价格—粮食价格这一传导系统是有效的。

三、生物质能源政策对中国粮食安全的影响

目前的生物质能源产业发展主要靠政府政策来扶持，对于生物质能源的政策扶持形式也是多种多样的，包括科技补贴、关税保护、生产与消费补贴等。目前只有巴西能够实现燃料乙醇自我盈利，其他国家均需要政策的支持。

在如此普遍的政策支持背景下，生物质能源发展是否会对粮食安全产生影响成为本研究关注的内容。前面已经通过模型证明相关的政策会对粮食价

格产生影响,但现实世界中的政策影响亦是受多重因素制约的,因此需要通过数据来印证。为了解决这一问题,本研究将借鉴金融学中的事件分析法,将每一次关于生物质能源的政策颁布视作一次事件冲击,如果该政策对粮食价格有影响,则对于事件冲击较为敏感的粮食期货价格会产生相应的反应。

事件分析法主要是分析某事件对于时间序列是否有冲击作用,其有效性基于这样一个事实:在假设市场理性的前提下,一个事件的影响会立即体现为市场的相关指标变动。因此,可以利用一个相对短时期的市场的相关指标变动来分析和衡量该事件的影响。

本研究将事件定义为:在一段时间内,世界主要国家和地区所制定的生物质能源生产、发展、贸易相关政策。本研究选择的事件窗口期为 11 天,包括事前期 5 天($t=-1,-2,-3,-4,-5$),事件日($t=0$)和事后期 5 天($t=1,2,3,4,5$)。在一定显著水平 α 下,通过比较事件窗时的平均价格变动水平和较长一段期间内(本研究选用的是事件窗前 60 天)的平均价格变动水平的大小,来检验生物质能源政策对粮食价格是否存在显著影响。

（一）变量说明与数据来源

选用哪个合约作为代表性合约用于实证分析成为首先要解决的问题。从研究的角度出发,代表性合约应该具有成交量大、成交活跃、流动性好的特点。中国的粮食期货交易主要集中在中长期品种,因此我们在研究国内粮食期货价格变动时主要考察中期合约,即期货合约交割日距成交日 7 至 8 个月。由于粮食期货品种较多,为了使本研究更有针对性和代表性,我们将玉米期货价格作为研究对象。因为目前生物质能源的主要类型是燃料乙醇,而燃料乙醇的主要原材料则为玉米。中国玉米期货价格来自大连商品交易所的数据,通过初步的统计可发现,交割日距成交日 7 至 8 个月的期货合约成交量较大,是主要的交易品种。

为了使研究更能结合中国的情况进行分析,我们将所研究的事件分为中国的相关政策和别国的相关政策两类(表 4.11),因为中国的粮食期货价格对国内外的政策可能存在着不同的敏感程度。另外,为了避免事件发生的时间间隔较短,产生叠加影响或者相互冲抵,本研究选取的事件间隔均在 3 个月以上。同时为了保证政策具有较强的影响力,选取的政策均为法律、法案或者国家级部委颁发的相关政策。

表 4.11　本研究选取的事件

事件	时间	内容	国别
1	2005 年 02 月 28 日	中国通过了《中华人民共和国可再生能源法》	中国
2	2005 年 12 月 14 日	财政部、国家税务总局下发《关于变性燃料乙醇定点生产企业有关税收政策问题的通知》	中国
3	2006 年 12 月 18 日	发改委下发《关于加强玉米加工项目建设管理的紧急通知》	中国
4	2007 年 08 月 31 日	发改委下发《关于印发可再生能源中长期发展规划的通知》	中国
5	2012 年 08 月 06 日	可再生能源发展"十二五"规划发布	中国
6	2005 年 08 月 08 日	美国通过《能源政策法案》	美国
7	2006 年 02 月 08 日	欧盟通过《生物燃料战略》	欧盟
8	2007 年 12 月 18 日	美国众议院通过《能源独立和安全法案》	美国
9	2009 年 04 月 23 日	欧盟 Directive 2009/28/EC	欧盟
10	2010 年 04 月 05 日	巴西取消乙醇进口关税	巴西

（二）实证结果

我们针对上述 10 个事件，研究了每个事件对国内玉米期货价格的影响，所得结果见表 4.12。

表 4.12　实证检验结果

事件		T 值		
		事件窗（-5,5）	事件窗（0,1）	事件窗（2,5）
国内事件	1	3.64771***	4.92763***	1.63079
	2	0.08862	-0.59429	0.34323
	3	0.50962	-0.79844	0.92063
	4	2.49744**	2.54556**	0.93389
	5	0.39988	0.081639	1.51771
国际事件	6	-0.50304	-0.42512	-0.02322
	7	1.52398	-1.71881*	-0.9545
	8	-0.72311	-1.45047	-0.6661
	9	-1.27908	-0.50914	0.568217
	10	-0.10421	0.54731	-0.68905

注：***，**，* 分别表示在 1%，5%，10% 水平下显著。

实证结果表明,在所研究的国内事件中,玉米期货价格对事件1、事件4较为敏感,而对于国际事件,玉米期货价格几乎没有明显的波动,只在事件7发生的当日和次日在10%的显著水平上有所体现。从前面传导路径的分析可以知道,政策的影响实际上是通过影响生物质能源生产价格高于或低于盈利点来影响粮食安全的。而实际上盈利点是无法准确测定的,政府虽然推出了相关政策,但可能未达到产生影响的临界值。另外,国际政策的影响传导至中国国内市场则也可能由于路径过长受到了削弱。中国政府虽然是一个强势政府,与其他国家相比其政策对价格的影响力更大,但从实证结果来看其对粮食价格的影响也是有限的。因此,如果想通过政策路径来调整生物质能源对粮食安全的影响是较为困难的。

本章小结

在本章当中,我们从国际农产品市场和生物质能源发展两个角度总结了全球化背景下中国粮食价格的波动。

在全球化的背景下,农产品的国际市场价格与国内市场价格已经存在长期整合关系,并且国际市场价格在这种整合关系中占据显著的主导地位,它是国内市场农产品价格变化的格兰杰原因,而两者之间的长期整合主要是通过国内市场价格的变化实现的。进一步的回归分析还发现,各种农产品的国际市场价格已经成为国内市场价格的主要决定因素之一。这意味着国内市场上的农产品价格和国内的农业生产者一起,已经被暴露在了国际市场波动面前。比以往研究更进一步的是,我们还分析了开放程度的变化对农产品国内外价格之间联系的影响,发现随着开放程度的递增,农产品国际市场价格对国内市场价格的影响还在显著增强。这意味着随着农业开放进程的日渐推进,我们必须及时为国内的农产品生产者寻找到一条抵御国际市场风险的可行之道。

在生物质能源与中国粮食价格波动方面,从理论模型上分析,无论是世界其他国家的生物质能源生产,还是中国本国对生物质能源产业的扩张,都可以通过价格与政策两条路径对中国的粮食价格、进而对中国的粮食安全产生影响。而这一影响,很多时候要取决于中国的粮食定价能力。从目前的情况来看,中国在世界范围内粮食定价能力尚弱,在面临生物质能源产业发展带来的粮食安全问题时,相较于美国等粮食大国、粮食强国更缺乏主动权,保障粮食安全任务艰巨。从实证结果上分析,对于中国粮食价格而言,全球生物质能源的价格影响较为显著,但国内外政策对国内粮价影响却缺乏显著性。中国的农产品价格指数与原油价格指数的波动相关性明显。通过 MSVAR 模型自动的区制划分,原油价格指数上涨阶段中国农产品价格指数与其紧密相关,而在原油价格指数平稳甚至是下降时,则在数据上不呈现明显的相关;结合前文的模型分析,可知这是由生物质能源产量扩张的作用引起的。市场机制的价格调整效果更为明显。价格传导路径是一种直接的影响,而政策传导路径更多的是间接影响。基于这样一个特点,生物质能源政策的作用受多方因素的制约,甚至是未产生明显影响。相比国际政策,国内政策的影响更为显著。但我们也应该注意到,生物质能源政策的力度有强有弱,其对粮食价格的影响很可能不是当期的冲击,而是需要累积作用,在一定的时间后才能有所体现。但受限于研究方法和数据,本章未能对生物质能源政策的长期效果与影响加以检验。另外需要注意的一点是,生物质能源从本质来说是一种技术密集型的产业,在这一类产业中大多存在着信息不对称的特点,而这一现象在中国则尤为明显。当相关政策颁布后,各种补贴、价格支持等是否到位、是否真的使用在相关领域或环节,市场并没有办法得到完整的信息,因此市场价格未必能反映政策的真实影响。

>>> **影响因素解析**

第五章 影响粮食安全的流通因素

第一节 产业链视角下的流通与粮食安全

通常认为在有效市场中,一件同质商品在不同市场的价格应该是相等的,这就是所谓的"一价定律"(Balcombe et al.,2007)。对于空间分隔市场,一价定律表现为两地市场价格之差应该等于市场间的交易成本。如果同质商品在两个市场的价格差超过交易成本,那么商品套利活动就会促使商品从富余而低价的市场转移到稀缺而高价的市场,直到套利收益为零。当空间分隔市场被套利活动有效地连接在一起,即输入地市场的价格小于或等于输出地市场的价格加上交易成本的时候,我们就可以说市场是空间整合的(Ravallion,1986;Goodwin and Schroeder,1991;Balcombe et al.,2007)。

广义上的交易成本泛指各种致使商品在贸易中发生损耗的因素(Chen et al.,2007;陆铭和陈钊,2009),因此市场条件、价格信息、运输条件、政府干预和私营比例等因素都会通过交易成本对市场整合程度产生影响:市场制度的健全、市场设施的完善是市场整合的基础,期货、仓储、保险等相关市场条件也对粮食市场整合有重要影响;价格信息的可获取性、获取速度和质量决定了空间分隔市场套利行为是否会发生以及套利的速度和收益;空间分隔市场之间有无道路(航线)、道路(航线)条件、运输方式、运输能力等关系到套利行为的运输成本和效率;地方保护主义以及一些旨在提高本地商品自给率的政策多会减弱市场整合程度,甚至完全割裂市场间的价格联系;私营企业的套利行为是推动市场整合的重要力量,私营经济的发展程度和规模大小对市场整合程度有重要影响(Zhou et al.,2000;万广华等,1997;周章跃和万广华,1999;陆铭和陈钊,2009)。

市场整合又是如何影响粮食安全的呢?根据 FAO 的定义,全方位的粮食安全包括可得性(availability)、获取(access)、稳定(stability)和消费(utilization)四个维度。[①] 这就意味着粮食安全既要保障足够的供给总量,又要最大限度地维护粮食在时间和空间上的分配平衡,还要保障粮食价格的稳定和所有家庭和个人有能力获得基本的粮食消费。为了实现全方位的粮食安全,在供给总量上需要提高粮食生产能力以保障基本自给、合理利用国际市场以调节国内供需,而在时间和空间上平衡余缺、控制粮食价格波动和保障粮食消费平等的问题都与粮食市场的整合有着密切的关系。

首先,市场整合对解决粮食供需的空间平衡具有重要意义。如果空间分隔市场之间的整合程度较好,那么在粮食富余地区和粮食缺乏地区之间的平衡就能达到;如果市场之间是分割的,那么价格信号将无法从缺乏地区传导到富余地区,扭曲的价格信息会扰乱生产者的决策,从而贸易利得将无法实现,导致无效率的发生(Goodwin & Schroeder,1991;Baulch,1997;Abdulai,2007)。Ravallion(1986)也指出,一个地区的商品稀缺状况会持续多久是取决于该地区与其他地区的整合程度的。近年来,中国粮食生产重心北移,南方主销区粮食产需缺口逐年扩大,资源条件较差的西部及西南部分地区也存在缺口,因此粮食供需的区域性矛盾仍比较突出。[②] 面对这一新的情况,中国国内粮食市场的一体化便显得尤为重要。

其次,市场整合有助于解决粮食供需的时间平衡问题。由于粮食生产具有季节性,又有自然灾害等原因导致的年际波动,因此需要通过粮食储备体系来平抑产量波动。而Alderman(1993)以及朱晶和钟甫宁(2004)研究发现,与地区分割条件下相比,在整合的国内市场条件下建立统一的储备体系所需的储备规模和成本要低得多。所以,一个统一的国内市场不仅在空间分配上有助于维护粮食安全,而且还降低了从时间上平衡余缺的成本。

再次,市场整合还有利于保持粮食价格稳定、保障粮食消费平等。传统上我们一直强调粮食安全的宏观层面,然而家庭和个人层面也不容忽视。虽然中国的减贫工作取得了重大进展,但是低收入群体的相对贫困问题依然存在。Timmer(2005)指出,根据恩格尔定律,在粮食价格急剧上涨时,低收入群体无法通过减少非食品支出作为缓冲,容易暴露在粮食危机的风险之下。因此,保

---

① 见 FAO. 2008. An Introduction to the Basic Concepts of Food Security. Food Security Information for Action：Practical Guides,EC-FAO Food Security Program,http://www.fao.org/docrep/013/al936e/al936e00.pdf.

② 见《国家粮食安全中长期规划纲要(2008—2020年)》。

持粮食市场的稳定可以通过减轻低收入群体受到价格冲击时的损害而有助于平等和减贫。对市场整合程度的研究有助于制定有效的价格稳定政策(Van Campenhout,2007),从而保障家庭和个人获得基本的粮食消费。

第二节　中国粮食流通市场的改革与整合

中国是世界上人口最多的发展中国家和最大的转型经济体。中国拥有全球约五分之一的人口,但只占有全球 10% 的耕地和全球平均水平四分之一的人均水资源。[①] 为全国人口提供足够的粮食是一项艰巨的任务。

新中国成立的前 30 年中,在农村逐渐推行了社会主义改造和农业集体化运动。1953 年起,国家开始在全国范围内实行粮食的计划收购(统购)和计划供应(统销),粮食流通市场从此进入统购统销时期。粮食的自由交易被禁止,到 1957 年,粮食市场被彻底关闭,所有的余粮必须卖给国家(Cheng,1996;Zhou et al.,2000)。

自 1978 年起,作为经济体制改革的重要组成部分,中国的粮食流通体制经历了 30 多年的改革,逐渐打破了计划经济时代的粮食统购统销体制,有序地放开了粮食购销市场。在粮食部门,国家的计划控制逐渐在减弱(Cheng,1996;Liu et al.,2012)。1979 年,农民被允许在本地市场交易余粮。此后,曾经被取缔的集体和私人粮商逐渐返回市场。跨省的粮食交易在 1983 年恢复(Zhou et al.,2000;Park et al.,2002)。

中国粮食流通市场的自由化改革旨在将中央计划调节的机制向更有效率的市场调节转换。不过,粮食流通市场改革的进程较为曲折:政府在粮食生产相对过剩的年份提出市场化方向的改革,然而由于粮食生产的周期性,产量相对过剩的年份后总伴随着产量的下降,政府担心产量下降危及粮食安全,市场化方向的改革在推出不久后便归于失败,发生粮食政策收紧、向着逆市场化方向回退和反复的现象。例如,在经历了 1979 年至 1984 年的连续丰收之后,政府在 1985 年宣布取消粮食统购统销,实行合同订购,而该项改革在当年年底即因为粮食歉收而又最终改为国家订购(Cheng,1996;Zhou et al.,2000)。在 1993 年年底,绝大多数县市都放开了粮食价格,政府决定国家订购的粮食实

---

① 　见 OECD. 2005. Agricultural Policy Reform in China, Organisation for Economic Cooperation and Development. http://www.oecd.org/china/35543482.pdf.

行"保量放价",即地方政府需要完成收购数量并以市场价支付农民。然而,该项政策由于当年的通货膨胀而没有得到落实,又恢复了粮食价格"双轨制"(Cheng,1996;Awokuse,2007)。20世纪90年代早期,批发市场、期货市场和信息系统等粮食市场的基础设施在全国各地逐渐建立起来(Park et al.,2002)。但是在90年代后期,政策又一次发生了回退:1995年旨在提高粮食自给率的"米袋子"省长负责制被提出,1998年实行"三项政策,一项改革"又使国有粮食企业的垄断地位再次确立(Awokuse,2007)。因此,一直到20世纪末为止,粮食流通体制仍以行政导向为主,市场机制在资源配置中的基础性作用还未形成。

2000年开始,政府按照主销区、产销平衡区、主产区的顺序逐步放开保护价收购范围,并从2004年全面放开粮食收购市场,实现粮食购销市场化和市场主体多元化,初步形成了国家宏观调控下粮食价格的市场形成机制,促进了粮食市场体系的建立和发展。

在粮食购销市场逐步放开的同时,与粮食交易相关的通信、交通等基础设施也日趋完善,中国粮食市场的整合程度究竟如何呢? 现有关于中国粮食市场整合的研究以 Ravallion 模型和协整方法[①]的应用居多(表5.1),但这些研究对市场整合程度的判断大相径庭。最早的相关研究(Wu,1994;Cheng & Wu,1995)采用了多个品种稻米和玉米的平均价格进行测算,发现中国稻米和玉米市场均缺乏整合关系。Zhou et al.(2000)指出 Wu(1994)和 Cheng & Wu(1995)的估计结果可能与数据限制及 Ravallion 模型的固有缺陷有关。Zhou et al.(2000)随后利用协整技术(cointegration techniques)和1992年至1996年的月度数据分析了中国南方籼稻市场的整合情况,他们发现南方籼稻市场总体上缺乏整合,并且认为落后的交通设施、政府的干预和有限的商品粮总量是导致缺乏整合的原因。Wu(2001,2004)将协整技术应用于1994年至1998年的月度数据,估计结果认为中国粮食流通市场存在长期整合,但不支持短期整合的存在。他指出缺乏短期整合的原因是运输条件限制、地方保护主义等,而20世纪90年代实行的政府保护价收购可能导致了市场价格的长期协整关系,但这种政府干预造成的价格协整并不意味着市场在经济意义上是整合的。

---

① 早期被译为"共聚合"、"共同整合"等。

表 5.1　有关中国粮食市场整合的文献

文献	方法	检验对象	频率	加总	检验结果
Wu(1994)	Ravallion	稻米			缺乏整合
Cheng & Wu(1995)	Ravallion	玉米			缺乏整合
Li(1996)	协整	稻米	旬	市	整合,但程度较低
万广华等(1997)	协整	粳米	月	市	个别长期整合,但程度较低;缺乏短期整合
Zhou et al.(2000)	协整	籼米	月	市	个别长期整合,但程度较低;缺乏短期整合
喻闻和黄季焜(1998)	协整	稻米	旬	省	整合,且程度较高
武拉平(1999)	协整	小麦、玉米	月	省、县	长期整合;缺乏短期整合
Park et al.(2002)	PBM	稻米、玉米	旬	省	
查贵庭(2005)	协整	籼米、粳米	周	市场	大部分整合

　　然而,另一些实证研究则支持中国粮食流通市场存在整合。Li(1996)使用协整方法分析了 11 个城市的稻米价格数据,发现大多数市场之间存在整合,尽管估计结果并不那么完美。Rozelle et al.(1997)发现从 1988—1989 年到 1991—1993 年之间,稻米和玉米市场上省与省之间整合的对数有增加。Park et al.(2002)利用边界等值模型(parity bounds model)分析了中国粮食流通市场,结果显示在 1994 年的粮食政策回退之前,套利边际上升、运输成本下降,而在这之后则发生了相反的迹象。Huang et al.(2004)利用协整技术检验了 1996 年至 2000 年的数据,他们认为市场整合和效率都有了显著的提升。Huang & Rozelle(2006)也得出了类似的结论。Awokuse(2007)利用有向无环图技术分析了中国粮食流通市场的整合情况,结果支持市场整合的存在,但在回退政策出台后市场间的联系有所减弱。不过,除了 Li(1996)之外,以上这些研究都采用了省级价格数据。当价格在省级水平被加总的时候,市场价格中的信息可能在加总过程中被抹去。过度加总可能导致即使市场间并不存在整合,而估计结果却显示出协整关系。另外,这些研究还存在以下几点问题:一是市场中价格传导每天或每周都在发生,用月度或更低频率的数据将无法有效捕捉传导过程(Meyer & von Cramon-Taubadel,2004);二是同一粮食存在多个品种①,不同品种的市场不能混同(周章跃和万广华,1999)。

---

　　①　例如,稻米不仅分为籼稻和粳稻,还分为早稻、中稻和晚稻。

第三节 市场整合、交易成本与中国粮食安全

一、基于价格传导的市场整合分析工具

市场的整合或分割是反映市场化程度和市场效率的重要指标,粮食市场的整合与否对粮食安全影响深远,分析粮食市场的整合情况可以评估、设计和推荐有效的市场干预政策。那么,如何判断和解释市场整合情况呢?根据定义,市场整合通过空间分隔市场的价格传导表现出来,考察空间分隔市场价格序列之间的相互关系,就可以对市场整合情况进行衡量。接下来我们将对市场整合研究中基于价格传导的分析工具进行介绍。

（一）相关系数方法

早期的价格传导和市场整合研究以 Lele(1967)等为代表,他们通常采用二元回归和相关系数的方法,通过计算不同地区市场价格序列的相关系数的符号和大小来衡量市场间的整合关系。从直觉上看,由于一体化的市场之间的价格应该具有共同的运动趋势,因此价格序列间的相关系数高会被认为市场是整合的。

这种早期静态模型由于存在较多的缺点受到广泛的批评(Ravallion,1986)。一方面,市场价格之间的相关性可能只是影响两地价格的共同因素导致的,例如政府干预、通货膨胀、人口增长或气候变化等。在这种情况下,市场价格之间可能具有较高的相关性,但并非经济意义上的市场整合。另一方面,相关系数较低的市场之间又有可能是整合的。

（二）Ravallion 模型

鉴于相关分析法的这些缺点,Ravallion(1986)开发了一个空间市场结构的动态模型,这个模型假设存在一个中心市场和一组地方市场,地方市场的价格形成取决于其与中心市场的贸易。通过该模型可以分析市场区隔以及短期与长期的市场整合关系。当即时的和完全的价格调整占主导时,我们就可以说市场是整合的。

虽然克服了相关分析法在统计推断上的不足,但是 Ravallion 模型仍然忽视了时间序列数据的趋向性(trending)和不平稳性(nonstationarity)。另外,Ravallion 模型假设了中心向地方辐射的市场结构,而现实中的粮食市场往往

不存在这样的特征。

（三）协整与误差修正模型

从 Ardeni(1989)开始，相关研究广泛了采用协整(cointegration)和误差修正模型(Error-Correction Model,ECM)的技术。这一方法不要求研究对象具有平稳性的价格序列和辐射型的市场结构，使得在动态模型中对反映市场效率的长期与短期响应进行检验成为可能，从而有力推动了价格传导和市场整合的研究。

虽然协整方法在市场整合的研究中非常流行，但因其忽视了交易成本的因素，这种方法仍存在一定的局限。保证市场整合的主要机制在于跨空间的贸易和套利，交易成本的存在使得价格序列中会形成一个中间区域(neutral band)，只有冲击使价格变化超过了中间区域时才会触发空间套利活动(Goodwin & Piggott,2001)。McNew & Fackler(1997)等研究还指出协整关系的存在既不是市场整合的必要条件，也不是其充分条件：当运输费用和风险溢价等交易成本较高或非平稳时，即使在一个良好整合的、有效的市场中价格序列也不一定是协整的，如果不考虑交易成本，空间分隔市场中套利活动的存在也不足以成为价格序列协整的必要条件；此外，价格协整关系的数量也不是一个市场整合程度的良好度量。

（四）等值边界模型

随着对交易成本在空间分隔市场分析中的重要性的认识加深，一些考虑了交易成本的新的研究方法被提了出来。这些方法主要朝两种不同的方向发展：第一类模型直接将交易成本信息纳入研究范围，如等值边界模型(Parity Bounds Model,PBM)等；第二类模型则在之前的基于价格的研究方法的基础上考虑了对长期均衡的非线性调整，如门限自回归模型(Threshold Autoregressive,TAR)和马尔可夫转换模型(Markov-Switching Model)等。

Baulch(1997)提出的 PBM 模型运用价格和交易成本的信息来估计空间套利的效率。他将两个空间分隔市场间的价格差异分成三个区制(regime)：区制一在等值边界上，即空间价格差异等于运输成本；区制二在等值边界内，即空间价格差异小于运输成本；区制三在等值边界外，即空间价格差异大于运输成本。其中，区制三发生的概率越高就表明市场整合程度越低。Barrett & Li(2002)进一步扩展了该模型，除价格和交易成本之外还加入了实际贸易量的数据，从而将市场整合与竞争市场均衡区分开来。

PBM 模型的劣势在于模型所需要的交易成本数据较难获得。除了运输成本之外,保险、仓储、滞留费用和信息成本等也构成了商品贸易的交易成本中很大一部分,因此交易成本的统计非常困难(McNew & Fackler,1997)。即使只考虑运输成本,但如周章跃和万广华(1999)所指出的,诸如为取得运输能力为目的的贿赂等非正常运输成本几乎是无法获取的。

(五)马尔可夫转换模型和门限自回归模型

由于 PBM 模型存在的缺陷,基于价格的马尔可夫转换模型和门限自回归模型在价格传导和市场整合的文献中较为流行。这两种模型都由随数据所在区制取值的参数构成,这些参数在一个区制内不变,而在不同区制之间则可能不同。当一个或多个变量超越门限(threshold)的时候,区制转移被触发。这一类模型有助于我们从动态的视角研究市场之间不断变化的价格信号,并增强对市场互动的理解和认识。

非线性门限时间序列模型最早由 Tong(1978)提出,Tsay(1989)发展了检验自回归模型的门限效应以及对门限自回归过程建模的技术,Balke & Fomby(1997)指出了误差修正模型和自回归模型之间的关系,并把门限模型整合进一个协整分析框架。利用门限模型对粮食市场整合进行研究的文献包括 Goodwin & Piggott(2001),Balcombe et al.(2007)和 Van Campenhout(2007)等。马尔可夫转换模型由 Hamilton(1989)提出,适用于研究包含不同动态行为的区制的时间序列,Brümmer et al.(2009)将马尔可夫转换模型引入市场整合的研究中。

尽管马尔可夫转换模型和门限自回归模型比较相似,但 Ihle & von Cramon-Taubadel(2008)指出,两种模型的区制转换机制中所蕴含的统计基础并不相同。门限自回归模型以内生转换为特征,引致区制转换的变量被假定为完全由价格所决定;而马尔可夫转换模型则以外生转换为特征,转换的决定因素可以独立于所研究的价格序列。因此,如果所要研究的价格数据不是由政策、经济或自然因素等外部影响决定,而是由市场和贸易过程占主导因素,那么门限模型将更加合适。

二、市场整合、交易成本与粮食安全:基于中国粮食市场空间价格传导的实证

前期采用 Ravallion 模型和协整方法的研究最大的缺陷在于没有将交易成本纳入研究范畴,而中国粮食市场的交易费用远高于发达国家,交易速度也

比发达国家慢得多[1]，因此忽略交易成本的分析工具可能导致严重的估计偏误。

由于时间序列分析方法对数据质量的要求较高，既有研究中所使用的数据资料的一些缺陷可能也造成了估计结果存在疑问。①市场中价格传导每天或每周都在发生，用月度或更低频率的数据将无法有效捕捉传导过程（Meyer & von Cramon-Taubadel, 2004）；②部分文献使用市级甚至省级层面的加总数据，而市场价格中的信息可能在加总过程中被抹去；③同一粮食存在多个品种[2]，不同品种的市场不能混同（周章跃和万广华，1999）。例如，Rozelle et al.（1997）以及喻闻和黄季焜（1998）得到市场整合程度较高的结论，可能是因为其采用省级层面加总价格以及未区分稻米品种等缘故（周章跃和万广华，1999）。

鉴于现有的文献对于中国粮食市场整合情况的评价有着较大的差异，所使用的估计方法和数据资料也存在着有待改进的地方，因此有必要对这一问题进行重新评估。本研究的贡献主要体现在三个方面：①2004年之后粮食购销市场全面放开，粮食价格的市场形成机制初步形成，在这一新的时间背景下为中国粮食市场整合寻找新的证据具有重要的现实意义；②本研究首次利用门限自回归模型分析中国粮食市场整合，可以对空间分隔市场的交易成本和调整速度进行估计；③本研究在数据的频率、加总程度和同质性上都进行了改进，加强了研究结果的可靠性。

（一）数据与方法

我们选取稻米、玉米和小麦三种中国主要的粮食品种的每日交易数据作为研究对象。对于稻米，我们考察位于主产区长江中下游的武汉、长沙、南昌、芜湖和位于主销区华东沿海的上海五地粮食市场的标一早籼米价格，各市场之间主要通过铁路、公路干线和长江航线连接；对于玉米，我们考察主产区东北的大连和主销区华南、华东的广州、宁波、上海、厦门五地粮食市场的普通中等玉米价格，各市场之间主要通过铁路和海运航线连接；对于小麦，我们观察主产区华北的郑州、济南、运城和主销区华南的福州、广州五地粮食市场的中等小麦价格，各市场之间主要通过铁路和公路干线连接。各市场的价格数据

----

①　例如，东北粮食从生产区运到销售区的流通费用占粮食终端销售价格的30%左右，比发达国家高出1倍多；而该地区的粮食运往南方销区一般需要20～30天，为发达国家同等距离所需时间的2倍以上（韩馨仪和罗晶，2008）。

②　例如，稻米不仅分为籼稻和粳稻，还分为早稻、中稻和晚稻。

序列根据中华粮网谷物市场每日快讯整理得到,包含了 2009 年 5 月 4 日到 2010 年 12 月 31 日的 414 个连续交易日,缺失数据根据前后交易日的平均值补全。

由于研究所使用数据的频率较高,总的时间跨度不大,并且期间没有较大的政策变动,我们认为这些价格序列主要是由市场因素主导,所以选用门限自回归模型进行研究。

假设一对空间分隔市场的价格分别为 y_1 和 y_2,两个价格之间的长期关系可以被表示为:

$$y_{1t} = \alpha + \beta y_{2t} + \mu_t \tag{5.1}$$

两个价格之间的协整关系取决于均衡离差 μ_t(当 $\alpha = 0$,$\beta = 1$ 时,即价格差)的自回归过程性质。在标准协整关系模型中,μ_t 具有零均值且服从一阶线性自回归过程(AR1):

$$\mu_t = \gamma \mu_{t-1} + \varepsilon_t \tag{5.2}$$

其中,ε_t 为白噪声,γ 为调整参数。当调整参数 $\gamma = 1$ 时,均衡离差是非平稳的,即价格序列之间不协整。如果价格序列是协整的,根据格兰杰(Granger)表述定理,我们也可以用误差修正形式来表示这一关系:

$$\Delta \mu_t = \lambda \mu_{t-1} + \varepsilon_t \tag{5.3}$$

这里调整参数 λ 表示对 μ_{t-1} 的修正程度,也是计算半衰期[①]的基础。在标准模型中,调整是线性的,即调整参数为常数。在每一时期,无论离差的大小和符号怎样变化,长期均衡的离差以这一固定的比例被修正。由于交易成本的存在,价格序列之间往往显示出非线性特征,而这一模型无法将这种非线性行为考虑进来。

为了将交易成本纳入研究范围,Balke & Fomby(1997)对上述框架进行了扩展,即 μ_t 服从门限自回归过程(TAR)。一个 k 区制(从而有 $k-1$ 个门限 c_j)的 TAR 模型的一般形式为:

$$\mu_t = \sum_{i=1}^{p} \gamma^{(j)} \mu_{t-i} + \nu_t^{(j)}, \quad c_{j-1} \leqslant \mu_{t-d} < c_j \tag{5.4}$$

其中,d 为门限滞后阶数,ν_t 为白噪声,上标(j)表示参数是区制依赖的。公式(5.4)可以写成等价的误差修正形式:

$$\Delta \mu_t = \sum_{i=1}^{p} \lambda^{(j)} \mu_{t-i} + \nu_t^{(j)}, \quad c_{j-1} \leqslant \mu_{t-d} < c_j \tag{5.5}$$

---

① 半衰期(half-life)是指在给定冲击之后返回初始值的一半所需要的时间,即 $m_{t+h} = m_t/2$,通过 $h = \ln 0.5 / \ln(1 + \lambda)$ 计算。

为了刻画价格序列在中间区域内外不同的特征，市场整合研究通常采用三区制的模型：

$$\mu_t = \begin{cases} \lambda_{out}\mu_{t-1} + \nu_t, & |\mu_{t-1}| > c \\ \lambda_{in}\mu_{t-1} + \nu_t, & -c \leqslant \mu_{t-1} \leqslant c \end{cases} \tag{5.6}$$

在这一模型中调整参数 λ 是可变的。当 μ_{t-1} 在门限 c 定义的对称区域之内（即 $|\mu_{t-1}| \leqslant c$）时，我们设调整参数为 λ_{in}；当其在门限 c 定义的对称区域之外（即 $|\mu_{t-1}| > c$）时，我们设调整参数为 λ_{out}。

Van Campenhout(2007)指出，理论上当两个市场之间的价格差小于交易成本即价格位于中间区制时，调整是不会发生的。这时，对价格差在下一时期最好的估计就是现期的价格差，因此可以假设在中间区制内为单位根过程，即 $\lambda_{in} = 0$：

$$\mu_t = \begin{cases} \lambda_{out}\mu_{t-1} + \nu_t, & |\mu_{t-1}| > c \\ \nu_t, & -c \leqslant \mu_{t-1} \leqslant c \end{cases} \tag{5.7}$$

通过这一模型，我们就可以对空间价格传导中的交易成本 c 和调整速度 λ 进行估计。

（二）实证检验与估计结果

门限协整具有全局行为和局部行为两个维度的时间序列性质，依据 Balke & Fomby(1997)对门限协整进行实证检验的思想，我们的实证部分将分为两个主要步骤：第一，通过协整和因果关系检验来判断序列的全局性质；第二，通过非线性的门限估计来判断序列的局部性质。

1. 全局性质分析：单位根、协整与因果关系检验

我们首先将对数变换后的价格及其一阶差分进行标准单位根检验。根据检验的结果，接受各序列都有一个单位根的假设，从而可以对各个市场组合的价格对做协整检验。Balke & Fomby(1997)等研究指出，标准协整检验程序也能够侦查门限协整行为，因此我们对所有市场组合的价格对进行了 Johansen最大特征值和特征根迹检验，表 5.2 列出了各市场组合的检验结果。

表 5.2 标准协整检验

稻米市场		长沙	南昌	上海	武汉	芜湖
	长沙			—	＊＊	＊＊
	南昌			＊＊	＊＊	—
	上海				＊＊	＊
	武汉					＊＊
	芜湖					
玉米市场		大连	广州	宁波	上海	厦门
	大连		＊	＊＊	—	＊
	广州			＊＊	—	＊＊
	宁波				＊＊	＊＊
	上海					＊＊
	厦门					
小麦市场		福州	广州	济南	运城	郑州
	福州		—	—	＊＊	—
	广州			—	—	—
	济南				＊＊	＊
	运城					＊＊
	郑州					

注:(1)＊和＊＊分别表示在 10％和 5％水平上显著,—表示在 10％水平上不显著;(2)其中大连—厦门最大特征值检验不显著,特征根迹检验在 5％水平上显著。

从检验结果中可以发现,稻米市场和玉米市场中大部分市场组合存在协整关系,小麦主产区的济南、运城、郑州三个市场之间也存在着协整关系,说明这些市场价格之间存在着长期稳定均衡。其中,武汉、上海的稻米市场与其他四个市场都存在协整关系,可能与两地交通条件较好有关。玉米市场中宁波港、厦门港与其他四个市场都存在协整关系,这可能是由于这两地为北粮南运的重要集散地。

我们还发现,对稻米市场的检验不支持南昌—长沙、南昌—芜湖价格对的协整关系,在玉米市场中上海与大连、广州之间价格对的协整关系不被支持,在小麦市场中位于华南地区的福州—广州组合以及两地与华北主产区市场之间的价格对不协整。这些市场组合不能拒绝不存在协整的假设,其原因可能在于这些市场组合间存在贸易壁垒和市场分割,不能及时有效地将价格的变化传递到另一个市场,而使市场间的价格不存在共同或相互决定的趋势。在我们的研究中,对稻米市场的检验不支持南昌—长沙价格对的协整关系,这可能是因为长沙、南昌所在的湖南、江西两省为全国最大的两个早籼稻调出省,其中前者主要销往华南、西南等地,后者更侧重于向东南地区流动,而这两个主产区之间的贸易往来可能并不占主导①。在玉米市场中,地理距离最远的大连与广州之间存在着整合,但这两个市场却都与地理距离更近的上海之间缺乏整合。这可能是由于上海的数据为铁路运输到站价,而其他四个市场使用的是海运成交价的缘故,反映了不同运输方式间的转运可能会影响市场间的整合关系。从小麦市场来看,位于华南地区的福州、广州与华北主产区三个市场之间的价格不协整,南北之间公路铁路运力紧张可能是市场间不整合的重要原因。

我们还对各个市场组合价格进行了格兰杰因果关系检验(表5.3)。在稻米市场上,武汉的价格变化由其他地区格兰杰引起,南昌的价格变化格兰杰引起其他地区价格变化。在玉米市场上,其他地区的价格信息分别向宁波、厦门两港传递,广州的价格信息领先于其他地区。在小麦市场上,济南的价格信息受到另外四个市场的影响,运城的价格则领先于其他四个市场。总之,在中国粮食市场上既有可能是主产区引起主销区(或集散地)价格变化,也有可能是主销区(或集散地)引起主产区价格变化,还有可能是主产区或主销区内部的价格变化相互影响。依据武拉平(1999)的方法,综合考虑协整检验和格兰杰因果关系检验的结果以及实际市场情况(例如宁波是中国大陆第二大海港),我们将武汉、宁波和济南分别视为稻米、玉米和小麦三个品种的中心市场,表5.4给出了中心市场与其他市场的地理距离。

表 5.3　格兰杰因果关系检验

		长沙	南昌	上海	武汉	芜湖
稻米市场	长沙		←	→	→	↔
	南昌			↔	↔	→
	上海				→	←
	武汉					←
	芜湖					

---

① 后文的门限模型也发现长沙与南昌之间的交易成本较高。

（续表）

		大连	广州	宁波	上海	厦门
玉米市场	大连		←	→	→	→
	广州			→	→	↔
	宁波				←	↔
	上海					→
	厦门					
		福州	广州	济南	运城	郑州
小麦市场	福州		→	→	←	→
	广州			↔	←	→
	济南				←	→
	运城					→
	郑州					

注：←表示该列格兰杰引起该行，→表示该行格兰杰引起该列，↔表示互为格兰杰原因。

表 5.4 市场距离

稻米		玉米		小麦	
市场	距离（公里）	市场	距离（公里）	市场	距离（公里）
武汉	—	宁波	—	济南	—
南昌	260	上海	150	郑州	370
长沙	300	厦门	690	运城	570
芜湖	400	大连	1000	福州	1190
上海	690	广州	1110	广州	1540

2. 局部性质分析：门限模型与区制转换估计

接下来的部分会对价格组合的局部性质进行分析。我们以武汉、宁波和济南为中心市场，对各市场组合的价格差应用 AR1 模型和 TAR 模型①，并加以比较。表 5.5 给出了两种模型调整速度的估计值和以此计算的半衰期。TAR 模型中具有最小残差平方和的门限值利用网格搜索法（grid search）确

① 我们也以位于最大的早籼米调出省的长沙和南昌、大连商品交易所（玉米期货）所在地大连、郑州商品交易所（小麦期货）郑州为中心市场进行了计算，估计结果不影响实质结论。

定,其结果也在表中给出。

表 5.5 门限模型估计结果

市场		标准模型（AR1）		门限模型（TAR）		
		λ	半衰期	c	λ	半衰期
稻米	南昌—武汉	-0.0530^{***}	12.72	0.0203	-0.0828^{***}	8.02
		(0.0159)			(0.0179)	
	长沙—武汉	-0.0183^{***}	37.59	0.0448	-0.0315^{**}	21.66
		(0.0091)			(0.0130)	
	芜湖—武汉	-0.0180^{***}	38.10	0.0214	-0.0220^{**}	31.13
		(0.0085)			(0.0089)	
	上海—武汉	-0.0076^{***}	91.31	0.0358	-0.0174^{*}	39.60
		(0.0064)			(0.0095)	
玉米	上海—宁波	-0.0771^{***}	8.64	0.0071	-0.0768^{***}	8.68
		(0.9229)			(0.0191)	
	厦门—宁波	-0.1442^{***}	4.45	0.0144	-0.1831^{***}	3.43
		(0.8558)			(0.0299)	
	大连—宁波	-0.0120^{***}	57.63	0.0690	-0.0373^{***}	18.25
		(0.0078)			(0.0117)	
	广州—宁波	-0.1111^{***}	5.89	0.0049	-0.1121^{***}	5.83
		(0.8889)			(0.0226)	
小麦	郑州—济南	-0.0070^{***}	99.04	0.0107	-0.0098	70.04
		(0.0063)			(0.0063)	
	运城—济南	-0.0216^{***}	31.76	0.0443	-0.0409^{***}	16.60
		(0.0097)			(0.0123)	
	福州—济南	-0.0046^{***}	150.86	0.0621	-0.0194^{***}	35.43
		(0.0044)			(0.0069)	
	广州—济南	-0.0035^{***}	198.04	0.0815	-0.0143^{**}	48.22
		(0.0040)			(0.0058)	

注:(1)括号中数值为标准差;(2)*,**和***分别表示在10%,5%和1%水平上显著。

从估计结果中可以发现,在几乎所有市场组合中,门限自回归模型估计的对均衡离差的调整速度都快于忽略了门限行为的标准模型。例如在上海—武汉稻米市场组合中,标准模型估计的半衰期高达91天,而在考虑了交易成本引起的非线性调整之后,门限模型估计的半衰期减少为39天,不到前者的1/2。

具体而言,在稻米市场的估计结果中,最长与最短的半衰期分别出现在上海—武汉、南昌—武汉两个市场组合之间。由于在稻米市场的四个组合之中,前者的地理距离最远而后者最近,这一结果不难理解。我们还发现,最小的门限值也出现在南昌与武汉之间,即价格差超过 2% 时就会触发更快的外区制价格调整。

从玉米市场来看,上海与其他四个市场所使用数据类型不同,因此在物理距离最短的上海与宁波之间并没有出现最短的半衰期,这说明不同运输方式的价格之间的调整速度较慢。最短的半衰期发生在厦门与宁波之间,这可能是因为厦门是除上海以外离宁波最近的样本市场。最慢的调整速度发生在大连与宁波之间,而大连是这组市场中唯一位于主产区的。

在小麦市场中,各个市场组合在两个模型中的估计结果并不完全一致,但仍有一定的规律性。我们可以看到,地理距离较近的主产区内部的市场组合有着相对较快的调整速度和较短的半衰期,其中郑州—济南组合的门限构成的中间区域最小。而地理距离较远的北方主产区与南方主销区之间的两个市场组合有着较慢的调整速度、较长的半衰期和较高的交易成本。

最后,我们对各市场组合的区制转移情况进行了分析。如前所述,我们所采用的门限模型包含三个区制,每个区制代表价格之间在特定时刻的关系,每个观察值根据其价格差的取值落入三个区制中的一个。图 5.1 展示了门限自回归模型的区制分布和转移的情况,图中的每一个点都对应着一个观察值所在的区制。观察值落在区制二说明价格差位于两个门限构成的中间区域之内。当观察值出现在区制一或区制三的时候,空间套利收益为正。如果套利收益持续为正,说明贸易没有发生或者存在贸易壁垒,从而阻碍了一价定律的恢复,即市场之间的空间整合不好;反之,一个良好整合的市场不会出现这种长期偏离均衡的情况(Goodwin & Piggott,2001;Balcombe et al.,2007)。

从图 5.1 中可以看出,在几乎所有市场组合中都存在观察值持续位于中间区域外的情况,其中,稻米市场的芜湖—武汉组合、玉米市场的上海—宁波组合和小麦市场的郑州—济南组合尤为明显。我们的观察说明,在空间分隔市场上价格差距往往长期超过交易成本,市场通过空间套利活动缩小价格差距、稳定价格波动的机制并不通畅,或者说中国粮食市场仍然缺乏有效的空间套利活动。

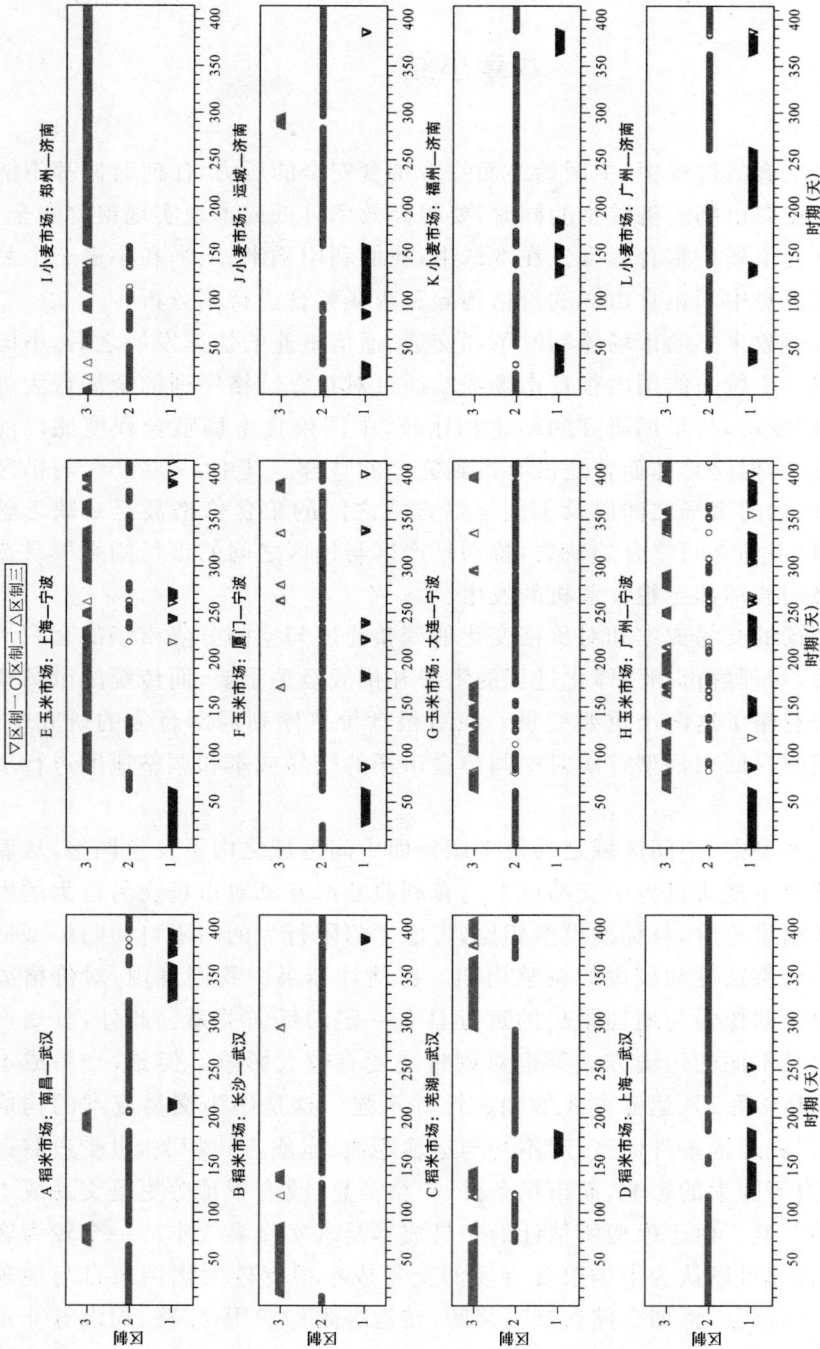

图 5.1 区制转换

本章小结

　　在经济发展的过程中，中国始终面临着粮食安全的压力，任何时候都不能放松警惕。在向市场经济转型的同时，要想高效率且低成本地实现粮食安全，需要提高粮食市场的整合程度。在本章中，我们利用稻米、玉米和小麦三个品种的价格数据对中国粮食市场的价格传导和市场整合进行了分析。

　　在经历了数十年的市场体制改革和交通、通信事业的快速发展之后，中国有没有形成一个统一的国内粮食市场呢？通过对粮食价格序列的全局行为进行分析，我们发现，与早期研究的结论相比较，中国粮食市场整合程度比以前虽然有所提高，但是总体而言还没有达到完全的整合。其中，一些产区与销区之间、距离较远的市场之间以及不同运输方式之间的粮食价格甚至是缺乏整合的，而粮食市场空间整合的缺失，特别是产区与销区之间的市场割裂极易造成粮食价格的波动甚至粮食危机的发生。

　　粮食市场的交易成本和对价格变化的调整速度与空间分隔市场的套利活动密切相关，对理解市场一体化进程的阻碍和挑战至关重要，而传统的市场整合研究方法忽略了这两个重要变量。在对粮食价格序列局部行为的研究中，我们利用门限自回归模型首次对中国粮食市场的交易成本和调整速度进行了估计。

　　在门限模型中，中间区域之外发生调整而中间区域之内不发生调整，从而更好地反映出了现实世界中交易成本与套利收益的互动对市场交易行为的影响。从实证结果来看，与标准模型相比，考虑了门限行为的门限自回归模型估计出较快的调整速度和较短的调整周期。在估计结果中我们发现，对价格离差的调整速度的快慢与地理距离的远近具有一定的反向关系。此外，分属产区和销区以及不同的运输方式等也对调整速度有较大影响。但是，交易成本的估计值与运输距离、运输方式的相关性并不强。这是因为交易成本的构成十分复杂，仅就运输条件而言，就不光与运输距离、运输方式相关，也受道路条件、运输能力等因素的影响，而市场条件、价格信息、政府干预等更是交易成本的重要影响因素。由于模型所估计的交易成本是真实交易成本的一个较为客观的反映，我们可以认为中国粮食市场的交易成本中有较大比例来自与地理距离不相关的部分，例如仓储、包装、装卸、转运等附加费用，贿赂、罚没等非正常运输费用，以及地区保护导致的其他交易成本等。

　　通过对区制转移情况的分析,我们发现存在很多长期偏离市场均衡的状况,表明中国粮食市场还缺乏有效的套利空间,这对市场整合的形成无疑是一个重大的障碍。空间套利活动不活跃的原因可能是价格信息传播的速度和质量不佳,获取运力指标的难度较大,国有大型粮食企业的垄断以及大中型民营粮食企业的缺位等。

　　考虑到粮食市场的空间整合对粮食安全和经济社会发展的重要影响,深化粮食流通体系改革、建设统一的国内大市场是继提高粮食生产能力之后最重要的粮食安全实现路径之一。为了提高国内粮食市场的一体化程度,需要降低阻碍市场整合的交易成本、加快偏离均衡价格的调整速度、激活空间分隔市场的套利活动。针对粮食交易中的运输成本,需要加强粮食运输的基础设施建设,实现粮食运输的散储、散运、散装、散卸"四散化"和整个流通环节的供应链管理,疏通主要产销区之间的跨地区粮食物流通道,发展铁海联运和公铁联运,以及将市场机制引入铁路货运市场等。对于其他交易成本,一要正确处理政府与市场之间的关系,减少不必要的行政干预,明确各级政府的权责,避免例如"米袋子"省长负责制层层下放可能造成的消极影响;二要进一步促进粮食市场经营主体的多元化发展,深化国有粮食企业的改革,明确政策性粮食收储企业的定位,培育跨地区、跨所有制的大中型粮食企业;三要提高粮食部门的信息化程度,引导中介组织提供信息服务,稳步发展粮食期货和保险市场等。总之,只有将粮食市场的交易成本控制在合理的范围之内,才能完成国内粮食市场的一体化进程,助力全方位粮食安全的实现。

第六章　影响粮食安全的资本因素

第一节　产业链视角下的资本与粮食安全

无论是放眼全球,还是立足中国,农业对跨国资本的吸引力持续增大。《世界投资报告2010》(UNCTD,2010)显示,21世纪初,全球每年流入农业的外商直接投资还不到20亿美元,但在2006年至2008年,年流入量增加了两倍,达到60亿美元,2009年受全球金融危机影响有所滑落。在中国,外国资本愈加青睐中国农业的种子研发和农产品生产环节,逐渐打破以往中国农业外资主要集中在加工及销售环节的模式,甚至直接由"销售商"摇身变为"农场主",对中国农业传统的种植模式、组织方式等都会产生冲击和影响。

同时,出于对中国农业资源与世界粮食市场现状的考虑,保障中国的粮食安全不仅依赖于本国农业的发展,还应该抓住开放机遇、利用国际资源,并在保障粮食安全的过程中实现中国粮食企业的国际化发展。因此,在投资目的上,中国农业产业"走出去"在一定程度上肩负了通过海外投资渠道来辅助保障本国粮食安全的重任,投资目的带有政治与经济的双重色彩;在投资结果上,中国粮食企业的海外投资需要考虑向国内以相对优惠的条件出口粮食,以贸易手段保证国内的粮食供给;在投资效应上,参与到国际竞争中的中国粮食企业应当成为中国在世界粮食市场中的"代言人",最终使中国摆脱在国际市场上受制于他国的现状;在投资利益上,中国的粮食企业从"走出去"中应该获取比国内更高的相对利润率,并在长期的农业投资与管理中形成高效、稳定的产业链。

一、农业资本"引进来"与中国粮食安全

相比对外资进入保持高度警惕的能源、金融、矿产等行业而言,中国的农

业对外资并购警惕的步伐来得较为迟缓。随着 2008 年开始的 WTO 关于外资企业进入中国粮食生产流通领域的过渡期结束,外资已经开始悄然进军中国农业产业链众多环节,就连原本与农业无关的跨国投资银行高盛集团,也开始在中国收购养猪企业。

近年来,外资进入中国农业领域的项目和资金数量均呈高速增长态势。在 2010 年,中国农、林、牧、渔业实际使用外资金额达到了最高值 19.12 亿美元,同比上升 33.70%,新设立外商投资项目 929 个,比去年同期增加 33 个。目前中国农业利用外资的总体规模尚小,从流量看,1997 年至 2010 年期间每年农业利用外资占全国同期吸收外资总量的比重不超过 2%(图 6.1)。但近年来随着中国加大农业产业经营力度和加快向现代农业的转型升级速度,农业 FDI 在中国农业领域的投资逐渐增多,虽然在 2005 年和 2006 年出现一定的滑落,但总体上还是呈现出上升趋势。

尽管外资选择的农业产业有很大差异,但大多是集中度高、消费市场广、利润空间大、发展潜力好的优势产业。在外资已进入的 108 家国家重点农业龙头企业中,有 99 家集中在粮油、林特产(含水果)、肉类(含鸡、牛、猪)、牛奶、水产、蔬菜产业,比重达到 91.7%。同时,外资流入的领域也日益多元化,不仅涉足农产品加工营销业,而且还将眼光瞄准农业产业链的上游环节。

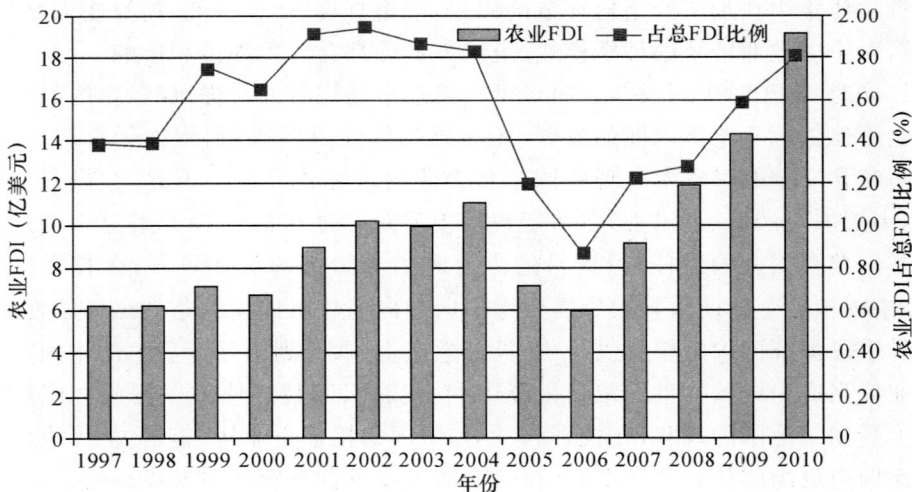

图 6.1　1997—2010 年中国农业吸收 FDI 概况(国家统计局,2011)

从农业产业链和外资参与农业形式的角度来看,现阶段流入中国的农业外资呈现以下几个特点:

(1)在农产品加工、销售环节,外资经营历史较久且产业发展已比较成熟。在中国粮食加工业领域,最早开放的大豆业正陷入国际四大粮商——阿丹米(Archer Daniels Midland,ADM)、邦基(Bunge)、嘉吉(Cargill)和路易达孚(Louis Dreyfus)控制的境地,四大粮商控制了中国大豆60%的加工能力和80%的进口大豆货源(邓家琼,2010)。在国内食用植物油的有效加工能力中,外商独资或者中外合资企业的比重已超过一半,小包装食用植物油供应量的比重更是占到60%。在乳品加工业上,液态奶和酸奶等领域中国本土品牌优势较强,"蒙牛"、"伊利"、"光明"三大龙头企业占据主导。不过,全球投资集团摩根士丹利公司曾想通过股权质押掌控"蒙牛",达能也有占据一席之地的意图。在奶粉领域,外资品牌更是优势占尽,特别是婴儿高端奶粉市场,"美赞臣"、"多美滋"、"惠氏"、"雅培"四巨头已占据中国奶粉市场的半壁江山,其中"美赞臣"、"多美滋"的市场占有率均在15%左右。在肉类加工业,美国高盛集团的控股子公司罗特克斯有限公司目前已控制国内最大的肉类加工企业双汇实业集团有限公司,同时,高盛也获得江苏雨润集团6.5%的股权(徐燕,2008)。

(2)农业育种和生产环节日益受到外资的青睐,成为外国资本投资的新动向。美国、加拿大、澳大利亚等发达国家很早就开始对农业生物技术进行大量投资,抢占了农业生物技术的制高点。作为中国"入世"后最早全面开放的种子行业,其市场频现外资的身影。2007年5月,世界排名第三的瑞士先正达种业公司通过收购河北省三北种业49%的股份,拥有了三北种业丰富的玉米种质资源和一系列优良的玉米品种,并可直接使用三北公司覆盖全国20多个省市的营销网络;2007年9月,拜尔以项目合作形式与四川绿丹种业有限公司、江西农科种业有限公司展开合作(任静,2011)。据山东农科院蔬菜研究所2010年对山东省境外蔬菜品种应用情况的调研报告显示,寿光80万亩、15种主要蔬菜中,温室大棚栽培的甜椒、无刺黄瓜、西红柿及露天栽培的胡萝卜等境外品种的占有率分别达到95%、80%、65%和80%以上,整体上境外品种占总播种面积的一半左右。而对于农产品的生产,早在1997年,法国威望迪环球公司在重庆忠县与农民合股兴建15万亩柑橘果园基地,短短几年,该项目投资已达6亿多元(含中方投资及农民的投资和投劳)。2006年,日本三家世界500强企业共同出资,在山东莱阳市签订了一份涉及上千亩耕地的农地租赁"洋合同",直接进入了中国农业生产环节,并且这三家外企有意将基地扩展至 3000 亩,并打算在全国"克隆"二三十个同样的项目。土地是中国的稀缺资源,如果外资大范围进入中国农业种植环节,长期地大面积租用中国耕地,变成其自身的农产品生产基地,再将生产出的农产品出口本国,就相当于变相侵占了中国的稀缺资源。这意味着跨国公司投资中国农业将对国内农村土地制度、农业生产组织方式等产生强烈冲击。

(3)农业外资的经营方式主要是合资经营或独资经营。外商直接投资一般通过成立中外合资企业、收购本地较大的农业企业、直接建立独资农业企业等方式进入中国农业,在所投资的地区形成农业龙头企业,与广大的农户以契约或者是合同的方式结成集生产、加工、运输、销售为一体的经济组织。总体来说,在农产品加工领域,跨国公司大多选择以合资经营的方式来投资经营;在销售领域,很多跨国公司则青睐独资形式,如美国四大粮商对大豆经销的控制等;在农业生产领域,跨国公司一般采取"公司提供种子、技术服务+果农协会管理+农民种植+公司统一收购"的经营方式(徐燕,2008)。

总体而言,外国资本投资中国农业的重点主要放在种子研发、生产加工基地、流通贸易中介、休闲观光等农业综合开发项目上,几乎覆盖了育种、种植、生产、加工及销售等产业链所有环节(图 6.2)。从长远来看,外资对农业特别是粮食全产业链的层层渗透甚至控制,会对国内的粮食安全带来以下负面影响:

(1)弱化中国对粮食市场的控制权,加大宏观调控的难度和不确定性。目前,中国农业大多数产业的技术水平还比较低,集中程度不高,农业企业规模小,外资在农业领域的战略布局和强劲扩张,对中国农业的长远发展和粮食安全可能带来较大威胁。外资进入中国农业领域的战术步骤一般是先并购同行业中一两个或两个以上本土实力企业,或成立合资企业,避免与这些实力企业直接竞争,但却使得市场竞争格局发生较大的变化。一旦他们占据控制地位,往往会凭借资本、技术、管理、营销、信息等方面的优势,采用上下游一体性、规模性、集中性投资的方法,排挤国内同类企业,抢占中国本土市场份额。此举一方面对中国的民族资本产生一定挤出效应,扩大了外资在国内粮食市场的占有率,进而使其获得市场垄断地位;另一方面则通过把中国的粮食产业纳入其全球产业链,形成更强有力的控制,进而操控中国农业的发展,加大中国政府对粮食市场宏观调控的难度。

(2)加剧了中国粮食市场价格的波动性。外资企业进入中国粮食产业实施"产业链一体化、布局规模化"的发展策略,通过规模布局先进入加工环节,再同时进入上游原料市场和下游的产品销售市场来实现对整个产业链的垄断,快速推高粮食价格,对粮食市场价格的稳定性构成极大威胁(李丰,2011)。

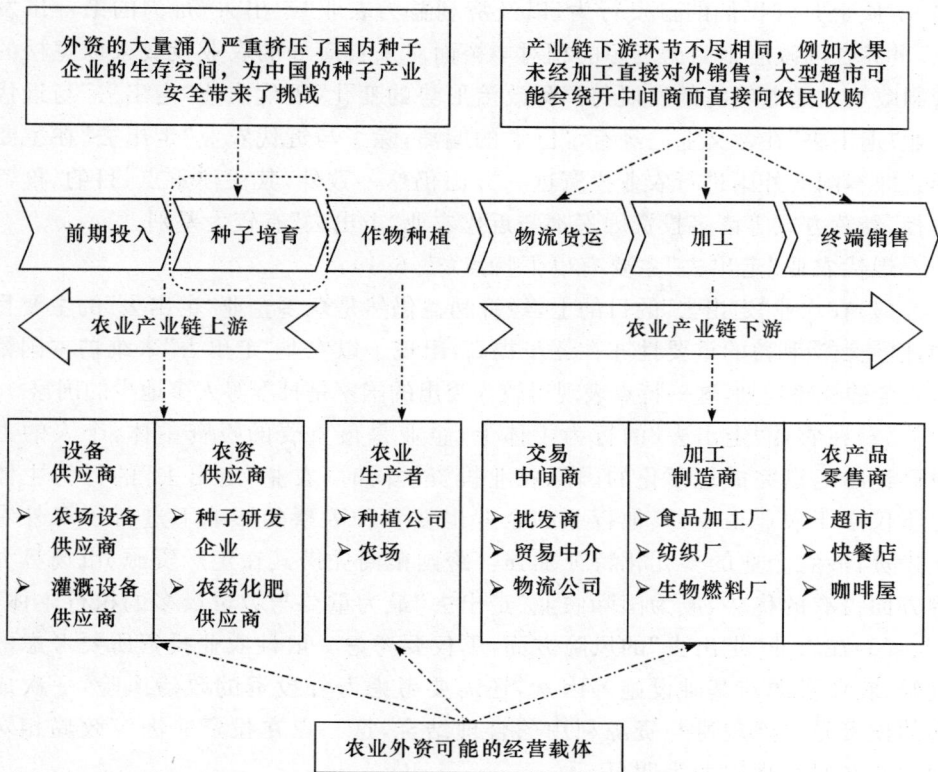

图 6.2　外国资本参与中国农业产业链(据 World Bank(2009)修订整理)

与控制农业产业链中下游相比,外资在上游环节特别是种子研发领域的技术垄断问题更值得关注和警惕。由于种质资源及其知识产权是农业自立的基础,如果一个国家的农业种质资源及其研发资源被他人掌控,无疑会对该国产业发展和粮食安全造成严重威胁。接下来,本章将详细探讨外资通过怎样的传导路径,利用其在农业研发领域建立的技术垄断优势影响东道国的粮食安全。

二、农业资本"走出去"与中国粮食安全

(一)农业资本"走出去"的内涵

农业"走出去"实质上是一个古老的现象与话题,并非现代所独有。早在17、18 世纪,欧洲各国向美洲、大洋洲等地区的移民在新开发地区的职业就多为生产与建设农场,实现了诸多地区的基础性开发。这一时期的农业"走出

去"实质上是移民们的自发行为,以经济利益为农业"走出去"行为的第一出发点,世界各国政府则因为资源的相对丰裕而对来自海外的农业投资采取宽松的管制政策。随着经济的发展与国际政治形势的变化,现代农业"走出去"与近代农业"走出去"在含义上已经有了巨大的偏离,除了与近代农业"走出去"在主要形式即本国向外国进行农业投资这一方面仍然一致外,其关注重点、目的、投资途径、经营方式等诸多投资因素都与近代农业"走出去"有较大差别。

现代农业"走出去"主要有以下特点(表 6.1):

(1)在农业"走出去"的目的上,经济利益仍然是众多企业"走出去"的主要目的,但是政治利益的重要性亦在逐步提高,出现了以农业"走出去"来维护本国粮食安全的战略规划,这一特点表现得较为突出的国家是日本等人多地少的国家。

(2)在农业"走出去"的行为主体上,企业是最重要的投资主体,个人的力量已经不足以完成规模化的国际农业投资。同时,农业"走出去"的行为主体也不仅限于农业企业,其他行业的企业也在各种因素的影响下进行了海外农业投资,涉农企业的多元化特征加强。跨国粮商凭借其在生产资源、市场势力等方面占有的优势,成为国际农业"走出去"最为重要与数量最多的执行主体。

(3)在农业"走出去"的风险方面,不仅要考虑一般性农业投资所要考虑的气候、农业资源与基础设施等因素,还需要考虑海外投资的政治风险,一次成功的投资是风险规避与资源利用的合理结合,这一点在投资非洲等政局相对动荡地区时表现得尤为明显。

(4)在农业"走出去"的投资形式上,海外直接投资(FDI)是主要的投资形式,但是通过海外联营、农场合作等实现农业"走出去"的企业也在逐年增加。以直接投资为主的企业多以美国企业为主,而海外联营等投资形式则多为日本等国的企业所采用。

(5)在农业"走出去"的区位选择方面,目前世界主要的农业"走出去"目的地多为土地资源较为丰富、本国(地区)人口生存压力相对较小、农业生产资源较为丰裕、市场准入门槛相对较低的国家和地区,南美洲与大洋洲是诸多跨国粮商的生产基地。

(6)农业"走出去"投资项目实现多元化,农业"走出去"的投资项目不限于粮食、棉花等大宗农产品,还包括林业、渔业乃至农业加工、食品生产等,涵盖了农业产业的各个领域。

(7)农业"走出去"中的产业效应逐步增强,无论是以产业链为延伸链条的"一条龙"式农业投资,还是以产业集群为特征的规模化农业投资,都越来越注重产业联动与产业协调在农业"走出去"中的重要作用。

表 6.1　现代农业"走出去"的主要特点及描述

主要特点	描述
目的政治性	以农业"走出去"维护本国粮食安全
企业主体性	跨国粮商成为全球农业"走出去"的主体
风险扩散性	总体呈现自然风险与社会风险并重,政治风险愈发值得关注
区位广泛性	跨国粮商多为发达国家企业,发展中国家仍处于被动状态
产业联动性	农业产业链投资与运营成为"走出去"的主要途径与手段

从以上对农业"走出去"特征的总结中,笔者认为农业"走出去"形成了与一般工业投资、第三产业投资等较为显著的差异,即既需要从农业的自然基础特征出发,还需要综合考虑农业的社会属性与政治影响。农业"走出去"不是简单的海外投资行为,而是综合性、多样性与联动性的有机结合,对农业企业的质量与规模有较高要求,同时也由于其显著的战略主导性与较高的经济回报而成为当今世界 FDI 的重要组成部分之一。

（二）粮食产业链

产业链是由迈克尔·波特提出的一个产业经济学概念。一般而言,产业链包含了价值链、企业链、供需链和空间链四个维度,是由供应商、制造商、分销商和消费者连接在一起组成的系统。进一步地,现代产业链概念更为强调各环节之间的链接与互动关系,并且对信息、物流等要素和渠道的控制与渗透成了产业链发展的新方向。

比粮食产业链涉及范围更广的是农业产业链,农业产业链站在农业的角度来认识产业链。可以认为,粮食产业链是在农业产业链基础上结合粮食产业具体实际的细化。结合农业生产的特殊情况,刘金山(2002)提出农业产业链是指与农业初级产品生产密切相关的具有关联关系的产业群所组成的网络结构,包括为农业生产做准备的科研、农资等前期产业部门,农作物种植、畜禽饲养等中间产业部门,以农产品为原料的加工业、储存、运输、销售等后期产业部门。这一定义较好地体现了农业产业链的链式特色,对农业产业链上、中、下游各部分的联系关系描述得较为准确,并体现了学术界对产业链的最新研究成果,即突出产业链的网链特性,这就在一定程度上解决了产业链以单一链条为划分标准而缺乏相互联动的缺陷。

粮食产业"走出去"作为中国农业发展的重要方向,如果只从单一企业或者单一产品生产加工阶段(产业链环节)的角度推动粮食产业"走出去",其规模与实力在国际市场中必定不能形成稳定的优势，而在长期发展中也必然会由于"势单力薄"而陷入困境。产业链升级与扩展成为破解这些发展难题的有效办法。方宏（2006）在总结前人研究的基础上得到的价值链升级轨迹能够直观地说明价值链的升级过程（图6.3）。尽管这一陈述主要以价值链为对象，并且关注的重点在于工业行业，但是，随着粮食产业多元化进程的加快和粮食产业链集约化的发展，原本主要用于解释工业价值链演进历程的理论也可以在粮食产业链升级领域中得以运用。

轨迹	升级类型			
	流程升级	产品升级	功能升级	链条升级
	→			
举例	组装（Assembly） ↓ 原始设备制造（OEM）	原始设计制造（ODM）	原始品牌制造（OBM）	价值链升级
增值程序	价值增值程序随过程增加 →			

图6.3 价值链的升级轨迹（Humphrey，2004）

在产业链的四个维度中，学术界对价值链的研究较为细致深入。价值链的升级可以视为产业链升级中的一个重要环节，而作为为企业创造价值而存在的产业链，价值链的升级对产业链升级而言具有基础性意义。"走出去"也需要从价值链的升级中获得足够的海外投资动力，粮食产业"走出去"需要与产业链的发展相结合。进一步地，如果只遵循于一般粮食产业链的定义与研究方向，将国内粮食产业链建设的方式方法照搬到农业"走出去"的产业链建设中，也不能突出或涵盖粮食产业在走出国门投资过程中所遭遇的种种难题与风险。以上对粮食产业链与"走出去"两者扩展含义的论述，为本研究起到重要的规范作用。

（三）"走出去"与"互利共赢"

互利共赢战略以经济全球化时代为实施背景，以深化国内经济体制改革为实现基础，以开展与世界各国的经济合作为实践途径。互利共赢是和平与发展的原则体现，是中国开展对外交流的基础。在经济交流中，互利共赢成为中国企业在海外成功发展的出发点，既是指导海外投资的原则，也是成功实现海外投资的必备条件。

从字面意义上来理解,互利共赢体现的是双边交往风险共担、利益共享,具体到经济领域,则要求在贸易与投资过程中充分考虑己方与对方的双边利益,以双方的共同利益为出发点寻求合作,通过优势互补、共同发展,最终在经济合作中实现双方获得各自所需利益,并化解或最小化相关风险与消极影响。

结合粮食产业"走出去"的特点,遵循"互利共赢"已成为中国农业海外投资的"基石"之一。这是因为:①粮食生产有其战略性与基础性,大多数国家都选择掌握本国粮食生产主权的政策,通过实现粮食自主等直接目标达到粮食安全等政治目的,进而实现本国主权独立与政治自主。出于维护本国政治利益的考虑,东道国政府很有可能对外来农业投资实行相关限制措施。②粮食产业极具政策敏感性,农业生产对政府政策的依赖性较强,政府的政策导向对发展农业生产具有较强的促进作用,显现出较明显的正相关性,中国农业"走出去"所进行的生产投资同样需要顺应东道国相关政策导向。③"互利共赢"是应对国有化等政治风险的有效办法,粮食产业投资需要关注政治风险。已有的研究表明,投资方只有与东道国保持紧密的利益与风险联系才能在最大程度上维护自身利益,"互利共赢"原则将投资方与东道国的利益与风险相互捆绑,是规避风险这一投资原则的另一种表述。

因此,中国农业"走出去"应坚持以"互利共赢"为基本原则,要在"互利共赢"的基础上发展双边经济关系。只有明确"互利共赢"在中国农业"走出去"中的地位并在实践中不懈地贯彻实施,才能在形势复杂的国际农业市场中应对各种风险,实现投资收益;也只有在"走出去"过程中坚持"互利共赢",才能最终实现中国农业"走出去"的长期稳定发展。

（四）粮食产业"走出去"不是"海外屯田"

1."屯田"的解读

屯田一般是指封建政府组织劳动者在官地上进行开垦耕作的农业生产组织形式,因参加垦种者不同而有军屯与民屯之分,以军屯为主,但即使是民屯,通常也多采用军事编制,供给军需为其主要目的。这里所称的"海外屯田"则意指一国通过对外农业投资,以买地、租地、与东道国投资者合作经营等方式获得农业用地,并在东道国进行粮食生产等相关活动,在收获后通过各种途径将全部或其中的大部分粮食运回本国,以满足国内粮食需求,即在国际生产与贸易实践中所实际形成的以外国为粮食种植基地,但却由本国实际掌握粮源,以保障本国粮食安全为主要投资目的的农业海外投资行为。

源于古代战争需要的屯田定义在现代国际粮食市场的竞争中具备着与过去完全不同的表述,但是在本质属性上却有一定的共通性。首先,古代的屯田与现代的"海外屯田"的实际主导者与促进者都是政府,它们都是以政府意愿为主导的投资与生产行为;其次,古代的屯田与现代的屯田都具备一定的政治目的,古代的屯田目的是维护边疆稳定并为军队提供必要的后勤保障,当代的"海外屯田"则是为保障本国的粮食安全或在世界范围内争夺农业资源以保障国家的未来发展;最后,古代的屯田与现代的"海外屯田"都体现出一定的经济与政治结合的特征,进行屯田并非出于纯粹的政治目的,而是在和平时期作为经济发展的途径,在危机时期作为维护本国利益与维持人民基本生活的后勤保障。综上所述,尽管在定义上屯田经历了一个漫长的发展过程,并演化出与原定义有较大差别的概念,但是两者在投资具政治目的性与政府作为实践推手这两点上却保持了一致,这使古代的屯田与现代的"海外屯田"在实际意义上具备了一定的可比性。

正是因为两者之间存在关联性,并都具有相关政治背景,在贸易与学术研究中都以屯田来代表具有政治目的与有政治背景支持的农业海外投资行为,尤其以粮食等大宗农产品的海外投资为主要的描述对象。

所谓的"海外屯田"行为对东道国与世界粮食市场的影响也逐步受到世界各国政府的重视。一些国家政府认为,"海外屯田"实际上是一种"农业殖民"行为。虽然这种行为并不通过战争等暴力手段,在具体的项目运作过程中国家政府也不是实际的参与者与操作者,但是由于"海外屯田"的东道国多为弱小国家和不发达地区,在实际的项目投资与生产过程中,参与"屯田"的企业或多或少得到母国政府的经济补助或政治补贴等形式的支持,并可能在"屯田"的实际运营中存在外国投资者与东道国政府或各类利益团体之间的摩擦,或是外国投资者对东道国的环境、资源甚至社会制度的存续等产生过不利影响,并通过各种手段阻止东道国分享投资利益,"海外屯田"实际上成为"农业殖民"的代名词。各国政府在保障粮食安全与国家利益动机的促使下,纷纷制定一定的市场准入标准或通过法规与政策设置农业海外投资的限制措施;许多国际组织与相关国家出于自身利益的考虑也通过社会舆论对这种事实上进行"殖民"的投资活动进行警示乃至谴责。

2. 中国的农业"走出去"不是"屯田"

近年来,中国粮食产业"走出去"行为成了一些国家指责中国进行"海外屯田"的"案例"与"证据"。一些国家指责中国政府通过支持企业变相进行"农业殖民",通过农业海外投资获取经济与政治利益。从一些西方媒体的相关报道中可以看出,某些发达国家"积极维护世界公平"与世界粮食市场的"稳定",他们认为中国的农业"走出去"行为在对东道国的农业生产以及经济、社会发展产生冲击的同时,还严重影响了世界粮食市场的稳定,而他们的理由是中国强大的购买力与民众日益提升的生活水平所带来的需求冲击效应会在很大程度上改变当前的世界粮食市场格局。

但是从中国农业"走出去"的本质与实际产生的影响来看,以上"农业殖民"的观点是站不住脚的(表6.2)。

表6.2 中国农业"走出去"与屯田的辨别

特征辨别	中国农业"走出去"	"屯田"或农业殖民
投资目的	经济导向	政治导向
投资主体	国有或民间资本,自负盈亏的企业法人	国家部门或特许企业
指导思想	互利共赢	逐利冲动与资源争夺
主要市场	东道国及周边市场	运回母国
投资效应	提高东道国粮食产量,丰富供应品种,传播农业技术	"竭泽而渔"
总体结果	扩大世界粮食市场供给,增进总体福利	少数国家攫取大量财富,世界总体贫富差距拉大

(1)中国农业"走出去"并不是西方舆论所指称的完全的"政治导向"投资行为。早在20世纪80年代,中国就有第一批民间农业投资者在没有任何政府指导与扶持的条件下开始了农业"走出去"探索,这些投资行为并不带有官方色彩。

(2)中国农业"走出去"中获得政府支持的企业投资行为并非像某些舆论描述的"产生了负面效应"。相反,这些政府背景的农业生产基地作为中国政府与东道国政府的合作项目,在东道国成功地推广了先进的农业技术,提高了东道国的粮食产量,一定程度上有助于一些国家缓解其粮食供需压力,起到了稳定当地社会秩序、促进农业发展的积极作用。

(3)中国农业"走出去"投资活动中所收获的农产品并不像"海外屯田"措施那样以满足本国市场为主要诉求。相反,中国农业"走出去"投资项目中所收获的大部分农产品都在东道国当地市场销售,事实上起到了稳定东道国农产品供应与丰富东道国市场品种的作用。只有在距离中国较近地区的农业投资行为,中国企业才考虑将收获的农产品运回国内市场进行销售或深加工,而这也是基于经济因素的考虑,在国内销售或加工能够获得更大的经济利益或降低总成本,这完全符合市场经济的利益最大化与成本约束原则。

(4)中国农业"走出去"并不具备如某些西方媒体所说的巨大而难以控制

的市场效应。这是因为中国政府一贯坚持 95％的高粮食自给率,中国的农产品市场以自给自足为主要特征,整体上对外部市场的依赖并不明显,农业"走出去"所收获的农作物即使运回国内也只能起到调剂余缺的作用,而非完全左右中国国内的粮食市场走向。

(5)中国农业"走出去"的政治目的是友善的,是符合中国政府一贯坚持"互利共赢"原则的,这些投资行为在帮助东道国改善本国农业生产条件方面做出了良好的榜样,促进与深化了中国与东道国良好的双边关系,为进一步推进合作打下了良好基础。

(6)由于世界粮食市场实际上是一个寡头市场,中国企业的进入实际上是对现有寡头格局的一种冲击。从经济学角度来看,中国企业的加入实际上提高了市场的竞争程度,将会增加市场需求方的福利,对世界粮食市场的整体福利增加也将起到积极与正面的影响,但是这样的市场进入行为却在一定程度上损害了寡头们的利益。

综上所述,中国的农业"走出去"并不是所谓的"海外屯田",更不是"农业殖民",而是在市场经济环境下自然的投资行为,并将对世界粮食市场与各东道国产生积极的福利增加效应。

第二节 农业资本"引进来"与中国粮食安全

在农业产业化进程的推动下,中国的农业产业已不再局限于初级农产品生产行业,大量外国资本涌入中国的农业产业链。随着外国资本在中国农产品进出口贸易中的比例不断扩大,国内企业在初级农产品市场中面临的压力也越来越大(杨巍,2009)。吕勇斌(2009)认为外资并购对中国农业产业安全的影响主要包括五个方面:外资并购对农业产业形成控制性地位;外资并购打压中国农产品市场价格;外资并购弱化农业产业的自主创新能力;外资并购易垄断和占领农产品市场;外资并购恶化中国的粮食安全问题。陈贤银(2010)基于产业安全的视角,研究了外资并购对中国农业产业的影响,认为中国农业产业总体处于"基本安全"状态。关于农业 FDI 对发展中国家的影响,有研究认为,当发展中国家农业引入的 FDI 增加时,该国的国家福利不均问题以及熟练和非熟练工人的就业问题都将得到一定的缓解,即发展中国家农业利用FDI 的增加对东道国的农业就业产生挤入效应(Chaudhuri & Banerjee,2010)。吕立才和黄祖辉(2006)依据 1999 年至 2003 年中国农产品加工业的

12个主要部门的面板数据,也证实了 FDI 对于中国农产品加工业国内投资和就业存在挤出效应。

一、农业资本"引进来"的比较分析

(一)农业资本"引进来"的横向比较

在农业的动态演进过程中,发生在其边界和交叉处的技术融合以及分工模糊化改变了原有的市场需求,并且引起边界的混沌化和重新分化,对农业产业链(Agricultural Chain)的延伸与拓展和对农业内涵的重新界定成为现代农业发展中一个突出的现象。这一方面表现为农业内部子产业之间的融合,如农业内部的种植业、养殖业和畜牧业之间以生物技术融合为基础,通过生物链重新整合,形成生态农业这样一种新的业态;另一方面表现为农业与外部产业的融合,如高新技术产业对农业的渗透融合,农业的服务化和现代农业生产服务体系的建立,农业与旅游业的交叉融合而催生的旅游农业或观光农业、休闲农业,以及农业与化学工业、能源工业交叉融合而形成的化工农业、能源农业等。这种通过传统农业内部和三次产业之间的整合和重组、建立在产业链融合之上的现代农业又被定义为"链式农业"(Industrial Agriculture)。

表 6.3 所示为 2009 年中国按照产业划分的外商直接投资使用情况。第二、第三产业的 FDI 所占比重明显多于第一产业,这与现代链式农业的发展趋势相对应。中国是农业大国,农产品加工业在中国第二产业中占据较大比例,第三产业中与农业相关的仓储业、运输业、销售业和服务业等也都占据重要位置。相较于第一产业,外商更愿意将资本投向附加值较高的第二、第三产业,以期获得最多的投资回报。同时,如果从产业链维度理解现代农业,则投入农业产业中的 FDI 将远超过第一产业使用的 FDI 数额。

表 6.3　按照产业划分的外商直接投资(2009 年)

产业	企业数(家)		实际使用金额(亿美元)	
	数量	比重	数量	比重
第一产业	6993	1.58%	20.09	1.73%
第二产业	190740	43.01%	557.49	48.05%
第三产业	245790	55.42%	582.53	50.21%
总计	443523	—	1160.11	—

数据来源:《2009 年国民经济和社会发展统计公报》,中华人民共和国国家统计局,2010。

表 6.4 所示为 2009 年中国农业及涉农产业的外资分布情况。从表中可以明显看出,农产品加工制造业的外资比例远超过初级农业产品,其中饮料制造业的比例最高,约为 10.2%,而初级农业产品的比例只占了约 0.6%。农产品加工业也是农业生产不可分割的重要组成部分,它可以把初级农产品加工成人们需要的各种产品,提高农产品的资源利用率,最大可能地提高农产品的附加值,吸纳农村剩余劳动力,稳定和增加农民收入,有效地提高农业的整体效益和竞争能力。跨国公司的对外直接投资一般遵循的是从低生产率、劳动密集型行业向高生产率、劳动节约型行业,从低技术含量、低附加值商品和服务生产向高技术含量、高附加值商品和服务生产调整的规律。由于农产品加工制造行业具有高附加值、高投资回报率的特点,外资大量流入该行业。

表 6.4 按行业划分的外商投资分布(2009 年)

行业	投资额(亿元)	外商投资(亿元)	外国投资所占比例
农林牧渔业	3356.4	19.7	0.6%
农副食品加工业	2830.1	124.8	4.4%
食品制造业	1509.5	140.5	9.3%
饮料制造业	1078.8	109.8	10.2%
所有产业	193920.4	7689.7	4%

数据来源:《中国统计年鉴》(2010),中国统计出版社,2011。

(二)农业资本"引进来"的纵向考察

20 世纪 90 年代中期以来,由于金融贷款的高风险、双边援助的政治化和商业化、资金使用上附加的种种约束条件,以及中国经济实力和人均收入水平的提高,中国获取的国外优惠贷款和国际援助日趋减少,外商直接投资逐渐成为中国农业利用外资的主要渠道。2004 年至 2011 年中国三大产业实际利用的外商直接投资情况如图 6.4 所示。从图中可以看出,中国第一产业实际利用的外商直接投资额虽然在 2005 年和 2006 年出现一定的滑落,但总体上还是呈现出上升趋势;2009 年中国农业实际使用外商直接投资额最多,约为 14.3 亿美元,较 2008 年增长 2.6 个百分点。从图 6.4 中还可以看出,中国第一产业吸引的 FDI 在三大产业中所占比例最小,第二和第三产业吸引的 FDI 逐年增加,这也在一定程度上反映出外商的直接投资往往是以利益最大化为目的,外商更倾向于将资本投向附加值高的相关产业。随着农业改革的不断推进,中国农业内部各部门吸引的外资也呈现出一定的变化趋势。1999—

2009 年间,中国种植业和林业引入 FDI 金额的走势比较相似,二者在 2003—2006 年间都呈现出比较平缓的走势,而在总体上都呈现出上升的趋势;畜牧业和渔业引入的外资则分别在 2005 年和 2006 年经历比较大的滑落之后一直以较稳定的速度增长。这四大部门引入的外资从总体上都是呈现出上升走势,其中种植业所占的比例一直稳居第一,而值得一提的是,林业所占比例从 2004 年开始一跃成为第二名,并一直保持到 2009 年。

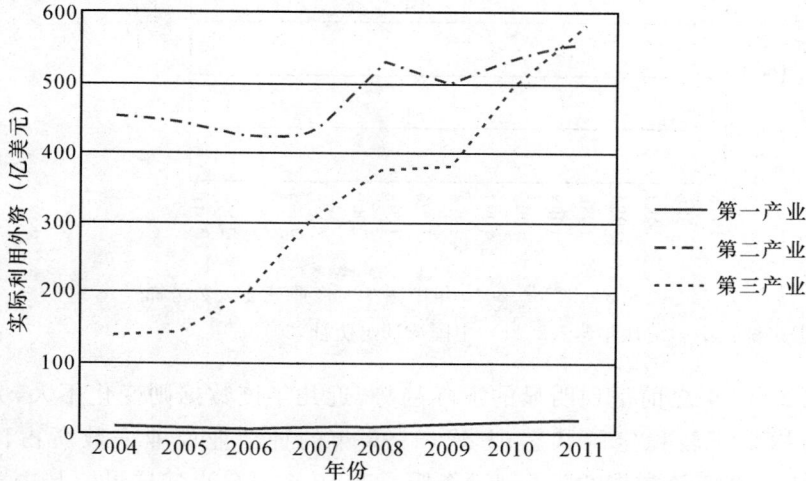

图 6.4 2004—2011 年中国三大产业利用 FDI 走势图

数据来源:国研网统计数据库。

在劳动就业方面,中国三大产业的就业人数分布如图 6.5 所示(此处第一产业指的是农林牧渔业以及农林牧渔服务业,不包括农业产业链中其他的涉农产业,如农业加工业等被划入第二产业中的制造业)。从图中可以看出,虽然在过去的十几年中,中国第一产业的就业人数所占比例居第一,但第一产业的就业人数总体上呈现递减趋势,尤其是在 2010 年,三大产业的就业比例分别为 36.7%、28.7% 和 34.6%,基本持平。中国的农业已不再局限于传统的初级农产品生产行业。从初级农产品的加工、销售等环节引出的农副产品加工制造业、运输业、服务业等由于存在较高的投资回报率和产品附加值,吸引了大量的外商投资,第二、第三产业的就业比例随之提高。因此,如果从农业产业链的角度来看,农业产业的就业比例还将会大幅提高。

在中国农业内部,种植业、林业、畜牧业和渔业四大部门的就业人数和比例在 1996—2009 年这十多年间也发生了显著变化。首先,种植业的绝对就业

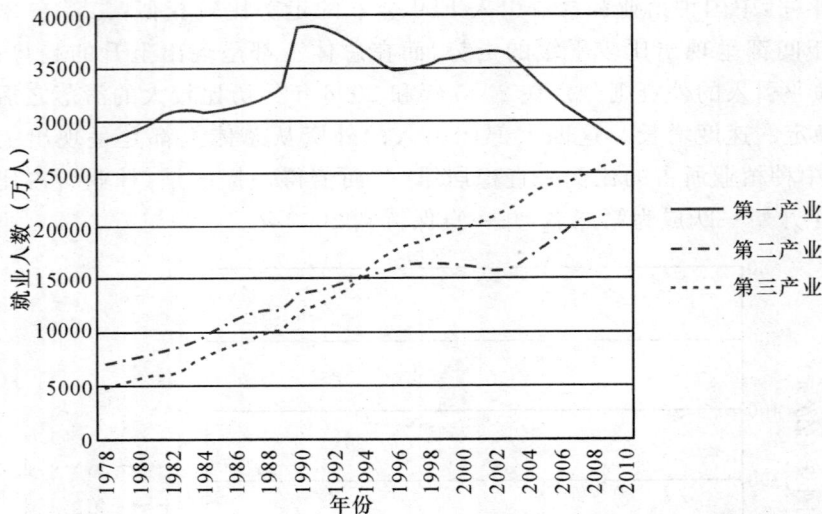

图 6.5　1978—2010 年中国三大产业就业人数分布

数据来源:《中国统计年鉴》(2011),中国统计出版社,2012。

人数在 2005 年之前呈现明显的下降趋势,近几年该数据则变化不大,劳动力就业结构处于较稳定的状态;其次,1996 年的种植业就业人数所占比例近 66.7%,2009 年该数据约为 57%,降低了近 10 个百分点。这可能与中国农业的产业链特征越来越明显有关,大量劳动力由于受工资待遇等影响可能转至农产品加工制造业或其他服务、运输等行业;最后,除种植业外,其他三大行业的绝对就业人数略有下降,但总体上还是比较稳定的。

二、农业资本"引进来"的实证分析:基于国内投资与就业挤出效应视角

(一)理论诠释与模型构建

经验性研究表明,FDI 对东道国国内投资的相关影响主要有两方面:①当 FDI 的引入给东道国带来新的产品与服务时,FDI 将对国内投资产生正面效应或挤入效应,并拉动经济的增长;②当 FDI 提供的产品与服务与国内公司存在激烈竞争时,由于跨国投资集团特有的资金和技术优势,中国国内投资者的投资机会将减少,此时 FDI 将在一定程度上对国内投资产生负面效应或挤出效应。

为了评估外商直接投资对东道国国内投资产生的挤入或挤出效应,Agosin & Mayer(2000)首先构建了一个总投资模型,认为一定时期的总投资等于

国内投资与外国投资之和。他们认为,投资是一个对应意愿投资与真实资本存量差异做出调整的变量。意愿投资就是国内企业理想的资本存量,而它与期望的增长成正比,期望增长又取决于实际产出量(Actual Output)和最大产出量(Full-capacity Output)之间的差异,因此,国内投资变量中需要考虑先期经济增长率和国外需求因素。Samuelson & Nordhaus(1999)认为,投资由收入、成本和预期三个基本要素决定。如果一项投资有助于厂商出售更多的产品,则它将会增加企业的收入,企业的收入与国内总产出(GDP)和净出口(NE)有关联;资本的成本不仅包括资本品的价格,而且包括为它借款的利息和厂商为其收入所付的税金;利润预期是决定投资的第三个因素,当投资者预期投资所获得的收益超过投资成本时才会进行投资。综合来看,总投资可以表示为 $I=I_d+FDI=I(G,NE,r,Tax,G^\rho)$,其中 I_d 为国内资本要素,FDI 为国外资本要素,G 为国内总产出 GDP,代表国内需求;NE 为净出口,代表国外需求;r 和 Tax 分别为利率和税率成本;G^ρ 为企业的预期因素。假设企业在有限理性基础上做出投资决策,对未来的需求预期仅依赖上一年的需求,则 $G^\rho=G^n(G_{t-1},NE_{t-1})$。因此,通过移项,总投资公式可改写为:

$$I_d=F(FDI,G,NE,r,Tax,G_{t-1},NE_{t-1}) \tag{6.1}$$

式(6.1)经过自然对数转换可得到:

$$\ln I_d=c_1+c_2\ln FDI+c_3\ln G+c_4\ln NE+c_5\ln r$$
$$+c_6\ln Tax+c_7\ln G_{t-1}+c_8\ln NE_{t-1}+u_1 \tag{6.2}$$

式(6.2)中,若 c_2 的符号为正,则表明 FDI 对 I_d 有一定的挤入效应,反之则表现为挤出效应;u_1 为式(6.2)的误差项。

除了对东道国的国内投资产生影响之外,FDI 的引入还将对东道国的就业状况产生影响。作为发展中国家之一,中国国内农业存在劳动力充足而资本要素缺乏的特点,这在一定程度上导致了劳动力过剩。而 FDI 的引入弥补了中国资金要素不足的缺陷,因此,从理论上来说,FDI 的引入将为中国创造更多的就业机会,即对中国就业产生挤入效应。

为了考察 FDI 的引入对中国就业产生的挤入挤出效应,王剑(2005)构建了如下的理论模型:从微观厂商生产理论来考察,假设存在一个东道国的代表厂商,其投入资本和劳动要素进行生产,资本要素可在国际自由流动,而劳动要素是不可流动的。因此,资本要素按其来源可分为国内资本和国外资本,劳动投入则全部来自东道国内部,此时 Cobb-Dollglas 生产函数可表示为:

$$Q=AI_d^\alpha FDI^\beta L^\gamma \tag{6.3}$$

其中,Q 表示厂商产出,A 为生产率水平,I_d 为国内资本要素,FDI 为国外资本要素，L 为国内劳动投入，α, β, γ 分别表示各要素的产出弹性。其生产成本为：

$$C = wL + r(I_d + FDI) \tag{6.4}$$

其中，w 为单位劳动成本，r 为单位资本成本。厂商的要素投入决策是基于既定的资本投入量配备必要的劳动要素，即厂商在已知 I_d 和 FDI 的情况下选择最优的 L 以实现利润最大化的目标。从时间点上看企业生产，I_d 和 FDI 应采用资本存量，即一个企业目前已投入生产的资本；从时间周期上看，I_d 和 FDI 则应采用资本流量，即企业产出与投入的关系加入了时间概念。由于企业的生产是连续的，资本要素的投入没有明确的时间间隔，无论是存量还是流量，只要能体现这种数量关系，其对企业衡量投入产出绩效是没有影响的。这里采用资本流量，因为企业对投入要素的计算往往都隐含着时间因素。厂商利润表达式为：

$$\pi = AI_d^a FDI^\beta L^\gamma - wL - r(I_d + FDI) \tag{6.5}$$

式（6.5）中仅有 L 为待定变量，因此问题转化为一元函数最大值的简单求解过程。式（6.5）两边分别对 L 求导可以得到：

$$\frac{\partial \pi}{\partial L} = \gamma AI_d^a FDI^\beta L^{\gamma-1} - w = 0 \tag{6.6}$$

式（6.6）经过对数变换可表示如下：

$$\ln L = \frac{1}{\gamma-1}\ln\gamma + \frac{1-\gamma}{\alpha}\ln I_d + \frac{1-\gamma}{\beta}\ln FDI - \frac{1}{1-\gamma}\ln w + \frac{1}{1-\gamma}\ln A$$
$$= c_9 + c_{10}\ln I_d + c_{11}\ln FDI + c_{12}\ln w + c_{13}\ln A \tag{6.7}$$

即：

$$\ln L = c_9 + c_{10}\ln I_d + c_{11}\ln FDI + c_{12}\ln w + c_{13}\ln A + u_2 \tag{6.8}$$

此时，$c_{10}, c_{11}, c_{12}, c_{13}$ 分别表示各个经济变量的就业弹性，其中 c_{10}, c_{11}, c_{13} 可以分别看作国内投资、FDI 和生产率的直接就业效应；u_2 表示方程式的误差项。由于 FDI 对东道国的国内投资挤入挤出效应将间接地对就业造成影响，因此有必要对此间接效应进行研究。外资通过影响国内投资而产生的国内就业间接效应可由 c_2 和 c_{10} 的乘积来度量。

另外，FDI 还可通过技术外溢等方式对东道国产生间接就业效应。跨国公司的进入给中国带来资金的同时，还带来了先进的技术与管理经验，通过技术溢出效应，国内相关行业的技术水平和生产率得到提高。由于发达国家的先进技术往往是以劳动节约型为主，中国在获得技术进步利益的同时也承受着较大的就业压力。Driffield（1999）认为生产率水平的影响因素主要由国内科技投入、国外技术引进、现代化机器设备进口以及伴随 FDI 而来的科学管理、专利知识等一系列要素构成,从而可以得出决定生产率水平的简化模型:

$$\ln A = c_{14} + c_{15} \ln FDI + c_{16} \ln T_p + c_{17} \ln T_m + c_{18} \ln H_{tm} + u_3 \qquad (6.9)$$

其中,T_p 表示国内科技投入,T_m 代表国外技术引进,H_{tm} 代表高科技产品设备的进口,u_3 为方程式的误差项。系数 c_{15} 的值反映了 FDI 对国内生产率水平的推动效应,c_{13} 与 c_{15} 的乘积可以度量 FDI 通过影响生产率水平而产生的国内就业间接效应。

（二）实证检验与结果分析

本节以 1997 年至 2009 年的时间序列数据为基础,通过建立联立方程模型,从实证的角度分析中国农业引入外商直接投资对中国农业国内投资和农业就业带来的影响,包括农业利用 FDI 对农业国内投资的挤入挤出效应以及农业利用 FDI 的直接与间接就业效应。此处所指的农业指的是从狭义角度定义的农业。

1. 数据选取与来源

由于理论模型中将用到中国农业引入 FDI 的实际金额,而中国从 1997 年才开始对该数据进行统计,因此此处相应地选取了 1997 年至 2009 年的时间序列数据。其中 L 表示全国第一产业的从业人员总数,该数据用来反映中国农业的就业情况;I_d 表示农业固定资产投资总额中的国内投资部分,可以通过农业固定资产投资总额减去以人民币表示的农业引入外商直接投资额来获得,该数据用来表示中国农业的国内投资状况;A 表示全国平均劳动生产率,可以通过农业产值增加值与农业就业总人数相除获得,该数据用来表示中国农业的劳动生产率水平;FDI 表示中国农业实际利用的外商直接投资额;w 表示全国在职人员的年平均工资;G 表示农产品的净国内需求,可以通过农业产值与人民币表示的农业出口额相减获得;NE 表示当年农业出口额,用于表示国外的农产品需求;r 为中国的银行一年期贷款利率;Tax 用以反映中国企业的税收负担,通过财政税收在全社会固定资产投资中所占的比率来衡量;T_p 表示国家财政科技支出金额;T_m 表示国外技术引进的合同金额;H_{tm} 表示中国高技术产品的进口额（亿美元）;G_{t-1} 和 NE_{t-1} 分别表示 G 和 NE 的滞后一期数值。同时,为了防止可能出现的异方差,对以上各个变量都做了自然对数变换。

2. 计量估计方法选取

根据理论模型,本节利用三个结构方程构成联立方程模型并对其进行计量分析,联立方程如下式所示:

$$\begin{cases} \ln Id = c_1 + c_2 \ln FDI + c_3 \ln G + c_4 \ln NE + c_5 \ln r + c_6 \ln Tax + c_7 \ln G_{t-1} + c_8 \ln NE_{t-1} + u_1 \\ \ln L = c_9 + c_{10} \ln Id + c_{11} \ln FDI + c_{12} \ln w + c_{13} \ln A + u_2 \\ \ln A = c_{14} + c_{15} \ln FDI + c_{16} \ln T_p + c_{17} \ln T_m + c_{18} \ln H_{tm} + u_3 \end{cases}$$

$$(6.10)$$

根据变量系数 c_2 的值可以判断农业引入 FDI 的增加对农业国内投资是起到了挤入还是挤出的效应；根据系数 c_{11} 的值可以判断农业引入 FDI 对中国农业的直接就业效应；根据 $c_2 \times c_{10} + c_{13} \times c_{15}$ 的值可以推断通过农业引入 FDI 对中国农业国内投资和劳动生产率的影响以及对中国农业产生的间接就业效应；农业 FDI 对中国农业的总就业效应可以由 $c_{11} + c_2 \times c_{10} + c_{13} \times c_{15}$ 的数值得到。

适用于联立方程模型的估计方法主要有以下几种：普通最小二乘法（OLS）、看似不相关回归法（SUR）、二阶段最小二乘法（2SLS）以及三阶段最小二乘法（3SLS）。其中 OLS 和 SUR 只适用于联立方程的内生变量之间不存在相互作用情况下的估计，而 2SLS 和 3SLS 则多用于内生变量在联立方程中存在双向作用情况下的估计。此处所选用的联立方程模型属于典型的递归（Recursive）联立模型，内生变量 I_d、A 和 L 之间只存在单向的因果性联系，即 I_d、A 对 L 有影响，而 L 对 I_d、A 不存在影响，任何两个内生变量之间不存在双向的联系。因此，可以考虑采用 OLS 方法进行参数估计。古扎拉蒂（2005）提出，在过度可识别的方程中，不可以不经过 2SLS 的核对就接受经典的 OLS 程序。根据可识别性的阶条件，可以判断出本节的联立方程模型中的方程均为过度可识别方程，因此，我们将分别利用 2SLS 和 OLS 方法对该联立方程模型进行估计，并将估计结果进行对比与分析。

3. 实证结果与分析

在对联立方程模型进行估计时，需要对模型进行 Hausman 联立性检验。首先，分别求 $\ln I_d$ 和 $\ln A$ 对联立方程组中的所有外生变量的回归，得到 $\ln I_d$ 的估计值 $fitted \ln I_d$ 与残差 $\hat{u}_2$，以及 $\ln A$ 的估计值 $fitted \ln A$ 与残差 $\hat{u}_3$。然后，求 $\ln L$ 对 $fitted \ln I_d$，$fitted \ln A$，$\hat{u}_2$，$\hat{u}_3$，$\ln w$ 和 $\ln FDI$ 的回归，估计结果如下：

$$\ln L = 10.768 + 0.127 fitted \ln I_d - 0.276 fitted \ln A + 0.287 \ln w - 0.042 \ln FDI + 0.83 \hat{u}_2 + 0.65 \hat{u}_3$$
$$se = (0.359) \quad (0.044) \quad (0.047) \quad (0.063) \quad (0.017) \quad (0.024) \quad (0.019)$$
$$t = (30.033) \quad (2.912) \quad (-5.892) \quad (4.543) \quad (-2.426) \quad (0.346) \quad (0.349)$$

从以上结果可以看出，$\hat{u}_2$ 和 $\hat{u}_3$ 的 t 值是统计上不显著的，因此我们拒绝 $\ln I_d$，$\ln A$ 与 $\ln L$ 之间的联立性假设，即该模型不存在联立性问题。

　　由于本模型中的方程为过度可识别，在应用 OLS 估计模型之前须采用 2SLS 进行估计。本节采用的联立方程组所含变量不多，因此可利用系统估计技术，只需对联立方程组经过一次回归便可以得出所有变量系数的估计值。为了与 2SLS 的估计结果进行比较，我们对该联立方程模型进行 OLS 估计，两种估计的结果类似（表 6.5）。由于在 2SLS 的第二阶段回归中需要用第一阶段的内生变量估计值来代替真实值，而第一阶段回归的 R^2 值高于 0.9，即内生变量的估计值与其真实值较接近，内生变量的真实值与原始方程中的随机干扰项之间有较小的相关性，因此，2SLS 经过第二阶段回归所得的估计值与 OLS 估计值接近，但又不完全相同。由于本节所建联立方程模型为递归形式，最终选择 OLS 估计结果进行考察。

表 6.5　二阶段最小二乘法估计值

解释变量		系数		标准差		t 统计值		概率 p	
估计方法		2SLS	OLS	2SLS	OLS	2SLS	OLS	2SLS	OLS
方程 1	常数项	−16.347	−16.676	5.854	4.456	−2.820	−3.742	0.016	0.001
	$\ln FDI$	−0.265	−0.222	0.213	0.105	−1.242	−2.104	0.230	0.048
	$\ln G$	−0.662	−0.420	0.956	0.728	−0.447	−0.577	0.660	0.570
	$\ln NE$	0.698	0.229	1.158	0.266	0.602	0.861	0.554	0.399
	$\ln r$	−0.146	−0.126	0.780	0.244	−0.183	−0.517	0.857	0.611
	$\ln Tax$	0.619	0.658	0.660	0.343	0.939	1.915	0.360	0.070
	$\ln G_{t-1}$	2.680	2.167	1.513	0.412	1.771	5.261	0.094	0.000
	$\ln NE_{t-1}$	0.916	0.265	2.135	0.466	0.429	0.570	0.673	0.575
	adj. R^2	0.971	0.992						
方程 2	常数项	10.886	10.912	0.382	0.326	28.52	33.457	0.000	0.000
	$\ln I_d$	0.116	0.105	0.045	0.039	2.609	2.711	0.018	0.013
	$\ln FDI$	0.035	0.038	0.019	0.016	1.817	2.294	0.086	0.033
	$\ln w$	0.295	0.288	0.063	0.055	4.686	5.223	0.000	0.000
	$\ln A$	−0.298	−0.307	0.053	0.039	−5.578	−7.895	0.000	0.000
	adj. R^2	0.979	0.978						
方程 3	常数项	2.366	2.123	1.863	1.820	1.270	1.166	0.220	0.257
	$\ln FDI$	0.053	0.071	0.171	0.165	0.312	0.427	0.759	0.674
	$\ln T_p$	0.835	0.875	0.304	0.297	2.749	2.945	0.013	0.008
	$\ln T_m$	0.256	0.286	0.157	0.156	1.632	1.837	0.120	0.081
	$\ln T_{hm}$	−0.198	−0.252	0.185	0.176	−1.068	−1.431	0.300	0.168
	adj. R^2	0.923	0.921						

从实证结果中可以看出,中国农业流入外商直接投资的增加对中国国内投资产生了挤出效应,农业实际利用 FDI 金额每增加 1% 将会挤出 0.222% 的国内投资。有的外资企业利用其雄厚的资金支持和先进的技术优势与国内同类企业展开竞争,由于部分国内企业的市场竞争力较低,其市场份额正逐渐被外资企业蚕食,这也导致了国内企业经营状况的恶化。

表 6.5 的结果同时还反映出中国农业利用外商直接投资带来的直接与间接就业效应。农业利用 FDI 给中国农业带来的直接就业效应是挤入的,即农业 FDI 的实际金额每增加 1% 就会直接导致中国农业就业人数上涨 0.038%;但同时我们也应当看到农业引入 FDI 给中国农业就业带来的间接的负面影响。一方面,由前面分析可知,农业 FDI 的引入对中国农业国内投资产生了挤出效应,国内企业经营状况的恶化导致了失业人数的增加。农业利用 FDI 的实际金额每增加 1%,将间接地导致中国农业就业人数下降 0.105% × 0.222% = 0.023%。另一方面,外资企业将先进的生产技术带到了国内,这促进了中国农业劳动生产率的提高。根据实证结果,农业 FDI 的实际利用金额每增加 1%,将使得劳动生产率水平提高 0.071%,这对于提高中国经济增长的质量具有极其重要的意义,但这种技术进步是资本密集型的,是以就业机会的大量丧失为代价的。从方程 1 的实证结果可以看出,劳动生产率每提高 1% 将使中国农业就业人数减少 0.307%,即农业 FDI 的实际金额每增加 1%,将间接地减少 0.071% × 0.307% = 0.022% 的就业机会。由以上分析可以得出结论,虽然农业 FDI 的增加直接地挤入了部分国内农业就业,但 FDI 对国内就业的总效应仍然是消极的,农业 FDI 的实际利用金额每增加 1%,将使得中国农村的就业人数减少 0.023% + 0.022% − 0.038% = 0.007%。

从实证结果可以看出,中国农业利用外商直接投资的增加对国内投资和农业就业都产生了挤出效应。理论上来说,外商直接投资对东道国资本形成应具有重要而积极的贡献,但在实际情况中经常会出现外商直接投资的农产品企业与国内企业联系不紧密的现象。有的跨国公司甚至利用其资金、技术、品牌、营销、规模等垄断和竞争优势以及利用中国的优惠政策等特有优势对东道国当地企业进行排挤,不少国内相关企业因此被挤出市场,这就有可能对国内投资产生挤出效应。

另一方面,外商在中国的直接投资几乎都是以自身利益最大化为目的。近年来,外商直接投资的进入方式正逐渐由原来的新建投资转变为跨国并购,两种进入方式对中国就业的影响正好相反。新建投资直接表现为在东道国开办新企业,这无疑将创造更多的就业机会,而跨国并购是跨国公司为了加强其在日益集中的市场中的优势地位而采取的一种商业手段,它在一定程度上将减少中国农业的就业机会。而实现充分就业是中国制定宏观经济政策的重要目标之一,它直接涉及国家的繁荣与稳定。针对中国农业引入 FDI 给中国国内投资和农业就业带来的挤出效应,中国应及早制定相关政策对流入中国农业的外商直接投资进行管理,保证农业的产业安全,并有计划地采取措施,引导外商直接投资,促进中国农业经济的发展。

第三节　农业资本"走出去"与中国粮食安全

为了弥补中国耕地、水资源不足,提高粮食供应水平,提高农业的国际竞争力,农业"走出去"具有非常重要的意义:一是有利于解决中国农业资源与人口压力之间的矛盾;二是借助援外开展农业合作,可实现非洲国家、中国掌握政治主动权与企业发展的"三赢";三是有利于解决中国农村剩余劳动力就业问题;四是带动中国农业生产资料出口(陈辉,2007)。此外,农业"走出去"还可以利用和引进国际先进技术和管理经验,充分利用国际金融市场,利用东道国优惠政策,利用东道国比较优势,实现国内外两种资源优化配置(何均琳,2002)。具体到中国农业"走出去"的战略方向上,胡宝平(2003)指出了中国农业"走出去"所需要遵循的几个原则:市场导向原则、优势开发原则、科技进步原则和企业的市场主体原则。杜延军和王青林(2007)则认为,对于各国来说,由于气候、自然资源禀赋等的差异,农产品的品质和品种各不相同,只有在与世界其他区域的相互渗透和相互依赖下,才能有利于各国按照比较利益原则参与国际分工,促进本国农业、农村经济的发展。

一、粮食产业"走出去"的政治风险分析

粮食产业"走出去"就其基础属性而言,是一种海外直接投资与国际贸易结合的行为活动。粮食产业"走出去"又明确限定了投资与贸易行为都在粮食及其相关行业中展开,这使粮食产业"走出去"行为具有了一种基础性特征,即其投资与贸易所关注的领域在于人类基本生存的农业行业。这种基础性特征明显的投资与贸易行为与世界各国利益紧密相关,使我们对"走出去"风险的考量不能仅限于纯粹经济学角度,而应该将经济学与国际政治学相结合,只有这样才能找到符合"走出去"现实状况的真实风险评价。

（一）农业"走出去"的政治风险

1. 粮食产业的政治影响

由于粮食产业的经济基础性质以及各国的发展差距显著，粮食产业在"走出去"过程中极有可能遭遇政治风险。对政治风险的定义，中国许多学者提出了自己的看法。唐勇（1999）认为所谓跨国公司的政治风险，是指由于东道国与母国（甚至第三国）政治、经济、安全等关系发生变化，东道国政治和社会的不稳定性以及政策变化而导致的跨国公司跨国经营活动和价值受影响的可能性。跨国公司在选择东道国和制订投资计划时，往往考虑涉及政治风险程度的若干因素，如母国与东道国在外交和军事上的密切程度、东道国的政治稳定性、国有化的可能性、工会运动的传统等。梁经瑞和韦恒鹏（2000）提出的政治风险是指由于东道国国内政治环境与其他国家之间政治关系发生改变而给外国企业或者投资者带来经济损失的可能性。进一步地，他们明确提出，政治风险并不是指跨国企业所遭受的实质性的经济损失，而是指发生这种政治变化的可能性以及由此可导致的经济损失可能性。

从目前世界总体的农业生产情况来看，世界各国各地区之间农业的发展水平差别巨大。农业发达国家每年生产出"过剩"的粮食，在满足本国粮食需求的同时还大量出口，一些农业发达国家甚至立法禁止本国农民开垦新土地或采用轮作的方式限定本国农产品的产量。在粮食自给率方面，一份来自韩国名为《OECD 成员国粮食自给率》的报告指出，法国以粮食自给率高达329％成为世界上粮食自给率最高的国家，而世界上共有 13 个国家的粮食自给率超过 100％，并且粮食年产量远高于本国国民的年消费量。

从世界粮农组织 FAO 关于粮食供给的数据对比中，我们可以看到不同国家所处的粮食安全境地存在极大的差别。图 6.6 列出了四个国家的粮食供应状况，包括中国、美国、法国和巴西，这四个国家的食物年产量在世界各国中名列前茅，而在这四个产粮大国中，也因为人口与经济水平不同等种种因素的影响导致粮食供给间的巨大差别。

世界上还有许多国家无法实现粮食自给，每年需要花费大量的国民财富从外国进口粮食以保障本国国民的基本生存需要。我们可以将这些遭遇粮食安全问题的国家简单划分为两种类型：

（1）经济作物种植产业十分发达而粮食作物种植业落后的国家。属于这种类型的国家在经济作物的种植、加工与贸易领域具有优势，或有得天独厚的自然、气候条件，或有历史先行的起步优势等，这些优势促使该国农业部门长时间重视经济作物的种植与生产，而粮食产业发展则"乏人问津"。由于维持

图 6.6 中图例及数据：

除谷物之外的食物供给量　谷物总供给量（除啤酒）　食物供给量

巴西　2158 / 955 / 3113
法国　2635 / 897 / 3532
美国　2918 / 830 / 3748
中国　1522 / 1459 / 2981

人均食物供给量（千卡/人/日）

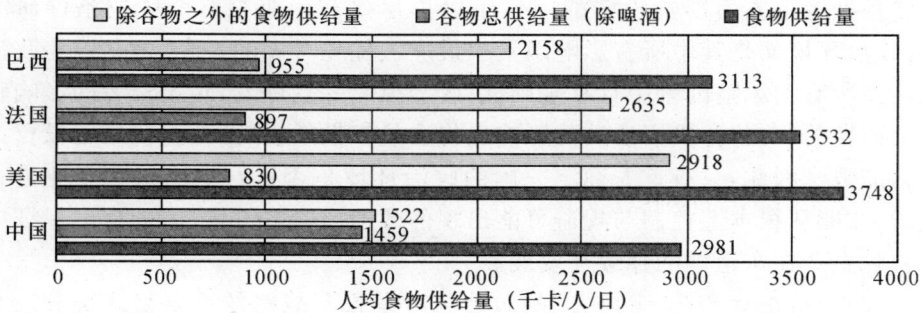

图 6.6　2007 年中国、美国、法国、巴西人均食物供给量对比
资料来源：作者依据世界粮农组织数据资料整理而成。

本国在经济作物方面的优势需要占用这些经济本不发达国家的主要农业资源，此类国家的粮食产业发展实际上受到"压制"。从纯粹的经济学角度来看，如果在完全竞争的市场并且不存在任何运输难题的情况下，这种类型的国家应该专注于生产本国具有比较优势的农产品。根据赫克希尔—俄林理论，它们的国际化分工是正确的。但是现实的世界并不是一个完全竞争的大市场，广泛存在的贸易壁垒、贸易关系不对等、运输困难等现实情况，直接阻碍了比较优势理论在现实社会中的应用。所以大多数属于这种类型的国家，在世界农产品市场上都陷入了被"固定"于经济作物生产的境地，政府无力保障本国粮食安全，只能以通过不断扩大经济作物产量来换取粮食和其他产品的方式维护粮食安全，进而陷入"恶性循环"，受到"剪刀差"的影响越来越大。

（2）经济作物产业与粮食产业俱不发达的国家。这种国家的一个极端代表是海地。这种类型的国家或不享有自然优势，或无先行优势，或在发展中遭遇危机事件导致本国农业衰败而失去基本的生产能力。站在世界市场的角度，属于这种类型的国家不具备任何的市场影响力，是纯粹的粮食进口方。而由于这种类型的国家经济往往也十分落后，这种全方位的落后与可能爆发的社会不稳定因素，使这些国家在世界市场上几乎没有"翻身"的机会。

2. 粮食产业"走出去"中政治风险分析

由于世界各国粮食产量和政治基础的巨大差异，农业"走出去"获得了广阔的发展空间，但是差异也提升了农业"走出去"遭遇政治风险的可能性。本研究对粮食产业"走出去"的政治风险分析具有以下重要意义：

（1）分析粮食产业"走出去"的政治风险是进行投资区位选择的前提。在粮食产业"走出去"的前期准备活动中，选准适当的投资东道国是整个前期准备工作的重要组成部分。区位选择分析需要对世界各国的经济、政治、基建、自然条件等多方面影响投资的因素予以详尽研究。而在整个区位条件研究中,政治环境又是其中所有影响因素中最应被优先考虑的一个,这是因为政治风险在所有的风险因素中具有基础性;政治风险一旦爆发,对投资者的影响将是全面性的,对整个投资活动的影响也将会呈扩散效应,甚至直接决定投资活动的成败。因此,只有首先确定一国的政治环境是否适合中国粮食企业进行投资,才能从根本上控制与规避可能出现的政治风险,从最根本的层面保证中国粮食企业在东道国的存续与发展。

(2)分析粮食产业"走出去"的政治风险是投资战略的重要组成部分。完整的粮食产业"走出去"行为对政治风险的分析并不是静态的,而是一个动态、发展的过程,需要时刻跟踪新的可能对投资政治环境产生影响的因素,这些因素有些是由突发事件所引起,有些则是东道国长期政策带来的必然结果。伴随着整个"走出去"过程的政治风险分析,从粮食生产投资的基础性、战略性属性出发,审视中国与东道国政府政策及世界其他国家或相关组织活动对粮食产业"走出去"的影响,为企业制定长期国际化战略与实行中短期粮食投资策略提供参考。

(3)分析粮食产业"走出去"的政治风险对战略性行业投资具有重要的参考价值。中国企业的"走出去"相对于发达国家而言还处于起步阶段,"走出去"进行直接投资的领域相对较少,涉及农业"走出去"活动的投资与贸易的数量和规模在中国企业"走出去"中所占份额较小。在世界粮食市场呈现出明显的寡头竞争格局的背景下,粮食产业的"走出去"是中国粮食企业对世界粮食市场现有格局的挑战,是中国企业进入世界寡头市场的有益尝试。由于战略性行业投资之间存在共通点与关联性,对东道国政治风险的分析能够直接为其他战略行业"走出去"提供类似的政治环境研究参考。

(4)分析粮食产业"走出去"的政治风险是为中国制定与贯彻"走出去"所应遵守原则的前提。只有明确中国粮食企业在世界粮食市场上所可能面临的政治风险,中国政府才能准确把握当前投资形势,"对症下药"制定出促进中国农业"走出去"的相关政策与战略,提出具有针对性的地区性投资支持政策。行业协会才能够在相应政策的指导下更好地为"走出去"的粮食企业服务。因此,对粮食产业"走出去"政治风险的分析是中国确立相应指导政策、辅助中国粮食企业更好更快发展的重要基石。只有认清这些政治风险,才能从符合现实的角度促进企业"走出去"。

(二)风险的评价

在政治风险的识别上,应用人工神经网络原理建立起的政治风险识别与评价系统得到了较为广泛的应用。具体到投资项目的政治风险评价方面,何新华和胡文发(2007)所总结的模型较具代表性。该模型以降低项目所面临的政治风险为出发点,以项目 r 为例,得到以下方程:

$$\min_{R} z_R = \sum_{r \in R} x_r v(x_r, F_r)$$

$$\text{s. t.} \sum_m (F_i^m + l_i^m) = C_i, \forall i, m$$

$$F_r = \sum_{m \in M_i} F_i^m \delta_{ir}^m, \forall i, r \in L(i)$$

$$F_i^m \geqslant F_i^{m, \min}, \forall i, m \tag{6.11}$$

其中:

F_r——影响因素

F_i^m——评价系统中网络节点 i 相位 m 的风险影响因素

$v(x_r, F_r)$——风险对项目成本影响的延误函数

x_r——风险对项目成本的影响大小

l_i^m——节点 i 相位 m 的成本损失

C_i——节点 i 的成本集合

$L(i)$——节点 i 的成本损失集合

$F_i^{m, \min}$——节点 i 相位 m 的最小风险影响因素

δ_{ir}^m——风险对项目影响的相关变量

并且有:

$$\delta_{ir}^m = \begin{cases} 1, \text{风险对项目 } p \text{ 的影响属于相位 } m \\ 0, \text{否则} \end{cases}$$

将 F_r(实际决策变量)进行标准化(从 F_i^m 到 f_i^m),从而将式(6.11)化为:

$$f_i^m = \frac{F_i^m - F_i^{m, \min}}{C_i - \sum_m (l_i^m + F_i^{m, \min})} = \frac{F_i^m - F_i^{m, \min}}{\sum_m (F_i^m + F_i^{m, \min})} \tag{6.12}$$

进一步地,式(6.11)通过变换,得到

$$\min_{F} z_F = \sum_{r \in R} x_r v(x_r, f_r)$$

$$\text{s. t.} \sum_m f_i^m = 1, \forall i, m$$

$$f_r = \sum_{m \in M_i} f_i^m \delta_{ir}^m, \forall i, r \in L(i) \tag{6.13}$$

$$f_i^m \geqslant 0, \forall i, m$$

在此,记由上述约束条件定义的 f_i^m 可行集为 F。

列出下列拉格朗日函数,以求式(6.13)的最佳条件:

$$L = \sum_{r \in R} x_r v_r(x_r, f_r) + \sum^i u_i(1 - \sum^m f_i^m) \qquad (6.14)$$

其中,$f_i^m \geqslant 0$,u_i 是拉格朗日乘子。

由此,得到一阶条件为:

$$f_i^m \frac{\partial L}{\partial f_i^m} = 0, \forall\, i,\, m$$

$$\frac{\partial L}{\partial f_i^m} \geqslant 0, \forall\, i, m \qquad (6.15)$$

$$f_i^m \geqslant 0, \forall\, i, m$$

进一步地,假设边际成本损失为项目成本的总体损失的偏导数:

$$\tilde{v}_r = \frac{\partial x_r v_r(x_r, f_f)}{\partial f_r} = x_r \frac{\partial v_r(x_r, f_r)}{\partial f_r} \qquad (6.16)$$

则边际相位成本损失定义为:

$$c_i^m = \overline{\sum_r \tilde{v}_r \delta_{ir}^m} \qquad (6.17)$$

又因为

$$\frac{\partial L}{\partial f_i^m} = \frac{\partial \sum_r x_r v_r(x_r, f_r)}{\partial f_i^m} - u_i = \sum_r x_r \frac{\partial v_r}{\partial f_r} \frac{\partial f_r}{\partial f_i^m} - u_i = \sum_r x_r \frac{\partial v_r}{\partial f_r} \delta_{ir}^m - u_i$$

$$= \sum_r \tilde{v}_r \delta_{ir}^m - u_i = \tilde{c}_i^m(v) - u_i \qquad (6.18)$$

所以 $\tilde{c}_i^m \leqslant 0$ 和 $\tilde{v}_r \leqslant 0$。

因此,可以将式(6.15)改写为:

$$f_i^m(\tilde{c}_i^m - u_i) = 0, \forall\, i,\, m$$

$$\tilde{c}_i^m - u_i \geqslant 0, \forall\, i,\, m \qquad (6.19)$$

$$f_i^m \geqslant 0, \forall\, i,\, m$$

由上式,得

$$u_i \leqslant \tilde{c}_i^m$$

$$u_i = \min_{m \in M_i} \tilde{c}_i^m \qquad (6.20)$$

由此,本模型得到的结论为:在 $f_i^m > 0$ 时,对国际投资项目的政治风险识别是最为有效的。该模型方法在获得准确的风险影响因素和项目投资成本函数的条件下,能够有效地为管理者作出项目决策提供参考。但在实践中,这些要求实际上难以达到,项目研究中所涉及的各项函数和其正确的形式在大多数情况下都是未知的,且该方法对各种未知或突发因素的陈述不够详细,有待进一步地深入研究。因此,在准确量化政治风险评价系统之前,运用形式相对简单而实用的定性描述,仍然是反映粮食企业"走出去"政治风险较为可靠的方法。

（三）农业"走出去"政治风险诱因

粮食产业"走出去"所面临的政治风险,既具有一般性政治风险的普遍特征,又与粮食产业的行业特性相结合。结合历史上发生过的风险事件与当前的世界政治局势及粮食市场格局,笔者认为粮食产业"走回去"政治风险的诱因包括:

（1）来自粮食产业发达国家的政治压力。世界粮食市场的主动权掌握在各农业发达国家手中,农业发达国家占据了世界粮食市场的主要市场势力,在历史上出现过这些国家凭借其优势向其他国家施加政治压力的先例。这一压力来源在冷战时期表现得较为明显,冷战结束后这一因素诱发相应政治风险的可能性虽然有所降低,但粮食仍被一些国家视为政治"武器",故中国粮食企业仍然必须重视这一因素。

（2）来自跨国粮商的政治压力。跨国粮商并不具备直接施加政治压力的能力,但是跨国粮商作为世界粮食市场的主要参与者与竞争者,在全球范围内控制着大量粮食资源。在世界经济已经进入"跨国公司统治"的时代背景下,跨国粮商作为粮食资源的主要拥有者,其一举一动能影响世界许多国家的政策导向。同时,跨国粮商在其母国作为掌握大量经济与政治资源的大型企业,能够通过各种经济与社会渠道对政府决策产生影响,代表跨国粮商的政治利益集团在资本主义国家政策制定中的作用不可小觑,"寻租"行为也是屡见不鲜。跨国粮商的母国政府很有可能为了维护该国粮商在世界市场上的优势地位采取相应的政治支持措施,虽然这些政治支持并不直接作用于市场,但是其对市场的间接与后续影响效应巨大,往往能使其他国家的企业陷入困境。

（3）东道国政治制度所导致的风险。近几十年来,世界各主要跨国粮商的投资东道国基本都是具有粮食开发潜力的发展中国家,部分国家处于工业化发展阶段,经济发展水平较低,政治环境多变。一些二战以后才独立的发展中国家的政治体制建设较不完善,国内政治势力斗争激烈,民族问题、宗教问题仍然是社会经济发展的主要困扰。此外,经济发展的落后也导致一些国家民族主义情绪严重。中国的粮食企业如果向这些国家投资,首先必须认清这些国家的政治局势,建立相应预警机制。从中国目前的粮食产业海外投资目的地来看,防范来自东道国的风险十分必要。

　　(4)来自第三国的政治压力。来自第三国的政治干预也是带来农业"走出去"政治风险的一个重要诱因。一些国家在经济与政治上与其他国家会建立特别紧密的联系,第三国有可能利用东道国对其在经济与政治上的依赖向东道国政府施加政治压力。如果第三国的相关利益与中国企业的利益有所冲突,那么中国企业也很有可能遭遇来自第三国政治压力的负面影响。从历史上看,在粮食问题上出现第三国干预的情况相对较少,同时也需要通过东道国政府的相关活动才能对外资企业造成影响。但是,由于目前世界粮食市场的主动权掌握在少数国家的手中,如果东道国的粮食产业发展水平不高或不能保障自身的粮食安全,发生第三国干预的可能性将大大增加。

　　(5)来自东道国保障粮食安全的压力。世界上还有很多国家不能保证自身的粮食安全,其中既包括发达国家,也包括发展中国家。发达国家可以通过贸易与投资等经济手段从世界粮食市场上获得足够的粮食供应,而发展中国家则有可能面临无法实现粮食安全的困境。尽管目前世界上大多数国家能够通过进口的手段实现本国的粮食供应,但是由于广泛存在民族独立要求以及发展经济的需要,许多发展中国家仍然希望能够实现粮食的自给自足。在这一背景下,一些急于通过实现粮食自给以提高民族认同感的国家,可能会对外资粮食企业采取极端措施,如执行国有化政策。中国粮食企业"走出去"需防范此类政治风险。

　　(6)经济形势变化带来的政治风险。全球化使各国经济越发紧密地联系在一起,发达国家的经济变动将对其他国家产生相应影响。全球性经济危机从发达国家传导到发展中国家,对一些国家的经济造成打击,进而导致一些国家改变投资与贸易政策。2007开始的全球性粮食危机则诱发了一些国家的社会不稳定因素,造成了社会问题。总体经济形势的变化将从根本上影响世界粮食市场的基本走向,通过对母国与东道国经济基本面的影响可能引发一国投资与贸易政策的改变。这种改变具有中长期效应,并将在一段时间内对中国粮食企业"走出去"的宏观政治环境产生影响,甚至带来政治风险。

　　(7)粮食产业特殊性所带来的政治风险。粮食产业是一国的战略性产业,各国政府对粮食市场的投资准入都设定有一定标准,一旦东道国经济、政治出现特殊情况,政府对外国企业施加压力的部门必然首先是战略性部门,对粮食产业的控制能够起到稳定社会局势的作用。同时,战略性部门还面临着更大的国有化风险,外资对东道国战略性部门的介入在一定程度上会导致东道国政府于民众的不信任感。由于粮食生产所不可或缺的土地是不可移动资产,粮食产业投资的长期性与农业基础设施建设需要花费巨大的成本,企业在政治风险规避上更为困难。跨国粮商在东道国往往进行全方位的投资，建立起完善的粮食产业链，一旦企业粮食产业链条中的某一环节遭到破坏，作用于某一环节的政治风险也会通过链条扩散到其他环节，对企业的"走出去"造成重大影响。因此，粮食产业的特殊性与粮食产业链的结合可能具有政治风险的放大效应。

（四）识别中国农业"走出去"的政治风险

中国农业"走出去"还处于起步阶段，国内已有的对外农业投资的规模有限，主要的投资方式有以下几种。一是企业在一些地区与当地政府签订租用土地的长期协议，在协议范围内进行粮食或其他农作物生产，如中国东北一些农业企业在俄罗斯远东地区进行的农业投资项目；二是以中国政府在东道国的农业技术示范点为依托，随着双边经贸合作的深入，逐步扩大在东道国的农业示范区面积，并将原本属于示范性质的种植点转为商贸性质的农业区，如中国一些国有农业企业在非洲国家进行的投资；三是中国一些国有粮食企业对外进行的全方位农业投资，涉及粮食生产、仓储及运输等产业链整体建设，其中的代表是中粮集团与非洲一些国家在战略合作协议下的长期投资活动。要准确清楚地认识中国粮食企业在"走出去"中所可能遇到的政治风险，就必须首先了解中国粮食产业"走出去"存在的不足，在结合现状的基础上进行相关政治风险分析。

1. 中国粮食产业"走出去"存在的不足

相对于其他跨国粮商，中国粮食企业的"走出去"活动存在以下几点不足：

（1）起步时间相对较晚。相对于跨国粮商早已开始的全球布局，中国的粮食企业"走出去"活动在改革开放以后才缓慢起步。而且在非洲等地区的许多粮食项目投资在初期并非是纯粹经济性驱动带来的投资，而是双边政治经济合作的产物。与外国签订长期租用土地进行生产活动的"走出去"项目在20世纪90年代之前几乎没有。

（2）投资水平相对较低。中国粮食企业的海外投资多集中于粮食生产这一产业链环节，很少依照产业链整体布局的要求进行各环节整体建设，对产业链中下游的运输、仓储、销售等环节重视不足。这一方面是由于中国多数粮食企业在经济实力上相对有限，另一方面也暴露出中国一些粮食企业在海外投资过程中缺乏整体性投资规划，投资视野狭隘的问题。

（3）处于产业投资的初步阶段。中国粮食企业"走出去"所进行的粮食生产多数将收获的粮食在东道国国内或区域性市场内销售，很少将生产出来的粮食返销国内或进入世界市场销售。究其原因，中国粮食企业的"走出去"由于规模有限,不享有规模经济效应,产业链其他环节建设相对滞后,导致不能实现返销国内与大规模大范围进入世界市场。同时,各投资项目之间在投资规划时就缺乏相关的联动性,各企业项目之间不能共享资源、合作发展。这一切都表明了中国的粮食产业"走出去"还处于起步阶段。

(4)"走出去"的投资区域相对集中。这里所说的集中主要是指中国粮食企业"走出去"所选择东道国在政治、经济状况上有较多的相似之处,而非指东道国在地理位置上的集中。中国粮食企业所选择的东道国基本上都是第三世界国家,这些国家的经济发展水平与农业发展水平都相对较低,要建设基础设施并建立起完善的粮食产业链需要相当长的投资周期。而中国企业却难以进入一些已经在粮食产业方面有所开发的东道国。

2. 中国粮食企业"走出去"的政治环境

从政治环境作用面大小的角度,我们将中国粮食企业"走出去"所面临的政治环境划分为宏观政治环境与微观政治环境。在此,笔者首先定义宏观政治环境与微观政治环境各自所指向的范围与内容。宏观政治环境是指涵盖一国范围的政治制度、体制、方针政策、中央政府颁布的法律法规等作用于母国与东道国全国范围的各类政治因素的总体。微观经济环境则侧重于企业所在投资地的地方政府运作效率、清廉程度、法规贯彻程度等只作用于母国或东道国国内某一地区的各类投资因素的总体。宏观政治环境是微观政治环境形成的指导,微观政治环境则是宏观政治环境的有机组成部分,两者相互影响。

国际国别风险指南(International Country Risk Guide,ICRG)作为评价世界各国政治风险的重要指标,为企业管理者和学者提供了评价一国政治风险的切入点。ICRG 每月在其网站上都公布一期当月依照单一指标所衡量的风险最小的十个国家(表 6.6)和风险最大的十个国家(表 6.7)的排名。尽管这些公布出来的排名所依据的评价标准过于单一,但是我们依然能从中识别出一些重要的评价标准。

表 6.6　国家政治风险最小的 10 个国家(2010 年 9 月)

国家	截至当月该国外债总额占本国 GDP 比重(%)
文莱	0.0
卢森堡	1.7
阿尔及利亚	3.3
尼日利亚	5.4

（续表）

国家	截至当月该国外债总额占本国 GDP 比重（%）
伊朗	6.1
中国	6.9
阿塞拜疆	7.5
塞拉利昂	7.7
巴哈马群岛	8.6
尼日尔	10.0

资料来源：PRS Group 网站。

表 6.7　国家政治风险最大的 10 个国家（2010 年 9 月）

国家	截至当月该国外债总额占本国 GDP 比重（%）
冰岛	321.0
缅甸	281.6
爱沙尼亚	247.3
利比里亚	203.3
津巴布韦	188.6
希腊	176.4
拉脱维亚	175.3
黎巴嫩	153.9
几内亚比绍	140.5
匈牙利	137.8

资料来源：PRS Group 网站。

如在 2010 年 9 月所公布的 ICRG 排名中，以截至当月该国外债总额占本国 GDP 比重为评价标准，分别列出了国家政治风险最大和最小的 10 个国家。

在表 6.6 中，既有富庶的文莱王国、西欧发达国家卢森堡，也有中国这样的发展中国家、经济不发达的塞拉利昂和遭受一定国际经济制裁的伊朗等国，可见仅依据外债占 GDP 比重指标作为衡量国家政治风险的唯一指标所得到的结果存在一定的偏差，不能完全反映一国的政治风险情况。

在风险最大的 10 个国家中，同样呈现出分布不均的现象，并没有某一种类型的经济体能够完全免疫于国家政治风险，表 6.7 中既有经济十分开放的冰岛,也有对外经贸交流十分匮乏的缅甸。而与风险最小的 10 个国家相比,政治风险最大的 10 个国家外债占 GDP 比重都超过 100%,这一比例十分惊人。从图 6.7 中我们能够更为清晰地观察到这一现象。

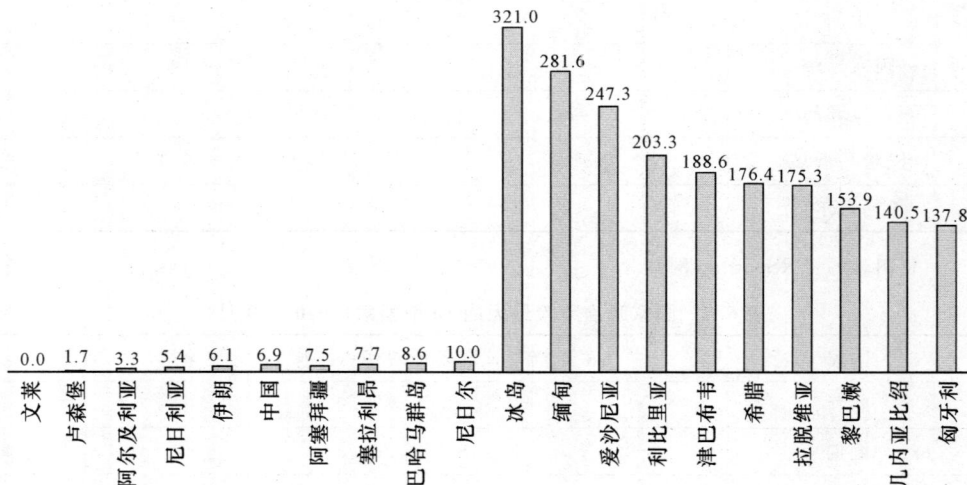

图 6.7　国家政治风险最小和最大的国家(截至 2010 年 9 月各国外债总额占本国 GDP 比重,%)

（五）以"互利共赢"规避与化解政治风险

1. 提出"互利共赢"的背景

政治风险具有全局性、系统性特点,伴随着企业"走出去"的整个发展过程。政治风险虽然是一种系统风险,但其对来自不同国家的外资企业所产生的影响却不完全相同,带有明显的"歧视性"与国别性色彩,差别不平等待遇是国别政治风险的主要表现之一。

中国目前所处的发展阶段也有可能为中国企业带来一些政治风险。中国现在处在国民经济的快速发展阶段,国家的综合国力稳步提升,中国在经济领域与政治领域的话语权增大,中国对世界和周边国家的影响力正在逐步显现。因为中国正在"崛起",一些国家对中国"崛起"的目的、性质等都怀有疑虑,恐惧又一个"殖民"大国的兴起。一些世界政治经济秩序的利益既得者担忧中国崛起会削弱它们的经济与政治影响力,对中国企业的海外投资动机表示怀疑甚至直接阻挠中国企业正当的投资行为。还有一部分国家对中国的市场经济体制有所怀疑,不愿意承认中国的完全市场经济地位,使得中国企业在海外投资过程中遭遇比其他国家企业更多的审查与限制,这些因素都对中国企业"走出去"

行为造成一定的负面影响,其目的都是削弱中国粮食企业在国际市场上的竞争力。

因此,摆在中国粮食企业"走出去"面前的首要问题,就是要规避与防范来自世界粮食市场与东道国的政治风险,将政治风险的预警与抵御常态化,实现"走出去"的全程"防险"、"控险"。对于规避"走出去"所可能遇到的政治风险,国内外学者总结出了几种重要的方式与策略(表6.8),其中包括:①母国政府建立海外投资保险制度;②母国与东道国及第三国签订双边或多边国际协定;③改变中国海外投资主体的股权结构,适当降低国有股权比例;④控制投资中的关键技术与关键环节,如品牌与销售市场等;⑤尽量在东道国当地筹集资本;⑥与东道国企业建立合营公司进行投资;⑦建立政府公关部门与机制;⑧与东道国政府签订特许协定以保障企业利益;⑨借助母国政府向东道国施加压力等。

表 6.8　丁氏渐逝需求模型中的影响因素(Ting,1988;张建,2004)

序号	主要影响因素	看中价值的大小关系
1	投资项目所属产业	对当地经济贡献越大的产业,看中价值越大
2	该产业中当地企业的数量	数量越多,竞争越激烈,看中价值就越低
3	该产业中当地企业的市场份额	份额越大,外资项目的看中价值就越低
4	该投资项目占有当地市场份额	正比关系
5	国民经济计划中该产业优先发展地位	地位越高,外资项目越可能受到抑制,价值越低
6	该项目的创新与技术领先的程度	程度越大,受鼓励可能性越大,价值也越高
7	项目在出口中的作用	项目出口能力越强,越受当地欢迎
8	同产业中外国企业的数量	数量越多,看中价值越低
9	获得非跨国公司技术的容易程度	越有利于东道国技术获得,看中价值越大
10	本公司的形象	形象越好越受欢迎
11	符合东道国进入管理制度	符合程度越高,越受东道国欢迎

2."互利共赢"在规避粮食产业"走出去"政治风险中的应用

中国粮食产业在"走出去"过程中对政治风险的防范与规避应在"互利共赢"原则的基础上展开。企业国际化中所遇到政治风险的诱因来源多种多样,但从根本上而言,中国粮食企业只要在"走出去"的过程中遵循"互利共赢"原则,在"互利共赢"原则的指导下制订具体的风险防范与规避措施,注重维护东道国利益与世界粮食市场的稳定,中国粮食企业所遭遇的政治风险就有望降低。笔者提出以下防范与规避粮食产业"走出去"政治风险的策略与途径。

（1）中国政府与东道国政府的外交沟通

双边政府保持良好的外交关系是母国企业能够进入东道国并开展投资、生产活动的必要前提，两国政府之间实现关系正常化是母国企业进行投资的先决条件。鉴于目前中国粮食产业中具有实力进行粮食产业链国际化延伸与"走出去"的企业多为国有大型粮食企业，政府的支持与影响在投资活动中将起到更大的作用。

政府外交在外交上的努力还在于与东道国建设长效稳定的经济合作机制。粮食产业投资具有基础性与长期性特点，粮食生产、运输、加工等环节的基础设施投资回收期较长，还需扩大投资与完善流通网络。长期基础性投资需要稳定的政治环境作为收回投资与获得利润的保障，政府之间可以通过签订外交或经贸协议来保障中国粮食企业在中长期能够获得国民待遇以及享受相应优惠。同时，若中国粮食企业的海外粮食生产还需要考虑辅助国内粮食安全，东道国对中国粮食企业投资的态度与是否允许粮食出口，都将影响"走出去"辅助保障国内粮食安全的成效。在此问题上，中国政府可以通过与东道国政府签订粮食产业合作方面的双边协议，预先保障特殊政治情况下中国粮食企业在东道国的利益。政府之间的外交合作能够为粮食企业"走出去"提供基础性保护，也能在国际政治环境变化时在一定程度上保障中国粮食企业的海外利益。

（2）与东道国建立企业和项目合营机制

以日本为例，日本粮食产业对外投资就以合营方式为主，协议一般确定日本企业以农资、技术等入股合营企业，而东道国政府或企业则以长期、稳定的土地供给作为合作基础，其中东道国政府或企业为合营机构第一大股东，而日本企业则是相对少数股权的拥有者。与东道国合营农场以及其他粮食产业投资项目已经成为日本农业海外投资的主要形式。采取这一形式的原因在于采用独资、输出本国劳动力、出口本国农资等生产、运输"一条龙"的投资方式有利于投资国企业控制成本与锁定收益，但却不能让东道国实现利益"共享"，如东道国国民不能直接享受到外商投资带来经济福利，输出劳动力也使东道国的移民问题凸显，容易造成母国移民与东道国国民之间的矛盾，而一旦这些矛盾有所显现，又容易在东道国民族主义思想的驱使下被逐步扩大，最终导致东道国对外来粮食产业投资的抗拒。可见在应对政治风险时，粮食企业需要注重长期投资给东道国政府与国民带来的感受，应当让东道国相关部门与国民参与到投资活动中，实现投资利益的"互利共赢"。合营在一定程度上能够使东道国分享投资收益。

（3）政府牵头设立粮食生产合作示范区

粮食生产合作示范区是中国政府进行对外粮食合作的主要形式之一，主要建立在非洲各国与一些亚洲国家。建立与运营粮食生产合作示范区是一项政府行为，带有政治支持与经济援助的性质，其目的是为了帮助粮食不能自给的国家实现粮食增产并推广中国的粮食技术。粮食生产合作示范区建立的初衷虽然不是获得经济收益，但是其存在却能有效支持母国粮食企业在东道国的投资。示范区如果取得成功，对存在粮食安全压力的东道国政府将产生很强的吸引力，有可能促进东道国政府对母国粮食企业投资政策限制的进一步放宽或提供更优厚的优惠政策，母国粮食企业就能够享受来自示范区的拉动效应，在"走出去"的过程中能够减少很多阻力。另一方面，建立粮食生产示范区能够在一定程度上帮助东道国政府解决粮食安全问题，东道国从中获得的利益亦十分明显。

（4）企业或企业协会与东道国相关部门签订特许协定

特许协定是以条款形式固定下来、双方承诺在约定期限内履行相应义务与享有相应权利的协议。特许协定所涉及的领域十分广泛，产业链上的每一个环节都可以作为特许协定关注的内容。考虑到粮食产业投资的特殊性，特许协定能够在一定时间内以法律认可的形式固定中国粮食企业在海外投资项目中的权利与义务，同时也能对东道国政府与相关机构形成约束，从而降低中国粮食企业遭遇政治风险的可能性。一些国家由于政治体制与法律建设不完善，政策的稳定性、连贯性与可预见性较差，对待外资的态度可能随着不同政府的上台而产生变化。在这些国家进行长期的粮食产业投资，需要长期相对稳定的法律法规来对东道国产生约束。特许协定是"互利共赢"原则指导下维护中国粮食企业在"走出去"过程中利益的一种政治策略，需要国家政府在政治领域给予一定支持与扶助。

（5）针对第三国风险完善区域性粮食产业链建设

为应对第三国风险，中国粮食企业应采取分散投资的投资方式。在某一经济或政治联系相对紧密的地区内数个国家分别进行投资，即"走出去"不局限于某一特定国家，而是在一段时期内向多个国家"走出去"，形成连锁投资效应。通过在联系相对紧密的国家进行分散投资，有利于减少地区内政治大环境波动对中国粮食企业投资项目的影响。一旦某一国发生政治不稳定事件，则能够通过这些国家间较为多样的连接渠道转移中国粮食企业资产，实现对政治风险的规避。但是对地区内多国的分散投资也有可能使来自一国的不利政治风险扩散到区域内其他国家，导致整个区域内中国粮食投资项目都受到影响。为了应对具有连锁效应的政治风险,中国粮食企业在"走出去"过程中,不仅应完善区域内的粮食体系建设,还应该将粮食生产、加工、物流、销售等产业链上的不同环节进一步分散,形成投资的国家或地区专业化,也可以将企业的主要市场设定为区域外某国或某地区,最终形成区域产业链格局,将粮食产业链建设为跨越多国、节点相对分散的产业链,使产业链上各国形成利益相互制约机制,以防范与规避"走出去"中的政治风险。

二、中国粮食企业"走出去"的关键影响因素分析

在充满阻力的环境下,指导中国粮食企业正确认识"走出去"过程中所应关注与重视的投资影响因素具有重要的先导意义。已有的研究对粮食企业海外投资的关注相对较少,以发展中国家如中国为背景讨论粮食产业国际投资的研究更少。考虑到中国作为发展中国家的特殊国情,以及中国粮食企业现代化管理水平较低的现状,我们对中国粮食企业"走出去"影响因素的分析只能在借鉴与结合现有国际投资经典理论的基础上,依据国内具体情况进行探索性分析。

在本节中,我们将对通过粮食企业"走出去"来辅助保障中国粮食安全这一问题进行研究。我们将在中国粮食产业整体现状与已有经验的基础上,结合 2007 年爆发的全球粮食危机后所形成的新形势与产生的新问题,对影响中国粮食企业成功"走出去"的各项投资因素进行分析。为此,我们设计了调查问卷——《中国粮食产业"走出去"与粮食安全影响因素调查问卷》来考察相关的影响因素,在 SPSS 软件中运用主成分分析法对样本数据进行分析,以此为基础提取出中国粮食企业"走出去"的关键性影响因素,并分析其对中国国家粮食安全的内在影响。

（一）主成分分析法的选择与应用

主成分分析的主要思想是将原来众多具有一定关联性的指标,运用某种数学方法将它们重新组合,最终得到一组新的相互间无关的指标来代替原有指标。最通常的处理方法就是通过原有指标之间的线性组合来得到新的综合指标,并以新线性组合指标(如 F_1、F_2 等)的方差大小来表达对原有指标所含意义的解释程度,即认为 $Var(F_1)$ 越大,新综合指标 F_1 包含的信息越多,并以此类推至其他的综合指标,并且各综合指标间需满足相关系数($Cov(F_i, F_j)$ =0)为零的要求。

由于本问卷中涉及变量数量较多,81 个变量在为我们提供较为全面的观测信息的同时,也将变量间所具有的联系复杂化。这表现在两个方面:①难以

判断各变量之间是否具有关联性,若具有关联性则不利于我们阐释变量对粮食企业"走出去"所能产生的实际影响;②难以确定一个标准来认识各个变量之间存在的关联性,因为任何强加于此的标准都将在部分解释变量间相互关联的同时,丢失其他可能的解释能力。在这一情况下,我们选用主成分分析法来简化所需要考虑的变量个数将对后续分析产生积极影响,这是因为:①通过主成分分析法得到互不相关的新综合变量将简化分析步骤与过程;②通过主成分分析法得到的综合变量相互间意义互不影响,对我们理清变量间的相互关系能够产生积极意义;③主成分分析法最后得到的综合评价得分可以作为判断变量影响力的有力依据。

而为了完整地在中国粮食产业"走出去"影响因素模型中应用主成分分析法,在 SPSS 中,我们需要应用表 6.9 中的分析方法与基本的模型参数。

表 6.9　因子分析所采用的具体方法

统计检验方法	巴特利特球型检验方法与 KMO 检验
因子提取方法(Extraction Method)	主成分分析法(Principal Components)
特征值大于(Eigenvaluse Over)	1(SPSS 默认值)
因子旋转方法(Rotation Method)	方差极大法旋转(Varimax)
因子得分(Scores)	回归因子得分法(Regression)

（二）问卷概况与设定基础

《中国粮食产业"走出去"与粮食安全影响因素调查问卷》由两部分组成。第一部分主要要求被调查者判断①中国粮食企业自身条件,②东道国政治环境因素,③东道国经济环境因素,④东道国社会、文化、交通现状以及⑤东道国农业生产条件共五点因素在中国粮食企业"走出去"活动中的重要程度,并以其各自所占比重（%）表示。第二部分则对第一部分中所列举的五点基础因素进行扩展,分别在每一基础因素之下提出了扩展后的具体的影响因子,共计81 个子问题（下文中称为变量）。我们采用李克特量表（1 代表不值得关注,5代表不可或缺,其他类推）来收集被调查者对这些变量的意见。

本问卷的核心内容是将中国粮食企业"走出去"的影响因素划分为上述的五点基础因素,并通过对这五点基础因素的扩展变量从更细微的层面认识它们各自的重要程度,使第二部分中的变量与第一部分中的基础因素形成呼应。将海外投资的影响因素划分为上述五点基础因素的原因,主要基于对一般性海外投资理论与粮食产业属性两者相结合的考虑。传统海外投资理论多从工业、服务业等产业的投资活动出发,所提出的观点与得到的结论对粮食产业等农业部门并不具有完全的适应性。以邓宁的国际生产折衷理论为例,该理论中提出所有权优势、内部化优势与区位优势是进行国际直接投资的必要条件,结合粮食产业实际,国际生产折衷理论中的三大优势都能够找到其所对应的关键内容。但是粮食产业国际投资需要重点关注的政治风险与自然条件等因素却并不能被单纯地划分到折衷理论某一优势的领域中。这些难以划分的影响因素实际上是国际环境与国内环境影响力的结合体,具有两个或三个优势复合影响的性质。因此,我们并不完全依照传统国际投资理论的框架设计问卷结构,而是将具有复合性质的内容合并为有关的基础影响因素,从而有利于对调查所获得的样本数据在理论意义上作出区分,并突出重点影响因素所起的作用。

(三)问卷调查对象概况

本问卷调查范围包括中国国内经济学领域众多专家、学者,参与调查的科研院校及相关单位包括了从中央到地方的各级农业问题研究机构,具有较广的覆盖面与较强的权威性。我们共计发放 196 份问卷,收回 196 份问卷,回收率为 100%。其中 172 份为有效问卷,问卷有效率达 87.8%,符合运用主成分分析法进行统计分析的要求。

问卷的被调查者全部为农业经济学或国际经济学相关领域的专家学者,涉及的专业学科主要包括农业经济理论与政策、国际贸易理论与政策、农产品国际贸易、世界经济、对外投资与跨国公司五大领域(图 6.8),其中农业经济理论与政策和国际贸易理论与政策两个专业领域的学者人数合计达到被调查者总人数的 70%。这表明参与本次问卷调查的专家和学者相当熟悉本项研究所涉及的研究领域,他们的判断具有较高可信度。同时,涉农专业与国际经济专业学者人数的比例分别为 48% 与 52%,体现了一般性国际投资理论研究者与涉农专业研究者在比例上的平衡,这使得我们所获得的数据样本既体现出农业投资的特殊性,同时也不失国际投资研究的一般性。

除研究领域与本节研究内容高度相关之外,在高等院校任职的被调查者比例占全部被调查者的比例也达到了 70%(图 6.9),他们的理论素养同样能够保证调查数据的可信度。

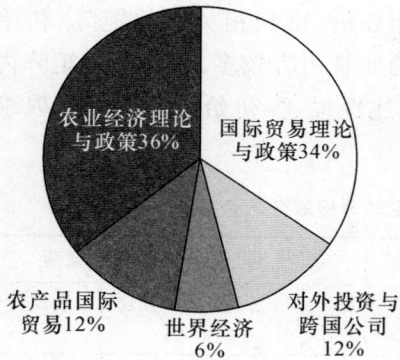

图 6.8 被调查者研究方向统计

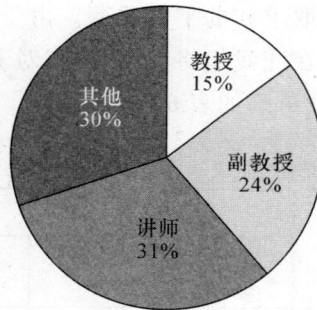

图 6.9 被调查者职称统计

（四）样本数据信度分析

我们通过信度检验来确定本问卷内容是否可靠与稳定，这一过程借助 SPSS 软件完成，得到 Cronbach's α 系数作为问卷信度水平的代表（表 6.10）。根据 Cronbach's α 信度估计的一般要求对本问卷中各个相对独立的部分分别进行信度分析，即分别估算各部分的 Cronbach's α 系数。这是因为如果对全部问卷题目进行统一的信度分析，有可能降低问卷的内部一致性，减弱问卷对实际情况的解释能力。

表 6.10 问卷信度检验的 Cronbach's α 系数

问卷内容	Cronbach's α 系数
中国粮食企业自身条件	0.813
东道国政治环境因素	0.892
东道国经济环境因素	0.720
东道国社会、文化、交通现状	0.813
东道国农业生产条件	0.871

表 6.10 显示出 Cronbach's α 系数多位于 0.8 以上。根据统计学家 Cuieford（1965）与 Nunnally（1967）分别提出的不同标准，本问卷都能够通过 Cronbach's α 信度估计检验，故本问卷内容较为可靠与稳定，所获数据是进行问卷分析的良好素材。

（五）模型应用

1. 方差分解并提取主成分

在主成分分析法的运用过程中，我们采用经典的线性组合方法，在 SPSS

软件上对标准化后的问卷内容进行统计分析,得到相关系数矩阵、初始特征值、提取求和的平方载荷。由于所涉及的变量内容较多,相关系数矩阵内容庞大,故在此我们将其略去,仅对其进行陈述性描述,初始特征值和提取求和的平方载荷则如表 6.11 所示。

表 6.11　方差分解主成分提取分析表

变量	初始特征值			提取求和的平方载荷		
	总计	占方差百分比（%）	累积百分比（%）	总计	占方差百分比（%）	累积百分比（%）
1	4.261	26.630	26.630	4.261	26.630	26.630
2	1.628	10.172	36.802	1.628	10.172	36.802
3	1.293	8.084	44.886	1.293	8.084	44.886
4	1.184	7.398	52.284	1.184	7.398	52.284
5	1.162	7.259	59.544	1.162	7.259	59.544
6	0.935	5.847	65.390			
…	…	…	…			
16	0.309	1.934	100.000			

表 6.11 中,特征值大于 1 的因子对方差解释能力的总和仅为 59.544%,这意味着由因子分析方法得到的五个因子只能够对问卷因素中约 60% 的内容做出解释(表 6.12),这一比例相对偏低,不利于判断与提取出变量的主成分。因此,我们需要以主成分的经济学含义为判断标准来提取出关键的主成分因素。

相关系数矩阵描述了各变量之间的相互关系以及联系的紧密程度,这种联系纯粹是从统计学角度得到的结果,因为变量之间的相关系数实际上是由样本得分的聚集程度得到的。这种方法得到的相关系数能够帮助我们认识在哪些变量之间存在近似的变动趋势,但这种分类并不具有严格的经济学含义,对采用经济学理论对其进行合理解释可能会产生一定影响。在相关因素矩阵中,我们看到各变量间的相关性不高,大多数变量之间的相关系数都在 0.4 之下,仅有 A_1 与 A_2 之间、A_{12} 与 A_{13} 之间的相关系数大于 0.4,分别为 0.432 与 0.425。由此我们可以推断,在主成分分析中所提取出的关键因子所能代表的变量含义将会相对分散,各关键因子所代表的信息重叠性相对较小,可能需要考虑较多因子才能够达到较高的方差解释能力。

以上推论在表 6.11 中得到了验证。

表 6.12　因子对变量解释能力

变量	因子				
	1	2	3	4	5
变量 1	0.477	0.581	−0.107	−0.060	−0.212
变量 2	0.503	0.424	−0.395	0.111	0.113
变量 3	0.403	0.291	−0.341	0.286	0.546
变量 4	0.559	−0.048	−0.320	−0.195	0.340
变量 5	0.492	−0.501	−0.101	0.019	0.095
变量 6	0.551	−0.186	−0.298	0.136	−0.413
变量 7	0.592	−0.155	−0.145	0.330	−0.148
变量 8	0.579	0.102	−0.108	−0.331	−0.453
变量 9	0.631	−0.134	0.289	−0.187	−0.192
变量 10	0.460	−0.483	−0.122	0.187	0.043
变量 11	0.463	−0.398	0.402	0.257	0.249
变量 12	0.504	0.137	0.169	−0.478	0.202
变量 13	0.527	−0.009	0.304	−0.429	0.326
变量 14	0.542	0.376	0.413	0.237	−0.002
变量 15	0.411	0.305	0.465	0.442	−0.109
变量 16	0.506	−0.201	−0.088	−0.101	−0.152

2. 主成分的提取与命名

在主成分分析法中,提取主成分数量的原则主要有两个:一是选取对应特征值大于 1 的前几个主成分;二是选取出来的主成分的方差累积贡献率大于85%。特征值大于 1 这一原则是对单一主成分解释能力的约束,如果特征值小于 1,我们可以认为该主成分的解释力度还不如直接引入一个原变量的平均解释力度大,而特征值大于 1 则表明该主成分具有比因素得分平均水平更强的解释能力。第二个原则中提出的所选取的主成分的累积贡献率需达到85%,表明提取出的主成分能够反映不少于原来总体样本 85%的信息,这意味着这些主成分能够基本反映原有数据的整体情况。除此之外,在以上两个条件不能够被同时满足的情况下,我们需要综合考虑以上两个原则的影响,选择其中一个更具可行性的原则来提取所需主成分。

在表 6.11 和 6.12 中,我们看到,中国粮食企业自身条件这一部分中的前
5 个主成分的特征值大于 1,且这 5 个主成分的累积贡献率为 59.544%,小于
85%(图 6.10)。这一结果并不能同时满足主成分分析的两个原则。在此情
况下,我们有三种选择:一是坚持主成分特征值应大于 1 的原则,选取前 5 个
主成分进入下一步分析;二是坚持主成分累积贡献率大于 85% 的原则,提取
前 11 个主成分;三是从主成分的经济解释能力出发,在以上两个标准中有所
侧重,提取出具有良好经济学解释能力的主成分。

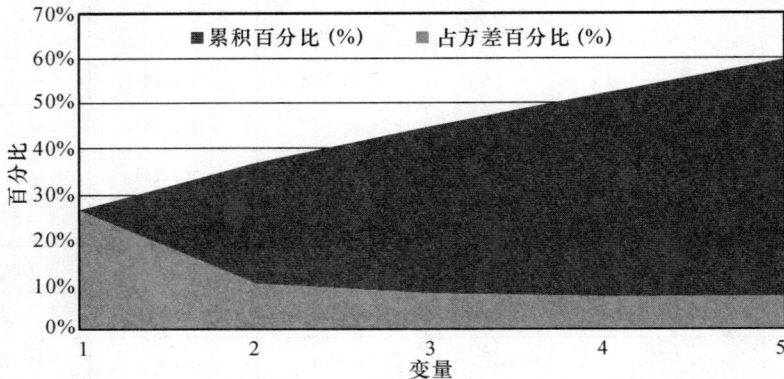

图 6.10　前 5 个变量方差占总方差比例图

在本研究中,我们选取第三种方法来确定应提取的主成分个数。从表
6.11 中我们可以看到,每增加一个主成分进入分析就能够增加约 5% 的累积
贡献率,要达到累积贡献率为 85%,需要提取前 11 个主成分。这一数量过于
庞大,实际上并没有达到将原有变量数量简化的目的。同时,通过对增加主成
分后所得到的方差分解主成分提取分析表的分析,我们发现增加的主成分在
经济解释能力上相对较弱,新增加的主成分没有十分明确的经济学含义,同时
还削弱了原有 5 个主成分对某些变量的解释能力。因此,我们将依照 SPSS
软件所默认遵守的特征值大于 1 的原则,来提取前 5 个主成分作为原有 16 个
变量含义的代表并对其进行解释。解释内容如下:

第一个主成分对原有的 16 个因子的解释能力较为平均,含义相对模糊,
对其中 10 个原有变量的解释能力都超过 50%,对解释变量 A_9 的解释能力则
超过 60%。在这一情况下,我们将以该主成分对变量 A_9 的解释能力作为主
要依据,并兼顾对部分其他超过 50% 解释能力变量的内容。依照这一规则,
我们将第一个主成分命名为"中国粮食企业在国际市场上的优势及市场
势力"。

依照评价第一个主成分的规则,我们同样对其他 4 个提取出的主成分予以命名,如表 6.13 所示(我们将第一个主成分简写为 CM1,并类推至其他主成分)。

表 6.13　主成分命名表

主成分	命名
CM1(主成分一)	中国粮食企业在国际市场上的优势及市场势力
CM2(主成分二)	中国粮食企业的规模
CM3(主成分三)	国际市场对中国粮食企业产品的市场需求
CM4(主成分四)	中国政府对粮食企业的政策支持
CM5(主成分五)	国内粮食市场的竞争水平

3. 主成分综合得分

运用公式 $T = CM/SQR(\lambda)$ 计算特征向量,其中 T 代表特征变量,λ 为各因子的特征值。并将得到的特征向量与标准化后的数据相乘,得出主成分得分值 F_1 至 F_5。最后,我们应用如下公式,计算综合得分 F:

$$F = (T_1/(T_1 + T_2 + T_3 + T_4 + T_5)) \times F_1$$
$$+ (T_2/(T_1 + T_2 + T_3 + T_4 + T_5)) \times F_2$$
$$+ (T_3/(T_1 + T_2 + T_3 + T_4 + T_5)) \times F_3$$
$$+ (T_4/(T_1 + T_2 + T_3 + T_4 + T_5)) \times F_4$$
$$+ (T_5/(T_1 + T_2 + T_3 + T_4 + T_5)) \times F_5$$

得到问卷中原有 16 个变量的最终综合得分 F,见表 6.14。

表 6.14　综合得分表

中国粮食企业自身条件		东道国政治环境因素		东道国经济环境因素		东道国社会、文化、交通现状		东道国农业生产条件	
题号	综合得分 F	题号	综合得分 F	题号	综合得分 F	题号	综合得分 F	题号	综合得分 F
A_1	−6.72385	B_1	−9.54363	C_1	5.262563	D_1	−1.26324	E_1	−2.57207
A_2	−1.90893	B_2	0.830217	C_2	−0.07092	D_2	3.184765	E_2	1.94412
A_3	−1.04358	B_3	−1.14199	C_3	−4.45672	D_3	1.544632	E_3	−2.38081
A_4	−1.06534	B_4	−1.30543	C_4	−0.43041	D_4	−0.82997	E_4	−30.2514
A_5	−6.19282	B_5	6.823912	C_5	−0.70663	D_5	−0.22127	E_5	−1.57903

（续表）

中国粮食企业自身条件		东道国政治环境因素		东道国经济环境因素		东道国社会、文化、交通现状		东道国农业生产条件	
题号	综合得分 F	题号	综合得分 F	题号	综合得分 F	题号	综合得分 F	题号	综合得分 F
A_6	1.774721	B_6	1.600189	C_6	2.285083	D_6	−4.25206	E_6	−0.91468
A_7	−2.76807	B_7	−0.36575	C_7	0.220629	D_7	1.145907	E_7	0.302599
A_8	3.153146	B_8	0.601157	C_8	−1.76169	D_8	−0.59723	E_8	−8.87818
A_9	−13.8352	B_9	−0.96321	C_9	−11.1162	D_9	−0.53193	E_9	−3.6505
A_{10}	−11.2216	B_{10}	0.86148	C_{10}	−0.75703	D_{10}	0.852081	E_{10}	1.650218
A_{11}	−0.60081	B_{11}	−0.00856	C_{11}	1.321906	D_{11}	−0.13322	E_{11}	−0.30215
A_{12}	1.617335	B_{12}	−3.53842	C_{12}	20.27684				−2.26134
A_{13}	0.016621	B_{13}	1.479212	C_{13}	−0.56421				−0.32789
A_{14}	−0.08643	B_{14}	−6.29864	C_{14}	−0.24963				
A_{15}	0.381703	B_{15}	−0.9968	C_{15}	0.375061				
A_{16}	−0.7657	B_{16}	−0.16232	C_{16}	0.212173				
		B_{17}	0.685271	C_{17}	0.521319				
		B_{18}	−1.26622	C_{18}	−3.18092				
		B_{19}	118.0105						
		B_{20}	−19.1495						
		B_{21}	0.344						
		B_{22}	0.787645						
		B_{23}	0.217584						

（六）变量重要性分析

1. 认识变量重要性

以表 6.14 为基础，依据主成分分析法综合得分普遍的判别方法，我们将综合得分 $F>1$ 的变量定义为对中国粮食企业"走出去"影响力相对较强的因素，将综合得分 $-1<F<1$ 的变量定义为对中国粮食企业"走出去"影响力相对中等的因素，而综合得分 $F<-1$ 则代表变量对"走出去"影响力相对较弱。以此为评价标准，我们在五个部分中能够分别找出对中国粮食企业"走出去"产生较大影响力的关键性变量。而对影响力较小的变量，我们将在进一步的分析中将它们舍去而不予考虑。我们通过表 6.15 来表述综合得分 $F>1$ 的变量。

表 6.15　综合得分大于 1 的变量

所属内容	变量名	得分
A 中国粮食企业自身条件	A_6（企业是否制定有进入国际粮食市场的规划）	1.774721
	A_8（中国粮食企业是否有在国际市场上延伸产业链的需要）	3.153146
	A_{12}（企业在海外种粮与在国内种粮的成本差异）	1.617335
B 东道国政治环境因素	B_5（东道国是否存在民族矛盾及其激烈程度）	6.823912
	B_6（东道国是否存在恐怖组织）	1.600189
	B_{13}（东道国对中国采取粮食禁运措施的可能性）	1.479212
	B_{19}（东道国与他国发生农业经济纠纷的频率）	118.0105
C 东道国经济环境因素	C_1（东道国的经济增长率）	5.262563
	C_6（东道国农业市场的开放程度）	2.285083
	C_{11}（东道国国内是否存在农业寡头或垄断企业）	1.321906
	C_{12}（东道国种植业及其相关产业的发展程度）	20.27684
D 东道国社会、文化、交通现状	D_2（东道国与中国之间的交通线距离）	3.184765
	D_3（东道国与中国之间的交通线安全情况）	1.544632
	D_7（东道国国民对外资的态度）	1.145907
E 东道国农业生产条件	E_2（东道国粮食产区的土壤条件）	1.94412
	E_{10}（东道国的农业机械化发展水平）	1.650218

表 6.15 中的 16 个变量是问卷原有的 79 个变量经过主成分分析后所得到的主成分综合得分 $F > 1$ 的变量，它们对中国粮食企业"走出去"行为的影响大于其他变量。我们认为这些变量是粮食企业在进行"走出去"规划以及实施"走出去"具体步骤时所最需要关注的重点因素。而单纯通过统计方法分析这些变量对"走出去"的影响，实际上还可能遭遇不能够为经济学理论所解释的问题，因此在下文中，我们将会对这 16 个变量的经济学含义及其在国际粮食产业投资中的重要性作出分析，并考察其对实际投资活动所可能产生的影响。

2. 关键变量经济学分析

（1）在中国粮食企业自身条件部分中，我们看到主成分综合得分 $F > 1$ 的变量都与中国粮食企业对进入国际粮食市场的"渴望"有关。其中 A_6 与 A_8 这两个变量是从企业管理与市场延伸的角度分析这一问题，A_{12} 则从成本角度对此作出了解释。

①企业是否制定有进入国际粮食市场的规划与是否有在国际市场上延伸产业链的需要实际上关注的是粮食企业战略管理层面需求。从战略管理的角度而言,企业要取得长期成功的重要因素之一就是要制定合理与可行的战略规划,并将规划付诸实践,以上两点因素实际上就是规划与实践的结合。当前世界粮食寡头发展的主流战略都集中于增强企业对全球粮食产业链的控制能力,使企业成为国际粮食产业链的领导者与提供者。对于中国粮食企业而言,"走出去"战略需要合乎自身条件并同时需要与世界粮食市场接轨,借鉴粮食寡头的发展战略是其中一条捷径。中国粮食企业需要在"走出去"过程中制定合理的海外投资规划,并以建设完整而灵活的国际粮食产业链为主要目标,从根本上确立企业在国际市场上的关键优势。

②降低成本是促使企业开展新投资的重要动因之一。变量 A_{12}(企业在海外种粮与在国内种粮的成本差异)正表明了成本因素在中国粮食企业"走出去"中所处的关键性地位。对于希望进入世界粮食市场的企业而言,降低其生产与服务的整体成本将有助于鼓励企业进行对外投资。因此,对于以市场经济主体身份进入世界市场的中国粮食企业而言,应重视对海外投资成本的预算与控制,加强企业在生产成本方面的竞争力。

(2)东道国政治环境因素是战略投资中所需要关注的重点。由于现有的大多数投资理论都是从第二、第三产业或东道国宏观经济情况出发,本研究从粮食生产领域对东道国政治环境因素进行解释,符合粮食企业"走出去"的实际要求并能起到针对性的指导作用。通过主成分分析,我们认为东道国发生国内冲突(B_5 、B_6)以及与外国关系(B_{13} 、B_{19})是对粮食企业"走出去"成败与否的关键性变量。

①东道国国内的政治局势平稳与否对外来投资的影响是基础性的,是决定外国企业能否获得投资收益、回收投资成本的关键性因素。和谐的东道国投资环境是吸引外国企业投资的良好平台,对于粮食企业则具有更为重要的意义。粮食产业投资有两个突出的特点:一是其投资的长期性与基础性;二是粮食产业投资必须利用不可移动的投资品——土地。投资的长期性与基础性是指粮食投资具有相对于其他行业较长的投资周期,需要企业在一段较长时间内对东道国进行不间断投资,这种长期投资由于具有政治性战略意义,因此备受东道国政府重视,这使粮食产业投资成为最容易遭受国有化风险的投资行为之一。同时,由于粮食产业投资所利用的土地不可移动,且受到政府的严格管制,在遭遇各类风险时粮食企业难以通过转移资产的方式规避风险。因

此，我们必须注意到粮食企业更为需要和平、安定的政治环境来保障其投资的基本利益。对于存在民主冲突与恐怖主义的国家，粮食企业"走出去"风险将会大大增加，企业管理者需要特别关注这两点关键性因素。

③由于中国粮食企业的"走出去"实际上能够对保障中国国家粮食安全产生有利影响，这种投资具有政治性与经济性融合的特征。因此，中国粮食企业在海外投资过程中，必须将如何辅助保障中国国内粮食安全作为投资规划的重要内容。对此，中国粮食企业应选择与中国具有良好外交关系的投资东道国，选择这样的国家进行粮食投资，能够降低投资中所可能遇到的政治风险，在非常时期仍能实现正常的经济往来。同时，粮食企业还需要考虑到东道国与他国在农业方面发生争端的可能性，这一方面是出于保障政治性运输的目的，另一方面也会对中国粮食企业进入其他海外市场产生重大影响。

（3）在东道国经济环境因素中，东道国的经济发展水平、市场开发程度以及该国国内粮食相关产业发展水平，是中国粮食企业在"走出去"中关键性的影响因素，这些因素从宏观经济与行业角度提示了粮食企业应从何角度判定东道国的经济状况。

①东道国的经济增长率与农业市场开放程度从宏观经济角度揭示了对粮食海外投资最重要的宏观经济因素。经济增长率是东道国保障粮食产业投资的重要支持性指标，对于来东道国投资的中国企业而言，能够有助于其降低对于粮食生产、运输、加工环节中基础性设施的投资，减少投资成本。而农业市场的开放程度在很大程度上影响东道国粮食市场的竞争程度，进而影响中国粮食企业在该国的投资收益，这一变量显示出很强的指向性但同时在现实中具有一定的矛盾性。市场开放程度高有利于中国粮食企业进入，但同时因此而产生的较为激烈的竞争又会影响企业的盈利能力。而对于市场开放程度低的国家而言，中国粮食企业获得准入将相对困难，但若能获得准入，在东道国市场的市场势力也会相对较大。

②东道国粮食市场的竞争程度在很大程度上将会影响中国粮食企业"走出去"的盈利能力。从世界粮食市场的整体情况来看，寡头垄断是其一大特点，以 ABCD 四大粮商为主要代表的粮食寡头势力在世界粮食市场中占有绝大多数的市场份额。在已经较为成熟的已开发市场如巴西、澳大利亚等地，国际粮食业寡头掌握了较大的市场势力，而在开发程度较低的发展中国家市场，粮食企业投资与获利难度却又相对更大。因此，综合评判投资目的地的市场竞争现状对于中国粮食企业海外投资能否取得成功能够产生重要影响。

（4）交通线安全以及东道国对待外资的态度是东道国社会、文化环境中最为需要关注的变量。交通线是否安全将对保障"走出去"的经济收益以及辅助保障中国国家粮食安全产生直接影响。对于将投资东道国作为基地,继而希望向其周边国家及地区扩展市场的中国粮食企业而言,交通线运输安全直接保障了企业能够获得合理收益。而从中国国家粮食安全的角度而言,交通线安全是实现海外粮食基地辅助保障国家粮食安全的必要条件。在以粮食产业链为主导的现代粮食产业投资中,重视交通线、重视运输能力建设会对中国粮食企业"走出去"在经济领域与政治领域都产生积极影响。

东道国国民对于外资的态度是许多海外投资理论中都涉及的内容,本章以问卷内容为分析主体的研究同样验证了这一因素的重要意义。而对于中国粮食企业所可能肩负的国家粮食安全重任而言,东道国国民对粮食投资的态度是影响政治风险的重要因素之一。

(5)在东道国农业生产条件中,土壤条件与农业机械化发展水平是主成分综合得分 F 大于 1 的变量。对于自然条件要求较高的粮食产业而言,土壤条件将直接影响所种植的作物品种与作物产量。但是,我们也认为土壤条件不足以代表所有的自然条件情况,单纯从主成分分析的结果来判断自然条件影响因素完全有可能产生一定偏差。同时,将各种自然影响因素分割成不同变量进行调研,也在一定程度上削弱了自然条件因素的解释能力,这是我们通过主成分分析所得到的结论。

机械化水平成为综合得分较高的变量表明,当今世界粮食产业的机械化趋势对粮食产业投资产生了巨大影响,这是粮食产业链发展的必然趋势。中国粮食企业在国内受制于有限的耕地条件或气候条件,难以在国内开展大规模、集约化的机械化农业生产。从投资目的上看,在国外获得大规模机械化粮食生产的投资机会,对提升企业产业链管理能力和作物生产能力以及提高整个投资项目的效益都有积极意义。因此,我们认为东道国相对较高的机械化水平因素是对国内粮食企业的有益补充,可有效实现中国粮食企业"走出去"的投资目的,也为中国粮食企业通过"走出去"提高自身实力提供了机遇。

本章小结

一、农业资本"引进来"的政策建议

本章从理论和实证两方面研究了中国农业利用外商直接投资对中国农业

部门国内投资和农业就业的挤入挤出效应。研究结果表明,农业引入外商直接投资的增加对中国国内投资产生了挤出效应;其次,虽然农业引入外商直接投资产生了积极的直接就业效应,提高了中国农业的劳动生产率,但由于其对中国农业国内投资产生的挤出效应,并且其带来的技术进步是以减少就业为代价的资本密集型技术进步,农业利用 FDI 最终给中国农业就业带来了一定的挤出效应。

针对中国农业利用外商直接投资存在的现实问题以及实证分析中发现的潜在危机,本章提出了如下几点相应的对策与建议。

（一）加快对农业产业安全相关法规的完善,加大执行力度

随着外资对中国农业产业的不断渗透,其对中国农业产业安全的威胁程度也在逐步加深。德国经济学家 Freidrich Liszt 曾提出"幼稚产业保护理论",他认为后发经济体的比较优势需要政策保护来扶持,而不是轻易地全面开放,否则民族产业就会被外资打垮而失去发展机会。中国需要及早制定相关法规,提防外资的引入对中国农业产业安全造成消极影响。

（1）针对跨国公司垄断国内市场的企图,国家应加强对市场的跟踪研究以及对跨国并购和跨国战略联盟的监督和管理,完善《中华人民共和国反垄断法》、《中华人民共和国反不正当竞争法》及其他相关的法律、法规,并不断加强其执行力度,从制度上规范跨国公司的行为。对于外资进入农产品行业需要有两个限制:一是进入的范围,初期应以终端产品、非敏感产品为主,至于粮食油品则需审慎开放;二是限定外资企业的进入比例,比如限定单个外资企业进入上限为 10％到 15％,避免全行业被外资控制的局面。

（2）完善应对外资并购的农业产业安全审查机制。防止跨国农业企业利用垄断优势操纵商品价格等因素,威胁中国农业的产业安全。2010 年 2 月 12 日,中国决定建立外国投资者并购境内企业安全审查制度,由发展改革委、商务部牵头,根据外资并购所涉及的行业和领域,会同相关部门开展安全审查。这次公布的安全审查机制,连同 2006 年 9 月实施的《关于外国投资者并购境内企业的规定》和 2008 年 8 月实施的《中华人民共和国反垄断法》,标志着中国对外资并购的法规体系正在不断完善。

（二）加大对农业内资企业的支持,提高竞争力

外资企业和内资企业竞争能力的差距是影响外商直接投资技术溢出效应的关键要素,而目前国内企业技术水平低下、自主创新能力偏弱正制约着外商直接投资的技术溢出效应。因此,要通过技术引进,提高技术的消化和吸收能

力,大力发展自主研发道路,全力提高内资企业的技术水平,增强内资企业的技术吸收能力。只有在自身技术创新能力和竞争力不断提高的情况下,国内农业相关内资企业才不至于被外商直接投资企业挤出市场。甚至可以鼓励国内农业相关内资企业合作,形成一批具有国际竞争力的大型企业集团,与外商直接投资农产品企业在国内和国际市场上展开竞争,提高自身经营活力,这也可以在一定程度上防止外商直接投资企业对中国农业某些部门市场的垄断。无论是政府还是企业,都应树立起品牌意识,打造自己国家的民族品牌,提高自身的国际竞争力,并与外资渗透相抗衡。

（三）加强对外商直接投资的引导,缓解就业压力

从本章的实证分析结果可以看出,农业引入 FDI 的增加对中国的直接就业效应是挤入的,但农业 FDI 对国内投资的挤出效应导致了其对中国的间接就业效应是挤出的。针对此结果,中国应当有针对性地采取相关措施。一方面,国家应当在保证农业产业安全的情况下,尽可能地增加投入农业领域的 FDI 值,加快农业经济发展速度,这对中国就业人数的提高起直接的促进作用;另一方面,为了防止挤出国内投资,国家应注重引进与国内农业产业结构互补而且关联性强的外商投资,鼓励和支持外商投资企业采购和使用国内企业生产的投资商品,拉动国内相关产业的发展,扩大就业规模。

根据实证分析,尽管农业引入 FDI 引起农业生产率水平的提高,但由于中国的农业生产以劳动密集型产业为主,农业 FDI 通过技术溢出对中国的间接就业效应是挤出的。因此,政府在制定招商引资政策时,必须"两条腿走路",既要为了中国的自主创新而鼓励引进吸收先进的外国直接投资,又要重视劳动密集型外商直接投资的引进和利用,充分考虑到中国人口众多、劳动力成本低廉的实际国情。只有正确处理好技术密集型外资和劳动密集型外资的关系,才能真正对促进中国经济发展和拉动国内就业产生积极的推动作用。

二、农业资本"走出去"的政策建议

中国的大型粮商建设已经起步,国内有一些大型企业已经在国内粮食市场的竞争中积累了一定的实力、形成了一定规模,并在中国国内的粮食市场上构建了一定的市场势力。在"走出去"战略中,这些大型粮食企业必将首先担负起中国粮商进军世界市场的重任,为中国在世界粮食市场上争夺发言权。但是仅仅具备经济规模或计划在国际市场上复制国内的成功经验还远远不足以使中国粮食企业成为世界粮食市场上有力的参与者。当今的世界粮食市场已经形成了寡头"割据"的格局,数家大型粮商都建立起各自的实力范围,且还

在不断向有潜力的新兴市场加大投入力度。现有的大型跨国粮商拥有技术、物流、管理、文化等一系列、全面的竞争优势，如果中国粮食企业在通往国际化的进程中不能发挥出自身长处，并抓住机遇实现快速发展，那么中国企业则难以在世界粮食市场的激烈竞争中脱颖而出，只能成为依赖国内政策市场的规模型企业而非具备国际级别竞争力的企业。因此，总结并提出中国粮商的国际成长战略，明确如何培育中国的大型跨国粮商已成为中国粮食企业亟待深入研究与迫切渴望解决的问题。在对中国粮食企业、世界粮食市场以及跨国粮商寡头们特点与优劣势的分析中，我们将提出中国跨国粮商的培育战略。本章对中国粮食企业"走出去"影响因素所进行的研究，将为中国粮食企业的国际化成长提供有益的指引。

（一）中国粮商的发展原则

首先，在培育中国跨国粮商的过程中，我们需要认清中国粮食企业国际化发展中所需要重视的几点原则。

1. 坚持"互利共赢"，适当考虑政治因素

"互利共赢"在中国粮食企业的海外战略中具有重要的基础性作用，它强调中国粮食企业要与世界其他国家的政府与企业形成良好的互动合作关系，以双边的共同利益作为战略合作的出发点。在殖民主义已经退却，市场经济占据主导的世界政治环境中，在战略行业与部门的投资中期望获得长期、稳定的市场收益，盲目以自身利益为单一出发点，而非以"互利共赢"为标准开拓市场的企业难以在粮食产业这一长期投资行业中获得持久生命力。同时，"互利共赢"还是中国政府与世界其他国家在双边交往中一直恪守的外交准则，正是在这一准则的指引下，中国与世界许多国家建立了良好的外交关系。中国粮食企业的对外投资与合作中也可以发挥这些独特的政治优势，在坚持以市场化手段为主导的策略中，引入对中国有利的政治因素，能够帮助中国企业增加竞争筹码，提升竞争优势。

2. 立足国内市场，发挥自身优势

尽管"走出去"是中国粮食企业现阶段的一个重要发展方向，但是中国粮食企业在重视进入国际市场的同时，也不应忽略了对国内粮食市场的持续开发。中国完善的全国性粮食市场建设还处于快速的发展阶段，粮食流通体制改革、解决"三农"问题的持续推进，都为企业在国内这一巨大市场做大做强提供了许多机遇。在跨国粮商不断试图进入中国市场、不断试图通过各种手段垄断中国粮食生产与加工、定价等环节的背景下，中国粮食企业不仅要重视对海外粮食市场的开发，还应坚持立足于中国国内，在这一熟悉的市场环境中与

跨国粮商展开竞争,在促进自身发展的同时,还能够积累与大型跨国粮商的竞争经验,并应用到"走出去"中。

3. 循序渐进,重视开发潜力市场

跨国粮商的主要市场多建立在发达国家,尤其以美国和欧盟国家的粮食产业链整体能力最为突出。中国粮食企业的"走出去"如果直接或完全以发达国家市场为主攻市场,不仅需要投入大量的人力、物力、财力资源,还要面对与跨国粮商形成的正面竞争态势。因此,中国粮食企业的"走出去"需要重视开发潜力市场,以发展中的潜力市场为企业"走出去"的切入点,而辅助以进入发达国家市场来促使企业提升技术、管理、市场化水平。企业在两个市场的选择中,要明确主次,以开发潜力市场为主,以进入成熟市场为辅,循序渐进,杜绝盲目跟风。

4. 与跨国粮商形成竞合关系

就中国粮食企业现有的规模与实力而言,尚不足以与已经立足近百年的以 ABCD 为代表的跨国粮商直接对抗。但是在中国粮食企业"走出去"的过程中,与跨国粮商在某些市场、某些范围成为竞争对手却又是难以避免的。因此,中国的粮食企业应注重与跨国粮商竞合关系的培养,即在竞争中合作,在合作中竞争;要避其锋芒,争取局部合作、开展局部竞争,在一定程度上、一定范围内与跨国粮商实现利益共享,最大限度利用已有资源,降低进入成本。

5. 集中有限实力,明确主导方向

中国粮食企业的实力在世界粮食市场中相对弱小,要与跨国粮商实现全方位、多层次的竞争对于中国企业而言将是巨大的压力。在中国粮食企业的成长过程中,明确企业发展的主导方向,集中有限实力首先开展局部市场竞争将是中国企业在世界粮食市场中错位发展与差异化竞争的重要手段。如果对企业自身实力不能形成清楚的认识而盲目确立多重目标、分散实力进入目标市场,则可能在跨国粮商优势实力的市场竞争中落败。对于仍是市场新进入者的中国粮食企业而言,集中企业有限的实力实现区域性市场或差异化产业链建设的突破才是最为重要的发展途径。

(二)培育中国的跨国粮商

在确立中国粮食企业"走出去"所应遵守的原则之后,我们将提出培育中国跨国粮商的发展战略。只有在遵守以上原则的基础上,中国粮食企业才能获得长期、稳定的发展优势。同时在跨国粮商培育战略的指引下,中国粮食企业能够在世界粮食市场"群雄争霸"的环境中突出重围,建立起具有自身特色的跨国粮食集团。我们提出的中国大型跨国粮商的培育战略主要包括以下几点。

1. 坚持粮食产业链建设为主要战略

构建一条高效、完善、能够被企业自身熟练与低成本应用的粮食产业链，已经成为跨国粮商在世界粮食市场竞争中的主要依托，粮食产业链建设在企业发展与产业竞争中的地位日益显现。中国粮食企业的"走出去"战略，要重点从跨国粮商的发展中吸取经验，尤其要重视粮食产业链的建设与发展，以粮食产业链建设为企业海外发展的主要战略，既要重视粮食生产领域的经营，还要特别重视粮食物流、加工、市场体系的全面能力建设。以建设粮食产业链来统领企业的海外发展进程，重视产业链各环节整体建设，避免产业链整体因某一环节出现"短板效应"而导致发展难题。但是，重视产业链整体建设并不意味着企业应同时推进整条海外粮食产业链同时同步发展，而应该是有计划、有重点地形成部分环节优先发展、其他环节适时跟上的产业链发展政策。

2. 海外粮食产业链应优先重视生产与物流环节

在东道国建立海外粮食生产基地是实现粮食产业链整体建设的首要环节，粮食产业链其他环节的建设与完善都要围绕着生产环节的发展与调整而展开。对于中国粮食企业而言，在国外要尽量通过市场化方式、以经济手段获得土地或农场，适当引入政治帮助可以作为辅助手段，争取在东道国市场以完全市场化的方式运营相关投资项目。同时加强海外生产环节与国内生产支持环节的联系与互动，以海外粮食生产项目为国内相关农资、农机生产导向，将海外市场运作纳入企业或企业合作同盟的市场范围与运营计划之内，以国内优势农业生产资源支持在东道国进行的粮食生产。粮食生产环节的重要意义还在于粮食生产环节是中国通过海外粮食项目辅助保障国家粮食安全的基础项目，能够为中国的粮食安全建设提供辅助保障。而出于这一考虑，中国粮食企业不仅应重视生产环节建设，还需要对粮食的国际物流问题给予充分关注。中国粮食企业要重点关注的潜力市场多与中国在地理位置上相距甚远，需要有效的物流体系才能实现中国粮食企业产品的跨国流动。对于希望开拓国际市场的企业而言，高效、低成本物流体系的建设同样能够为企业提供必要的产业链支持。因此，无论对于企业自身发展还是对辅助保障中国粮食安全这两个目标而言，在中国粮食企业"走出去"过程中都应该首先重视产业链中的生产与物流环节。

3. 海外项目应移植企业在国内发展的成功经验

中国作为发展中国家，国内的粮食生产、流通体系都处于逐步完善的进程之中，企业在国内同样要面对各种各样市场条件不完善所带来的阻碍与困难。从这一角度出发，中国企业重视国内市场的经营与开发不仅能够积累自身实力、扩大企业规模,还能以中国粮食市场为基础,锻炼企业在各种不同市场环境条件下的应变与协调能力。粮食企业在中国国内经营中总结的一些经验或模式在"走出去"过程中同样具有一定的适应性。如在中粮集团等企业已经较大范围推广的"企业—农业协会—农民"三者的联系模式能够在一些发展中东道国得以推广,企业与农民联系形式的不断发展有助于中国粮食企业在国外缓和矛盾、互利共赢,实现自身与东道国农业的共同发展。又如中国大型粮食企业重点推动的现代化加工企业与现代化机械农业的建设,在具备充分自然资源条件或已经达到一定粮食生产水平的地区,或在具有辐射能力的市场中心建立这样的现代化农业市场,都能够使企业直接获益。重视国内发展经验的有效移植,结合东道国与国际市场现实,将国外项目与中国经验相结合,能够降低中国粮食企业海外发展中的搜寻成本。

4. 保持对粮食生产技术的控制

中国粮食企业"走出去"应注重对粮食生产与加工等环节重点技术的控制。在对外投资项目中,控制技术的一方往往占有更大的主动权,也就拥有了更强的政治风险规避能力。跨国粮商在生产方面的优势在于掌握了转基因种子的生产专利;在粮食产品加工方面,核心设备与技术从母国进口,保持企业对粮食技术的控制权。对于一些粮食产业不发达的国家,中国企业掌握的先进粮食生产与加工技术是投资项目中收益的主要来源,也是中国粮食企业相对于东道国粮食企业的优势所在。中国粮食企业在海外投资中应该借鉴跨国粮商的投资方式,将种子与加工设备的生产留在国内,通过跨国公司的内部贸易将这些技术载体出口到东道国,并在国内大力发展相应的粮食技术,实现中国粮食企业生产与加工技术的相对优势。通过对种子等产业链上游环节的控制,中国企业能够在一定程度上使东道国部分地区的粮食生产与加工依赖于中国企业,从而化解潜在的政治风险。

5."走出去"要重视农业金融部门建设

跨国粮商在发展到一定规模之后,都不约而同地涉足了相关的金融领域,这一方面是由于金融行业能够为跨国粮商带来可观的利润与提供参与期货市场的途径,另一方面则是因为粮食企业在发展中确实需要来自金融环节的支持。跨国粮商已经建立的非常成熟的农业保险相关机制,在中国粮食企业中应用并不广泛。中国一些粮食企业受制于经济实力低、资源缺乏等原因,农业保险尚未开展或刚刚起步,在对农民利益的保障方面已经落后于跨国粮商。中国一些国有大型粮食企业如中粮集团等已经在农业保险等方面开始了有益的尝试并将其逐步推广,这是中国粮食企业在"走出去"中同样需要重视的"软件"建设。另外,中国应该鼓励有海外投资潜力的企业在证券交易所上市,筹措投资基金;对于国有特大型农业企业,中国应鼓励其走海外上市道路,利用国际金融市场为发展筹集资金,这也将进一步提升企业的国际化程度。

6. 企业在海外应建立谈判与信息收集部门

农业是战略行业,在经济、市场等因素的背后还有政治、社会等复杂背景,以跨国粮商的发展经验来看,必要的交流辅助部门在企业的海外发展过程中十分必要。这并不是鼓励中国粮食企业在海外投资中采取隐形的不合理竞争手段,而是要提醒中国的粮食企业应重视政治因素在农业生产与投资中的作用。借鉴跨国粮商在海外投资中常设公关机构的做法,中国具备一定规模的企业同样也应该建立对应的东道国或重点销售市场的常设公关部门,专门负责与东道国政府或重点市场区域当地政府的政策沟通,对那些希望在东道国建立完整产业链的企业而言,重视与东道国政府的关系显得更为重要。同时,中国粮食企业在必要情况下应以联盟合作的形式,建立起世界粮食市场与各东道国经济、政治环境、市场动态、主要产粮国农业信息跟踪等专业负责获取粮食产业经济信息的平台。这一平台可以尝试由政府牵头,以国内不同区域作为划分标准,确立不同侧重点,平台加盟企业能够从中获得相关信息资源;或者由多家"走出去"企业在海外市场中的主要中转枢纽共同建立多家信息收集站。掌握政治联系与产业链信息变动的企业才能在"走出去"中灵活调整策略,适时整合资源配置。

7. 注重向产业链周边行业扩散

中国的粮食企业在"走出去"过程中不应只专注于利用本企业的内部资源而忽视了在产业链环节上与互补企业进行整合。在实践中,中国许多粮食企业在"走出去"时仅依赖自身力量或借助政府活动来获得项目的投资与经营权,这种单一依赖企业内部资源的投资方式并不能满足海外投资的全部要求。中国大多数粮食企业的经营环节都只局限于产业链上游,即生产环节,企业对产业链中下游的关注不够或现有实力不足以向产业链下游延伸。此类情况必然导致中国粮食企业在海外投资的项目演变为生产能力强,但市场运作能力差的案例。再加上中国粮食企业的个体实力普遍不足以应对国外大型粮商的竞争,"抱团""走出去"就可以作为中国粮食企业一个较好的选择。这种"抱团"合作要求参与企业的联合体或者能够实现产业链某一环节较强的综合实力,或者以企业经营方向互补的形式为合作企业提供专业化服务。尤其是大型企业在上下游关联环节方面的资源整合与稳定合作,更能为企业的联合体创造出单一企业所难以企及的范围经济效应,也可能避免单一企业"走出去"

时由于只能专注产业链某一环节而形成的市场竞争被动地位,实现投资初期的粮食产业链初步整合。

8. 重视企业产品、服务的差异化与品牌建设

粮食产品被广泛认为是同质的,要实现粮食产品的差异化十分困难。但是在单一市场内部,企业仍然有可能实现差异化。由于粮食生产的准入门槛较低,粮食企业随时都可能面对来自世界各地的竞争者与投资者。在准入门槛较低的产业内要获得一定的市场势力,必须要实现产品或服务的差异化,即确定差异化的市场定位策略,或者在市场区域内率先实现一定程度的规模经济。实现规模经济会受制于东道国的土地政策与外资政策,大量获取土地的难度相对较大,这就要求希望在区域市场中取得市场势力的企业要重点实现企业在产品(原料、加工产品或产成品等)、服务(农业产业链相关服务)上的"与众不同"。差异化还可以来自于企业的品牌建设,农业企业要在原料生产上确立品牌,基础是技术与规模,在加工品和制成品上确立品牌,则需要注重加工能力建设。中国粮食企业相对于许多发展中国家粮食产业拥有的一个优势,是中国的绿色食品与非转基因食品生产相对较为发达,并且这些产品在国际市场上的销路还未完全打开,中国粮食企业同样可以以此为突破口,为在"走出去"中实现企业差异化而努力。

9. 整合利用国内外智力资源

中国发达地区经济已经进入逐步扩大对外投资的阶段,中国的对外投资额呈逐年上升态势。持续多年的开放型经济使中国拥有了一大批外向型的高素质人才。同时,中国的粮食科技水平也在不断提高,生物技术与基因技术的引入也提升了中国的粮食技术研究水平。由此可见,中国的粮食企业实际上能够在国内获得充足的智力资源支持,而中国技术型粮食企业也应该不断提高对技术的专利保护意识,以技术差异确立中国粮食企业在海外市场的竞争优势。对大型粮食企业而言,同时还应利用来自国外的智力资源。跨国并购、参股相关服务机构或研究机构能够为企业带来长期效益,从国外直接引入资源也能够更好地满足国际市场要求。因此,中国相对弱小的粮食企业应注重利用好国内的外贸、技术等多方面资源,整合国内智力资源充实企业实力。大型企业则应走出国门,在世界市场上获取资源,直至建立区域性管理或研发中心以及区域总部,实现由跨国化向全球化经营的转变。

10. 国内大型综合企业之间的合作互补

相对于在国际市场上与跨国粮商展开的激烈竞争,中国的一些大型综合企业之间更具有合作的可能性,尤其在中国的国有大型企业之间,以"走出去"

为共同目标的合作已经逐步展开,中粮集团与中远集团确立的战略合作关系就是这一理念的现实案例。中国的粮食企业在生产领域的优势如果不能够获得来自产业链其他环节的支持,则难以转化为世界粮食市场上真正的竞争优势。两个处于不同环节但又同处一条产业链上的企业,不论合作方是否是涉农企业,都可以成为中国粮食企业的合作对象。有条件的企业在发达国家市场和发展中国家市场这两个市场都要"走出去",这对企业的综合实力提出了更高的要求。因此,国家应鼓励国内大型综合企业之间的合作互补,以在某些领域缔结战略联盟的方式促进上下游企业的联结,建设高效、完善的粮食产业链。大型企业之间也应该抓住有利时机与市场整合机遇开展合作,促进企业间优势互补,以便在较短时间内克服中国粮食企业的"短板",以企业联合的形态尽快实现对粮食产业链全产业链条的涉及与参与,为中国又好又快地培育跨国粮商确立坚实基础。

第七章 影响粮食安全的资源因素

第一节 产业链视角下的资源与粮食安全

一、资源与粮食安全的概念梳理

（一）本土资源约束与粮食安全

本土资源约束是制约本国粮食生产、威胁国家粮食安全的重要因素之一。在农业自然资源的问题上，已有众多学者指出中国面临严峻的资源形势。20世纪90年代初，美国世界观察研究所所长布朗（Lester R. Brown）提出了"谁来养活中国"（Who will feed China）的问题，尖锐地指出中国农业自然资源短缺将威胁世界的粮食安全。

中国的耕地资源、水资源短缺，不利于保障国家的粮食安全。姚惊波（2005）认为，中国的耕地总量大，但人均耕地不足，仅占世界平均水平的42.37%，且适合大规模机械化耕种的耕地更少；中国的水资源只占世界平均水平的25%，因此，中国在生产资源密集型农产品时不具备比较优势。熊铭奇和傅波（2005）从历史发展的角度指出，中国农业发展大部分是建立在对自然资源超前消耗的基础上，结果造成农业自然资源的退化与枯竭。张剑雄（2007）认为，在耕地数量不断减少的同时，耕地质量也在日益恶化，许多地方的优质高产田在减少，劣质低产田在增加，全国水土流失总面积已占国土总面积的1/3以上，40%的耕地已经退化，30%的耕地不同程度地受水土流失危害，每年都有大片草原快速退化。虞国平（2009）认为，由于受农业结构调整、生态退耕、自然灾害损毁和非农建设占用地等影响，中国的耕地资源面临逐年减少趋势，全国耕地总面积已经逼近1.2亿公顷的警戒线，人均耕地面积跌至0.092公顷，不足世界平均水平的40%。

此外,气候变化及其对粮食产量的影响开始逐步引起国内外学者的广泛关注(于贵瑞等,2001)。气候资源是指能为粮食生产提供物质和能量的气候条件,即光照、温度、降水、空气等气象因子的数量或强度及其组合。诸多研究结果表明,气候变化对中国的粮食生产具有广泛的影响(郝志新等,2001;高彦春等,2002;李茂松等,2006),其中,气温和降水变化是较为显著的影响因素(郭燕枝等,2007;李海鹏和叶慧,2008)。在全球气候变暖的背景下,研究区域气候关键指标变化与粮食变动之间的关系渐显重要。其中,邓祥征等(2011)的研究具有一定的典型意义,其以部门均衡理论为基础,构建模型预测华北地区发生不同程度旱灾情景下的全国主要农产品的市场价格变化。

（二）国际市场开放与粮食安全

2001年"入世"后,中国的粮食市场逐步对外放开,粮食产品的贸易规模呈现迅速扩大的态势。然而,对于保障中国粮食安全而言,国际市场开放究竟是机遇还是挑战,学术界对此的观点大相径庭。

部分学者认为,国际粮食市场并非是保障粮食安全的一种有效渠道。粮食是带有政治性的一类特殊商品,因此,政府应当立足国内粮食的充分供给以实现本国的粮食安全,国内生产是保障粮食安全的唯一有效途径,借助国际粮食市场调入粮食并非是一种可取的途径。其中,尹成杰(2005)和邹风羽(2005)指出,较高的粮食自给率是保障粮食安全的基础,而粮食自给率取决于粮食的综合生产能力,因此,中国必须将政策重点放在提高本国的粮食综合生产能力上。姜长云(2005)、王雅鹏(2005)、王修凤(2004)等认为,为了保障中国的粮食安全,必须首先保护和调动农民生产粮食的积极性,从而在粮食自给率上有所保障。

诸多学者指出,应当充分利用国际粮食市场,发挥比较优势,从而保障中国的粮食安全。卢锋(1997)认为,通过国际粮食市场从事粮食对外贸易,可以发挥比较优势,从而增加农业和粮食生产的经济效率,最终提升安全水平。胡靖(2000)指出,尽管粮食安全具有公共产品的属性,但是必须强调提供其所需的成本和效率,利用国际粮食市场是提高粮食安全提供效率的有效途径。朱晶(2000)详尽分析了利用国际粮食市场对保障中国粮食安全的提升作用:①通过利用国际粮食市场平滑国内粮食生产的年际波动;②通过国际贸易发现国内粮食生产在全球市场的比较优势,从而通过粮食贸易获取比较利益。龙方(2007)强调,中国的粮食安全正受到人口增长和资源约束的双重压力,保障粮食安全必须充分利用国际国内两种资源和两个市场,因此,国际粮食市场开放是实现粮食安全的必然途径。吴志华(2003)指出,保障粮食安全应当通过有效的手段保证合理的安全水平,利用国际粮食市场恰恰是一种有效的手段。

　　基于上述分析,较多学者对粮食市场开放持乐观态度,他们认为粮食贸易有助于实现比较优势、获取贸易利益,在一定程度上可以提升中国的粮食安全水平,因此应当充分利用国际粮食市场。部分学者则对粮食市场开放持悲观态度,他们基于粮食的战略属性指出,相较于借助国际粮食市场,保障国内粮食充分供给才是维护中国粮食安全的有效渠道。

　　(三)虚拟资源贸易与粮食安全

　　"虚拟水"的概念由 Allan(1993)最早提出,虚拟水含量是指单位产品或服务全过程消耗的水资源总量。基于该视角可以全面直观地考察生产活动的用水状况,进而可以计算一个部门、地区、国家或者全球的水资源消耗总量和"水足迹"。借用虚拟水的概念,Würtenberger et al.(2006)提出了虚拟耕地的概念,虚拟耕地是指在商品和服务生产过程中所需要的耕地资源数量,虚拟耕地并非真实意义上的耕地,它以虚拟的形式隐含在产品当中。赵菊勤等(2008)提出了包含虚拟水、虚拟耕地和虚拟能在内的"虚拟资源"概念。

　　应用虚拟资源的思想,国内外学者通过多种方法测算了各主要粮食作物的虚拟资源含量,各地区粮食生产资源的利用格局及其变化,以及资源比较优势与粮食贸易结构的关系等问题。Yang & Zehnder(2002)以地中海南部的国家为样本,实证测算了其粮食进口中蕴含的虚拟水资源贸易量;他们研究发现,基于粮食贸易的虚拟水资源进口在一定程度上可以提升水资源的供给效率。Chapagain & Hoekstra(2003)基于产品生产树(Production Tree)的方法,对世界各国的年均虚拟水贸易量进行测算,中国的年均虚拟水净进口量约为 194 亿立方米,虚拟水贸易对缓解中国水资源的短缺态势做出了巨大的贡献。闫丽珍等(2006)依据玉米调运数量、产量、播种面积和复种指数等指标,估算玉米南运的虚拟耕地资源流动量;估算结果表明,中国每年从北方运往南方的玉米将近 4000 万吨,相当于向南方调入了 $590 \times 10^4 \sim 950 \times 10^4$ 公顷的虚拟耕地,因此,虚拟耕地贸易有助于实现区域间资源的平衡配置。刘红梅等(2007)测算了中国 1978—2004 年水稻、小麦、玉米和大豆四种粮食作物的虚拟耕地资源进口量;测算结果表明,2004 年四种粮食作物的虚拟耕地资源进口量为中国节约了 1297.5 万公顷的耕地面积,约占中国当年耕地面积总量的10.6%。成丽等(2008)选取了中国四种主要粮食作物,核算了 1978—2006 年间的虚拟耕地贸易量;在此基础上,他们运用计量经济学模型,实证检验了耕地压力与虚拟耕地贸易之间的关系,其检验结果发现,粮食进口对缓解耕地压力、促进耕地可持续具有显著的正向作用。陈伟华(2010)对虚拟耕地战略做出了较为详细的研究,核算了中国主要粮食作物在 1996—2008 年间的虚拟耕地贸易流量,阐述了比较优势理论在虚拟耕地战略中的应用,并在此基础之上定量评估了中国各区域的虚拟耕地优势度。

基于上述分析可以发现,一方面,现有文献对于虚拟资源尤其是虚拟耕地资源贸易量的核算方法尚不成熟,而且其测算对象的选取大多局限于水稻、小麦、玉米和大豆这四种中国主要的粮食作物,因此,如何应用虚拟资源的思想全面而综合地对粮食生产中的虚拟耕地资源利用量进行衡量仍是一个值得继续研究的问题;另一方面,对于虚拟资源贸易的战略意义,国内外大部分学者认为虚拟资源贸易可以发挥比较优势,有助于调配不同地区农业资源的分配状况,使全球的农业资源能得到优化合理配置,但是,鲜有学者基于贸易风险尤其是粮食禁运的视角对虚拟资源的稳定性进行审视。

在国内粮食安全的维度上,多数学者基于资源供给数量的角度阐释其对中国粮食生产的制约作用,鲜有学者基于资源供给质量的角度对其加以深入研究。在国际粮食安全的维度上,一方面,学者们从粮食贸易出发,深入解释了国际市场开放可能给粮食安全带来的利与弊;另一方面,诸多学者也对虚拟资源贸易的比较优势与资源节约度进行测算。然而,尚未有学者将两者加以有效整合,基于虚拟资源贸易的视角探讨国际市场开放对保障中国粮食安全的影响。鉴于耕地资源在粮食生产中的基础性地位,本章将以耕地资源为视角,搭建国内外耕地资源有效供给的分析框架,研究中国的粮食安全问题,有助于弥补现有文献的研究空白。

二、搭建基于国内外耕地资源有效供给的分析框架

农业是国民经济的基础,而粮食生产作为农业生产的重要内容,直接影响国民经济的发展。粮食安全历来是关乎国家经济、政治、军事的重要命题,任何一个国家的经济发展、社会稳定和国家安全都必须建立在粮食安全的基础之上。马克思在《资本论》中曾提到,粮食生产是直接生产者生存和一切生产的首要条件;美国学者摩根索在《国家间政治——权力斗争与和平》一书中也明确指出,粮食安全是国家强权的一个相对的稳定因素。

中国的粮食安全问题始终是政府和社会关注的重要焦点,因此,诸多学者尝试基于不同的维度对其进行研究。目前,关于中国粮食安全的研究主要集中在生产能力、流通贸易、价格波动等三个重要维度。对于粮食的生产能力维度,诸多研究结果显示(傅泽强等,2001;杨贵羽等,2010),影响中国粮食生产能力的因素主要有农业自然资源、科学技术水平和粮食补贴制度等,其中,由于工业化

进程导致中国耕地资源、水资源的数量锐减是威胁中国粮食安全的重要因素。对于粮食的贸易流通维度,多数学者认为(柯炳生,2007;朱彬,2007),由于中国的人均农业自然资源匮乏,所以,进口粮食等资源密集型农产品,出口园艺、畜牧等劳动密集型农产品,有利于发挥全球比较优势;换言之,从国外进口粮食应当成为保障中国粮食安全的重要途径。对于粮食的价格波动维度,众多研究表明(卢锋和谢亚,2008;罗锋和牛宝俊,2009;顾国达和方晨靓,2010),国际粮价波动对中国粮食价格存在较为显著的影响。国际粮价的长期趋势和短期波动均会导致小麦、稻谷、玉米、大豆等四类粮食作物的国内粮价同步波动,而国内粮价的大幅波动不但会削减农民的种粮积极性,甚至可能妨碍低收入群体及时有效地获取粮食,因此不利于保障中国的粮食安全(丁守海,2009)。

尽管目前对于粮食安全的研究维度众多,但是维度彼此之间较为分散,缺乏横向的关联机制。鉴于耕地资源在粮食生产中的基础性地位,本章以耕地资源为视角,对粮食的生产能力维度和贸易流通维度进行有效整合,构建基于国内外耕地资源有效供给的分析框架,分别从国内耕地资源有效供给与国外耕地资源有效供给两个维度研究中国的粮食安全。本章认为,耕地资源的有效供给是指愿意并且能够提供的、生产可能性边界能够持续扩张的供给,这种供给不但关注耕地资源的供给能力,而且尤其强调耕地资源供给的优质性和稳定性,以实现潜在总供给的扩大。国内、国外耕地资源的有效供给分别意味着维护国内耕地资源供给的优质性和提升国外耕地资源供给的稳定性。国内耕地资源有效供给维度是粮食生产能力维度的拓展,但是,粮食生产能力维度侧重于考察耕地资源供给数量对粮食安全的影响,而国内耕地资源有效供给维度则更为关注耕地资源供给质量对粮食安全的影响。国外耕地资源有效供给维度是粮食贸易流通维度的延伸,后者偏重于解释粮食贸易会产生耕地资源供给的数量节约效应,而前者则注重研究粮食贸易会引致耕地资源供给的风险集聚态势。伴随着国内耕地资源质量的日益衰退与粮食贸易风险的不断加大,中国的有效耕地供给大致呈现出逐年递减的趋势,已经严重威胁中国的粮食安全。因此,相较于以往的研究维度,国内外耕地资源有效供给维度对于研究中国的粮食安全问题是至关重要的。

(一)中国粮食安全的国内耕地资源有效供给维度研判

中国是一个典型的人多地少的国家,人均耕地面积仅为 1.39 亩,不足世界人均耕地面积的 40%(中国农业部,2010),人均耕地资源短缺在一定程度上制约了中国的粮食生产。而且,中国耕地资源数量不断减少、质量日益衰退的现状进一步加剧了耕地资源对中国粮食安全的约束作用。因此,需要基于国内耕地资源有效供给的维度对中国的粮食安全予以研判。国内耕地资源的有效供给不仅关注耕地资源的供给数量,而且尤其强调耕地资源的供给质量。因此,本章将分别基于国内耕地资源供给数量和供给质量的视角,对中国粮食安全的国内耕地资源有效供给维度予以研判。

20 世纪 90 年代以来,中国耕地资源的供给数量始终表现出逐年减少的态势。由图 7.1 知,1996 年,中国耕地资源的供给数量为 13000 万公顷,达到历史最高值;1997—1999 年开始出现小幅下滑,2000 年以后则显著减少,2006 年仅有 12178 万公顷;2006—2008 年,尽管耕地资源的供给数量仍旧维持减少的趋势,但国家对耕地保护政策的严格执行显见成效,其减少的速度大幅放缓。1996—2008 年的 13 年间,耕地资源的供给数量共减少了约 830 万公顷,年均减少量高达 64 万公顷,其中,建设用地和生态退耕是导致其减少的主要因素。在中国由传统的农业社会向现代化工业社会的转变初期,城镇化建设大量占用耕地资源,尤其是在江苏、河北、河南等粮食主产区,建设用地占用耕地的现象较为普遍(中国粮食研究培训中心,2009)。研究结果表明,中国的城市化率每增加 1%,会使耕地资源供给数量减少 0.53%,相当于减少了 213 万公顷(马晓河和蓝海涛,2008)。此外,在四川、内蒙古等西部地区,退耕还林等相关政策的实施促使部分耕地被转化为生态性用途,生态退耕引起耕地资源供给数量减少的情况尤其突出。

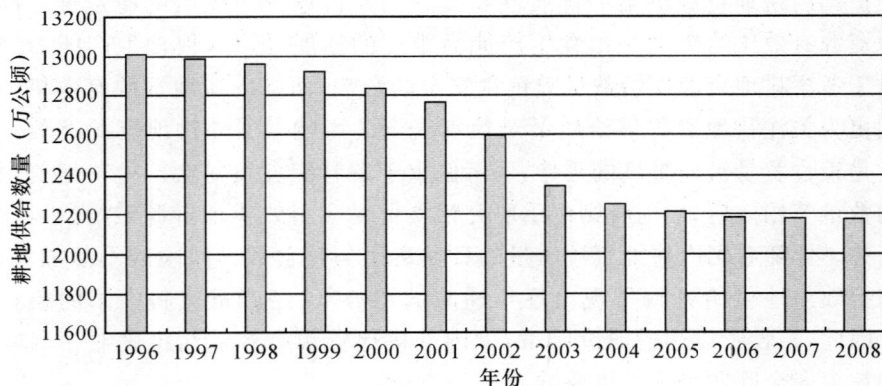

图 7.1 1996—2008 年中国耕地资源供给数量的变化概况(中国农业部,2010)

中国耕地资源的供给数量不断下降的同时,其供给质量也出现严重衰退。20 世纪 80 年代以来,由于中国人口的日益增加带来了巨大的粮食需求,农户不得不通过高强度的耕地利用模式提高粮食产量。然而,这种集约化的粮食生产模式对耕地资源本身带来了强烈的干扰和巨大的压力,导致耕地资源的供给质量严重恶化。具体地,高强度的耕地利用模式使得耕地资源陷入掠夺式经营的困境,从而导致耕地的肥力下降、养分缺失,甚至出现土壤板结等严重后果,最终造成耕地资源的供给质量恶化,不利于粮食作物的生长。目前,中国部分地区的粮食显示产量已超过其耕地资源生态产量的警戒线,使得当地耕地资源的基础地力大幅下降(曹宝明,2011)。对西部 12 省的耕地承载力评估结果表明,有 20% 的西部地区的耕地承载力处于超负荷状态,耕地资源的严重超载引发其质量出现大幅恶化[①]。近年来,中国耕地资源中土壤有机质的平均含量甚至不足 1%,较 20 世纪 90 年代初下降了将近 0.35%,且远远低于欧美发达国家 3% 的水平(中国粮食研究培训中心,2009)。

相较于耕地资源的供给数量,耕地资源的供给质量对国内耕地资源有效供给的约束作用更为强烈。对于耕地资源的供给数量而言,在城市化建设的初期,不可避免地出现了建设用地和生态退耕占用耕地的状况,使得耕地资源的供给数量大幅下降。但自 2007 年以来,由于城市化进程的放缓,国家严格执行用地规划、落实耕地保护政策,耕地资源的供给数量逐步趋于稳定。在 2018 年左右,中国将进入经济低增长、耕地资源低减少的阶段,届时耕地资源的供给数量将维持稳定(吴群等,2006),因此,耕地资源数量对国内耕地资源有效供给的制约作用将日趋薄弱。然而,对于耕地资源的供给质量,高强度的耕地利用模式带来了耕地土壤肥力的显著下降,而且在未来一段时间内,这种集约化的粮食生产模式仍然不可避免,甚至会愈演愈烈,其带来的耕地资源的供给质量恶化已经成为制约国内耕地资源有效供给的重要因素。

在国内耕地资源有效供给的维度上,中国已经陷入耕地资源有效供给不足的困境。尽管耕地资源的供给数量逐步趋于稳定,但其供给质量却严重下滑,造成国内耕地资源有效供给不足。由图 7.2 知,中国看似拥有了稳定且较多的耕地资源供给数量,实质上,中国耕地资源的有效供给已经远远低于耕地资源数量的绝对供给,两者之间形成巨大的差距;而且,高强度的耕地利用模式促使这种差距日益扩大,使得中国深陷耕地资源有效供给不足的困境。因此,耕地资源的供给质量恶化将逐步成为制约耕地资源有效供给的重要因素,造成耕地资源有效供给不足,而一旦耕地资源的有效供给出现短缺,将会严重威胁中国的粮食安全。

---

① 　中国西部五分之一土地承载力处于超负荷状态.北京晚报,2001-01-06.

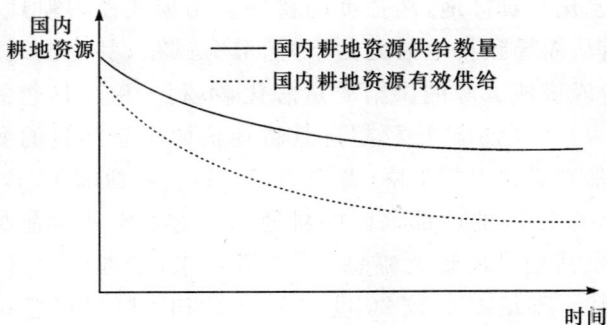

图 7.2　国内耕地资源有效供给的演变路径

（二）中国粮食安全的国外耕地资源有效供给维度研判

国内耕地资源供给数量的有限性促使中国寻求国外耕地资源以提高国内外耕地资源的总供给数量，从而保障中国的粮食安全。尤其是在 2001 年加入WTO 后，中国与其他成员国之间的贸易联系日趋紧密，农业对外投资的步伐不断加快，这在某种程度上导致中国的国外耕地资源供给数量出现迅速增加。但是，国外耕地资源供给数量的增加并非意味着国外耕地资源有效供给的提升，也不能据此断定其必然有利于保障中国的粮食安全，因此需要基于国外耕地资源有效供给的维度对中国的粮食安全予以研判。不同于国内耕地资源的有效供给，尽管国外耕地资源的有效供给关注耕地资源的供给能力，但其更为重视耕地资源供给的稳定性。对于国外耕地资源的供给能力，耕地资源数量是一个较好的代理指标；对于国外耕地资源供给的稳定性，则需要结合粮食贸易的贸易风险予以深入阐释。因此，本章将分别基于国外耕地资源的供给数量和供给风险的视角，对中国粮食安全的国外耕地资源有效供给维度予以研判。

中国的国外耕地资源供给数量较大，且近年来呈现出明显的上升趋势。由于中国人口众多的特殊国情使得其人均耕地资源相对短缺，中国通过采取粮食对外贸易和农业对外投资两种手段获取国外耕地资源，试图实现国外耕地资源的足量供给。其中，粮食对外贸易是直接获取国外耕地资源的一种渠道。粮食作物种植必须利用大量的耕地资源，因此，进口粮食作物及其加工制品相当于直接进口国外的耕地资源，出口粮食作物及其加工制品相当于直接出口本国的耕地资源。农业对外投资则是间接获取国外耕地资源的一种渠道，尽管农业对外投资意味着农业企业可以直接在海外租地种粮，但其在东道国生产的粮食作物及其加工产品必须基于粮食对外贸易的手段方能运回本国，因此，它是一种间接实现国外耕地资源供给的方法。2001 年加入 WTO

后,中国的农业对外投资步伐加快,粮食贸易格局也发生重大转变,政府逐步取消了对粮食贸易的管制,使得粮食产品尤其是大豆的进口量出现大幅增加,中国由最初的粮食净出口国变为现今的粮食净进口国。由图 7.3 知,2008—2010 年间,中国的四种主要粮食作物,除了稻米以外,其余三种均实现了净进口,其中,大豆的净进口量甚至高达 5684 万吨。近年来粮食作物及其加工制品的大规模进口给中国带来了巨大的国外耕地资源供给,看似使得中国摆脱了国内耕地资源数量有限的困境。

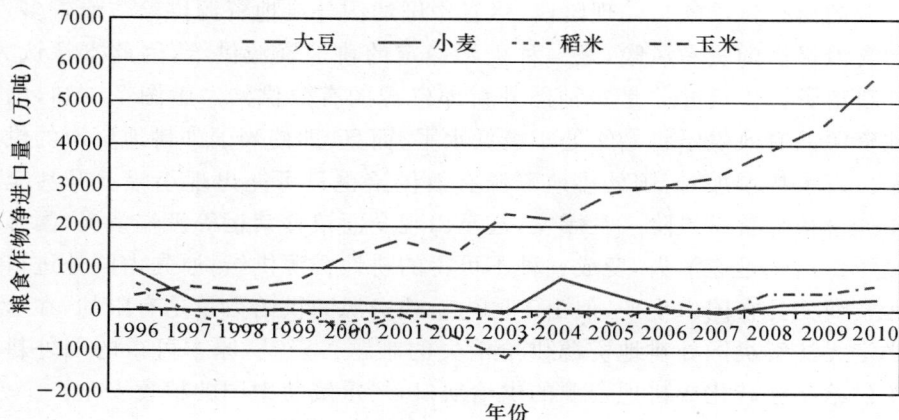

图 7.3　1996—2010 年中国四类主要粮食作物的净进口量

资料来源:联合国粮农组织数据库(http://faostat.fao.org)

　　尽管国外耕地资源的供给数量巨大,但其蕴含着极高的贸易风险,不利于保障中国的粮食安全。2001 年加入 WTO 后,中国将粮食进口战略视为保障粮食安全的重要途径。尽管进口粮食相当于进口国外的耕地资源,有助于发挥比较优势,实现耕地资源的数量节约效应,从而缓解国内耕地资源的紧张态势(Würtenberger et al.,2006;Qiang et al.,2013),但是,出口限额、出口征税、贸易冲突等粮食贸易风险的存在,决定了国外耕地资源供给包含着较高的供给风险,无法长期维护中国的粮食安全。其中,最严重的是粮食禁运风险。1919—1984 年间的 103 次经济制裁中,有 10 次是粮食禁运,而且目标国大多是发展中国家,其中美国发起了 8 次(Hulfauer et al.,1999)。尽管粮食禁运危机在 21 世纪尚未出现,但随着中国逐渐融入世界市场和走上政治舞台,以美国为首的西方发达国家对中国实施粮食禁运的可能性在不断加大。究其原因有二:①维护美国本土的相关利益。对中国的大规模粮食出口可能引发美国国内过高的粮价,而且出口粮食相当于出口国内的耕地资源,会加大本国的生态压力、破坏原有的生态平衡（Würtenberger et al.，2006；Koellner，2012）。②满足对抗他国的政治诉求。美国的旋转门政府①（Revolving-Door Government）极有可能利用粮食武器（Grain as Weapon）向中国施加压力，以满足其政治诉求（Engdahl，2007）。因此，一旦出现粮食禁运危机，中国将失去绝大部分粮食进口，以至于丧失绝大部分国外耕地资源供给，严重危害中国的粮食安全。

国外耕地资源供给并非是一种耕地资源有效供给，长期来看将会形成耕地资源的潜在供给缺口。现阶段，尽管中国的国外耕地资源供给数量较多，但其包含着极高的贸易风险，是一种极不稳定的耕地资源供给，因此本章认为，国外耕地资源供给并非是一种国外耕地资源的有效供给。由图 7.4 知，国外耕地资源的有效供给将始终处于极低水平，而且，即使当国外耕地资源的供给数量出现大幅增加时，国外耕地资源有效供给也只可能出现小幅上升甚至保持不变。粮食贸易风险一旦爆发，甚至出现全面粮食禁运等极端情况，国外耕地资源供给将迅速消失，变成一种不可得的耕地资源供给；原先由国外进口的粮食转而变为在国内生产，但由于国内耕地资源的供给数量是有限的，在短期内必定无法解决国外耕地资源供给消失的难题。于是，原本可得的国外耕地资源供给将会转化成耕地资源的供给缺口，严重威胁中国的粮食安全。

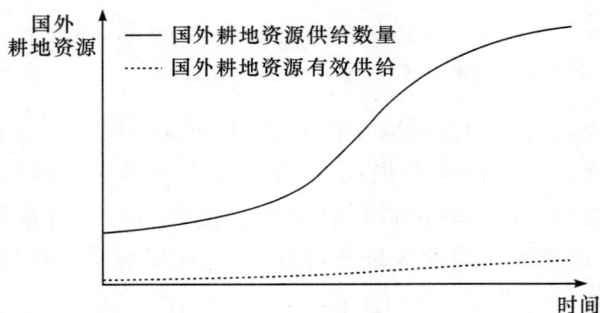

图 7.4　国外耕地资源有效供给的演变路径

本研究通过搭建国内外耕地资源有效供给的分析框架，分别对国内、国外耕地资源有效供给的维度进行研判，从而研究中国的粮食安全。在国内耕地资

---

① Engdahl（2007）指出，旋转门政府是指一些大公司直接雇佣政府官员担任高级管理者，从而利用政府的影响力和人脉关系获利的普遍现象。类似地，反方向的旋转也行得通，大公司的高级管理人员被安插到政府中担任要职，从而推行公司的秘密计划。

源有效供给的维度上,相较于耕地资源供给数量,耕地资源供给质量对国内耕地资源有效供给的约束尤其明显,一旦国内耕地资源有效供给不足,将危害中国的粮食安全,而高强度的耕地利用模式是造成国内耕地资源供给质量下降的重要原因;在国外耕地资源有效供给的维度上,粮食对外贸易和农业对外投资为中国提供了大规模的国外耕地资源供给,但是,由于其蕴含着巨大的贸易风险,因此,并非是国外耕地资源的有效供给。当粮食禁运危机出现时,原有的国外耕地资源供给将迅速转化为中国耕地资源的供给缺口,严重威胁中国的粮食安全。

　　本章将尝试解决两个问题:①高强度的耕地利用模式在造成国内耕地资源有效供给不足的同时,曾一度为中国带来粮食产量的攀升,因此有必要站在全局的角度重新审视其对中国粮食安全的影响;②为了有效应对粮食禁运风险,中国必须未雨绸缪,积极建筑耕地资源的储备体系,所以有必要衡量耕地资源的潜在供给缺口大小。本章的第二节和第三节将分别借助系统仿真模型和虚拟耕地核算体系的方法对上述两个关键问题予以研究。

第二节　国内耕地资源与中国粮食生产能力演进的动态仿真

　　20 世纪 80 年代,由于人口的急剧增长引发对粮食的巨大需求,中国开始采用高强度的耕地利用模式以提高粮食产量,却造成国内耕地资源的供给质量日益恶化。耕地资源的供给质量恶化会对国内耕地资源的有效供给形成巨大的约束;如果国内耕地资源的有效供给不足,将会严重威胁中国的粮食安全。但是,鉴于高强度的耕地利用模式在造成耕地资源供给质量恶化的同时,也会带来粮食产量的攀升,因此需要从全局的角度进一步考察其对中国粮食安全的影响。本章通过构建系统仿真模型,模拟高强度耕地利用模式下中国粮食生产能力的演变路径,从而考察高强度耕地利用模式对中国粮食安全带来的影响。

一、模型设定

（一）研究方法说明

　　由于粮食生产系统是一个复杂、高阶、非线性的系统,而传统的经济模型方法作为一种黑箱方法,过分倚重数量上的精确运算,却无法揭示系统内部变量间相互影响与作用的运行机制,因此,本章选用系统动力学（System Dynamics）方法,研究高强度耕地利用模式下中国粮食生产能力的演进路径。系统动力学方法是一种白箱方法,建立在对结构方程模拟的基础之上,可以模拟刻画系统关键运作环节的传导机制和演进过程。目前,该分析方法已被广泛应用于经济分析的微观层面如企业生产管理、库存管理,以及宏观层面如社会经济系统分析等领域(王其藩,2009)。其中,Meadows(1976)最早将系统动力学方法引入农业生产领域,他基于人口变化的视角探讨了美国粮食的供需状况;Bach & Saeed(1992)采用系统动力学方法,较为深入地考察了越南粮食自给率的演变态势,同时进行了多项政策模拟;Quinn(2002)将人口变化、粮食生产、经济可持续发展同时纳入系统动力学框架进行仿真模拟;Georgiadis et al.(2004)基于系统动力学方法分析了粮食供应链的内在运行机制,探讨了粮食供应链的最优管理模式,为决策者的行为提供了可靠依据。此后,国内部分学者(梅方权,2006;王海燕等,2007)开始尝试运用系统动力学方法研究粮食安全的相关问题。

(二)系统结构设定

本章借鉴 Bach & Saeed(1992)的研究成果,构建以人口数量、粮食产量、耕地质量为主体的中国粮食生产能力动态仿真系统,模拟高强度耕地利用模式下中国粮食生产能力的演进路径。粮食生产能力是指由耕地资源、水资源、资本、劳动力、科技等要素的投入能力及配置方式所决定、由粮食产量所表现、能够相对稳定地实现一定产量的粮食产出能力(马晓河和蓝海涛,2008),因此,本章认为,粮食产量是反映粮食生产能力的绝对指标,人均粮食产量、粮食自给率取决于人均粮食产量和人均粮食需求,是反映粮食生产能力的相对指标,三者在某种意义上是等同的。

本章以粮食自给率为例阐释系统的内在循环机理。本系统假设耕地资源的供给数量和人均粮食需求①保持不变,因此粮食自给率取决于粮食产量和人口数量,当人口数量增加引起粮食自给率逐步下降时,会产生四种动态循环回路(图 7.5):①由于粮食是满足人体生理需求的刚性消费品,因此当粮食自给率降至较低水平时,人口的平均寿命开始缩短,每年死亡的人口数量不断增加,于是,粮食自给率将逐步回升,此时构成负反馈循环回路;②粮食自给率下降会促使农业生产者增加农业投资以改善耕地资源的供给质量,耕地质量的改善有助于提高粮食单产,从而增加粮食产量和提升粮食自给率,此时构成负

① 唐华俊和李哲敏(2012)指出,由于中国实际人均粮食消费在 406.09～378.88 千克波动,且实际值大于基于平衡膳食模式下的人均粮食需求。因此本章在计算粮食自给率时,假设人均粮食需求为 370 千克。

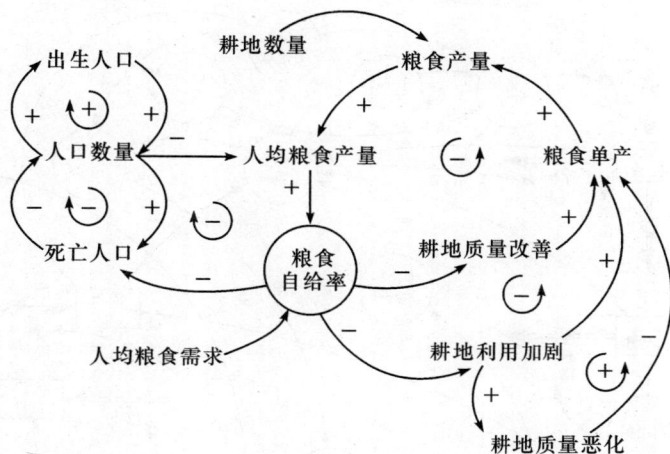

图 7.5　中国粮食生产能力演进的动态循环回路

注：带箭头的曲线表明两个要素之间存在因果关系，正号（＋）表示正相关关系，负号（－）表示负相关关系。一旦因果链相连成环，就构成反馈回路。

反馈循环回路；③由于耕地资源供给数量有限且耕地质量的改善是一个长期渐进的过程，因此，粮食自给率下降会促使农业生产者采用高强度的耕地利用模式以保障粮食安全，高强度的耕地利用模式可以在短期大幅增加粮食产量和提升粮食自给率，此时构成负反馈循环回路；④高强度的耕地利用模式却会在长期造成耕地资源供给质量严重恶化，进而造成耕地资源有效供给急剧下滑，于是，会使得粮食产量逐步衰减，从而陷入粮食自给率不断下降的恶性循环，此时构成正反馈循环回路。粮食自给率的演变态势将取决于上述四种动态循环回路的相对强度大小。具体地，本章编写 DYNAMO 语言，采用系统动力学软件 Vensim-PLE，以 1980 年为运行起步期、一个年度为运行步长，建立一个历时 50 年的中国粮食生产能力动态仿真系统（图 7.6）。该仿真系统主要由人口子系统、粮食子系统、生态子系统构成，分别反映人口数量、粮食产量、耕地质量的变化。

1. 人口子系统

影响人口数量的因素包括每年的出生人口和死亡人口。每年出生的人口数目和人口数量形成正反馈循环，导致中国人口数量呈现指数型增长态势。每年出生的人口数目由中青年的人口数目和人口出生率共同决定，其中，中青年的人口数目取决于中国的人口比例，人口出生率可以用每对夫妇的子女数和女性的育龄跨度表示。由于中国的计划生育政策使得每对夫妇的生育子女

中国粮食安全与全球粮食定价权
——基于全球产业链视角的分析

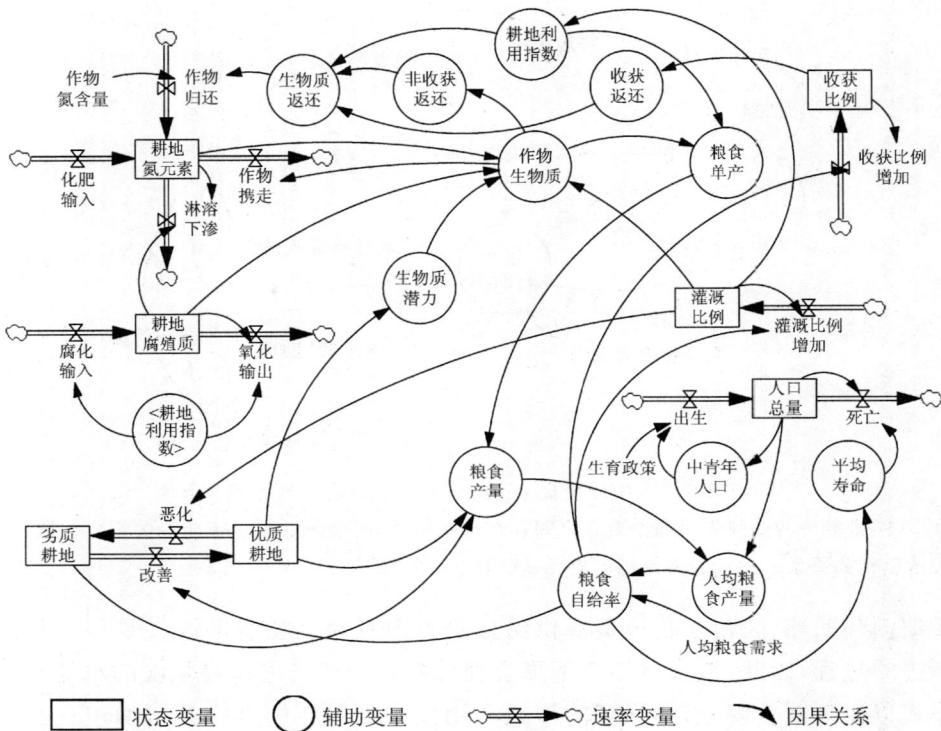

图 7.6　中国粮食生产能力演进的动态仿真系统

数基本维持在 1~2 个,因此系统假定每对夫妇生育的子女数为 1.5 个,而女性的育龄跨度约为 22.5 年;每年死亡的人口数目与人口数量构成负反馈循环,有利于限制人口过快增长。每年死亡的人口数目由人口数量和人口的平均寿命共同决定。粮食作为满足人体生理需求的刚性消费品,其数量的多寡将直接影响人口的平均寿命,因此系统假设人口的平均寿命是粮食自给率的一个非线性渐进递减函数,随着粮食自给率的下降,人口的平均寿命将逐步减少,从而导致每年死亡的人口数目增加。

2. 粮食子系统

粮食产量由粮食单产和耕地资源的有效供给共同决定。系统假设耕地资源的供给数量不变,因此,耕地资源的有效供给取决于耕地资源的供给质量,即优质耕地和劣质耕地各自所占的比例。当粮食产量不足即粮食自给率较低时,农业生产者会增加农业投资以促使劣质耕地向优质耕地的转化,优质耕地的增加有利于提高粮食单产进而增加粮食产量。但由于耕地质量的改善是一个长期渐进的过程,无法在短期内迅速提高粮食产量,因此,农业生产者更愿意采用扩大灌溉面积、允许耕地复种、加大化肥投入、播种耗能高产的粮食品种等高强度的耕地利用措施以获得短期内的粮食增产。其中,耕地利用指数是量化耕地资源利用强度的一个重要指标。本章假设耕地利用指数是灌溉比例的线性递增函数,而粮食单产又是耕地利用指数的线性递增函数。当粮食自给率不足时,高强度的耕地利用模式会导致灌溉比例的增加速率加大,使得耕地利用指数增加,而耕地利用指数增加会迅速提高粮食单产,进而增加粮食产量。此外,较低粮食自给率也会促使农业生产者提高粮食收获比例的增加速率,收获比例的加速增加有助于氮元素及时通过作物返还的渠道回到耕地土壤当中。

3. 生态子系统

粮食作物生长所需的营养元素分为大量营养元素和微量营养元素两大类。在大量营养元素中,氮元素与粮食单产存在显著的正相关关系,且对粮食作物的生长起着重要的作用,因此,本章选取氮元素作为大量营养元素的典型代表,将氮循环纳入系统仿真模型。氮元素主要通过化肥输入、作物归还等方式进入耕地土壤,作物携走、淋溶下渗则会使得氮元素从耕地土壤中流失(王激清等,2007)。其中,淋溶下渗的速度依赖于耕地土壤中腐殖质的存量,而作物携走的氮元素随后又会随着粮食作物的收获而发生转移。微量营养元素大多蕴藏于耕地土壤的腐殖质中,因此本章将腐殖质循环纳入系统仿真模型。耕地土壤中的腐殖质含量并非是一成不变的,动植物残体的腐化输入会逐步增加现有的腐殖质含量,而氧化作用的发生则会使腐殖质含量缓慢减少。耕地的氮元素和腐殖质含量的多寡会直接影响耕地资源供给质量的优劣,两者的含量越多,则耕地资源的供给质量越好。

高强度的耕地利用模式会引起耕地资源的供给质量出现恶化。在微观层面,其会导致腐殖质和氮元素的含量减少。随着耕地资源利用强度的增加,一方面,动植物残体的腐化输入过程遭到破坏,使得动植物残体的腐化输入速率下降,同时耕地土壤裸露在空气中的表面积逐步扩大,腐殖质的氧化输出速率增加;另一方面,耕地的承载力不断加大,从而制约了氮元素通过作物归还的方式回到耕地土壤当中,导致氮元素的含量减少。在宏观层面,大幅灌溉等高强度耕地利用措施会加大优质耕地向劣质耕地的转化速率。比如,大幅灌溉会破坏土壤养分的蓄积过程,广泛施肥容易造成土壤的酸化板结,耕地复种、播种耗能高产的粮食作物品种会使土壤养分被粮食作物大量吸收,引起耕地的营养物质急剧减少。耕地腐殖质和氮元素含量的减少会通过影响作物生物质含量的渠道间接使得粮食的单产水平下降,优质耕地向劣质耕地的转化则会直接引起耕地资源的有效供给减少,两者共同造成粮食产量的下降。

二、实证分析

(一)历史模拟检验

为了确保模型结论的正确性,本章基于 1990—2010 年的历史数据对系统动力学模型的可信度进行检验。具体地,本章将采用均方根误差百分比(RMSPE)、平均绝对误差百分比(MAPE)、Theil 不等系数(Theil IC)等多个统计指标,从而判断粮食总产量、人口总量的动态模拟误差。

RMSPE 和 MAPE 是相对误差的评估标准,其数值越小,代表模型的模拟能力越强、可信程度越高。一般认为,如果 RMSPE 和 MAPE 均低于10%,则模型的动态模拟误差较小。它们的数学表达式如下:

$$RMSPE = \sqrt{\frac{1}{n}\sum_{t=1}^{n}\left(\frac{\hat{Y}_t - Y_t}{Y_t}\right)^2} \times 100\% \tag{7.1}$$

$$MAPE = \frac{1}{n}\sum_{t=1}^{n}\left|\frac{\hat{Y}_t - Y_t}{Y_t}\right| \times 100\% \tag{7.2}$$

其中,Y_t 表示历史序列的实际值,$\hat{Y}_t$ 表示模拟序列的模拟值,$\hat{Y}_t - Y_t$ 表示模拟误差,n 表示模拟的样本个数。

Theil IC 同样是一个评价模型模拟精度的较为有效的指标,一般认为,Theil IC 不应大于 0.1,其数值越小越好,其数学表达式如下:

$$Theil\ IC = \frac{\sqrt{\frac{1}{n}\sum_{t=1}^{n}(\hat{Y}_t - Y_t)^2}}{\sqrt{\frac{1}{n}\sum_{t=1}^{n}Y_t^2} + \sqrt{\frac{1}{n}\sum_{t=1}^{n}\hat{Y}_t^2}} \tag{7.3}$$

表 7.1 给出了系统仿真模型中的粮食产量和人口数量这两个关键变量的动态检验结果。其中,RMSPE 和 MAPE 均小于 5%,而 Theil IC 在 0.02 左右,接近于 0,这表明本章建立的中国粮食生产能力动态仿真系统不存在较大的系统性偏差,具有较高的历史有效性。

表 7.1　系统仿真模型的动态模拟检验结果

关键变量	RMSPE	MAPE	Theil IC
粮食产量	4.12%	3.30%	0.02
人口数量	3.60%	3.20%	0.018

（二）仿真结果分析

本章基于系统仿真模型得到关于优质耕地数量、劣质耕地数量、耕地氮元素、耕地腐殖质、粮食产量、人均粮食产量、人口总量、粮食自给率等八个重要参数的动态仿真结果。

（1）中国耕地资源的供给质量始终呈现出下降的趋势。在宏观层面，图7.7表明，中国的优质耕地面积由6000万公顷下降至3140万公顷，同时劣质耕地面积由8000万公顷上升至10860万公顷；在微观层面（图7.8），耕地的腐殖质含量不断减少而氮元素含量波动剧烈。腐殖质作为耕地的一项重要营养物质，其形成是一个长期缓慢的过程，而氮元素大多可以通过作物归还重新迅速进入土壤，与氮元素相比，腐殖质含量更能有效反映耕地资源的供给质量，腐殖质含量持续下降表明耕地土壤肥力和养分的不断流失。因此，大幅灌溉、允许复种、广泛施肥、播种耗能高产的粮食作物品种等耕地资源的高强度利用措施会导致耕地资源的供给质量严重恶化，该恶化速率已经远远超过农业生产者通过农业投资从而改善耕地资源供给质量的速率。

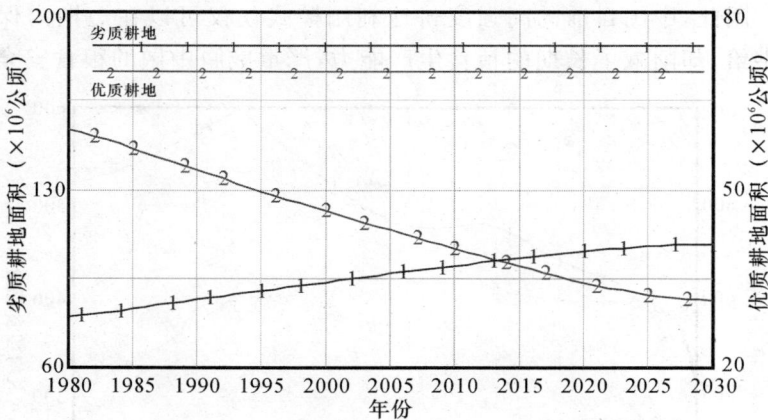

图7.7 劣质耕地面积和优质耕地面积的动态仿真结果

（2）中国的粮食生产能力呈现出先上升后下降的态势。图7.9和图7.10表明，1980—2020年期间，尽管人口的快速增长带来了巨大的粮食需求，但中国的高强度耕地利用模式促使粮食产量获得持续高速的增长，保证了人均粮食产量维持在较高水平，人均粮食产量在部分年份甚至超过400千克，基本可以实现粮食的自给自足。然而，自2018年开始，粮食产量由上升态势转而开始缓慢下降。此外，由于人口迅速增长带来的巨大压力，人均粮食产量也迅速下降，尤其是在2025年以后，中国的粮食自给率甚至降至90%，低于95%的

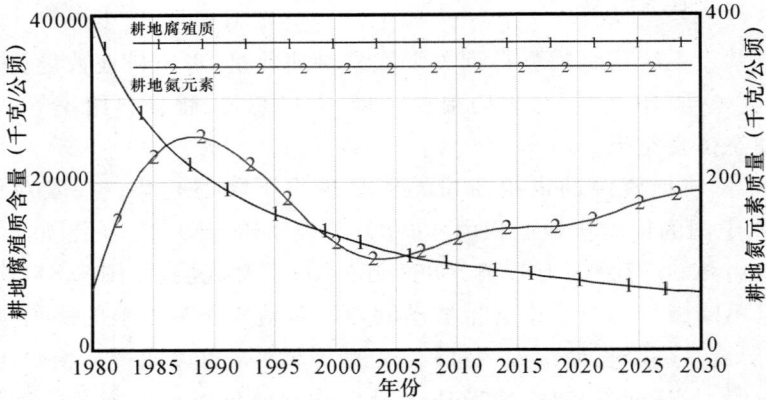

图 7.8　耕地腐殖质和氮元素含量的动态仿真结果

警戒线。在 2030 年,中国的人均粮食产量降至 308 千克,甚至低于 20 世纪 80 年代初的水平,远远不能满足人体的正常生理需求。其中,早期耕地资源利用过度引致的耕地资源供给质量低下,是造成中国粮食生产能力出现衰减的重要原因。因此,中国目前的高强度耕地利用模式仅仅可以在短期内保证粮食的足量供给,却削减了长期的粮食生产能力,严重威胁中国的粮食安全。

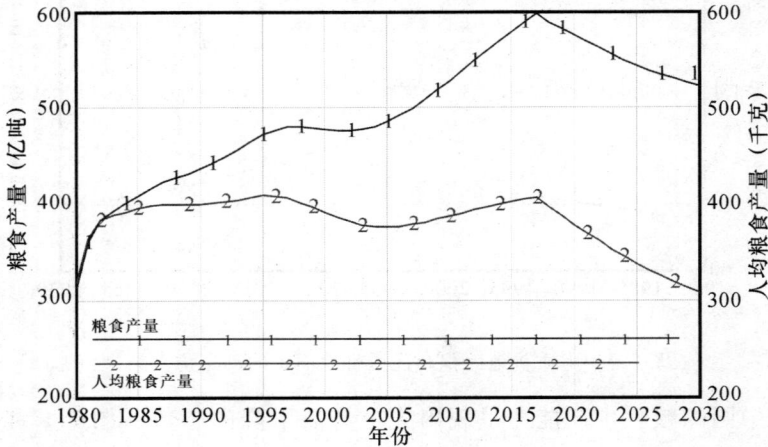

图 7.9　粮食产量和人均粮食产量的动态仿真结果

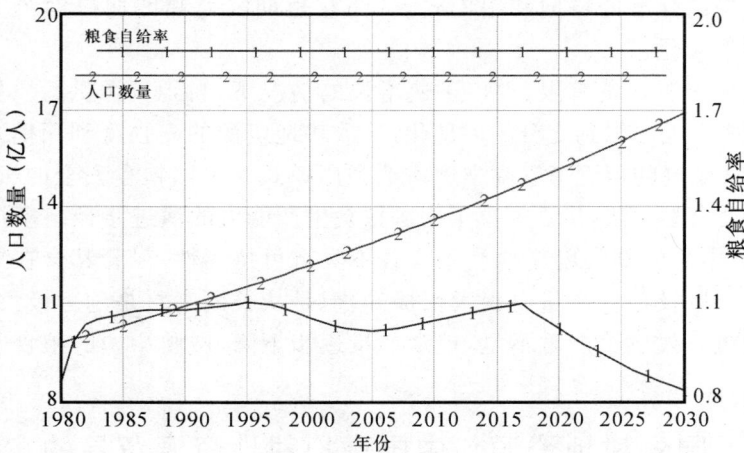

图 7.10　粮食自给率和人口数量的动态仿真结果

耕地资源的高强度利用会产生两种效应：①使粮食单产大幅提高，从而导致粮食产量增加；②加速优质耕地向劣质耕地的转化，导致耕地资源的有效供给不足，进而导致粮食产量减少。对中国粮食生产能力演进的动态仿真结果表明，在短期，前者占据主导作用，可以使中国暂时摆脱粮食供给不足的困境；在长期，后者占据主导作用，耕地资源有效供给不足的危害效应强烈显现，造成粮食生产能力逐步衰退，其危害程度远远超过先前由于粮食单产上升带来的好处。因此，高强度的耕地利用模式会造成耕地资源有效供给严重不足，以牺牲长期的粮食安全为代价换取短暂的粮食增产，此种粮食生产模式是不可取的。

20 世纪 80 年代以来，中国开始逐步由传统的计划经济体制向社会主义市场经济体制转型，却始终未能避免高强度的耕地利用模式所引致的耕地资源有效供给减少的困境。究其原因，主要是由于耕地资源供给质量下降所带来的外部成本未能得到充分的内部化。在计划经济主导的时期，政府是农业生产的决策者，其首要目标是增加粮食产量，因此，他们往往激励农业生产者提升粮食产量以满足日益扩大的粮食需求，而并未对保护耕地资源供给质量做出相关激励。因此，农业生产者更愿意过度利用耕地资源以使得粮食大幅增产，而不愿意维护耕地资源的供给质量。随着市场经济对计划经济的逐步取代，农业生产者取代政府成为农业生产的决策者，此时，他们会将有限的耕地资源视为一种不存在稀缺价值和机会成本的免费资源，即他们在享受耕地资源质量恶化所产生的利益的同时，无须为此付出高昂的成本。所以，他们更倾向于选择高强度的耕地利用模式,试图在短期内大幅增加粮食产量以实现自身利益最大化。

在耕地资源数量有限、人口迅速增长的情况下,耕地资源供给质量恶化带来的外部成本无法得到充分的内部化,导致耕地资源的高强度利用模式愈演愈烈。为了从全局的角度考察高强度耕地利用模式对中国粮食安全的影响,本章通过系统动力学方法,仿真模拟了中国粮食生产能力的演进路径。模拟结果表明,现阶段中国的高强度耕地利用模式不具有可持续性,尽管其会在短期内促使粮食单产以及粮食产量出现大幅提升,但是从长期来看是危害极大的,会导致耕地资源有效供给严重不足,粮食产量逐步下降,威胁中国的粮食安全。

第三节　国外耕地资源与中国虚拟耕地资源贸易的实证核算

全球性资源危机的共识和粮食武器化的趋势加大了国外耕地资源的供给风险。中国作为一个正在崛起的大国,应当担当国际责任,积极建筑耕地资源的有效储备体系,以弥补突发时期的耕地资源供给缺口。有鉴于此,衡量中国耕地资源的潜在供给缺口大小显得极为重要。经济价值上的贸易顺差仍有可能带来生态资本上的资源亏损,基于货币形式计算的粮食供给缺口是片面的(Rees & Wackernagel,1999),因此,必须基于生态要素的角度实证核算中国耕地资源的潜在供给缺口。

需要说明的是,本章对耕地资源潜在供给缺口的衡量是基于耕地资源供给稳定性的视角,而并非基于耕地资源供给优质性的视角。国内耕地资源的供给质量下降会导致耕地资源的有效供给减少,同样会形成耕地资源的供给缺口,但其形成是一个缓慢、渐进的过程,而粮食禁运危机却会导致国外耕地资源供给迅速消失,其供给缺口的形成是一个突发、迅速的过程。因此,基于稳定性的视角衡量中国耕地资源的潜在供给缺口,对于保障中国的粮食安全更具有现实的指导意义。

一、模型设定

（一）研究方法说明

为了准确衡量耕地资源的潜在供给缺口,有必要探讨中国获取国外耕地资源的各种途径。前文指出,国外耕地资源供给主要来源于两种渠道,分别是粮食对外贸易和农业对外投资。本章认为,测算国外耕地资源的供给数量只需计算粮食对外贸易渠道中隐含的耕地资源数量,而不必计算农业对外投资中获取的耕地资源数量。因为农业对外投资所生产的粮食产品,必须基于粮食对外贸易运回中国国内,换言之,农业对外投资相当于间接获取国外耕地资源,而粮食对外贸易相当于直接获取耕地资源。测算农业对外投资获得的耕地资源数量,会导致对国外耕地资源供给数量的重复测算,高估中国耕地资源的潜在供给缺口。因此,本章将基于粮食对外贸易的渠道实证核算中国耕地资源的潜在供给缺口。

　　为了测算粮食对外渠道中隐含的耕地资源数量,必须对现有文献的相关方法进行全面的梳理,以寻求一种适合本章的方法。近年来,伴随着经济一体化进程的加快,全球粮食产品的贸易规模出现激增,促使诸多学者基于农业资源的视角研究粮食对外贸易,尤其是考察其中隐含的耕地资源、水资源的数量以及对东道国生态环境的影响。Borgstorm(1965)认为农产品贸易中隐含着大量不可见的耕地资源,并将其称为影子耕地。Rees(1992)提出了生态足迹的方法,生态足迹是指能够持续提供资源或消纳废物的、具有生物生产力的地域空间,它从具体的生物物理量角度量化研究自然资源消费的空间,通过当量因子将各类生物生产性耕地面积转换为等价生产力的耕地面积,并加和求得生态足迹的大小。McDonald & Patterson(2004)和 Moran et al.(2009)利用生态足迹的方法量化粮食贸易中生态足迹的大小。英国学者 Allan(1993)提出了虚拟水的概念,虚拟水是指单位产品或服务全过程中消耗的水资源总量;相较于将多维度生物生产性耕地面积进行加总的生态足迹方法,虚拟水的计算过程仅仅涉及单一维度,因此更具有普遍意义。Würtenberger et al.(2003,2006)基于虚拟水的概念提出了虚拟耕地的概念,虚拟耕地是指在商品和服务生产过程中所需要的耕地资源数量,虚拟耕地并非是真实意义上的耕地,它以虚拟的形式隐含在产品当中。Erb(2004)基于虚拟耕地资源的思想,利用生产法计算了澳大利亚的实际耕地需求。Qiang et al.(2013)的研究比较具有代表性,他们通过引入约当转换因子对中国进出口农产品的虚拟耕地贸易量进行测算,得出的结论是,1986—2009 年期间中国年均实现耕地资源节约 327万公顷。本章沿用 Qiang et al.(2013)的虚拟耕地资源贸易核算体系,测算1986—2010 年期间中国的虚拟耕地资源贸易量,从而研究耕地资源潜在供给缺口的演变态势。

　　(二)核算体系阐释

　　现有的文献大多测算初级粮食作物的虚拟耕地资源贸易量,但是,虚拟耕地资源不仅仅来源于初级粮食作物,粮食加工制品中同样蕴含着丰富的虚拟耕地资源。当粮食禁运等极端事件发生时,初级粮食作物和粮食加工产品都将无法运回国内,共同形成耕地资源供给缺口。因此,有必要将初级粮食作物和粮食加工制品(下文将两者统称为粮食产品)同时纳入虚拟耕地资源贸易核算体系,精确衡量中国当前的耕地资源潜在供给缺口。

本章根据品种结构,将粮食产品分为四大类,分别是大豆类、小麦类、稻米类、玉米类。需要说明的是,粮食产品还包括薯类产品和杂粮类产品,但是由于这两类粮食产品的贸易规模较小,本章并未对其虚拟耕地资源贸易量加以核算。大豆类粮食产品包括大豆、豆粕和豆油;小麦类粮食产品包括小麦、小麦粉、小麦麸;稻米类粮食产品包括稻谷、米糠、碎米、糙米、精白米、米粉;玉米类粮食产品包括玉米、玉米粕(也称玉米胚芽粕)、玉米油(也称玉米胚芽油)、玉米粉(也称玉米面)、玉米麸。无论是对于粮食产品进口还是出口,本章均从生产者的角度量化单位产品的虚拟耕地资源含量,虚拟耕地资源贸易量则同时取决于粮食产品的贸易量和单位产品的虚拟耕地资源含量,其中,样本的数据来源为国际粮农组织数据库(http://faostat.fao.org)。

1. 约当转换因子测算

为了核算单位粮食产品中的虚拟耕地资源含量,必须首先测算各种粮食产品的约当转换因子。根据生产加工流程,粮食产品可以分为两大类,分别是初级粮食作物和粮食加工制品。初级粮食作物是未经过加工的粮食产品,而粮食加工制品则是由初级粮食作物生产加工后得到的粮食产品。粮食加工制品又包括初级加工制品、二级加工制品、三级加工制品等,初级粮食作物加工后形成初级加工制品,初级加工制品加工后形成二级加工制品,以此类推。以大豆类粮食产品为例,大豆属于初级粮食作物,而大豆通过压榨可以生产出豆粕和豆油,因此,豆粕和豆油同属于粮食加工制品中的初级制品。对于初级粮食作物,其约当转换因子为1;而对于粮食加工制品,由于初级粮食作物蕴含的虚拟耕地资源需要按照一定的比例分配到粮食加工制品中,因此,粮食加工制品的约当转换因子往往大于1。本章借鉴 Kastner & Nonhebel(2010)的方法,对各类粮食产品的约当转换因子进行测算。约当转换因子取决于粮食加工制品与其对应的初级粮食作物的膳食热量比值。比如,每100克大豆的膳食热量为335卡路里,每100克豆油的膳食热量为884卡路里;大豆是初级粮食作物,其约当转换因子为1,而豆油是粮食加工制品,其约当转换因子为2.64[①]。具体地,粮食产品的约当转换因子的测算公式如下所示。

① 见国际粮农组织数据库(http://faostat.fao.org)

$$C_i = \frac{kcal_i}{kcal_a} \tag{7.4}$$

其中,C_i 是粮食加工制品 i 的约当转换因子,$kcal_i$ 是 100 克粮食加工制品 i 的膳食热量,$kcal_a$ 是 100 克初级粮食作物 a 的膳食热量,粮食加工制品 i 是由初级粮食作物 a 加工制得的。各类粮食产品的约当转换因子测算结果如表 7.2 所示。

表 7.2　粮食产品的约当转换因子和主要进口来源国

类别	名称	约当转换因子	主要进口来源国
大豆类	大豆	1.00	美国,巴西,阿根廷,乌拉圭,加拿大
	豆粕	0.78	印度,巴西,阿根廷,美国
	豆油	2.64	阿根廷,巴西,美国
小麦类	小麦	1.00	美国,澳大利亚,加拿大,法国
	小麦麸	0.64	日本,蒙古,巴西,美国,泰国
	小麦粉	1.09	日本,加拿大,澳大利亚,法国,美国,尼泊尔
稻米类	稻谷	1.00	老挝
	米糠	0.99	缅甸,泰国,越南,印度,印尼,美国
	碎米	1.29	泰国
	糙米	1.30	美国,澳大利亚,越南,泰国
	精白米	1.30	泰国,越南,缅甸
	米粉	1.31	泰国
玉米类	玉米	1.00	美国,阿根廷,巴西,泰国,澳大利亚,印度,缅甸
	玉米粕	1.10	美国
	玉米油	2.50	美国,巴西,德国,加拿大,马来西亚,日本
	玉米粉	1.02	美国,阿根廷,法国,荷兰
	玉米麸	0.60	美国,法国,德国,日本,泰国

2. 虚拟耕地贸易测算

粮食产品贸易中隐含的虚拟耕地资源数量取决于粮食产品的贸易数量和单位产品的虚拟耕地资源含量。其中,单位产品的虚拟耕地资源含量可用约当转换因子和粮食作物单产表示。对于虚拟耕地资源进口量的核算,由于目前中国各类粮食产品的进口来源国较为广泛,采用单一某国的粮食作物单产数据不免有失偏颇,因此,本章采用主要进口来源国的年度粮食作物单产数据测算粮食产品进口贸易中隐含的虚拟耕地资源数量,即虚拟耕地进口量。具体的测算公式如下所示:

$$VLI = \sum_{i=1}^{n} \sum_{h=1}^{n} C_i \times \frac{I_{i,h,t}}{Y_{i,h,t}} \tag{7.5}$$

其中,VLI 表示粮食产品的虚拟耕地资源进口量,C_i 是粮食产品 i 的约当转换因子,$I_{i,h,t}$ 表示本国第 t 年从 h 国进口粮食产品 i 的数量,$Y_{i,h,t}$ 表示 h 国第 t 年粮食作物 i 的单产。

对于虚拟耕地资源出口量的核算,本章采用本国的粮食作物单产数据,具体的测算公式如下所示:

$$VLE = \sum_{i=1}^{n} C_i \times \frac{E_{i,t}}{Y_{i,t}} \tag{7.6}$$

其中,VLE 表示粮食产品的虚拟耕地资源出口量,C_i 是粮食产品 i 的约当转换因子,$E_{i,t}$ 表示本国第 t 年向 h 国出口粮食产品 i 的数量,$Y_{i,t}$ 表示本国第 t 年粮食作物 i 的单产。

因此,虚拟耕地资源净进口量 $NVLT$ 可以表示为:

$$NVLT = VLI - VLE \tag{7.7}$$

当 $NVLT$ 的结果为正时,表明实现了虚拟耕地资源净进口;当 $NVLT$ 的结果为负时,表明实现了虚拟耕地资源净出口。

二、实证分析

(一)虚拟耕地贸易分析

本章根据虚拟耕地贸易的核算体系,对中国 1986—2010 年间四类粮食产品的虚拟耕地资源贸易量进行核算,由此可以得到如下一些重要结论。

(1)在 1986—2010 年,中国的虚拟耕地资源净进口量大致表现出迅速增加的趋势。由图 7.11 知,中国的虚拟耕地资源净进口量由 1986 年的 132.48 万公顷增加至 2010 年的 2245.59 万公顷,年增长率约为 12.52%,年均虚拟耕地资源净进口量约为 840.45 万公顷。24 年以来,中国的虚拟耕地资源净进口量主要经历了四次波动。1986—1988 年间,中国打破了虚拟耕地资源进出口基本平衡的局面,虚拟耕地资源净进口量开始逐步增加,由 132.48 万公顷增加至 854.31 万公顷;1988—1993 年,由于小麦类粮食产品进口量的大幅缩减,虚拟耕地资源净进口量由 1988 年的 854.31 万公顷下降至 1993 年的 237.1 万公顷;1994—2002 年,虚拟耕地资源净进口量基本保持稳定,年均虚

拟耕地资源净进口约为 540.20 万公顷；2003 年以后，虚拟耕地资源净进口量
呈现出迅猛增加的态势，由 2003 年的 717.57 万公顷快速增加至 2010 年的
2245.59 万公顷，该现象主要是由大豆类粮食产品进口量的激增所导致的。
同时，玉米类粮食产品进口量的小幅上升在一定程度上也解释了这一时期虚
拟耕地资源净进口量的猛增态势。此外，由于稻米类粮食产品进口量的下降，
使得 2005 年和 2007 年这两年的虚拟耕地资源净进口量出现小幅下滑。值得
注意的是，由于本章将粮食作物和粮食加工制品的贸易量同时纳入虚拟耕地
资源净进口量的核算体系，因此，本章对虚拟耕地资源净进口量的核算结果显
著高于现有的研究成果（比如，成丽等，2008；马博虎，2010）。而且，相较于以
往所做的研究，本章得出的虚拟耕地资源净进口量的核算结果显得更为全面，
有助于准确衡量中国现阶段耕地资源的潜在供给缺口大小。

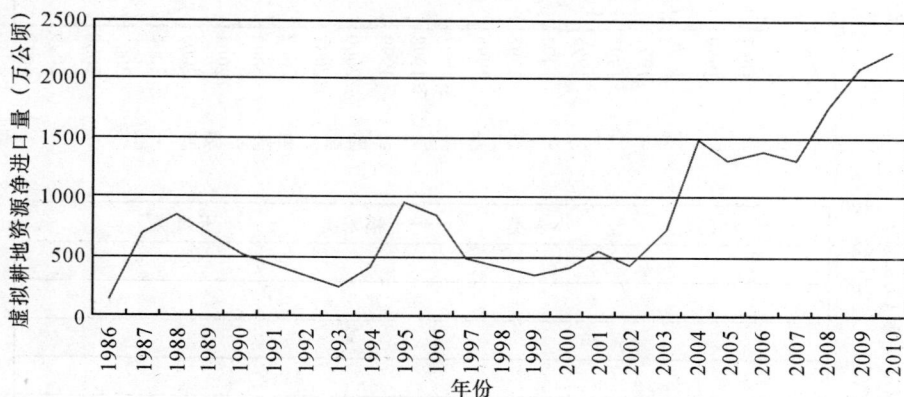

图 7.11　1986—2010 年中国粮食产品的虚拟耕地资源净进口量

（2）大豆类、小麦类、稻米类、玉米类粮食产品在虚拟耕地资源进出口贸易
量中所占的比重存在较大的差别。对于虚拟耕地资源进口，由图 7.12 知，
1986—1996 年期间，小麦类粮食产品是虚拟耕地资源进口的主要类别，其年
均虚拟耕地资源进口量为 550.16 万公顷，约占所有粮食产品年均虚拟耕地进
口量总和的 64.7％。此外，大豆类粮食产品也在虚拟耕地资源进口量中占据
了一定的比重，其年均虚拟耕地资源进口量占所有粮食产品年均虚拟耕地资
源进口量总和的 22％。尤其是自 1996 年以来，大豆类粮食产品的虚拟耕地
资源进口量呈现出显著的上升趋势，2010 年甚至高达 2108 万公顷，相当于
2008 年中国耕地面积总量的 17.32％。因此，相较于其他三类粮食产品而言，
大豆类粮食产品已成为当前中国虚拟耕地资源进口的主要类别，影响着中国

虚拟耕地资源进口量的变化和整个趋势的发展。对于虚拟耕地资源出口,由图 7.13 知,玉米类粮食产品一直以来都是中国虚拟耕地资源出口的主要类别,其年均虚拟耕地资源出口量为 120.59 万公顷,占所有粮食产品年均虚拟耕地资源出口量总和的 45.97%。

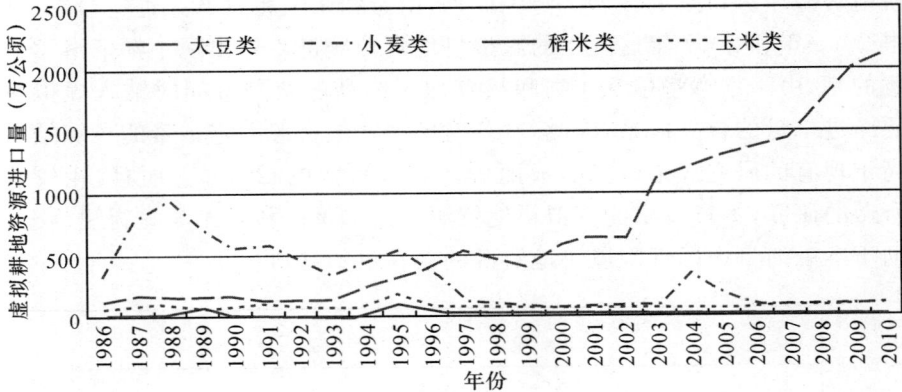

图 7.12 1986—2010 中国四类粮食产品的虚拟耕地资源进口量

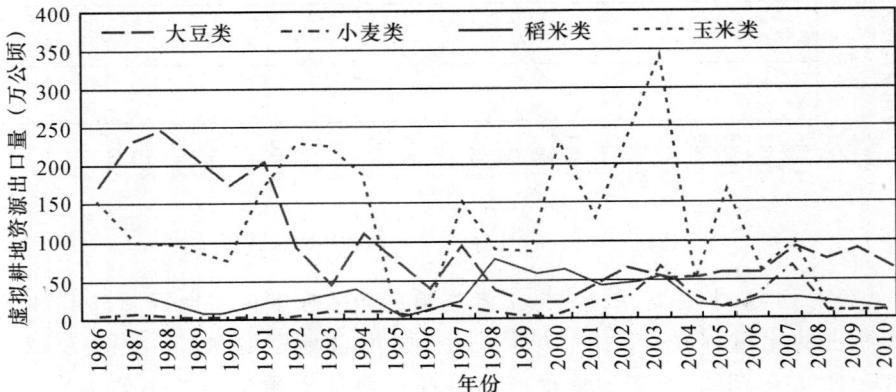

图 7.13 1986—2010 中国四类粮食产品的虚拟耕地资源出口量

(二)耕地资源缺口分析

国外耕地资源的当期供给是中国耕地资源的潜在供给缺口。耕地资源的潜在供给缺口并非是当期真实存在的供给缺口,而是在未来某一时期极有可能出现的最大供给缺口。由图 7.14 知,尽管粮食禁运危机在当期尚未出现时,耕地资源的总供给和总需求大致相等,两者处于动态平衡,此时,国外耕地资源供给可以发挥比较优势,实现耕地资源的数量节约效应;一旦粮食全面禁运等极端事件在未来某一时期突发,国外耕地资源的当期供给将完全消失,由此无法填补的那部分粮食刚性需求将迅速转化为真实意义上的耕地资源供给缺口。因此,耕地资源的潜在供给缺口大小恰恰等于国外耕地资源的当期供给数量。

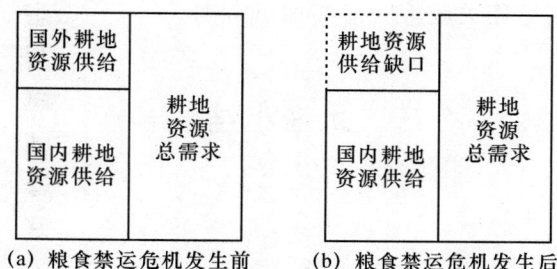

(a) 粮食禁运危机发生前　　　　(b) 粮食禁运危机发生后

图 7.14　耕地资源供给缺口的形成过程

　　虚拟耕地资源净进口量作为国外耕地资源当期供给的量化指标,同样可以有效测度耕地资源的潜在供给缺口。入世后,中国的虚拟耕地资源净进口量呈现快速增加的态势,由 2003 年的 717.57 万公顷增加至 2010 年的 2245.59 万公顷,看似有助于解决国内耕地资源的供给不足困境,实则加大了中国耕地资源的潜在供给缺口。2010 年中国耕地资源的潜在供给缺口高达 2245.59 万公顷,占中国耕地面积总量的 18.45%,长此以往,巨大的耕地资源潜在供给缺口将逐步形成路径依赖、呈现显性特征,不利于保障中国的粮食安全。

　　2003 年后大豆类粮食产品进口量的激增,是导致中国耕地资源潜在供给缺口迅速扩大的重要原因。一方面,随着中国经济的快速增长,人们的食品消费模式发生转变,对肉制品和植物油的需求日益加大。为了满足人们对肉制品的需求,集约化养猪产业和家禽饲养系统在中国迅速崛起。由于家禽养殖系统需要中央集中饲料的大规模投入,因此,豆粕作为一种重要的中央集中饲料,其进口量出现显著增加。此外,植物油需求的扩大直接引起豆油进口量的增加。另一方面,加入 WTO 促使中国的粮食对外贸易政策发生转变,相较于其他种类,中国较早放宽了大豆类粮食产品的贸易限制,国家政策的支持加大了其进口的规模。

　　本节基于虚拟耕地资源贸易的视角,对中国耕地资源的潜在供给缺口进行有效核算。虚拟耕地净进口是国外耕地资源供给的具体表现形式,而国外耕地资源供给并非是一种耕地资源的有效供给,因此虚拟耕地资源净进口量越大,表明耕地资源的潜在供给缺口越大,虚拟耕地资源净进口量是对耕地资源供给缺口的一个合理估计。核算结果表明,中国的虚拟耕地净进口量大致呈现逐年上升的趋势。2010 年,中国粮食产品的虚拟耕地净进口量高达 2245.59 万公顷,相当于中国耕地面积总量的 18.45%。因此,中国耕地资源的潜在供给缺口高达 2245.59 万公顷,已经成为威胁中国粮食安全的潜在重要因素,政府在制定相关政策时应当加以考虑。

本章小结

一、研究结论

本章以耕地资源为视角,对粮食的生产能力维度和贸易流通维度进行有效整合,开创性地提出了耕地资源有效供给的全新概念。耕地资源的有效供给是指愿意并且能够提供的、生产可能性边界能够持续扩张的供给,这种供给不但关注耕地资源的供给能力,而且尤其强调耕地资源供给的优质性和稳定性,以实现潜在总供给的扩大。本章通过搭建国内外耕地资源有效供给的分析框架,分别基于国内、国外耕地资源有效供给的维度研究中国的粮食安全,得到了一些初步的研究成果:

(1)在国内耕地资源有效供给的维度上,国内耕地资源的有效供给包括供给数量和供给质量。现阶段国内耕地资源的供给数量逐步趋于稳定,而供给质量却日益恶化,因此,相较于供给数量,供给质量对国内耕地资源有效供给的约束作用更为明显,当前愈演愈烈的高强度耕地利用模式是导致耕地供给质量下降的重要因素。本章通过构建中国粮食生产能力动态仿真系统,研究高强度耕地利用模式下中国粮食生产能力的演进路径。仿真结果表明,在高强度的耕地利用模式下,中国的耕地资源供给质量始终呈现出下降的趋势。粮食总产量、人均粮食产量和粮食自给率均呈现出先上升后下降的趋势,预估在 2030 年,中国的粮食生产能力甚至可能回到 20 世纪 80 年代初的水平,严重威胁中国的粮食安全。因此,在短期,高强度的耕地利用模式会使得粮食产量出现大幅增加,同时导致耕地资源的供给质量严重恶化,耕地资源供给质量的恶化会引致耕地资源的有效供给逐年减少;在长期,耕地资源的有效供给将出现严重不足,粮食产量由原先的上涨态势转而开始迅速下降。

(2)在国外耕地资源有效供给的维度上,国外耕地资源的有效供给包括供给数量与供给风险。尽管当前粮食对外贸易和农业对外投资为中国提供了大量的国外耕地资源供给,但由于其蕴含着巨大的粮食贸易风险,因此并非是国外耕地资源的有效供给。当粮食禁运危机出现时,原有的国外耕地资源供给将迅速转化为中国耕地资源的供给缺口,严重威胁中国的粮食安全。为了有效应对美国等西方发达国家对中国实施粮食禁运的行为,衡量中国耕地资源的潜在供给缺口大小显得至关重要。本章基于虚拟耕地资源贸易的视角,对中国耕地资源的潜在供给缺口进行有效核算。核算结果表明,中国耕地资源的潜在供给缺口大致呈现逐年扩大的趋势,2010 年高达 2245.59 万公顷,相当于中国耕地资源总量的 18.45%,已经成为威胁中国粮食安全的重要因素。

本章的研究结果验证了两个重要结论:①国内的高强度耕地利用模式在长期会严重损害中国粮食安全;②粮食禁运风险的存在使得大规模粮食进口战略产生的国外耕地资源供给成为耕地资源的潜在供给缺口,大幅削弱中国粮食安全的保障力度。

二、政策建议

通过上述研究可以发现,在国内耕地资源有效供给的维度上,高强度的耕地利用模式在短期会促进粮食产量大幅提升,但在长期将导致耕地资源的供给质量严重恶化,造成粮食生产能力逐步下降,威胁中国的粮食安全;在国外耕地资源有效供给的维度上,尽管大规模的粮食进口战略在短期会带来耕地资源的数量节约效应,但由于粮食禁运风险的存在,在长期将形成巨大的耕地资源潜在供给缺口,不利于保障中国的粮食安全。为了实现开放型粮食安全的耕地资源保障能力,本章分别基于改良耕地资源的传统利用模式和应对耕地资源的潜在供给缺口两个方面提出一些可行的政策建议。

(一)推进农业机械化进程,加强耕地利用持续性

耕地资源是一种不可复制的农业自然资源,是粮食生产的基础。实现开放型粮食安全的耕地资源保障能力的关键在于确保拥有一定数量和较高质量的耕地资源。高强度的耕地资源利用模式是导致国内耕地资源有效供给不足的重要原因,因此,政府必须改良耕地资源的传统利用模式。改良耕地资源的传统利用模式的关键在于推进农业机械化进程,提高耕地利用持续性。研究资料显示[①],在不降低粮食产量的前提下,在干旱地区进行少耕、免耕、秸秆覆盖、直接播种等机械化生产作业,可以增加耕地土壤蓄水量 16%～19%、有机

---

① 资料来源:大力发展农业机械化生产、加快推进农业发展方式转变.中国农机化导报.2010 年 04 月 26 日。

质 0.03％～0.06％；在相同的施肥量情况下，用机械深施基肥作业可增产 5％～10％；在保持粮食产量相同的情况下，机械化生产可节约肥料 20％，精量播种、化肥深施、节水灌溉、高效植保等农业机械化生产作业，可以有效达到节种、节肥、节药、节水、节能的目的，秸秆、畜禽粪便等农业废弃物的加工处理和资源的循环利用也需要机械化生产作业作为支撑。因此，推广农业机械化生产有利于改良耕地资源的传统利用模式，发展资源节约型农业，促进农业可持续发展。具体地，可以采取以下三个措施推进农业机械化进程，加强耕地利用持续性。

(1)坚持国家政策的扶持，加快农业机械化推广。政府应当完善农机购置的补贴政策，规范相应的操作流程，充分发挥政策对市场的引导作用，鼓励企业生产农业机械器具，支持农民购置农业机械器具，从而不断加快农业机械的推广进程。此外，政府应当实施重点环节农业机械化作业补贴试点，支持应用深松整地、秸秆还田、高效植保等增产效果明显、资源节约和生态保护的农机化技术。此外，减免农机作业服务税费，鼓励开展农机保险业务和农机信贷业务，同样有助于加快农业机械化的推广进程。

(2)培育高素质职业农民，加快农业机械化应用。培育高素质的职业农民是推进农业机械化进程的重要力量。只有当农民具备较高的科学文化素质，拥有较强的经营管理能力，同时熟练掌握农业机械的操作流程，才能实现粮食的生产过程机械化。目前在农村的 5000 万农机手大多是具有较高文化素质和较好身体素质的中青年农民，其中的农机大户往往掌握农业技术、熟悉机械操作、善于经营管理，是当代高素质职业农民的典型代表(张桃林，2012)。因此，为了加快推进粮食生产主要环节的机械化，政府应大力培养农机作业能手、经营能手等一批高素质的职业农民，加速农业机械化在农业生产中的广泛应用。

(3)建立农业机械化体制，开展耕地规模化经营。开展农业机械化生产作业的重要条件是建设配套的农业机械化体制，比如，通过扶持农村合作社、农业服务企业等方式推进农业服务的市场化。在部分试点地区，可以逐步开展耕地规模化经营，将原本分散的小农经济集中化，从而为实现农业机械化创造良好的外部条件。

(二)实施农业"走出去"战略，构建全球农业产业链

实施农业"走出去"战略，是统筹利用国际国内两个市场、两种资源的有效途径，是保障中国粮食安全的必然选择。一方面，实施中国农业"走出去"战略有助于突破国内耕地资源有效供给不足的困境。目前，中国的粮食生产正面

临着耕地资源供给数量有限、供给质量恶化等严峻挑战,尤其是供给质量恶化,在长期将会严重威胁中国的粮食安全。因此,实施中国农业"走出去"战略,可以充分利用境外的农业自然资源从事粮食生产活动,逐步缓解国内耕地资源高强度利用的紧张态势,并加强耕地资源利用的可持续性,从而使中国走出国内耕地资源有效供给不足的困境。另一方面,实施中国农业"走出去"战略可以有效应对粮食禁运风险引致的潜在耕地资源供给缺口。美国利用其在国际粮食市场中的特殊地位,曾多次对发展中国家实施粮食禁运,其中一个重要原因是其拥有跨国粮商。资料显示,四大跨国粮商(ABCD)控制了世界粮食交易量的80%,其中,有三家是美国的跨国企业。中国的大豆产业约70%的加工能力和80%的大豆进口为跨国粮商所控制(谭砚文,2011)。中国通过实施农业"走出去"战略构建全球农业产业链,可以打破跨国粮商的垄断地位,有效应对耕地资源的潜在供给缺口。具体地,可以采取以下三个措施实施中国农业"走出去"战略,构建全球农业产业链。

(1)制定"走出去"总体规划,覆盖产业链上游环节。目前,中国农业企业"走出去"的方式大多局限于海外租地种粮,直接从事种植养殖环节。但是,当东道国对本国的农业自然资源较为敏感时,容易引发政治风险,不利于构建全球农业产业链。因此,政府应当制定农业企业"走出去"的总体规划,对农业企业进行宏观指导。具体地,政府应当鼓励"走出去"的农业企业加大对农产品运输、储藏、销售等非种植养殖环节的投资,同时向农业产业链的上游环节延伸,从源头上控制境外农业自然资源和初级农产品的供给,实现全球农业产业链的有效整合,稳定中国粮食产品的海外供给渠道,最终保障中国的粮食安全。

(2)加大金融支持力度,完善税收优惠政策。一方面,由于"走出去"的农业企业需要大量资金的支持,因此,政府应当加强对其的金融支持力度。其中,国家开发银行、中国进出口银行、中国农业发展银行等三大政策性银行需充分发挥作用,向"走出去"的农业企业发放大量低息贷款,同时延长其贷款期限。此外,政府应当鼓励商业银行放宽对"走出去"的农业企业的贷款条件,间接降低其融资成本。另一方面,政府应该对"走出去"的农业企业实施税收优惠政策,适当免除其海外投资收入的部分税收,同时避免双重纳税。

(3)健全农业保险体系,化解海外投资风险。"走出去"的农业企业不仅会面临传统农业生产所蕴含的自然风险,而且会遭遇东道国的市场风险和政治风险。如果仅仅依托农业企业本身是无法承担风险爆发时所带来的巨大损失的,因此迫切需要政府建立健全农业保险体系,最大限度地为"走出去"的农业企业化解海外投资风险。政府不仅需要建立完备的海外投资风险评估机制，而且应当充分发挥政策性保险公司的作用，积极调动商业性保险公司的主动性，设立专门针对农业对外投资的保险险种，主要承保"走出去"的农业企业在境外农业生产中面临的各种风险，比如自然风险、战争风险、市场风险、政治风险等。政府同时需要加大对"走出去"的农业企业的保费补贴，建立健全符合中国国情的农业保险体系。

第八章　影响粮食安全的技术因素

第一节　产业链视角下的技术与粮食安全

一、跨国资本如何影响粮食安全

跨国资本凭借技术垄断影响东道国粮食安全的手段主要有三种：①以科学的名义，开展转基因生物技术研究，占领生物育种的制高点，控制转基因种子的绝大部分专利，以便控制某些重点粮食品种，如大豆、水稻、玉米等；②借助某些国际组织的庇护，以援助为名，强迫别国的农民采用他们拥有专利权的转基因农作物种子；③利用 WTO 专利保护制度，强制征收转基因种子的专利使用费。另外，即使在知识产权保护不完善的国家和地区，也有一套独特的"技术保护系统"，让使用转基因种子的农民不得不年复一年地向它们"买种"耕作（Acquaye&Traxler，2005；Vandana，2006；William，2007；Nizamuddin，2009）。

具体到外资流入如何影响中国的粮食安全，国内学者的研究多集中在加工、销售等产业链下游环节。近年来，除去流通、加工环节，外国资本还把触角伸向了中国化肥、种子的研发和生产领域。越来越多的学者指出中国需要警惕的是，外国资本在不断扩张版图的同时，容易借助其强大的资金实力和市场控制力形成垄断性的力量，进而损害国内粮食、农产品产业链的发展。但这方面的研究多为定性分析（李碧芳和肖辉，2010；张彩霞，2010；王鹏，2009；陈永昌，2008）。而在外国资本形成的各种垄断势力中，技术垄断是其高级形式的表现，因为一国如果在技术研发开发、技术标准制定等方面失去主动权，就意味着失去了产业发展的主动权（李平和谭巍，2009）。

种业作为粮食安全的"阀门"，外资在该领域的一举一动都备受社会的广泛关注。赵刚和林源园（2009）的调研报告显示，自从 2000 年中国种业市场化以来,国际种业企业凭借比中国种业企业显著得多的规模优势和资本优势,已先后集群式地进入了中国种业领域,同时加强了其在中国的研发能力辐射。他们指出,跨国种业公司的研发布局,不仅对中国的种质资源和种业安全构成了威胁,同时也严重挤压了国内种子企业的生存空间。中国应加快培育世界级跨国种业集团,以抵御跨国种业公司的垄断势力。除了中国种业的市场化,目前生物技术的开发和应用也是种子产业竞争的焦点。高焰辉等(2009)指出,生物技术既可以给我们带来高产优质的农产品,也增大了技术所有者对农业生产的控制权,如果我们在这些方面缺少前瞻性意识,极有可能在农业发展和粮食生产上受制于人。以转基因种子技术市场为例,跨国企业依靠其资金和研发优势可以获得转基因种子的技术垄断,成功实现技术溢出的内部化,并借助 FDI 把这种技术垄断优势延伸至东道国,保障了私有技术推广和技术扩散的巨额利润。但与此同时,东道国国内种子研发企业的技术研发能力日益被削弱,最终难与跨国企业相抗衡(邓家琼,2010)。

二、外资技术垄断对东道国粮食安全的影响渠道

已有的理论研究表明,外国资本可以通过直接投资、技术许可、技术合作、国际技术贸易等方式进入东道国,为东道国的技术发展带来有利或不利的影响。就外资技术垄断影响粮食安全而言,传导路径主要有两种:通过研发活动和通过生产活动(图 8.1)。

外国资本凭借强大的技术优势,首先通过成立独资或合资科研公司,以及与国内科研院所合作等途径,直接作用于农业的研发活动,尤其是涉足产业链上游的育种环节,逐渐打破以往外资主要集中在加工及销售环节的模式,连同在资金、品牌以及营销网络等方面的优势,不断巩固自身的技术垄断地位,例如,垄断核心技术或者行业标准,对东道国的粮食安全产生深远的影响。其次,外资技术能够给东道国带来在农业产量、生产效率、产业结构等方面的变化,例如优化结构、促进农业产业化,或者挤压本土品种、减少当地就业,这都会间接作用于农业的生产活动,从而对东道国的粮食安全产生广泛的影响(World Bank,2008)。

结合国际通用的定义和中国的国情,粮食安全的主要构成要素可概括为:可得性及时充足、购买力足够有效、供给稳定有序、质量安全可靠(FAO,1998)。据此,本节将从可得性、购买力、供给度和安全性四个维度,分析当前大量的外资凭借技术优势扎堆进入东道国农业,将如何影响东道国国内的粮食安全。

技术垄断与研发活动的耦合过程

农业外资技术	研发活动	技术变革
➢ 直接投资	➢ 独资科研公司	➢ 技术示范
➢ 技术许可	➢ 合资科研公司	➢ 标准指引
➢ 技术合作	➢ 与国内科研	➢ 垄断核心技术
➢ 国际技术贸易	院所合作	➢ 垄断行业标准

生产活动
➢ 增加产量
➢ 提升效率
➢ 引进品种

➢ 生产自给能力
➢ 自主研发能力
➢ 进口能力
➢ 储备能力

可得性及时充足

➢ 政治经济环境
➢ 新旧品种更替
➢ 供应机制
➢ 气候土壤

供给稳定有序

粮食安全

产业调整
➢ 优化结构
➢ 农业产业化
➢ 抗压本土品种
➢ 减少当地就业

➢ 价格政策
➢ 充分就业
➢ 有效需求总量
➢ 家庭收入水平

购买力足够有效

质量安全可靠

➢ 食品营养
➢ 卫生保障
➢ 食物偏好
➢ 健康的膳食需要

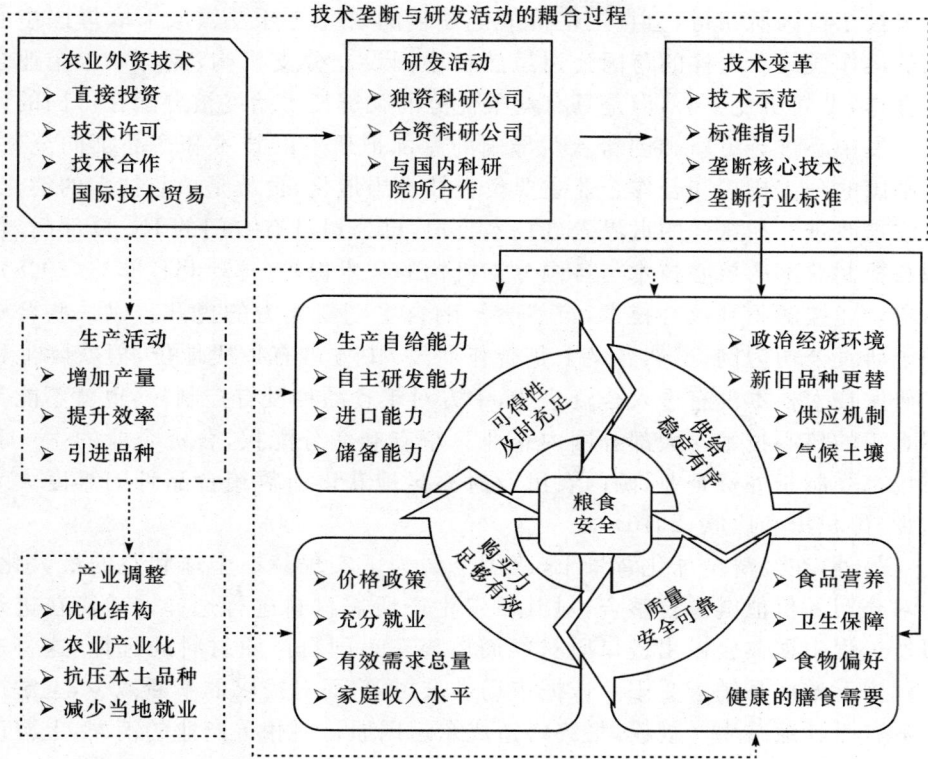

图 8.1　外资技术影响东道国粮食安全的传导路径：研发与生产（World Bank，2009）

（一）外资技术垄断与东道国粮食的可得性

一国粮食安全最首要的含义在于国内能够获得粮食，即保证粮食的可得性及时充足。外资技术通过参与农业的研发和生产活动，可直接在东道国嫁接国际先进的农业新科技、新品种以及粮食供应链管理经验，一方面可以带动国内农业研发能力的提升，提高粮食作物的单产量；另一方面也可通过示范效应和模仿效应，间接带动国内农产品生产和加工企业技术、设备的更新换代，提高农业生产效率，进而从总体上促进国内粮食产量的增加（World Bank，2008）。这些都一定程度上有助于增加国内农业生产者潜在可获得的粮食总量。但是，关于中国"定价权旁落"、"种子受制于人"等的新闻报道不计其数，让许多人不得不质疑外资技术所带来的正向溢出效应。如果外资技术并没有在发展中国家产生正向的技术溢出效应，反而催生了技术垄断现象，那么外资增加国内可获得粮食量的可信度将大打折扣（Nizamuddin，2009）。

实际上，拥有世界一流技术的跨国公司为了严格控制技术扩散，防范技术优势被东道国所获得,会直接在价值链顶端的研究与开发领域采取母国中心化的运作模式。这样的跨国公司虽然在中国设立分支机构,或与本土企业合资合作,设立研发中心,但是具有竞争优势的关键技术始终被分配在母国的研究开发中心进行更新和创新。在母国的总部把研发的技术和产品推向全球,在中国的分支机构和合作企业主要负责技术当地化,也就是核心技术的消化、吸收与改进。在这样的世界先进技术公司,母公司具有专门的 R&D 部门,管理和控制总部的核心技术与各国分支机构的技术保护(郑玲和杜非非,2008)。内资企业接触不到核心技术,自然会影响自主创新能力的提升。以一些合资种子研发公司为例,虽然名义上是合作研发,中方占有控股地位,但实际上种子研发技术根本没有进入合资企业,中方对粮食品种没有控制权,也就不能掌握真正的核心技术。大部分国内企业只享有利润分配权,合资企业的生产和市场都受制于外资企业,国内农民及时充足地获得所需粮食品种的难度大大增加(邵长勇和唐欣,2010)。

另外,在经济全球化背景下,跨国公司为了实现其在全球利益的最大化,会对公司的价值链进行整合,对其研发生产所需材料进行选择。他们在进行研发过程中往往会做出进口原材料而放弃东道国自产原材料的选择,这将造成国内上游产品销售受限。依据市场供求规律,面对需求的不断减少,上游产业只有不断缩减生产规模,最终将造成东道国原材料相关产业的消失,上游产品完全依靠国外进口(杨巍,2009)。而高进口集中程度对粮食安全的负面影响主要体现为粮食禁运、自然灾害、重大决策失误和在世界市场上无粮可买或世界市场粮价大幅度提高等风险。当这类风险发生时,东道国难以通过灵活的转移进口而合理地规避和化解。从以上分析可以看出,即便外资的流入和技术的引进能潜在地提高东道国农业的生产效率与产品品质,甚至增强东道国农业的国际竞争力,但这并不一定就意味着东道国国内粮食可得性增加,因为关键还要看东道国本土农业研发能力的发展状况。

(二)外资技术垄断与东道国粮食的供给度

外国资本的流入通常会带来更先进的农业技术,除促进东道国农作物产量的增加外,还可通过增加对适合当地生长的品种研发投入,或者直接从国外引进等方式,向东道国提供丰富的新品种资源,必要时还能向当地农民传播使用新品种的知识,这有助于弥补东道国部分品种其产量与品质稳定性较差的不足,进而在一定程度上保证东道国的粮食供给稳定有序(World Bank,2008)。但是,一些跨国公司也会滥用其在农业研发领域的绝对技术优势,对涉及东道国粮食供应稳定的品种更替、供应机制和气候土壤乃至政治经济环境等方面施加影响。

一般而言,外国资本与东道国政府的宏观粮食供应政策目标并不总是完全一致,有时甚至相互冲突,在这种情况下,外国资本会千方百计利用各种手段,干扰或阻挠东道国粮食安全政策的制定和实施。他们对其政治力量的运用,目的无非是保护和加强自己的垄断地位,获取更大的经济利益(Nizamuddin,2009)。一些农业跨国公司对发展中国家销售农产品时固定产品价格,并限量供应,当地农户即使加价也只能拿到部分产品,显然不利于供给的稳定有序(Acquaye & Traxler,2005)。

另外,一些新品种的大范围使用和大面积栽种,不仅使得土地因为单一的作物种植而失去往复使用的肥力,更使得东道国的本土品种濒于绝迹,减少了作物的多样性(严恒元,2009)。以美国为首的跨国公司凭借在转基因食品领域的绝对技术优势,已经开始在世界粮种市场日益赢得支配地位。而一旦美国的转基因粮种在世界范围内大面积推广,东道国本土培育的粮种很可能会被迅速排挤出市场,进而为美国从源头上控制世界粮食供应打下坚实的基础,这也引起国内不少专家的担忧。

此外,这种大规模集成化农业有可能导致杀虫剂和化肥的滥用,其是否能像过去小规模多样性的农业种植那样最大限度地保持水土和保护环境,为粮食供给的稳定有序提供基本的保证,也值得商榷(曹荣湘,2008)。外国资本在扩大农业生产、改善生产效率、提高粮食产量的同时,往往缺乏土地和环境保护的动机和义务,不利于东道国粮食生产的可持续发展。如果东道国政策控制或引导不到位,外国资本对土地和环境的破坏性利用将给东道国粮食的供给稳定性造成根本性危害。

(三)外资技术垄断与东道国粮食的购买力

让国内的民众拥有足够有效的购买力以满足其对粮食的基本需求是保障一国粮食安全的必然要求。一些跨国资本滥用垄断优势,随意压低粮食收购价格,严重伤害了粮食生产者的积极性,进而削弱了其再投资能力。就全球范围而言,小规模农业生产者仍然是粮食生产的主要力量,农业仍然是世界上绝大多数贫穷人口的食物和收入来源,因而是全球粮食安全的基础(曹荣湘,2008)。跨国种子公司对种子实行垄断性经营,使他们拥有了强大的定价权,并且垄断程度越高,企业的自主定价权越大,甚至能够采取强行加价、限产提价等手段,故意抬高销售价格以谋取暴利。

另外,外国资本投资农业一旦形成技术垄断,还可能带来一种恶性循环,即农业生产力提高的同时,农民收入和农村就业量却在减少,甚至导致传统农业的破产。一个主要的原因在于,虽然通过外资能引进先进的农业技术,但来自发达国家的这些农业技术多以劳动节约型为主,其目的是减小因劳动禀赋不足所引起的人力成本过高的不利影响,而这会对发展中国家国内的农业劳动力产生替代作用(Sarbajit,2005)。另外,在技术垄断优势建立后,外国资本的进入方式更青睐于跨国并购,而不是新建投资,在中国这两种进入方式对国内农业就业的影响正好相反(王剑,2005)。新建投资直接表现为在中国开办新农企,这无疑将创造更多的就业机会,而跨国并购是跨国公司为了加强其在日益集中的市场中的优势地位而采取的一种商业手段,它在一定程度上将减少中国农业的就业机会。

(四)外资技术垄断与东道国粮食的安全性

外资对东道国农业技术领域的溢出效应包括带来更高的食品质量安全标准,促使东道国进一步强化贯穿于种植、养殖、生产、加工、贸易等环节的食品质量安全的认证工作力度,加快推进农业标准化及食品质量安全标准体系建设,以便与国际质量标准体系接轨。但另一方面,通过外资引进的基因改造技术对人类健康构成的风险目前还难以预料,基因改造品种往往不能保证食品安全。为此,国际环保组织绿色和平就曾多次警告包括中国在内的各国政府需加强研究基因改造品种的安全性,立即限制甚至停止任何基因改造粮食作物的商业化审批和种植。欧盟自 1998 年至 2003 年一度禁止任何新的转基因食品上市,即便后来因美国的抗议而放宽了管制,也要求必须对转基因成分超过 0.9% 的产品予以标明。但与此同时,亚洲、非洲和拉丁美洲的许多国家正在成为跨国公司转基因作物的广泛种植地和倾销地(Vandana,2006)。

需要说明的是,已有不少文献对外资技术垄断通过作用于农业生产活动影响粮食安全的问题进行了研究,因而本研究的重点在于农业研发领域,即以粮食安全为核心,通过分析外国资本凭借技术上的优势,日益在粮食产业链上游环节——农业研发领域所呈现出的技术垄断倾向,探讨其对保障中国粮食安全的重要支撑——农业研发能力所带来的影响,这对如何在引进外国资本的同时确保中国的粮食安全具有极为重要的指导意义。

前文已较为详细地分析外资技术垄断与研发活动的耦合传导影响粮食安全的内在机理,接下来本章将结合更多的实证手段细化这一研究内容。首先,借助负二项分布模型检验外国资本能否在中国的农业研发领域形成技术垄断;接着,我们利用系统动力学方法构建企业研发能力动态仿真系统,模拟粮食安全受外资技术垄断影响的演变结果;然后,结合洋种子"先玉 335"与中国玉米种子市场的案例,具体探讨当前中国种子市场的现状与问题;最后,给出相应的结论及对策建议。

第二节 农业 FDI、研发能力与中国粮食安全

一、外国资本能否形成技术垄断：关于中国农业研发能力的实证检验

就农业研发领域而言，外资技术垄断是指外资在以其强大的技术优势不断深入开发东道国农业技术的过程中，为了保持长期竞争优势的核心资源，通过抑制育种、种植、加工等研发技术对东道国的正向溢出效应，对研发的关键环节设置一系列的障碍，控制核心技术，防止技术扩散，以达到在东道国的农业研发领域建立技术垄断优势的目的，进而不断加重本土企业对外资的技术依赖，甚至抑制本土研发活动，从中谋取高额利润。

研究外国资本在中国农业研发领域能否形成技术垄断现象，除在上一节系统地分析现状及其传导的路径外，还需结合实证方法对此加以检验。不过，从现存的研究方法来看，很难直接构建关于技术垄断程度的计量指标加以验证。我们采用间接的方法：如果外资在农业研发领域并没有产生正向的溢出效应，反而对本地企业的研发活动产生抑制作用，那么就认定外国资本在该领域获得某种程度的技术垄断地位。

（一）负二项分布模型说明

根据已有文献的研究情况，以专利数代表研发能力衡量标准来研究中国的专利生产模型，都以线性回归模型或泊松回归模型作为计量经济分析的基准模型。一般的线性回归或非线性回归模型都假设变量的随机性服从正态分布。然而本章使用专利申请作为被解释变量，专利生产本身具有不确定性，例如有研发投入但不一定会产生专利，这样使用一般的线性回归或非线性回归会使回归结果出现偏误。而泊松分布模型建立在条件均值与条件方差相等的条件下，当条件方差超过条件均值时，专利数据还需要考虑过度分布的问题。泊松回归模型不能解决专利生产中遇到的过度分布问题，许多改进模型相继被提出，其中负二项分布模型最为常见。负二项分布模型包含了对横截面异质的自然表述，因而是更加适合估计专利生产函数的模型（Chang et al.，2010；周㳠和李林，2010；邓海滨和廖进中，2009）。

我们综合 Chang et al.（2010）、周㳠和李林（2010）、邓海滨和廖进中（2009）等学者对实证模型推演的思路，对负二项分布模型作进一步的梳理。首先，在实证研究中，由于专利数是任意非负整数，是典型的计数数据，它不再服从正态

分布,而可能服从泊松分布或负二项分布,所以在计量分析时采用计数模型比线性模型更适合,在计数模型中应用较为广泛的是泊松模型,其基本方程为:

$$Prob(Y_it \mid X_it = y_it \mid x_it) = \lim_{n \to \infty} \binom{n}{y_{it}} p^{y_{it}} (1-p)^{n-y_{it}} = \frac{e^{-\lambda_{it}} \lambda_{it}^{y_{it}}}{y_{it}!} \tag{8.1}$$

$$y_{it} = 0, 1, 2, \cdots$$

其中,y_{it} 表示第 t 年 i 省农业专利申请总数,都是从参数为 λ_{it} 的泊松分布中抽取的,并且 λ_{it} 与解释变量 x_{it} 有关。参数 λ_{it} 的表达式为 $\lambda_{it} = \exp(\beta_i x_{it})$。由泊松分布的特点,容易证明"每个区间"的期望件数为:

$$E[y_{it} \mid x_{it}] = Var[y_{it} \mid x_{it}] = \lambda_{it} = \exp(\beta_i x_{it}) \tag{8.2}$$

参数 β 的极大似然估计量可通过最大化如下对数似然函数得到:

$$\ln L(\beta) = \sum_{i=1}^{N} \sum_{t=1}^{T} [-\beta_i x_{it} + y_{it} x_{it} \beta_i - \ln(y_{it}!)] \tag{8.3}$$

但在实际中,专利数量往往存在超分布现象,即方差要比均值大。这就意味着,泊松假定的约束条件特别是条件均值等于条件方差在经验应用中经常不成立,在这种情况下若仍采用泊松模型,将会导致较大误差。为消除这种不利影响,负二项分布模型引入了伽马分布的误差项,泊松参数表达式可改写为:

$$\tilde{\lambda}_{it} = \exp(\beta_i x_{it} + \varepsilon_{it}) \tag{8.4}$$

其中,ε_{it} 为样本个体未观测效应。假定误差项 $\exp(\varepsilon_{it})$ 服从参数为 $(1, \delta)$ 的伽马分布,且独立同分布,那么这时 y_{it} 服从负二项分布:

$$Prob(Y_{it} = y_{it}) = \frac{\Gamma(\lambda_{it} + y_{it})[\delta]^{\lambda_{it}}}{\Gamma(\lambda_{it})\Gamma(y_{it} + 1)[1 + \delta]^{(\lambda_{it} + y_{it})}} \tag{8.5}$$

实证分析所采用的是省份层面的宏观面板数据,且因变量农业技术创新也是以农业专利申请数度量,由于专利数的离散性以及省份之间存在的未能观测的差异,致使该变量出现类似的过度分散问题。由于 $\exp(\varepsilon_{it})$ 的引入允许条件方差大于条件均值,所以负二项分布模型能较好地解决样本过度分散问题。此时,条件均值和条件方差分别为:

$$E[y_{it} \mid x_{it}] = \left(\frac{1+\delta}{\delta}\right)\lambda_{it}$$

$$Var[y_{it} \mid x_{it}] = \left(\frac{1+\delta}{\delta}\right)\lambda_{it} \tag{8.6}$$

$$\frac{E[y_{it} \mid x_{it}]}{Var[y_{it} \mid x_{it}]} = \left(\frac{1+\delta}{\delta}\right) > 1$$

显然,当 δ 为任意非零常数时,条件方差大于条件均值;而当 $\delta \to \infty$ 时,负二项分布模型收敛于泊松分布模型,故泊松模型是负二项式模型的一个特例。参

数 β 和 δ 的估计值，可通过解如下负二项极大对数似然函数求得，即：

$$\ln L(\beta) = \sum_{i=1}^{N} \sum_{t=1}^{T} [\ln \Gamma(\lambda_{it} + y_{it}) - \ln \Gamma(\lambda_{it}) \\ - \ln \Gamma(y_{it} + \lambda_{it} \ln \delta) - (\lambda_{it} + y_{it}) \ln(1 + \delta)] \quad (8.7)$$

最后，根据极大对数似然函数的求解原理，可获得以下简化后的计量模型，用以衡量在开放经济条件下，包括农业 FDI 在内的一些主要因素对农业专利产出的影响：

$$E(y_{it} \mid x_{i1} \cdots x_{it}, \varepsilon_{it}) = \exp(\alpha_i + \sum_{1}^{i} \beta_i x_{it} + \sum_{1}^{i} \gamma_i z_{it} + \varepsilon_{it}) \quad (8.8)$$

其中，i, t 分别表示省份和时间；y_{it} 指农业专利申请数量，代表农业科技创新产出；x 表示我们关注的农业专利产出的主要影响因素；z 为其他控制变量；α 为常数，代表省际差异（固定效应或随机效应）；ε_{it} 为不可观测效应。对模型（8.8）我们采用负二项回归估计方法以求得待估计参数值。

（二）数据与变量说明

我们在解释变量的选取及计算指标的构建中参考了 Chang et al.（2010）、周泔和李林（2010）、马野青和林宝玉（2007）等学者的研究。与已有文献不同的是，我们考察的行业仅限农业，并根据农业的具体情况对部分指标做相应的调整，将在本节作详细的介绍。

1. 农业研发能力变量

由前面的文献综述可知，目前衡量一国技术研发能力的常用指标是专利数据，但需要指出的是，有的学者认为专利作为创新产出指标有其天然的局限性（Furman et al.，2005），因为不同产业、不同地区、不同时期的专利倾向不同，不同行业和公司究竟是采取专利还是商业秘密来保护创新成果，要看哪一种方式更能防止竞争者模仿，哪一种方式带来的利益更大。不是所有发明都可获得专利，不是所有创新都会申请专利，不同专利质量不同，由此带来的经济效益也有天壤之别。尽管存在一些问题，但由于数据容易获取，和创新关系密切，而且多年来专利标准客观、变化缓慢，所以专利仍是目前衡量技术研发产出的相当可靠的指标。

从性质来看，专利分为发明、实用新型和外观设计三种。因外观设计不是农业专利授予的主要形式且数据较少，再加上农业科技领域的发明成果越多，申请农业专利的可能性就越大，发明专利比实用新型专利更能代表一国的核心研发能力，所以在统计过程中仅对发明专利进行数据统计和分析。从法律状态来看，专利统计数据分为专利申请量和专利授权量两种。由于影响知识产权制度的因素众多且相当复杂，专利得以授权的数量历年跳跃太大。并且按专利法程序，发明专利从申请到授权需花费超过 1 年的时间，而解释变量都使用当期值，使用专利申请数会使估计结果更加准确，因而国内外经济学界通常采用专利申请量而非专利授权量来衡量当期研发产出。从专利申请主体来看，专利分为国内专利和国外专利两种。衡量本土研发能力的专利申请量应当只包括国内申请部分，不过就目前数据的可得性而言，无法同时满足既细分省份地区又细分国内外申请主体的要求。但是，国家知识产权局 2010 年统计公报的数据显示，国外申请主体的农业发明专利数约占全国申请总量的 8%，比例较低。我们认为目前中国农业发明专利的申请主体是国内的科研机构和企业，各省份的总量数据能一定程度上反映本土研发能力。根据以上分析，我们最终采用国家知识产权局公布的各省份农业发明专利申请量（AgInv&Ap）代表中国的农业研发能力，作为模型的被解释变量。

按照国际专利分类（International Patent Classification，IPC）方法的界定并结合国家知识产权局有关专家的意见，我们将农业专利划分为如下 25 个 IPC 分类号：A01B、A01C、A01D、A01F、A01G、A01H、A01J、A01K、A01L、A01M、A01N、A22B、A22C、A23B、A23C、A23D、A23F、A23G、A23J、A23L、A23N、A23P、A24B、A61D、B09C。用这种方法检索专利，当某一个专利涉及多个领域时，其专利分类号会不止一个，因此，数据统计过程中剔除了重复的部分。农业专利所统计的范畴属于大农业概念，涵盖了农业、林业、畜牧业、打猎、诱捕和捕鱼等内容，具体数据来源于国家知识产权局网站。

2. 农业研发投入变量

从一国的 R&D 总投入与技术研发能力的关系来看，在绝大多数技术研发产出过程中 R&D 活动发挥着关键的作用，但是 R&D 活动并不一定能够产生专利，取得专利的技术创新也未必经过 R&D。R&D 与专利之间的关系看上去简单，其实很复杂，直接涉及"技术创新为什么发生、如何发生"这个根本问题。关于 R&D 投入与专利产出之间的关系，Hausman et al. (1984)最早通过分析 1968—1975 年美国 121 个公司的专利和 R&D 数据，肯定了 R&D 的人力投入和资本投入与专利产出之间存在显著的因果数量联系。Ernst & Popp(1998)同样肯定了 R&D 投入与专利产出之间的定量关系，只是具体形式彼此不同，不过都没有超出已知的传统物质生产领域的生产函数形式的范围。这其实不难理解，因为包括 R&D、专利在内的技术研发产出本来就是科技人员努力地思索、试验，并且运用了必要的经费才取得知识成果的生产过程（陶冶和许龙，2007）。

　　具体到农业,农业专利产出也与农业资本和人力的投入息息相关。虽然有建议认为作为发展中国家,应超出传统的投入指标(财政资源和人力资源)和产出指标(出版物,专利,技术贸易支付差额,高科技贸易,等等)的范围,建立一套可测量其科技能力和科技活动对生活质量影响的系统方法(联合国教科文组织统计研究所,2002)。然而,在找到更合适的指标以前,我们认为利用农业专利、农业研发资本和人力资源研究农业的技术研发能力仍然是适合发展中国家的。

　　(1)农业研发资本投入变量。农业研发资本投入的度量以具体到农业领域的研究与发展经费内部支出为基准。所谓研究与发展经费内部支出,是指用于内部开展 R&D 活动的实际支出,包括用于 R&D 项目活动的直接支出以及间接用于 R&D 活动的管理费、服务费、与 R&D 有关的基本建设支出以及外协加工费等。在此基础上,为消除规模效应和价格变动因素,以使各年指标具有可比性,本模型不使用研发支出的绝对值,而是引入研发经费内部支出占国内生产总值的比例。该比例是国际上通用的衡量一个国家或地区科技活动规模、科技投入水平和科技创新能力的重要指标,在一定程度上反映了一个国家或地区的经济发展方式(马野青和林宝玉,2007;周汨和李林,2010)。因此,我们从研发效率的角度,采用农业 R&D 经费内部支出与农业 GDP 的比值(AgR&DK)代表研发资本投入的强度,作为最终形式的农业研发资本投入变量,其数据来源于省际层面的各年科技统计年鉴。

　　(2)农业研发劳动投入变量。农业研发劳动投入的度量以具体到农业领域的研究与发展人员全时当量为基准。所谓研发人员全时当量,是指参与研发活动的全时人员数加非全时人员按工作量折算为全时人员数的总和。同样地,为消除规模效应和反映研发活动的劳动投入强度,本模型不使用劳动投入的绝对值,而是引入研发人员数占国内生产总值比例(马野青和林宝玉,2007;周汨和李林,2010)。具体到农业领域,则以农业 R&D 人员全时当量与农业就业人员总数的比值(AgR&DL)作为最终形式的农业研发劳动投入变量,其数据来源于省际层面的各年科技统计年鉴。

　　3. 农业外资参与度变量

　　自 2006 年以来中国农业利用外资金额一直持续攀升,但越来越多的现象表明农业出现了一定程度的"外资依赖"特征。甚至一些重要的农产品,如大豆、食用油等,外资依存度已经逼近国际预警线,外资开始逐步掌控产业链从研发到销售的各个环节。外资总量并不能完全反映外资参与中国农业的情况,而 FDI 占 GDP 的比重则可以比较客观地反映一个国家的对外依存度和开放度(Chang et al.,2010)。

关于外资的流入能否在中国农业研发领域形成技术垄断,将是本节要解决的主要问题。一般认为,FDI 的流入会对东道国企业产生一定的技术溢出效应,但有关中国的实证检验所表现的"正向"技术溢出效应,有的学者指出是由 FDI 变量的外生性所导致,因而 FDI 的技术溢出效应有可能被高估,不可盲目相信。而在本节中,FDI 占 GDP 的相对比值能够在一定程度上减弱这种外生性。如果在控制了 FDI 的外生性后,农业研发能力变量与农业外资依赖度变量之间仍然呈现正相关的关系,那么在某种程度上可以支持 FDI 对中国农业有"正向"的技术溢出作用这种观点,即外资的流入促进了中国农业研发能力的提升,否则可以表明外资在中国农业研发领域具有获取技术垄断优势的能力,不利于国内发明专利的增加。

通过以上的分析,我们选取实际利用农业外商直接投资占农业 GDP 之比(AgFDI)作为衡量农业外资参与度的变量,其数据来源于省际层面相关年份的统计年鉴。

4. 外商贸易依存度变量

一般而言,开放经济中一国技术研发能力的提高主要有两个途径:一是依靠本国的科研活动进行自主技术创新;二是吸收国外各种可能的技术溢出实现国内技术进步。除了 FDI 的技术溢出效应外,外商投资企业的进出口贸易活动同样会产生技术溢出效应来刺激国内的研发活动。具体来看,出口导向型的外商投资企业在以国外为主要市场的过程中,通过竞争效应、研发效应和模仿效应,促使本土企业加强自身的研发活动。而对外商的进口而言,通过进口国外先进的中间产品可以提高一国最终产品的技术含量。贸易伙伴国的 R&D 活动可以产生新的中间产品,当进口这些中间产品时,外商投资企业便可以利用其含有的专业技术知识和相应的研发成果来提高自身的生产力和研发能力。此外,本土企业在生产过程中摸索、了解和吸收国外同行和国内外商的知识和技术窍门,逐步掌握了生产这些含有先进技术或研发成果的产品,最终使企业生产效率和技术研发水平不断提高。在这个"进口商品→学习、吸收先进技术→模仿→二次创新"的过程中,产生出了诸如"干中学"效应、"技术示范与交流"效应等现象,有力地巩固和促进了一国的技术研发能力的持续性提高(刘鹃和李永,2008)。

按照上述的原理,外商在农业的进出口活动同样也会影响着中国农业本土研发能力,因而必须纳入模型作为解释变量之一。但是,由于目前尚无具体到各省市层面的外商农业进出口数据,我们只能取外商投资企业的总进出口数据作为它的代理变量。

　　此外，投资方式不同，外商贸易活动所产生的技术溢出效应也会有所不同。姚利民（2005）对比研究了外商独资、中外合资和中外合作企业的进出口贸易活动对制造业分行业层面的技术溢出效应。结果表明，独资和合资方式技术溢出效应比合作方式的复杂，主要表现为对劳动密集型制造业正向的溢出和技术密集型制造业负向的溢出，并且具有研发活动的跨国公司投资企业，倾向于采用能够控制企业的股权结构。这在某种程度上与外资在华从事生产研发活动的意图有关，尤其在技术密集型行业，外资势必会考虑技术保密问题和技术领先带来的收益问题，因此倾向于采用独资和合资控股的股权结构。

　　对于中国农业，跨国公司通过增加合资企业股权或完全收购合资企业等方式，不断扩大在农产品进出口贸易中的话语权，在对保障粮食安全起关键作用的产业链环节扮演着日益重要的角色。随着中国投资环境的改善，外商所具有的先进技术、管理水平和雄厚的资本等垄断优势愈加明显，其独资化的愿望就越强烈。外商通过独资的形式掌握企业的控制权，一方面可以确保其投资的安全性，把投资与企业的经营管理以及最后的利润联系起来，获取全部利润；另一方面可以使自己的垄断优势在拓展海外市场中得以发挥，尤其是那些知识产权优势比较突出的直接投资，如建立自己的 R&D 中心、销售网络、品牌优势等。采用独资形式更易于把技术优势牢牢地掌握在自己手中，加大专利保护，对核心技术主要采取内部技术转让，把次优技术转移给内资合作企业，避免先进技术的外溢（揭晓和王培林，2005）。

　　相比中外合作经营，我们更关心在控制了外商独资和中外合资企业在进出口贸易活动的技术溢出效应后，农业 FDI 对农业专利产出所产生的影响，因而在外商的进出口总量数据中剔除了属于中外合作企业部分的数据。同时为了获得贸易依存度指标和消除规模效应，还需要将其除以对应的 GDP 值以获取代表效率的比值（Chang et al.，2010）。

　　通过以上的分析，我们选取外商独资和中外合资企业出口和进口分别占总 GDP 的比值（Fowncap&Ex 和 Fowncap&Im）作为外商贸易依存度变量，以便在控制外商贸易活动的技术溢出效应下，单独衡量农业 FDI 对农业专利产出所产生的影响，其数据来源于各年的中国对外经济贸易年鉴。

　　结合负二项分布模型的原理和变量的选取，我们所构建的具体模型表示如下：

$$E(AgInv\&Ap_{it}) = \exp(\alpha_i + \beta_1 AgFDI_{it} + \beta_2 AgR\&DK_{it} + \beta_3 AgR\&DL_{it}$$
$$+ \gamma_1 Fowncap\&Ex_{it} + \gamma_2 Fowncap\&Im_{it} + \varepsilon_{it})$$

$$(8.9)$$

其中,被解释变量 $AgInv\&Ap$ 代表中国的农业研发能力,$AgFDI$ 代表农业外资参与度,$AgR\&DK$ 和 $AgR\&DL$ 分别代表农业研发资本和劳动投入程度。$Fowncap\&Ex$ 和 $Fowncap\&Im$ 作为控制变量,代表外商进出口贸易依存度。

从数据的统计范围看,目前大部分的省份都缺失 2004 年及以前年份具体到农业领域的 FDI 或 R&D 投入的数据,而这两者与农业专利产出密切相关,缺一不可。因此,受各省份农业数据可得性的限制,我们选取了 2005—2010 年中国 17 个覆盖东部、中部和西部且具有一定代表性的省份的面板数据,包括北京、河北、辽宁、黑龙江、上海、江苏、浙江、安徽、江西、山东、河南、湖北、天津、福建、广西、青海、新疆等省市自治区。表 8.1 列出了各变量的基本统计特征,其中样本量共计 102 个。

表 8.1　各变量基本特征

变量名称	计算指标	样本均值	样本标准差	参考文献
农业研发能力 $AgInv\&Ap$	农业发明专利申请数	143.2059	139.9205	
农业外资参与度 $AgFDI$	农业 FDI / 农业 GDP	0.0010	0.0011	Chang et al. (2010)
农业研发资本投入 $AgR\&DK$	农业 R&D 经费内部支出 / 农业 GDP	0.0292	0.0570	周泗和李林 (2010);
农业研发劳动投入 $AgR\&DL$	农业 R&D 人员全时当量 / 农业就业人员总数	0.3760	0.2938	马野青和林宝玉 (2007)
外商出口依存度 $Fowncap\&Ex$	外商独资和合资企业出口 / 总 GDP	0.0113	0.0170	Chang et al. (2010);
外商进口依存度 $Fowncap\&Im$	外商独资和合资企业进口 / 总 GDP	0.0103	0.0161	周泗和李林 (2010)

(三)实证结果分析

通过 Stata 软件的分析,表 8.2 提供了数据回归的结果。由于对方程进行 Hausman 检验的结果不支持随机效用模型,因而没有提供随机效应的结果。方程(1)采用的是无控制变量的固定效应负二项分布模型,除了 $AgFDI$ 外其他系数都通过了显著性检验,符号方向也符合预期。方程(2)采用的是控制外商独资和合资企业出口的固定效应负二项分布模型,整体的 Wald 统计量明显增加,表明模型设定更好。$AgFDI$ 的系数在 10% 程度上显著为负,其他系数也显著且符号方向符合预期。方程(3)采用的是同时控制了外商独资和合资企业出口和进口的固定效应负二项分布模型。与方程(2)相比,方程(3)控制了更多的因素,其 Wald 统计量更大,各项系数也更加显著。

从方程(3)的结果来看,$AgR\&DK$ 和 $AgR\&DL$ 的系数在 1% 程度上显著为正,表明农业 R&D 资本投入和劳动投入强度与农业发明专利产出之间存在正相关的关系,即研发投入强度的增加能提升中国的农业研发能力。R&D 资本投入比 R&D 劳动投入的贡献大且更显著,说明 2005—2010 年间农业发明专利的产出较多地依靠 R&D 资本的投入。

表 8.2 回归结果

	AgInv&Ap		
	方程(1)	方程(2)	方程(3)
$AgFDI$	−39.4277	−82.4671*	−91.8131**
	(45.9335)	(45.4522)	(45.5549)
$AgR\&DK$	2.2399**	4.6519***	5.4529***
	(1.5195)	(1.6757)	(1.6047)
$AgR\&DL$	2.4343**	2.3456***	2.4148***
	(0.4414)	(0.4523)	(0.4192)
$Fowncap\&Ex$		20.9734**	56.4524***
		(8.6232)	(17.7755)
$Fowncap\&Im$			−39.0779**
			(19.232)
Cons	1.7806***	1.6099***	1.6951***
	(0.2776)	(0.2927)	(0.2894)
控制变量	否	是	是
Wald 统计量	22.29	51.55	62.66
Obs	102	102	102
Groups	17	17	17
回归方法	固定	固定	固定

注:括号内是异方差稳健的回归标准差统计量。*,**,*** 分别表示在 10%,5%,1% 水平上显著。回归结果由软件 Stata 给出。

对于控制变量而言,首先,$Fowncap\&Ex$ 和 $Fowncap\&Im$ 的系数都通过了 t 值检验,说明外商独资和合资企业进出口贸易对专利产出的影响因素能有效控制,以便增加对重要解释变量回归结果的可信度。其次,$Fowncap\&Ex$ 的系数显著为正,符号方向符合预期,表明出口导向型的外商独资和合资企业产生了正向溢出效应,有利于发明专利的产出,即有利于提升中国的农业研发能力;$Fowncap\&Im$ 的系数显著为负,符号方向与预期不符,这可能是由于外商独资和合资企业进口的产品多为加工层次低、产品档次较低、高技术含量低和附加值低的"四低"产品,对发明专利的产出没有直接的促进作用,即不能提升中国的农业研发能力。

作为决定外资能否形成技术垄断的关键变量,$AgFDI$ 的系数在 5% 程度上显著为负,意味着农业 FDI 占农业 GDP 的比例越大,越不利于国内农业发明专利的增加。这个结果表明,近年来随着农业 FDI 的不断攀升,占农业 GDP 的比重日益增大,外资在中国农业研发领域发挥的是负向技术溢出效应。也就是说,外资的涌入一定程度上抑制着本土农业研发能力的提升。

理论上外资企业会通过过度竞争、弱化关联效应、争夺研发资源等挤出效应的作用机制,对本土企业技术创新系统各要素施加负面影响,进而弱化本土企业创新动机,动摇创新支持系统,恶化创新环境,使本土企业技术创新受到阻碍,从而对本土农业企业的研发产生负向外溢效应,不断拉大本土企业与外资企业研发水平的差距(李钧,2009)。较大的技术差距使得外资企业可以利用先行者优势,联合技术、成本、规模、品牌等方面因素阻碍国内企业涉足该领域,逐渐将这种技术领先优势转化为技术垄断优势。可以说,负向溢出效应的存在,间接印证了外资能够在中国农业研发领域获得一定的技术垄断势力。

与此同时,技术垄断优势的建立会反过来加强东道国的负向技术溢出效应。为了维护和巩固技术垄断优势,以跨国公司为首的"农业大牌外资"一方面继续加强技术研发创新,扩大和保持技术差距;另一方面利用知识产权保护、技术标准等策略千方百计地对先进技术、核心技术等进行保密、封锁和控制,加强技术垄断,防止和延缓技术溢出。这两方面共同强化了这种负向技术溢出效应。

值得重视的是,为实现对核心技术的保密、封锁和控制,农业跨国公司意识到知识产权比知识本身更重要,在中国的农业研发领域巧妙构建了多种知识产权壁垒:①将基本专利与外围专利相结合,也就是同时对基本专利及其相关技术或改进技术进行专利申请,使它们共同构成某一产品或技术领域的"专利网",让竞争对手或模仿者难以突破;②将专利与技术秘密相结合,为了避免专利技术公开或到期后被竞争对手侵权或模仿,跨国公司往往在专利说明书中只列出最基本的技术内容,而将影响技术效果的工艺、最佳使用条件、优选配方等作为技术秘密予以永久保留;③签订限制竞争条款的专利授权许可协议,一定程度上限制被授权使用方对技术进行改革,以及阻止中方企业参与有关竞争技术的研发(肖武岭,2005)。跨国公司滥用知识产权保护制度构建知识产权壁垒,不仅违背了知识产权制度的设置初衷,而且也会导致中国农企在技术创新上处处受到限制,甚至可能迫使本土农企放弃已有一定基础的技术研发能力,转而依靠外资提供的技术,形成对外资的技术依赖,尤其是在国内实力还相对较弱的农业研发领域。

从以上的分析可以看到,外资在中国农业研发领域发挥的是负向技术溢出效应,间接印证了外资能够在中国农业研发领域获得一定的技术垄断势力。与此同时,技术垄断优势的建立会反过来加强东道国的负向技术溢出效应。外资结合多种知识产权壁垒,不断巩固自身的技术垄断优势,对国内农业企业特别是广大中小企业的技术创新造成不利的影响,甚至不断加深对外资技术的依赖程度。这无疑会对中国农业自主创新能力的培育起到负面的作用。

根据上述的实证研究,我们认为外资在中国的农业研发领域存在一定程度的技术垄断现象。但这种技术垄断能否对中国的粮食安全产生影响,并且倘若这种影响是不利的,中国本土的农业研发活动又会遭到何种程度的损害,粮食安全所面临的威胁能否消除,我们将在下节给予详细的解答。

二、技术垄断能否影响中国粮食安全:关于中国农业研发能力演进的动态仿真

在通过上述负二项分布模型验证外资与中国农业专利产出关系的基础上,我们还有必要从全局的角度进一步考察,在受农业外资及其技术转移、溢出效应的长期影响下,中国当地农业企业的研发水平、生产效率以及创新能力的演变情况及其导致的后果。因此,我们借助社会系统动力学仿真模型,旨在构建一个以本土和外资企业为主体的研发能力动态仿真系统,刻画出这一影响过程导致的结果,进而探讨外资通过技术垄断影响中国农业研发能力的内在关联机制、影响效应及作用效果。为了使研究更加具体,我们主要以种子业为例,描述在外资企业高压之下中国本土企业培育农作物种子新品种的能力发生怎样的变化,中国尚不完善的种子市场对大量外资的涌入以及突如其来的撤资做出怎样的反应,等等。

(一)研究方法说明

在研究技术垄断能否影响粮食安全时,首先要选取适当的方法作为验证的手段。考虑到目前尚无专门针对粮食安全的计量指标,并且缺失有关粮食安全的统计数据,使得从传统的角度利用计量模型定量检验技术垄断对粮食安全的影响程度变得十分困难。虽然计量模型的结果比较直观,但对数据精度要求高、过分偏重数学形式、运算量大等,更无法追踪系统中变量间相互影响与作用的逻辑关系与数量关系。为了克服统计数据上的缺陷,实现动态地追踪、反映系统行为,我们选用了系统动力学(System Dynamics)方法。

系统动力学是由美国麻省理工学院的福瑞斯特（Jay W. Forrester）教授于 1956 年为分析生产管理及库存管理等企业问题而提出的系统仿真方法，最初被称作工业动态学。为了模拟真实世界中现象，系统动力学创造了存量与流量这两个概念，以显示事物的数量在动态的过程中如何增加或减少，所有动态系统模型都必须以这两个概念为基础，利用各要素间的因果关系、有限的数据及一定的结构进行推算分析。所建立的模型不但可以用于评价系统关键环节运作的优劣并辅助决策者进行改进，还可以预测相关变量发生变化时对整个系统造成的影响。

如今，系统动力学已被广泛应用于微观层面如企业生产管理、库存管理、科研活动，以及宏观层面如社会经济系统分析等领域。例如，钟永光等（2010）绘制了海信集团技术创新能力系统因果回路图，并使用 Vensim 软件对模型进行仿真。通过对仿真结果的分析，提出了通过提高研发经费的利用率、有效制定费用控制策略以及提高产品市场吻合度来实现海信集团技术创新能力成长的对策。而就农业领域而言，有学者将该方法应用于区域农业系统结构优化、循环农业模式、农业技术传播方式等领域（李莎莎等，2010；黄志坚等2009；王倩，2007）。鲜有文献用系统动力学模型将外资与东道国自主研发能力结合起来进行研究。

在外资影响一国农业和粮食安全的问题上，由于实际中缺失许多农业的具体数据，国外一些学者借助系统动力学的优点，通过尽可能地模拟国家或地区的农业现状，探讨 FDI 如何影响东道国的农业长期发展与粮食安全。其中 Derwisch et al.（2009）的研究比较具有代表性，他们较为深入地采用系统动态学方法考察了 FDI 技术溢出效应对非洲撒哈拉地区种业市场的影响。而考虑到国内鲜有文献研究外资技术垄断、农业研发能力与中国粮食安全，我们将通过构建研发能力动态仿真系统，层层深入地剖析这一问题。

（二）系统假设及内在机理分析

构建仿真系统时需要尽可能模拟现实的状况，但就我们而言，系统动力学方法不可能涵盖农业研发领域所有本土和外资企业的情况，因而必须选取农业中最具代表性的行业和企业，结合前面几节的分析结论提出必要的假设，并对所构建的研发能力动态仿真系统的内在机理作出说明。

（1）对系统参与主体及其竞争优势的假设。假定在中国这个需求很大但发展尚未成熟的种子市场上，只存在一个外资企业和一个本土企业争夺市场份额，市场需求用农民对新种子的需求来表示。在外资企业投资国内种子研发活动之前，该市场种子业的研发活动主要由本土企业承担，并在政府部门的投资支持下有序地开展。在外资逐渐流入的初期,外企主要专注于研发、生产以及营销转基因和杂交等品质较佳、商业化程度较高的种子,而本土企业则专注于传统农作物种子的生产,并开展适量的研发。随着外资技术示范效应的日益显著,本土企业面临着要加强在种子研发领域的吸收与创新的迫切需求,同时逐渐融入传统种子市场向现代商业化种子市场转变的过程。市场转型的一个最突出特征在于,传统市场上农民可以使用上一年耕作产生的种子自给自足当年的生产活动,而在现代市场上农民则被要求不能保留以前年度的种子,商业化种子的生产和营销变得日益普遍。这一转型过程将会伴随品种的增多,产量的增加以及农业生产力的提升。在这样的市场背景下,系统主要模仿三种情况:①外资进入之前本土种子企业的研发情况;②当本土企业和外资企业同时竞争时,本土种子企业的研发能力、农民对本土种子需求以及种子价格的变化情况;③若经过一段时间后流入的外资被撤走,本土企业研发能力的演变情况。

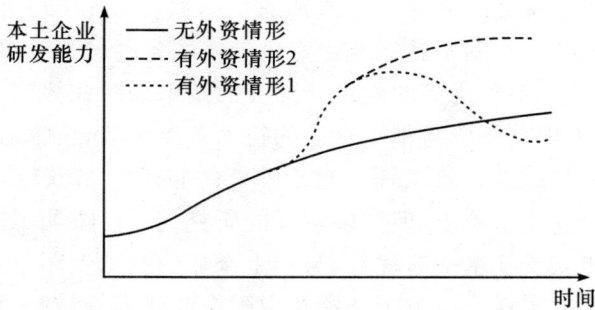

图 8.2　外资流入与本土企业研发能力发展路径(Derwisch et al.,2009)

其中,结合现实的背景,图 8.2 对比了外资涌入前后本土企业培育种子新品种能力的发展路径。实线描绘的是没有任何外资干扰下当地种子业部门的发展路径。典型的代表是非洲马里,马里种子业的技术研发几乎全部依靠公共部门。短划线描绘的是外资流入后,本土企业新品种的研发能力先升后降,甚至比没有外资只依靠国内公共投资的情形下更低。典型的代表是非洲加纳,在 20 世纪 80 年代杜邦公司旗下的先锋良种国际有限公司试图投资加纳的种子市场,但随后由于市场需求不理想而只好撤资,给国内研发能力的提升带来很大冲击。长划线描绘的也是外资流入后的情形,不同的是当地部门新品种的研发能力一直保持稳定的上升状态。典型的代表是亚洲印度,外资给印度的种子市场新品种培育带来正的外部效应,促进了研发能力的提升。我们试图在模拟这三种发展路径的基础上,探讨中国本土企业种子研发能力可能的演变路径。

(2)对种业研发的要素投入的假设。种业的研发投入除了包括资本和劳动力外,还需要加入第三种要素投入:种质资源。作为农作物亲代传递给子代的遗传物质,种质资源往往存在于特定品种之中,转基因种子的成功与否与种质资源息息相关。两个企业都将全部的利润不断投入这三种要素之中,不同之处在于本土企业更加关注劳动力的投入,即在种子研发生产过程中劳动要素禀赋更加丰裕,而对外资企业来说,其资本和种质要素禀赋相对丰裕。总体而言,要素的多少影响种子的研发产出,而产出的增加又会激发用更多的投资增加资本、劳动力和种质等要素。

(3)对企业竞争策略的假设。本土与外资企业研发生产同类种子,但在品牌、质量和包装等方面具有较大的差异。在价格相同的情况下,农民通常青睐更优质的外资种子,即外资种子对本土种子拥有更高的替代性。但这并不是完全可替代,即价格不同时,价格较高的种子不会完全销不出去。鉴于此,我们还需要借助两寡头且产品有一定差别的伯川德(Bertrand)竞争模型来分析本土与外资种子企业之间实施差异化竞争策略的各种可能结果。

(4)对外资技术垄断优势的假设。外资的技术垄断优势除了体现在种质、资本投入外,还体现在外资与本土企业的技术差距越大,技术溢出对本土研发能力提升的效果越不能有效发挥。对于外资的技术溢出效应,虽然一定程度的技术差距能促进技术外溢,但许多学者的研究结果已表明,如果外资企业在东道国市场上建立了技术垄断优势,与本土企业的技术差距越大,则正向的技术溢出效应越不能实现。而关于外资在中国农业研发领域是否存在技术垄断现象,我们已在前述章节验证了外资发挥的是负向的技术溢出效应,继而建立了技术垄断优势。为了将这种技术垄断优势反映在动态仿真系统中,我们假定种子市场上本土企业的研发能力能否随外资企业投资的增加而加强,受两个企业技术差距的影响。虽然肯定了技术差距能带来技术溢出,但在为技术溢出效应赋值时,也考虑了其在技术差距拉大下大打折扣的情形。

基于以上的假设和系统内在的机理,我们采用系统动力学软件 Vensim-PLE 建立一个历时 10 年的企业研发能力动态仿真系统,以一个季度为步长,即经历总共 40 期的模拟计算,如图 8.3 所示。

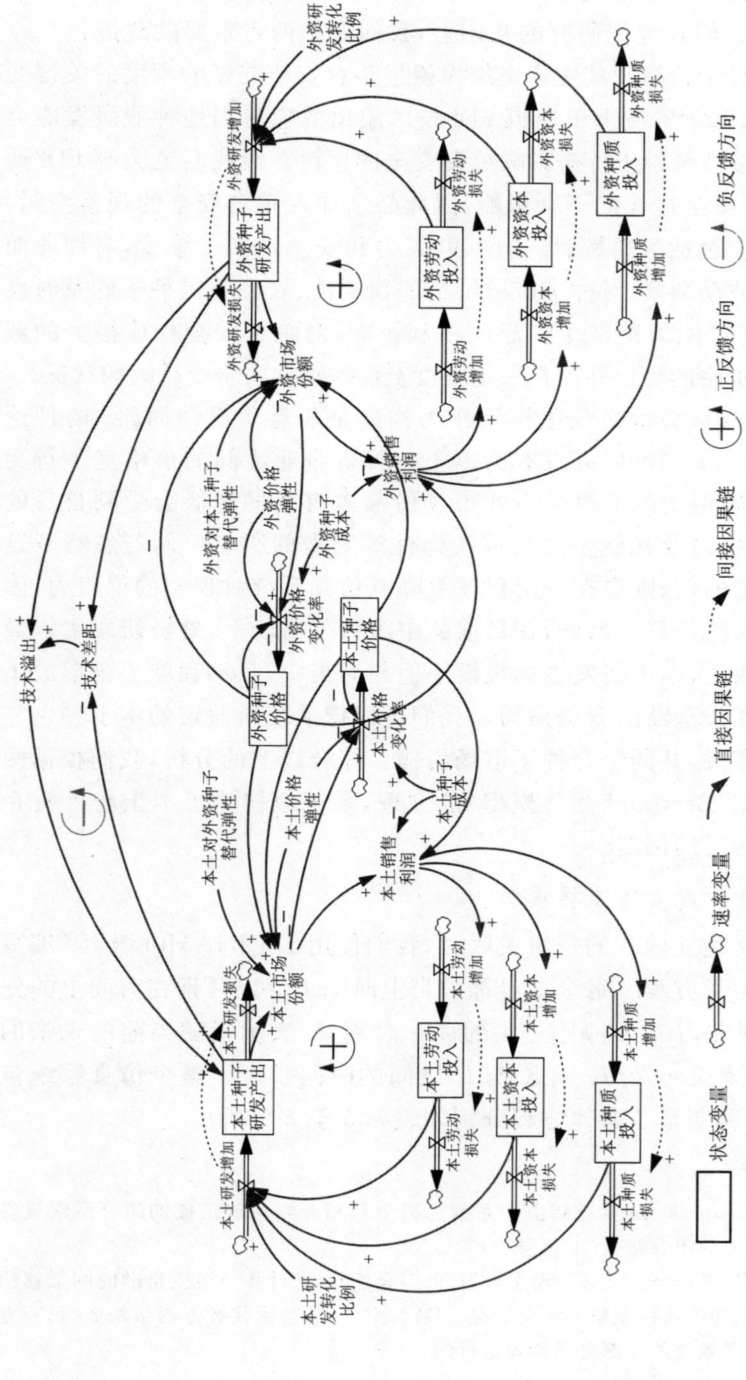

图 8.3　开放环境下种子企业研发能力演变的动态仿真系统

值得强调的是，本章构建仿真系统的框架时借鉴了 Derwisch et al. (2009)的研究成果，但在他们研究的基础上，我们做了两点重要的改进：

(1)系统引入种子价格及其变化率作为衡量粮食安全受影响程度的关键变量。Derwisch et al. (2009)侧重于模拟 FDI 技术溢出效应对当地种业研发能力的影响，并没有直接涉及种子价格影响粮食安全的探讨。而我们更关心 FDI 通过当地种业对粮食安全造成的不利影响，因此必须加入粮食安全的观察变量。如前所述，粮食安全包括可得性、供给度、购买力和安全性四个维度，对种业而言，倘若种子价格波动频繁，对种子市场供给的稳定性、农民获得种子的及时性以及购买种子的支付能力都产生广泛的不利影响，对粮食安全构成极大的威胁。可以说，种子价格的稳定性能在一定程度上反映粮食安全受影响的状况。

(2)系统引入两寡头价格竞争模型作为构建企业竞争反馈回路①的理论依据。Derwisch et al. (2009)并没有为本土与外资企业之间的价格竞争行为直接建立逻辑关联，但实际上每个企业市场份额占有率的高低会受到自身的价格弹性、生产成本以及其他企业的替代弹性等因素的影响。倘若忽略了这些因素而选择简化处理，则会在一定程度上降低仿真系统对现实的说服力，因而有必要对此作深化处理。另外，在目前的中国种子市场上，外资研发主体数量少但技术优势明显，本土研发主体规模小但相对集中，某种程度上已形成了本土和外资企业寡头垄断的竞争格局。我们可以把系统所假定的本土种企与外资种企视为两寡头，共同争夺种子市场份额。综合以上的分析，我们根据两寡头价格竞争模型(Bertrand 竞争模型)的原理，系统地构建了本土与外资企业之间相互竞争的反馈回路。

(三)系统变量及动力学方程说明

在为变量之间建立内在的逻辑关联时，我们使用了 DINAMO 语言②编写系统所包含的动力学方程。每个变量都被带上时间下标以区别在时间上的先后，其中 K 表示现在，J 表示刚刚过去的那一时刻，L 表示紧随当前的未来的那一时刻。DT 则表示 J 与 K 或 K 与 L 之间的时间长度。整个仿真系统包含了 5 种变量，每种变量及具体方程分别如表 8.3 至 8.7 所示。

①　反馈回路(Feedback Loop)是指由一系列的因果与相互作用链组成的闭合回路或者说是由信息与动作构成的闭合路径(王其藩，2009)。

②　DYNAMO 是 Dynamic Model(动态模拟)的混合缩写，它计算一组变量随时间推移的变化结果，从而使人们知道这些变量的演变情况。DYNAMO 模型由代数方程组构成，每一方程都简单明了地描述了系统的一部分是如何运行的。

1. 状态变量与方程

所谓状态变量(Level Variables),是最终决定系统行为的变量,随着时间变化,当前时刻的值等于过去时刻的值加上这一段时间的变化量,可看作物质、能量与信息的储存环节。状态变量的方程可以表示为

$$Lv\,S(t) = S(t_0) + \int_{t_0}^{t} Rate\,S(t)\,dt = S(t_0) + \int_{t_0}^{t} \left[Inflow\,S(t) - Outflow\,S(t) \right] dt$$

$$(8.10)$$

其中 $Lv\,S(t)$ 是 t 时刻状态变量值, $Rate\,S(t)$ 是该状态变量变化的速率变量, 包括输入速率 $Inflow\,S(t)$ 和输出速率 $Outflow\,S(t)$。离散的方程形式可以表示为

$$Lv.K = Lv.J + DT \times (Inflow.JK - Outflow.JK) \qquad (8.11)$$

与原方程相对应, Lv 是状态变量, $Inflow$ 是输入速率, $Outflow$ 是输出速率, DT 是计算间隔。

表 8.3　动态仿真系统的状态变量与方程

状态变量	状态方程	初始值
研发产出 L_1(种)	本土研发产出.K=本土研发产出.J+DT×(本土研发增加.JK－本土研发损失.JK+技术溢出)	0.2
	外资研发产出.K=外资研发产出.J+DT×(外资研发增加.JK－外资研发损失.JK)	10
劳动投入 L_2(万元)	本土劳动投入.K=本土劳动投入.J+DT×(本土劳动增加.JK－本土劳动损失.JK)	5
	外资劳动投入.K=外资劳动投入.J+DT×(外资劳动增加.JK－外资劳动损失.JK)	3
资本投入 L_3(万元)	本土资本投入.K=本土资本投入.J+DT×(本土资本增加.JK－本土资本损失.JK)	3
	外资资本投入.K=外资资本投入.J+DT×(外资资本增加.JK－外资资本损失.JK)	5
种质投入 L_4(万元)	本土种质投入.K=本土种质投入.J+DT×(本土种质增加.JK－本土种质损失.JK)	3
	外资种质投入.K=外资种质投入.J+DT×(外资种质增加.JK－外资种质损失.JK)	5
种子价格 L_5(元)	本土种子价格.K=本土种子价格.J+DT×本土价格变化率.JK	本土种子成本
	外资种子价格.K=外资种子价格.J+DT×外资价格变化率.JK	外资种子成本

注:由于本节主要研究外资凭借技术垄断优势对中国农业研发能力和粮食安全的影响程度,侧重于不同情形下输出结果的差异性比较,具体赋值的大小并不影响模拟结果的可靠性(下同)。

就本节所构建的研发能力仿真系统而言,本土与外资企业的研发产出,对劳动、资本、种质三种生产要素的投入,以及种子价格的竞争力与稳定性等因素,对衡量外资种子企业的技术垄断是否会威胁到中国粮食安全具有决定性的影响。因此,我们选取这些关键因素作为状态变量,如表 8.3 的 $L_1 \sim L_5$ 所示。

另外,在为状态变量赋初始值时,考虑到外资的种子研发起步较早,其初始研发产出较本土的高,具体的赋值来源于 Derwisch et al.(2009)。同时,系统假定了本土企业的劳动要素禀赋相对丰裕,外资企业的资本和种质要素禀赋相对丰裕,反映在具体的要素投入上则是本土的初始劳动投入较外资的多,外资的初始资本投入和种质投入较本土的多。因而我们假定本土企业和外资企业在劳动、资本和种质的初始投入比分别为 5∶3∶3 和 3∶5∶5。而对于种子价格,我们重点关注其竞争力与稳定性,初始值的大小相对而言并不重要,因而将初始销售价格默认与种子生产成本相同。

2. 速率变量与方程

所谓速率变量(Rate Variables),是直接改变状态变量值的变量,反映了状态变量输入或输出的速度。速率变量的方程可以表示为

$$Rate\ S(t) = g[Lv\ S(t), Aux(t), Exo(t), Const] \tag{8.12}$$

其中 $Lv\ S(t)$ 是 t 时刻状态变量值,$Aux(t)$ 是 t 时刻辅助变量,$Const$ 是常数,$Exo(t)$ 是 t 时刻外生变量。

作为分别影响要素投入和企业研发产出的速率变量,本土企业的要素禀赋丰裕程度和资源利用效率都与外资企业存在差距,因而对应的赋值会有所不同。假定企业将所有的销售利润全部投入研发活动,其中本土和外资企业投入的劳动、资本和种质三种要素比分别为 4∶3∶3 和 2∶4∶4。受技术条件的制约,本土投入转化为研发产出所需的时间较外资的长,我们假定为滞后三期。研发过程中发生的损失率分别为 60% 和 40%,产生差异的主要原因在于两企业的要素禀赋结构和资源利用效率有所不同。作为 Bertrand 价格竞争模型的主要变量,价格变化率方程描述了种子价格的稳定性。主要的速率变量及其方程如表 8.4 的 $R_1 \sim R_6$ 所示。

表 8.4　动态仿真系统的速率变量与方程

速率变量	速率方程
研发增加 R_1（种）	本土研发增加.KL＝DELAY3I①（本土劳动投入.K×0.4＋本土资本投入.K×0.3＋本土种质投入.K×0.3）×本土研发转化比例
	外资研发增加.KL＝（外资劳动投入.K×0.2＋外资资本投入.K×0.4＋外资种质投入.K×0.4）×外资研发转化比例
劳动增加 R_2（万元）	本土劳动增加.KL＝本土销售利润×0.4
	外资劳动增加.KL＝外资销售利润×0.2
资本增加 R_3（万元）	本土资本增加.KL＝本土销售利润×0.3
	外资资本增加.KL＝外资销售利润×0.4
种质增加 R_4（万元）	本土劳动增加.KL＝本土销售利润×0.3
	外资劳动增加.KL＝外资销售利润×0.4
研发/劳动/资本/种质损失 R_5（种）	本土研发/劳动/资本/种质损失.KL＝本土研发/劳动/资本/种质增加.KL×0.6
	外资研发/劳动/资本/种质损失.KL＝外资研发/劳动/资本/种质增加.KL×0.4
价格变化率 R_6（元/种）	本土价格变化率.KL＝1×RAMP②（1，0，39）÷（本土市场份额－本土价格弹性×（本土种子价格－本土种子成本））
	外资价格变化率.KL＝1×RAMP（1，0，39）÷（外资市场份额－外资价格弹性×（外资种子价格－外资种子成本））

注：本土和外资企业将销售利润投在劳动、资本和种质的比例分别为 4：3：3 和 2：4：4；研发过程中发生的损失率分别为 60%和 40%，价格变化率方程来源于黄小军和甘筱青（2008）③。

3. 辅助变量与方程

所谓辅助变量（Auxiliary Variables），是在建立速率方程前预先做好某些代数运算，以便对速率方程中必需的信息仔细加以考虑的变量。与前述两种变量不同，辅助变量当前时刻的值和历史的值是相互独立的。辅助变量的引入，主要是为了对系统内部的机理与主要变量之间的关系加以量化，更直观地算出系统中的速率变量，进而模拟出状态变量的结果。

辅助变量的方程可以表示为

---

① DELAY3I 是一阶物质延迟函数，其详细介绍请见王其藩（2009）。

② RAMP 是斜坡函数，属于系统动力学的测试函数，其详细介绍请见王其藩（2009）。

③ 黄小军和甘筱青（2008）引入 Bertrand 价格竞争模型，对旅游产品的差异化价格竞争作系统动力学分析。

$$Aux(t)=f[LvS(t),Aux^*(t),Exo(t),Const] \qquad (8.13)$$

其中 $LvS(t)$ 是 t 时刻状态变量值，$Aux^*(t)$ 是 t 时刻其他辅助变量，$Const$ 是常数，$Exo(t)$ 是 t 时刻外生变量。

为了获得影响企业研发产出、要素投入、种子价格等速率变量的计算依据，需要对企业市场份额、销售利润、技术差距与溢出等因素进一步细化。作为 Bertrand 价格竞争模型的主要变量，市场份额和销售利润的方程来源于黄小军和甘筱青（2008）。每一期外资与本土企业在研发产出的差异代表两者的技术差距，若技术差距大于 0，则发生技术溢出，技术溢出的大小受技术差距的制约。主要的辅助变量及其方程如表 8.5 的 $A_1 \sim A_4$ 所示。

表 8.5　动态仿真系统的辅助变量与方程

辅助变量	辅助方程
市场份额 A_1（万元）	本土市场份额.K＝本土种子研发产出.K－本土价格弹性×本土种子价格.K＋本土对外资种子替代弹性×本土种子价格.K
	外资市场份额.K＝外资种子研发产出.K－外资价格弹性×外资种子价格.K＋外资对本土种子替代弹性×本土种子价格.K
销售利润 A_2（万元）	本土销售利润.K＝（本土种子价格.K－本土种子成本）×本土市场份额.K
	外资销售利润.K＝（外资种子价格.K－外资种子成本）×外资市场份额.K
技术差距 A_3（种）	技术差距.K＝外资种子研发产出.K－本土种子研发产出.K
技术溢出 A_4（种）	技术溢出.K $\begin{cases} 技术差距.K×0.2×(1-RAMP(1/外资种子研发产出.K,0,39)), \\ \quad 当外资种子研发产出.K-本土种子研发产出.K>0 时; \\ 0,当外资种子研发产出.K-本土种子研发产出.K=0 时 \end{cases}$

4. 常量与方程

所谓常量（Constant Variables），是值不随时间变化的量。也就是说，常量一旦确定，在同一次模拟中保持不变。在系统所模拟的 10 年期间，我们假定本土与外资企业的各自价格弹性、相互替代弹性、种子生产成本以及研发转化为产出的比例不变，即建立常量 $C_1 \sim C_4$ 如表 8.6 所示。

本土与外资企业生产的种子在品牌、质量和包装等方面存在差异，本土的种子成本较高，农民通常青睐于更优质的外资种子，即外资种子对本土种子拥有更高的替代性，且价格弹性相对较低。同时，受技术条件的制约，本土与外资企业在投入转化为研发产出的效率方面也存在差异。

表 8.6 动态仿真系统常量与方程

常量	常量方程
价格弹性 C_1	本土价格弹性＝0.8
	外资价格弹性＝0.5
替代弹性 C_2	本土对外资种子替代弹性＝0.6
	外资对本土种子替代弹性＝1
种子成本 C_3（元）	本土种子成本＝2
	外资种子成本＝1
研发转化比例 C_4（种/元）	本土研发转化比例＝0.01
	外资研发转化比例＝0.02

5. 外生变量与方程

所谓外生变量（Exogenous Variables），是随时间变化，但是这种变化不是系统中其他变量引起的变量。我们通过引入代表外生冲击因素的变量，用于观察外资企业在中国种子市场形成技术垄断优势后，一旦突然撤资并严格封锁技术外溢渠道，中国本土研发产出和销售利润的变化情况，进而分析本土种企和中国粮食安全所面临的威胁和未来的发展状况。

表 8.7 动态仿真系统的外生变量与方程

外生变量	外生方程
外生冲击 E_1	外生冲击＝PULSE①(0, 30)

注：外生冲击变量在第 0～30 期值为 1，在 30 期以后值为 0。

（四）系统主要观察变量因果关系分析

围绕关于外资技术垄断、中国农业研发能力和粮食安全的研究重点，我们选取本土与外资的种子研发产出、市场份额、种子价格，以及外资对本土的技术溢出等为主要的观察变量。

对种子研发产出（图 8.4）这一存量而言，最基本的构成因素来源于各期研发增加与研发损失的差值加总，而企业可以在各期通过增加劳动、资本与种质的投入刺激当期研发的增加，但并不是所有的研发投入都能有效转化为研发产出，其过程必然伴随或多或少的研发损失。在此基础上，拥有研发产出的企业会通过在市场上销售种子获取各自的市场份额。而本土与外资的种子研发产出差别在于：首先，技术相对落后的本土企业可以在参与市场竞争的过程

---

① PULSE 是脉冲函数，用于描述变量的瞬时冲击，其详细介绍请见王其藩（2009）。

中借助外资的技术溢出效应受益,增加自身的研发产出,以进一步缩小与外资企业间的技术差距,而外资企业则是技术溢出方;其次,本土企业的研发转化产出比例也比外资的低,由于本系统观测期仅为10年,转化效率变化不大,故皆取常值。

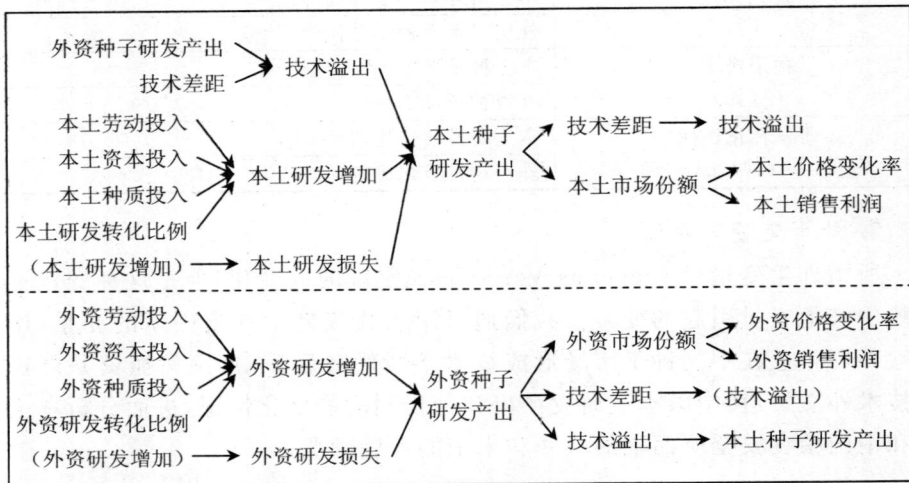

图 8.4　种子研发产出的因果关系结构

技术溢出效应(图 8.5)的大小,一方面直接受外资种子研发产出的多少影响,外资研发产出越多,越能为本土企业提供学习、模仿甚至创新的来源;另一方面也受本土与外资企业之间的技术差距大小影响,若本土企业能在研发产出上与外资企业不分伯仲,那么即使外资研发产出再多,技术溢出效应也不明显。虽然技术溢出直接作用于本土种子研发产出,协助本土企业缩小技术差距和获取更大的市场份额,但值得一提的是,如果技术差距过大、能力悬殊,本土企业对先进技术的吸收能力有限,与外资企业之间的产业关联效应还比较低下,那么技术溢出对本土企业的作用将会大打折扣,从而为外资技术垄断的形成提供了便利性。

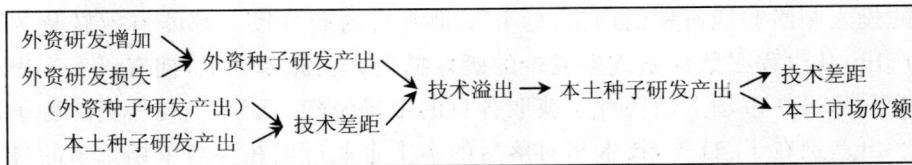

图 8.5　技术溢出的因果关系结构

为获取尽可能大的市场份额(图 8.6),企业除了不断加强自身的研发实力,为消费者提供满足其需求的差异性种子外,面临的直接挑战就是企业间的价格竞争。同质但价低的企业更容易占领市场,但是价格不是唯一的决定因素。倘若消费者对种子的品质要求较高,或者拥有较高的品牌忠诚度,即使有明显的价格差异,消费者也会青睐于价高但质更优的外资种子。通常而言,种子价格弹性越大,对巩固自身的市场份额越不利,而本土企业为争夺市场份额多以价格竞争为主,故其种子比外资种子更富有价格弹性。同时,两类种子具有相互替代性,鉴于外资企业更注重差异性竞争策略,具备在品牌、质量和包装等方面的优势,故外资对本土种子替代弹性更大,即本土种子价格上涨导致外资种子的需求量增加更多。

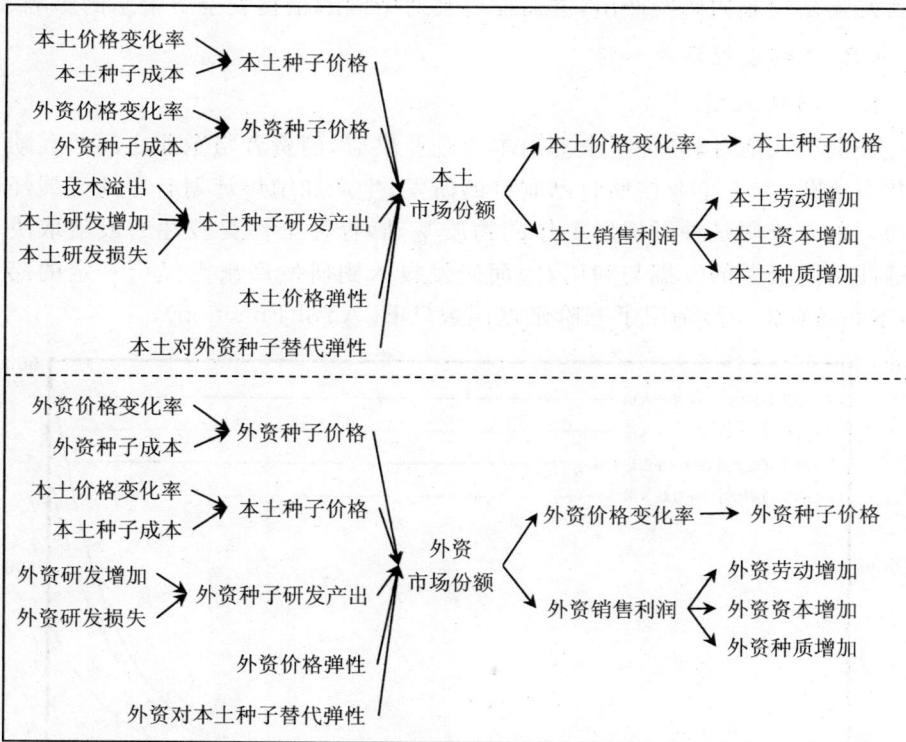

图 8.6　市场份额的因果关系结构

争夺市场份额所导致的结果主要体现在:首先,市场份额的大小直接关系着能否为企业带来可观的利润,进而进一步开展种子研发活动,虽然影响企业整体销售利润的因素有很多,但在其他条件给定的情况下,逐利的企业总会想方设法争夺市场份额;其次,较大的市场份额容易帮助企业争取维持有利价格变化的主导权,从而制定更具竞争力的价格竞争策略来吸引消费者。

种子是特殊的农业生产资料,如果大部分的种子市场份额长期由外资企业掌控,与此同时国内种子价格变动又过于频繁,超过广大农民的可承受范围,那么不仅会冲击种子市场供应和价格的稳定性,也会给农业的稳产增产带来挑战,还会出现农民收入不增反减的情况,其直接后果是不利于维持国内粮食的充分供应。供给度是否稳定有序以及购买力是否足够有效也会间接影响国内粮食质量的安全可靠,进而可能对中国的粮食安全构成巨大的威胁。

根据以上的分析,对上述主要观察变量的重点关注,有助于借助后续动态仿真系统的模拟结果,整体把握外资的技术垄断如何作用于中国的农业研发活动尤其是种业的研发产出,进而探讨其对中国的粮食安全所带来的影响。

(五)系统模拟结果分析

1. 外资进入前

外资进入前,国内种子全部由本土企业供应,消费者与企业之间的互动交流并不活跃,本土企业按照自己制订的研发、生产和销售计划有序地开展经营活动。种质资源是种子研发工作的物质基础,育种工作突破性的成就取决于关键性基因资源的发掘与利用,因而研发投入到研发产出需经历一定的滞后期,本系统(图 8.7)调用了三阶延迟函数(DELAY3l Function)。

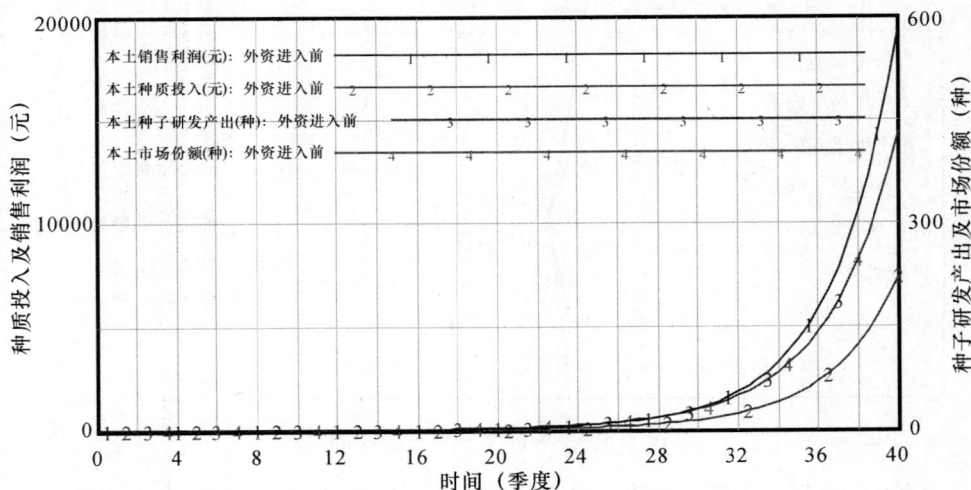

图 8.7 仿真系统主要观测值(外资进入前)

模拟结果显示,从长期来看,本土企业的种子研发产出、市场份额、销售利润等都呈现上升的趋势,但不可否认的是,由于国内种质采集能力不足,前期的种子研发产出总量还是较低,对应的销售利润也不高(图8.7)。如果单凭企业自身的实力,研发支出远远超过了企业的负担,企业无法实现对种子研发活动的持续投入,往往需要政府部门和其他科研机构的支持。总体而言,此时的竞争压力主要来源于内部,种子价格不是由市场充分竞争所决定的,而是由本土企业自己来规定的,有可能把价格定得很高。另外,还有可能由于缺乏外部竞争压力,本土企业不太重视种子质量的提升,追求创新的动力不足,研发产出总量较低,种子的品种和质量甚至不能满足消费者需求。整个阶段的种业现代化和商业化进展缓慢,自给自足或小规模生产的种业发展模式仍然存在于部分农民的种植活动中。

另外,我们所假设的尚无外资进入的情形在现实中是有可能存在的(如一国在较脆弱的战略产业领域制定外资限制政策,或者外资企业认为该行业无利可图),但持续的时间较短。自加入WTO以后,中国有义务不断放宽对外资进入方式的限制,外资进入实力差距较大的行业与本土企业展开竞争是大势所趋。更重要的是,如果一味保护本土企业,盲目抵制外资,国内种业也不能较快地成长起来。本土企业缺乏学习模仿的对象,从长远来看,会造成本土企业不进则退和消费者需求无法满足的后果。

由此可见,本土保护措施救不了中国种业市场,适当的外资进入不会威胁中国种业市场的安全;相反,外资企业重视研发和市场推广的做法以及带来的市场竞争,反而有利于中国种业的健康发展,如倒逼国产种子公司提升服务质量与种子质量。以棉花为例,1998年外资种子一度控制中国95%的市场份额,而最近几年,中国加大了对棉花新品种的研发投入和产业化力度,辅以上中下游优势互补的强强联合,到2008年,国产抗虫棉的市场份额从以前的5%增加到93%,成功夺回中国棉花种业市场。因此,引进外资、鼓励竞争对中国建立"育繁推"一体化的现代农作物种业是十分必要的。

2. 外资进入后

当市场开放后,外资企业凭借其在资金、技术等方面的优势拥有较高的初始研发产出、资本和种质资源,以及较短的研发产出滞后期(系统在此处假设外资企业的研发产出无延迟,区别于本土企业的三阶延迟)。仿真系统由一个本土企业的反馈回路(图8.8)变为本土企业与外资企业共同竞争的多个反馈回路(图8.3)。

根据后者的模拟结果,外资的流入能为国内种业的发展带来一些好处,主要

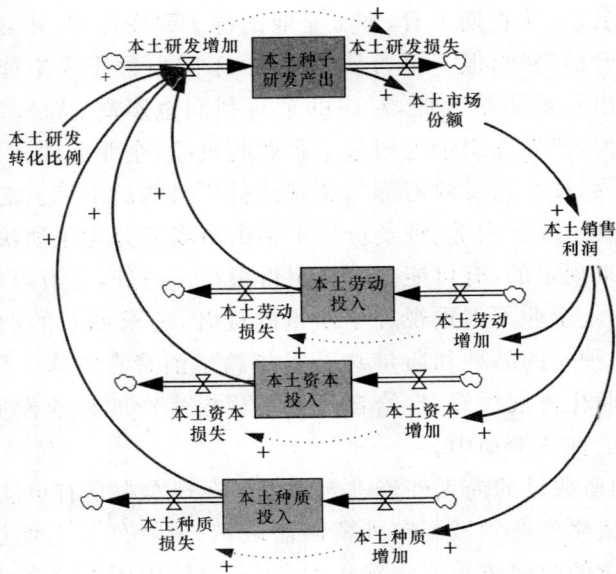

图8.8 外资进入前本土企业研发能力演变的动态仿真（图例同图8.3）

表现在：①外资种子的出现能刺激国内总需求的增长。许多农民逐渐放弃小农经济模式，转向市场购买所需的种子进行种植，而原有习惯于市场交换的农民也会因面临更丰富的品种而进行更多的选择。②技术溢出效应的存在，使得本土企业的研发产出总量较外资进入前更多。本土企业不仅可以通过模仿的方式学习国外先进的种子研发技术和现代化商业化管理经验，通过竞争的方式激励其改善自身的研发技术与效率，还可借助前后向联系、人力资源流动等其他方式吸收，如成立合资科研机构、与外资企业人才非正式交流等。但另一方面，本土企业的种子市场份额、研发能力、种子价格稳定性等方面都不可避免地受到冲击。

具体而言，当本土企业和外资企业同时竞争的时候，农民对本土企业所研发的种子需求比例将会有所减少（图8.9），这将导致一开始种子业部门（包括本土企业和外资企业在内的）总的研发能力会增加，但随后由于本土企业竞争不过外资企业，虽然国内研发能力仍在发展，但其提升速度远远比不上国内需求的增长速度。导致这种结果的一个主要原因是由于拥有技术优势，外资企业一开始进入市场就比本土企业的研发能力强，再加上要素产出这个正向的反馈回路内生地带动产业的增长，路径的依赖程度将会得到进一步加强，也就

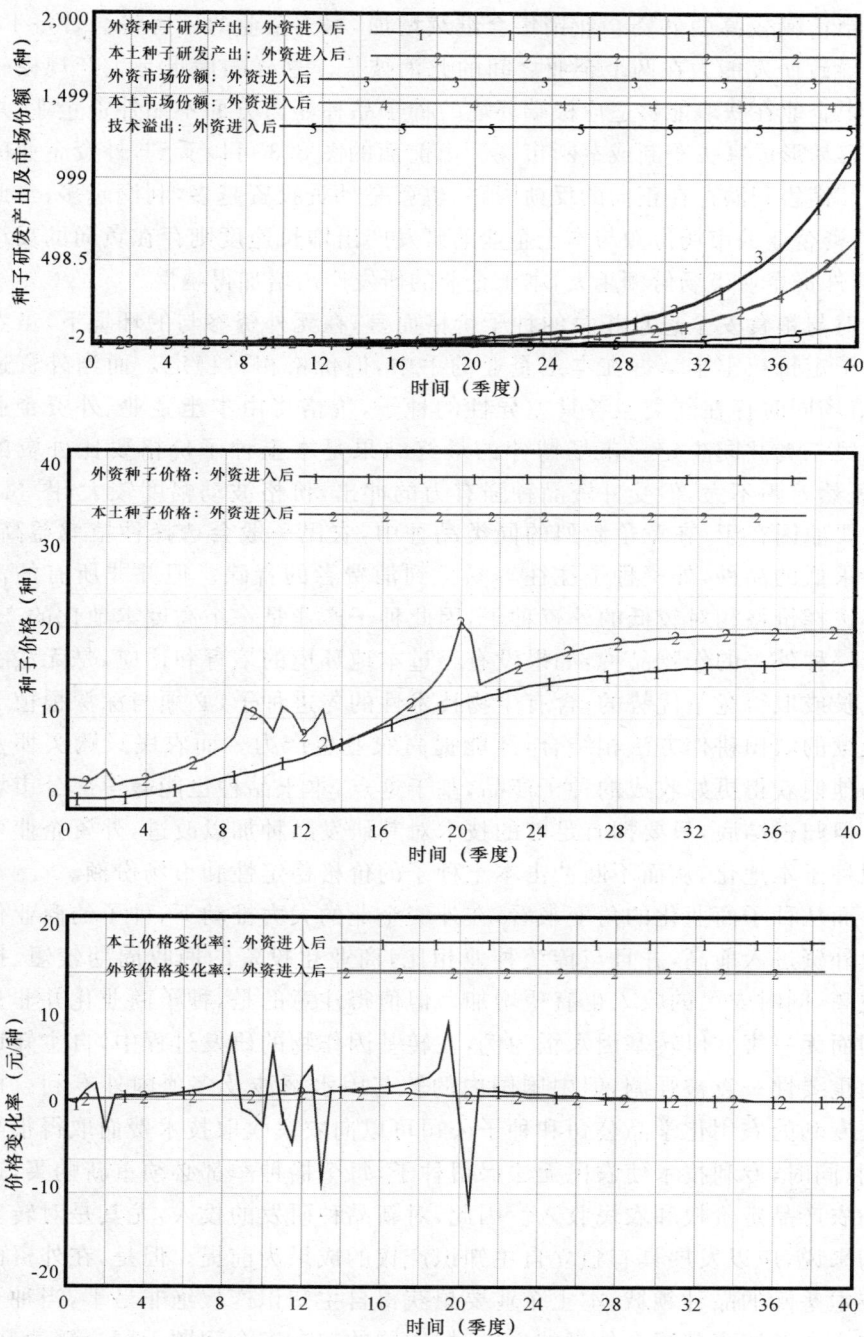

图 8.9 仿真系统主要观测值（外资进入后）

是说销售额较高的外资企业销售会继续增加,本土企业的销售将会日益下降,进而导致研发能力在两个企业之间的此消彼长。这样的后果是生产规模较小的本土企业在获取能够适应极端环境的种子品种能力方面不如外资企业,外资企业容易形成寡头垄断或垄断市场。由前面的图8.3可以看到,外资企业的投资与其销售利润存在正向的反馈回路,也就是外资投资越多,利润越多;与此同时,外资企业的市场份额与本土企业的研发产出增长速度则存在负向的反馈回路,即外资企业市场份额越大,本土企业的研发产出增加得越慢。

对与粮食安全息息相关的种子价格而言,在无外资参与的环境下,虽然国内种子定价权牢牢掌握在本土企业的手中,但价格相对稳定。而当外资进入后,市场同时存在同类但各具差异性的种子,价格将由本土企业、外资企业以及农民三者共同决定。市场博弈的最终结果是本土种子价格要比外资的稍高,虽然差距不大,但受外资品种强有力的冲击,价格波动幅度较大(图8.9)。其主要原因在于,在竞争激烈的同类品种中,农民一般会选择种植效益高、生产要求低的品种,外资种子往往容易得到消费者的青睐。但并非所有的消费者都选择价格相对较低的外资种子,因此种子产业是一个高度本地化的产业。任何一种外来的作物品种,如果没有经过本地环境的培育和适应,是无法在当地生长或取得竞争优势的;含有生物技术性的先进种子,必须与深深根植于中国土壤的农田耕作方法相结合,才能提高农业生产力。而农民只购买那些能帮助他们获得更好收成的种子产品,基于这点,本土品种也能赢得部分市场份额。但归根结底,只要拥有足够的技术对其研发品种加以改进,外资企业可以实现种子本地化,从而不断冲击本土种子的价格稳定性和市场份额。

而从种子商业化的角度来看,在外资企业的大力推动下,种子的商业化程度较外资进入前高,并且与传统种业相比,商业化投资的回收周期较短、投资效益高,同时农民的收入也有望增加。但值得注意的是,种子商业化并非只有百利而无一害。以转基因水稻为例,在转基因作物的研发过程中,自主知识产权的重要性一直被强调,但中国国内的转基因水稻涉及多项国外专利。拥有水稻专利的农用化学品公司和种子公司可以向农民收取技术费而取得很高的利润;同时,专利技术使农民无法保留种子,每个播种季都必须重新购买,这将影响农产品定价权和农民收入。因此,对新品种研发的投入,尤其是对转基因作物来说,应以发展具有独立自主知识产权的成果为前提。但是,在外资已形成技术垄断的品种领域,本土企业要想获得自主知识产权绝非易事,当种子研发的主导权牢牢掌握在外资的手中时,中国的粮食安全问题无疑会继续升级。

3. 外资撤资后

根据前述可知,外资流入带来的好处在于国内种子总需求增加,本土企业的研发能力从溢出效应中受益,以及种子商业化步伐加快。但这些好处的背后都暗含着国内种子业的发展对外资的高度依赖性。倘若外资因某种外生的原因突然撤离中国,本土企业的研发能力是否受到伤害? 如果有,其程度有多深? 又需多长时间恢复? 这些问题同样值得深思。因此,我们假设外资企业撤资行为发生在第 31~40 期,其撤资直接表现为外资种子研发产出、外资资本投入和外资种质投入维持在第 30 期的水平(图 8.10)。

从图 8.10 的模拟结果可以看到,与无撤资情形下相比,由于外资企业停止新的研发活动,技术溢出转升为跌至零点以下;与此同时,本土种子研发产出和销售利润在外资撤资后虽在短期内仍有增加,但增幅明显滑落趋于平缓,甚至在长期来看可能出现下跌态势。这表明了作为本土种子研发产出的外生影响因素,技术溢出对本土研发能力的提升发挥着重大的作用,其滑落的幅度高达60%可以反映出本土企业受外资撤资冲击影响的大小。由于系统设定的时间步长较短,无法观测本土企业的研发能力后续演变情况。一种理想的情形是,本土研发产出逐渐恢复较快的增长水平,但需要经历多长的时间是不确定的。可以想象,随着时间的推移,本土研发产出不断积累,以至于外资剩余研发产出所造成的影响可忽略时,本土企业将继续依靠内生的研发产出反馈回路(图8.8),沿着与外资进入前相类似的发展路径,并以更高的增长趋势发展下去。

与中国许多行业相同,经济全球化的发展给本土种子企业利用外资技术资源提升技术能力提供了机遇。理论上,使用外部技术可以避免高成本的内部开发、获得快速增长和接近前沿技术等优势。但中国种子企业的现实情况却不乐观,具体表现在本土企业并没有获得高层次的育种技术能力,有的反而陷入"引进—落后—再引进—再落后"的怪圈;而借助"以市场换技术"战略通过吸引外资获得技术溢出的成效也甚微,并且合资种子企业在关键和核心技术上严重缺乏自主创新能力。事实上,在引进外资助推国内种业的发展道路上,如果稍加不慎,一旦外资企业在种子市场上占据了技术垄断地位且滥用该垄断优势操控市场,本土种业研发能力的提升又严重依赖外资,那么中国的粮食安全将遭到严重的威胁。以转基因作物种子为例,世界上绝大多数的转基因作物种子研发的相关技术都已经被孟山都等少数公司所控制,而且这些生物巨头已经通过专利技术和国际公约,攻陷了一些国家的粮食控制权,这无疑给中国的粮食安全敲响了警钟。

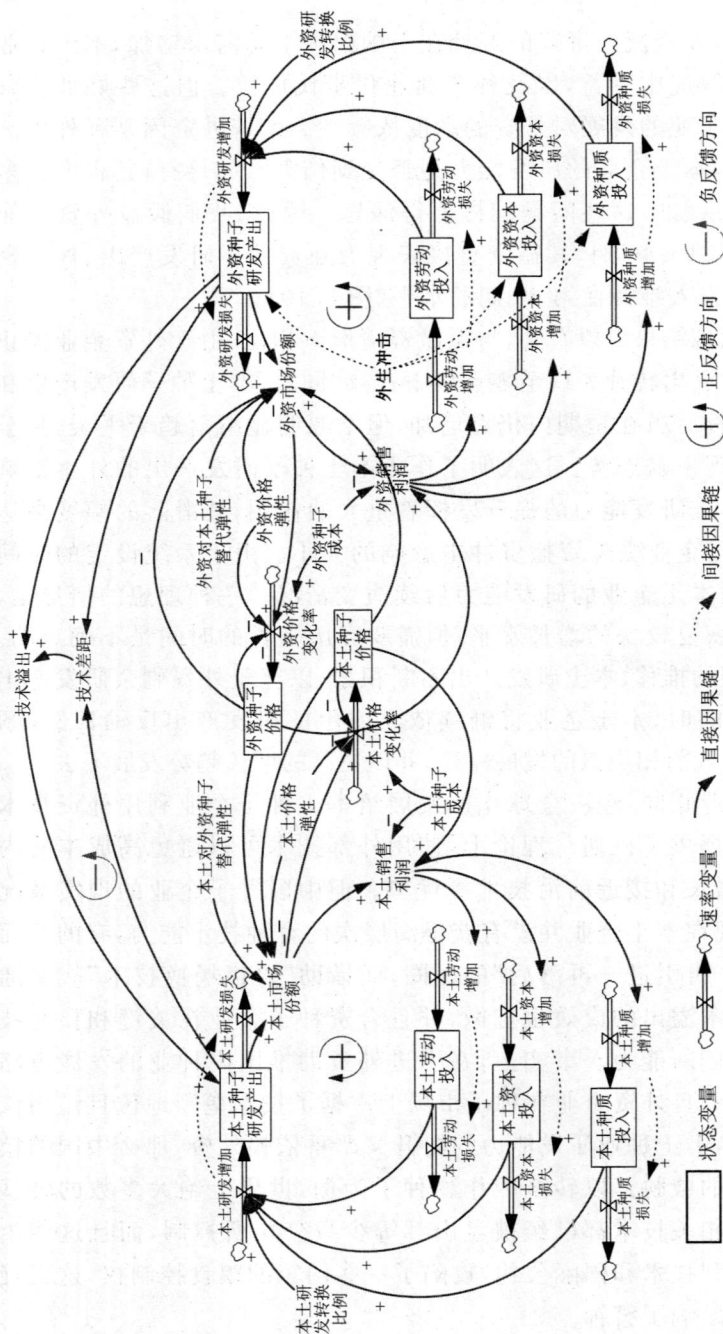

图 8.10 外生冲击下种子企业研发能力演变的动态仿真系统

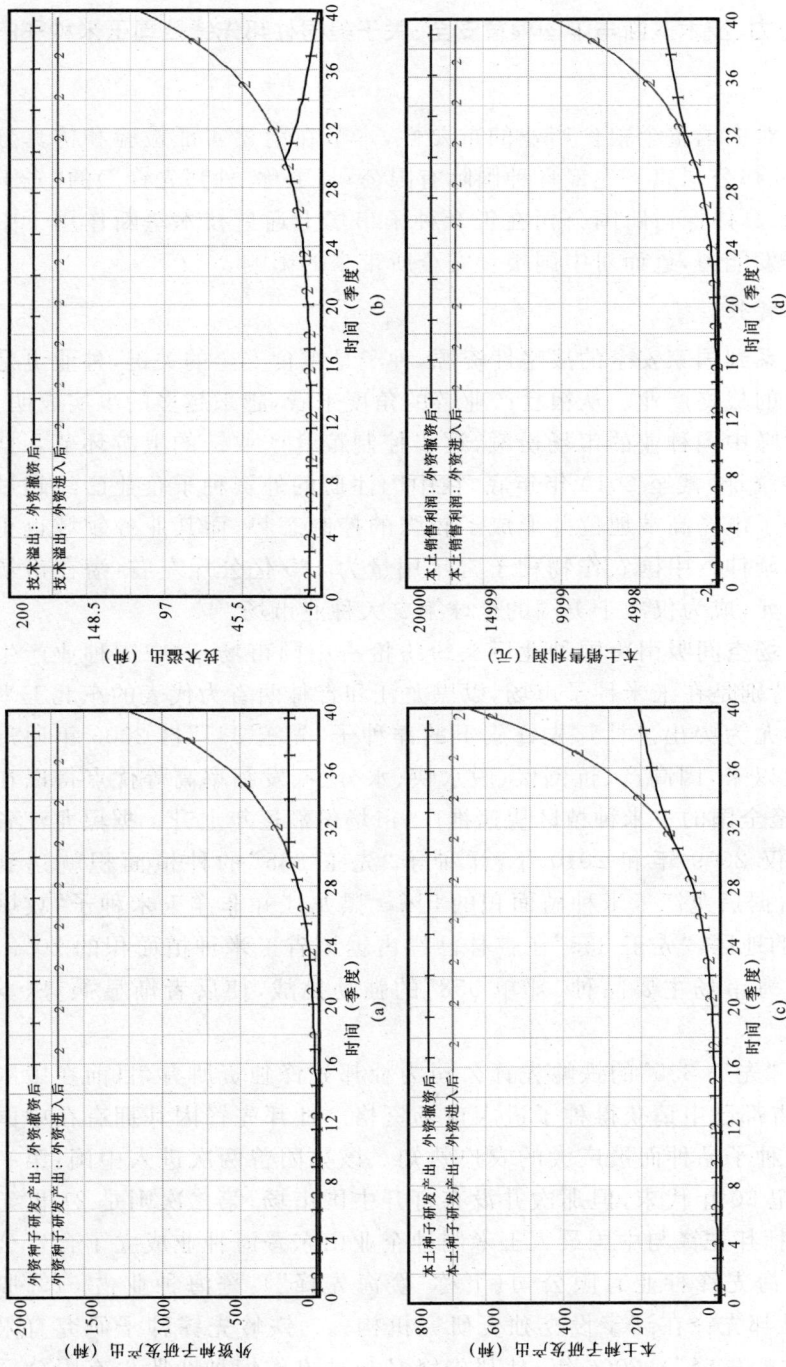

图 8.11　仿真系统主要观测值(外资撤资与无撤资对比)

三、研发能力、技术垄断与中国粮食安全:关于美国杜邦先锋公司玉米种子的案例剖析

鉴于种业对中国整个粮食产业的重要性,本节在前述实证检验和仿真分析后,以美国杜邦公司旗下先锋良种国际有限公司(下称"杜邦先锋")的"先玉335"品种为例,具体探讨跨国公司在玉米种子市场上通过技术垄断作用于中国玉米种子研发能力,进而对中国粮食安全所带来的影响。

(一)案例背景

粮食是关系到国家安全的战略性资源,种子是粮食安全的关键,种业更是关系国计民生的战略产业。从粮食产业链的角度来看,越来越多的事实表明,外资正大肆吞噬中国种业的市场份额,逐步控制粮食产业链的上游环节。据中国种子协会统计,截至2010年年底,在中国注册的外资种子企业已经超过了70家,占据了市场高端地位并形成了较强的控制态势,而其业务领域也正在向大田作物延伸。中国农作物种子常年用量为125亿公斤左右,潜在市场价值800多亿元,成为仅次于美国的全球第二大种业市场。

巨大的市场空间吸引跨国种业巨头纷纷抢占中国市场,对中国种业产生不少的冲击,特别是在玉米种子市场,以黑龙江和吉林两省为代表的东北玉米种子市场表现尤为突出。杜邦先锋旗下的洋种子"先玉335"自2006年通过国家品种审定以来,因高产、抗倒伏、脱水快、水分少、发芽率高等优点得以在东北、华北乃至全国的玉米种植区快速推广,市场份额逐年上升。据黑龙江省农业厅统计,仅2009年和2010年,洋种子"先玉335"的种植面积就达到775.8万亩,占据黑龙江玉米种植面积的5%。黑龙江并非洋玉米种子"攻城略地"最猛烈的地区,"先玉335"在吉林已经占据该省玉米种植面积的20%,并形成对黄淮海市场主要品种"郑单958"的强劲挑战,使后者渐显预势(卜祥,2010)。

负责培育"先玉335"的铁岭先锋公司为杜邦先锋独资所有,目前在中国东北、华北各省都已申请获得种子进入市场资格。杜邦先锋因其拥有在中国最畅销的玉米种子品种而被广大的农户熟知。该集团曾两次进入中国:第一次是在20世纪80年代末,但那次并没有打开中国市场;第二次则是21世纪初。2002年,杜邦先锋与中国最大玉米制种企业山东登海种业成立了合资公司——山东登海先锋种业有限公司(下称"登海先锋"),登海种业占51%股权;2003年,杜邦先锋在辽宁设立独资研究机构——铁岭先锋种子研究有限公司(下称"铁岭先锋");2006年,杜邦先锋又与甘肃敦煌种业股份有限公司

成立敦煌种业—先锋海外有限公司(下称"敦煌先锋"),敦煌种业也占51％股权。相关政策规定,合资公司的粮食品种不能直接从国外引进,杜邦先锋便采取了通过国内的铁岭先锋种子研究有限公司育种,然后再交给登海先锋和敦煌先锋销售的方式。敦煌先锋负责东北、内蒙古等地春玉米带,而登海先锋则负责黄淮海地区的夏玉米带。这样的投资布局帮助杜邦先锋的"先玉335"在短短几年内在中国东北、华北主要玉米种子市场迅速扩张。

(二)杜邦先锋与国内企业研发能力的比较

"先玉335"虽然已经进入市场5年,却并未显示出减产的趋势,不像其他玉米种子那样会很快遇到自身的瓶颈。国内研发的玉米种子由于在自交系的纯度、杂交种的优质性等方面有所欠缺,往往投入市场3～4年之后性状出现衰退,进入产品生命周期的衰退期;"先玉335"由于技术扎实,如果想等待其性状自行衰退进而退出市场,可能需要更长时间,目前正处于品种生命周期的成长阶段(图8.12)。预计未来3年,由于国内没有性能更好的种子,"先玉335"的市场份额预计还将继续增加(卜祥,2010)。

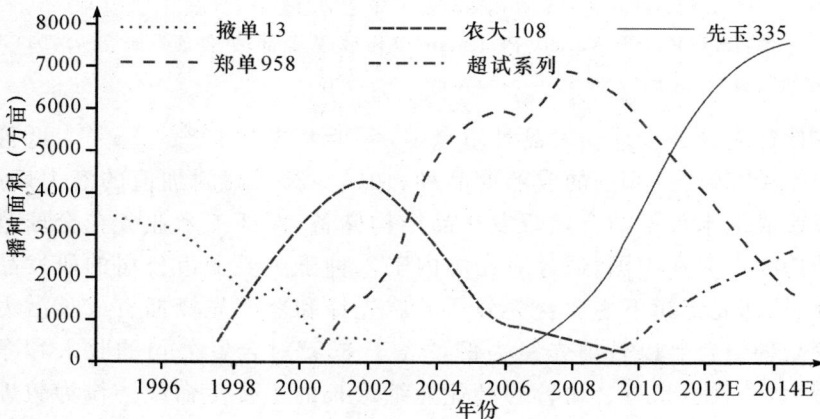

图8.12　国内标志性玉米种子生命周期分布

资料来源:齐鲁证券研究所《2011年种业行业专题研究报告》,http://www.qlzq.com.cn/

注:2012E－2014E为齐鲁证券研究所的预测值;掖单13、农大108、郑单958和超试系列是国内研发品种。

"先玉335"在中国的迅速扩张,与杜邦先锋较为先进的技术研发能力分不开。杜邦先锋在生物技术,尤其是转基因技术和新品种研发领域投入巨资,开发出了一大批携带抗病、抗虫、耐除草剂等目标基因的新品种,并建立了自己独立的种子研究、开发、生产和销售体系,拥有自主科技品种和全球营销网络。在 2001—2010 年的十年里,除了 2005 和 2008 年外,杜邦先锋通过审定的玉米品种数达到了国内玉米品种审定通过数一半以上,甚至在 2009—2010 年一举超过了国内总数(图 8.13)。

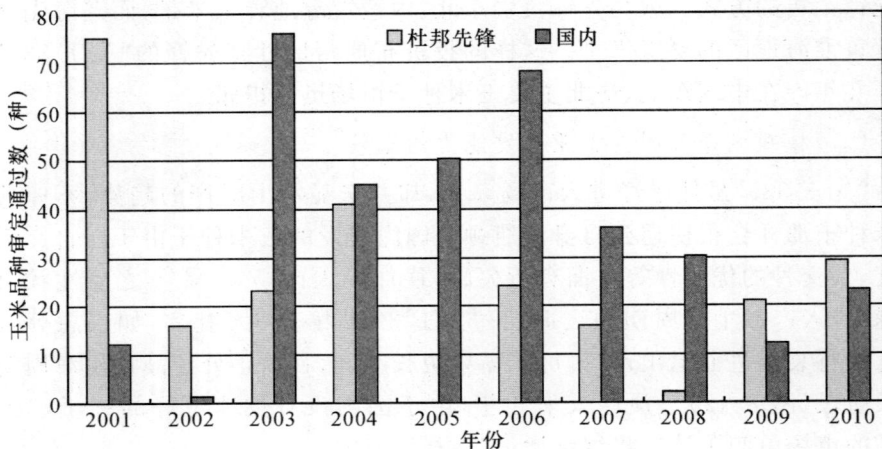

图 8.13　杜邦先锋和国内玉米品种审定通过数比较(2001—2010)

资料来源:PVPO(Plant Variety Protection Office);农业部;齐鲁证券研究所. 2011 年种业行业专题研究报告. http://www.qlzq.com.cn/

在杜邦先锋的全球研发品种组合中,每年大约有 10%～25% 为低价值的衰退期品种、50%～80% 的成熟期品种、10%～25% 高附加值的潜力期品种,以此来形成玉米种子的合理研发产品结构储备,保证玉米业务在全球范围成长的可持续性。在中国,通过对比国内玉米种子主要上市公司的研发品种可以发现,杜邦先锋旗下主要合资公司敦煌先锋和登海先锋拥有成长潜力更大的研发品种组合。以敦煌先锋为例,"先玉 335"对合资公司的收入和净利润贡献最大,并且也是母公司敦煌种业业绩增长的主要生命线。作为敦煌先锋的成熟品种,"先玉 335"优势明显,而其他先玉系列的在研品种也是公司的主要潜力品,后期上市的品种储备充足,比隆平高科和万向德农显示出更高的增长潜力(图 8.14)。

总体而言,国内主要种子企业与杜邦先锋在研发能力上存在的差距主要体现在以下几个方面:

(1)种质资源的差距。种质资源是种子研发的基础,杜邦先锋的种质资源储备非常丰富,拥有了全世界 60% 以上的具有极大遗传潜力的玉米种质资源,但目前仍十分重视种质的继续收集与创新,这是其在全球范围内不断获得

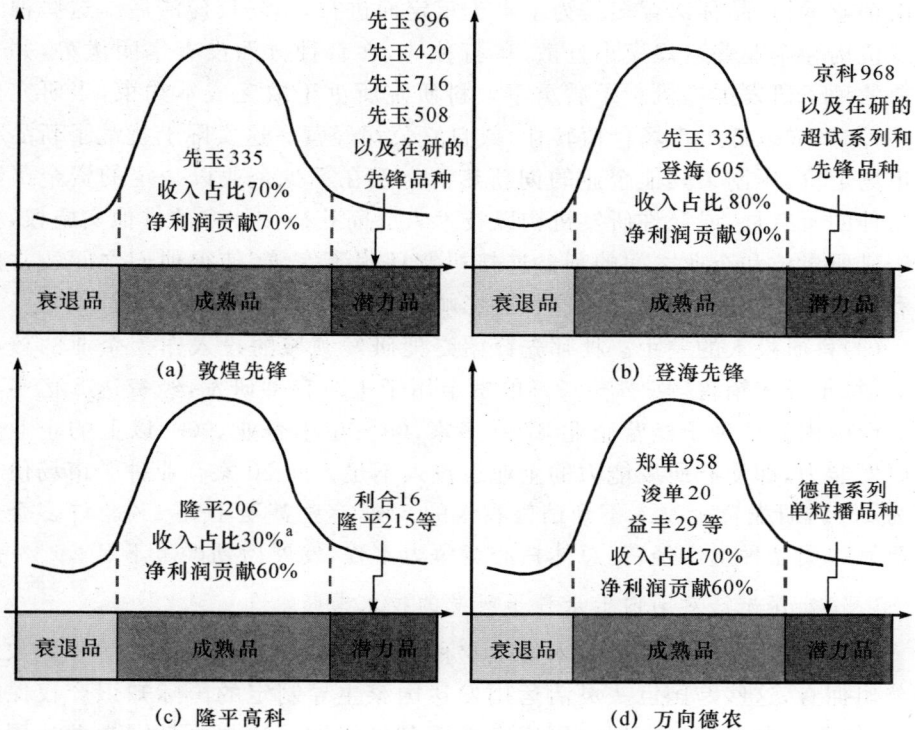

图 8.14　国内主要玉米种子上市公司研发能力比较（2010 年）

资料来源：敦煌种业（600354）、登海种业（002041）、隆平高科（000998）、万向德农（600371）等上市公司 2010 年报；齐鲁证券研究所. 2011 年种业行业专题研究报告. http://www.qlzq.com.cn/

注：ª 隆平高科的水稻品种收入比重较高，玉米品种"隆平 206"收入占比 30％。

竞争优势的基础。而国内种质相对缺乏，育种资源遗传基础狭窄，在起点上就处于劣势。事实上，在种业受外资技术垄断威胁最严重的领域——玉米和蔬菜作物，中国非但没有种质资源的优势，相反，对国外比较丰富的种质资源依赖程度逐渐加深。现在不少蔬菜品种出口量大增，但其种质资源都是来自于国外的优良品种。"先玉 335"的种质资源也是杜邦先锋经母国选育后再在中国驯化而得，如今正在迅速占领国内玉米的种质资源储备。

（2）研推机制的差距。杜邦先锋实行公司研发和推广的一体化模式，建立起较为成熟的商业化种子研发平台，一系列的品种可以源源不断地走向市场。种子研发以市场为导向，甚至能根据对未来市场情况的判断提前进行准备。而在国内，基础性研发则由政府投资的非赢利性研发机构承担，种子培育和推广由企业承担，品种选育多是为了本土审定而进行，市场反应滞后。这些种子研发机构和企业普遍规模小且散，单打独斗，在育种方面没有集团优势，并且目前的种子研发推广机制矛盾重重。科研院所由于缺乏成本约束，当研究出新品种时，或以低于市场价值转让，或自立公司经营。这实际上扰乱了新品种的市场定价，压制了其他企业的创新热情。现在不少企业以一定的资金买断新品种的所有权，或允许研发机构以技术入股而获得该技术的排他实施权，但由于科研单位和企业之间的利益连接机制还很不完善，使得他们之间经常因为利益分配问题而产生分歧，这势必影响到研发技术的产业化进程。

（3）科研投入的差距。杜邦先锋始终把研发领域的投入作为企业的核心优势，每年投入销售额 8%～12% 的资金用于玉米育种研发，经费达 2 亿多美元。而国内持证种子经营企业 8700 多家，69% 是小企业，90% 以上的企业没有研发能力，即使有研发能力的企业也投入不足。前 10 家企业种子市场份额仅为 13%，研发资金投入不到销售收入的 5%，有些甚至不到 1%。许多企业主要靠购买品种生产经营，总体核心竞争力不强，发展后劲严重不足。

（三）杜邦先锋对国内玉米种子研发的技术垄断

当前，国际上绝大多数玉米种子专利技术被杜邦先锋、孟山都等极少数跨国公司拥有，这些跨国巨头灵活运用发达国家主导制定的国际知识产权保护制度，使得这种垄断对发展中国家存在不利的影响。这主要是因为发达国家在种质资源研究方面起步相对较早，一些跨国种业公司采取各种手段对种质资源进行掠夺，垄断许多生物基因资源专利和技术。而根据知识产权保护制度的国际惯例，只有处于研究阶段的国外专利是免费的，一旦专利种子开始商业化操作，任何企业或农户在没有获得授权许可的情况下擅自使用专利种子，将涉及专利侵权，专利持有人有权收取专利使用费。因此，许多农业生产者只能通过支付技术费用和专利费向杜邦先锋购买玉米种子，但还必须同时签订限制私自留下种子用于来年播种的合同。

除了垄断种质资源和专利，在中国，拥有品种和技术优势的杜邦先锋通过成立独资科研公司、合资公司以及与国内科研院所合作等方式进入种子研发领域（表 8.8），在国内开展育种工作，逐步掌握对中国种业的话语权。以先玉系列品种为例，该品种的研发由杜邦先锋在中国设立的独资研究机构铁岭先锋负责。铁岭先锋培育出的新品种产权属于杜邦先锋，杜邦先锋将品种交给登海先锋、敦煌先锋两家合资公司并收取品种使用费，合资公司负责制种和在黄淮海、东北地区的销售。山东登海、甘肃敦煌这两家本土种子企业与跨国巨头杜邦先锋成立合资公司的好处是可以引进优势的种子，降低研发成本，但负面效果是让出部分国内市场,甚至本土研发企业竞争不过洋种子,丧失自主研发的积极性。

表 8.8 杜邦先锋在中国的研发布局(www. dupont. com. cn;任静,2011)

年份	合资公司/合作单位	合作内容	合作方式
1998	中国铁岭先锋种子研究有限公司	开展杂交玉米育种和测试	独资研究
2002	山东登海先锋种业有限公司	夏季玉米育种	合资企业
2006	敦煌种业先锋良种有限公司	各类种作物种子的研发、繁育、加工、贮备、销售	合资企业
2007	北京凯拓迪恩生物技术研发中心	加快研发高品种艺性状基因	合资企业
2008	中国生物技术公司	加强基因功能发现的研究	合资企业
2009	中国农业科学院植物保护研究所	农作物的抗虫性能	合作研究
2012	北京分子育种技术研究中心	研发新型高产玉米杂交品种	合作研究

并且,中方企业能否通过这种合资方式获得核心技术,对提升本土研发能力保障粮食安全而言至关重要。据敦煌先锋的中方种子管理人员反映,敦煌种业只是杜邦先锋的"生产车间",只负责生产,根本拿不到杜邦先锋的核心科研成果。杜邦先锋通常不允许参观,如果没有杜邦先锋的人带领,外人连厂区都进不去,更别说要学习外企的管理经验。

按照《外商投资产业指导目录》关于设立外商投资农作物种子企业审批和登记管理的规定,外资设立农作物种子企业,中方投资比例应大于 50%,由中方控股。但和外资种子企业的合作,主导权不在中国这边。所谓合作育种几乎都是先从国外直接进口品种到中国,经过筛选留下适合中国种植的品种,继而开始在中国生产,做到育、繁、推一体化。因此对于很多合资公司来说,虽然名义上是合作育种,中方占有 51% 的股份,在形式上占据控股权,但在实际公司运作中由于外资巨头控制了最为关键的品种研发、亲本资源和营销体系等环节,育种技术和品种权都没有进入合资企业,中方对品种没有控制权,并不能掌握真正的核心技术,大部分只享有利润分配权,其生产和市场都受制于外资种子企业,给中国粮食安全带来不少的隐患。

除了成立独资研发机构和合资公司,杜邦先锋还将研发的触角伸向国内各大科研院所,以共建或参股实验室、研发中心的方式进入中国农业研发领域(表 8.8),进行种质资源搜集、评价等方面的工作,这被看作是对种业"源头"的掌控。当前外资与中国科研单位合作的监管处于"灰色地带",相应的政策界限比较模糊,并不需要像进入生产经营领域一样接受行政许可审批,但其对农业研发领域的影响力却不可小觑。一些国内科研机构为了经费,在与外资合作时"饥不择食",可能导致中国一些科研成果被外资利用。此外,中国很多科研机构与外资签订合作协议时都有"合作双方有科研成果优先使用权"等类似条款,这项条款的实质,就是中外双方谁先使用,谁就优先拥有科研成果知识产权。外资企业拥有生产条件和丰富市场资源,因此大多能抢在国内科研机构前使用科研成果。并且,外资企业本来在技术方面具有优势,通过与国内科研单位合作,获取国内科研成果,挖掘人才和资源,再反过来培育更适合在中国生长的品种,垄断优势会更加明显。

可以说,以杜邦先锋为代表的跨国种子公司之所以能在竞争中立于不败之地,主要得益于其强大的技术优势。但是,如果这种技术优势没有使中国本土的种子研发能力受益,反而带来国内市场过分依赖洋种子的种质资源和品种专利,形成了技术垄断,那么中国种业未来的发展就会很被动。

(四)杜邦先锋技术垄断对国内玉米产业安全的影响

在种子研发领域拥有绝对技术优势的基础上,杜邦先锋通过指定独家经销商、设立全资机构、成立合资企业等多种经营方式在广大发展中国家销售产品。他们甚至还采取"饥饿营销策略",即种子价格固定,但限量供应,经销商即使加价也只能够拿到部分种子。2007年,"先玉335"刚刚打入黑龙江市场时,几十万斤免费种子提供给农户试种,厂家与农户之间还签订协议——种植该种子产量不高可获赔偿。此后,该种子很快受到广泛认可。与此相比,国内种业公司碍于自身资金有限,大都是一村一屯试种,新品种的推广速度远没有这么快。成功推广后,"先玉335"走缺口经营战略,厂家批发给经销商的价格相对较低,但供不应求,市场价格一直维持在高位,较大的利润空间也使经销商更愿意售卖"先玉335"。在黑龙江绥化市的一家种子店,经销商进货价为12元/斤,而市场售价却可以达到24元/斤。而国内较强势的玉米种子"郑单958"进货价为4.2元/斤,售价仅为5元/斤,利润不足1元/斤。由于玉米是杂交作物,农户需要每年购买种子,控制了玉米种子市场就意味着从根源上控制了中国玉米粮食市场。

从中国玉米种业自身发展的角度来看,国内的玉米种企尚处在产业重构期,大多数企业尚未渡过"企业生存期",对新品种的投入主要用购买品种权和新品种的下游研发,缺乏自主创新的能力和实力。中国玉米种子产业整体弱小、分散,企业恶性竞争、种子套牌、陈种销售、知识产权得不到保护以及售后服务落后等问题丛生。如果大量的农业跨国公司通过引进基因改造过的新型高产种子以及新的培植技术,迫使当地逐渐放弃传统的、适应本地区土壤气候的农产品种子,继而建立新的农产品加工销售网络,那么农业跨国公司就掌握了中国的基本农作物从育种到配置再到销售的整个农业产业链。玉米种业被外资控制不仅仅令中国技术发展遭制约，更重要的是还将影响中国的玉米安全，后者将牵涉 13 亿中国人赖以生存的物质基础。

（五）案例启示

通过对上述案例的剖析，我们发现，"先玉 335"在中国的迅速扩张，与杜邦先锋先进的技术研发能力分不开，本土种企与杜邦先锋的研发能力在种质资源、研推机制、研发投入等方面存在较大的差距。在种业国际化背景下，拥有技术优势的跨国玉米种业公司近年来大举进入中国玉米种子研发领域，在向广大农业生产者收取比例较高的专利使用费的同时，牢牢控制合资公司和合作研究机构的核心研发技术，加重当地农民对跨国种业集团的依赖，逐步致使部分本土种子企业面临被挤出种业市场、市场份额被蚕食、自主品种被外国种子代替等困境，给中国玉米种业发展带来巨大压力，并危及中国粮食安全。如何保证国家对种业的控制力和主导力，做大做强中国的民族种业，牢牢掌控中国粮食的"命脉"，已然成为中国保障粮食安全的重要话题。

为了防范外资在种子研发领域形成技术垄断对中国粮食安全造成重大威胁，提升本土研发能力是当务之急。必须加大政策扶持和投入力度，快速提升中国农作物种业科技创新能力，培育一批具有重大应用前景和自主知识产权的突破性优良品种，建设一批标准化、规模化、集约化、机械化的优势种子生产基地，打造一批育种能力强、生产加工技术先进、市场营销网络健全、技术服务到位的现代农作物种业集团。其次，从制度层面来看，国家需要对外资在种业领域的并购重组、知识产权的获取与购买等建立粮食安全审查机制，明确相关的具体政策，规范与外资的合作模式，各部门形成监管合力共同维护种业安全。

第三节　种子产业链发展与中国粮食安全

一、全球种业交易与服务模式

"农以种为先"，种业是维护一国农业发展及粮食安全的重要基石。国务院 2011 年发布的《关于加快推进现代农业发展的意见》指出："农作物种业是国家战略性、基础性核心产业，是促进农业长期稳定发展、保障国家粮食安全的根本。"种子作为一种有价值的普通商品在全球范围内所形成的交易、流通，及其作为与粮食安全相关的特殊商品所形成的辐射和影响，引起了广泛的讨论,也说明了种业发展的复杂性。一方面,市场规模的扩大、投资与新技术的引入、品种认证保护等制度的完善,催生出发达国家的现代化种业体系,该体系以跨国种业集团为主体,大大优化了全球农作物产量、质量及品种结构;另一方面,全球种业发展并不平衡,国家间种业发展程度的差异势必会对种业后发国家的农业发展造成影响,并对粮食安全构成隐患。如何在现有经验与格局中找寻一条提升种业竞争力、保障粮食安全的种业现代化路径,成为包括中国在内的种业后发国家所共同面对的难题。

2000 年《中华人民共和国种子法》颁布后,中国种业真正告别国有垄断转向市场化经营,民营和外资企业的陆续进入使种业有了较大发展,目前中国是世界第一用种国和第二大种子市场。然而中国种业在增长的数量与质量上并不同步,表现出产业集中度低、经营主体竞争力弱、配套服务不完善等诸多不足,且面临着不断本土化的外资种业公司的持续冲击。外资种业公司已控制中国蔬菜种子 50% 以上的市场份额,并致力于进军中国大田作物种子市场。"内忧"和"外患"使得中国种业现代化发展之路显得尤为艰难。

从本质上看,种子商品兼具的普通商品与特殊商品双重属性决定了种业现代化的两条主线:种子的普通商品属性对应着种业的市场化,种子的特殊商品属性对应着种业的社会化。种业市场化指种业经营主体将研发、生产、加工、销售等环节有机整合成完善的产业链,以市场规律指导技术运用、公司管理、市场交易、市场竞争等经营主体行为,进而成为现代化种业体系的主轴;其目的在于,以市场交易为核心,由市场需求调节种子经营主体行为,跨越区域市场的限制,在更大范围内优化资源配置,实现整体效率的优化和竞争力的提升。种业社会化则指种业服务主体在种子产业链纵向延伸与横向扩展过程中,不断囊括来自工业等部门的资源,形成与产业链各环节相适应的社会化种业服务体系;其目的在于,保障并补充种子产业链市场化运行,并与制种、用种农户分享现代化种业体系成果,共同维护粮食安全和可持续发展。综上所述,种业现代化的内涵可概括为:通过建立以市场化种子产业链为主轴、以社会化服务体系为保障和补充的现代化种业体系,增加农户收入,维护粮食安全,实现稳定的可持续发展。在现代化种业体系这一分析框架内,交易和服务分别是种业市场化和社会化的核心内容,因此也成为研究和借鉴全球种业发展经验,解决种业现代化难题的核心内容。

(一)全球种业交易模式

市场化的种业交易过程主要由交易主体、交易客体和交易关系三个基本元素构成。交易主体间就交易客体形成交易关系,并固化为交易模式。常见的交易模式分类方法往往以交易时间、交易量和付款方式等为标准。

　　本研究采用一种混合分类法，首先以交易所采用的技术手段为区分，参考其社会条件、交易组织、流通模式、交易成本与收益及实现形式等因素，将全球种业交易模式分为传统和现代交易模式（表 8.9），以区分种业交易的趋势，指明种业市场化的方向；其次，从交易模式的基本元素出发，进一步细分为"对手交易模式"、"拍卖交易模式"、"订单交易模式"和"期货交易模式"，以避免交易模式间相互渗透带来的混淆。

表 8.9　种业传统交易模式与现代交易模式比较（据陈建华，2008 修改）

类别	社会条件	交易组织	流通模式①	成本收益	实现形式
传统交易	交通便捷 物流网络	批发零售市场 辅以拍卖市场	多元结构 三方规制	流通成本高 交易费用大 生产收益少	对手交易 传统拍卖
现代交易	网络技术普及 城乡一体化	一体化经营 少量传统组织	二元结构	流通成本低 交易费用少 生产收益多	现代拍卖 订单交易 期货交易

　　1. 传统交易模式

　　（1）对手交易模式。对手交易模式又称现货交易模式，指买卖双方通过面对面的议价达成交易。全球种业交易中，对手交易主要有以下三种形式：①地摊交易。在种业发展程度较低的国家，尤其在偏远地区，流动式地摊种子交易至今依然存在。②零售店交易。各国种子零售店通常以"种子超市"的形式存在。③会展对手交易。种子交易会普遍存在于拉丁美洲、非洲及亚洲各国，是新种子集散交易的重要场所。然而随着种子交易会的发展，其信息服务功能逐渐突出，交易的功能日渐淡化，且交易也主要以订单交易为主，会展对手交易逐渐减少。对手交易模式所具备的随机性大、覆盖范围广、交易时间短、成交价格信号短促等特点，很好地适应了种子市场需求分散性的特点，使其在全球种业交易中起到基础性作用，但随着种业市场化的发展，其交易费用高、流通效率低等特点也逐渐显现出来。

　　（2）传统拍卖交易模式。拍卖交易模式，指卖方通过公开竞价从多家买方中选定最高报价者并与之缔约买卖的交易方式（朱修国，2009）。传统的拍卖交易模式指现场拍卖模式，例如在以成熟、发达的花卉产业及拍卖传统闻名于

---

　　①　多元结构指"生产主体－中介主体－消费主体"；三方规制指"生产主体－仲裁者－消费者"；二元结构指"生产主体－消费主体"。

世的荷兰,许多花卉种子(球根)尚在生长时便通过 Green 或 Haluco 拍卖市场进行交易。现场拍卖交易以公开、集中的交易方式实现资源的优化配置,可有效降低交易费用,提高交易效率,且使交易趋于公平公正,并从而降低生产经营者的风险。然而由于受制于交通运输、信息传播等社会条件,传统拍卖的组织本身会产生一笔很高的交易成本,这也是传统拍卖交易的局限所在。

2. 现代交易模式

(1)现代拍卖交易模式。现代拍卖交易模式指经由网络途径进行远程拍卖的交易方式。同样以荷兰市场为例,交易双方也可经由蔬菜交易网络 Auction Zaltbommel 进行种子拍卖交易。作为种子生产者的农户可通过拍卖网络提前知晓经销商的需求量,有针对性地从育种部门购买优良品种种子,进行种子扩大化再生产后由经销商负责销售。通过网络等现代化技术手段,现代拍卖交易模式进一步降低了交易费用,提高了交易效率,甚至为制种农户的生产提供了指导,优化了拍卖交易模式。

(2)订单交易模式。订单交易模式又称契约交易模式,指买方与卖方签订远期订单后,卖方再统一安排种子研发、生产、发货的产销结合交易方式。全球产业中的订单交易主要有以下两种形式:①"用种大户、龙头企业或合作经济组织＋种子企业"模式,指具有谈判能力的用种大户、龙头企业或合作经济组织向种子企业以订单形式订购种子进行交易的方式。例如在日本,很多用种农户便是通过农协统一订购种子,再由组织内的物流网络送货上门的。因农协在种子市场上具有极高的占有率,故能在谈判中以优势地位获取优惠的价格。同时,农协成立的诸多质量检验机构也对所购种子的质量提供了保障(王万红,2007)。②会展与网上订单交易模式,指买卖双方在订单交易的基础上,充分发挥会展和网络信息优势、低交易成本优势进行交易的方式。这一交易模式在各国的种子交易会及种子网站上被广泛应用。订单交易模式通过合同的形式把购销双方紧密结合起来,明确各自的权利、义务,按照合同的规定完成交易活动的全过程,能够很好地解决种子市场中供给迟滞性的问题(国务院研究室农村司课题组,2001)。但在种子交易实践中,订单交易模式的发展并不顺利,主要有两方面的原因:①订单交易属于信用交易,在信用缺损且约束乏力的情况下,极容易出现违约的情况;②订单交易属于远期交易,具有风险积分效应,且缺乏中途退出机制,市场价格波动时,双方均有强烈的违约动机,但违约治理成本较高。因此,订单交易模式的推广,在技术手段的运用、信用制度的稳定、信息交流的通畅等方面对种业市场提出了更高的要求。

(3)期货交易模式。期货交易模式,指将期货交易所统一制定的、规定在将来某一特定的时间和地点交割一定数量标的物的标准化合约引入交易的远期交易模式。为使交易者恪守交易法规,进入期货市场交易通常需要预付5%～10%的履约保证金,客户、经纪商须严格遵行相应操作规则参与交易(何嗣江和汤钟尧,2005)。现今采用期货交易的作物种子,只是单纯地凸显其油料价值,如芝加哥期货交易市场(CME)的大豆期货、大连商品交易所的黄大豆1号期货和印度国家商品及衍生品交易所(NCDEX)的瓜儿豆种子期货等,种子的遗传价值并没有得到体现,因此并不属于种子商品范畴。其原因主要有以下两个方面:①期货交易对所交易产品的贮存、运输、质量划分都提出了较高的要求,进而限制了部分种子;②期货交易需要以良好的现货市场为基础,但在大多数国家种业现货交易市场并不成熟,现货交易远比期货交易经济、便捷。不过从现实经济来看,期货交易是市场经济发展的必然产物,其具备的价格发现功能、风险分散(套期保值)功能在降低交易成本、提高交易效率、优化资源配置方面有着巨大的优势。这一点,在大宗商品交易中已经得到广泛的应用,也预示着种业交易模式的趋势与未来。

(二)全球种业服务模式

社会化的种业服务过程主要由服务主体、服务客体和服务关系三个基本元素构成。服务主体之间就服务客体结成服务关系,并固化为服务模式。在现代化种业体系中,多元主体共同提供社会化的服务是基本特征之一,然而不同主体所提供的服务各有侧重。从服务模式的定义出发,可将全球种业服务模式分为"政府＋农户"、"企业＋农户"及"合作经济组织＋农户"三大类型。

1."政府＋农户"模式

政府一直是种业服务体系中不可或缺的力量,即使在种业高度现代化的一些发达国家,政府仍在基础服务领域起到不可替代的作用,主要分为以下几个方面:

(1)政府提供的信息和科技服务。在信息方面,政府通过种业及相关横向部门和农户反馈网络,对种业信息进行集中收集、整理,经由媒体及科技推广渠道进行传播,从而为农户服务。在科技方面,政府往往自觉承担起种业基础研发、技术教育和技术推广的责任,搭建起相应的技术推广网络,并为此提供制度支持。例如在美国,政府建立起种子教育、科研和推广"三位一体"的服务体系,以及由联邦农业推广局、州立推广站和县农业推广机构组成三级技术推广体系,并通过了《莫里尔法》、《哈奇法案》、《史密斯·利弗法》等法案,确定了政府技术推广的法律基础。

(2)政府提供的质量保障服务。种子质量直接关系到农业生产,很多政府对此都做了制度化的要求,在质量标准化、质量认证和质量检测三个方面,建立了较为完善的服务体系。同样以美国为例,在质量标准化方面,美国政府颁布的《联邦种子法》对发芽率测试、种子处理、杂草种子含量、种子样本保存都做了明确的规定;在质量认证方面,政府对不同纯度种子的标签及颜色做了严格规定,并写入《联邦种子法》;在质量检测方面,农业部和州农业厅均有义务对种子质量进行抽检。

(3)政府提供的金融、基础设施建设和流通等辅助服务。在金融方面,许多政府通过农业贷款、减免税款、种子保险和补贴等形式开展服务,同时也借由种子金融服务工具调整作物品种结构。在大多数发达国家,政府对包括种子在内的生产资料提供直接贷款或担保。在法国,政府以免税和津贴方式对农民购买种子等生产资料给予资助。在印度,政府从 1999—2000 年的早春季节开始引入种子作物的保险试验计划(Pilot Scheme on Seed Crop Insurance),其目的是在种子作物种植失败的时候,增加种子种植者的信心,并保障他们的财务安全(李筱菁和任金政,2008)。在基础设施方面,各国主要通过补贴的形式支持相应的基础设施建设,进而服务包括种子生产在内的农业生产。在流通方面,政府通过建立收购和销售服务组织服务种子产业,特别是在种业发展程度较低的地方,政府的流通服务有着重要的作用。政府的介入,协调了种子生产与供应之间的关系,但随着种子现代化的演进,市场化经营主体在流通领域中逐渐取代政府成为主角。

2."企业＋农户"模式

种业现代化进程中,企业不仅逐渐成为市场中的经营主体,也开始在种业社会化服务体系中起到越来越重要的作用。这些公司不仅在种子生产的组织、协调中发挥着重要作用,而且能及时客观地反映市场运行情况,成为调节种子产品结构和组织生产的"指示器"(王静,2012)。企业提供的服务主要包括:

(1)企业提供的信息和技术服务。在信息服务方面,企业通过与农户直接建立联系,提供信息服务。例如先锋良种在中国推广的农户关系管理系统,通过向每一个农户发放农户卡,从经销商、零售商的电脑网络终端搜集农户的生产需求信息。农户也可通过手机及其他终端定向接受优良种子及农情信息,据此以最快速度调整生产计划(吴金勇和周烨彬,2010)。在科技服务方面,受商业利益驱动的企业积极投资品种选育和生物技术研发。为扩大市场,企业也常进行试点性质的技术推广,早在 1988 年,孟山都公司便与多家机构在河北省成立可持续农业示范村,建设起公司市场化技术推广的试验点。

(2)企业提供的质量安全保障服务。质量是企业生存的基础,种子企业对质量安全保障尤其重视。在质量标准化方面,企业也严格执行大规模、标准化生产的原则,建立起自身的商品种子生产标准和商品种子上市标准。在质量认证方面,很多大企业自建起大规模试验网络并进行大规模的试验、认证。

3."合作经济组织＋农户"模式

除去作为公共部门提供服务的政府和作为市场化经营主体提供服务的企业之外,更具区域化、自发性、灵活性的合作经济组织,将散落的农户与企业、政府联系起来,在种业社会化服务体系中起着愈发重要的中间作用。种子产业服务中涉及的合作经济组织既包括种子协会等种子类专业合作经济组织,也包括非种子类的综合合作经济组织。整体说来,合作经济组织提供的服务主要有三个方面:

(1)信息和技术服务。合作经济组织在解决种子小生产与大市场的矛盾中扮演着十分突出的作用,特别是在地理条件受限的区域。例如在人均耕地面积不足世界平均水平1/10的日本,农业领域高覆盖率的农协组织是提供信息、技术教育和推广服务的良好平台,既提供农作物品种指导,也为作物的种植提供必要的生产经营指导。在科研方面,合作经济组织也发挥着自身优势,积极参与到种子研发和培育之中,经费由合作组织会员缴纳或向政府共同申请,以解决现实生产中的科研与技术问题,如前身是夏威夷甘蔗种植者协会(HSPA)的美国夏威夷农业研究中心(HARC)(杨治斌,2007)。此种"合作组织＋农民"的机制中,因科研机构的研究目标明确,故而科研成果极易被生产者接受、应用,具有显著优势。

(2)质量安全保障服务。合作组织也为农户提供一定的种子质量安全保障服务。同样,在日本农协组织中,农协会对种子品质进行一定的检测并自觉承担其质量实验、认证、检测等任务。

(3)辅助服务。合作组织也提供一些与种子产业相关的辅助服务,包括流通网络与金融支持服务。在流通方面,合作经济组织常采取订单交易对种子进行统一采购。在金融方面,合作经济组织也为农户提供一定的直接信用贷款。例如在印度,农民可以从相应合作社以信贷方式购买种子。在美国、日本等地,农民也在种子生产、种植过程中向合作组织申请贷款及种子保险。

二、种业产业链延伸发展瓶颈、战略机遇与经验借鉴

2000年《中华人民共和国种子法》的颁布拉开了中国种业市场竞争的序幕。经过十几年的发展,中国种业得到了迅速的发展。种子市场容量已经从2000年的250多亿元上升至现在的近1000亿元。截至2011年,全国持有有

效许可证进行种子经营的企业达到了 8700 多家,部分改制的股份制公司、新兴种子公司以及科研机构开设的种子企业纷纷涉入种子市场(佟屏亚,2007)。但是,中国种子企业规模相对较小,研发投入少,产业链整合能力较差。随着种子市场的开放,国外种业巨头凭借雄厚的资金,先进的技术,以及在产业链整合方面的优势,对中国种子产业构成了巨大的威胁。以中国的"蔬菜之乡"山东寿光为例,短短几年的工夫,海外舶来的"洋品种"基本上占有了当地蔬菜种子 80% 的市场份额;而当地一些鸡腿葱、独根红韭菜等传统品种,在市场上已经很难寻找到他们的踪迹。中国种业的发展面临着极其严重的挑战。

在这样的现实背景下,作为常年农业用种量在 250 亿公斤以上的农业大国,实施种子产业链延伸战略,打造"育繁推"一体化的种业产业链对中国国民经济发展有着重大的战略意义。如何有效实施种子产业链延伸战略,不断实现价值增值以提升中国种子产业整体竞争能力就成为一个迫切需要研究的重大课题。我们在了解中国种业产业链延伸发展现状的基础上,梳理中国产业链延伸发展存在的问题与面临的挑战,借鉴美国种业发展的相关经验,最终提出中国实施种业产业链延伸的思路与战略框架,进而提出相关的政策建议。

(一)中国种业产业链延伸的发展存在的问题与挑战

1. 中国种业产业链延伸存在的问题

当前,中国种业全产业链模式凸显,竞争优势逐步加强。种业巨头积极布局全产业链,在种业产业链两端(上游技术、下游深加工及渠道服务)以及产业链中段做大规模和延伸。种子企业对品种研发与营销的关注越来越大。例如,中种集团投入 5 亿元在湖北武汉建立生物技术研发中心;隆平高科采用"公司—经销商—农户"的模式,设立种粮专业合作社和专业合作社,为农民提供生产技术、农资配套、农机专业化、农产品加工、经营管理等服务。但是,中国种业产业链在延伸过程中仍然存在以下问题:

(1)中国种业产业链的整体结构表现畸形。相比国外完整高效的产业链,中国种子产业链普遍呈现"短而窄、上粗下细"的畸形结构:从产业链的长度上看,中国种子企业大多位于产业链的加工经营环节,较少涉及具有较高附加值的育种环节和营销环节。以育种为例,目前中国 99% 的种子企业没有品种研发能力。最具研发能力之一的登海种业每年科研投入仅人民币 2000 万元左右,而美国先锋公司年研发投入达数亿美元;从产业链宽度上看,各环节及种子产品功能没有得到充分扩充,资源综合利用程度不高。

(2)中国种业产业链的各个环节衔接不畅。中国种业体系呈现出典型的三元结构,即种业科研、生产、销售分属于不同的专业部门。这导致中国种子产业链的各个主体之间的链接并不协调。例如在育种阶段，政府部门的公益性研究被以很低的价格卖给种子生产和经营公司。据统计，目前中国80%以上的育种资源和人才集中在科研和教学单位，88%的农作物杂交品种由科研教学单位选育，与美国80%以上的商业育种由企业完成形成了巨大反差；在种子生产阶段，亲本繁育的隐秘性则可能导致家族性生产；在种子经营阶段，企业和种植户之间难以协调在一定程度上导致种子品质不能完全发挥。这些都严重阻碍了中国种子产业的持续发展。

(3)中国种业产业链的研发战略环节缺失。中国长期存在着"育种不如卖种、搞科研不如搞经营"的怪现象。种业上游的新基因发现和评估工作主要集中在少数大学和科研机构，下游的新品种选育则集中于地方农科院和育种公司，造成上游纯学术科研和下游育种应用的断层。国内90%的品种研发需要依靠科研院所或者是洋种子，且种子企业育种质量不高。虽然中国杂交水稻、杂交油菜、高油玉米等育种在国际上处于领先地位，但整体的育种水平与世界发达国家还有较大差距。育种水平的落后直接导致中国农产品质量与产量远远低于世界水平。根据FAO统计资料，法国、日本、德国每公顷谷物产量分别为6516公斤、5847公斤和5334公斤，而中国只有3067公斤，且质量也不尽如人意。

(4)中国种业产业链中龙头企业实力不足。中国是全球第二大种子市场，市场规模约为美国的一半，却鲜有在国际上具有影响力的大型企业。从企业规模来看，在2011年，全国持有有效许可证进行种子经营的企业有8700多家，但真正拥有科研能力的育繁推一体化企业仅有91家。从种子企业运营状况来看，中国种子龙头企业生产集中度不高，运行效率较低，在产业化经营方面同国外农产品生产企业的差距更为明显。全球种子十强在我国拥有的种业市场份额约为35%，由于中国种子经营主体繁多带来市场分散，国内十强在我国拥有的种业市场份额仅占10%左右(表8.10)。

表 8.10　中国种业集中度

年份	前10营业额(亿元)	市场份额(%)	前50营业额(亿元)	市场份额(%)
2000	23.5	9.4	38.7	15.5
2002	28.8	10.9	63.9	24.2
2007	45.8	12.4	98.1	26.6
2008	51.8	12.9	109.4	27.3

2. 中国种业产业链延伸面临的挑战

近年来，虽然有各项政策支持在推动种业产业链延伸战略的实施，但目前种业产业链的延伸、增值率的提高仍然受到了来自人力资本、竞争程度、宏观调控等各方面的制约。

(1)种业自身特性约束种业产业链的延伸。在种业产业链中，由于种子受地理环境、气候条件等自然因素的影响较大，其产品质量和性能的可控性较差，技术一致性难以保证。技术性能一定程度的偏差会加大环与环之间交易的难度，导致交易成本上升，不利于产业链的延伸。

(2)人力资本不足限制种业产业链的延伸。在资本要素可以高度自由流动的今天，一个国家在国际产业分工中处于什么位置主要取决于人力资本的差异。那些人力资本比较富裕的国家可以在种子产业链中做增值率较高的部分，而中国缺乏处于国际种业产业链高端的上游研发和中下游的营销等领域的专业人才，只能做种业产业链加工环节等增值率较低的部分。

(3)行业过于分散制约种业产业链的延伸。①中国的种子经营机构数量多，但是大多数规模小，管理水平、技术水平落后，经济效益低，缺乏竞争力；②过于分散的企业分布和较低的行业集中度，不仅使得将各环节企业组织起来的组织费用大大上升，还可能由于各环节利益主体的冲突导致产业链延伸的中断。如果我们不及时采取措施，延伸中国种业产业链，那么面对具备雄厚技术、资金和经营优势的跨国种子公司的挑战，中国种子企业将难以抵抗。

(4)宏观管理不力阻碍种业产业链的延伸。①城乡二元管理体制迫使种子产业链中断。一般而言，产业链上游种子产品的研发培育、种子产品的加工是在城市进行；而产业链下游增值环节往往发生在农村，城乡之间发展不协调导致了产业链各环节间的信息阻塞，产业链被划分成各个孤立的环节，影响了种子产业链产业强化功能的发挥。②政企不分使得种子企业运行机制的僵化。两权不分、政企不分使得很多种子企业依附性强，专业化协作水平低，经营品种小而全，经营领域专而窄，生产要素配置极不合理。③产权意识薄弱导致种子企业的延伸困境。品种权的私下转让、假冒侵权、盗取亲本现象严重，使得品种权人不能取得培育或转让新品种而应得的报酬，最终结果是种子科研和经营两大系统都处于低效率运转的状态。

(二)美国实施种业产业链延伸战略的经验借鉴

在美国，孟山都、先锋等一大批种子企业通过产业链的纵向延伸涉及种业战略性环节，通过横向的收购整合来获取种质资源以及研发等技术，与公司原有业务形成资源互补、研发互补和渠道互补效应。在这些种业巨头的发展壮大中,产品结构多元化、营销管理规范化以及延伸路径阶段化成了其成功的核心因素。

1. 产品结构多元化

种子行业特有的周期性使得依赖单一品种超大面积推广的经营模式势必造成业绩增长的波动性。为了保证销售利润的平稳增长以及品牌的竞争力,降低经营风险,必须实行多元化的产品结构,这主要表现在:①经营业务及范围的多元化。孟山都种子业务覆盖了玉米、大豆等大田作物,以及棉花、蔬菜水果、甘蔗、油菜籽等经济作物(图8.15),经营范围涉及美国、欧洲以及非洲南部、巴西、阿根廷、墨西哥、亚太地区等多个国家或地区(图8.16)。②同作物生产品种的多样化。很多大型的种子公司都会针对下游需求和推广区域适应性的不同,研发和推广不同的品种。例如,先锋公司玉米品种根据下游需求不同,分为生物乙醚、饲用、淀粉加工和食用等不同用途的种子,各个品种又根据区域适应性不同,有多达500多个玉米品种在销售推广。③同产品生命周期的差异化。这是指种子公司应当生产"同作物、同品类、同区域"但具备不同生命周期的品种,以保证市场占有率的稳定。以孟山都迪卡公司玉米种子为例,公司产品组合中,每年大约有10%～25%为低价值的衰退期品种,20%～80%为核心品种,10%～25%为高附加值的导入期品种,由此形成玉米种子的合理产品结构储备,保证了玉米业务成长的可持续性。

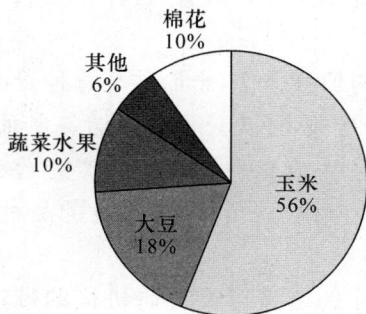

图 8.15　2011 年孟山都种子业务营收构成　　图 8.16　孟山都种业经营业务区域分布

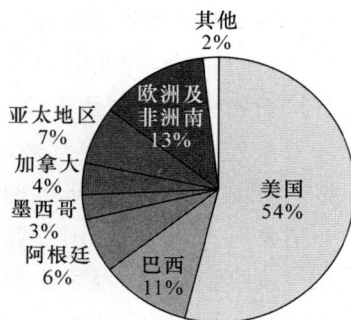

2. 营销体系规范化

对种业巨头来讲,多元化的产品结构储备是种业企业成长的核心因素,而把不同的品种推广到最适宜种植的区域需要的营销管理能力,这就成了种业企业成长的第二个核心因素。

孟山都、先锋等大型种子企业的成功取决于"优质品种＋价值营销"的理念(图 8.17)。价值营销(Value Marketing)是企业对抗价格战的出路,也是企业真正成功的关键所在。

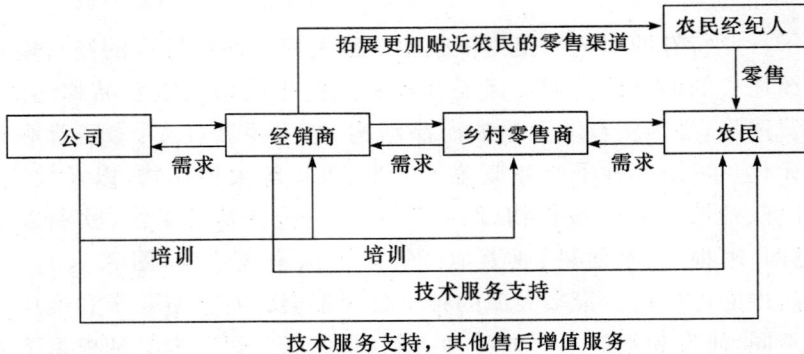

图 8.17　价值营销体系

除此之外,孟山都的 IntelliScan 土地指导和 IntelliSeed 种植建议服务帮助客户提升产出水平,同时增加客户对公司的需求黏度,值得国内公司的深入学习。销售渠道重心下移是实施产业链延伸战略的方向。

3. 延伸路径阶段化

结合国外种业产业链延伸的经验,为了打造多元化产品结构体系和多区域营销管理能力的种业巨头,中国种业产业链延伸必须沿着"合作—吸收—分离—整合"的阶段化路径进行。

(1)合作阶段。种业公司与科研育种机构加强合作,全面共享育种资源和手段。科研机构育种的研发要以市场需求为导向,种业公司产品储备多元化。这意味着实施种业产业链延伸战略,必须首先完成育种链条和生产经营链条的衔接,借助当前公共科研机构的育种能力,为种子公司提供优良的品种,协调产业链各环节,促使中国种业健康发展。

(2)吸收阶段。随着种业公司盈利稳定性的增强以及科研机构的带动效应,企业的研发投入不断增加。企业通过向产业链上游延伸,逐步吸收更多科研机构的专家人士进入种业公司,带动种业企业科研能力的提高。

(3)分离阶段。科研部门与企业分工合作,政府做基础性的公益研究,市场化品种的繁育和推广交给商业机构运作,双方相辅相成才能提高整体的育种研发效率,从而提升育种能力,培育出更多性状良好的种子产品。

(4)整合阶段。以生物技术的兴起为标志进入大规模的行业整合阶段。在该阶段,一方面要通过向产业链上下游环节拓展,协调种业各环节,加大产品的经营范围;另一方面要实施产业链的横向延伸,即培育大型的龙头种子企业。

本章小结

一、研究结论

(一)外资技术垄断的研究结论

近年来,越来越多的外资瞄准中国农业产业链的上游环节,尤其在种业领域,外资对种业的掌控力度日益加强,中国的粮食安全问题备受重视。为了验证外资对中国农业研发能力是否具有技术垄断,我们以发明专利产出代表研发能力作为被解释变量,构建负二项分布模型。实证结果表明,在控制外商独资企业贸易活动对专利产出的影响因素下,农业 R&D 资本投入和劳动投入强度与农业发明专利产出之间存在正相关的关系;而作为决定外资能否形成技术垄断的关键变量,农业外资参与度变量的系数显著为负,反映出随着农业 FDI 的不断攀升,占农业 GDP 的比重日益增大,外资在中国农业研发领域产生负向溢出效应,不断拉大本土企业与外资企业研发水平的差距,进而有利于外资建立技术垄断优势。外资结合多种知识产权壁垒,不断巩固自身的技术垄断优势,对国内农业企业特别是广大中小企业的技术创新造成不利影响,甚至不断加深其对外资技术的依赖程度。这无疑会对中国农业自主创新能力的培育起到负面的作用。

进一步看,外资所具有的这种技术垄断地位,会通过抑制本土农业研发能力的提升来影响中国的粮食安全。我们以种业为例,所构建的动态仿真系统模拟结果表明,外资进入前,国内种子研发产出虽有增加但总量较低,整个阶段的种业现代化和商业化进展缓慢。外资进入后,虽然国内总的研发产出增加,但外资企业市场份额越大,本土企业的研发产出增加得越慢。生产规模较小的本土企业在种子研发能力方面不如外资企业,外资企业容易形成寡头垄断或垄断市场,不断冲击本土种子的价格稳定性和市场份额。当种子研发的主导权牢牢掌握在外资的手中时,中国的粮食安全问题无疑会继续升级。而当缺少外资的持续投入时,由于早期本土研发产出已形成对外资的高度依赖性,撤资后本土种子研发产出和销售利润虽在短期内仍有增加,但增幅明显滑落趋于平缓,甚至在长期来看可能出现下跌态势。其高达 60% 的滑落幅度可以反映出本土企业受外资撤资冲击的影响较大,不利于保障自身的粮食安全。

外资通过技术垄断对中国粮食安全所带来的威胁,可具体反映在中国玉米种子市场上。我们以美国杜邦先锋公司的"先玉335"品种为案例,通过深入调研发现,"先玉335"在中国的迅速扩张,与杜邦先锋先进的技术研发能力分不开,本土种企与杜邦先锋的研发能力在种质资源、研推机制、研发投入等方面存在较大的差距。在种业国际化背景下,拥有技术优势的跨国玉米种业公司近年来大举进入中国玉米种子研发领域,在向广大农业生产者收取比例较高的专利使用费的同时,牢牢控制合资公司和合作研究机构的核心研发技术,加重当地农民对跨国种业集团的依赖。作为世界上最大的农业国,如果外资在研发领域牢牢巩固其技术垄断地位,进而控制了中国种子市场,实际上就等于控制了中国农业的命脉,危及中国粮食安全。

可以说,本章的研究结果验证了外资并没有为中国的农业研发活动带来正向的溢出效应,而是凭借在资金、技术等方面的优势形成了技术垄断地位,对国内粮食的可得性、购买力、供给度和安全性产生了某种程度的不利影响,进而削弱了中国粮食安全的保障力度。

本章基于农业研发能力的视角对外资技术垄断与中国粮食安全的问题做了尝试性和探索性的研究,得到了丰富而有意义的结论,但是限于外资技术垄断影响中国粮食安全问题的复杂性,我们的研究精力、学识有限,并不能概括问题的各个方面。我们认为,本研究还可以从以下几方面进行深化:①进一步完善有关技术垄断程度计量指标的研究,以提高实证结果的可靠性。②结合更多的数据库,获取各省市的国内科研机构和企业的农业发明专利申请数,剔除国外申请数,或寻找其他更合适的本土农业研发能力衡量指标;尽可能获取各省市的外商农业进出口数据,以提高控制变量的精确度。③进一步获取本土与外资种子企业微观层面的数据,以提高动态仿真系统与现实的匹配度。④防范外资在农业研发领域的技术垄断是本章的初步研究成果,后续的研究将重点围绕如何发挥外资的正向技术溢出效应,有效利用农业外资提升本土农业研发能力,进而保障中国粮食安全等方面展开。

(二)全球种业交易与服务模式的研究结论

总结全球种业交易模式,主要的启示有以下两点:①交易模式现代化需要强有力的制度保障和社会条件支持。现代种业交易模式的实现,对交易所涉及的信用机制、违约机制等制度保障及网络技术、城乡一体化等社会条件提出了更高的要求。顺应种子交易模式的发展规律,加强信息化网络、物流等配套设施及交易诚信监督机制建设,增强农民信息化培训及乡村组织培育,才能使零散的种业买方单位真正参与到现代种业交易模式中。②交易模式选择应以市场规律为准。相比传统交易模式,现代交易模式不存在绝对的先进性,传统交易模式不应被全部否定。受种业交易的现实因素影响(如社会条件、交易组织等),传统与现代交易模式多元共存于同一市场中,这往往是交易主体以收益为导向自主选择的结果。后发国家对种子交易模式的现代化改进应避免盲目的推进,而应着眼于种业发展的实际国情,以市场规律为准,以进一步规范传统交易模式为起点,分层推进,待市场化产业链及社会条件较为成熟后,再逐步推动向现代化交易模式转型。

总结全球种业服务模式,主要的启示有以下四点:①政府推动是种业服务的基础要素。各国政府在种业各服务基础领域中的积极协调、参与,均发挥着不可替代的作用,并提供着可靠的制度性保障。只有依靠政府的积极支持与引导,才能为种业服务奠定基础,进而推动种业服务体系现代化转型。②科技服务是种业服务的关键内容。通过科技服务改善品种结构、提高劳动生产率、提高投资收益率,科技服务始终是国内外现代种业服务的重要环节,而种子社会化服务的实现也需要强大的技术手段支持。③多元主体是种业服务发展趋势。种业服务体系的丰富和完善伴随着服务主体的多元化,政府在专注于基础服务的同时为企业和合作经济组织提供了空间。种业服务社会化的实践中,三种不同服务模式之间良好的补充与互动也代表了种业服务的发展趋势。④合作组织是服务组织的发展方向。合作经济组织作为农业生产者拥有和控制的组织,具有独特的优势,所提供的服务针对性强、涉及领域广、形式多样,无论面向市场还是政府均能起到良好的中间作用。合作经济组织在农业领域发挥重要作用已成为全球性的经验。各国合作经济组织也正逐渐成长为社会化种业服务体系中重要的组成部分,也是未来种业服务组织的发展方向。

(三)种业产业链延伸的研究结论

1. 中国种业产业链延伸的基本思路

种业产业链的延伸并非杂乱无章,必须遵循一定的规律。结合中国种业产业链延伸中存在的问题和产业链竞争力理论,明确进行产业链延伸所要实现的目标是选择产业链延伸路径的重要依据。而产业链延伸的一个最终目标就是提升中国种业的国际竞争力。产业链竞争理论认为,一个高效的有竞争力的产业链包含了以下几个方面:

(1)种业产业链的完整性。一个完整的种业产业链系统包括育种研发、种子加工、种子经营营销等所有环节,以及这些产业链环节所涉及的辅助支撑系统,如物流系统、融资渠道等。若种子产业链存在断链或缺链的情况,在现代产业分工越来越细的背景下,种子产业将不可避免地面临受制于人的风险。

(2)种业产业链结构合理。作为健全的种业产业链,有生物育种、售后服务等关键环节,也有种子加工这样的基础环节,还有融资等辅助环节;各环节在产业链上的地位不同,从而其发展规模也各不相同。而具体到各环节内部企业之间,应具有良好的市场结构,企业进入和退出机制健全,业内竞争有序,保持合适的产业规模。

(3)种业产业链经济效益良好。经济效益好,产业链才有进一步发展的动力,整条产业链所蕴含的增加值链、成本链、利润链才能在保持基本稳定的基础上处于动态优化过程中。这不仅要求种子个体企业的经济效益良好,还要保证产业链总体的经济效益良好。

(4)种业产业链要素激励整合能力较强。种业产业链必须具备吸纳优质要素的能力,如人才、资金和原料,激发企业创新和成果转化,并能在产业链内部各环节和结点企业之间推动信息资源、物质资源的共享。这一能力通常依赖种业外部的宏观环境、产业政策和市场经济体制的完善。

结合中国种业产业链延伸的现状和问题,为了提升中国种业产业链的整体竞争力,目前国内进行产业链延伸的思路是:①种业产业链的纵向延伸:进行产业链补链,加大对研发、营销等产业链缺失环节的发展力度,打通产业链,形成一条完整的产业链,实现各环节之间的资源对接和信息共享;②产业链的横向延伸和拓展:做强做大种业产业链的每一个环节,优化各环节的市场结构,修正市场竞争行为,改善种业产业链的绩效;③种业产业链之间的联动协作:通过资源互补、产业链契约约束等方式进一步强化产业链各环节之间的产业链关系,改变当前产业链各环节之间联系松散化的局面,建立区域间协调发展的种子产业链群,实现产业链整体价值最大化。

2. 中国种业产业链延伸的技术路径

1)重点进行种业产业链的横向延伸

产业链的横向延伸主要是通过并购低端企业的方式扩大种子企业的市场份额,实现规模经济和范围经济。从生产层面,以种子生产环节为核心进行产业链的横向延伸,提高市场控制力。

(1)发展相关产业,扶持种业信息服务等行业发展。建立产前、产中农用设施和物资供应市场,保障播种和农作物生长过程中所需要的全自控的育苗、育种车间及大小样式各异的塑料大棚等的供应,可有效带动农用物资加工、设施农业及其他相关产业的发展,提供良好的种业发展空间。面向种子产业链的信息服务,有助于实现种子生产和交易的信息化和网络化,降低农户的种植和市场风险,提升效益。

（2）完善种业结构，鼓励大中小企业相互竞争合作。作为合理的产业结构，种子产业中的大、中、小企业都各有其优势和劣势。为了在市场竞争中共同"优"胜，避免被共同"劣"汰，企业就需要在价值链的关键环节上展开合作，形成共生网络。种子企业要在结合自身实际的基础上，寻找更加适合自己的产业地位。大型企业努力壮大综合实力。种子产业链的发展需要龙头企业的带领，中型企业努力向专业化方向发展，中小型企业则要努力建构自己发展所需要的人力资源、物力资源以及销售服务网络。

2)适度进行种业产业链的纵向延伸

进行适度的产业链纵向延伸可以补充完善中国种业产业链存在的短链、断链和孤链，引导种业上下游企业进行理性的产能扩充、优化资源配置，提高种业的整体竞争力。

（1）补充战略环节，完善种子科技研发及售后服务。中国种业大多数集中在种子加工以及经营环节，较少涉及种子研发与售后服务。因此，需要对种业产业链进行补链，补充这些战略性环节。①应当完善种子科技创新体系。要建立和完善产学研相结合的新型种子科技研发体系：以企业为主体，联合相关高等院校、农技科研院所合建研发机构，不断提高精深加工水平和产品档次。②要积极进行种子生产科技的研发和推广。必须根据区域特点推动先进高效、现实可行的科学技术的研发和创新。在此基础上，对农民提供种子使用技术指导以及相关服务，提升农民科技水平，让广大农民得到更多实惠。

（2）构建外生关系，形成产业链上下游的有机合作。建立产业链各环节独立企业之间共生关系，如供需合作、技术协作、区域协作关系等。基于供需合作的种业产业链在延伸的过程中，既要考虑个体利益最大化，也要考虑集体利益最大化，要建立各方协调机制，并辅之以产业链外部的法律、法规和社会制度来抑制机会主义行为，实现供需企业间的信任和合作。为了培育种业产业链的核心竞争力，需要从技术产生、技术传播以及技术应用三个层面建立基于技术协作的共生关系，实现技术成果在种子产业链中的有效转移，将育种技术等先进的科技转化为现实的生产力。基于区域协作关系的种业产业链延伸则要求根据区域资源差异，培育特色种业产业链，如面向市场，培育出具有能够吸引农户的名、优、特、新种子产品等。

（3）构建内生关系，实施种子企业的纵向一体化战略。种子企业或集团涉足上游或下游产业链，将种子产业链环节之间的关系演变为企业或集团内部共生的产业链关系，较为常见的如企业垂直一体化战略。一方面，企业可以通过向产业链上游延伸，增强企业的育种研发能力，培育核心竞争力；另一方面，企业向种子产业链下游的营销服务环节延伸,为农户提供良种配套服务,确保种子功能发挥,扩大企业市场份额。

3)培育发展种业产业链群

随着分工的不断深化,需要在更大的区域开放系统内,通过地区博弈,通过对相关产业链环节的延伸,最终形成更大范围的、更为完整的种子产业链群。各种子产业集群应依靠所在区域的实际情况和产业发展基础,因地制宜、因势利导选择合适的发展路径,以有效地促进种子产业的发展。

种业产业链群的构建可以通过企业自发形成,也可以通过外资推动、资源开放或者政府主导的方式来进行。当前中国种业正处于发展期,产业竞争力薄弱,面临极大的能力提升压力,政府主导下的集群发展路径是较为合适的方式。这是因为政府主导下的发展路径能够对集群有客观明确的规划,政府通过观察从关键性企业的催生开始介入,培育和发展种子产业集群。政府主导模式能避免企业自发模式、资源开发模式等路径下集群发展的盲目性、无序性,能够极大地促进生产要素集聚,加快种业产业集群的培育。

二、对策建议

(一)针对外资技术垄断的政策建议

通过以上的研究,我们认识到外资如何通过技术垄断控制中国农业研发领域,从而影响中国的粮食安全。中国的粮食安全某种程度上面临着外资技术垄断的威胁,本土农业研发能力整体较弱的形势依然严峻,针对外资并购种业等重要领域的粮食安全审查机制还不完善。因此,基于以上理论和实证的分析,我们着重从提升本土农业企业技术研发能力、防范外资技术垄断、完善相关法律机制等方面为中国粮食安全的保障提出了以下政策建议:

(1)推进农业产学研结合,构建以企业为主体的商业化育种新机制。为了与国际接轨,应对具有育种能力、市场占有率较高、经营规模较大的"育繁推一体化"农业企业予以重点支持,鼓励企业加大对研发活动的投入,充分发挥企业在商业化育种、成果转化与应用等方面的主导作用。同时,将商品化程度高的国有农业科研单位推向市场,依靠市场力量优胜劣汰。以种业为例,鼓励已经具备商业化育种能力,特别是已经形成育种研发和种子经营一体化的国有科研机构直接转变为种子企业;鼓励目前条件成熟的国有种业科研机构和种子企业联姻,国有种业科研机构通过入股等方法整体转入优秀的内资企业,变成其内设机构;鼓励目前在国有种业科研机构工作的人员向种子企业流动,政府在政策允许范围内为其保留事业单位身份和相应的社会保障,以免除后顾之忧。

（2）加快种业资源整合，培育农业技术研发龙头企业。针对本土种企规模小、分布散、研发能力弱的特点，提高种子企业准入门槛，鼓励通过市场兼并和重组等手段实现企业做大做强，引导现有种企优化与整合行业资源；对无法达到种子企业新准入条件的，通过市场手段使其转型成为龙头种企的代理或分支机构。同时，应加大财政补贴、税收减免和项目支持等政策的力度，完善"产业导向、稳定支持、联合协作、科学评价"的农业科技运行机制，培植具有国际竞争力的农业技术研发龙头企业。通过打造一批育种能力强、生产加工技术先进、市场营销网络健全、技术服务到位的现代农业经营集团，增强本土农企与跨国农业集团相抗衡的实力，提高中国粮食安全的保障力度。

（3）加大农业的知识产权保护力度，防范外资对种质资源和专利的恶意垄断行为。应当立足中国国情，不断完善知识产权保护措施，为企业投资农业研发创造公平有序的环境：①完善中国现有的植物品种保护制度，促进农业研发领域的良性发展；②加快中国种质资源获取与利益分享的立法，防止跨国农业集团的种质资源掠夺行为；③积极参与农业专利保护的国际谈判，争取对发展中国家有利的农业专利国际保护制度；④面对跨国农企的知识产权滥用行为，应该拿起竞争法的武器，反对其垄断行为及其他不正当竞争行为。

（4）合理引导农业研发领域的外资流向，完善保障粮食安全的政策法规体系。加快制定粮食法，重点防范外资进入农业研发领域对粮食安全的影响。依法管理包括外资企业在内的各类粮食企业，依法防止外资对中国农业研发领域的过度垄断和投机，把确保中国粮食安全的主动权置于坚强的法律保障基础上。同时，及时调整修订相关政策规定，为引导农业领域的外资流向以及规范外资企业经营行为提供政策指导。

（5）提高粮食安全风险管理力度，完善外资并购农业企业的风险预警和审查制度。在国家层面成立专门的粮食安全工作领导小组，建立种业等重要领域的外资监测评估体系和风险预警应急体系，重点针对外资种企以及国内种子市场份额的发展态势进行统计和分析，防范因为过于依赖单一品种而产生巨大的农业安全风险。针对外资在农业领域的并购重组、知识产权获取与购买建立完善的粮食安全审查机制，明确相关的具体的政策，规范与外资的合作模式，各部门形成监管合力以共同维护农业和粮食安全。

（二）改善中国种业交易与服务模式的政策建议

回顾中国种子产业发展历程，在很长一段时间内，种子生产一直被当作农业生产的一项技术措施来抓，而不是作为一个产业来发展。近年来，中国政府明显加强了发展种业的力度,种业交易和服务都有了一定的进步:种子交易日趋规范,登海、中种等种子企业在与跨国种业巨头的合作、竞争中成长起来;立法保护、政策扶持得到强化,企业、合作经济组织等多元服务主体开始出现,社会化服务日趋丰富、完善。但与发达国家的现代化种业体系相比,中国种业仍有着较大的差距。总结全球种业交易与服务模式,我们提出如下政策建议:①健全法制、机制,完善种业现代化制度基础。种业交易及服务的现代化发展均依赖于稳固的制度基础,其核心内容是法律和机制建设。一方面,政府应致力于完善相关法律法规,从立法层面保障并规范种业交易过程中的信用违约、产权保护和服务过程中的质量认证、检测等问题;另一方面,政府应致力于健全诚信监督、质量监管、科技推广、信息服务和违约执法等相关政府机制,建立起长期有效的机制与组织网络。②发展种业科技,增强种业现代化原动力。发展种业科技是现代化种业交易和服务得以实现的关键内容,政府应从种子研发和周边技术改进运用两部分着手给予支持:通过加强对种质资源等基础研究的投入,并出台相应税收、补贴政策补贴鼓励种子企业开展新品种培育,有效提升中国种业竞争力,改善作物质量,保障粮食安全;通过改进物流、存储等种业周边技术并加以推广、运用,创造社会条件,使低成本、高效率的现代种业交易与服务成为可能。③遵循市场规律,维护种业交易市场化。市场规律是种业交易的基本原则,市场经营主体的自主选择应始终被政府尊重:不以行政干扰种业交易,避免"缺年"调不出种子,"丰年"限制外地种子进入等情况的发生;交易模式转型过程中,政府以引导为辅,支持为主,不盲目"一刀切",以符合客观规律的办法实现种业市场化转型。与此同时,政府定位要更加明确地向种业服务者转型,为种业市场化提供保障。④扶持多元主体,拓展种业服务社会化。多元主体是现代化种业服务的趋势。为实现种业服务的社会化拓展,政府应着重通过网络组织、资金支持、政策倾斜等多种手段,扶持多元化的服务主体,以更好地适应种子产业链各环节的资源协调、配置。其中,合作经济组织以"小服务"对应"小区域",促进种业服务的自主化,代表了种业服务组织的发展方向,是扶持的关键所在。

(三)实施种业产业链延伸战略的政策建议

种业产业链的运转离不开政府政策的支持。在产业链延伸过程中,政府主要可以通过产业组织政策以及财税政策进行宏观调控。

1. 产业组织政策

政府产业组织政策的制定主要是为了获得理想的市场绩效,对种子产业链的横向环节的市场结构以及市场行为进行引导,避免产业链各个环节在发展过程中的失衡,促进种业产业链的优化。针对中国种业企业"多乱杂小"的局面,国务院已经提出大幅提高行业准入门槛的政策制度。同时,政府应当制定相关政策规范市场,调整种业市场结构。在种子产业链延伸的过程中,政府应当做到:①利用法律途径积极推动种业市场化。主要是指政府部门通过法律规范的形式,赋予各级农业行政管理部门主管本行政区域内的农作物种子工作的职责,形成公正管理与执法、企业公平竞争的良好氛围。②推进相关改革,建立合理的机构组织。政府必须进一步加大种子管理机构的改革力度,实现种子管理和种子生产经营彻底分开,建立公正、公平、公开的种业市场竞争秩序,发挥种子企业市场主体的作用。

2. 财税政策

财税政策的目的主要是为了保证种子产业的经济效益。针对种业产业链的特点,从激励自主创新、引导消费、鼓励发展新型业态等多个角度,研究完善流转税、所得税、消费税、营业税等支持政策,形成引导激励社会资源流向种业产业链的政策体系。以育种环节为例,在该环节研发投入大,风险高。而一旦种子为消费者接受,成果经过产业化进入大批量生产,收益则会直线上升。对此,政府应当制定相应的财税政策,平滑研发不同阶段的收益与风险,鼓励企业自主创新,进行商业化育种。同时,政府应该加大对农村农田水利设施、道路等社会基础设施以及教育、文化、医疗保障等社会服务事业的投入,为种子企业的发展提供良好的基础。

下篇

中国粮食安全与全球粮食定价权

>>> 提升路径探究

第九章　全球粮食定价权的整体格局

第一节　全球粮食产业链的现状与特征

一、粮食产业链的内涵

产业链思想最早来自于西方古典经济学家亚当·斯密有关分工的论断，只不过传统的产业链局限于企业的内部操作，强调企业自身资源的利用，仅把产业链看作是一个产品链。后来，马歇尔把分工扩展到企业与企业之间，强调企业间的分工协作的重要性，这可以称为产业链理论的真正起源。基于研究角度的不同，国内外学者对于产业链的内涵并没有一致的观点，但大致可以分为以下两类：一类是基于产业视角研究而得出，如 Houlihan(1988)认为产业链是从供应商开始，经生产者或流通业者，到最终消费者的所有物质流动(茜明杰等，2006)；杨公朴和夏大慰(1999)从价值链的角度，指出"产业链是构成同一产业内所有具有连续追加价值关系的活动所构成的价值链关系"。另一类则是基于企业视角提出，如李仕明(2002)从政府和企业的角度论证产业链，认为"企业经营要有好的'上家'和好的'下家'，这种经营环境中的上游—中游—下游，对企业而言的，通常称为供应链，对于政府，则称为产业链"。蒋国俊和蒋明新(2004)从战略联盟的角度提出，产业链是指在一定的产业群聚区内，由在某个产业中具有较强国际竞争力(或国际竞争潜力)的企业，与其相关产业中的企业结成的一种战略联盟关系链。

农业产业链最早出现于 19 世纪 50 年代的美国，然后迅速传入欧洲、大洋洲等一些发达地区，而其概念则最早由中国学者傅国华(1996)提出，是中国化的名词。此后国内不少学者对农业产业链进行了界定，如刘金山(2002)认为，农业产业链是指与农业初级产品生产密切相关的产业群，包括为农业生产做准备的科研、农资等前期产业部门,种植农作物、饲养农畜、农禽等中间产业部门,以农产品为原料的加工业、储存、运输、销售等后期产业部门;王雅鹏等(2004)指出,农业产业链是一个贯通资源市场和需求市场,由为农业产前、产中、产后提供不同功能服务的企业或单元组成的网络结构,是具体的不同农产品链的集合体。因此,农业产业链实际上是产业链中一类特殊的产业链,在这一类产业链中,农业或农产品作为其中的构成环节和要素,与其他部门和环节发生密切的技术经济联系。

由于粮食产业链是在农业产业链基础上产生的,我们沿用农业产业链的概念,将粮食产业链定义为从产前—产中—产后、加工—流通—消费等一系列环节和过程有机结合和相互关联的动态链条,每个环节又涉及各自的相关子环节和不同的组织载体,如产前环节包括种子、农资等生产资料的供应环节,产中环节包括田间管理和农用物资供应环节,产后加工环节包括产品分级、包装、加工、贮藏,流通环节包括产品的储运、批发、零售等。从产业上说,粮食产业链具有三个主要特征:①构成粮食产业链的各个组成部分是一个有机的整体,它们在技术上具有高度的关联性;②粮食产业链上的各个组成部分呈现出分离和集聚并存的趋势,它们存在着技术层次、增值与盈利能力的差异性,而且各个组成部分对要素条件的需求也具有差异性;③粮食产业链受产业特征及发育状况影响,同时产业链之间相互交织,往往呈现出多层次的网络结构,存在主链条、次链条的区分,而且这些链条都受到外部支撑环境的影响。

二、全球粮食产业链的发展现状与特征

产业的链式经营是农业发展的本质和历史趋势,同时也是农业低利润、高风险的特性使然,产业链上下游各环节的分工合作,均担负着价值创造的功能。农业企业与产业链结合所产生的集合竞争力,有利于这些企业在市场竞争中获得集体优势并最终胜出,实现产业链的整体增值。现代农业产业链已经由单纯的第一产业演化为包括第二、第三产业等与农业关联产业在内的大农业系统。随着经济全球化和区域经济一体化的纵深发展,粮食产业的国际竞争也已上升到以产业链为载体所形成的国家经济和区域经济层面。2010年12月的全球粮食价格指数达到近20年来的历史最高位,超过了2008年粮食危机时的水平,这场广义的"粮食战争"更是进一步推动了世界粮食产业链竞争时代的到来。

目前,国际上几乎所有大中型的农业类跨国公司都已实现或准备实现产业链经营。美国的 ADM(Archer Daniels Midland)、邦基(Bunge)、嘉吉(Cargill)和法国的路易达孚(Louis Dreyfus)四大跨国粮商通过投资控股和参

股等方式渗透到发展中国家稻谷、小麦、大豆等粮食产业链的各个环节,世界粮食贸易量的80%以上为其所垄断。美、荷、加、澳等发达国家的粮食产业链经营已达到相当高水平,其产业链由产品链、物流链扩展到价值链、信息链,在全球范围内颇具竞争力。而随着贸易投资一体化的不断发展,跨国粮商在全球范围内的投资规模不断扩大,投资模式也由发达国家间的投资转向对发展中国家投资。国际粮商在粮食产业链中的跨国投资,不仅重视产品加工及销售等下游产业链环节,更是积极扩大在上游产业链环节中的粮食生产、农机农资农药等方面的投资规模,加紧了对东道国国内粮食产业领域的横向并购和纵向并购步伐,已经成为国际粮食市场的操控者。

粮食产业链包含种子—化肥—农药—农机—生产—收购—流通—加工—终端销售九大环节(张利庠和张喜才,2011),利润最高的就是上游的种子和农资等生产资料的供应环节、中游的产品储运等流通环节及下游的产品销售环节,从而使这几个环节成为粮食产业链的关键环节。可以说,谁掌握了这几个关键环节,谁就成为这场"粮食产业链战争"的最大赢家。粮食产业链上的这几个关键环节并不是产业链中产前、产中、产后或上、中、下游关系的简单叠加,而是一个复杂多元的网络系统,即粮食供应链系统。按照孙宏岭和高詹(2007)的定义,供应链是指产业链上的核心企业通过对物流、信息流和资金流的控制,将产品生产和流通中涉及的原材料供应商、生产商、分销商、零售商以及最终消费者连成一体的功能网链结构模式,它不仅是一条连接供应商到用户的物料链,而且又是一条增值链,物料在供应链上因加工、流通等过程增加其价值。主要的粮食出口国如美国、加拿大等发达国家依靠国内的大型跨国粮商,已经形成了较为完善的粮食出口供应链,日本、印度等国的粮食物流系统也已基本形成。纵观欧美发达国家及大型跨国粮商的产业链运作模式,其中一个重要特征就是这些国家和跨国粮商通过资源整合、市场运作和政府支持,已经形成了相当完善的粮食供应链网络体系。以美国为例,其以国内的大型粮食集团为核心节点企业,设立粮食物流据点,扩张粮食加工企业网络,围绕粮食物流系统建设粮食流通信息平台及粮食工业网络体系,建立高效集成的粮食供应链体系。可以认为,粮食供应链的发展状况如何决定了粮食产业链的发展状况,从而进一步决定了粮食价格及一国在国际利益分配格局中的地位。

全球粮食产业链发展过程中的第二个特征是粮食属性"金融化",并使得国际投机资本大量进入粮食产业。众所周知,粮食期货价格是国际粮食市场的基准价格,而作为金融衍生品的期货市场不断发展完善使粮食属性"金融化"成为不可逆转的历史趋势。国际投机资金一般主要集中在能源、金属类商品中,而在流动性充裕的背景下,可能借机转投前期涨幅较小、当前价位较低的粮食品种,并使国际粮食价格水涨船高。2006年国际粮价的大幅上涨的一个重要原因便是国际油价大幅上涨推动了生物燃料加工的玉米工业需求大量增加,改变了三种粮食的产消比例关系,而2010年国际粮食价格的不正常变动在很大程度也是国际投机资金推动所致。由于国际金融市场的话语权掌握在欧美等发达国家手中,国家间发展水平的不均衡与粮食属性"金融化"的愈演愈烈,使以美国为首的世界主要粮食生产国和出口国对国际农产品贸易具有绝对的主导能力,并进一步使粮食成为掌控全球产业链的重要战略工具。在全球货币总闸门大开的背景下,粮食属性"金融化"表现得尤为突出。越来越多的金融投机资本正从房地产和复杂衍生品投机转向包括粮食在内的大宗商品,流动性泛滥背景下的粮食属性"金融化"或为推高粮价的最大推手。粮食属性"金融化"正在成为一个长周期、全球性的经济现象,持续下去将可能加剧世界经济危机,导致全球政治和社会的动荡。

南北发展失衡是当前全球农业和粮食产业链发展过程中出现的又一显著特征。尽管巴西、阿根廷、南非等发展中国家近年来在农业产业链经营方面取得了长足进步,但总体水平仍低于发达国家且差距悬殊,致使产业链成为发达国家对发展中国家在农业及其相关领域进行财富掠夺的有力武器,发展中国家遭受"粮食战争"的直接后果是经济发展受阻,甚至出现政权更迭。以大豆为例,作为世界四大大豆主产国的巴西和阿根廷在大豆种植上的自然资源禀赋和规模效益等均优于美国,这一优势并没有转化为国际竞争力,而是为国际垄断资本提供了高额的利润空间,外国垄断资本通过向这些国家提供大量廉价的种子和农资大举入侵本土大豆产业链,这一局面的形成直接导致了国际贸易环节上的利润为外国垄断资本所得并在国际价格竞争中败下阵来。不仅如此,粮食垄断资本还在包括巴西和阿根廷在内的南美国家大力兴建仓储物流基地,以巩固对当地大豆资源的控制,南美大豆生产陷入了外资依赖—廉价生产—外资依赖的恶性循环,进而大豆产业链为跨国粮食垄断资本所操控。

第二节　市场势力与定价权的互动机理

一、市场势力的含义与测度

市场势力(Market Power)诞生于古典经济学派的竞争理论,并逐渐演变为竞争理论研究的核心问题。亚当·斯密在其《国富论》中指出在自由竞争状态下,垄断并不是必然产生的现象,这是有关市场势力的最早论述。在新古典经济学派形成了以价格理论模型为核心的静态分析框架之后,许多学者对市场势力的内涵进行了研究,如 Lerner(1934)将市场势力定义为一种将价格维持在边际成本之上的能力,并构建了著名的"勒纳指数"(Lerner Index),即 $L = (P - MC)/P$;哈佛学派代表人 Bain(1941)认为厂商的市场势力可用其利润率与正常情况下企业的平均利润率之比来衡量,即"贝恩指数"(Bain Index)$B = (R - C - D - iV)/V$,并在此基础上创立了著名的 SCP(Structure-Conduct-Performance)范式,这一范式的核心就是将市场份额(Market Share)作为市场势力的主要衡量指标,此后市场集中度(Concentration Rate,CR)和赫芬达尔指数(Herfindahl-Hirschman Index,HHI)等指标也成为衡量市场势力的依据。可见,随着学术界对市场势力的理论与经验研究的深入,目前的主流经济理论普遍强调市场势力是将价格维持在边际成本之上的能力,这也是本书对市场势力含义的界定。

一般而言,市场势力源于不完全竞争的市场结构所导致的价格与边际成本的偏离,产业组织理论认为市场势力的主要来源包括市场集中度、产品差异、行业进入壁垒及规模经济等四方面。市场集中度对企业的价格决定能力及在市场中的竞争力有重要影响,从而与市场势力的形成有密切的关系。市场集中度可由行业集中度、熵指数等指标加以衡量。产品的差异化程度与产品的价格直接相关,也反映了消费者对产品偏好程度的差别,从而决定了企业在竞争维度上的地位与市场势力。进入壁垒包括结构性壁垒、策略性壁垒和制度性壁垒,行业进入门槛的高低决定了企业对产品和市场的垄断能力,进入壁垒成为市场势力和超额利润的重要来源,企业可能通过阻止定价策略来维护其在市场中的垄断地位。规模经济往往反映了企业成本的高低及通过降低成本影响价格的能力。内部规模经济的存在使得大企业更具有成本优势,从而提高了大企业的市场势力。衡量市场势力的指标很多,最早的指标主要是利润率、集中度、贝恩指数和勒纳指数等,而随着产业组织理论的不断发展,市场势力的衡量主要向模型经验研究方向发展,经典的模型有 Hall(1988)的价格—边际成本模型及 Goldberg & Knetter(1999)的剩余需求弹性和 Krugman et al.(1987)的依市场定价模型等。

二、定价权的含义与测度

对于大宗商品市场势力的研究,国内学者又提出了定价权这一发展经济学的新概念。所谓定价权就是由谁来确定商品贸易的交易价格,它是伴随中国全球化进程油然而生的。从定价权的内容看,国际贸易定价规则、基准价格和国际贸易市场格局是其中的主要组成部分。李艺等(2007)指出,定价权就是本国在国际市场价格形成过程中发挥积极影响力,避免遭受重大经济利益损失,国内企业能够通过各种方式,在各部门的支持下在国际贸易中争取有利地位和良好的外部环境,进而有效管理国际市场价格风险。他们认为,定价权应有三个层次的内涵:①定价权的基础在于价格决定,而深入了解价格波动背后的影响因素才能够正确认识定价权问题;②目的在于形成合理的市场价格,而非操纵市场价格;③定价权的影响因素是多方面的,相应的应对策略需要企业、选定管理部门和政府部门共同努力和配合才能行之有效。与市场势力一样,定价权不可能存在于完全竞争的市场上,只能存在于完全垄断或垄断竞争的市场上,区别只在于由谁垄断(梅新育,2005)。可以认为,李艺等关于定价权的定义是较为全面的概括,对于中国来说也更为适用。

关于国际定价权测定,主要是白明(2006)提出的国际定价权权商。他认为,研究一国对国际市场价格的影响力,不仅要看进口(出口)商品在国际市场上的占有率,而且也要考虑到国际市场上买卖双方集中程度(HHI 指数)的对比。国际定价权权商的计算公式可表达为:$V = (C_x \cdot H_x + C_m \cdot H_m)/(H_x + H_m)$,其中,$C_x$ 和 C_m 分别为一国出口和进口某种商品的国际市场占有率,H_x 和 H_m 分别为整个国际市场卖方和买方的 HHI 指数。国际定价权权商的范围在理论上介于 0 和 1 之间,值越大说明该国对于国际市场定价的影响力也越大。白明(2006)进一步指出,为了准确观测国际定价权状况,有必要对进口商品的价格与对应的国际市场价格的上涨幅度加以比较,并按照以下公式计算动态比价:$R = (PM_t/PM_{t-1})/(PW_t/PW_{t-1})$,其中,$PM_t$ 和 PM_{t-1} 分别表示某种商品当年和上一年度的进口平均价格,PW_t 和 PW_{t-1} 分别表示该种商品当年和上一年度的国际市场权威价格。若进口价格的上升幅度大于国际市场均衡价格的上升幅度,价格水平则会偏离理想价格,国际定价权呈现劣权特征;若进口价格的上升幅度小于国际市场均衡价格上升幅度,价格水平则会逐步收敛于理想价格,国际定价权呈现优权特征。从公式中不难看出,动态比价 R 大于 1,表明进口商品在价格上呈现出劣权化趋势,动态比价 R 越大劣权化趋势越明显;而动态比价 R 小于 1,表明进口商品在价格上呈现出优权化趋势,动态比价 R 越小优权化趋势越明显。以上规则同样适用于出口商品。

三、市场势力与定价权的互动机理阐释

从上文的分析可知，市场势力与定价权是既相互联系又存在区别的一组概念，而要深入理解其中存在的逻辑关系，必须首先对定价权的内在机理进行阐释，在此基础上分析两者的互动机理。

（一）定价权的经济学机理

1. 价格—市场模型的阐释

Zhang et al.（2007）在研究世界谷物市场定价机制及国际定价权时提出了一个双垄断模型，假设每一个出口国为一个公司（Carter，1999），A 国货币为国际贸易计价货币。$q_{j,i}(e_{A,i}p_{j,i},\sigma_{A,i},Z_i)$ 为进口国 i 对出口国 j 的商品需求，$p_{j,i}$ 为用美元计价的交易价格，$e_{A,i}$ 为与进口国之间的汇率，$e_{A,i}p_{j,i}$ 为进口国的现货价格，Z_i 为进口国市场的需求变动向量，则买卖双方的利润最大化问题可以用模型表述为：

$$\max\pi_A = \sum_{i=1}^{n} p_{A,i}q_{A,i}(e_{A,i}p_{A,i},e_{A,i}p_{B,i},\sigma_{A,i},Z_i) - C_A(\sum_{i=1}^{n}q_{A,i},W^A) \quad (9.1)$$

$$\max\pi_B = \sum_{i=1}^{n} p_{B,i}q_{B,i}(e_{A,i}p_{B,i},e_{A,i}p_{B,i},\sigma_{B,i},Z_i) - C_B(\sum_{i=1}^{n}q_{B,i},W^B) \quad (9.2)$$

其中，e_B 为 B 国现货对 A 国的汇率，C 为出口方的成本函数，依赖于出口数量和其他成本因素（W^A,W^B），价格 $p_{A,i}$ 和 $p_{B,i}$ 均以美元计价。以上两式对 $p_{A,i}$ 和 $p_{B,i}$ 微分得到一阶条件如下：

$$\frac{\partial \pi_A}{\partial p_{A,i}} = p_{A,i}\frac{\partial q_{A,i}}{\partial p_{A,i}} + q_{A,i} - \frac{\partial C_A}{\partial q_{A,i}}\frac{\partial q_{A,i}}{\partial p_{A,i}} = 0 \quad (9.3)$$

$$\frac{\partial \pi_B}{\partial p_{B,i}} = e_B\left[p_{B,i}\frac{\partial q_{B,i}}{\partial p_{B,i}} + q_{B,i}\right] - \frac{\partial C_{B,i}}{\partial q_{B,i}}\frac{\partial q_{B,i}}{\partial p_{B,i}} = 0 \quad (9.4)$$

解方程（9.3）和（9.4），得到两出口国的反应函数如下：

$$p_{A,i} = R_{A,i}(p_{B,i},e_{A,i},e_B,\sigma_{A,i},Z_i,MC_A) \quad (9.5)$$

$$p_{B,i} = R_{B,i}(p_{A,i},e_{A,i},e_B,\sigma_{A,i},Z_i,MC_B) \quad (9.6)$$

式（9.5）和（9.6）分别对汇率 e_B 和 $e_{A,i}$ 微分，得到汇率变化对出口价格影响的效应如下：

$$\frac{\partial p_{A,i}}{\partial e_{A,i}} = \frac{\partial R_{A,i}}{\partial P_{B,i}}\frac{\partial p_{A,i}}{\partial e_{A,i}} + \frac{\partial R_{A,i}}{\partial e_{A,i}} + \frac{\partial R_{A,i}}{\partial \sigma_{A,i}}\frac{\partial \sigma_{A,i}}{\partial e_{A,i}} + \frac{\partial R_{A,i}}{\partial Z_i}\frac{\partial Z_i}{\partial e_{A,i}} + \frac{\partial R_{A,i}}{\partial MC_A}\frac{\partial MC_A}{\partial e_{A,i}} \quad (9.7)$$

$$\frac{\partial p_{B,i}}{\partial e_{B,i}} = \frac{\partial R_{A,i}}{\partial P_{B,i}}\frac{\partial p_{A,i}}{\partial e_{A,i}} + \frac{\partial R_{B,i}}{\partial e_{A,i}} + \frac{\partial R_{B,i}}{\partial \sigma_{A,i}}\frac{\partial \sigma_{A,i}}{\partial e_{A,i}} + \frac{\partial R_{B,i}}{\partial Z_i}\frac{\partial Z_i}{\partial e_{A,i}} + \frac{\partial R_{B,i}}{\partial MC_B}\frac{\partial MC_B}{\partial e_{A,i}} \quad (9.8)$$

$$\frac{\partial p_{A,i}}{\partial e_B}=\frac{\partial R_{A,i}}{\partial P_{B,i}}\frac{\partial p_{B,i}}{\partial e_B}+\frac{\partial R_{A,i}}{\partial e_B}+\frac{\partial R_{A,i}}{\partial MC_A}\frac{\partial MC_A}{e_B} \tag{9.9}$$

$$\frac{\partial p_{B,i}}{\partial e_B}=\frac{\partial R_{B,i}}{\partial P_{A,i}}\frac{\partial p_{A,i}}{\partial e_B}+\frac{\partial R_{B,i}}{\partial e_B}+\frac{\partial R_{B,i}}{\partial MC_B}\frac{\partial MC_B}{e_B} \tag{9.10}$$

　　式(9.7)和(9.8)解释了出口国和进口国货币汇率变化对出口价格的影响。公式右边第一项表明出口商对由于母国和进口国汇率变化导致的竞争对手出口价格变化的反应,第二项表明出口商对于汇率变化的直接反应,第三、第四及最后项分别表明出口商对汇率波动、进口需求变动及边际生产成本改变的反应,这种变动是由于出口国和进口国货币汇率变动所导致的。式(9.9)和(9.10)表明了 A、B 两国之间汇率变化对出口的相似影响,出口商的价格决策受汇率、汇率波动、第三国效应、边际生产成本和其他进口国需求变动的影响。

　　战略性农产品作为一类特殊的贸易商品,其国际贸易定价权必然也受一般贸易商品国际定价机制的影响。价格—市场模型主要侧重从汇率对国际贸易影响的角度对定价权机制进行阐释,其表明国际定价权不仅受到一国汇率变化绝对值的影响,而且两国间汇率的相对变化也会对国际定价权产生影响,这种变化还会影响各国进口需求以及边际成本的变动。在战略性农产品领域,除了汇率对定价权的重要影响外,还由于其特殊的商品属性,战略性农产品贸易还受国际政治关系、期货市场定价等重要因素的影响,因此,价格—市场模型在一定程度上解释了战略性农产品国际定价权的机理,但要全面阐释其国际定价权机理还存在一定的不足。

　　2. 剩余需求弹性模型

　　另一个研究国际市场定价权的模型是由 Baker & Bresnahan(1988)和 Goldberg & Knetter(1999)引入的剩余需求弹性模型,假设 A、B 两国面对着反向剩余需求函数,且逆需求弹性时向下倾斜,而且与市场需求和其他竞争者的供给弹性不同。A 和 B 的剩余需求可以表示为:

$$p^A=p^A(Q^A,Q^B,Z) \tag{9.11}$$

$$p^B=p^B(Q^B,Q^A,Z) \tag{9.12}$$

其中,p^A 和 Q^A 为出口国 A 出口商品的价格和数量,p^B 和 Q^B 为出口国 B 商品出口的价格和数量,Z 为需求系统引入的外生变量。

　　剩余需求模型和市场—价格模型的不同之处在于 p^A 和 p^B 是用目的国市场的货币表示的。A 和 B 的利润最大化问题可以表述为:

$$\max\pi^A=p^AQ^A,Q^B,ZQ^A-e_{A,i}C^A(Q^A,W^A) \tag{9.13}$$

$$\max\pi^B = p^B Q^B, Q^A, ZQ^B - e_{A,i}e_B C^B(Q^B, W^B) \tag{9.14}$$

其中,$e_{A,i}$ 为 A 国和目的地市场之间的双边汇率,e_B 为 A 国与 B 国之间的双边汇率,C^A 和 C^B 分别代表 A、B 两国的成本,W^A 和 W^B 分别代表 A、B 两国的成本变动。国际贸易采用 A 国货币计价,B 国的价格首先转换成 A 国价格后再转换成目的地市场的货币。设定预期边际收益等于边际成本,利润最大化的一阶条件为:

$$e_{A,i}MC^A(Q^A, W^A) = MR^A(Q^A, Q^B, Z) \tag{9.15}$$

$$e_{A,i}e_B MC^B(Q^B, W^B) = MR^B(Q^B, Q^A, Z) \tag{9.16}$$

$$MR^A(Q^A, Q^B, Z) = p^A + Q^A \left[\frac{\partial p^A}{\partial Q^B} + \left(\frac{\partial p^A}{\partial Q^B}\right)\left(\frac{\partial Q^B}{\partial Q^A}\right) \right] \tag{9.17}$$

$$MR^B(Q^B, Q^A, Z) = p^B + Q^B \left[\frac{\partial p^B}{\partial Q^A} + \left(\frac{\partial p^B}{\partial Q^A}\right)\left(\frac{\partial Q^A}{\partial Q^B}\right) \right] \tag{9.18}$$

式(9.17)和(9.18)中,右边方括号内的公式分别表明 A 国的行为变量和 B 国的市场均衡,它们同时决定了两国的战略决定。若两项都等于零,则市场价格等于边际成本,因此市场是完全竞争的;否则市场存在着市场势力,各国的国际定价能力是不同的。行为变量越大,相应的国际定价能力就越大。将式(9.12)代入式(9.16),可以得到:

$$Q^B = Q^B(Q^A, Z, e_{A,i}e_B W^B) \tag{9.19}$$

上式为寡占市场 B 国的剩余需求弹性。然后,将式(9.17)代入式(9.11),可以得到 A 国的反向剩余需求函数如下:

$$P^A = p^A[Q^A, Q^B Q^A, Z, e_{A,i}e_B W^B, Z] = p^A(Q^A, Z, e_{A,i}e_B W^B) \tag{9.20}$$

同理可以得到 B 的反向剩余需求函数如下:

$$P^B = p^B[Q^B, Q^A Q^B, Z, e_{A,i}W^A, Z] = p^B(Q^B, Z, e_{A,i}W^A) \tag{9.21}$$

剩余需求弹性模型与价格—市场模型相比,除了考虑汇率因素对国际定价权的影响外,还将成本变动和外生变量引入模型,从而在对战略性农产品国际定价权机理的解释上较价格—市场模型更进了一步。但是,在具体运用中,如何对外生变量进行界定是本模型的一大不足。在战略性农产品国际定价权中,除了汇率、成本变动的影响外,此模型中可以将政治、期货市场基准价格等因素统一归纳为外生变量,但是联系战略性农产品国际定价的实际,期货市场在其价格形成过程中发挥着重要的作用,因此此模型将其归纳为外生变量的影响是有待商榷的。

(二)市场势力与定价权的互动机理

市场势力与定价权均可用以衡量一国出口(进口)商品对国际市场价格的

影响力,但两者既相互联系又存在区别:联系在于市场势力是定价权获取的基础,定价权首先体现为拥有价格优势即市场势力,而市场势力的最终目的是获得定价权;区别在于定价权牵涉范围更广,影响因素更复杂,是否拥有定价权与一国的经济安全息息相关。市场势力更主要的是体现在对价格的影响力上,获得了市场势力就获得了相应的价格优势;而定价权的获取不仅需要在价格上拥有优势,还需要更多的其他条件,如较高的抵御国际价格风险并维护国内经济利益的能力,企业、管理部门和政府间的高效配合等。而在产业链的视角下,市场势力与定价权的区别还在于:①在产业链的各环节都能存在市场势力,而仅当整条产业链均存在市场势力即产业势力时,定价权才能获取。若市场势力是基于集群式产业链内的各相关企业形成,而产业势力是基于集群式产业链的中间组织形成,那么定价权需在产业势力基础上得以获取。②市场势力的源泉可以是技术创新、异质性资源等,而产业势力取决于产业链上的各种经济活动、资源以及知识基础等所形成的集合体,其资源主要包括产业链组织所具有的竞争合作、规模经济、技术学习、资源共享等效应,这也成为获取定价权的基础。

由于不同类型的产业链和产业环节具有不同的经济技术特性并呈现不同的市场势力分布状况,将市场势力、资源禀赋、技术进步和政策等因素纳入同一个框架中,分析产业链的各参与方在不同产业链和产业环节之间的网状竞合关系及其市场势力的分布状况,明确各种因素对市场势力产生的影响,在此基础上探讨市场势力在各环节间的传导及构建产业势力的可能性,这是理清定价权的内在运作机制的基础。可见,市场势力、产业势力和定价权三者间是相互递进的关系,产业链中某一环节的市场势力状况如何,将影响其他环节市场势力的形成,并进一步影响产业链整体市场势力即产业势力的形成,从而使产业链相关的产业获得或丧失定价权。有学者(郭海涛,2006)指出,市场势力的研究在理解产业竞争和绩效是否在市场化进程中得到了改进、行政垄断对市场经济体制是否形成阻碍、幼稚产业中跨国公司对市场存在何种影响等方面有重要意义。那么,定价权的研究对于理解商品交易各方在产业链各环节上的风险收益分配格局、最大程度避免由于商品价格形成机制的缺陷及政策变动等因素所带来的市场风险具有重要意义。

在对市场势力进行衡量的众多模型中,应用较多的是 RDE 模型,而 PTM 模型的应用也越来越受到学者们的关注。而在定价权的研究中,主要包括价格—市场模型和 RDE 模型,这两个模型的共同点是从汇率对贸易影响的角度对定价权的内在机理进行了阐释。市场势力与定价权有相同的研究模型,可以认为市场势力与定价权有着必然的内在联系,同时由于测度市场势力大小的模型并不完善(Larry et al.,2002),诸多影响因素并没有被纳入考虑范围,因而市场势力与定价权之间仍存在一定的差异。因此,理清市场势力与定价权之间存在的内在逻辑关系,对于理解两者相互转化的条件及获取商品国际定价权至关重要。

　　图9.1为市场势力转化为定价权的简单示意,可以看到,定价权的形成取决于产业链各环节的市场势力分布状况及其在此基础上形成的产业势力。而现实的情况则要复杂得多,除了图中所列的各种因素外,甚至还可能牵涉到政治等方面的问题。之所以这样说是因为,美国等发达国家从来都是将粮食问题作为国际政治谈判的工具,这已经对国际粮食安全产生了重要影响。另外,市场势力最终转化为定价权,不是各因素简单作用的结果,而是在产业链各环节发育成熟及各项政策充分支持的条件下,通过对各种渠道的控制和国家在国际市场上的政策博弈完成的。与市场势力相比,定价权对市场体系和产业链发展的要求也更高。各企业在国际市场拥有强竞争力、对价格有足够的控制权仅为企业自身的发展提供了保障,而这并不构成定价权产生的条件,需要各企业通过相互联合发挥"1+1＞2"的综合效应,在贸易商品的采购、运输和销售方面构建一整套完整体系,在互助基础上完善产业链,促进产业链的横向和纵向延伸。

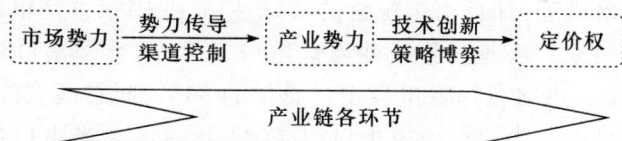

图9.1　市场势力与定价权的转化示意图

第三节　世界主要国家粮食产业市场势力评估

一、世界主要国家粮食贸易概述

　　世界粮食贸易量随着各国粮食产量的增加和需求的变化不断增长。从世界粮食贸易总量看,2011年世界谷物贸易量约为2.92亿吨,世界大豆贸易量为8835.7万吨。谷物贸易中,稻谷贸易量2335.1万吨,小麦贸易量14260.8

万吨,玉米贸易量 10399 万吨,以上三者的贸易量之和约占世界谷物贸易总量的 92.5%。尽管世界粮食贸易量在年际间存在一些波动,但从 1980—2011 年的走势图可以看出,世界粮食贸易是稳步增长的,这反映了世界粮食需求的增长。从年均增长率看,1980—2011 年世界谷物贸易量年均增长 1%,大豆贸易量年均增长 4%,这也反映了世界粮食需求结构的变化。

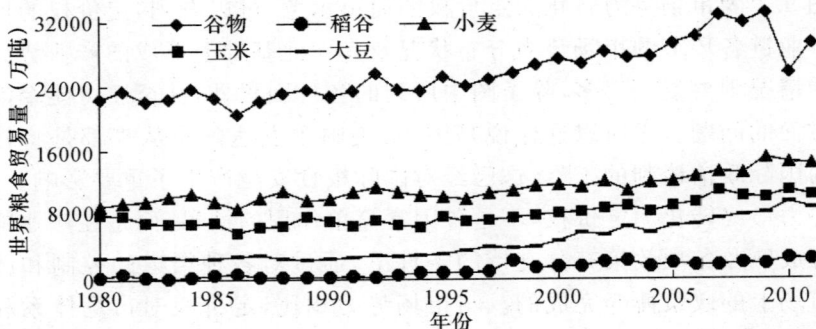

图 9.2　1980—2011 年世界粮食贸易走势

　　第二次世界大战以来,全球粮食贸易的规模日益扩大,而随着粮食供求形势的变化,粮食出口国数量不断减少,进口国数量则不断增加。目前,粮食出口国主要集中在美洲和大洋洲,美国、澳大利亚和阿根廷等少数几个国家是世界主要的粮食出口国,并且由于粮食的特殊性,这些国家也是粮食贸易保护主义势力最强的国家。从各国分品种粮食出口贸易看,泰国是世界最大的大米出口国,2011 年其出口量约占世界出口总量的 36%;而泰国、美国和巴基斯坦则是近年来世界主要的三个大米出口国,2011 年三者大米出口量占世界出口总量的 76%,在国际市场有相当强的竞争力。美国、法国、澳大利亚、加拿大和俄罗斯是世界五个主要小麦出口国,2011 年五者小麦出口量之和约占世界小麦出口总量的 72%,而作为最大小麦出口国的美国,其在 2011 年出口小麦3280 万吨,占世界出口总量的 23%。玉米出口贸易方面,美国、阿根廷和巴西是三大主要出口国,2011 年三者玉米出口量之和占世界玉米出口总量的68%,仅美国的玉米出口量就占了世界出口总量的 45%。美国、阿根廷和巴西也是世界三个主要的大豆出口国,2011 年三者大豆出口量之和占世界大豆出口总量的 88%,其中美国和巴西大豆出口量分别占世界大豆出口总量的37% 和 38%。美国不仅是世界最大的粮食生产国,也是最大的小麦、玉米和大豆出口国,同时也是世界上人均粮食占有量最多的国家,因此美国是名副其实的粮食贸易强国。

再从各国分品种粮食进口贸易看,2011年世界大米进口总量约为1968万吨,主要进口国包括印度尼西亚、马来西亚、加拿大、墨西哥等,进口量最多的前五个国家进口量之和仅占世界进口总量的34%,衡量进口集中度的HHI指数为451,表明国际大米进口市场是完全竞争的;2011年世界小麦进口总量约9956万吨,进口国主要有埃及、阿尔及利亚、南非和日本等,其中进口量最多的是埃及,约占小麦进口总量的11%,衡量进口集中度的HHI指数为460,亦为完全竞争的市场结构;2011年世界玉米进口总量为6909万吨,日本、墨西哥和韩国是三大主要玉米进口国,其进口量之和占世界进口总量的52%,其中日本是世界最大的玉米进口国,2011年其进口量为1530万吨,占世界进口总量的22%,衡量进口集中度的HHI指数为942,为竞争型市场结构,但竞争的激烈程度比大米和小麦市场低;2011年世界大豆进口总量约为7883万吨,中国、墨西哥、德国、日本和印度尼西亚是世界主要大豆进口国,五国大豆进口量之和占世界进口总量的85%,其中数量最多的是中国进口5245万吨,占世界进口总量的66.5%,衡量进口集中度的HHI指数为4508,表明国际大豆进口市场是高度寡占的市场结构。

由以上分析可知,国际粮食市场基本由几大主要粮食出口国所控制,呈现出明显的卖方垄断特征。以美国为首的发达粮食出口国,凭借其先进的技术和完善的管理创造了极高的劳动生产率,催生了大型跨国粮食集团,国内粮食供给远大于消费需求,因而向海外市场输出大量产品,从而进一步巩固了其粮食贸易领导者的地位,粮食国际定价也落入其手。尽管个别品种的粮食进口市场如大豆市场也呈现出高度寡占的特征,但由于进口国国内消费需求的不断扩张和进口依赖的加强,逐渐受制于粮食出口国,难以在贸易中获得有利地位。

二、市场势力衡量方法的确定及数据说明

经济学对市场势力研究重点历来都是卖方(供给方或出口方)所拥有的市场势力,这种市场势力背后的支撑是相对于竞争对手所拥有的竞争优势和价格歧视能力,这一做法的缺陷是忽略了需求方在共同决定市场价格上的作用。而事实上,市场势力可分为卖方势力和买方(需求方或进口方)势力,所谓的买方势力是指作为市场买方所具有的对供给方定价的削价能力(mark-down)。因此,有必要对粮食贸易的出口国和进口国的市场势力进行分别考察,以明确粮食买卖各方在整个产业链中的市场势力分析状况。根据上一节的相关分析,本节将世界主要粮食出口国确定为美国、巴西、阿根

廷、泰国和澳大利亚,而主要粮食进口国则为日本、韩国、墨西哥、印度尼西亚和埃及。为简化分析,本节将分别以美国和日本为例来分析粮食出口国和进口国的市场势力。

出口方市场势力的衡量方法很多,相比较而言,边际成本和价格加成能力数据的获取是进行市场势力的测度重要条件,而表征边际成本与价格加成能力的数据难以直接观测,而 PTM 模型则通过引入时间虚拟变量,较好地解决了边际成本和价格加成能力不可观测的问题(Salvador,2002)。此外,越来越多的研究发现,汇率的变动对各国农产品出口的影响越来越大,优势出口国能通过汇率的传导在目标市场进行差别化定价,进而表现为在出口目标国拥有市场势力。因此,本节首先运用基于出口商定价行为 PTM 模型对各粮食出口国的市场势力进行实证分析。PTM 模型的思想最早由 Krugman et al. (1987)提出,Knetter(1989)推导出了应用模型并对美国和德国出口商的歧视定价行为进行了实证研究。假设本国向若干个不同的国家出口同一种产品,某进口国的需求函数表示为:

$$q_{it} = f_i(e_{it} p_{it}) v_{it} \tag{9.22}$$

其中,q_{it} 为本国向 i 国的出口量,p_{it} 为以出口国本币计价的出口价格,e_{it} 为以本币计价的双边汇率,v_{it} 为影响需求的其他因素。由于市场结构未知,f_i 可以被视为其他出口国面临的剩余总需求。另设本国的总成本函数为:

$$C_t = C(\sum q_{it}) \delta_t \tag{9.23}$$

其中,C_t 为总成本,$\sum q_{it}$ 是各进口国对本国产品需求的加总,δ_t 为影响总成本的其他因素。则本国的利润函数及其利润最大化的一阶条件分别为:

$$\Pi_t = \sum p_{it} q_{it} - C(\sum q_{it}) \delta_t \tag{9.24}$$

$$p_{it} = c_t \left(\frac{\varepsilon_t}{\varepsilon_t - 1} \right) \tag{9.25}$$

其中,$c_t = C' \delta_t$ 为本国的边际成本,ε_t 为进口国对本国需求的价格弹性。由于本国价格是进口国价格与双边汇率的乘积,因而 ε_t 可表示为 e_{it} 的函数。对式(9.25)取自然对数并做相应调整,得实证模型为:

$$\ln p_{it} = \theta_t + \lambda_i + \beta_i \ln e_{it} + \mu_{it} \tag{9.26}$$

其中,θ_t 为时间效应,用以衡量边际成本的变化;λ_i 为目标市场效应,考察不同目标市场上本国出口价格对边际成本的偏离即价格加成程度;系数 β_i 表示汇率变动时本国调整出口价格的幅度,是本国在目标市场上进行歧视定价的能力即市场势力;参数 μ_{it} 为随机误差项。$\beta_i = 0$ 意味着汇率变动不会对出口价格的加成产生影响；β_i 显著不为 0 表示出口国会对其出口价格进行调整从而维持在目标市场上的有利地位即存在市场势力。

Knetter(1993)指出，能否采用式(9.26)进行估计取决于时间序列变量的性质及误差项的形式，这对时间跨度的要求较高。当所研究变量的时间跨度较短时，则需要对式(9.26)进行差分后再做回归(Salvador,2002)，此时修正后的模型为：

$$\Delta \ln p_{it} = \theta_t + \beta_i \Delta \ln e_{it} + \mu_{it} \tag{9.27}$$

从进口商市场势力的衡量方法看，Song et al.(2009)对剩余供给弹性(Residual Supply Elasticity,RSE)进行了推导，但很少有学者运用 RSE 模型对进口商品的市场势力进行实证研究。PCM 模型有较强的假设，且边际成本数据难以获取，也尚未有学者利用该模型对进口商品的市场势力情况进行分析。相比之下，Manitra et al.(2001)在出口商模型的基础上建立的基于进口商定价行为的 PTM 模型，比较适合用于各粮食进口国市场势力的分析，推导过程与上文的模型类似，在此处略去。模型的表达式为：

$$\ln p_t^{im} = \theta_t + \lambda_i + \alpha \ln p_t^d + \beta_i \ln e_{it} + u_{it} \tag{9.28}$$

其中，e_{it} 为以进口国货币表示的双边汇率；u_{it} 为随机误差项；θ_t 为时间效应，用以衡量进口国边际成本的变动；λ_i 为国家效应，用以说明进口价格是否随国家的不同而变化，即衡量进口国的讨价还价能力；系数 α 为产出价格相对要素价格的弹性，用以反映国内价格对进口价格的影响。系数 β_i 即为表征市场势力的指标，若 β_i 显著为 0，则表明进口国不存在市场势力。

以上各国的粮食出口价格数据来源于联合国 COMTRADE 数据库，出口国与目标市场国的双边名义汇率根据联合国 COMTRADE 数据库、国际货币基金组织(IMF)数据库及中国国家外汇管理局数据整理，双边实际汇率根据 FAO 数据和各年的《国际统计年鉴》数据整理，数据年限为 1991—2011 年。

三、世界主要粮食出口国的市场势力

世界粮食生产大国往往都会成为世界粮食出口大国，并向消费量缺口较大或资源较小的国家和地区出口，如美国既是粮食生产大国也是粮食出口大国，粮食出口量在产量中的比重很高，而出口市场也呈现出多元化的发展趋势。另外巴西、加拿大、澳大利亚、泰国等一些国家也因在小麦、稻米等方面存在生产资源优势而成为世界粮食出口大国。这部分将以美国和泰国为例分析世界主要粮食出口国在粮食出口贸易上的市场势力。

（一）概述

美国是世界主要的粮食生产国，2011 年其粮食产量约为 46100 万吨，约占世界粮食总产量的 23％，尤其是玉米和大豆的产量分别占世界玉米和大豆总产量的 36％和 34％。同时美国还是世界最大的粮食出口国，2011 年粮食出口量约 10800 万吨，占世界粮食出口总量的 46％，其中玉米和大豆的出口量分别占世界玉米和大豆出口总量的 39.4％和 38.9％；小麦和稻米的出口量相对较少，在世界出口总量中的比重分别为 18.5％和 9.7％。因此，玉米和大豆是美国粮食出口的主要品种，出口量与其国内产量之比分别高达 50％和 41.7％。在粮食出口结构方面，稻米的出口市场比较分散，墨西哥和日本是其最大的出口市场，在其稻米出口总量中所占的比重为 13.6％，同时也向海地、加拿大和韩国等地出口；小麦主要向日本、尼日利亚、墨西哥、埃及和菲律宾等地出口，其中向以上五国的出口量之和占其小麦出口总量的 55.6％；玉米出口的前五大市场分别是日本、墨西哥、韩国、中国和埃及，出口量之和占其玉米出口总量的 75.7％；大豆主要的出口市场是中国、墨西哥、日本、印度尼西亚和埃及等，前五大市场 2011 年的出口量之和为 2782 万吨，占美国大豆出口总量的 80.2％，其中中国、日本和墨西哥是美国大豆的传统出口市场，而近几年印度尼西亚和埃及的大豆市场也逐渐被美国占领。因此，本部分以大豆和玉米为例对美国粮食出口的市场势力进行实证检验。

泰国是世界上主要的稻米生产国之一，也是最大的稻米出口国。2011 年泰国稻米出口总量为 1070 万吨，占世界稻米出口总量的 36％。泰国稻米出口市场包括世界 160 多个国家和地区，主要目标市场为尼日利亚、伊拉克等，其中出口尼日利亚的数量占其稻米出口总量的 16％，而出口到其他国家的较少，不超过 8％。本部分利用泰国向尼日利亚稻米出口价格数据和两国汇率数据对市场势力进行实证检验。

（二）粮食出口市场势力实证检验

1. 美国

美国在小麦、玉米和大豆三大粮食品种的出口上都有优势，因而有必要对这三种粮食品种的市场势力情况进行分别讨论。首先对各个价格和汇率变量序列进行单位根检验（表 9.1）。

表 9.1　美国粮食出口市场势力的面板单位根检验结果

变量	检验方法				结论
	LLC	IPS	ADF-Fisher	PP-Fisher	
	统计量	统计量	统计量	统计量	
$\ln pw_t$	2.585	2.447	1.612	1.549	不平稳
$\ln pm_t$	1.214	0.713	9.063	9.774	不平稳
$\ln ps_t$	3.787	3.628	0.339	0.321	不平稳
$\ln e_{it}$	−1.201	−0.454	7.797	5.852	不平稳
$\ln re_{it}$	−0.476	1.395	4.491	5.008	不平稳
$\Delta\ln pw_t$	−6.097	−6.088	51.524	49.971	平稳***
$\Delta\ln pm_t$	−6.079	−6.302	48.813	59.954	平稳***
$\Delta\ln ps_t$	−6.963	−5.905	44.099	44.411	平稳***
$\Delta\ln e_{it}$	−5.149	−4.023	30.281	26.581	平稳***
$\Delta\ln re_{it}$	−5.007	−3.921	29.382	23.643	平稳***

注：pw,pm,ps 分别表示美国小麦、玉米和大豆的出口价格；e,re 分别表示名义汇率和实际汇率；Δ 为一阶差分变量；*** 表示在 1% 的显著性水平下显著。各双边汇率的检验结果在数值上有差别，但均为一阶单整，限于篇幅未在表中全部列出。

在各变量均为同阶单整即 $I(1)$ 的条件下，可进行面板数据的协整检验，利用基于恩格尔—格兰杰的 Kao 检验对各变量序列的协整检验的结果如表 9.2 所示。

表 9.2　美国粮食出口市场势力的面板协整检验结果

粮食品种	统计量	估计值	结论
小麦		1.032(0.151)	不协整
玉米	ADF	1.808(0.035)**	协整
大豆		2.406(0.008)***	协整

注：滞后阶数由 Schwarz 准则确定，括号内为伴随概率值；*** 和 ** 分别表示在 1% 和 5% 水平下显著。

由协整检验的结果可知，玉米和大豆价格与汇率间存在协整关系，而小麦价格与汇率间不存在协整关系，因此，可以对玉米和大豆的市场势力情况进行回归分析，而不能对小麦出口的市场势力进行分析。利用各序列分析对美国玉米和大豆出口的市场势力进行了检验，结果见表 9.3。

表 9.3 美国玉米和大豆出口市场势力检验结果

粮食	汇率水平	目标市场	估计值	t 值	R^2	DW
玉米	名义汇率	日本	−0.079	−0.372	0.524	1.935
		墨西哥	−0.084	−0.274		
		韩国	−0.045	−0.362		
		埃及	−0.014	−0.318		
	实际汇率	日本	−0.206*	−1.835	0.535	2.204
		墨西哥	−0.703**	−2.301		
		韩国	−0.108*	−1.682		
		埃及	−0.158*	−1.601		
大豆	名义汇率	中国	−0.053**	−2.351	0.768	2.251
		墨西哥	−0.047**	−2.271		
		日本	−0.009	−0.961		
		印尼	−0.011*	−1.931		
	实际汇率	中国	−0.062**	−1.864	0.743	1.978
		墨西哥	−0.006*	−1.642		
		日本	0.009***	3.031		
		印尼	0.218**	1.984		

注：***，**和*分别表示在1%，5%和10%水平下显著。

在美国玉米出口市场上，名义汇率下均不存在市场势力，而实际汇率下均存在市场势力，因而美国在其四个主要的玉米出口市场上均拥有市场势力，在墨西哥市场上表现得尤为明显；在美国大豆出口市场上，除日本在名义汇率下不存在市场势力之外，其他目标市场均存在一定的市场势力，尤其是中国作为世界和美国最大的大豆进口国，美国在中国市场上拥有明显的市场势力。因此可以认为，美国作为世界最大的玉米和大豆出口国，拥有玉米和大豆的出口定价权。

2. 泰国

我们进而对泰国稻米出口的市场势力进行分析，其价格数据和汇率数据进行单位根检验的结果如表 9.4 所示。

表9.4　泰国稻米出口变量序列的单位根检验结果

变量	估计值	5%临界值	概率值	结论
$\ln p_t$	-1.318	-3.021	0.601	不平稳
$\Delta\ln p_t$	-4.561^{***}	-3.029	0.002	平稳
$\ln e_{it}$	-1.841	-3.021	0.351	不平稳
$\Delta\ln e_{it}$	-4.949^{***}	-3.029	0.001	平稳
$\ln re_{it}$	-2.282	-3.021	0.187	不平稳
$\Delta\ln re_{it}$	-4.191^{***}	-3.029	0.005	平稳

注:估计值即为 t 值,$***$ 表示在1%水平下显著。

可见,各变量序列均为一阶单位根过程,即 $I(1)$,满足协整检验的条件,Johansen协整检验的结果见表9.5。

表9.5　泰国稻米出口变量序列的Johansen协整检验结果

变量	特征值	迹统计量	概率值	结论
$\ln p_t$ 与 $\ln e_{it}$	0.415	17.781	0.061^*	协整
$\ln p_t$ 与 $\ln re_{it}$	0.329	7.592	0.006^{***}	协整

注:包含常数项和趋势项,滞后阶数由Schwarz准则确定。$***$ 和 $*$ 分别表示在1%和10%水平下显著。

因此,无论是名义汇率还是实际汇率,与价格变量间存在至少一个协整关系,可以进行回归分析,结果见表9.6。

表9.6　泰国稻米出口的市场势力检验结果

方程	估计值	t 值	概率值	R^2	DW
名义汇率	-0.195	-1.351	0.195	0.718	2.254
实际汇率	-0.202	-1.671	0.091^*	0.726	2.175

注:$*$ 表示在10%水平下显著。

由结果可知,在名义汇率下泰国稻米出口不存在市场势力,而在实际汇率下则存在市场势力,且汇率变动1%,出口价格变动0.202%,定价能力较强。因此,尽管泰国稻米出口市场比较分散,但在最大的目标市场尼日利亚仍存在市场势力,因而泰国是世界稻米出口大国也是出口强国。

(三)结论

美国是世界最大的粮食出口国,尤其是玉米和大豆。通过对其主要目标市场的分析可知,美国玉米和大豆出口在目标市场上均不同程度拥有市场势力,日本和墨西哥是其两个最大的玉米出口市场,拥有的市场势力也相对较大,而中国是其最大的大豆出口市场,拥有的市场势力也比其他国家大。泰国是世界最大的稻米出口国,世界多数国家都从泰国进口稻米,尽管目标市场很分散,但其最大的目标市场尼日利亚,拥有较强的出口定价能力。

四、世界主要粮食进口国的市场势力

世界资源小国和粮食消费大国往往会成为世界粮食进口大国,如日本是资源小国,但粮食消费量大,因而是世界最大的粮食进口国;而中国是世界最大的粮食生产国之一,但由于人口众多,粮食消费量很大,因而也成为世界粮食进口大国,尤其对于大豆而言,中国是世界最大的进口国。从分品种粮食进口贸易看,稻米进口量相对较小,进口量较大的国家在年度上不具有延续性,因而不适应进行市场势力分析。而埃及是世界最大的小麦进口国,日本是世界最大的玉米进口国和第二大大豆进口国,因而这部分将以日本和埃及为例分析世界主要粮食进口国在粮食进口贸易上的市场势力。

（一）概述

日本是世界资源小国,也是最大的粮食进口国。2011 年日本玉米消费总量为 1490 万吨,其中有 1489 万吨来源于进口;小麦消费量为 640 万吨,其中有 635 万吨来源于进口;大豆消费量为 684 万吨,其中有 504 万吨来源于进口。总体来看,日本谷物进口和大豆进口依存度分别高达 70% 和 78%,玉米和小麦的进口依存更是在 96% 以上。从进口来源看,日本进口小麦主要来源于美国、加拿大和澳大利亚,2011 年来源于这三国的小麦进口总量为 620 万吨,占日本当年小麦进口总量的 97.6%;日本进口玉米主要来源于美国、巴西和阿根廷,2011 年来源于这三国的玉米进口总量为 1468 万吨,占日本当年玉米进口总量的 98.6%;日本进口大豆主要来源于美国、巴西、加拿大,2011 年来源于这三国的大豆进口总量为 495 万吨,占日本当年大豆进口总量的 98.3%。可见,美国、加拿大、巴西等传统粮食出口国是日本粮食的主要来源,因而日本的进口来源地很集中。

埃及是世界最大的小麦进口国,2010 年以前每年的进口量约为 500 万吨,而之后进口量不断上升,2011 年达到了 980 万吨,占世界小麦进口总量的 8.3%。从进口来源看,俄罗斯、美国和法国是埃及小麦主要进口来源国,2011 年来自这三国的小麦进口量分别占埃及小麦进口总量的 38.5%、28.3% 和 10.4%;其他来源国还有澳大利亚、阿根廷等,但进口数量在总量中的比重不

超过 10%。可见,埃及小麦进口来源地相对比较集中,俄、美、法三国进口量之和在总量中的比重超过 75%。

(二)粮食进口市场势力实证检验

1. 日本

根据进口商市场势力模型的表达式可知,日本进口自美国、巴西和阿根廷的玉米价格和进口自美国、巴西和加拿大的大豆价格为被解释变量,与各国的双边汇率及日本国内的玉米和大豆价格为解释变量。采用的计量工具依然是 EViews,分析的步骤与上部分相同,即面板数据的平稳性检验和协整检验,最后进行回归分析。各变量的平稳性检验结果如表 9.7 所示。

表 9.7　玉米进口市场势力的面板单位根检验结果

变量	检验方法				结论
	LLC	IPS	ADF-Fisher	PP-Fisher	
	统计量	统计量	统计量	统计量	
$\ln pdm$	-0.423	-0.016	2.107	2.144	不平稳
$\Delta\ln pdm$	-3.073^{***}	1.841^{**}	6.444^{**}	6.734^{**}	平稳
$\ln p_t^{im}$	-0.959	-0.092	4.572	4.039	不平稳
$\Delta\ln p_t^{im}$	-5.760^{***}	-4.781^{***}	31.482^{***}	48.145^{***}	平稳
$\ln e_{it}$	5.412	-1.176	13.008	14.189^{**}	不平稳
$\Delta\ln e_{it}$	-0.019	-3.967^{***}	26.624^{***}	23.599^{***}	平稳
$\ln re_{it}$	0.248	1.349	5.783	22.816^{***}	不平稳
$\Delta\ln re_{it}$	-2.816^{***}	-2.411^{***}	17.161^{***}	18.857^{***}	平稳

注:pdm,p_t^{im} 分别表示玉米国内价格和进口价格,检验式中包含常数项和趋势项;Δ 为一阶差分变量;*** 和 ** 分别表示在 1% 和 5% 水平下显著。

在各变量均为同阶单整即 $I(1)$ 的条件下,可进行面板数据的协整检验,利用三种方法对各变量序列的协整检验的结果如表 9.8 所示。

三种协整检验方法的结果均表明玉米进口价格和汇率存在长期均衡关系,故可对模型进行回归分析,市场势力的检验结果如表 9.9 所示。

表 9.8　玉米进口市场势力的面板协整检验结果

检验方法	统计量	估计值	结论
Pedroni 检验	Panel v	2.592(0.005)***	协整
	Panel rho	−2.048(0.021)**	
	Panel PP	−2.684(0.013)**	
	Panel ADF	−2.242(0.021)**	
	Group rho	−0.954(0.171)	
	Group PP	−1.859(0.032)**	
	Group ADF	−1.743(0.041)**	
Kao 检验	ADF	−1.271(0.101)*	协整
Fisher 检验	F	19.88(0.003)***	协整

注：***，** 和 * 分别表示 1%，5% 和 10% 水平下显著。

表 9.9　日本玉米进口市场势力检验结果

汇率水平	进口来源	估计值	t 值	国内价格	R^2	DW
名义汇率	美国	0.377	0.792	1.109	0.604	1.794
	巴西	0.889	0.949			
	阿根廷	0.459*	1.842			
实际汇率	美国	0.337	0.605	1.655	0.582	1.702
	巴西	0.797	1.286			
	阿根廷	0.379	0.601			

注：国内价格指以本币计价的日本玉米销售价格；* 表示在 10% 水平下显著。

由以上日本玉米进口市场势力的检验结果可知，名义汇率下日本仅在巴西拥有市场势力，而实际汇率均不存在市场势力；由于日本国内基本不生产玉米，因而国内玉米价格也没有对进口价格产生影响。因此，在日本玉米完全依赖进口的情况下，对各大来源国均不存在市场势力。

我们再对日本大豆进口市场势力进行分析，由面板单位根和协整检验的结果可知满足回归分析的条件，在不列出结果的条件下我们直接进行回归分析，结果见表 9.10。

表 9.10　日本大豆进口市场势力检验结果

汇率水平	进口来源	估计值	t 值	国内价格	R^2	DW
名义汇率	美国	0.161**	2.161	−0.586***	0.684	1.929
	巴西	0.1671**	1.98			
	加拿大	0.234***	2.976			
实际汇率	美国	0.196**	2.645	−0.509***	0.707	1.884
	巴西	0.201**	2.486			
	加拿大	0.269***	1.872			

注:国内价格为以本币计价的日本大豆生产价格;*** 和 ** 分别表示在 1%和 5%水平下显著。

由大豆进口市场势力的检验结果可知,国内大豆价格与进口价格明显的反向变动关系,即国内大豆价格下降将引起进口价格的上升,从而减少大豆进口量以维护进口商的利益;无论是名义汇率还是实际汇率下,日本对三大进口来源国均存在市场势力,即日元对外币的相对贬值将促使以外币表示的大豆进口价格下降,对日本的大豆进口商而言得到的收益增加。从进口量上看,相对来说来源于加拿大的大豆量在三国之中为最少,市场势力相对其他国家而言则较大。因此,日本拥有较强的大豆进口定价能力。

2. 埃及

同样依照以上方法对埃及小麦进口的市场势力进行实证分析,在没有常数项和趋势项的情况下,各变量序列的水平值均为不平稳序列,而一阶差分变量为平稳序列,因此满足协整检验的前提。而运用基于恩格尔—格兰杰协整理论的 Kao 方法和基于组合 Johansen 协整理论的 Fisher 面板协整方法进行检验后发现,在 1%的显著性水平下,价格变量与名义汇率变量和实际汇率变量及埃及国内小麦价格之间存在至少一个协整关系,因此也满足进行回归的条件。我们运用模型对埃及小麦进口的市场势力进行计量分析,结果见表9.11。检验结果显示,在 1%的显著性水平下,埃及国内小麦价格变动将引起进口价格的同方向变动,即小麦生产价格上涨将引起小麦进口的增加,进一步促进了进口价格的上升,国内小麦进口商收益将减少;名义汇率下埃及小麦进口仅对美国拥有市场势力,而实际汇率下埃及小麦进口不存在市场势力。因此,名义汇率下埃及小麦进口存在市场势力只能反映出物价水平变动的影响,不能说明埃及小麦进口拥有市场势力。可见,埃及小麦不存在进口定价能力。

表 9.11　埃及小麦进口市场势力的检验结果

汇率水平	进口来源	估计值	t 值	国内价格	R^2	DW
名义汇率	俄罗斯	0.656	1.406	0.957***	0.863	1.804
	美国	0.696***	2.709			
	法国	0.326	1.139			
实际汇率	俄罗斯	0.059	0.199	1.169***	0.845	1.907
	美国	0.346	0.892			
	法国	0.446	1.142			

注:国内价格为以本币计价的埃及小麦生产价格。***表示 1%水平下显著。

（三）结论

上一部分对日本和埃及粮食进口的市场势力进行了实证检验。结果表明,日本在玉米进口上不存在市场势力,这与日本不生产玉米存在密切关系,但其在大豆进口上拥有一定的市场势力,日本大豆进口商能从进口中获得收益;埃及小麦进口不存在市场势力,埃及在小麦进口上没有相应的定价权,而国内小麦生产价格的上涨将导致进口价格的上涨,进而使进口商的收益减少。

本章小结

本章对粮食产业链及全球粮食产业链的发展现状和特征进行了梳理,发现粮食金融性特征日益明显,粮食产业发展的地区差距也有不断扩大的趋势,发达国家已经基本实现了粮食产业的链式经营,发展中国家则相对滞后,与发达国家之间存在比较大的差距。在分析市场势力和定价权两个既相互联系又相互区别的概念的基础上,对两者之间的互动机理进行了阐释,并得出了市场势力是取得定价权的前提,而定价权是获取市场势力的最终目的的结论。而通过对定价权经济学机理的分析不难发现在市场势力和定价权的评估方法上存在共通之处,进一步验证了这一结论的正确性。之后分别以美国、泰国、日本和埃及为例对世界主要粮食贸易国的市场势力进行了实证检验,结果证明了以美国为首的世界主要粮食出口国拥有市场势力,而粮食进口国则基本不存在市场势力。另外,在粮食进口贸易中,发达国家如日本相对于出口大国拥有市场势力,而发展中国家如埃及则相对出口国来说不存在市场势力,这不仅反映了进口国在粮食贸易上的弱势地位,同时也反映出发展中国家与发达国家相比粮食产业发展相对落后的事实。

国际粮食市场日益呈现出跨国垄断加深、产业链竞争加剧的发展格局,粮食产业的链式经营不仅是农业发展的必然选择,也是在国际竞争日趋激烈的背景下赢得最终胜利的必由之路,更是夺取粮食定价权、保障国家产业经济安全的根本要求。发展中国家在农业经济和国内产业配套政策方面落后于发达国家,短期内缺乏粮食定价权,难以在产业链竞争中取得优势地位,跨国粮商的资本技术垄断对国内产业安全造成威胁是不可改变的,不仅需要正视这些问题的存在,更要在国内相关产业的发展上加大努力,及早扭转在全球价值链上的不利地位。

第十章　全球粮食定价权的中国处境

第一节　全球粮食产业链中的中国粮食贸易

一、中国粮食贸易概述

中国很早就通过粮食的进出口贸易参与国际市场，成为世界粮食贸易的重要组成部分，并且不同时期的粮食贸易对新中国成立后中国的国民经济发展起到了不同的重要作用。20 世纪 50 年代中国粮食出口大于进口，主要目的在于换取国家经济建设所需的外汇和机器设备；60 年代到 70 年代由于国内供给严重不足，粮食进口大于出口；80 年代到 90 年代中期为了进一步改善人民生活，支持工业化建设和产业结构调整，粮食进口仍大于出口；90 年代中后期到 21 世纪初粮食出口大于进口，开始发挥国内粮食生产的比较优势，基本实现国内外两个市场的互动，实现粮食品种及数量的调剂；2003 年以后粮食进口量快速增长，出口量不断回落，进出口量间的差距逐渐拉大，主要原因是国内粮食需求量的大幅增长，粮食供需矛盾凸显，而大豆需求的变化及大豆进口量的激增起了主要作用。此后，谷物等的贸易量逐年下降，大豆进口贸易量逐年上升，粮食进出口贸易的主要目的是调剂余缺，充分发挥国内粮食产品的比较优势。

从近 10 年的总体情况看，中国粮食贸易的规模不断扩大，2001 年粮食进出口总量约为 2600 多万吨，2011 年则达到 5900 多万吨，远高于过去 10 年的平均水平。从主要品种的粮食贸易看，谷物贸易量的下降幅度较大，2001 年中国谷物贸易量约为 1890 万吨，其中稻谷、小麦、玉米贸易量分别为 1.2 万吨、216.6 万吨、1123 万吨。到 2011 年谷物贸易量仅为 900 万吨，比 2001 年减少了 52.4%，其中除稻谷贸易量为 109.4 万吨比 2001 年有所增长外，小麦和玉米贸易量均比 2001 年下降,分别为 128.9 万吨、13.6 万吨。玉米贸易量的下降幅度更是达到了 98.8%,玉米贸易的一个显著特征是出口量的大幅减少,2010 年中国首次成为玉米净进口国。2001 年中国大豆贸易量为 1660 万吨,2011 年则达到 5260 万吨,增长 216.8%,其中大豆出口量变化不大,约为 20 万吨。而从大豆进口量上看,2011 年比 2001 年增长了 220%,在大豆贸易总量中的比重由 2001 年的 98.5% 上升为 99.6%,进口量占世界大豆进口总量的 60%,是世界最大进口国。

从粮食贸易的国别结构看,美国、加拿大等传统粮食出口大国是中国粮食主要进口来源地,而日本、韩国等周边国家和中国香港地区则是中国粮食主要出口市场。从稻米、小麦、玉米和大豆四大粮食品种的进口来源看,稻米主要来源于泰国和越南,2011 年从泰国和越南进口的稻米总量分别为 32.6 万吨和 23.4 万吨,占中国稻米进口总量的比重分别为 56% 和 40%;小麦主要来源于澳大利亚、美国和加拿大,2011 年来源于这三国的小麦总量为 124.4 万吨,占当年中国小麦进口总量的 99.6%,其中进口自澳大利亚的小麦占小麦进口总量的 51%;玉米主要来源于美国,2011 年从美国进口玉米 168.6 万吨,占玉米进口总量的 96%;大豆主要来源于美国、巴西和阿根廷,2011 年进口量分别为 2222 万吨、2062 万吨和 778 万吨,分别占大豆进口总量的 42%、39% 和 15%,因此大豆进口来源地很集中。再从四大粮食品种的出口市场看,稻米主要向日本、韩国、朝鲜和中国香港等地出口,2011 年这四大市场的稻米出口总量为 38.8 万吨,占中国稻米出口总量的 75.4%;小麦出口不多,2011 年出口量为 4 万吨,其中向埃塞俄比亚出口的小麦占中国小麦出口总量的 61%;2009 年以前中国大量出口玉米,之后降到不足 50 万吨,2003 年中国向韩国、朝鲜、日本等主要五国出口玉米 1503 万吨,占玉米出口总量的 92%,而 2011 年中国玉米出口仅 13.6 万吨,主要流向朝鲜,占玉米出口总量的比重为 99.8%;大豆出口量也不大,2011 年出口量为 21 万吨,其中向韩国、朝鲜和日本三国的出口量共计 16 万吨,占大豆出口总量的 77%。[①]

二、中国粮食贸易在全球产业链中的地位

中国是世界上最大的粮食生产国之一,也是粮食生产大国中人均耕地最少的国家。20 世纪 90 年代中后期开始,中国粮食生产成本高于国际平均水平的现状仍没有改变,粮食进出口价格仍存在一定的差距,粮食生产成本与进

---

① 以上中国粮食贸易数据均来源于联合国贸易数据库,http://comtrade.un.org/db/。

出口价格的变化对产业经济发展有着重要影响。世界粮食期货贸易的增加引起全球粮食价格的普遍上涨,世界粮食库存正在急剧下降,消费的快速增长趋势决定了粮食产量增长速度必然赶不上需求的增长。一个国家的粮食自给能力再强也不可能独立于世界粮食市场之外,粮食贸易战略是中国产业发展战略的重要组成部分,粮食贸易在全球产业链中的地位如何,将直接决定中国粮食贸易的收益以及能否利用国际市场解决好中国的粮食安全问题。粮食贸易数量反映出一国粮食生产与消费之间的平衡关系。出口量大表明了国内粮食生产供大于求,粮食供给不存在安全隐患;而进口量大则表明国内粮食供需缺口较大,进口依存度的提高不利于国内粮食市场稳定,并可能危及国家的粮食安全。粮食贸易价格是国内粮食价格与国际粮食价格相互传递的纽带,贸易价格的高低反映了粮食贸易商的收益,这将直接影响粮食商参与粮食贸易的积极性;进口价格与出口价格的关系变化能反映出粮食定价权是处于劣权地位还是优权地位。粮食库存则反映了一国粮食供需的调节能力,库存较高表明需求量的增长不会影响粮食的供给安全,从而不会出现对粮食进出口贸易的过度依赖;库存过低则表明国内需求旺盛,粮食进口大量增加,从而不利于保障国家粮食安全。因此,这部分将从贸易数量、贸易价格和库存三个方面比较分析中国粮食贸易在全球粮食产业链中的地位。

（一）粮食贸易数量

中国是世界粮食生产和消费大国,因此历年来粮食的贸易量也很大,而波动性也较大。谷物是中国生产和消费的主要粮食品种,从贸易走势可以看到(图10.1)波动幅度较大,而从进出口的相对比例来看,谷物进口量多于出口量,因而在多数年份中国谷物消费量大于生产量,缺口需要通过进口贸易补足。从贸易量的波动上看,中国粮食贸易量有不断下降的趋势,1985—1999年中国是谷物的净进口国,这一方面是由于产量的增长缓慢,同时自然灾害的频繁爆发使得谷物供给远远不能满足国内消费需求,此后中国谷物产量不断增长,进口量和出口量不断减少,但进口量始终大于出口量,这是由国内旺盛的粮食需求导致的。

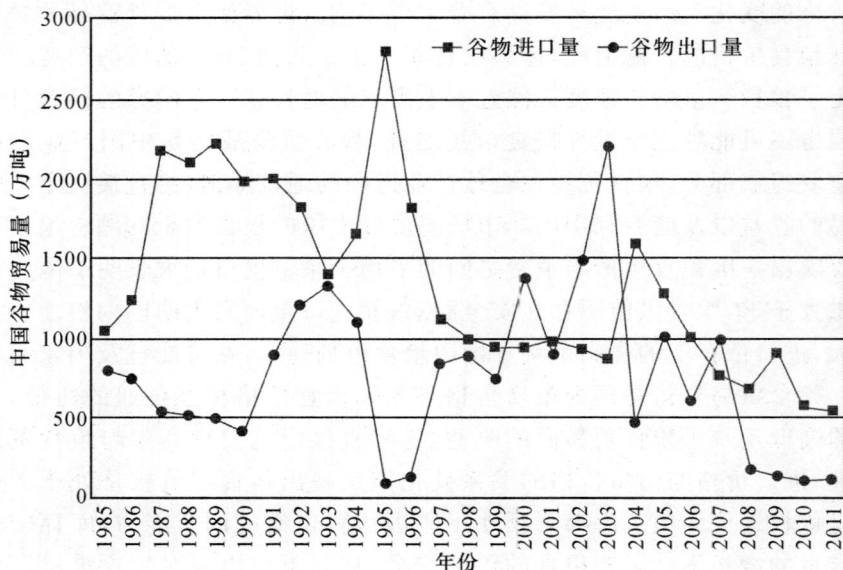

图 10.1　1985—2011 年中国谷物贸易量走势①

　　美国是世界最大的粮食生产国之一,也是世界最大的粮食出口国。从历年的贸易量看(图 10.2),美国始终是谷物净出口国,而其 2011 年的谷物出口量达 3343 万吨,是中国谷物出口量的 3 倍;进口量为 544 万吨,与中国谷物进口量不相上下。澳大利亚也是传统粮食出口大国,2011 年谷物出口量为 2652 万吨,是中国谷物出口量的 2 倍;进口量为 25 万吨,不到中国的 1/10。虽然澳大利亚的谷物贸易量在年际间有所波动,但始终维持谷物净出口国的地位。加拿大 2011 年的谷物出口量为 1926 万吨,进口量为 86 万吨,也始终保持粮食净出口国的地位。美国等发达国家在谷物出口贸易上保持着长久的优势,不仅是因为其国内粮食生产的高度专业化和机械化,也与他们在粮食贸易政策上的大力扶持有着密切关系。从谷物贸易的总体上看,中国的谷物进口量远大于以上发达国家,而出口量远小于这些发达国家,贸易逆差不断扩大,谷物进口依存度不高但对国家粮食产业造成了不良影响,不利于谷物贸易定价权的获取,在全球粮食产业链中处于利益低端。

　　从分品种粮食贸易看,中国曾经是玉米出口大国,但从 2008 年开始玉米

――――――――――

　　①　本部分用于图表分析的数据均来源于联合国贸易数据库,http://comtrade.un.org/db/。

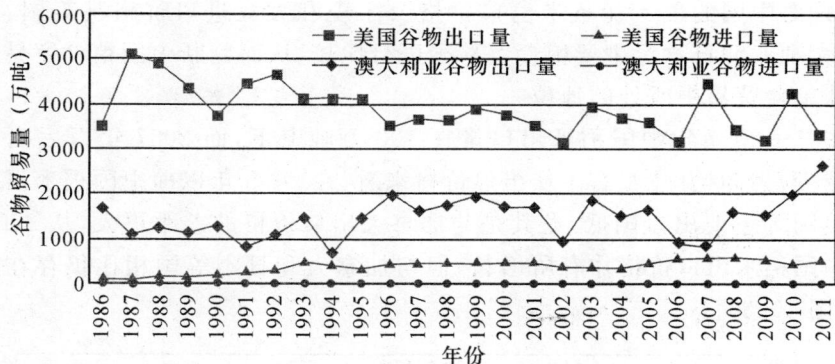

图 10.2 1986—2011 美国和澳大利亚谷物贸易量趋势

进口量大幅增长,出口量大幅下降;从 2010 年开始中国已经成为玉米的净进口国,国内需求的不断增长使得中国被挤出了玉米出口大国的行列。稻米和小麦由于与国计民生关系更为紧密,贸易量不大,但受到了跨国粮食的垄断,国内稻米和小麦产业链难以进一步发展和完善。历年中国的大豆出口量很小,但进口量不断攀升,2011 年净进口达到 5240 万吨,占世界大豆进口总量的 60%,是世界最大的大豆进口国;大豆进口依存度已经高达 85%,对国内大豆产业及整个粮食产业的安全造成了极为不利的影响。而美国不仅在稻米、小麦、玉米的谷物贸易上处于出口大于进口的优势地位,更是国际大豆贸易的最大受益者,发生于 2004 年的中国"大豆风波"不仅源于美国,中国损失的经济利益也多半为美国大豆贸易商所获得。另外,巴西、阿根廷等国家也在大豆贸易上获得了一些收益,但其背后是美国垄断资本在操控,加拿大等国也不同程度地受其影响和牵制。

可见,只有美国等少数发达国家掌控着全球粮食产业链并从中获取了高额利润,而中国及巴西等其他一些粮食出口国则成为美国粮商和垄断资本的附庸或受害者,被动接受由美国所确定的粮食贸易格局。

(二)粮食贸易价格

粮食贸易价格反映了贸易条件的变化,不仅是判断贸易利益得失的重要标准,更是粮食定价能力的重要反映。加深对粮食贸易价格及其形态特征的认识,对于合理确定粮食贸易价格及其价格条款,体现国家粮食贸易政策,促进粮食贸易发展,提高粮食贸易的经济效益,推动粮食贸易价格与国际市场接轨具有重要意义。从中国粮食出口来看,稻米和玉米各年度的出口量相对其他品种要大;而从粮食进口看,大豆和小麦进口量相对于其他品种要大。因此,通过对中国的稻米和玉米出口价格及小麦和大豆进口价格与美国、加拿大、澳大利亚和日本等主要粮食贸易国进行比较,从而判断中国粮食贸易价格在全球粮食贸易中所处的地位。

1995—2007 年中国稻米出口量在 100 万吨上下,而 2007 年以后出口量有所减少,为 30 万吨左右。从出口价格来看,在 2008 年以前中国稻米出口价格比美国等主要出口国低,尤其是与加拿大出口价格的差距更大,从 2009 年开始中国稻米出口价格才有所增长,但与加拿大和日本等国相比仍存在不小差距(图 10.3)。

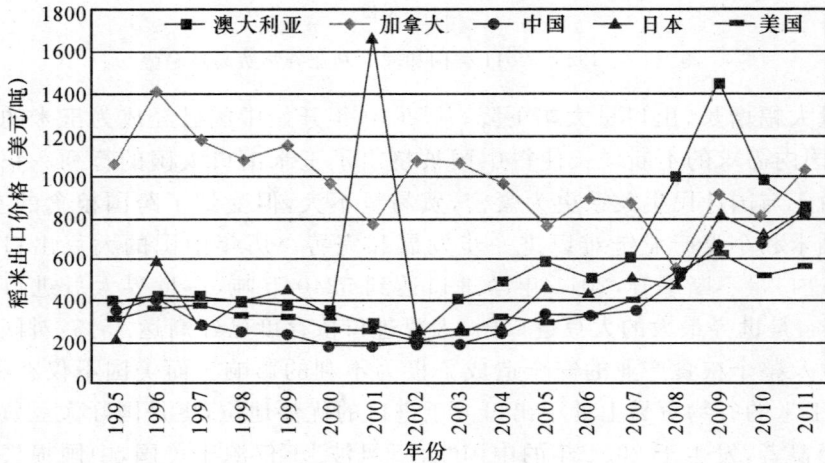

图 10.3　1995—2011 年主要国家稻米出口价格比较

2007 年之前中国玉米出口量较大,尤其是 2003 年出口量达 1640 万吨,2008 年以后中国玉米出口量急剧减少,基本不超过 15 万吨。从玉米出口价格看,澳大利亚玉米出口价格远高于其他国家,但波动比较大;加拿大出口价格波动性很小,价格水平仅次于澳大利亚;中国与美国的玉米出口价格相近,随着玉米出口量的减少,中国玉米出口价格有所增长。总体而言,中国玉米出口价格处于较低水平,加之出口量的不断减少,中国玉米出口贸易的收益很少(图 10.4)。

1997 年以后中国大豆进口量不断上升,尤其是 2000 年进口量超过 1000 万吨以后增长速度不断提高,2010 年成为世界上最大的大豆进口国,进口量超过 5000 万吨。从主要国家的大豆进口价格来看,变化趋势基本一致,即 2007 年开始进口价格有不断上涨的趋势。相比较而言,日本和韩国的大豆进口价格最高,而墨西哥大豆进口价格最低,中国大豆进口量远高于墨西哥,但进口价格却高于墨西哥,这与中国作为世界最大大豆进口国的地位仍存在不小差距(图 10.5)。

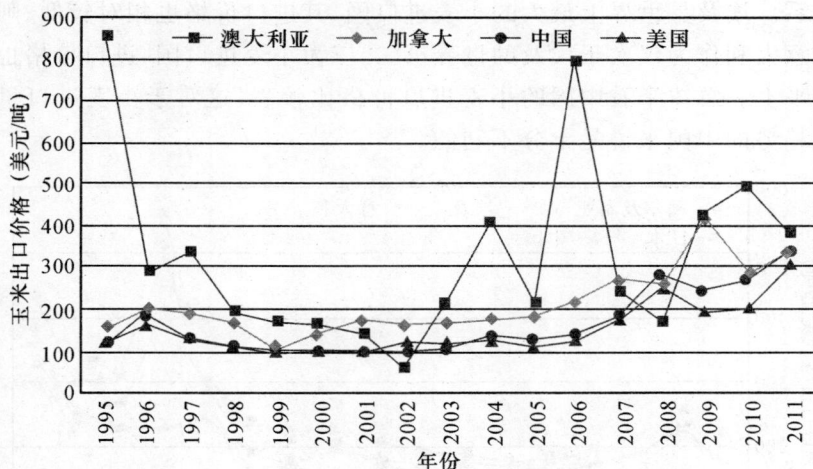

图 10.4　1995—2011 年主要国家玉米出口价格比较

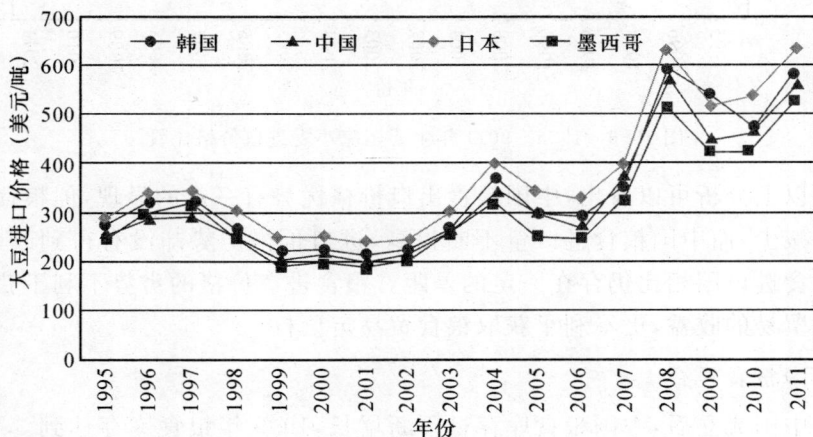

图 10.5　1995—2011 年主要国家大豆进口价格比较

　　20 世纪 90 年代中国小麦进口量较大,年际波动也较强,2005 年开始小麦进口量比较小,基本在 50 万吨到 100 万吨之间波动。从小麦进口价格上看(图 10.6),2007 年以前各国小麦进口价格基本在 200 美元/吨的水平上,而 2008 年中期开始各国进口价格发生突变,尤其是日本小麦进口价格一度涨到了 566 美元/吨的高位,埃及、意大利等国的进口价格也在 500 美元/吨上下。而中国小麦进口价格受国际市场的影响较小,每吨进口价格不超过 250 美元,这一时期的进口价格是各主要小麦进口国中最低的,这与国家粮食产业政策不无关系。埃及是世界上最大的小麦进口国,其进口价格也相对较低;阿尔及利亚和意大利作为仅次于埃及的世界第二、三大小麦进口国,进口价格也在较低的水平上。总体来看中国的小麦进口价格比较高,这对于小麦进口量有逐渐上升趋势的中国来说是十分不利的。

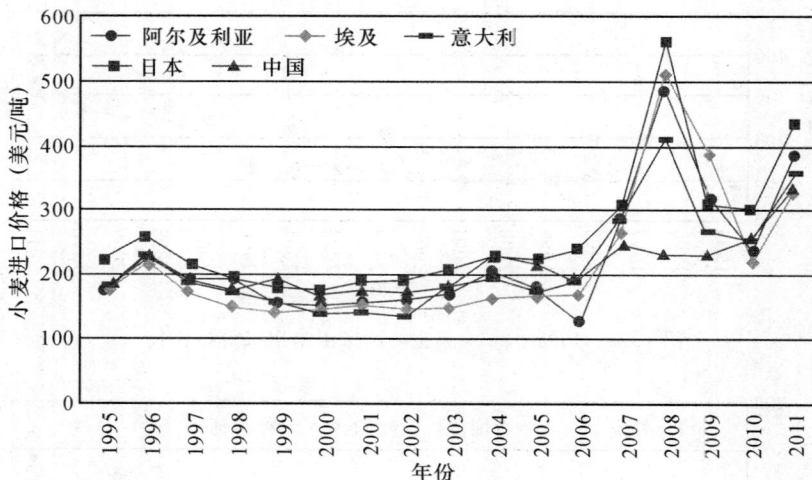

图 10.6　1995—2011 年主要国家小麦进口价格比较

从以上分析可以看出,中国粮食出口价格优势有一定的显现,但粮食出口量不断减少,而中国粮食进口量不断提高,进口价格劣势却没有得到改变,与其他粮食进口国相比仍存在一定的差距。粮食进口价格的劣势不利于获取中国粮食贸易的收益,更不利于获取粮食贸易定价权。

(三)粮食库存

新中国成立后,中国粮食库存量不断增长,1999 年粮食库存达到 3.27 亿吨,但从 2000 年开始粮食库存不断下滑,2010 年后基本维持在 1.7 亿吨的水平。从粮食品种来看,玉米和小麦的库存较大,稻米和大豆的库存较少,尤其是大豆的库存量仅为 1500 万吨。与库存形成鲜明对比的是,中国粮食消费量不断增长,从 2010 年起总消费量超过 5 亿吨,尤其是玉米和大豆的消费量更是增长迅速,2011 年的消费量分别达到 1.88 亿吨和 7200 万吨[①]。库存和消费间的巨大缺口预示了中国的玉米净进口国及大豆进口大国地位的到来。

粮食库存消费比是反映一国粮食安全程度的重要指标,过高过低都不利

---

① 数据来源于美国农业部网站,http://www.fas.usda.gov/psdonline/。

于粮食安全。从中国的情况看,粮食库存消费比不断下降,从 1996 年的 80％下降为 2011 年的 33％,库存消费比的下降表明中国粮食生产越来越不能满足国内日益增长的消费需求,也意味着中国粮食进口量将出现不断增长的趋势。一般而言,库存的上升将对价格形成下行压力,并支持消费增长,消费的快速增长使国内出现粮食供不应求,从而促进粮食进口量的提升。粮食进口量的增长对一国而言是利是弊取决于该国在全球粮食产业链中的地位,中国粮食贸易价格在全球粮食产业链中处于不利地位,因而粮食进口的过快增长将会对国家的粮食安全产生极为不利的影响。

从美国的粮食库存看,2010 年的库存量约为 6000 万吨,消费量则约为 4 亿吨,粮食平均库存消费比为 15％。从分品种粮食库存看,玉米库存量最大,约为 2800 万吨,其次是小麦,库存量为 2000 万吨,大豆库存量约为 600 万吨,稻米的库存量最小,约为 130 万吨。从粮食消费量看,玉米国内总消费量为 2.85 亿吨,大豆消费量次之,为 7500 万吨,小麦消费量为 3000 万吨,稻米的国内消费量相对较少,约为 400 万吨。从分品种的粮食库存消费比看,小麦和稻米的比例较高,分别达 76％和 35％,玉米和大豆的消费库存比均不足 10％。可见,美国粮食出口量大的品种即玉米和大豆消费库存比很低,而出口相对少的小麦和稻米,其库存消费比则较高。

从以上分析可以看出,美国大量出口粮食引致较低的库存消费比,出口量较少的粮食品种维持较高的库存消费比,反映出美国在世界粮食出口市场中的强国地位以及国内较高的粮食安全水平,而中国粮食消费的快速增长导致了较低的库存消费比,进而导致粮食的大量进口,反映了中国在世界粮食市场上的消费和进口大国地位。

因此,无论是从粮食贸易量、粮食贸易价格和粮食库存上来看,中国均处于全球粮食产业链的低端,其中进口价格的弱势地位尤为明显。要突破粮食产业发展的种种局限,确保国家粮食的长久安全,完善各项政策和措施,争取合理的粮食贸易价格、获取粮食定价权是必然选择。

第二节　中国粮食贸易的"大国效应":基于市场势力的实证

一、粮食贸易的"大国效应"概述

何谓"大国"? 在经济学范畴里,"大国"有两种理解:一是经济大国,即人口众多、国内生产总值大且国内市场广阔的国家;二是贸易大国,根据国际贸易理论相关的定义,若一国生产的产品在国际市场上占据了主导地位,即可认为是贸易大国。保罗·克鲁格曼等认为,贸易大国是指在国际贸易中由于对某种商品的供给量(需求量)很大,从而可以影响到该种商品的国际市场价格的国家。按照克鲁格曼等对贸易大国的定义可知,"大国效应"就是当一个国家某种商品的出口量或进口量占世界进出口量的相当比重时,往往会对国际市场价格产生显著影响,从而使得这种商品的国际市场不再是完全竞争。随着全球化分工的不断深入,影响商品贸易的因素越来越复杂,各参与方的势力博弈愈演愈烈,"大国效应"的内涵也应随时代背景的不同而变化。就贸易大国自身的利益而言,"大国效应"具有正反两面性:一方面,较大的贸易量会对国际市场产生举足轻重的影响,本国能利用这种影响力有效控制贸易价格,调节本国商品供需,有助于获得优惠的进出口价格和更高的贸易利益;而另一方面,较大的贸易量意味着国内对国际市场的依赖,庞大的进口量将导致国际市场价格的上涨,本国福利受损,大量出口则会面临低价竞争,并遭遇反倾销等各种贸易摩擦。本书认为,在现阶段,"大国效应"可以理解为,当一国某商品的进出口量占有较高的国际市场份额时,对国际市场上该商品的价格产生了重要影响,而本国对贸易价格和贸易利益拥有足够的控制能力,即使进出口量在国际市场中的占有率很小,本国仍可通过其在商品生产和消费上的经济大国地位获得较高的贸易收益,改善本国福利。

作为世界上最大的粮食生产和消费国,中国在粮食生产和消费上的大国地位很早就已确立。20世纪80年代末到21世纪初的十多年里,中国粮食贸易在世界市场上起着重要作用。2004年以后,随着生产能力的扩大和消费结构的变化,中国的谷物贸易量不断下降,而大豆贸易量(主要是进口)不断上升,中国已经由粮食出口大国转变为粮食进口大国,而粮食贸易是否存在"大国效应"、对国内粮农和国民经济的影响如何仍为未知之数。以美国为首的粮食出口国是当今全球粮食贸易的最大获益者,其中的重要原因在于这些国家是主要粮食品种的国际定价中心,美国更是粮食贸易的垄断者和粮食国际价格的决定者,国际粮食市场也因此成为寡头市场。在此背景下,获得合理的粮食贸易价格成为中国等发展中国家的首要目标,因而探讨粮食贸易是否存在"大国效应"为掌握粮食价格主动权提供了理论参考。

中国粮食贸易"大国效应"的讨论源于莱斯特·布朗(Brown,1994)的《谁来养活中国?》一文,他认为中国粮食进口量的攀升必然会导致国际市场粮食价格的上涨,即"大国效应"显现。虽然学者们对中国粮食贸易"大国效应"的相关研究并不少(李炳坤,2002;李晓钟,2004;杨燕等,2006;范建刚,2007),但这些研究不是简单的描述性分析,就是对贸易量与国际市场价格进行的相关性或因果关系分析,对"大国效应"发生的一个重要的条件(即对贸易价格和贸易量的控制能力)是否具备的研究及针对粮食出口贸易"大国效应"的分析相对缺乏,因而有必要对现阶段中国粮食贸易是否存在"大国效应"进行重新分析与判断。由于本书主要侧重于对中国能否对粮食贸易价格有控制进行实证研究,而市场势力是一种将价格维持在边际成本之上的能力,即价格加成(mark-up)能力。而在进口贸易中,市场势力同样可以被理解为在进口价格上的讨价还价能力,从市场势力这一视角进行实证分析则不失为一种可行的方法。分析的基本思路是,若不存在市场势力,则可直接得出中国粮食贸易不存在"大国效应"的结论;若存在市场势力,则进一步检验中国粮食贸易量对国际市场价格的影响如何,贸易量能否因国际市场价格的变动而产生相应变化,通过检验则说明中国粮食贸易存在"大国效应",反之则不存在。由于在上一章已经介绍了市场势力各种模型方法的利弊,本章将分别以玉米和大豆为例并采用基于出口商及进口商行为的PTM模型对中国粮食贸易的市场势力进行实证检验。

二、中国粮食出口贸易的"大国效应":以玉米为例

中国曾是世界粮食出口大国,如在2002年和2003年,粮食出口量分别达到1510万吨和2221万吨,占当年世界粮食出口总量的5.1％和7.4％,是全球第二大粮食出口国,在缓解全球粮食短缺等方面做出了巨大贡献。虽然近几年粮食出口量急剧下降,但毋庸置疑,中国已跻身世界粮食贸易大国行列。随着全球化分工的深入发展和产业链竞争的日趋激烈,国际市场定价及抵御市场风险的能力日益成为衡量一国国际竞争力的重要指标,尤其对于中国这样一个发展中的农业大国来说,粮食出口是否拥有国际市场定价能力不仅影响到粮食出口贸易的收益,更与国家粮食安全密切相关。当前国际市场的粮食定价权基本掌握在少数国家手中,如曼谷是大米的国际定价中心,美国芝加哥期货交易所(CBOT)则是小麦、大豆等粮食产品的国际定价中心,而中国尚未建立起权威的国际粮食定价中心,与美国等世界主要粮食出口国相比仍存在较大差距。同时,由于国内粮食市场国际化起步晚、程度低,要短期内在国内建立国际粮食定价中心难度很大。尽管如此,中国是世界粮食贸易和消费大国,我们可以通过考察粮食出口贸易的"大国效应"分析中国粮食出口是否会对国际粮食价格产生影响,认清中国粮食出口贸易在国际市场上的地位,及

早建立国际粮食定价中心。

玉米是重要的粮食、饲料及经济作物,在中国国民经济中占有重要地位。同时,玉米还是重要的工业原料,如作为汽油替代品乙醇的原材料,近年来生物质能源消费量的增长更是使得世界玉米需求持续膨胀。中国是全球第二大玉米生产国,产量约占世界总量的20%,在世界市场上的重要地位不言而喻。而在当今全球粮食贸易中,玉米贸易量仅次于小麦,居第二位。美国、巴西、阿根廷和法国是世界四大主要的玉米出口国,2011年四国出口量之和在世界玉米出口总量中的比重已经超过60%。中国曾是仅次于美国的世界第二大玉米出口国,2003年出口量达到1639万吨,占当年世界玉米出口总量的18%。但到2011年,中国玉米出口量仅为13万吨,成为玉米净进口国,尽管如此,玉米出口量在中国粮食出口总量中的比重仍远高于其他粮食品种。2008年的金融危机给全球农产品贸易造成了巨大冲击,世界玉米贸易量大幅下降,国际市场玉米价格从2008年下半年开始走低。虽然受国家宏观政策的影响中国国内玉米价格并未出现暴涨暴跌的行情,但随着农产品国内市场与国际市场的接轨及引起国际玉米价格波动的不确定因素日益增多,加之国内玉米供需缺口出现不断扩大的趋势,中国玉米市场受到的冲击将越来越大并对中国的粮食安全构成威胁。Pindyck(1985)指出,在静态市场中,市场势力与需求弹性呈反向变动关系,一国出口波动越大其出口需求弹性也越大,从而说明在国际市场中缺乏定价影响力。基于以上考虑,本研究以玉米为例对中国粮食出口贸易的"大国效应"进行实证分析。

(一)玉米出口的市场势力分析

1. 模型与数据说明

本节从市场势力的视角检验中国玉米出口贸易"大国效应"的模型是基于出口商行为的 PTM 模型,这一模型已在上一章进行了推导,此处不再赘述。Knetter(1993)指出,能否采用模型原式进行估计取决于时间序列变量的性质及误差项的形式,这对时间跨度的要求较高。当所研究变量的时间跨度较短时,则需要对原式进行差分后再做回归(Salvador,2002)。由于无法获得相关变量的月度和季度数据,本研究仅选取了19个年度样本,因此修正后的模型为:

$$\Delta \ln p_{it} = \theta_t + \beta_i \Delta \ln e_{it} + \mu_{it} \tag{10.1}$$

其中,θ_t 为时间效应,用以衡量边际成本的变化;λ_i 为目标市场效应,考察不同目标市场上本国出口价格对边际成本的偏离即价格加成程度;系数 β_i 表示汇率变动时本国调整出口价格的幅度,是本国在目标市场上进行歧视定价的能力即市场势力;参数 μ_{it} 为随机误差项。$\beta_i = 0$,意味着汇率变动不会对出口价格的加成产生影响;β_i 显著大于 0,表示出口国会对其出口价格进行调整从而维持在目标市场上的有利地位即存在市场势力;β_i 显著小于 0,表明汇率变动对出口价格的影响被放大,这可能是短期超调引起的。

中国玉米主要的出口对象是东南亚国家,其中对韩国、印度尼西亚、日本、马来西亚和朝鲜五国的玉米出口量之和占中国玉米出口总量的 90% 以上,故本研究以这五个国家为出口对象进行分析。相应地,p_{it} 为以人民币计价的中国玉米出口价格;e_{it} 为以人民币计价的中国与五个目标市场的双边汇率,考虑到物价水平的变动,本研究对名义汇率和实际汇率两种情况分别进行了检验。其余变量含义同上。各国玉米出口价格数据来源于联合国 COMTRADE 数据库,双边名义汇率根据联合国粮农组织(FAO)数据整理,双边实际汇率根据 FAO 数据和各年的《国际统计年鉴》数据整理。基于中国玉米贸易流向及数据可得性方面的考虑,本研究用于实证分析的数据年限为 1992—2010 年。

2. 实证检验及结果分析

(1)变量的平稳性检验

由模型表达式(10.1)可知平稳性检验直接用变量的一阶差分序列进行,滞后阶数由施瓦茨(Schwarz)准则确定,检验结果见表 10.1。

由表 10.1 的检验结果可知,各变量的一阶差分序列在 1% 的显著性水平下都是平稳序列,符合协整分析的条件。

表 10.1　面板数据单位根检验结果

变量	检验方法								结论
	LLC		IPS		ADF-Fisher		PP-Fisher		
	统计量	概率	统计量	概率	统计量	概率	统计量	概率	
$\Delta \ln p_{it}$	-8.696	0.000	-7.788	0.000	63.171	0.000	67.206	0.000	平稳
$\Delta \ln e_{it}$	-7.338	0.000	-6.753	0.000	57.065	0.000	43.654	0.000	平稳
$\Delta \ln e_{it}^r$	-11.061	0.000	-7.452	0.000	65.576	0.000	33.506	0.000	平稳

注:e_{it},e_{it}^r 分别表示名义汇率和实际汇率。

(2)变量的协整检验

运用面板数据的方法得到协整检验结果见表 10.2。

协整分析结果显示,7 个统计量中有 6 个存在显著性,较好地验证了各变量间存在的长期均衡关系,在进行回归分析时能有效地避免伪回归的发生,从而使得本研究的检验结果更具有可信性。

表 10.2　面板数据协整检验结果

统计量	估计值		结论
	名义汇率	实际汇率	
Panel v	−2.711(0.997)	−2.692(0.997)	
Panel rho	−2.967(0.002)***	−2.986(0.001)***	
Panel PP	−21.475(0.000)***	−26.385(0.000)***	
Panel ADF	−12.453(0.000)***	−13.072(0.000)***	协整
Group rho	−1.299(0.097)*	−1.311(0.095)*	
Group PP	−13.911(0.003)***	−17.461(0.000)***	
Group ADF	−9.241(0.001)***	−10.141(0.000)***	

注：括号内为概率 P 的值；*** 和 * 分别表示在 1% 和 10% 水平下显著。

（3）面板模型的估计结果

经过相关的检验与分析及以往的研究，本研究选择变系数的固定效应模型并采用最小二乘法进行估计，回归结果见表 10.3。

表 10.3　中国玉米出口市场势力的检验结果

目标市场		韩国	日本	朝鲜	马来西亚	印度尼西亚
名义汇率	β_i 估计值	0.578 (1.029)	0.271 (0.403)	0.917 (1.634)	1.218* (1.806)	1.082*** (4.046)
	η 估计值	0.341*(1.864)				
	$R^2=0.373$　$DW=2.101$　$F=5.057$　$P=0.000$					
实际汇率	β_i 估计值	0.638 (1.575)	0.305 (0.736)	0.889** (2.197)	−1.227* (−1.965)	0.776*** (4.662)
	η 估计值	0.324*(1.917)				
	$R^2=0.416$　$DW=2.128$　$F=6.061$　$P=0.000$					

注：括号内为 t 统计量；***，** 和 * 分别表示在 1%，5% 和 10% 水平下显著。

从检验结果看，在韩国和日本市场上，名义汇率和实际汇率下都显示中国玉米出口不存在市场势力。事实上，韩国和日本历来是美国、巴西等玉米出口大国的主要目标市场，检验结果也说明了美国等玉米出口国在其市场上拥有垄断地位，而中国玉米出口量相对较少，从而难以在其市场上获得出口优势。在印度尼西亚市场两种汇率下的结果都显示出中国玉米出口存在市场势力。2008 年以前，中国是印度尼西亚最大的玉米来源国，因此存在一定的市场势力。相比之下实际汇率下的估计值较小，反映出印度尼西亚的通货膨胀不利于中国玉米出口在其市场上进行定价。2008 年开始，印度和泰国成为印度尼西亚最大的玉米供应商，同时由于中国玉米净出口国地位的转变，可以预计中国玉米出口在印度尼西亚市场上的优势即将丧失。在名义汇率下，中国玉米出口在朝鲜市场上不存在市场势力，而在实际汇率下则存在市场势力，也说明了朝鲜通货膨胀不利于中国玉米出口在其市场上的定价。由于朝鲜国内物价水平持续上涨，可以预见中国玉米出口现有的市场势力是不可持久的。在实际汇率下，中国玉米出口在马来西亚市场上的估计值为负，说明汇率变动对出口价格的影响被放大了，而名义汇率下中国玉米出口在马来西亚市场上存在市场势力，表明名义汇率反映的是马来西亚通货膨胀的变动，当汇率变动时并不会导致出口价格的相应变动，因而中国玉米出口在马来西亚市场上并不存在市场势力。事实上，马来西亚是巴西等南美玉米出口国的主要对象目标市场之一，中国在其不存在市场势力可能是由于巴西等国垄断的结果。虚拟变量的检验结果表明，2008 年的金融危机提高了中国的玉米出口价格，但是显著性不高，因此可以认为 2008 年的金融危机并没有对中国玉米出口产生太大的负面影响。

图 10.7 是以实际汇率估计的时间效应回归结果，即中国玉米出口的边际成本指数。可以看到，1992—2010 年的多数年份中国玉米出口的边际成本没有发生显著变化。1995 年中国玉米出口量仅 11 万吨，这主要是由于当年玉米出现大幅减产；1996 年中国玉米产量明显增加，但由于玉米出口边际成本的急剧上升，该年中国玉米出口量也仅 23.8 万吨；1997 年由于玉米的增产及边际成本下降，该年中国玉米出口量大幅增加并达到 661 万吨。

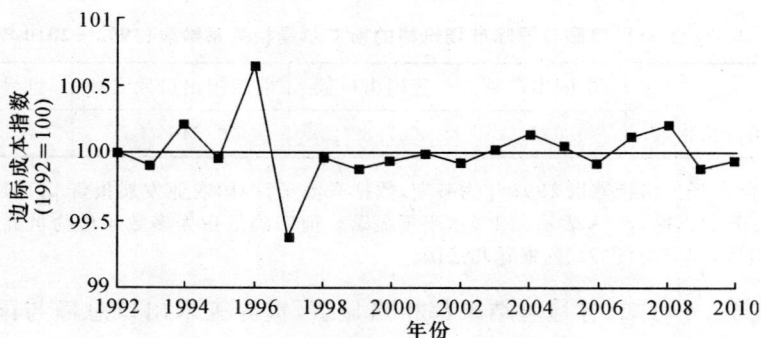

图 10.7　衡量玉米边际成本的时间效应估计

以上利用 PTM 模型估算了中国玉米出口的市场势力,结果表明在中国玉米出口的五个主要目标市场上,仅在朝鲜和印度尼西亚存在市场势力,在韩国、日本和马来西亚三大出口市场上不存在市场势力。2008 年的金融危机对中国玉米出口产生了一定的冲击,反映出国际商品市场与国际金融市场之间存在着紧密联系。因此总体上看,中国玉米出口虽然存在市场势力却很弱。

(二)玉米出口对国际市场价格的影响分析

中国粮食贸易量对国际市场价格的影响如何,贸易量能否因国际市场价格的变动而产生相应变化,这些问题可以通过相关系数和因果关系分析进行考察。

1. 中国玉米出口额与玉米国际市场价格指数的相关分析

李晓钟等(2004)以小麦和稻米为例,计算了国际市场价格与进口额之间的斯皮尔曼相关系数,并进行了因果检验与回归分析。斯皮尔曼相关系数的计算公式可表达为:

$$r_s = 1 - \frac{6\sum_{i=1}^{n}d_i^2}{n(n^2-1)} \tag{10.2}$$

其中,n 表示将两个变量的观测值分别从小到大或从大到小排列并分别赋予 $1,2,\cdots,n$ 个等级;d_i 表示一个变量观测值的等级与另一个变量相应观测值的等级之差。与普通的相关系数分析相比,斯皮尔曼相关系数对时间跨度要求较低,且相关性的大小只与系数绝对值的大小有关。本研究借鉴其研究方法对中国与其他主要玉米出口国的出口额与国际市场价格指数间的斯皮尔曼相关系数进行了计算与比较,结果见表 10.4。

表 10.4　玉米出口额与国际市场价格的斯皮尔曼相关系数表(1992—2010 年)

	中国出口额	美国出口额	前四国出口额之和	世界出口额
国际市场价格指数	0.636***	0.798***	0.646***	0.577***

注:国际市场价格指数以 1992 年为基期,数据来源于《中国农业发展报告 2010》和联合国 COMTRADE 数据库,*** 表示在 1% 水平下显著。前四国是指大多数年份为世界排名前四的玉米出口国,即美国、巴西、阿根廷和法国。

由表 10.4 可知,各检验结果都相当显著,世界玉米出口总额与国际市场价格指数间的相关系数为 0.577,而中国则为 0.636,因此中国玉米出口额与国际市场价格指数的关联度强于世界玉米出口总额与国际市场价格指数的关联度,但与美国的 0.798 及前四大玉米出口国加总的系数 0.646 相比仍存在一定差距。

2. 中国玉米出口额与国际市场价格指数的因果分析

相关系数较大说明玉米出口与国际市场价格间可能存在某种因果关系，为验证究竟是否存在这样的关系，需要做因果关系检验并进行回归分析。在对变量进行单位根检验时，发现各变量都是一阶单整的，为提高结果的可信度，需要对各变量进行对数处理。各国玉米出口额与国际市场价格指数的因果关系检验结果见表10.5。

表 10.5 各国玉米出口额与国际市场价格的因果关系检验结果

原假设	统计量	概率	结论
$\ln VCH$ 不是 $\ln IPI$ 的格兰杰原因	0.451	0.648	接受
$\ln IPI$ 不是 $\ln VCH$ 的格兰杰原因	4.023**	0.046	拒绝
$\ln VUS$ 不是 $\ln IPI$ 的格兰杰原因	3.035*	0.086	拒绝
$\ln IPI$ 不是 $\ln VUS$ 的格兰杰原因	1.036	0.385	接受
$\ln VFF$ 不是 $\ln IPI$ 的格兰杰原因	3.766*	0.054	拒绝
$\ln IPI$ 不是 $\ln VFF$ 的格兰杰原因	1.655	0.232	接受

注：滞后阶数由施瓦茨准则确定，** 和 * 分别表示在 5% 和 10% 水平下显著，IPI 表示玉米国际市场价格指数，VCH、VUS、VFF 分别表示中国、美国和世界前四国加总的玉米出口额。

可以看出，美国出口额和前四国玉米总出口额的变化均是国际市场价格指数变化的格兰杰原因，而国际市场价格指数的变化不是美国玉米出口额和前四国玉米出口总额变化的格兰杰原因，说明美国及前四大出口国的玉米出口额不受国际市场价格变化的影响。国际市场价格指数变化是中国玉米出口额变化的格兰杰原因而反之不成立，这说明中国玉米出口容易受国际市场价格的影响，而中国玉米出口额的变化则不能引起国际市场价格的变动。

（三）结论

上文利用 PTM 模型估算了中国玉米出口的市场势力，结果表明在中国玉米出口的五个主要目标市场上，仅在朝鲜和印度尼西亚存在市场势力，在韩国、日本和马来西亚三大出口市场上不存在市场势力。2008 年的金融危机对中国玉米出口产生了一定的冲击；对中国玉米出口与国际玉米市场价格的相关性和因果关系进行的检验表明，中国玉米出口与国际市场价格存在相关性，国际市场价格变动对中国玉米出口产生了影响，但中国玉米出口的变动没有对国际市场价格产生影响，说明中国玉米出口不存在"大国效应"。

三、中国粮食进口贸易的"大国效应":以大豆为例

粮食安全始终是关系中国国民经济发展和人民生活水平的重要问题。粮食安全包括许多方面,但首先是维持粮食供需总量之间的平衡,而当国内粮食生产不能满足消费需求时,则需要靠国际市场供应即粮食进口来弥补。正是由于国内粮食消费需求的日益扩大,从 2002 年开始中国粮食进口出现大幅增长势头(图 10.8),2010 年粮食净进口量更是达到了 5600 万吨的历史高位,中国作为粮食净进口国的地位更加明显。粮食进口量的迅速增长加大了国内粮食市场对国际市场的依赖,使得中国粮食贸易更容易暴露在国际粮食市场的供给风险和价格风险中。当前以 ADM、邦基、嘉吉和路易达孚四大跨国粮商为首的跨国粮食集团更是通过压低粮食收购价格、抬高农业生产资料价格等各种形式攫取高额垄断利润,不仅对中国粮食贸易的收益及其国际地位产生了冲击,也对中国的粮食安全产生了一定的负面影响。

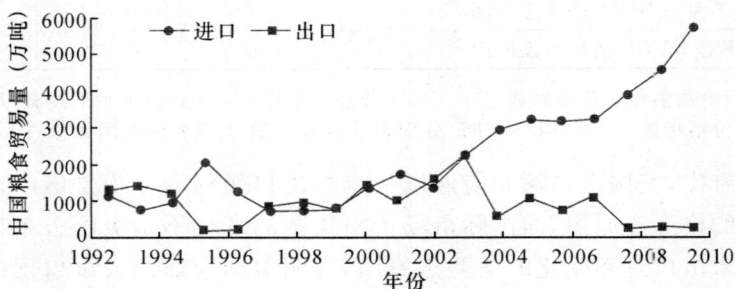

图 10.8　1992—2010 年中国粮食贸易情况①

从粮食分品种进口贸易看(图 10.9),中国是稻米的净出口国,各年度的稻米进口也基本稳定,进口量最大的 1995 年也仅 164.2 万吨;各年份中国均维持少量的玉米进口,但从 2008 年起中国由玉米净出口国变为玉米净进口国,2010 年净进口量已达 140 多万吨;中国虽是小麦的净进口国,但净进口量由 1995 年的最高值 1100 万吨降为 2010 年的不足 100 万吨,近年来进口量出现微小波动;大豆是进口增长最快且净进口量最大的粮食品种,中国自 1996 年开始便是大豆的净进口国,此后净进口量逐年增加,2010 年更是达到了 5400 万吨,占当年世界大豆进口总量的 60.3%。可见,中国大豆进口量明显

---

① 　数据来源:根据联合国 COMTRADE 数据和中国农业信息网数据整理而得。

高于其他粮食品种,从而说明中国大豆的供需缺口最大。同时由于中国大豆产业的国际化程度较高,更容易受国际市场的影响,因而大豆进口的国际地位如何将对中国粮食安全产生更加显著的影响。

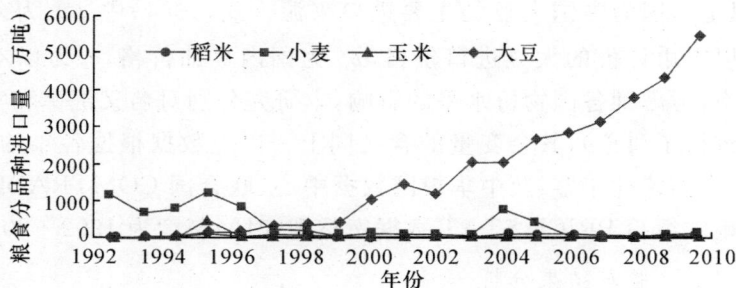

图 10.9　1992—2010 年中国粮食分品种进口情况

　　既然中国是粮食进口大国,我们不禁要问,中国粮食进口贸易存在"大国效应"吗?中国粮食进口贸易的"大国效应"具有两面性:一方面,较大的粮食进口会对国际市场产生显著影响,中国能利用这种影响力有效控制和调节本国粮食供需,有助于获得更低的进口价格和更高的贸易利益;另一方面,当粮食进口波动引起国际市场价格上涨的同时国内粮食进口却没有出现相应变动时,则"大国效应"将对中国产生负面影响。尤其是在国际商品市场动荡、金融危机频发、国际粮食市场不稳定因素明显增加的情况下,中国粮食进口将不可避免地受到负面影响(如 2004 年的"大豆风波"),加上近年来中国粮食进口的大幅增长,使得对进口价格的控制能力变得更为重要。

　　(一)模型设定与数据来源

　　Manitra et al.(2001)建立的基于进口国定价行为的 PTM 模型表达为:

$$\ln p_t^{im} = \theta_t + \lambda_i + \alpha \ln p_t^d + \beta_i \ln e_{it} + u_{it} \tag{10.3}$$

其中,e_{it} 为进口国与各出口国的双边汇率并以进口国货币表示;u_{it} 为随机误差项;θ_t 为时间效应,衡量进口国边际成本的变动;λ_i 为国家效应,用以说明进口价格是否随国家的不同而变化,即衡量进口国的讨价还价能力;系数 α 为产出价格相对要素价格的弹性,用以反映边际利润的变化;系数 β_i 即为表征市场势力的指标,若 β_i 显著为 0,则表明进口国不存在市场势力。

　　同时为检验金融危机及国际粮食市场剧烈变动(以 2004 年"大豆风波"为例)是否对中国粮食进口造成影响,本研究设置以下虚拟变量进行模拟:

$$D_1 = \begin{cases} 1, \text{发生金融危机} \\ 0, \text{其他} \end{cases} \quad D_2 = \begin{cases} 1, \text{发生"大豆风波"} \\ 0, \text{其他} \end{cases}$$

因此,本研究将实证模型设定为:

$$\ln p_t^{im} = \theta_t + \lambda_i + c_1 D_1 + c_2 D_2 + \alpha \ln p_t^d + \beta_i \ln e_{it} + u_{it} \qquad (10.4)$$

中国自美国、巴西和阿根廷三国进口的大豆数量占进口总量的 95% 以上,因而以上三国为中国大豆的主要进口来源。式(10.4)中 p_t^{im} 为来源于不同国家并以本币计价的大豆进口价格,p_t^d 为国内豆油价格,e_{it} 为以本币计价的各国汇率(考虑到各国物价水平的影响,本研究分别对名义汇率和实际汇率两种情况进行了讨论),其余变量的含义同上。以上数据根据各年的《国际统计年鉴》、《中国统计年鉴》及中华粮网数据中心、联合国 COMTRADE 数据库和联合国粮农组织 PRICE STAT 数据库整理,时间跨度为 1992—2010 年。

(二)实证检验与结果分析

我们首先对各变量进行平稳性检验,在确定各变量同阶单整后进行协整检验,以判断各变量之间是否存在长期均衡关系,若通过检验则对上文设定的实证模型进行回归分析。

1. 面板数据的单位根检验

面板数据的单位根检验方法主要有 LLC 检验、IPS 检验、ADF-Fisher 检验和 PP-Fisher 检验,而各变量的平稳性可通过对四类检验结果的综合分析进行判断。由检验结果可知[①],各变量的水平序列均存在单位根,而其一阶差分序列均不存在单位根,且在 1% 的显著性水平下都是显著的,从而符合协整分析的条件。由于原变量序列均为非平稳序列,需要对回程方程进行调整,即对各变量进行差分运算,本研究中是对其进行一阶差分。国家效应变量 λ_i 不随时间变动,因此在差分后不再出现。调整后的回归方程为:

$$\Delta \ln p_t^{im} = \theta_t + c_1 D_1 + c_2 D_2 + \alpha \Delta \ln p_t^d + \beta_i \Delta \ln e_{it} + u_{it} \qquad (10.5)$$

2. 面板数据的协整检验

基于稳健性考虑,本研究采用 Pedroni 检验和 Kao 检验两种方法对各变量的协整关系进行检验。Pedroni 检验包括 4 个组内统计量和 3 个组间统计量,其中 Panel ADF 和 Group ADF 的检验效果最好,若各统计量的检验结果不一致,以这两个统计量为主要标准;Kao 检验的统计量则为 ADF 值,并依概率进行显著性判断。回归结果表明,Pedroni 检验的 7 个统计量中有 4 个在 1% 的显著性水平下显著,包括主要的统计量 Panel ADF 和 Group ADF,而 Kao 检验的统计量也很显著,因此各变量间存在长期的均衡关系,在进行回归

---

① 限于篇幅,单位根及协整检验结果从略,有兴趣的读者可向作者索取。

分析时能有效地避免伪回归的发生,从而使得本研究的检验结果更具有可信性。

3. 面板模型的估计结果

面板模型估计要对模型及其回归方法进行选择,一般步骤是首先采用 F 检验决定选用变系数或是变截距模型,然后用 Hausman 检验确定应该建立随机效应模型还是固定效应模型。经过相关的检验与分析,本研究选择变系数的固定效应模型并采用最小二乘法进行估计,回归结果见表 10.6。

应用名义汇率和汇率所得的结果检验结果均表明,系数 α 的值为正,并在 1% 的显著性水平下通过了检验,从而说明进口商利润的大小对中国大豆进口价格的变化产生了显著影响;所有的 β_i 均没有通过显著性检验,即中国大豆进口不存在市场势力。虚拟变量的检验结果表明,金融危机和"大豆风波"均对中国大豆进口产生较为显著的负面影响,从回归系数上看,"大豆风波"对中国大豆进口的负面影响比金融危机更大。

表 10.6　中国大豆进口市场势力的检验结果

	进口来源	β_i	α	c_1	c_2
名义汇率	美国	-0.002 (-0.188)	0.094*** (9.599)	0.011** (2.171)	0.022*** (2.827)
	巴西	0.005 (0.318)			
	阿根廷	-0.011 (-1.069)			
	adj. $R^2=0.817$　$DW=2.121$　$F=33.427$　$P=0.000$				
	进口来源	β_i	α	c_1	c_2
实际汇率	美国	-0.006 (-0.687)	0.098*** (10.438)	0.011** (2.101)	0.022** (2.759)
	巴西	0.003 (0.488)			
	阿根廷	-0.008 (-1.601)			
	adj. $R^2=0.818$　$DW=2.009$　$F=34.487$　$P=0.000$				

注:括号内为 t 统计量;*** 和 ** 分别表示在 1% 和 5% 水平下显著。

(三)结论

以上运用实证方法对中国大豆进口贸易的市场势力进行了测算,结果表明:一方面,中国在大豆进口方面不存在市场势力,从而验证了中国大豆进口贸易的"大国效应"并不存在,从而揭示出国际大豆市场存在较高的卖方市场垄断,作为大豆进口国的中国仍是国际大豆价格的接受者;另一方面,全球性金融危机和"大豆风波"均对中国大豆进口产生了较为显著的负面影响,这说明了国际商品市场与国际金融市场之间存在紧密联系,金融市场的变动必然对商品市场造成影响,而"大豆风波"的负面影响相对更大的可能原因是中国大豆的进口依存度过高且规避国际市场风险的能力不足。

第三节　中国粮食定价权评估与原因剖析

一、中国粮食产业链及其定价权评估

在许多大宗商品的国际贸易中,中国不仅成了全球市场上主要的买家,而且对国际市场的依赖也在日渐加深。在农产品领域,大豆、棉花等主要的战略性农产品的进口量占了全球市场的绝大部分,特别是大豆进口量从 2004 年的 38.1％逐步增长到了 2007 年的 44.6％,而且还有不断上升的增长势头。伴随进口量不断增长的是此类商品价格的持续上涨以及对外贸易中"高买低卖"现象的出现,这些都给中国的经济大战带来了严重的后果。可以说,中国经济的持续增长和巨大市场空间所带来的"中国因素"并没有带来应有的"中国价格",中国战略性农产品在国际市场上缺乏与其实力相一致的定价权是国内各界一直认同的观点。

探求中国缺乏相应国际定价能力的原因,我们发现中国对一些初级产品的需求增长非常迅速,由于国内资源环境等因素的制约,光靠国内的供应已经无法满足日益增长的需要,从而不得不大量进口初级产品以填补国内供给不足。与中国大量进口相伴而来的怪现象是进口产品价格的持续上涨及"高买低卖"现象的出现。在农产品领域,经历了 2004 年的大豆危机,国内各界已经深刻认识到中国的战略性农产品领域在国际上缺乏必要的定价能力,国内的产业链发展,特别是农产品的产业化经营及产业链之间的协调严重不足,从而造成了中国战略性农产品产业目前的困境,危及到了国家的粮食安全。

（一）稻米

中国是世界上最大的稻米生产和消费国,在世界 100 多个稻米生产国中素有"稻米王国"之称,稻米产量居世界首位。

从种植面积看,全球稻米种植面积从 1996 年开始基本维持在 150000 千

公顷的水平上。相应地,中国的稻米种植面积从 1996 年的 31406 千公顷减少到了 2010 年的 29873 千公顷;美国从 1996 年的 1135 千公顷增加到了 2010 年的 1463 千公顷;巴西从 1996 年的 3254 千公顷减少到了 2010 年的 2722 千公顷。[①] 可以看出,美国的稻米种植面积略有增加,中国和巴西的则略有减少,而全球稻米产业链的面积分布格局基本稳定。

　　从稻米产量看,全球稻米产量从 1996 年的 5.69 亿吨达到了 2008 年的 6.96 亿吨,增加了将近 20%,并呈不断上升趋势。相应地,中国的稻米产量从 1996 年的 1.97 亿吨减少到了 2010 年的 1.95 亿吨;美国从 1996 年的 779 万吨增加到了 2010 年的 1103 万吨;巴西从 1996 年的 864 万吨增加到了 2010 年的 1124 万吨。中国的稻米产量占了全球稻米产量的 28%,美国和巴西的稻米产量则相对较少。

　　从稻米出口看,全球稻米出口具有较大的波动性,但出口量从 1996 年的 1973.7 万吨达到了 2010 年的 3276.8 万吨,增长了 66%。从各出口国来看,中国的稻米出口量从 1996 年的 35.7 万吨增加到了 2010 年的 61.6 万吨;美国从 1996 年的 264 万吨增加到了 2010 年的 378.3 万吨;巴西从 1996 年的 2 万吨增加到了 2010 年的 42.3 万吨;泰国的稻米出口量增长了 40%;越南的稻米出口量则增长了 129%。总体来看,全球的稻米出口市场格局有所变动,出口量增长较快。

　　从稻米进口看,全球稻米进口也具有较大的波动性,进口量从 1996 年的 2165.3 万吨上升到了 2010 年的 3118.8 万吨。相应地,中国的稻米进口量从 1996 年的 76.5 万吨减少到了 2010 年的 48.6 万吨;美国从 1996 年的 27.5 万吨增加到了 2010 年的 54.3 万吨;巴西的稻米进口量变化不大,维持在 78 万吨的水平。总体来看,全球的稻米出口市场格局变动不大,全球稻米的进口量也相对较少,但整个稻米进口市场的波动性较大。

　　从成本费用看,近十几年来,稻米的成本也经历了从下降到上升的近似 "U"形变化趋势。中国生产稻米的成本经历了从 1996 年的 384.89 美元/吨下降到 2002 年的 140.87 美元/吨再上升到 2010 的 296.6 美元/吨的变化过程。类似地,美国生产稻米的成本经历了从 1996 的 212 美元/吨下降到 2001 年的 94 美元/吨再上升到 2010 年的 273 美元/吨的变化过程;巴西生产稻米的成本经历了从 1996 年的 205.95 美元/吨下降到 2001 年的 124.7 美元/吨再上升到 2010 年的 355 美元/吨的变化过程;泰国生产稻米的成本经历了从

---

①　数据来源于世界粮农组织,由于 2011 年数据没有更新,只列出了 2010 年的相关情况,下同。

1996 年的 204.75 美元/吨下降到 2001 年的 107.33 美元/吨再上升到 2010 年的 366 美元/吨的变化过程。相比较而言,中国生产稻米的成本与各国基本持平,而巴西、泰国生产稻米的成本明显较高。

具体而言,中国主要有籼稻和粳稻两个稻米栽培品种,其中籼稻主要分布在秦岭、淮河以南的亚热带低洼区和华南热带地区,粳稻主要分布在黄河流域以北、太湖流域以及西南云贵高原的高海拔地区,并逐步形成了华中、华南、西南、北方四大优势产区(表 10.7)。

表 10.7　中国稻米主要产区分布(据潘美山,2009 整理)

产区	主要省份	产量占全国比例
华中区	湖南、江西、湖北、安徽、江苏、浙江	50%
华南区	广东、广西、福建	15%
西南区	四川、云南、贵州、重庆	17%
北方区	黑龙江、吉林、辽宁	11%

对稻米的产销过程进行研究后,笔者发现稻米的价格传导主要经过生产、加工和终端销售三个环节,其主体分别为农民、加工企业和零售商。图 10.10 为黑龙江北大荒米业的一条稻米产业链和其各环节的成本收益分配情况,从中可以看出运输环节的成本费用及代理商环节的利润相对较高,而在生产环节却出现了负利润,整个产业链可以说不太合理,特别是对于上游生产环节有待进一步完善,稻米的物流体系也有待进一步完善以减少运输成本,以使整条产业链的利润分配相对合理,促进其健康发展。

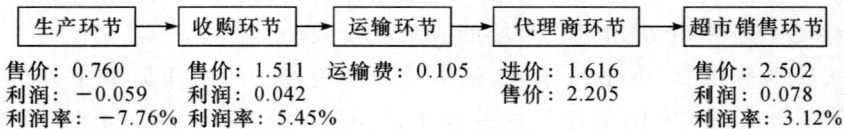

生产环节 →	收购环节 →	运输环节 →	代理商环节 →	超市销售环节
售价:0.760	售价:1.511	运输费:0.105	进价:1.616	售价:2.502
利润:−0.059	利润:0.042		售价:2.205	利润:0.078
利润率:−7.76%	利润率:5.45%			利润率:3.12%

图 10.10　中国稻米产业链各环节成本收益图(单位:元/斤)
资料来源:根据农业部农产品价格形成专题调查子报告整理。

在稻米国际贸易中,各国的贸易量占全球贸易量的比重较小,H_x 和 H_m 也比较稳定,但出口国集中度相对比较高,并且有逐年下降的趋势,进口国则比较分散,各年的变化不大(表 10.8)。在定价权方面,美国相对中国和巴西具有比较优势,但就全球贸易来说,它在 2008 年之前的定价能力也是微乎其微,说明在国际贸易中稻米市场是一个竞争性相对较强的市场。美国的稻米定价权在 2008 年之后有明显提升。国际稻米市场各国的定价能力相对较小，但美国相对中国和巴西还是具有微弱的优势，其进口国的市场比较分散，H_m 比较小，而出口市场相对较集中，H_x 比较大。

表 10.8 中国、美国、巴西稻米进出口贸易国际定价权比较

年份	H_x	H_m	中国			美国			巴西		
			C_x	C_m	V	C_x	C_m	V	C_x	C_m	V
2004	0.146	0.055	0.004	0.002	0.003	0.076	0.000	0.055	0.000	0.008	0.002
2005	0.134	0.060	0.004	0.000	0.003	0.048	0.000	0.033	0.000	0.010	0.003
2006	0.134	0.060	0.004	0.000	0.003	0.048	0.000	0.033	0.000	0.010	0.003
2007	0.126	0.054	0.010	0.001	0.007	0.034	0.000	0.024	0.000	0.005	0.002
2008	0.175	0.023	0.033	0.012	0.031	0.112	0.021	0.102	0.017	0.014	0.012
2009	0.153	0.022	0.026	0.014	0.024	0.099	0.022	0.089	0.020	0.022	0.020
2010	0.186	0.032	0.024	0.016	0.023	0.172	0.022	0.150	0.016	0.034	0.019

注：H_x：卖方 HHI 指数；H_m：买方 HHI 指数；C_x：出口国际市场占有率；C_m：进口国际市场占有率；V：定价权权商。

数据来源：根据世界粮农贸易组织和联合国贸易数据整理而得。

（二）小麦

小麦是中国重要的战略性农产品，在国民经济中占有重要地位。从历史趋势看，全球小麦种植面积从 1996 年的 227000 千公顷下降到了 2010 年的 217000 千公顷，但基本维持在一定的水平之上。相应地，中国的小麦种植面积从 1996 年的 29611 千公顷减少到了 2010 年的 24256 千公顷；美国从 1996 年的 25414 千公顷减少到了 2010 年的 19270 千公顷；巴西从 1996 年的 1795 千公顷增加到了 2010 年的 2181 千公顷。其中，巴西的小麦种植面积增幅最大，中国和美国则都有所减少。全球小麦产业链的面积分布格局基本稳定。

从小麦产量看，全球小麦产量从 1996 年的 5.85 亿吨达到了 2010 年的 6.54 亿吨，增加了 13.7%，并略有上升趋势。相应地，中国的小麦产量从 1996 年的 1.11 亿吨增加到了 2010 年的 1.15 亿吨；美国从 1996 年的 6198 万吨减少到了 2010 年的 6006 万吨；巴西从 1996 年的 329 万吨增加到了 2010 年的 617 万吨。各国历年的小麦产量相对比较平稳，全球小麦产业链的产量格局也基本稳定。

从小麦出口看，全球小麦出口量从 1996 年的 9883 万吨达到了 2010 年的

1.45 亿吨,总体呈不断上升趋势。相应地,中国的小麦出口量从 1996 年的 1 万吨增加到了 2010 年的 28 万吨;美国从 1996 年的 3115 万吨减少到了 2010 年的 2763 万吨;巴西从 1996 年的 0 出口增加到了 2010 年的 132 万吨。总体来看,全球的小麦出口市场格局比较稳定,中国和巴西的出口量都较小,美国的小麦出口占了全球小麦出口量的较大比重,但总量明显减少。

从小麦进口看,全球小麦进口量从 1996 年的 1.04 亿吨达到了 2010 年的 1.44 亿吨,呈略微上升趋势。相应地,中国的小麦进口量从 1996 年的 919 万吨减少到了 2010 年的 123 万吨;美国从 1996 年的 131 万吨增加到了 2010 年的 249 万吨;巴西从 1996 年的 766 万吨减少到了 2010 年的 632 万吨。总体来看,中国、美国和巴西的小麦进口量占全球的比例都很小。

从成本费用看,近十几年来,小麦的成本经历了从下降到上升的近似"U"形变化趋势。中国生产小麦的成本经历了从 1996 年的 189.8 美元/吨下降到 2000 年的 118.26 美元/吨再上升到 2010 的 279.5 美元/吨的变化过程。类似地,美国生产小麦的成本经历了从 1996 的 175 美元/吨下降到 1999 年的 91 美元/吨再上升到 2010 年的 209 美元/吨的变化过程;巴西生产小麦的成本经历了从 1996 年的 187.1 美元/吨下降到 2001 年的 106.5 美元/吨再上升到 2010 年的 233 美元/吨的变化过程;阿根廷生产小麦的成本经历了从 1996 年的 203.07 美元/吨下降到 2000 年的 108.05 美元/吨再上升到 2010 年的 160 美元/吨的变化过程。相比较而言,阿根廷生产小麦的成本在 2003 年之后直线上升,中国生产小麦的成本比美国和巴西的高。

具体而言,小麦在中国城乡居民的食品消费结构中占有重要地位,特别是对面食制品的需求推动了中国以面食加工为中间环节的"小麦面粉面制食品"产业链的快速发展。在农业部发布的《中国小麦品质区划方案》中,中国的小麦产区划分为北方强筋、中筋冬麦区,南方中筋、弱筋冬麦区,中筋、强筋春麦区(表 10.9)。

表 10.9　中国小麦主要产区分布(据河南、山东、河北省农业产业化办公室,2009 整理)

麦区划分	主要省份地区
北方强筋、中筋冬麦区	北京、天津、山东、河北、河南、山西、陕西大部、甘肃东部、江苏、安徽北部
南方中筋、弱筋冬麦区	四川、云南、贵州和河南南部、江苏、安徽淮河以南、湖北
中筋、强筋春麦区	黑龙江、辽宁、吉林、内蒙古、宁夏、甘肃、青海、新疆和西藏

从小麦产业链来看,小麦主要有直接消费、面粉加工及制品和工业生产等三种消费渠道,其中农村自行消费的小麦占总产量的 2/3,由于其不创造经济

效益,因而对整个小麦产业链研究的关联性不大,而进入流通领域的小麦才是小麦产业链研究的重点。从图 10.11 可以看出,中国小麦产业链各环节的成本收益情况比较合理,但卢良恕在《跨世纪农业十大新趋势》中指出,如果片面强调农业的基础地位,会导致生产、加工和销售部门相互脱节。对于小麦产业链,应该以市场的需求作为小麦生产的出发点,以及把食品工业生产对原料的需求作为整个生产的导向,但在实际中生产中却形成了"小麦—制粉—食品"的产业链条,从而形成了制粉行业与小麦生产、制粉行业与面制食品工业两个倒置的局面。

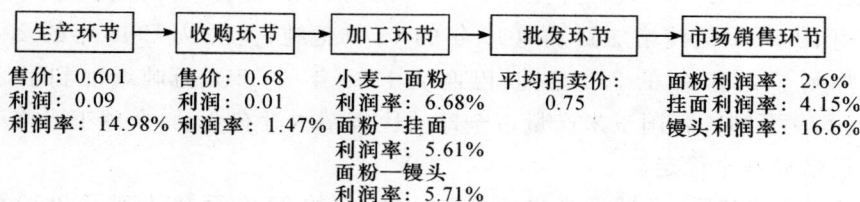

生产环节	收购环节	加工环节	批发环节	市场销售环节
售价:0.601	售价:0.68	小麦—面粉	平均拍卖价:	面粉利润率:2.6%
利润:0.09	利润:0.01	利润率:6.68%	0.75	挂面利润率:4.15%
利润率:14.98%	利润率:1.47%	面粉—挂面		馒头利润率:16.6%
		利润率:5.61%		
		面粉—馒头		
		利润率:5.71%		

图 10.11　中国小麦产业链各环节成本收益图(单位:元/斤)

资料来源:根据农业部农产品价格形成专题调查子报告整理。

在小麦国际贸易中,各国的贸易量占全球贸易量的比重较小,H_x 和 H_m 也比较稳定,但出口国集中度相对集中,进口国的则比较分散(表 10.10)。在定价权方面,美国相对中国和巴西具有比较优势,但就全球贸易来说,美国的定价能力是微乎其微的。2004—2010 年的平均定价权权商大约为 0.043,说明在国际贸易中,小麦市场也是一个竞争性相对较强的市场。

表 10.10　中国、美国、巴西小麦进出口贸易国际定价权比较

年份	H_x	H_m	中国			美国			巴西		
			C_x	C_m	V	C_x	C_m	V	C_x	C_m	V
2004	0.138	0.027	0.000	0.005	0.001	0.071	0.000	0.059	0.000	0.002	0.000
2005	0.027	0.027	0.002	0.002	0.002	0.0001	0.000	0.000	0.000	0.002	0.002
2006	0.105	0.026	0.000	0.000	0.000	0.034	0.000	0.027	0.000	0.003	0.001
2007	0.125	0.024	0.000	0.000	0.000	0.062	0.000	0.052	0.000	0.003	0.000
2008	0.108	0.026	0.001	0.008	0.002	0.229	0.019	0.188	0.005	0.046	0.013
2009	0.092	0.024	0.015	0.000	0.000	0.149	0.018	0.250	0.003	0.037	0.010
2010	0.102	0.032	0.000	0.010	0.002	0.192	0.021	0.151	0.009	0.053	0.020

注:表中变量的含义同表 10.8。

数据来源:根据世界粮农贸易组织和联合国贸易数据整理而得。

（三）玉米

从种植面积看,全球玉米种植面积从 1996 年的 140000 千公顷达到了 2010 年的 162000 千公顷,整体呈不断上升趋势。相应地,中国的玉米种植面积从 1996 年的 24571 千公顷增加到了 2010 年的 32517 千公顷;美国从 1996 年的 29398 千公顷增加到了 2010 年的 32960 千公顷;巴西从 1996 年的 11933 千公顷增加到了 2010 年的 12683 千公顷。各国的玉米种植面积基本稳定。

从玉米产量看,全球玉米产量从 1996 年的 5.89 亿吨达到了 2010 年的 8.4 亿吨,增加了 42.6%,并呈不断上升趋势。相应地,中国的玉米产量从 1996 年的 1.28 亿吨增加到了 2010 年的 1.78 亿吨;美国从 1996 年的 2.3 亿吨增加到了 2010 年的 3.2 亿吨;巴西从 1996 年的 3218 万吨增加到了 2010 年的 5539 万吨。各国玉米产量占全球的比例基本没有变动,全球玉米产业链的产量格局基本稳定。

从玉米出口看,全球玉米出口量从 1996 年的 7178 万吨达到了 2010 年的 1.1 亿吨,并呈不断上升趋势。相应地,中国的玉米出口量从 1996 年的 16 万吨增加到了 2003 年的 1600 万吨,再减少到了 2010 年的 13 万吨,首次成为玉米净进口国;美国从 1996 年的 5241 万吨减少到了 2010 年的 5090 万吨;巴西从 1996 年的 35 万吨增加到了 2010 年的 1081 万吨。总体来看,全球的玉米出口市场保持了美国为出口大头、巴西为出口小头的稳定格局,但中国历年的玉米出口量有较大波动。

从玉米进口看,全球玉米进口量从 1996 年的 7086 万吨达到了 2010 年的 1.1 亿吨,总体上升趋势强劲。相应地,中国的玉米进口量从 1996 年的 44 万吨增加到了 2010 年的 157 万吨[①];美国从 1996 年的 38.7 万吨变动到了 2010 年的 38.1 万吨,变化不大;巴西从 1996 年的 32 万吨增加到了 2010 年的 46 万吨。

从成本费用看,近十几年来,全球生产玉米的成本也经历了从下降到上升近似"U"型的变化趋势,但中国生产玉米的成本在 2000 年出现了较大的波动。中国生产玉米的成本经历了从 1996 年的 258.6 美元/吨上升到 2010 年的 273 美元/吨,其中 2000 年出现了 410.7 美元/吨的异常变动;美国生产玉米的成本经历了从 1996 的 140 美元/吨下降到 1999 年的 72 美元/吨再上升到 2010 年的 213 美元/吨的变化过程;巴西生产玉米的成本经历了从 1996 年

---

① 由于国内国际统计数据相差较大,玉米进口数据来源于《2010 中国发展报告》。

的 144.26 美元/吨下降到 2001 年的 69.14 美元/吨再上升到 2010 年的 170 美元/吨的变化过程;阿根廷生产玉米的成本经历了从 1996 年的 152.05 美元/吨下降到 2002 年的 78.35 美元/吨再上升到 2010 年的 135 美元/吨的过程。相比较而言,中国玉米的生产成本在各国中始终是最高的,美国、巴西、阿根廷的生产成本变化不大。

具体而言,中国是世界第二大玉米生产国,也是玉米的头号消费大国,年产量亿余吨,占世界玉米总产量的 20%,玉米消费量的 90% 以上靠国内生产。中国玉米大致可以分为六大种植区:北方春播玉米区、黄淮海平原夏播玉米区、西南山地玉米区、南方丘陵玉米区、西北灌溉玉米区、青藏高原玉米区(表 10.11)。

表 10.11 中国玉米主要产区分布

区域划分	主要省份
北方春播玉米区	东北三省、内蒙古和宁夏
黄淮海平原夏播玉米区	山东、河南
西南山地玉米区	四川、云南、贵州
南方丘陵玉米区	广东、福建、台湾、浙江、江西
西北灌溉玉米区	新疆、甘肃省
青藏高原玉米区	青海省、西藏

资料来源:根据 http://www.feedtrade.com.cn/yumi/yumizhishi/20091028145359.html 资料整理而得。

中国当前玉米产业链的不足主要表现在产业链各环节之间缺少必要的协调合作,从而使得产业链效率低下。在生产与消费环节,小规模的分散生产与企业的集中需求之间的矛盾,导致生产环节被排除在了产业链之外。大部分企业直接与粮库发生联系,供需之间的信息不畅。在消费环节,生产者对消费者的需求缺乏了解,使得产销脱钩,厂商对市场没有了预测能力。

在玉米国际贸易中,美国是主要的出口大国,其出口量占了全球玉米出口总量的 50% 以上。国际玉米市场结构方面,H_x 和 H_m 比较稳定,说明玉米的进口国集中度和出口国集中度在此期间没有明显的变动,且玉米出口国比较集中(表 10.12)。在定价权方面,美国具有显著的优势,但是也呈现出一定的波动趋势,其定价权权商在 2008 年达到 1.6,说明作为世界最大的玉米出口国,高粮价给美国带来了巨大收益。中国与巴西在玉米方面的国际定价能力相当,一直维持在 0.4 至 0.5 之间。中国呈现出倒"U"形的波动趋势,即从

2004 年的 0.033 逐步上升到了 2007 年的 0.045,随后又降到 2010 年的 0.004;巴西呈现出波动中上升的趋势,从 2004 年的 0.052 逐步上升到了 2007 年的 0.087,而 2010 年下降到 0.081。

表 10.12   中国、美国、巴西玉米进出口贸易国际定价权比较

年份	H_x	H_m	中国			美国			巴西		
			C_x	C_m	V	C_x	C_m	V	C_x	C_m	V
2004	0.375	0.067	0.028	0.059	0.033	0.589	0.004	0.500	0.061	0.004	0.052
2005	0.296	0.066	0.095	0.057	0.088	0.502	0.003	0.411	0.012	0.007	0.011
2006	0.388	0.061	0.032	0.054	0.035	0.607	0.002	0.525	0.041	0.010	0.037
2007	0.306	0.052	0.045	0.042	0.045	0.520	0.003	0.445	0.100	0.010	0.087
2008	0.314	0.055	0.002	0.041	0.008	0.530	0.005	1.606	0.063	0.007	0.055
2009	0.252	0.053	0.001	0.047	0.009	0.475	0.003	0.393	0.077	0.011	0.066
2010	0.263	0.061	0.001	0.016	0.004	0.468	0.004	0.381	0.099	0.005	0.081

注:表中变量的含义同表 10.8。
数据来源:根据世界粮农组织和联合国贸易数据整理而得。

（四）大豆

中国是大豆的发源地,有着 5000 多年的栽培历史。历史上中国也是世界上最大的大豆生产国,但是中国的大豆生产发展缓慢。目前美国、巴西、阿根廷已成为世界前三大的大豆生产大国,中国在世界大豆生产中的份额也因此逐步下降,成为了大豆净进口国。

从种植面积看,全球大豆种植面积从 1996 年的 61000 千公顷达到了 2010 年的 103000 千公顷,除 2007 年有所下降外,整体呈不断上升趋势。相应地,中国的大豆种植面积从 1996 年的 7475 千公顷增加到了 2010 年的 8516 千公顷;美国从 1996 年的 25636 千公顷增加到了 2010 年的 31003 千公顷;巴西从 1996 年的 10291 千公顷增加到了 2010 年的 23327 千公顷。其中,巴西的大豆种植面积增幅最大,美国次之,而中国则相对比较稳定。全球大豆产业链的面积分布格局基本稳定。

从大豆产量看,全球大豆产量从 1996 年的 1.3 亿吨达到了 2010 年的 2.65 亿吨,增长了 1 倍多,并仍呈不断上升趋势。相应地,中国的大豆产量从 1996 年的 1323 万吨增加到了 2010 年的 1508 万吨;美国从 1996 年的 6478 万吨增加到了 2010 年的 9060 万吨;巴西从 1996 年的 2315 万吨增加到了 2010

年的6875万吨。其中,巴西的大豆产量增幅最大,美国在2003年产量出现了短暂的下跌,中国则相对比较稳定。全球大豆产业链的产量格局基本稳定。

从大豆出口看,全球大豆出口相对于种植面积和产量具有较大的波动性,但出口量从1996年的3493万吨达到了2010年的9338万吨,增加了1倍以上,总体呈不断上升趋势。相应地,中国的大豆出口量从1996年的19万吨减少到了2010年的16万吨;美国从1996年的2596万吨增加到了2010年的4235万吨;巴西从1996年的364万吨增加到了2010年的2586万吨。其中,巴西的大豆出口增幅最大,增长了近7倍,美国的出口也增长了近2倍,而中国则在波动中略有减少。总体来看,全球的大豆出口市场格局出现了较大的变动,特别是巴西大豆出口量的快速增加使得其2010年的大豆出口量占了全球大豆出口量的27.79%,一跃成为仅次于美国的世界第二大大豆出口国。

从大豆进口看,全球大豆进口量从1996年的3287万吨增加到了2010年的9566万吨,增长了191%,除2004年和2006年进口量有所降低外,总体上升趋势强劲。相应地,中国的大豆进口量从1996年的379万吨增加到了2010年的5480万吨;美国从1996年的9万吨增加到了2010年的44万吨;巴西从1996年的93万吨减少到了2010年的12万吨。其中,中国的大豆进口增幅最大,增长了14倍,美国进口量较小且比较稳定,而巴西进口量有明显减少。总体来看,全球的大豆进口市场格局出现了较大的变动,特别是中国大豆进口量的快速增加使得其2010年的大豆进口量占了全球大豆进口量的近60%,并一跃成为世界上最大的大豆进口国。

从成本费用看,近十几年来,大豆的成本经历了从下降到上升的近似"U"形变化趋势。中国生产大豆的成本经历了从1996年的478.7美元/吨下降到2001年的237.77美元/吨再上升到2010的738美元/吨的变化过程。类似地,美国生产大豆的成本经历了从1996的247美元/吨下降到2001年的161美元/吨再上升到2010年的430美元/吨的变化过程;巴西生产大豆的成本经历了从1996年的231.82美元/吨下降到2001年的150.15美元/吨再上升到2010年的360美元/吨的变化过程;阿根廷生产大豆的成本经历了从1996年的272.09美元/吨下降到2002年的153.11美元/吨再上升到2010年的260美元/吨的变化过程。相比较而言,中国生产大豆的成本在各国中始终是最高的。2001年以前美国、巴西、阿根廷生产大豆的成本相近,而2001年以后阿根廷生产大豆的成本逐年增加,美国的成本则波动比较大,但也呈上升趋势,巴西生产大豆的成本则增加不多,维持在较低的水平上。

具体而言,中国大豆栽培主要分北方春作大豆区、黄淮海流域夏作大豆区和南方多作大豆区,且大豆生产逐步向北方春作区和黄淮海夏作区集中,其面积和产量占了全国的 80% 左右。在大豆压榨方面,随着规模化养殖业和食用植物油消费量的增加,中国的大豆压榨产业也迅速发展,目前已形成了五大压榨区:东北压榨区、环渤海压榨区、江浙压榨区、华南压榨区和内陆压榨区(表 10.13)。

表 10.13　中国大豆主要产区分布(据黑龙江农业产业化办公室,2009 整理)

压榨区	代表企业
东北压榨区	黑龙江九三油脂集团、吉林德大油脂公司
环渤海压榨区	大连华农公司、秦始岛金海油脂公司、河北汇福粮油公司、山东益海油脂公司、山东黄海油脂公司
江浙压榨区	东海粮油公司、南通宝港油脂
华南压榨区	华农油脂、嘉吉油脂、南天油粕、南海粮油
内陆压榨区	金石油脂、邦淇油脂

在大豆国际贸易中,美国和巴西是主要的出口大国,其大豆出口之和占了全球大豆出口总量的 75% 左右,中国则为主要的进口国,进口量占全球大豆进口总量的 60%。国际大豆市场结构方面,H_x 和 H_m 比较大也比较稳定,说明大豆的进口国集中度和出口国集中度都较高,且在此期间没有明显的变动(表 10.14)。在定价权方面,美国具有显著的优势,但是呈现出略微下降的趋势,其定价权权商从 2004 年的 0.292 下降到了 2010 年的 0.206;中国与巴西在大豆方面的国际定价能力相当,但从 2008 年开始明显强于巴西且呈现出逐步上升的趋势,从 2004 年的 0.135 逐步上升到了 2010 年的 0.327,巴西则有一定的波动,呈现出先减后增的趋势。

表 10.14　中国、美国、巴西大豆进出口贸易国际定价权比较

年份	H_x	H_m	中国			美国			巴西		
			C_x	C_m	V	C_x	C_m	V	C_x	C_m	V
2004	0.325	0.171	0.006	0.381	0.135	0.444	0.002	0.292	0.334	0.006	0.221
2005	0.298	0.209	0.006	0.435	0.183	0.392	0.002	0.231	0.243	0.006	0.145
2006	0.322	0.231	0.006	0.461	0.196	0.414	0.004	0.242	0.268	0.001	0.156
2007	0.291	0.216	0.006	0.446	0.193	0.401	0.004	0.232	0.319	0.004	0.184
2008	0.306	0.264	0.006	0.500	0.235	0.430	0.004	0.340	0.310	0.001	0.167
2009	0.374	0.327	0.004	0.563	0.265	0.497	0.004	0.267	0.350	0.001	0.187
2010	0.314	0.372	0.002	0.602	0.327	0.444	0.005	0.206	0.305	0.001	0.140

注:表中变量含义同表 10.8。

数据来源:根据世界粮农组织和联合国贸易数据整理而得。

二、中国粮食定价权的实证检验:以大豆为例

近几年来,国际市场上大宗产品的价格出现了大幅上涨,特别是"中国因素"在其中的作用正越来越受到人们的关注。随着经济的不断成长,中国对于基础类产品的需求也大量增加,作为大量需求方,中国理应在大宗商品国际定价中发挥自己的作用,在大宗商品买卖中拥有更多的话语权。但事实却恰恰相反,作为需求大国,中国不但在大宗商品谈判中处于不利的地位,而且还出现了"中国买什么即涨什么"的不正常现象。按照经济学常理,供给和需求共同决定价格,中国作为大宗商品的需求方,却被排除在国际定价权的制定规则之外,不能根据自己的需求因素来影响市场交易价格。

粮食作为一类特殊的大宗商品,其不仅具有一般大宗商品的属性,还因其与国民生计息息相关,关系到国计民生。因此,粮食国际定价权一旦缺失,其价格的大幅波动将牵动每一个人的神经,可谓牵一发而动全身。"入世"以来,随着农业领域对外开放的不断深入,农产品国际定价权缺失的现实也开始受到人们的重视,特别是作为最先对外开放的大豆产业,经历了多次危机之后,目前基本上形成了受制于人的局面。自 2004 年大豆产业第一次危机之后,国外资本通过参股、控股等方式掌握了中国实际大豆加工能力的 60%,除了九三油脂之外,中国的大豆加工企业几乎全军覆没。之后,国际资本根据自身的资金、技术优势开始整合中国的大豆加工链条,到目前,中国的大豆产业已经基本形成了"原料在国外,加工在国内"的大豆产业链。

由定价权旁落导致的农业产业危机给我们敲响了警钟,定价权问题事关产业安全,事关国民生计,我们必须对农产品国际定价权的现状有一个更为深刻的认识。在这一背景下,本节以大豆为例对中国战略性农产品产业链割裂下粮食的国际定价权问题进行实证检验,对中国获取国际定价权的途径进行有益探索。

(一)数据的选取及说明

中国大豆定价权缺失所提大豆主要为中国从国外进口的转基因大豆,因此本节在期货合约选取方面,选取以进口大豆交割的黄大豆 2 号(豆二)合约作为标的合约。一般来讲,生成连续价格的方法有两种:一种是对同一品种所有上市合约的价格按照持仓量、交易量加权得到一个连续价格序列;另一种方法是一般选取近月合约的价格得到连续价格。国外期货市场实证研究数据主要选取最活跃合约的价格生成连续数据,成熟期货市场中主力合约的规律比较明显,而中国期货市场主力合约的规律比较杂乱,因此学者们采取的办法多

为选取距离价格月份固定长度期限的合约价格生成连续价格。豆二合约于 2004 年 12 月 2 日刚刚推出,交易时间较短,因此考察豆二合约历年交易情况后,本节选取离交易日第二期进入交割的豆二合约,即在 2005 年 1 月 3 日,选取 2005 年 5 月交割的期货合约为代表,2006 年 2 月 6 日选取 2006 年 5 月交割的期货合约为代表。以 2005 年 1 月至 2009 年 8 月的周交易数据为研究对象,所选取的价格为周收盘价,除双休日及法定节假日外,共收集豆二合约时间序列样本个数 232 个。相应地,现货价格选取中国郑州粮食批发市场 2005 年 1 月至 2009 年 8 月的大豆(油脂业)周交易价格数据。

（二）大豆期货市场价格发现功能检验

期货市场作为宏观经济稳定运行的润滑剂,其主要的功能就是价格发现和规避风险。而价格发现又是期货市场功能的核心,期货市场价格发现功能的好坏直接关系到套期保值功能的发挥。在对期货市场价格发现功能的研究中,主要有两类模型：Hasbrouck 的信息共享模型（information shares）和 Gonzalo & Granger 的长短期效应模型（permanent-transitory）。Hasbrouck 认为,共有因子的扰动方差包含了决定价格的基本信息,通过考察每个市场价格波动对此方差的相对贡献来研究市场的价格发现过程。Gonzalo & Granger 认为,误差修正过程包含一个导致市场不均衡的长期影响,而不均衡的出现正是由于不同市场对不断到来的信息处理速度不同造成的。

因此,本节将分四步对大豆期货市场的价格发现功能进行检验：①对大连商品期货交易所大豆期货价格及其对应的现货价格进行单位根检验；②对期、现货价格进行协整检验及格兰杰因果关系检验；③基于协整检验的结果,对大豆期、现货价格进行误差修正模型估计,并对相关系数进行统计检验；④运用脉冲响应函数和方差分解对期、现货市场的价格发现功能进行更为深入的分析。

1. 模型说明

（1）单位根检验

单位根检验通常采用 Dickey & Fuller(1979)提出的时间序列平稳性统计方法,简称为 ADF 检验。其检验的基本思想如下。

考虑 y 存在 p 阶序列相关,用 p 阶自回归模型来修正：

$$y_t = a + \varphi_1 y_{t-1} + \varphi_2 y_{t-2} + \ldots + \varphi_p y_{t-p} + u_t \tag{10.6}$$

$$\Delta y_t = a + \eta y_{t-1} + \sum_{i=1}^{p-1} \beta_i \Delta y_{t-i} + u_t, \ \eta = \sum_{i=1}^{p} \varphi_i - 1, \ \beta_i = -\sum_{j=i+1}^{p} \varphi_j \tag{10.7}$$

其中,Δ 表示差分运算。回归解释 p 的选择标准时使得残差项 u_t 不存在自相关。

如果 $\eta=0$，那么序列 y_t 是非平稳时间序列，至少为一阶单整。ADF 检验的原假设为：序列存在一个单位根；备择假设为：不存在单位根。序列 y 可能还包含常数项和时间趋势项。通过检验 η 的估计值 $\hat{\eta}$ 是否不拒绝原假设，进而判断一个高阶自相关序列是否存在单位根。如果一个时间序列经过 d 阶差分后成为平稳序列，那么我们就称该时间序列是 d 阶单整序列。

（2）协整检验

协整检验从检验对象上可以分为两种：一种是基于回归残差的协整检验，如 CRDW 检验、DF 检验和 ADF 检验；另一种是基于回归系数的协整检验，如 Johansen 检验。协整检验的基本思想为：如果时间序列 $Y_{1t}, Y_{2t}, \cdots, Y_{kt}$ 都是 d 阶单整的，且存在向量 $\boldsymbol{a}=(a_1, a_2, \cdots, a_k)$，使得 $Z_t = \boldsymbol{a}Y_t \sim I(d-b)$，其中 $b>0$，$Y_t=(Y_{1t}, Y_{2t}, \cdots, Y_{kt})'$，则认为序列 $Y_{1t}, Y_{2t}, \cdots, Y_{kt}$ 是 $(d-b)$ 阶协整的，记为：$Y_t=CI(d,b)$。$\boldsymbol{a}$ 称为协整向量。

（3）格兰杰因果关系检验

格兰杰因果关系检验实质上是检验一个变量的滞后变量是否可以引入其他变量的方程中。一个变量如果受到其他变量的滞后影响，则称他们具有格兰杰因果关系。

在一个二元 p 阶的 VAR 模型中：

$$\begin{bmatrix} y_t \\ x_t \end{bmatrix} = \begin{bmatrix} \phi_{10} \\ \phi_{20} \end{bmatrix} + \begin{bmatrix} \phi_{11}^{(1)} & \phi_{12}^{(1)} \\ \phi_{21}^{(1)} & \phi_{22}^{(1)} \end{bmatrix} \begin{bmatrix} y_{t-1} \\ x_{t-1} \end{bmatrix} + \begin{bmatrix} \phi_{11}^{(2)} & \phi_{12}^{(2)} \\ \phi_{21}^{(2)} & \phi_{22}^{(2)} \end{bmatrix} \begin{bmatrix} y_{t-2} \\ x_{t-2} \end{bmatrix}$$
$$+ \cdots + \begin{bmatrix} \phi_{11}^{(p)} & \phi_{12}^{(p)} \\ \phi_{21}^{(p)} & \phi_{22}^{(p)} \end{bmatrix} \begin{bmatrix} y_{t-p} \\ x_{t-p} \end{bmatrix} + \begin{bmatrix} \varepsilon_{1t} \\ \varepsilon_{2t} \end{bmatrix} \tag{10.8}$$

当且仅当系数矩阵中的系数 $\phi_{12}^{(q)}(q=1,2,\cdots,p)$ 全部为零时，变量 x 不能格兰杰引起 y。格兰杰检验的原假设为：$\phi_{12}^{(q)}=0$，$q=1,2,\cdots,p$；备择假设为：至少存在一个 q，使得 $\phi_{12}^{(1)} \neq 0$。

构造统计检验量 $S = T(RSS_0 - RSS_1)/RSS_1 \sim \chi^2(p)$，如果 S 大于 χ^2 的临界值，则拒绝原假设，x 能够格兰杰引起 y；否则接受原假设，x 不能够格兰杰引起 y。

（4）VAR 及 VECM 模型

向量自回归（VAR）是一种单一的时间序列回归模型，它把系统中每一个内生变量作为系统中所有内生变量滞后值的函数来构造模型，常用于预测相互联系的时间序列系统及分析随机扰动对变量系统的动态冲击，从而解释各种经济冲击对经济变量形成的影响。

二元 p 阶的 VAR 模型表示如下：

$$\begin{bmatrix} y_t \\ x_t \end{bmatrix} = \begin{bmatrix} \phi_{10} \\ \phi_{20} \end{bmatrix} + \begin{bmatrix} \phi_{11}^{(1)} & \phi_{12}^{(1)} \\ \phi_{21}^{(1)} & \phi_{22}^{(1)} \end{bmatrix} \begin{bmatrix} y_{t-1} \\ x_{t-1} \end{bmatrix} + \begin{bmatrix} \phi_{11}^{(2)} & \phi_{12}^{(2)} \\ \phi_{21}^{(2)} & \phi_{22}^{(2)} \end{bmatrix} \begin{bmatrix} y_{t-2} \\ x_{t-2} \end{bmatrix}$$

$$+ \cdots + \begin{bmatrix} \phi_{11}^{(p)} & \phi_{12}^{(p)} \\ \phi_{21}^{(p)} & \phi_{22}^{(p)} \end{bmatrix} \begin{bmatrix} y_{t-p} \\ x_{t-p} \end{bmatrix} + \begin{bmatrix} \varepsilon_{1t} \\ \varepsilon_{2t} \end{bmatrix} \tag{10.9}$$

VAR 模型反映的是变量间短期内相互之间的影响关系,但对存在协整关系的向量直接进行向量自回归容易产生伪回归现象。Engle & Granger 将协整与误差修正模型结合起来,建立了向量误差修正模型。VECM 模型是含有协整约束的 VAR 模型,多应用于具有协整关系的非平稳时间序列建模。二维向量的 p 阶向量误差修正模型表示如下:

$$\begin{bmatrix} y_t \\ x_t \end{bmatrix} = \begin{bmatrix} \phi_{10} \\ \phi_{20} \end{bmatrix} + \begin{bmatrix} \alpha_1 \\ \alpha_2 \end{bmatrix} \begin{pmatrix} \beta_1 & \beta_2 \end{pmatrix} \begin{bmatrix} y_{t-1} \\ x_{t-1} \end{bmatrix} + \begin{bmatrix} \phi_{11}^{(1)} & \phi_{12}^{(1)} \\ \phi_{21}^{(1)} & \phi_{22}^{(1)} \end{bmatrix} \begin{bmatrix} y_{t-1} \\ x_{t-1} \end{bmatrix}$$

$$+ \begin{bmatrix} \phi_{11}^{(2)} & \phi_{12}^{(2)} \\ \phi_{21}^{(2)} & \phi_{22}^{(2)} \end{bmatrix} \begin{bmatrix} y_{t-2} \\ x_{t-2} \end{bmatrix} + \cdots + \begin{bmatrix} \phi_{11}^{(p)} & \phi_{12}^{(p)} \\ \phi_{21}^{(p)} & \phi_{22}^{(p)} \end{bmatrix} \begin{bmatrix} y_{t-p} \\ x_{t-p} \end{bmatrix} + \begin{bmatrix} \varepsilon_{1t} \\ \varepsilon_{2t} \end{bmatrix} \tag{10.10}$$

其中,$(\beta_1 \quad \beta_2)$ 表示协整系数;$\begin{bmatrix} \alpha_1 \\ \alpha_2 \end{bmatrix}$ 表示调整系数,反映了各个分量的调整速度;$\begin{bmatrix} \alpha_1 \\ \alpha_2 \end{bmatrix} (\beta_1 \quad \beta_2) \begin{bmatrix} y_{t-1} \\ x_{t-1} \end{bmatrix}$ 称为调整项,体现了 x_t,y_t 间长期均衡误差对其变化的影响。

（5）脉冲响应函数

脉冲响应函数是时间序列模型来分析影响关系的一种思路,主要考虑扰动项的影响是如何传播到各变量的。两变量情形的脉冲响应函数基本思想如下:

$$\begin{bmatrix} y_t \\ x_t \end{bmatrix} = \begin{bmatrix} a_{11}^{(0)} & a_{12}^{(0)} \\ a_{21}^{(0)} & a_{22}^{(0)} \end{bmatrix} \begin{bmatrix} \varepsilon_{1t} \\ \varepsilon_{2t} \end{bmatrix} + \begin{bmatrix} a_{11}^{(1)} & a_{12}^{(1)} \\ a_{21}^{(1)} & a_{22}^{(1)} \end{bmatrix} \begin{bmatrix} \varepsilon_{1t-1} \\ \varepsilon_{2t-1} \end{bmatrix}$$

$$+ \begin{bmatrix} a_{11}^{(2)} & a_{12}^{(2)} \\ a_{21}^{(2)} & a_{22}^{(2)} \end{bmatrix} \begin{bmatrix} \varepsilon_{1t-2} \\ \varepsilon_{2t-2} \end{bmatrix} + \cdots \tag{10.11}$$

假定在基期给 y 一个单位的脉冲,即:

$$\varepsilon_{1t} = \begin{cases} 1, t = 0 \\ 0, 其他 \end{cases}$$

$$\varepsilon_{2t} = 0, \quad t = 0, 1, 2, \cdots$$

一般地,由 y_j 的脉冲引起的响应函数可以求出如下变量:

$$a_{ij}^{(0)}, a_{ij}^{(1)}, a_{ij}^{(2)}, a_{ij}^{(3)}, a_{ij}^{(4)}, \cdots$$

且由 y_j 的脉冲引起的 y_i 的累积响应函数可以表示为 $\sum_{q=0}^{\infty} a_{ij}^{(q)}$。

（6）方差分解

方差分解通过分析每一个结构冲击对内生变量变化的贡献度，进一步评价不同结构冲击的重要性。因此，方差分解给出了对 VAR 模型中的变量产生影响的每个随机扰动的相对重要性。方差分解方法由 Sims 于 1980 年提出，其基本思想如下：

$$y_{it} = \sum_{j=1}^{k} (a_{ij}^{(0)}\varepsilon_{jt} + a_{ij}^{(1)}\varepsilon_{jt-1} + a_{ij}^{(2)}\varepsilon_{jt-2} + a_{ij}^{(3)}\varepsilon_{jt-3} + \cdots)$$
$$i = 1,2,\cdots,k; t = 1,2,\cdots,T \tag{10.12}$$

式（10.12）中，括号内的内容是第 j 个扰动项 ε_j 从无限过去到现在时点对 y_i 影响的总和，求其方差，假定 ε_j 无序列相关，则：

$$E[(a_{ij}^{(0)}\varepsilon_{jt} + a_{ij}^{(1)}\varepsilon_{jt-1} + a_{ij}^{(2)}\varepsilon_{jt-2} + a_{ij}^{(3)}\varepsilon_{jt-3} + \cdots)] = \sum_{q=0}^{\infty} (a_{ij}^{(q)})^2\sigma_{jj}$$
$$i,j = 1,2,\cdots,k \tag{10.13}$$

y_t 的方差可以分解成 k 种不相关的影响，定义 $RVC_{j\to i}(\infty)$ 为扰动项相对 y_i 方差的贡献程度，但在实际运用中不可能测定无穷项的影响。如果模型满足平稳性条件，则 $a_{ij}^{(q)}$ 随着 q 的增大呈几何级数衰减，所以只需取有限的 s 项即可。近似的相对方差贡献率（RVC）可以表示为：

$$RVC_{j\to i}(s) = \frac{\sum_{q=0}^{s-1} (a_{ij}^{(q)})^2\sigma_{jj}}{\sum_{j=1}^{k}\left\{\sum_{q=0}^{s-1} (a_{ij}^{(q)})^2\sigma_{jj}\right\}} \tag{10.14}$$

如果 $RVC_{j\to i}(s)$ 大时，意味着第 j 个变量对第 i 个变量的影响大；同理，如果 $RVC_{j\to i}(s)$ 小，则意味着第 j 个变量对第 i 个变量的影响小。

2. 实证检验

（1）平稳性检验

我们对期、现货价格取对数，如图 10.12 所示，$\ln PP$ 代表现货价格时间序列，$\ln FP$ 代表期货价格时间序列，$\Delta\ln PP$ 代表现货时间序列的一阶差分，$\Delta\ln FP$ 代表期货时间序列的一阶差分。通过 ADF 检验可以看出（表 10.15），在 10％ 的显著性水平下，大豆市场现货市场和期货市场均不能拒绝原假设，其是不平稳的。但在一阶差分后，在 1％ 的显著性水平下两市场均可以拒绝原假设，不存在单位根。因此，期货价格和现货价格的一阶差分序列是平稳时间序列，同为 $I(1)$ 过程，可以进行协整检验。

表 10.15　期、现货市场对数价格平稳性检验

ADF 检验结果			一阶差分后 ADF 检验结果			不同显著性 水平临界值		
项目	ADF 检验值	P 值	项目	ADF 检验值	P 值	1% 临界值	5% 临界值	10% 临界值
$\ln PP$	−1.2746	0.8914	$\Delta\ln PP$	−7.9629	0.0000	−3.9986	−3.4296	−3.1383
$\ln FP$	−1.393	0.8607	$\Delta\ln FP$	−15.769	0.0000	−3.9985	−3.4295	−3.1382

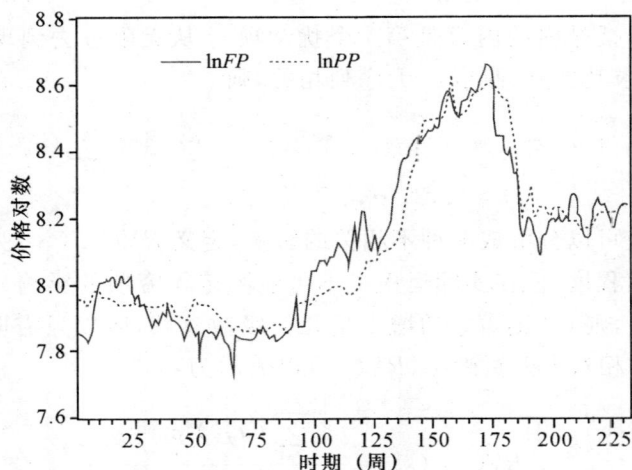

图 10.12　期、现货市场对数时间序列

（2）协整检验

采用 Engle & Granger(1987)发展的 EG 两步法，首先将现货价格对期货价格做线性回归，然后对残差进行单位根检验，如果残差是平稳序列则说明存在协整关系。检验结果如表 10.16 所示。

表 10.16　期、现货市场对数价格协整检验

协整分析	残差 ADF 值	P 值	ADF 临界值	
$\ln PP = 0.9187^*\ln FP + 0.6595$ 　　(46.439)　　　(4.1052) $R^2 = 0.9036$　　$F = 2156.577$	−3.7835	0.0002	1%	−2.5750
			5%	−1.9422
			10%	−1.6158

通过回归方程残差序列的估计以及残差 ADF 检验结果表明，在 1% 的显著性水平下，可以拒绝大豆期、现货市场之间不存在协整关系的假设，这说明

大连商品交易所豆二期货价格序列和郑州粮食批发市场大豆（油脂业）价格序列之间存在着长期均衡关系，大连商品交易所豆二价格存在着价格发现功能。

采用 Johansen 模型也可以进行协整关系检验。该方法通过计算迹统计量和最大特征值统计量，与临界值进行比较，从而验证序列之间是否存在长期协整关系。检验结果如表 10.17 所示。

表 10.17　期、现货价格序列的协整检验结果（迹统计量）

统计方法	滞后阶数	原假设下协整关系个数	特征值	统计量	5%临界值	P 值
迹统计	1~1	$r=0$	0.0976	25.2564	15.4947	0.0013
		$r \leqslant 1$	0.0071	1.6377	3.8415	0.2006
最大特征值	1~1	$r=0$	0.0976	23.6187	14.2646	0.0013
		$r \leqslant 1$	0.0071	1.6377	3.8415	0.2006

通过对迹统计量和最大特征值统计量临界值的计算，在 5% 的显著性水平下，可以拒绝大豆期、现货市场之间不存在协整关系的假设，说明大连商品交易所豆二期货价格序列和郑州粮食批发市场大豆（油脂业）价格序列之间存在着长期均衡关系，大连商品交易所豆二价格存在着价格发现功能。这与 EG 两步法检验结果基本一致。

协整检验表明大豆期、现货市场之间存在着长期的均衡关系，但是这种长期均衡关系是否构成因果关系还需要利用格兰杰因果检验（Granger Causality Test）进行进一步的验证。本研究将通过现货价格和期货价格序列之间的格兰杰因果关系，检验期、现货价格之间是否存在长期的格兰杰意义上的因果关系和是否存在相互引导关系。

根据 AIC 准则，取滞后项为 2，结果表明（表 10.18）：原假设"$\ln PP$ 不是 $\ln FP$ 的格兰杰原因"时，伴随概率为 0.5883，未能通过 5% 显著性水平的检验，因此，接受 $\ln PP$ 不是 $\ln FP$ 的格兰杰原因的原假设；也就是说，在 5% 显著性水平下，郑州现货价格不是大连期货价格的格兰杰原因，但反过来的伴随概率为 0.0000，通过了 5% 的显著性检验，因此，拒绝 $\ln FP$ 不是 $\ln PP$ 的格兰杰原因的原假设，大连期货价格是郑州现货价格的格兰杰原因。格兰杰检验表明，中国大豆期货价格对现货价格存在显著的引导关系，但现货价格对期货价格的引导关系却不明显，中国大豆市场的价格发现功能并不完善。

表 10.18 期、现货价格序列的格兰杰因果检验结果

原假设	观测数	F 统计量	P 值	结论
$\ln PP$ 不是 $\ln FP$ 的格兰杰原因	230	0.53176	0.5883	拒绝
$\ln FP$ 不是 $\ln PP$ 的格兰杰原因	230	15.5180	0.0000	接受

(3)VAR 模型的建立

由平稳性分析可知,$\ln PP$ 和 $\ln FP$ 都是带有趋势的非平稳时间序列,存在着某种均衡关系。在进行协整效应分析之前,首先建立期货价格与现货价格的 VAR 模型,EViews 软件运行结果如表 10.19 所示。

表 10.19 期货价格与现货价格 VAR 模型

.	$\ln FP$	$\ln PP$
$\ln FP(-1)$	0.9282 [0.0692]	0.1512 [0.0380]
$\ln FP(-2)$	0.0461 [0.0722]	-0.0681 [0.0396]
$\ln PP(-1)$	0.1288 [0.1249]	0.9953 [0.0686]
$\ln PP(-2)$	-0.1159 [0.1166]	-0.0814 [0.0640]
C	0.1049 [0.0823]	0.0244 [0.0452]
R^2	0.9784	0.9930

$$\ln FP_t = 0.9282 \times \ln FP_{t-1} + 0.0461 \times \ln FP_{t-2}$$
$$+ 0.1288 \times \ln PP_{t-1} - 0.1159 \times \ln PP_{t-2} + 0.1049 \quad (10.15)$$
$$\ln PP_t = 0.1512 \times \ln FP_{t-1} - 0.0681 \times \ln FP_{t-2}$$
$$+ 0.9953 \times \ln PP_{t-1} - 0.0814 \times \ln PP_{t-2} + 0.0244 \quad (10.16)$$

经滞后指标检验,5 个评价指标均认为应当建立 VAR(2)模型,现货与期货价格序列的向量自回归模型的最大滞后阶为 2。

协整模型主要用来考察几个变量间的长期均衡关系,而误差修正模型可用来说明变量间的短期变动关系,以及短期变动调整至长期均衡的过程。在协整检验的基础上,我们建立误差修正模型来分析白糖期货价格与现货价格的短期变动关系,结果如表 10.20 所示。

表 10.20　误差修正模型估计结果

	$D(\ln FP)$	$D(\ln PP)$
CointEq1	−0.0329 [0.0357]	0.0795 [0.0194]
$D(\ln FP(-1))$	−0.0358 [0.0738]	0.0700 [0.0401]
$D(\ln FP(-2))$	0.0046 [0.0730]	−0.0140 [0.0396]
$D(\ln PP(-1))$	0.0787 [0.1207]	0.0610 [0.0655]
$D(\ln PP(-2))$	0.1815 [0.1173]	0.1606 [0.0636]
C	0.0014 [0.0024]	0.0008 [0.0013]
R^2	0.0185	0.1712

$$\Delta \ln FP_t = -0.0329 e_{t-1} - 0.0358 \Delta \ln FP_{t-1} + 0.0046 \Delta \ln FP_{t-2}$$
$$+ 0.0787 \Delta \ln PP_{t-1} + 0.1815 \Delta \ln PP_{t-2} + 0.0014 \quad (10.17)$$
$$\Delta \ln PP_t = 0.0795 e_{t-1} + 0.0700 \Delta \ln FP_{t-1} - 0.0140 \Delta \ln FP_{t-2}$$
$$+ 0.0610 \Delta \ln PP_{t-1} + 0.1606 \Delta \ln PP_{t-2} + 0.0008 \quad (10.18)$$

从上面的结果可知,在 10% 的置信水平下,大豆期货价格受期、现货长期均衡关系的制约,同时其滞后一期、二期的期货历史价格变化显著不为零,因而,期货近期历史价格变化对当前期货价格变化也有显著影响,但是现货的历史价格变化对期货价格变化没有任何影响。长期均衡关系对短期内现货价格的变动有着显著的影响。从系数上来讲,系数值为负,表明短期的期货价格对于现货价格的变动影响是一种背离现货价格原有的趋势而走向它们之间长期均衡关系的一种影响,此时的现货价格和期货价格的偏离会在短期内不断修正,并向长期均衡收敛。

在 10% 的置信水平下,大豆现货价格也受期、现货长期均衡关系的制约,同时其滞后一期、二期的期、现货历史价格均变化显著不为零,因而,期、现货近期历史价格变化对当前期货价格变化也有显著影响。长期均衡关系对短期内期货价格的变动有着显著的影响,从系数上来讲。系数值为正,表明短期的现货价格对于期货价格变动的影响是一种沿期货价格原有的趋势而走向它们之间长期均衡关系的一种影响,此时的期货价格和现货价格的偏离会在短期内不断修正,并向长期均衡收敛。

（4）脉冲反应函数和方差分解

如图 10.13 所示，大连期货价格对其自身的一个标准差新信息的反应使得价格不断快速下降，到达 250 期左右时，其速度开始减缓；来自期货价格的标准差新信息对郑州现货价格立刻有较强的反应，前 2 周其价格立即增加了 0.259％，然后便开始呈现下降趋势。郑州现货价格对其自身的一个标准差新信息的反应使得价格马上下降了 1.64％，然后便缓慢下降；来自现货价格的标准差新信息对期货价格的影响先是立刻上升了 2.43％，然后开始逐步下降，到达 0.16％后开始缓慢下降并趋于平稳。

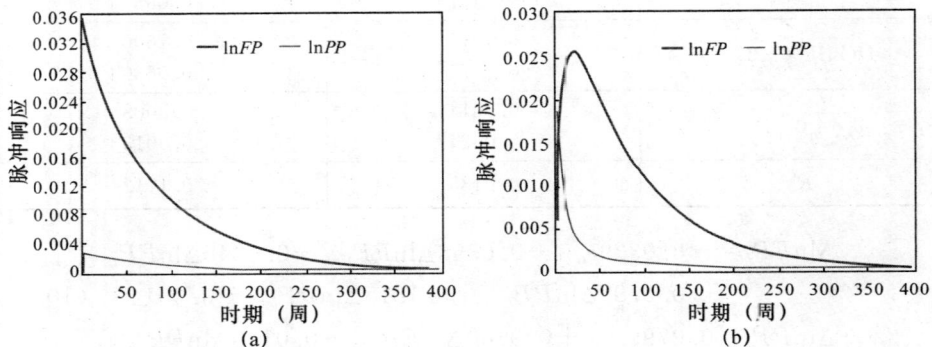

图 10.13　期货（a）、现货（b）价格脉冲反应函数

为了刻画期货市场与现货市场在价格发现功能中作用的大小，本研究利用 Hasbrouck 提出的方差分解方法，求出期货价格和现货价格波动的方差在价格发现功能中所占的比重，以此来评价中国大豆期货市场的价格发现功能。

图 10.14 和表 10.21 给出了方差分解的结果，其中图 10.14（a）表示现货市场和期货市场对期货市场价格的影响，图 10.14（b）表示现货市场和期货市场对现货市场价格的影响。分析表明，对期货价格变动长期作用部分的方差，当滞后期为 1 时，总方差大部分来自期货市场的为 100％，并且随着滞后期的增加，总方差中来自于期货市场的部分则呈下降缓慢趋势，滞后 30 期后达到 99.4455％，并最终趋于稳定。总方差来自于现货市场的部分呈缓慢上升趋势，滞后 30 期后达到 0.5545％，并最终趋于稳定。来自于对现货价格变动长期作用部分的方差，当滞后期为 1 时，总方差来自现货市场的为 92.1391％，并且随着滞后期的增加，总方差中来自于现货市场的部分逐渐加速下降，滞后 30 期后下降到 15.4954％，并最终趋于稳定。而来自于期货市场的部分则呈逐渐上升趋势，滞后 30 期后达到 84.5046％，并最终趋于稳定。因此，对于大

豆市场来说,期货市场在价格发现功能中已处于主导作用。

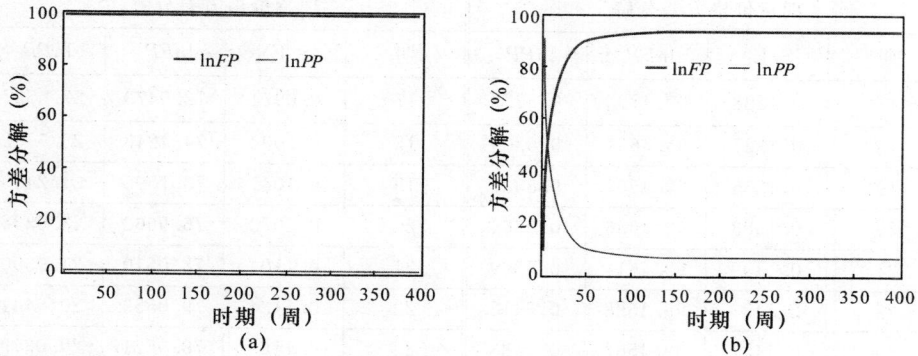

图 10.14　期货(a)、现货(b)价格方差分解

表 10.21　期、现货价格方差分解表

期	期货价格方差分解			期	现货价格方差分解		
	S. E.	lnFP	lnPP		S. E.	lnFP	lnPP
1	0.0356	100.0000	0.0000	1	0.0195	7.8609	92.1391
2	0.0491	99.7580	0.2420	2	0.0291	17.3857	82.6143
3	0.0596	99.6638	0.3362	3	0.0364	23.9890	76.0110
4	0.0684	99.6116	0.3884	4	0.0424	29.9131	70.0869
5	0.0759	99.5790	0.4210	5	0.0479	35.3939	64.6062
6	0.0826	99.5565	0.4435	6	0.0529	40.4693	59.5307
7	0.0886	99.5399	0.4601	7	0.0576	45.1359	54.8641
8	0.0941	99.5269	0.4731	8	0.0621	49.3934	50.6066
9	0.0992	99.5165	0.4835	9	0.0665	53.25292	46.7471
10	0.1039	99.5079	0.4921	10	0.0708	56.7348	43.2652
11	0.1083	99.5006	0.4994	11	0.0749	59.8661	40.1339
12	0.1124	99.4943	0.5057	12	0.0789	62.6766	37.3234
13	0.1162	99.4888	0.5112	13	0.0828	65.1971	34.8029
14	0.1199	99.4840	0.5160	14	0.0866	67.4575	32.5425
15	0.1234	99.4797	0.5203	15	0.0903	69.4858	30.5142
16	0.1266	99.4758	0.5242	16	0.0939	71.309	28.6921

（续表）

期货价格方差分解			现货价格方差分解			
期	S. E.	lnFP	lnPP	期	S. E.	lnFP	lnPP
17	0.1298	99.4723	0.5277	17	0.0974	72.9473	27.0527
18	0.1327	99.4691	0.5309	18	0.1008	74.4248	25.5752
19	0.1356	99.4662	0.5338	19	0.1041	75.7590	24.2410
20	0.1383	99.4636	0.5364	20	0.1073	76.9662	23.0338
21	0.1409	99.4611	0.5389	21	0.1104	78.0610	21.9390
22	0.1433	99.4588	0.5412	22	0.1134	79.0559	20.9441
23	0.1457	99.4567	0.5433	23	0.1163	79.9621	20.0379
24	0.1480	99.4548	0.5452	24	0.1191	80.7893	19.2107
25	0.1502	99.4530	0.5470	25	0.1219	81.5460	18.4540
26	0.1523	99.4513	0.5487	26	0.1245	82.2396	17.7604
27	0.1543	99.4497	0.5503	27	0.1271	82.8769	17.1231
28	0.1563	99.4482	0.5518	28	0.1296	83.4635	16.5365
29	0.1581	99.4468	0.5532	29	0.1320	84.0046	15.9954
30	0.1599	99.4455	0.5545	30	0.1344	84.5046	15.4954

（三）期货市场与现货市场信息溢出效应分析

为了更为深入地研究期、现货市场价格之间的关系，判断期货市场价格发现功能的有效程度，本节将在以上分析的基础上，用 VaR 方法分别对下跌和上涨风险建模，在线性格兰杰因果关系检验之后，进行基于核函数的均值—格兰杰因果检验、波动率—格兰杰因果检验及风险—格兰杰因果检验，对期、现货市场间的信息溢出效应进行深入分析。

我们将价格收益率 R_t 定义为价格自然对数的一阶差分：

$$RF_t = D\ln FP = \ln FP_t - \ln FP_{t-1} \tag{10.19}$$

$$RP_t = D\ln PP = \ln PP_t - \ln PP_{t-1} \tag{10.20}$$

通过期、现货收益率时间序列图（图 10.15 和 10.16）我们可以发现，期、现货价格都出现了异常波动的峰值，且有明显的波动性聚类现象，说明期、现货收益率时间序列具有条件异方差的特征。通过对比期、现货收益率时间序列图，两者异常波动值和波动性聚类区间具有类似的情况，说明两者存在一定程度的相关性和波动影响的溢出效应。

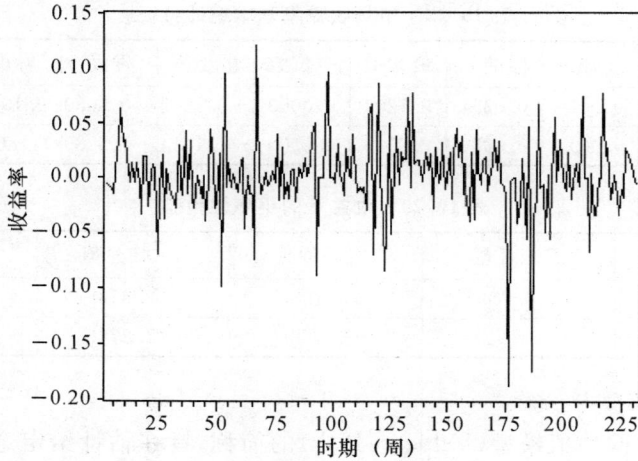

图 10.15　期货价格收益率示意图

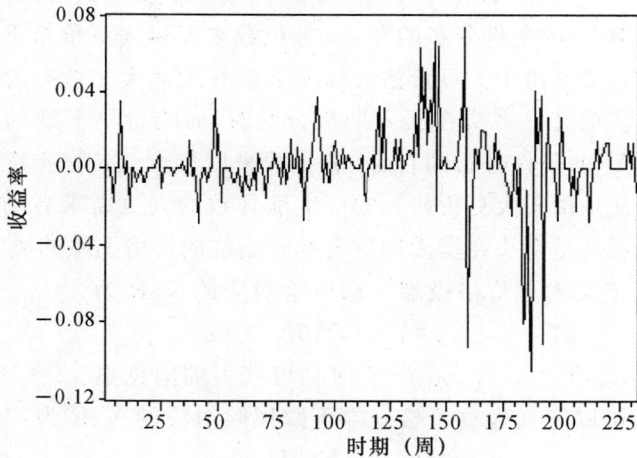

图 10.16　现货价格收益率示意图

　　从期、现货市场收益率基本统计特征(表 10.22)看,期货市场的平均收益率要略大于现货市场的平均收益率,且期货市场的波动性要明显大于现货市场的波动性。从峰度来看,期、现货市场的峰度均显著大于3,有明显的剑峰和后尾的特征。从 JB 统计量来看,期、现货市场的收益率并不服从正态分布,因此不能采用传统的最小二乘法进行参数估计,我们引入条件自回归模型(GARCH 模型)进行分析。通过对期、现货市场收益率进行单整检验(表 10.23),在 1‰ 置信水平下均拒绝了存在单位根的假设,因此期、现货收益率时间序列都是平稳的时间序列。

表 10.22　市场收益率基本统计特征

类别	容量	均值	标准差	最大值	中位数	最小值	偏度	峰度	JB统计量
期货	231	0.0016	0.0354	0.1203	0.0000	−0.1873	−0.9080	9.1020	390.1367
现货	231	0.0012	0.0209	0.0741	0.0000	−0.1054	−1.3730	11.8643	828.8716

表 10.23　收益率的平稳性检验

类别	T统计量	1%临界值	5%临界值	10%临界值
期货	−15.7852	−3.4587	−2.8739	−2.5734
现货	−7.9772	−3.4588	−2.8740	−2.5735

1. VaR 模型与检验

VaR 是风险估值模型(Value at Risk)的简称,旨在估计给定金融产品或组合在未来资产价格波动下可能的或潜在的损失。其定义如下:对于给定时间范围 τ 和置信水平 $1-\alpha$,VaR 是指在时间 τ 内以概率 α 发生的损失。本研究采用大豆价格收益率 Y_t 的条件分布的左 α—分位数来度量大豆价格下跌的风险,其现货市场经济意义是由于大豆价格大幅度下跌导致的大豆持有者收入的减少,期货市场的经济意义是多头在买入期货合约时,面临价格下跌的风险;采用大豆价格收益率 Y_t 的条件分布的右 α—分位数来度量大豆价格上涨的风险,其现货市场经济意义是由于大豆价格大幅度上涨导致的大豆需求者的额外支出,期货市场的经济意义是空头在卖出期货合约时面临的价格上涨的风险。

下面我们定义大豆价格极端上涨风险对应的 VaR 为:

$$p(Y_t > V_t \mid I_{t-1}) = \alpha \tag{10.21}$$

其中 $I_{t-1} = \{Y_{t-1}, Y_{t-2}, \ldots\}$ 是 $t-1$ 时刻可获得的信息集。

同样我们可以定义大豆价格极端下跌风险对应的 VaR 为:

$$p(Y_t < -V_t \mid I_{t-1}) = \alpha \tag{10.22}$$

常用的置信水平 α 可取为 0.10,0.05 或 0.01。估计 VaR 的常用模型有基于 GARCH 模型的 VaR 估计方法和 J.P.摩根的风险度量法。J.P.摩根的方法与 IGARCH 模型等价,这会产生模型设定的错误,而且这种方法不能细致地描述波动的某些特征(例如杠杆效应),我们在此采用 GARCH 模型来估计大豆市场的风险 VaR。

在 GARCH 模型建模过程中,我们先利用偏自相关函数和自相关函数确定均值方程中的 AR 阶数,条件方差方程的基准采用实证研究中比较流行的 GARCH(1,1)模型,最后根据统计检验量 $Q(M)$ 来判断模型设定的正确性。期货市场采用 AR(10)-GARCH(1,1)模型的估计结果如下(表 10.24):

$$
\begin{cases}
Y = 0.1231 Y_{t-10} + \varepsilon_t \\
\quad (0.0070) \\
h_t = 0.00003 - 0.0645 \varepsilon_{t-1}^2 + 1.0496 h_{t-1} \\
\quad (0.000) \quad 0.000 \qquad\quad 0.000 \\
\log likelihood = 451.6419
\end{cases}
$$

表 10.24　AR(10)-GARCH(1,1)模型充分性诊断统计量——广义 Box-pierce 检验 Q 统计量

$Q(5)$	$Q(10)$	$Q(15)$	$Q(20)$	$Q(25)$	$Q(30)$
2.2843	6.7192	9.2537	14.668	22.968	27.967
[0.684]	[0.666]	[0.814]	[0.743]	[0.522]	[0.520]
$Q^2(5)$	$Q^2(10)$	$Q^2(15)$	$Q^2(20)$	$Q^2(25)$	$Q^2(30)$
2.2376	8.3786	11.378	14.229	17.843	19.546
[0.692]	[0.496]	[0.656]	[0.770]	[0.811]	[0.906]

现货市场采用 AR(3)-GARCH(1,1)模型的估计结果如下（表 10.25）：

$$
\begin{cases}
Y = 0.34640 Y_{t-2} + \varepsilon_t \\
\quad (0.0001) \\
h_t = 0.00003 + 0.4123 \varepsilon_{t-1}^2 + 0.5572 h_{t-1} \\
\quad (0.0020) \quad 0.0000 \qquad\quad 0.0000 \\
\log likelihood = 634.6304
\end{cases}
$$

基于标准化残差和基于平方标准化残差自相关的广义 Box-pierce 检验统计量除现货市场 $Q(20)$ 的 p 值小于 0.05 外,其他统计量 p 值均大于 0.05,说明 GARCH(1,1)模型拟合效果较好,残差基本不再存在自相关,模型是充分的。另在期、现货市场 GARCH 模型中,两市场的 $\alpha + \beta$ 分别为 0.9851 和 0.9695,非常接近 1,表明期、现货市场价格收益率的时变条件方差都存在着很强的持续性。但 $\alpha + \beta < 1$,表明期、现货市场收益率的方差有限,属于弱平稳过程。

表 10.25　AR(3)-GARCH(1,1)模型充分性诊断统计量——广义 Box-pierce 检验 Q 统计量

$Q(5)$	$Q(10)$	$Q(15)$	$Q(20)$	$Q(25)$	$Q(30)$
5.9646	15.015	22.974	31.557	35.660	38.488
[0.202]	[0.091]	[0.061]	[0.035]	[0.059]	[0.112]
$Q^2(5)$	$Q^2(10)$	$Q^2(15)$	$Q^2(20)$	$Q^2(25)$	$Q^2(30)$
0.5028	1.7513	3.7729	6.1232	11.923	19.536
[0.973]	[0.995]	[0.997]	[0.998]	[0.981]	[0.907]

从图 10.17 可以看出,大部分时期期货市场收益率波动曲线位于现货市场收益率波动曲线的上方,但是有一段时间现货市场也出现了异常的剧烈波动,其收益率波动曲线位于期货市场收益率波动曲线的上方。可见,2005 年以来,中国大豆市场是一个复杂的市场,其期、现货价格收益率均出现了较大的波动,但一般来看,除特殊时期外,期货收益率的波动幅度要高于现货收益率的波动幅度。

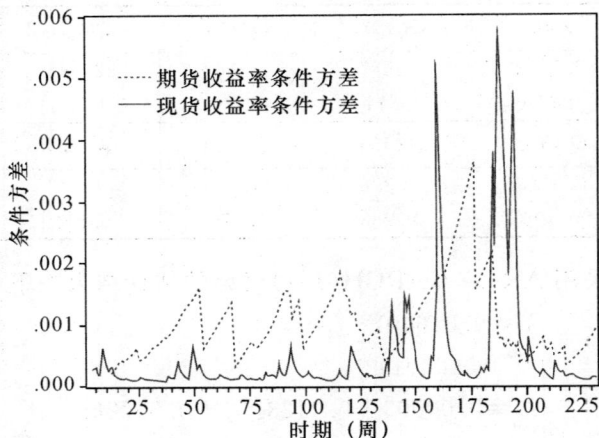

图 10.17　期、现货价格收益率条件方差图

通过 GARCH 模型我们可以计算出大豆价格下跌时的 VaR:

$$V_t(down) = -\mu_t + Z_\alpha\sqrt{h_t} \tag{10.23}$$

大豆价格上涨时的 VaR:

$$V_t(up) = \mu_t + Z_\alpha\sqrt{h_t} \tag{10.24}$$

其中 V_t 为市场的条件期望,Z_α 是市场 GARCH 模型的标准残差分布的左分位数。

实证结果表明,在相同置信水平下,上涨和下跌对同一个风险主体造成的风险基本上是对称的,造成的损失大致相同。期、现货市场收益损失超过VaR 的比例与相应地置信区间是吻合的,且略有不足,VaR 值在一定程度上高估了市场风险。一般来讲,期货市场的风险要大于现货市场,但我们也应该看到,现货价格在一段时期内出现了剧烈的波动,其风险 VaR 值超过了期货市场,这种异常现象的出现正是由于"大豆风波"的出现,其危害直接波及中国大豆的期、现货市场,使得市场价格出现图 10.18 和图 10.19 所示的紊乱现象。

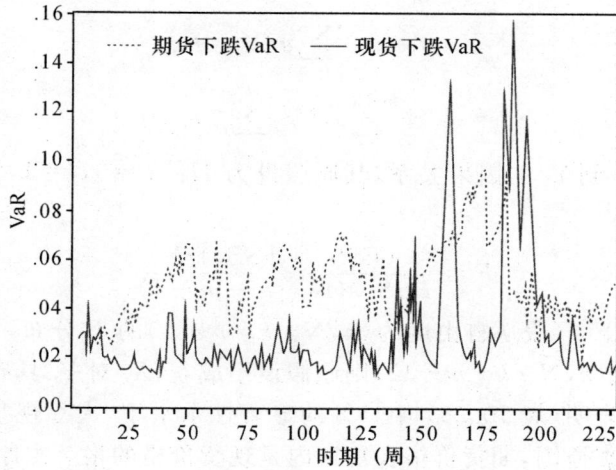

图 10.18　期、现货价格下跌 VaR 示意图

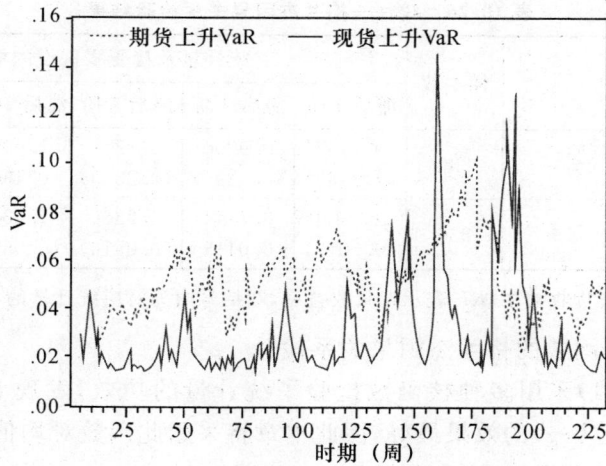

图 10.19　期、现货价格上涨 VaR 示意图

2. 信息溢出效应实证分析

格兰杰因果检验主要解决了 x 是否引起 y 的问题，主要看现在的 y 能够在多大程度上被过去的 x 解释，加入 x 的滞后值是否使解释程度提高。如果 x 在 y 的预测中有帮助，或者 x 与 y 的相关系数在统计上显著时，就可以说"y 是由 x 格兰杰引起的"。

（1）基于回归的线性—格兰杰因果关系检验

Geweke 等（1983）提出了检验线性—格兰杰因果关系的数学模型：

$$Y_t = a_{10} + \sum_{i=1}^{m} a_{1i} Y_{t-i} + \varepsilon_{1t} \tag{10.25}$$

$$Y_t = a_{20} + \sum_{i=1}^{m} a_{2i} Y_{t-i} \sum_{j=1}^{k} \beta_j x_{t-i} + \varepsilon_{2t} \tag{10.26}$$

检验从 X_t 到 Y_t 的因果关系,其原假设为 $H_0 : \beta_j = 0, j = 1,2,\cdots,k$。检验统计量为:

$$F = \frac{(ESS_1 - ESS_2)/k}{ESS_2/(N-k-m-1)} \tag{10.27}$$

在原假设下,F 服从自由度为 $(k, N-k-m-1)$ 的 F 分布,在置信水平 α 下,如果 $F > F_\alpha(k, N-k-m-1)$,则原假设不成立,X_t 对 Y_t 具有因果关系。

检验结果表明(表 10.26),在 5% 的显著性水平下,大豆现货价格不是期货价格的格兰杰原因,期货价格在短期内是现货价格的格兰杰原因,但是在长期内期货价格与现货价格的格兰杰因果关系并不显著。

表 10.26 线性—格兰杰因果关系检验结果

零假设	样本数	F 统计量及接受零假设的概率				
		滞后 1 阶	滞后 3 阶	滞后 5 阶	滞后 10 阶	滞后 15 阶
RP 不是 RF 的线性格兰杰原因	230	0.7162 (0.3982)	0.9260 (0.4290)	1.3217 (0.2559)	1.0099 (0.4363)	0.8156 (0.6594)
RF 不是 RP 的线性格兰杰原因	230	10.6150 (0.0013)	3.7444 (0.0118)	2.2386 (0.0516)	1.8321 (0.0571)	2.2240 (0.0070)

注:RP 表示现货收益率,RF 表示期货收益率,圆括号内为对应统计量的 p 值。

(2)基于核函数的格兰杰因果关系检验

Hong(2001)采用多种核函数检验了统计量的功效,发现 Daniel 核函数 $k(z) = \sin(\pi z)/(\pi z)$ 的效果最好,因此本章将采用此函数对均值、波动率及风险的溢出效应进行格兰杰因果检验。

在基于核函数的格兰杰因果关系检验中,单向—格兰杰因果关系检验量记为 $Q_1(M)$:

$$Q_1(M) = \frac{\left\{ T \sum_{j=1}^{T-1} k^2(j/M) \hat{p}^2(j) - C_{1T}(k) \right\}}{\sqrt{\{2D_{1T}(k)\}}} \tag{10.28}$$

单向—格兰杰因果关系检验量记为 $Q_2(M)$:

$$Q_2(M) = \frac{\left\{ T \sum_{j=1-r}^{T-1} k^2(j/M) \hat{p}^2(j) - C_{2T}(k) \right\}}{\sqrt{\{2D_{2T}(k)\}}} \tag{10.29}$$

其中，$\hat{p}(j)$ 为滞后 j 期的样本协方差函数，$k(z)$ 为 k 的核函数，M 为有效滞后截尾阶数，$C_{1T}(k)$，$D_{1T}(k)$，$C_{2T}(k)$，$D_{2T}(k)$ 分别为统计量的调整参数。

$$C_{1T}(k) = \sum_{j=1}^{T-1}(1 - \frac{j}{T})k^2(\frac{j}{M})$$

$$D_{1T}(k) = \sum_{j=1}^{T-1}(1 - \frac{j}{T})\Big(1 - \frac{j+1}{T}\Big)k^4(\frac{j}{M})$$

$$C_{2T}(k) = \sum_{j=1-T}^{T-1}(1 - \frac{j}{T})k^2(\frac{j}{M})$$

$$D_{2T}(k) = \sum_{j=1-T}^{T-1}(1 - \frac{j}{T})k^4(\frac{j}{M})$$

在"原假设：期、现货市场不存在格兰杰因果关系"成立的条件下，$Q_1(M)$ 和 $Q_2(M)$ 在大样本条件下服从渐近的标准正态分布，因此，通过比较样本统计量与标准正态分布右侧临界值，可以判断是否存在格兰杰因果关系和信息溢出效应。

由检验结果可知（表 10.27），在 1% 的显著性水平下，大豆期货收益率与现货收益率的双向均值—格兰杰因果关系检验非常显著，这说明大豆期、现货市场时间存在双向均值—格兰杰因果关系。由单向均值—格兰杰因果关系检验可知，双向都有均值信息溢出。但就置信水平而言，期货市场对现货市场的溢出明显强于现货市场对期货市场的溢出；长期来看，期货市场向现货市场的信息溢出效应仍然显著，现货市场已不存在溢出效应。这说明，结合期、现货市场的历史信息来预测期（现）货市场未来的价格走势比只用单个市场的历史信息要好得多，也说明中国大豆期货市场已初具价格发现的功能。

表 10.27　均值—格兰杰因果关系检验结果

均值溢出	$M=5$	$M=10$	$M=15$	$M=20$	$M=25$	$M=30$
$RP{\Leftrightarrow}RF$	22.3666 [0.0000]	14.5624 [0.0000]	10.8815 [0.0000]	8.5633 [0.0000]	6.8977 [0.0000]	5.6099 [0.0000]
$RP{\Rightarrow}RF$	11.6954 [0.0000]	6.5184 [0.0000]	4.4018 [0.0000]	3.1110 [0.0000]	2.1912 [0.0143]	1.4790 [0.0708]
$RP{\Leftarrow}RF$	26.8419 [0.0000]	16.2807 [0.0000]	12.1833 [0.0000]	9.7886 [0.0000]	8.1432 [0.0000]	6.9085 [0.0000]

由结果可知（表 10.28），在 1% 的显著性水平下，大豆期货收益率与现货收益率存在双向波动率—格兰杰因果关系。由单向波动率—格兰杰因果关系检验可知，现货市场对期货市场存在着较强的信息溢出，但期货市场对现货市

场波动性的溢出只在极短的时间内显著。因此，对于大豆价格的波动而言，其主要来源还是在于现货市场，这与对其他产品的研究结论有所区别，也是中国大豆市场的特殊之处。

表 10.28 波动率—格兰杰因果关系检验结果

波动率溢出	$M=5$	$M=10$	$M=15$	$M=20$	$M=25$	$M=30$
$RP \Leftrightarrow RF$	129.2078 [0.0000]	90.4644 [0.0000]	73.1410 [0.0000]	62.7387 [0.0000]	55.5749 [0.0000]	50.2494 [0.0000]
$RP \Rightarrow RF$	214.4961 [0.0000]	137.2287 [0.0000]	108.5904 [0.0000]	92.5199 [0.0000]	81.8840 [0.0000]	74.1766 [0.0000]
$RP \Leftarrow RF$	4.9805 [0.0000]	2.1904 [0.0110]	0.9521 [0.1711]	0.1506 [0.4364]	−0.4475 [0.6736]	−0.9281 [0.8212]

由各项检验结果可知（表 10.29—10.31），在 10%、5% 和 1% 的显著性水平下，大豆期货收益率与现货收益率的双向下跌风险—格兰杰因果关系检验都非常显著，说明大豆期货市场与现货市场之间存在强烈的双向下跌风险溢出效应。进一步进行单向下跌风险—格兰杰因果关系检验后发现，下跌风险溢出的方向是从现货市场到期货市场。期货市场到现货市场的下跌风险溢出只在较短的时间内存在，且随着下跌风险置信区间的降低，期货市场对现货市场的下跌风险溢出效应逐渐降低，在 1% 下跌风险时其溢出效应只在滞后 5期内显著，因此期货市场对现货市场的下跌风险溢出效应极弱。

表 10.29 10%下跌风险—格兰杰因果关系检验结果

10%下跌	$M=5$	$M=10$	$M=15$	$M=20$	$M=25$	$M=30$
$RP \Leftrightarrow RF$	125.6222 [0.0000]	87.9171 [0.0000]	71.0516 [0.0000]	60.9206 [0.0000]	53.9413 [0.0000]	48.7513 [0.0000]
$RP \Rightarrow RF$	206.9919 [0.0000]	132.3920 [0.0000]	104.7351 [0.0000]	89.2115 [0.0000]	78.9351 [0.0000]	71.4866 [0.0000]
$RP \Leftarrow RF$	6.4054 [0.0000]	3.1089 [0.0010]	1.6841 [0.0465]	0.7788 [0.2173]	0.1125 [0.4542]	−0.4173 [0.6628]

表 10.30 5%下跌风险—格兰杰因果关系检验结果

5%下跌	$M=5$	$M=10$	$M=15$	$M=20$	$M=25$	$M=30$
$RP \Leftrightarrow RF$	130.7717 [0.0000]	91.5754 [0.0000]	74.0523 [0.0000]	63.5317 [0.0000]	56.2874 [0.0000]	50.9028 [0.0000]
$RP \Rightarrow RF$	217.0357 [0.0000]	138.8655 [0.0000]	109.8952 [0.0000]	93.6396 [0.0000]	82.8819 [0.0000]	75.0870 [0.0000]
$RP \Leftarrow RF$	5.0820 [0.0000]	2.2559 [0.0119]	1.0042 [0.1492]	0.1953 [0.4207]	−0.4076 [0.6844]	−0.8917 [0.8159]

表 10.31　1％下跌风险—格兰杰因果关系检验结果

1％下跌	$M=5$	$M=10$	$M=15$	$M=20$	$M=25$	$M=30$
$RP \Leftrightarrow RF$	133.5774 [0.0000]	93.5686 [0.0000]	75.6873 [0.0000]	64.9544 [0.0000]	57.5657 [0.0000]	52.0750 [0.0000]
$RP \Rightarrow RF$	222.8121 [0.0000]	142.5885 [0.0000]	112.8628 [0.0000]	96.1862 [0.0000]	85.1518 [0.0000]	77.1576 [0.0000]
$RP \Leftarrow RF$	4.0571 [0.0000]	1.5953 [0.0548]	0.4777 [0.3156]	−0.2565 [0.6026]	−0.8103 [0.7881]	−1.2591 [0.8962]

由检验结果可知(表 10.32 和 10.33),在 10％和 5％的风险水平下,大豆市场期货收益率和现货收益率之间存在着强烈的上涨风险—格兰杰因果关系。进一步检验后我们发现,与下跌风险溢出的检验所得的结论不同,无论是期货市场对现货市场,还是现货市场对期货市场,其单向的上涨风险—格兰杰因果关系检验都非常显著,但从置信水平来看,现货市场对期货市场的溢出效应略强一些。这可能的原因是中国豆二期货设立的时间不长,而豆二的转基因大豆又主要为从国外进口,期货市场相对于现货市场的交易量较小的缘故。

表 10.32　10％上涨风险—格兰杰因果关系检验结果

10％上涨	$M=5$	$M=10$	$M=15$	$M=20$	$M=25$	$M=30$
$RP \Leftrightarrow RF$	76.1167 [0.0000]	52.7475 [0.0000]	42.2033 [0.0000]	35.8181 [0.0000]	31.3865 [0.0000]	28.0673 [0.0000]
$RP \Rightarrow RF$	113.1693 [0.0000]	71.9210 [0.0000]	56.5339 [0.0000]	47.8479 [0.0000]	42.0665 [0.0000]	37.8542 [0.0000]
$RP \Leftarrow RF$	16.3920 [0.0000]	9.5455 [0.0000]	6.8147 [0.0000]	5.1816 [0.0000]	4.0368 [0.0000]	3.1626 [0.0008]

表 10.33　5％上涨风险—格兰杰因果关系检验结果

5％上涨	$M=5$	$M=10$	$M=15$	$M=20$	$M=25$	$M=30$
$RP \Leftrightarrow RF$	88.5112 [0.0000]	61.5527 [0.0000]	49.4259 [0.0000]	42.1029 [0.0000]	37.0334 [0.0000]	33.2459 [0.0000]
$RP \Rightarrow RF$	137.7611 [0.0000]	87.7710 [0.0000]	69.1680 [0.0000]	58.6897 [0.0000]	51.7301 [0.0000]	46.6696 [0.0000]
$RP \Leftarrow RF$	12.7898 [0.0000]	7.2238 [0.0000]	4.9641 [0.0000]	3.5935 [0.0002]	2.6213 [0.0045]	1.8713 [0.0307]

由表 10.34 可知,在 1％的风险水平上,大豆期货市场与现货市场之间仍然存在着双向的上涨风险—格兰杰因果关系。从单向的上涨风险—格兰杰因果关系检验看,现货市场对期货市场仍然显著,而期货市场对现货市场只在一定的时期

内显著。从上涨风险和下跌风险信息溢出效应的对比看,其区别主要表现为期货市场在上涨风险下的溢出效应较下跌风险下的溢出效应强,其原因可能为人们对上涨风险与下跌风险的心理承受能力不同,一般而言,人们更倾向于做多而不是做空。价格上涨时,会有更多的投机者加入进来,从而风险也更大,其信息溢出效应较为强烈,期货市场对上涨风险与下跌风险的溢出效应是不对称的。

综上,中国大豆期、现货市场之间的信息溢出效应可以归纳如表 10.35 所示。

表 10.34   1%上涨风险—格兰杰因果关系检验结果

1%上涨	$M=5$	$M=10$	$M=15$	$M=20$	$M=25$	$M=30$
$RP\Leftrightarrow RF$	101.3438 [0.0000]	70.6693 [0.0000]	56.9038 [0.0000]	48.6099 [0.0000]	42.8800 [0.0000]	38.6075 [0.0000]
$RP\Rightarrow RF$	162.8438 [0.0000]	103.9374 [0.0000]	82.0541 [0.0000]	69.7479 [0.0000]	61.5866 [0.0000]	55.6609 [0.0000]
$RP\Leftarrow RF$	9.4351 [0.0000]	5.0616 [0.0000]	3.2406 [0.0004]	2.1145 [0.0176]	1.3030 [0.1093]	0.6688 [0.2514]

表 10.35   期、现货市场信息溢出效应归纳表

方向	线性	均值	波动率	10%下跌风险	5%下跌风险	1%下跌风险	10%上涨风险	5%上涨风险	1%上涨风险
$RP\Leftrightarrow RF$		√√	√√	√√	√√	√√	√√	√√	√√
$RP\Rightarrow RF$		√	√√	√√	√√	√√	√√	√√	√√
$RP\Leftarrow RF$	√	√√		√	√	√√	√√	√√	√

根据以上信息溢出效应的格兰杰因果效应检验结果,基于核函数的均值—格兰杰因果关系检验、波动率—格兰杰因果关系检验、风险—格兰杰因果关系检验比基于回归的线性—格兰杰因果关系检验功效更强。检验结果表明,期货市场与现货市场之间存在着双向的格兰杰因果关系。单向—格兰杰因果关系检验表明,现货对期货的信息溢出要强于期货对现货的信息溢出。从以上结果可以看出,中国的大豆期货市场还很不完善。从理论上而言,期货市场的信息溢出效应要强于现货市场的信息溢出效应,但目前中国大豆市场的情形恰恰相反,这必然会影响期货市场功能的发挥,特别是期货市场的套期保值功能。本章的下一节将对中国大豆期货市场的套期保值功能进行具体分析。

(四)套期保值效果分析

规避风险是期货市场的本质属性,规避风险功能的发挥必须以套期保值

交易作为手段,套期保值的绩效也体现了期货市场风险管理效率的高低。套期保值的核心思想在于:对现货市场和期货市场的资产进行组合投资,套期保值者根据资产组合的预期收入和收益方差来确定两个市场的头寸,以使收益风险最小化或效用最大化。

大豆期、现货价格的时间序列如图 10.20 所示,对其进行简单的统计分析后我们发现:期货市场价格变动的波动性要大于现货市场价格变动的波动性,而且期、现货价格的偏度都为负,峰度大于 3;与正态分布相比,期、现货价格序列都是左偏的,而且具有更高的峰度。JB 检验表明(表 10.36),期、现货价格正态分布的假设都被拒绝。

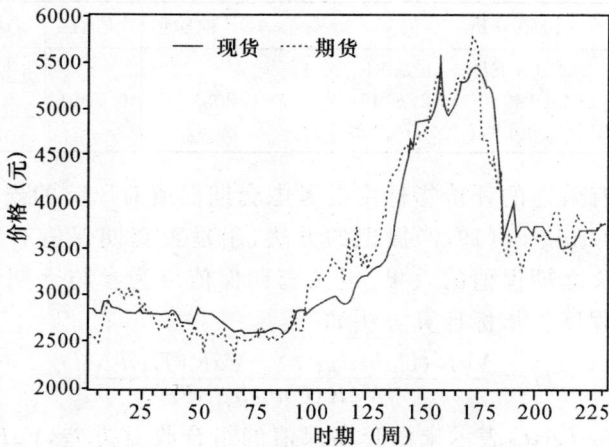

图 10.20　期、现货市场价格示意图

表 10.36　期、现货市场价格统计检验表

	均值	标准差	偏度	峰度	JB 统计量	P 值
ΔP	3.896	88.76	−1.51	15.02	1478.16	0.000
ΔF	5.065	130.65	−2.18	18.13	2387.34	0.000

通过 ADF 检验(表 10.37)可以看出,在 10% 的显著性水平下,大豆市场的现货市场和期货市场均不能拒绝原假设,其是不平稳的。但在一阶差分后,在 1% 的显著性水平下两市场均可以拒绝原假设,不存在单位根。因此,期货价格和现货价格的一阶差分序列是平稳时间序列,同为 $I(1)$ 过程。

对期、现货价格进行协整关系检验,通过回归方程残差序列的估计,以及残差 ADF 检验结果(表 10.38)表明,在 1% 的显著性水平下可以拒绝不存在协整关系的假设,说明大豆期、现货价格之间存在着一个显著的协整关系。

表 10.37　期、现货市场价格平稳性检验表

ADF 检验结果			一阶差分后 ADF 检验结果			不同显著性 水平临界值		
项目	ADF 检验值	P 值	项目	ADF 检验值	P 值	1% 临界值	5% 临界值	10% 临界值
PP	−1.3161	0.8814	ΔPP	−7.0911	0.0000	−3.9986	−3.4296	−3.1383
FP	−1.3065	0.8838	ΔFP	−15.1557	0.0000	−3.9985	−3.4295	−3.1382

表 10.38　期、现货市场价格协整检验表

项目	协整分析	残差 ADF 检验值	P 值	ADF 检验临界值	
PP,FP	$PP = 09451 * FP + 182.81$ 　(48.165)　　(2.6147) $R^2=0.9098, F=2313.889$	−4.0033	0.0001	1%	−2.5750
				5%	−1.9422
				10%	−1.6158

套期保值有效性的评价指标主要考虑套期保值对风险的规避程度。本研究主要采用 Ederington(1979)提出的方法,用是否套期保值对资产组合收益方差的影响定义套期保值的效果,定义套期保值率为参与套期保值后组合收益方差的减少程度。指标计算方法如下:

$$H_e = \frac{VaR(Unhedged) - VaR(Hedged)}{VaR(Unhedged)} \tag{10.30}$$

其中,$VaR(Unhedged)$表示未做套期保值的组合收益方差,$VaR(Hedged)$表示套期保值后的组合收益方差。

1. 最优套期保值率的估计方法

(1)最小二乘法

Johnson(1960)采用组合收益方差最小的方法,最先提出了商品期货最佳套期保值比例:$h=Cov(\Delta PP,\Delta FP)/VaR(\Delta FP)$。此最优套期保值比例可由以下线性回归方程给出:

$$\Delta PP_t = a_0 + a_1 \Delta FP_t + \varepsilon_t \tag{10.31}$$

最佳套期保值比例 h 可由 a_1 的估计值给出。但是运用 OLS 方法估计的最优套期保值比例存在残差无效性的问题,因而会错误地估计最优套期保值比例的问题。利用 OLS 模型估计的最优套期保值比例结果如下:

$$\Delta PP_t = 3.0057 + 0.1758 \Delta FP_t$$
$$(0.5958)(0.0001)$$
$$R^2 = 0.07, DW = 1.86$$

可知,利用最小二乘法给出的风险最小套期保值率为 0.17。

(2)B-VAR 套期保值模型

利用最小二乘法进行最优套期保值比例估计存在残差序列相关的问题,而双变量向量自回归模型 B-VAR 进行最优套期保值比例估计正好可以解决残差序列相关问题且增加模型的信息量。B-VAR 模型的估计方程如下:

$$\Delta PP_t = c_s + \sum_{i=1}^{k} a_{s,i} \Delta PP_{t-i} + \sum_{i=1}^{k} \beta_{s,i} \Delta FP_t + \varepsilon_{s,t} \qquad (10.32)$$

$$\Delta FP_t = c_f + \sum_{i=1}^{k} a_{f,i} \Delta PP_{t-i} + \sum_{i=1}^{k} \beta_{f,i} \Delta FP_t + \varepsilon_{f,t} \qquad (10.33)$$

在进行模型估计前,需先寻找最佳的滞后值 k,从而消除残差自相关的影响。令 $Var(\varepsilon_{s,t}) = \sigma_{ss}$,$Var(\varepsilon_{f,t}) = \sigma_{ff}$,$Cov(\varepsilon_{s,t}, \varepsilon_{f,t}) = \sigma_{sf}$,则最优套期保值率可以表示为 $h = \sigma_{sf} / \sigma_{ff}$。$h$ 也可由以下的回归模型给出:

$$\Delta PP_t = \alpha + \beta \Delta FP_t + \sum_{i=1}^{m} \gamma_{s,i} \Delta_{t-i} + \sum_{j=1}^{n} \theta_{s,j} \Delta FP_{t-i} + \varepsilon_{s,t} \qquad (10.34)$$

回归系数 β 即为所求的最优套期保值比例。利用 B-VAR 套期保值模型的估计结果如下:

$$\Delta PP_t = 2.0988 + 0.1766 \Delta FP_t + 0.1746 \Delta FP_{t-1} \qquad (10.35)$$

从而得出 B-VAR 套期保值模型下的最优套期保值比例为 0.1766。

(3)ECM 套期保值模型

Ghosh(1993)根据 Granger & Engle 提出的协整理论,提出了估计套期保值比例的误差修正模型,从而解决了期货价格和现货价格之间的协整关系对最优套期保值比例的影响。基于协整理论的最优套期保值比例可以通过以下两步来估计。第一步估计期、现货市场价格序列之间的协整关系:

$$PP_t = a + bFP_t + u_t \qquad (10.36)$$

第二步估计如下误差修正方程:

$$\Delta PP_t = c + \rho u_{t-1} + \beta \Delta FP_t + \sum_{i=1}^{m} \delta_i FP_{t-i} + \sum_{j=1}^{n} \theta_j \Delta PP_{t-j} + e_t \qquad (10.37)$$

其中 u_t 是协整方程估计时得到的残差,最优套期保值比例可由 β 的估计值得出。利用 ECM 模型估计结果如下:

$$\Delta PP_t = -0.1336 u_{t-1} + 0.1731 \Delta FP_t \qquad (10.38)$$

从而得出 ECM 套期保值模型下的最优套期保值比例为 0.1731。

(4)对称 GARCH 套期保值模型

随着自回归条件异方差(ARCH)的发展和应用,基于条件方差的动态最优套期保值问题也日益进入人们的研究视野。对称 GARCH 套期保值模型可以表示如下：

$$\begin{bmatrix} \Delta PP_t \\ \Delta FP_t \end{bmatrix} = \begin{bmatrix} u_1 \\ u_2 \end{bmatrix} + \Gamma_1 \begin{bmatrix} \Delta PP_{t-1} \\ \Delta FP_{t-1} \end{bmatrix} + \begin{bmatrix} e_{1t} \\ e_{2t} \end{bmatrix} \quad (10.39)$$

其中，$e_t \mid \Omega_{t-1} \sim N(0, H_t)$，$H = C'C + A'e_{t-1}e'_{t-1}A + B'H_{t-1}H'_{t-1}B$，$H_t = \begin{bmatrix} H_{11,t} & H_{12,t} \\ H_{21,t} & H_{22,t} \end{bmatrix}$，在时刻 t 的最优套期保值比例可由 $H_{t-1} = H_{12,t} / H_{22,t}$ 给出。

对称 GARCH 套期保值模型的估计结果见表 10.39，相应的套期保值序列见图 10.21。

表 10.39　套期保值对称 GARCH 模型估计结果

		μ_1	Γ_{11}	Γ_{12}	μ_2	Γ_{21}	Γ_{22}	
均值方程	系数	4.241	0.232	0.108	16.256	0.183	0.041	
	标准差	1.796	0.073	0.011	6.545	0.183	0.086	
	P 值	0.018	0.001	0.000	0.013	0.015	0.633	
		c_{11}	α_{11}	β_{11}	c_{12}	c_{22}	α_{22}	β_{22}
条件方差方程	系数	35.597	0.580	0.655	10131.33	0.570	−0.019	0.227
	标准差	22.775	0.073	0.025	1289.820	0.106	0.007	0.086
	P 值	0.134	0.000	0.000	0.000	0.000	0.005	0.633

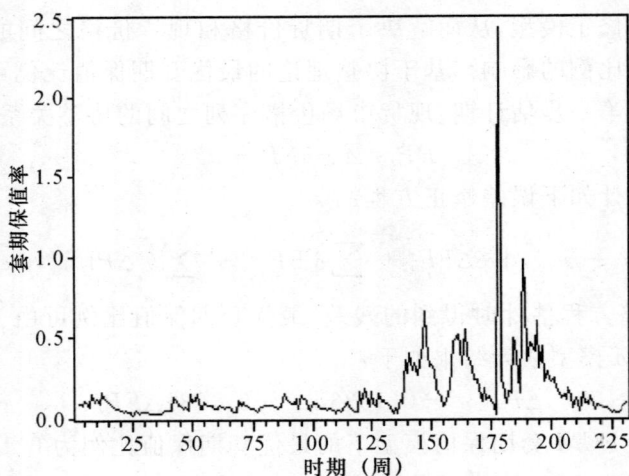

图 10.21　对称 GARCH 模型最优套期保值率

（5）非对称 GARCH 套期保值模型

非对称 GARCH 套期保值模型主要考虑了市场对好坏消息反应的不一致，其均值方程与对称 GARCH 套期保值模型相同，但在方差方程里需要考虑上一期市场结构波动方向对条件方差的不同影响。此时，$e_t \mid \Omega_{t-1} \sim N(0, H_t)$，$H = C'C + A'e'_{t-1}e'_{t-1}A + B'H_{t-1}H'_{t-1}B$，$\xi_{t-1} = \begin{bmatrix} \min(e_{1,t-1},0) \\ \min(e_{2,t-1},0) \end{bmatrix}$，$H_t = \begin{bmatrix} H_{11,t} & H_{12,t} \\ H_{21,t} & H_{22,t} \end{bmatrix}$，在时刻 t 的最优套期保值比例仍由 $H_{t-1} = H_{12,t}/H_{22,t}$ 给出。

非对称 GARCH 套期保值模型的估计结果见表 10.40，相应的套期保值序列见图 10.22。从回归结果可以看出大豆市场对好坏消息反应非对称效应的参数 γ_{11}，γ_{22} 显著不为零，利空消息对价格波动的影响要大于利多消息对价格波动的影响。

表 10.40　套期保值非对称 GARCH 模型估计结果

		μ_1	Γ_{11}	Γ_{12}	μ_2	Γ_{21}	Γ_{22}		
均值方程	系数	4.224	0.339	0.108	11.571	0.246	−0.002		
	标准差	1.999	0.084	0.013	7.193	0.081	0.082		
	P 值	0.035	0.000	0.000	0.108	0.003	0.985		
		c_{11}	α_{11}	β_{11}	c_{12}	c_{22}	α_{22}	β_{22}	c_{11}	α_{11}
条件方差方程	系数	35.296	0.722	−0.208	0.644	10128.80	0.208	0.518	−0.015	0.194
	标准差	24.895	0.128	0.155	0.028	1024.323	0.062	0.107	0.018	0.088
	P 值	0.156	0.000	0.180	0.000	0.000	0.001	0.000	0.424	0.027

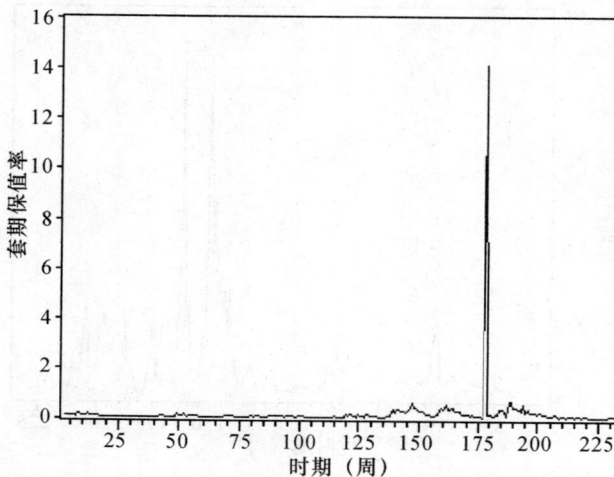

图 10.22　非对称 GARCH 模型最优套期保值率

（6）EC-非对称 GARCH 套期保值模型

在 EC-非对称 GARCH 套期保值模型中，e_t 的假设与非对称 GARCH 套期保值模型完全相同，只是在非对称 GARCH 套期保值模型的基础上考虑了协整关系对于最优套期保值比例的影响。

$$\begin{bmatrix} \Delta PP_t \\ \Delta FP_t \end{bmatrix} = \begin{bmatrix} u_1 \\ u_2 \end{bmatrix} + \rho\hat{\mu}_{t-1} + \Gamma_1 \begin{bmatrix} \Delta PP_{t-1} \\ \Delta FP_{t-1} \end{bmatrix} + \begin{bmatrix} e_{1t} \\ e_{2t} \end{bmatrix} \quad (10.40)$$

其中，$\hat{\mu}_t = PP_t - a - bFP_t$，为协整方程的残差项。在时刻 t 的最优套期保值比例仍由 $H_{t-1} = H_{12,t}/H_{22,t}$ 给出。

EC-非对称 GARCH 套期保值模型的估计结果见表 10.41，相应的套期保值序列见图 10.23。从回归结果可以看出，考虑了期、现货市场价格协整效应后，利空消息对市场价格波动影响的参数大幅下降，而利多消息对市场价格波动的影响下降幅度不大，则对于促进期货市场价格的稳定有积极的促进作用。

表 10.41　套期保值 EC-非对称 GARCH 模型估计结果

		μ_1	Γ_{11}	Γ_{12}	ρ_1	μ_2	Γ_{21}	Γ_{22}	ρ_2
均值方程	系数	2.107	−0.038	0.336	0.038	22.458	0.255	−0.173	−0.255
	标准差	2.606	0.008	0.058	0.011	6.915	0.023	0.061	0.068
	P 值	0.419	0.000	0.000	0.001	0.001	0.000	0.004	0.002
		c_{11}	α_{11}	β_{11}	γ_{12}	c_{12}	c_{22}	α_{22}	β_{22}	γ_{22}
条件方差方程	系数	411.59	1.920	−1.744	0.350	1839.241	0.253	0.660	0.426	0.183
	标准差	65.701	0.417	0.426	0.054	743.966	0.116	0.225	0.066	0.080
	P 值	0.000	0.000	0.000	0.000	0.013	0.030	0.003	0.000	0.022

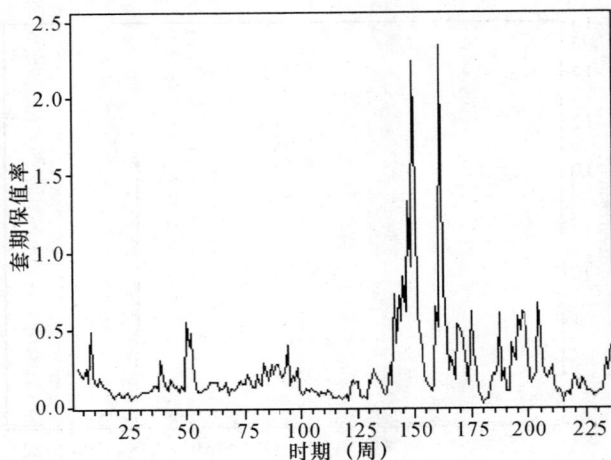

图 10.23　EC-非对称 GARCH 模型最优套期保值率

2. 套期保值绩效的比较

根据以上各模型估计的最优套期保值比例,根据前文所述套期保值绩效公式得出的结果如表 10.42 所示。

表 10.42 套期保值样本内套期保值绩效

模型类别	组合方差	保值绩效(%)
未套期保值	88.762	
OLS	85.739	3.406
ECM	85.740	3.405
B-VAR	83.739	5.659
对称 GARCH 模型	84.384	4.932
非对称 GARCH	84.171	5.172
EC-非对称 GARCH 模型	82.827	6.686

从表 10.42 可以看出,B-VAR、非对称 GARCH、EC-非对称 GARCH 模型的套期保值效率相对较高,能有效地使大豆现货市场的方差降低 5% 以上,而 OLS、ECM 模型的套期保值效率相对较低。但从总体上看,运用模型结果进行套期保值规避风险的能力并不高,这也从一个侧面反映了中国大豆期货市场与现货市场的相关程度不高,期货市场的发展还很不完善。

(五)非理性特征分析

价格发现是期货市场的核心功能,其功能的发挥离不开投机者的积极参与,适度的投机有利于缓解期货市场价格的大幅波动,增强市场活力和流动性。但是,非正常的过度投机则会使价格信息失真、增大市场的波动性,使市场的系统风险增加,影响国民经济的正常运行。

1. 模型及数据说明

本节对中国大豆期货市场非理性特征分析将采用 Schwert & Seguim (1990) 及 Davidian & Carroll(1987)提出的模型,具体模型方程如下:

$$R_t = \alpha + \sum_{j=1}^{5} \gamma_j R_{t-j} + \sum_{i=1}^{4} \rho_i d_i + \sum_{j=1}^{5} \pi_j \sigma'_{t-j} + U_t \qquad (10.41)$$

$$\sigma'_t = \delta + \sum_{j=1}^{5} \omega_j U'_{t-j} + \sum_{i=1}^{4} \eta_i d_i + \sum_{k=1}^{2} \mu_k A_k + \sum_{j=1}^{5} \beta_j \delta'_{t-j} + e_t \qquad (10.42)$$

其中,R_t 表示时刻 t 的回报;d_i,$i=1,2,3,4$ 分别表示条件回报和方差的周一至周五的日历效应;A_1,A_2 分别表示大豆期货的交易量和持仓量,并分别被分解为预期交易量和非预期交易量以及预期持仓量和非预期持仓量两个部分；方程的滞后阶数统一为 5 阶。R_t 拟合值表示基于给定波动水平以及周历的条件日回报；U_t 是方程的残差，用来表示非预期的回报。日标准差 σ'_t 可以通过如下公式估计得到：

$$\sigma'_t = |U'_t| \sqrt{\pi/2} \qquad (10.43)$$

对于以上模型的估计，Davidian & Carroll(1987)提出可以对模型采用迭代估计：首先，在不包括滞后波动项 σ'_{t-j} 的情况下，对方程 R_t 的系数进行估计；之后，计算 σ'_t 值后对方程 σ'_t 进行估计；根据方程 σ'_t 的拟合值重新估计方程 R_t 的参数，进而重新给出方程 σ'_t 的系数估计值（李艺和汪寿阳，2001）。

在投资者行为的非理性特征分析中，我们仍然选取大连商品期货交易所离交易日第二期进入交割的豆二商品期货合约，以 2005 年 1 月至 2009 年 8 月的日交易数据为研究对象，所选取的交易数据为日收盘价、交易量、持仓量，除双休日及法定节假日外，共收集豆二合约时间序列样本数据 1133 组。收益率按照以下公式进行计算：

$$R_t = 100 \times (F_t - F_{t-1})/F_{t-1} \qquad (10.44)$$

对日收益率、持仓量、交易量序列分别进行单位根检验，结果显示各数列均为平稳数列，其检验结果见表 10.43。

表 10.43　收益率、持仓量、交易量单位根检验

	单位根检验结果					
	项目	t 值	P 值	1%临界值	5%临界值	10%临界值
收益率	$I(0)$	−39.616	0.000	−3.966	−3.414	−3.129
持仓量	$I(0)$	−4.333	0.003	−3.966	−3.414	−3.129
交易量	$I(0)$	−4.859	0.000	−3.966	−3.414	−3.129

分析结果表明：大豆期货收益率、持仓量、交易量均为 $I(0)$ 过程。在接下来的分析中，我们将对所有的持仓量、交易量数据建立 AR 模型，并根据方程拟合值和残差分别将持仓量、交易量分解为预期持仓量、预期交易量和非预期持仓量、非预期交易量。

2. 实证分析

对于收益率方程的估计结果如表 10.44 所示，结果表明：中国大豆期货市场还未达到弱势有效，期货交易的历史数据对日收益率的解释能力有限，仅滞后一项的系数通过了显著性检验，方程调整后的 R^2 仅为 3.26%。但是我们也应该看到,大豆期货市场具有较强的日历效应,其在周一具有正的异常回报,回报率大概为 0.33%。方程对滞后波动项系数未通过显著性检验,表明其风险与收益之间并不存在显著的相关性。

表 10.44 日回报回归结果一览

常数项	星期一	星期二	星期三	星期四	DW	adj. R^2	F
0.308 (0.2991)	0.3310 (0.0000)	-0.2467 (0.7082)	-0.0958 (0.8974)	0.1760 (0.1228)	2.0082	0.0326	0.0000
$R(-1)$	$R(-2)$	$R(-3)$	$R(-4)$	$R(-5)$			
-0.1660 (0.0000)	0.0118 (0.7082)	0.0041 (0.8974)	0.0496 (0.1228)	-0.0147 (0.6437)			
$\delta(-1)$	$\delta(-2)$	$\delta(-3)$	$\delta(-4)$	$\delta(-5)$			
0.0203 (0.9122)	0.0192 (0.9245)	-0.1015 (0.5930)	0.0092 (0.9630)	-0.1642 (0.3545)			

波动性方程考虑了预期交易量、预期持仓量、非预期交易量、非预期持仓量和非预期收益率的影响,其估计结果如表 10.45 和 10.46 所示,正负交易量对价格波动的影响检验结果不显著,因此,在这里我们不考虑不对称性对期货市场价格的不同影响。实证结果表明其日历效应仍然明显,市场在周一波动性会异常增加,而到了周三、周四其波动性又会减弱,表明人们预期周一价格的不确定性很大,从而相应带动了期货市场波动性的增加。滞后 5 期的波动项系数中有 3 个在 1% 的水平下达到了显著,表明中国大豆期货市场的价格日波动已具有一定的记忆性和自相关性,调整后的 R^2 达到了 53.71%,但其功能尚未十分突出。对非预期回报系数的估计后发现,在滞后 5 期估计值显著不为零的 4 个中,有 3 个是负值,表明历史回报的异常增加会减小后续交易日的价格波动,对于维持期货市场的稳定具有一定的促进作用。对交易量的检验表明预期交易量与非预期交易量在 1% 的显著性水平下都达到了显著,但其期货市场波动性的影响是非对称的,预期交易量缓减了期货市场的波动性,非预期交易量增加了期货市场的波动性,但其对波动性影响幅度不是很大。对于持仓量的检验与交易量的检验不同,只有预期的持仓量对波动性的影响显著,其对期货市场波动性具有正的影响,扩大了期货市场的波动性。

表 10.45　日回报回归结果一览

常数项	星期一	星期二	星期三	星期四	DW	adj. R^2	F
0.5014	0.4276	0.0118	−0.1136	−0.1547	1.9882	0.537	0.000
(0.0000)	(0.0000)	(0.7474)	(0.0008)	(0.0000)			
预期持仓量	未预期持仓量	$U'(-1)$	$U'(-2)$	$U'(-3)$	$U'(-4)$	$U'(-5)$	
0.0000131	0.0000098	−0.0147	−0.0315	0.0262	0.0010	−0.017	
(0.0109)	(0.0775)	(0.004)	(0.000)	(0.000)	(0.845)	(0.001)	
预期交易量	未预期交易量	$\delta(-1)$	$\delta(-2)$	$\delta(-3)$	$\delta(-4)$	$\delta(-5)$	
−0.000041	0.0000451	0.4752	−0.0549	0.3525	−0.1879	0.036	
(0.003)	(0.000)	(0.000)	(0.1007)	(0.000)	(0.000)	(0.216)	

表 10.46　考虑非对称影响的日波动回归结果一览

常数项	星期一	星期二	星期三	星期四	DW	adj. R^2	F
0.5035	0.4274	0.0117	−0.1137	−0.1544	1.9877	0.5364	0.0000
(0.000)	(0.000)	(0.749)	(0.001)	(0.000)			
预期持仓量	未预期持仓量	非对称性	$U'(-1)$	$U'(-2)$	$U'(-3)$	$U'(-4)$	$U'(-5)$
0.000013	0.000011	−0.0236	−0.0148	0.0117	−0.1137	0.001	−0.017
(0.011)	(0.067)	(0.584)	(0.004)	(0.749)	(0.001)	(0.843)	(0.001)
预期交易量	未预期交易量	非对称性	$\delta(-1)$	$\delta(-2)$	$\delta(-3)$	$\delta(-4)$	$\delta(-5)$
−0.00004	−0.00004	−0.0086	0.4745	−0.0550	0.3523	−0.1879	0.0371
(0.002)	(0.000)	(0.856)	(0.000)	(0.1003)	(0.000)	(0.000)	(0.213)

（六）结论

通过对中国"大豆风波"案例的深入分析及大豆期货市场的功能检验，我们可以发现，虽然大豆危机的发生是首先由外盘的价格波动引起的，但是由于中国大豆期货市场的功能不完善，对于此场危机的加剧也起到了推波助澜的作用。通过对中国大豆期货市场的研究，我们可以得出以下结论：

（1）中国大豆期货市场已经初具价格发现功能。从实证分析结果看，大豆期货价格与现货价格存在着长期协整关系；从长期来看，是期货价格引导现货价格，反映出中国大豆期货市场基本发挥了其价格发现功能；从响应函数来看，现货价格对于期货价格新信息的反映较为灵敏，但是其持续的时间很长，说明了大豆期货价格正在成为现货价格的基础。期货市场对来自于现货市场的新信息反映较为迟钝，持续的时间也略短，说明中国大豆期货市场存在投资者的不理性及过度投机等行为,从而忽略了对现货市场的有效需求。方差分解则说明期货市场的新信息对于期货价格和现货价格都具有重要的决定性作用,期货市场价格发现功能处于主导地位。

(2)大豆市场的信息溢出效应现货市场要强于期货市场。对大豆期、现货市场的风险 VaR 分析表明,一般而言,期货市场的风险要高于现货市场,但是在某一时期也出现了现货市场风险高于期货市场风险的情形。对信息溢出效应的实证分析表明,大豆期货市场和现货市场的价格收益率、市场波动性及风险均存在着一定的互动性,但是大豆现货市场对期货市场的信息溢出要强于期货市场对现货市场的信息溢出,说明中国大豆期货市场的价格发现功能并未如协整、方差分析所描述的那么完善。虽然期货市场对现货市场已具有一定的信息溢出效应,但是正如前文所分析的,其信息溢出反应迟钝,为了更好地凸显大豆期货市场的价格发现功能,中国的大豆期货市场尚待进一步完善。

(3)中国大豆期货市场的套期保值功能也不尽人意。利用六个套期保值模型结合套期保值绩效指标对中国大豆期货市场的套期保值功能进行研究后发现,相对于不进行套期保值,进行套期保值后明显降低了组合的波动性,在一定程度上避免了现货价格的波动风险。但是套期保值的绩效却不尽人意,相对于不进行套期保值,套期保值只能降低大约 5% 的价格波动,这从一个侧面说明了中国大豆期货市场的不尽完善,从而阻碍了规避市场功能的进一步发挥。

(4)中国的大豆期货市场具有一定的投机性。通过实证分析我们可以发现,中国大豆期货的预期收益与预期风险之间不存在显著的相关性,预期持仓量与价格波动之间存在着正相关关系,非预期持仓量与价格波动之间的关系不显著,这与国外成熟的期货市场情况相反。正负预期交易量对于价格波动的影响是对称的,预期交易量与期货价格波动之间存在着负相关关系,非预期交易量与期货价格波动之间存在着正相关关系,且非预期交易量对价格波动的影响略大于预期交易量对价格波动的影响。预期收益与预期风险之间相关性的不显著及非预期交易量对期货价格的重要影响,都表明了大豆期货市场具有一定的投机性。

三、中国粮食缺乏定价权的原因剖析

中国居民生活水平和消费水平的提高引致粮食消费量的与日俱增,自2000 年后中国粮食尤其是大豆进口不断攀升,粮食进口依存度不断提高,而2008 年后中国粮食市场的国际化、市场化程度不断提高,同时伴随着全球资

源紧缺趋势和金融衍生品市场的极度扩张,粮食的金融属性彰显无疑。为了获取高额垄断利润,跨国粮食企业通过国际粮食期货交易所和对目标国的产业链渗透的方式,掌控粮食定价权,获取丰厚的垄断利润和金融利润,最终控制整个粮食产业链,从而对中国的粮食产业安全形成了威胁。与此形鲜明对比的是,国内粮食产业发展仍然处于小农生产、分散经营的尴尬境地,信息化水平低下,现、期货市场体系不完善,行业协会功能得不到有效发挥,政府管理职能缺位等等,这些问题的存在对获取粮食定价权、保障国家粮食安全极为不利。

中国玉米出口拥有微弱的市场势力,但对国际市场价格缺乏影响力,而大豆进口则不存在市场势力,总体上中国的粮食贸易不存在"大国效应"。对大豆定价权的分析表明,中国大豆期货市场的套期保值功能没有充分发挥,定价权缺失,这显然与中国大豆进口量占世界大豆进口总量 60% 的地位不符。这部分以大豆为例对中国粮食缺乏定价权的原因进行剖析。大豆进口缺乏市场势力,进而影响了定价权,这是国际、国内诸多因素综合作用的结果。从国际因素看,主要是国际粮食垄断资本对全球大豆产业链的操控;从国内因素看,主要是中国大豆生产成本偏高、大豆企业数量多但集中度低、采购体系分散、在全球大豆产业链上处于弱势地位等。

（一）跨国粮商方面

跨国粮商凭借其资本、规模和技术优势对各国生产资源、国际贸易和全球产业链及定价权实施全面掌控。美国、巴西、阿根廷和中国是世界四大大豆主产国,相比之下,巴西和阿根廷的大豆生产资源优于美国和中国。国际粮食垄断资本早在 20 世纪末就已开始通过提供转基因大豆种子、高效除草剂和优惠农业贷款等多种形式,对巴西和阿根廷的大豆生产资源实施控制,这一方面使得巴西和阿根廷的大豆种植规模迅速扩大,加大了对美国垄断资本的依赖;另一方面跨国粮商从中获得了更大利益,垄断资本渗透的范围更广,对生产资源的掌控也更深。

美国、巴西和阿根廷是世界主要大豆出口国,近年来三国大豆产量的近40% 用于出口,拥有大豆贸易的绝对优势地位,而以四大跨国粮商为首的国际粮食垄断资本已经控制了全球近 90% 的大豆国际贸易,这使得全球大豆产业链基本在其控制之下,进而使美国在全球大豆定价权上拥有绝对的霸主地位,已经形成了"巴西、阿根廷种大豆,中国用大豆,美国决定大豆价格"的畸形格局(刘海月,2011)。

跨国粮食集团以大豆作为进入中国市场的敲门砖,通过参股国内大豆加工企业逐步控制中国大豆定价权,进而借其对国际市场大豆流通的控制权和掌控国际大豆定价权的优势,造成国内加工企业亏损。目前全国97家大型油脂企业中的64家被外资控制,比例高达66%(王帅,2012)。而随着中国粮食流通领域全面放开,跨国粮商加紧了其在中国粮食流通环节的战略布局,这将对中国的粮食安全造成威胁。

（二）全球价值链方面

中国大豆产业处于全球价值链的低端,难以在产业链竞争日趋激烈的国际市场上取得有利地位。跨国粮食垄断资本的兴起使得农业逐渐向发达国家转移,原有的发达国家和发展中国家农业互补格局被打破,更多的是发达国家通过农业保护和贸易壁垒等形式对农产品价格实施打压,发展中国家越来越处于从属地位。

大豆产业链中,豆蛋白的提炼和豆油的压榨是价值相对较高的环节,而中国对国产大豆偏好弱的重要原因是进口大豆的蛋白质含量和出油率较高,从而在这一环节上国内大豆加工企业很是被动。随着产业链竞争的日益加剧,无论是大豆产业链上游的种子和农药等生产资源的提供,中游的大豆蛋白提炼和豆油压榨及下游的豆粕、豆油等制品的销售,都成了跨国粮食垄断资本的掠夺对象。目前国内市场上的豆油几乎均由进口转基因大豆所压榨,跨国粮商从种子版权费和农药使用费中获取了大部分的超额垄断利润。由于进口大豆多为转基因大豆,且国内大豆加工企业均有不同程度的外资参股,对进口大豆的高依赖性使得豆油压榨环节的绝大部分利润为跨国粮商获取。

中国作为世界最大的大豆及其制品消费国,由于全球大豆价值链的高利润环节及国内大豆产业链基本为跨国粮食垄断资本所控制,很难在豆制品的销售环节获取太多利益。因此从总体上看,中国大豆产业处于全球价值链的低端环节,中国不能对大豆产业链实行有效控制,难以在国际市场上取得有利地位。

（三）国内生产方面

国内生产成本高、缺乏价格优势,难以满足国内企业需求,从而导致对进口的过度依赖。高颖等(2007)指出,中国大豆加工企业对国产大豆的偏好弱,国内需求基本靠进口来满足,因而当进口增加后最大受益者是美国、巴西等大豆出口国。同时进口量对进口价格的变化非常敏感,从而反映了国内大豆进口主要是基于价格因素的考虑,即中国大豆生产成本过高使得国内大豆价格较进口价格不存在竞争优势。

本研究首先对各国的大豆生产成本进行了比较（图 10.24）。结果发现，1995 年后各国大豆生产成本均有不同程度上升，但相比之下中国的大豆生产成本上升更快，且与其他国家的差距越来越大。因此，中国大豆生产成本处于劣势地位。2008 年黑龙江 97% 的大豆加工企业处于停产、半停产状态便是生产成本过高的直接结果（李成刚和潘英丽，2009）。

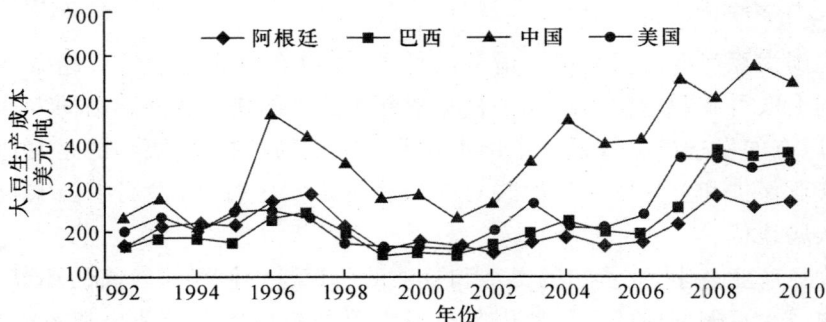

图 10.24　1992—2010 年各国大豆生产成本比较

本研究进一步对中国大豆生产成本和进口价格进行了比较（图 10.25），结果发现，在研究的 19 个样本中，有 14 个样本的生产成本高于进口价格，说明中国国内大豆价格也处于劣势地位，而这要比成本劣势更大。

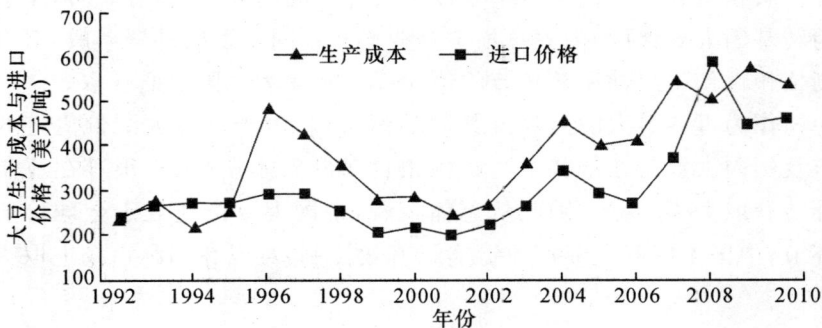

图 10.25　1992—2010 年中国大豆生产成本与进口价格比较

因此，在成本和价格因素的综合作用下，中国大豆进口需求越来越旺盛，国内大豆加工企业对进口的依赖度已达到 70%，受到的冲击也越来越大，这又将导致成本和价格负效应的进一步放大，从而使中国大豆产业跌入"进口数量越多，企业损失越大，产业威胁越大"的陷阱中。

（四）国内加工方面

国内加工企业数量众多、规模偏小，采购体系分散，规模优势难以转化为市场势力。大豆产业链具有链条长、附加值高等特点，国内企业纷纷进入大豆加工业。Pindyck et al.（2009）指出，买方的数目及相互之间的作用程度是决定买方市场势力的重要因素，但近年来中国大豆企业数量及其加工能力的扩张速度远远超过了实际加工量，导致产能过剩，各企业间的相互竞争加剧，规模优势和市场势力均难以形成。

20世纪90年代，东北地区大豆加工能力占全国的50％以上。2006年以后，东北地区大豆加工能力已经降为全国的20％，并形成了五大压榨圈共存的格局，大豆加工业布局已经呈现明显的分散化趋势。虽然国内加工企业的规模迅速扩大，行业集中度也得到明显提高，如中国大豆产业中最大的十个企业加工量占总加工量的比率（CR_{10}）从2000年的35％提高到2010年的50％以上。但由于欧美等主要发达国家拥有大型的跨国粮食集团，不论是企业规模和行业集中度都远远胜于中国企业，如美国四个最大的大豆加工企业加工量占加工总量的比率（CR_4）在2006年就已达到80％，因此与欧美发达国家相比中国大豆加工企业的规模和集中度均偏小。当前中国的大豆贸易主要通过四大跨国粮商进行，而随着外资控制国内大豆产业链的步伐加快，国内大豆加工企业的内资本控股比例逐年减少，只要大豆市场结构不出现太大变化，中国与欧美发达国家进行大豆贸易时的议价能力仍将缺乏。

高需求引致的高大豆采购成本及对利用期货市场进行套期保值的意识不足，国内众多的中小型大豆加工企业无力承担巨大的资金风险，对采购价格风险的控制能力薄弱，造成企业各自为战，难以形成完整的大豆采购体系，从而使得现有的大型企业集团难以发挥其规模优势，逐渐丧失了大豆价格的控制能力，进而导致市场势力的缺失。

（五）信息服务方面

国内公共信息服务滞后、行业协会职能缺失，政府与市场各主体之间缺失有效协作，抵御国际市场价格风险的能力不足。国际大豆市场定价以期货为基础，而畅通的公共信息传递是发挥期货市场功能的前提。当前国内尚未建立统一和权威的信息发布渠道，仍以美国农业部的信息数据为基准，而国内有的企业甚至为了自身的利益对外封锁消息，加大了相关部门获取和处理信息的难度，由此导致的后果是增加了企业的采购、经营风险和利益损失，2004年的"大豆风波"便是一个典型的案例。

当前中国大豆产业中存在的两个突出问题是产业过剩和无序采购,而这些问题的解决有赖于大豆行业协会功能的充分发挥。许多发达国家都有各自的大豆行业协会,如美国在 1920 年就已经成立了其大豆协会,在协调各方利益等方面发挥了举足轻重的作用。与之形成鲜明对比的是,中国在 2007 年才成立大豆产业协会,且各协会间、各部门内均不同程度存在资源不足、人才匮乏和运作效率低等问题,对国内大豆企业的引导能力不足,大豆行业协会"形同虚设"。同时,由于市场失灵的存在,包括大豆行业协会在内的各市场主体运作效率的提高与政府的监督和调控职能有密切关系。而当前各地方政府对自身在大豆产业中所处的地位认识不清,管理效率不高,导致与各市场主体间的协同效应缺失。

大豆产业定价权缺乏仅是中国粮食国际定价权问题的一个侧面,就整个粮食产业而言,跨国粮商的垄断和对产业链的操控也是普遍存在的。相对大豆来说其他粮食品种的贸易依存度并不高,但国内粮食企业的众、小、散特点及大型粮食企业的带动作用不足,很难形成完整高效的产业链。政府管理体制及行业协会等非政府组织的职能缺位强化了粮食产业的弱质性,导致整个产业处于全球价值链的低端环节,产业的经济利益受到严重侵蚀。可以认为,中国粮食定价权的缺失是粮食产业发展过程中形成和遗留下来的长期性问题,谋求全球粮食定价权,建立中国的全球粮食定价中心仍有很长的路要走。

本章小结

本章从中国粮食贸易的现状展开论述,从粮食贸易量、粮食贸易价格和粮食库存等方面阐述了中国粮食贸易在全球粮食产业链中所处的地位。在此基础上,基于市场势力模型,分析以玉米和大豆为例,检验了中国粮食贸易的"大国效应"是否存在,并评估了四大粮食品种的定价权,尤其是对大豆定价能力及大豆期货市场功能发挥程度进行了测度,分析了中国粮食缺乏定价权的原因。国际稻米和小麦市场的竞争程度相对较高,虽然各国之间的定价能力不相上下,但与美国、巴西等主要粮食出口国相比,中国粮食定价能力还存在一定的差距;而国际玉米和大豆市场则是属于高度寡占型市场,以美国为首的玉米和大豆出口国在国际市场中榨取了大部分贸易利得,也方便了垄断资本渗透本国粮食产业。

如果说跨国粮商对国内粮食产业链的垄断和操控是中国粮食安全受到威

胁的直接原因的话，那么中国粮食产业存在的问题则是导致国家粮食安全遭受威胁的根本原因。中国粮食企业众多但面对外来企业时竞争能力不足，更不必说到国际市场中公开竞争。对于近年来进口量激增的大豆产业来说，进口量的大幅度增加可以看作是开放度的提高，而在现代市场经济中，市场开放是一国经济发展的必然选择，粮食市场也是如此。若粮食市场开放度的提高以重蹈大豆产业覆辙为代价的话，保障国家粮食安全根本无从谈起。从本章的分析不难发现，粮食市场开放应以社会主义市场经济体系的完善为前提和保障，而完善的市场经济体系不仅是现代市场，还应包括期货市场，尤其是粮食期货市场。大豆期货市场的各项功能远没有发挥其应有的作用，加上国内粮食企业相互之间的无序竞争，导致了期货市场的价格发现和风险规避能力无法充分显现，损害了产业经济利益。因此，提高粮食的定价能力应从完善国内粮食市场、提高企业国际竞争能力开始。

第十一章 全球定价权缺失对中国粮食安全的影响研究

第一节 定价权缺失影响中国粮食安全的现状分析

一、定价权对粮食安全的战略意义

在全球资源紧缺和金融衍生品市场扩张的背景下,几乎任何商品尤其是农产品、石油等战略资源性商品的金融属性不断增强,金融资本与产业资本对全球商品市场和产业链的控制性掠夺的本性彰显无疑,而其攫取高额利润的主要手段就是通过对农产品定价权的控制实现的。为了攫取高额垄断利润,跨国粮食企业通过国际农产品期货交易所和对目标国的产业链渗透的方式,掌控农产品的定价权,攫取丰厚的金融利润,最终控制整个产业链,从而对目标国的产业形成威胁。以大豆产业为例,2000年开始,中国大豆进口急剧膨胀,2004年"大豆风波"以后,跨国粮商大举进入中国,控制了全国70%的大型油脂企业,控制产能在85%以上,大豆的进口依存度也已经达到75%。大豆是生产食用油的主要原料,跨国粮商首先从产业链下游控制了豆油压榨企业,进而控制了中国食用油市场,从而使中国的大豆定价权成为其囊中之物。从中我们不难发现,投资建厂和控股兼并是在外资控制中国大豆产业过程中跨国粮商采取的两个主要策略。在参与国际市场定价过程中,中国的大豆压榨企业因市场风险意识弱且缺少风险管理手段,无法适应现代市场形势的变化。农业产业是继资本、石油之后的第三个金融市场,由于国内大豆产业结构内部存在诸多弊端,使得跨国粮商凭借其强大的技术资金优势逐步实现对中国实体农业的控制。在利益被攫取的同时,中国的农业竞争力丧失,粮食安全受制于人。

然而,控制大豆产业链仅是跨国垄断资本图谋中国粮食市场的开始。事实上,早在 2005 年外资就已在东北布局水稻全产业链,从种子到加工无一遗漏,如益海种业集团已在吉林等多个粮食主产区成了省级种子公司。外资玉米品种在中国迅速得到推广,作为中国粮食企业巨头的中粮集团也开始大规模进口转基因玉米,外资在中国玉米产业的布局已经逐渐展开。玉米是养殖业的主要原料,一旦受外资控制,中国的养殖业也要看外资的脸色。定价权的缺失使中国丧失了在国际粮食市场中的影响力,大豆、小麦等主要粮食品种的价格都是由发达国家的供应商或商品期货市场以及金融机构投机者所决定,中国因此被动地承担国际粮食价格波动带来的各种风险。概括来说,定价权的获取对于维护中国粮食安全的战略性意义主要体现在以下三个方面:

(1)定价权的获取有助于减少甚至避免国际粮食价格波动对国内物价产生的负面影响,保障国家粮食安全。粮价是百价之基,是物价总水平的重要影响因素,粮价上涨将带动其他商品价格的上涨并出现通货膨胀。在外资大举入侵中国粮食产业链后,跨国粮商通过影响价格实现了对销售渠道的控制并获得了粮食的定价权,进而会通过抬高原料价格来攫取高额的垄断利润,从而扰乱了国内粮食价格。由此产生的后果主要体现在两方面:①粮食价格过度下跌挫伤农民生产积极性,造成粮食供给不足;②粮食价格过度上涨则会使消费者尤其是低收入人群因买不起粮食而陷入生存困境,进而将引发社会动荡。由于粮食生产具有周期性和滞后性,粮价的巨大波动将会误导粮食生产决策,严重危害国家粮食安全。

(2)定价权的获取有助于中国更灵活、更充分地借助国际市场保障国家粮食安全。中国粮食产量已取得了 8 年的连续增长,但需求的膨胀引致粮食进口量的迅猛增长。最引人关注的是,2010 年起中国开始大批量进口玉米,而在此之前的玉米进口量一直非常小;其他主要粮食品种的进口量在该年也有较大增长,如小麦进口量同比增长 36.1%,大豆进口量同比增长 28.8%。中国粮食进口的快速增长引起了国内的担忧,如果粮食进口不断增加,那么玉米、小麦等主要粮食品种也可能像大豆一样,受制于国际市场,从而使国家粮食安全受到威胁。在新的粮食安全观下,今后中国粮食供给的主要特点是"高度自给、立足国内、借力国际",由侧重国内粮食供需平衡转变为统筹利用国内国外两个市场和两种资源,由"调解余缺"为目的的被动粮食进口转变为以"结构平衡"为目的的主动进口。那么要最大程度地维护国家利益,保障国家粮食安全,也应该随之更加注重掌握国际粮市的定价权。中国大豆进口量已占国际市场的 60% 以上,但近来进口价格不断上涨,我国在国际贸易中的"大国效应"尚未体现,一个很可能的原因是,中国粮食进口来源比较集中,进口环节的议价能力薄弱。跨国粮商陆续进入中国市场后，目前已控制了国内70％的大型油脂企业，由此导致了内资企业经营困难、政府调控能力减弱等一系列问题，显然已影响到中国的粮食安全。因此，注重粮油贸易定价能力的获取及国内加工环节的控制，将有助于确保政府有效调控国内粮油市场，保障国家粮食安全。

（3）定价权的获取是实现农业产业链跨越式发展和维护国家粮食安全的根本保障。世界粮食市场已经成为发达国家以及跨国粮商相互竞争的平台，中国粮食贸易尤其是进口贸易基本是通过跨国粮商完成的。跨国粮商之所以在国内横行无忌，不外乎两个原因：①通过产业链战术收购国内粮库并高利诱使地方粮食管理部门与其合作，逐渐掌握了中国粮食市场的控制权；②国内缺乏拥有市场势力的大型跨国粮食企业，各企业间合作涣散，被跨国粮商乘虚而入，导致粮食贸易受制于人，这将导致国家陷入粮食不安全的危险境地。定价权的获取建立在产业链各环节都不同程度拥有市场势力的基础之上，一旦产业链上的各环节拥有了市场势力，就有可能培育出中国的跨国粮商，外资便不能达到控制国内产业链的目的，因而能在根本上保障国家的粮食安全。

二、定价权缺失对中国粮食安全的影响机理

2004年的"大豆风波"后，国内各界对于中国的定价权问题日益关注。目前大宗国际贸易采取的是现货贸易、期货定价的方式，期货市场对于市场价格信息的反应灵敏，其形成的价格能够更真实、客观地反映市场供求和价格变动趋势，并对现货价格具有积极的引导作用。因此，可以说大宗商品定价权的主体是期货市场，而不是传统的国际贸易买卖双方，贸易买卖双方最终都是期货价格的被动接受者。"大豆风波"之所以会发生，主要在于国内的企业主要参与现货的交易，而忽略了其在期货市场应有的作为，导致国内企业纯粹是一个被动的价格接受者，他们扮演的买家角色是不完整的。导致中国大豆定价权旁落的另外一个重要原因是，中国作为国际市场上最大的大豆进口国，缺乏其作为大买家在定价过程中应有的价格影响力。中国大豆进口企业作为一个整体是"大买家"，但是中国的大豆进口企业就像一盘散沙，过度竞争且缺乏联合，并不存在真正的"大买家"优势。加之中国庞大的大豆进口量往往导致市场预期供应紧张，推动期货价格不断走高，这些因素的共同作用使得中国在大豆进口上"量的优势"变成了大豆价格上"质的劣势"。稻米、小麦和玉米等粮食也同样面临定价权危机。

"大豆风波"导致的国内大豆产业危机主要表现在进口依存度、外资高度

垄断和转基因质量隐患三个方面。①目前中国大豆进口依赖度极高。自2000年中国成为最大的大豆进口国以来,中国大豆的进口量连年攀升,2006年中国大豆净进口2827万吨,进口依存度高达64%,2007年中国净进口超3000万吨大豆,进口依存度达82.7%,而2010年大豆净进口为5400多万吨,依存度超过90%。②外资垄断了大豆产业链,弱化了政府的调控能力。大豆危机不仅体现在原料的自给能力上,还体现在产业的加工能力上。据报道,中国进口大豆货源和实际加工能力都控制在少数几个跨国粮商手中,而世界粮食交易量的80%,又都被垄断性地控制在"ABCD"四大跨国粮商手中。③进口转基因大豆潜在隐患不容忽视。转基因食品的安全性存在着广泛的争议,转基因食品可能产生新毒素和过敏源等不良后果,使用大量转基因植物油以及转基因豆粕养殖的肉类和水产品,其潜在的危害绝不容忽视。

因此,定价权缺失及其导致的国内产业危机从高进口依存度、跨国粮商的外资垄断和转基因安全隐患等方面,对中国粮食在供给、流通和消费等各个领域都造成了重大影响,从而进一步威胁到国家粮食安全。为揭示定价权缺失对粮食安全的影响机理,本部分以2004年的"大豆风波"为例作深入探讨。

(一)第一次谋求大豆定价权失败

2002年至2004年的那场大豆危机可以看作是中国谋求大豆定价权的第一次努力。2004年是中国大豆产业历史上不同寻常的一年,这一年中国大豆进口总量达到了2023万吨,豆油进口量达到了252万吨,分别达到了历史次高和最高水平。但由于受美国CBOT期货市场带动,从2001年下半年到2003年,大连商品期货交易所的大豆合约从1700元附近冲高到了3499元。同年8月,由于美国大豆产区天气干旱,美国农业部出具的月度供需报告又对大豆行情产生了推波助澜的影响。2004年4月,美盘创出了1064美分的高价,为近16年以来的最高纪录,同期大连期交所的大豆409合约也创出4100元的最高纪录。

与此同时,国际市场上大豆价格开始出现了剧烈的波动,国际市场价格还处在高位时,正值美国白宫对中国纺织品设限,为了缓和中美之间的经贸关系,中国向美国派出了农产品采购团。由于我方信息不通畅和缺乏国际贸易经验,片面听信了美国公布的虚假研究报告,导致中方代表团在4100元/吨左右的价格采购了150万吨大豆,随后国际市场大豆价格开始剧烈下跌至3100元/吨,国内的大豆压榨厂商蒙受了巨额的亏损,大批企业开始陷入困境。在进口大豆的加工企业几乎全军覆没时,国内的大豆种植业也遭受前所未有的重创。2006年主产区黑龙江的大豆种植面积相比2005年减少了25%,2007

年又比 2006 年减少了 600 万亩,总产量也由最初的 130 亿斤降至 92 亿斤。

（二）大豆产业链出现割裂

中国大宗农产品定价权的丧失,加上第一次谋求大豆定价权努力的失败,对国内宏观政经大局产生了难以估量的影响。

农民在本轮农产品涨价中虽获得了一些利益,但却给城镇居民特别是低收入市民和困难群体的生活带来较大影响。此外,大豆价格波动的影响不止涉及种植户和压榨企业,由于挂钩的因素涉及 CPI、汇率等,豆价震荡将可能波及更为广大的范围。在 2004 年 11 月 27 日召开的中共中央政治局会议上,将"防止价格由结构性上涨演变为明显通货膨胀"列为宏观调控的首要任务。

2004 年大豆危机带来的不仅是一个产业的整体洗盘,而且导致了中国大豆产业链的失陷。中国的大豆加工企业多分布于东北大豆主产区附近,随着中国大豆市场的开放,廉价进口转基因大豆开始大量涌入中国,国产非转基因大豆不但出油率比进口大豆低 2 到 3 个百分点,而且成本较高,使得加工国产大豆的企业纷纷来到长三角和珠三角的豆油销售区建厂加工进口大豆。在中国大肆扩张大豆压榨能力之时,世界大豆生产水平却处在一个下降周期,导致国内众多的大豆压榨企业纷纷争夺原材料,从而更加加剧了定价权的外移。此时,美国 ADM、邦基、嘉吉、来宝等跨国粮商趁机大举进入中国市场,收购国内大豆压榨企业,导致国内原本就薄弱的大豆产业链被完全割裂。

（三）外资企图垄断中国非转基因大豆市场

2008 年 11 月,海关总署发出预警,指出外资企业在中国粮食领域的控制力正在逐步加强,尤其是跨国投资企业丰益国际,斥资 30 亿美元进驻东北,企图垄断国内非转基因大豆市场。但海关总署并没有对此提出政策建议,海关负责人解释称,怕对其他部门造成压力,对国家决策造成影响。由于大豆在进出口中占了很高的比重,此次的预警主要指大豆领域的外资控制。

目前,海外资本主要以三种方式介入中国的大豆市场:①控制期货市场大豆的定价权。2004 年,跨国巨头利用期货市场大豆价格的巨幅涨落,在高价处诱使中国企业签下巨额订单,然后大豆价格又出现大幅回落,导致中国油脂企业半数破产。②对产业实施"洗牌",消灭中国龙头企业。目前国内仅有中粮集团与九三油脂尚有能力与跨国粮商相抗衡,九三油脂的优势在于东北的产区优势,而跨国粮商在国内的产业布局,已使九三油脂压力重重,可见跨国粮商对中国大豆产业重新"洗牌"的决心。③实现转基因大豆的源头输入。当前,中国政府对转基因大豆种子流入国内始终采取严格管制的政策,国外种子公司与其关系密切的国际粮商合谋，通过控制农民，实现了转基因大豆种子的强行入侵。

外资的大量进入中国市场，对缓解当前油脂市场虽有一定的积极意义，但其潜在的影响也是不容忽视的。2004 年大豆危机后，中国仅剩 90 多家榨油企业，且其中 64 家已被外资控制，其实际加工能力超过 5000 万吨，占国内的 85％。中国作为最大的大豆进口国，已经丧失了议价能力。

（四）"九三油脂"最后防线的失守

2009 年一季度，被称为国产大豆"最后守望者"的九三集团，一举成为进口大豆最多的黑龙江企业。2009 年前三个月黑龙江的大豆进口数量分别达到 19 万吨、7.9 万吨以及 17 万吨左右，相比 2008 年一季度的 5156 吨，出现了前所未有的巨大涨幅。

黑龙江一季度进口了 44.1 万吨大豆，主要来自两家企业，一家是九三集团，另一家是黑龙江地方储备粮公司，其中九三集团一季度共进口 42.3 万吨大豆。据九三集团内部人士透露，该集团在黑龙江境内的 5 座工厂生产经营面临着很大压力，沿海 3 座工厂形势要好一些，所以今年一季度进口的大豆数量比较多。2004—2007 年，九三集团在沿海的大连、天津、广西三地上马了大豆压榨项目，以方便对进口大豆进行加工，年加工能力 450 万吨。九三集团另在黑龙江有 5 座油脂加工厂，主要加工国产大豆，年加工能力约为 250 万吨。

导致九三油脂最后失守的原因还在于成本的压力，据黑龙江东源油厂总经理聂孝军测算，目前进口大豆的成本价格在每吨 3500 元左右，在南方沿海地区按照豆油每吨 7300 元、豆粕每吨 3100 元计算，企业加工每吨进口大豆的利润约为 200 元。而在目前的豆油、豆粕价格水平下，黑龙江油厂使用国产大豆只能保本。由于加工进口大豆仍有利润可赚，九三集团加大进口量也就可以理解。

（五）商务部新规严防"大豆风波"

《大宗农产品进口报告和信息发布管理办法（试行）》从 2009 年 8 月 1 日起正式实施，这是商务部首次就大宗农产品的进口出台相应的管理办法。该《办法》的实施，可以帮助国家相关部门及时掌握农产品的进口信息，从而随时跟踪市场，及时进行调控。新办法的实施，对大宗农产品企业最大的好处是：能够利用公开的信息，综合研判，从而及时调整交易计划，进而最大可能地跳开外商的套利区间。等这一制度完全实施之后，各家企业的采购信息经商务部备案，对整个行业来说，等于是有据可查。假如再有类似的"大豆之战"，中国企业可以利用这一信息平台，及时做出综合预判，完全可以放弃美国，转赴阿根廷、巴西等国，采购大宗的同类农产品。

据介绍，2008 年中国大豆、豆油、棕榈油进口量均居世界第一位，中国已成为世界第一大豆进口国，进口量占国际市场贸易量的 1/3，而大豆进口却呈量减价扬趋势，主要原因是商业信息严重不对称。由于对国际市场行情缺乏准确把握，国内大豆加工和贸易企业在做决策时，往往主要参考美国农业部或外商提供的市场数据。同时，国际粮商和芝加哥农产品期货市场，对中国何时进口多少大豆、何时在芝加哥结价，掌握得一清二楚，这就给某些国际粮商及投机基金操纵价格、套取高额利润提供了可乘之机。相反，中国的企业对此却束手无策。而《大宗农产品进口报告和信息发布管理办法（试行）》的颁行，便于政府针对进口的大宗农产品，在行业库存—企业需求—市场供应—产品价格之间，开展有效调控。

对"大豆风波"的整个过程进行分析后我们不难发现，产业链的割裂导致了国内产业发展的各种问题，跨国垄断资本大举入侵国内产业链，掌控了国内非转基因大豆市场，粮食定价权也落入外资之手，进而使得原本脆弱的国内粮食产业雪上加霜。因此，定价权的旁落从供给、流通和消费等粮食产业链的各环节对中国的粮食安全造成了深远的负面影响。我国有必要对产业链割裂的影响因素和定价权对粮食安全的影响进行实证评估，以获得足够的经验证据指导国内产业发展。

第二节　产业链缺失影响中国粮食安全的因子分析

产业链割裂是指由于产业链结构涣散、上下游之间协调力度不够等原因导致的效率缺乏，从而使整个产业的发展受到限制。产业链割裂涉及产业链形成过程中各环节之间相互作用，任何行业的产业链一般都包括产品设计、原料采购、加工制造、物流运输、订单处理、批发经营和终端零售等 7 大环节，产业链割裂除了以上各环节之间协调力度不够外，还涉及各环节内部功能的有效发挥。许多研究（林德，1961；郭克莎，2003；徐洁香等，2005；史小龙，2005；李孟刚，2006；黄振华，2008；梁平和梁彭勇，2009）表明，产业链发展的影响因素主要包括需求因素、供给因素、技术服务因素、政府、企业与消费者因素、价格因素和产业安全因素六大类，因此这些因素是本章运用结构方程模型进行实证分析的基础。

中国粮食安全与全球粮食定价权
——基于全球产业链视角的分析

根据调查问卷和因子分析的结果,将因子分析载荷系数 0.5 作为取舍影响农产品产业链割裂影响因素的标准,根据 SPSS16.0 运行结果:第一因子为国家的农业支持政策、农产品合理的种植规模、上下游企业之间的关系、农户收益的稳定性、发达国家对农业的补贴,此类变量都能影响企业、农户利润收入,因此在此将其命名为价值因素;第二因子为农产品产量的波动、农产品价格的波动、农产品需求的波动、市场供给状况、农产品收购成本,本研究将其命名为供给需求因素;第三因子为技术的推广、专业技术人才、合理的库存安排,本研究将其命名为技术服务因素;第四因子为企业的公关能力、消费者的议价能力,本研究将其命名为利益集团因素;第五因子为农产品运输费用、农产品物流体系,本研究将其命名为物流因素;第六因子为行业协会等组织的服务、电子商务的运用,本研究将其命名为产业支持因素,第七因子为进口依赖过大、外资的供给垄断、外资的兼并收购,本研究将其命名为外资因素。此外,农产品市场行情预测、下游加工企业的选址、企业合理的利润水平、农产品市场结构、全球产业格局中的地位等各变量的因子载荷由于小于 0.5,因此为了准备性,在此研究中将此类因子加以剔除。通过因子分析,本研究共提炼了农产品产业链割裂的 7 个影响因素,共 22 个影响变量,其因子载荷、变量解释及累计解释详见表 11.1。

表 11.1　产业链割裂关键因素影响表

因子	名称	变量	因子载荷	方差解释	累计方差
第一因子	价值因素	农业支持政策	0.662	11.444%	11.444%
		农产品合理的种植规模	0.532		
		上下游企业之间的关系	0.621		
		农户收益的稳定性	0.759		
		发达国家对农业的补贴	0.705		
第二因子	供给需求因素	农产品产量的波动	0.888	10.890%	22.334%
		农产品价格的波动	0.512		
		农产品需求的波动	0.576		
		市场供给状况	0.706		
		农产品收购成本	0.540		

（续表）

因子	名称	变量	因子载荷	方差解释	累计方差
第三因子	技术服务因素	技术的推广	0.831	9.227%	31.561%
		专业技术人才	0.708		
		库存安排	0.507		
第四因子	利益集团因素	企业的公关能力	0.817	8.203%	39.764%
		消费者的议价能力	0.533		
第五因子	物流因素	农产品运输费用	0.728	7.822%	47.586%
		农产品物流体系	0.694		
第六因子	产业支持因素	行业协会等组织的服务	0.533	7.535%	55.121%
		电子商务的运用	0.778		
第七因子	产业安全因素	进口依赖过大	0.811	7.531%	62.652%
		外资的供给垄断	0.903		
		外资的兼并收购	0.574		

一、结构方程模型简介

结构方程分析，也称为结构方程建模（Structural Equation Modeling，SEM），其研究的基本步骤为：首先在大量文献阅读的基础上，根据理论构建包含一系列变量且相互形成体系的模型，运用已有的知识对模型的合理性进行识别；然后运用收集的数据对模型进行检验，如果模型能通过各项指标检验拟合程度较好，则根据运行的结果对现实进行解释；否则，需要对模型进行修正并重复前述的步骤直到其能通过检验为止。

荣泰生（2009）认为，结构方程模型所处理的是整体模型的比较，所参考的指标主要考虑的不是单一的参数，而是整合性的系数，个别指标是否具有特定的统计显著不是 SEM 分析的重点。由于 SEM 所处理的变量数目较多且变量关系复杂，运行时必须使用较大的样本数，一般说来，当样本数低于 100 时，几乎所有的 SEM 分析都是不稳定的。

根据研究的需要，将根据侯杰泰等（2004）、荣泰生（2009）关于 SEM 模型拟合指标的相关论述，选取以下指标作为本研究 SEM 检验的依据，各指标的具体介绍如下：

（1）卡方检验值（χ^2）：用以检验模型与数据的拟合度，χ^2 越小表明模型拟合越好，但对于参数过多或参数过少的误设模型，样本容量影响 χ^2 值及其检验结果。

（2）卡方检验值与其自由度之比（χ^2/df）：χ^2/df 在真模型研究中同样有用，特别在模型比较时有参考价值。据 Carmines & McIver（1981）建议，χ^2/df 在 1.0 到 3.0 之间为可以接受模型。

（3）拟合优度指数（GFI）：GFI 指数衡量理论与观察共变结构中的变异量与共变量。一般来说，$0<GFI<1$。GFI 的值越接近 1，表明整体模型拟合程度越好。

（4）误差均方根（RMR）：其值越小越好，越小表明模型拟合的程度越好。

（5）近似误差均方根（RMSEA）：对于饱和模型 $df=0$，RMSEA 没有定义（因为除数为 0），其值越小越好，越小表明模型拟合的程度越好。

（6）调整拟合优度指数（AGFI）：将 GFI 指标以模型自由度与其相对的变量个数比值，调整修正后所得到的较稳定的指数。该指数的值越接近 1 表明模型拟合的程度越好。

（7）赋范拟合度指标（NFI）：NFI 反映设定模型与独立模型改善的增量关系，但 NFI 有其局限性，它不能控制自由度，因而卡方值可能通过增加参数来减少，且 NFI 的抽样分布平均值与样本规模 N 正相关，在样本量少的情况下会低估拟合程度。

（8）比较适配指数（CFI）：CFI 是通过与独立模型相比较来评价拟合程度，即使对于小样本估计，模型拟合时也能做得很好。CFI 的取值范围为 0~1。GFI 的值越接近 1，表明模型拟合程度越好。

（9）非范拟合指数（NNFI，即 TLI）：以虚模型为基准来衡量模型的拟合改进程度，处理了自由度对模型的影响，并考虑了样本的大小。该指数的值越接近 1 表明模型的拟合程度越好。

（10）增量适合度指数（IFI）：根据预设模型的差异、独立模型的差异的值来计算，取值范围为 0~1。该指数的值越接近 1 表明模型拟合程度越好。

以上各指标各有优劣，在具体操作中需结合各指标综合判断。但卡方检验值（χ^2）和赋范拟合度指标（NFI）因其固有的局限在用以判断模型拟合优劣时容易产生偏差，因此本研究中暂不将卡方检验值（χ^2）和赋范拟合度指标（NFI）作为对模型拟合程度的判断的标准。结合以上论述和侯杰泰等（2004）、荣泰生（2009）的相关研究，本研究选取的检验指标及其参考取值如表 11.2 所示。

表 11.2　结构方程初步模型的拟合指数

	配适指标	判断准则
	卡方检验值与其自由度之比 (χ^2/df)	在 1.0 到 3.0 之间可以接受模型
绝对拟合度指标	拟合优度指数（GFI）	越接近 1 表示模型适合度越好，一般采用 GFI>0.85
	误差均方根（RMR）	越接近 0 表示模型适合度越好，一般采用 RMR<0.08
	近似误差均方根（RMSEA）	越接近 0 表示模型适合度越好，一般采用 RMSEA<0.08
增值拟合度指标	调整拟合优度指数（AGFI）	越接近 1 表示模型适合度越好，一般采用 AGFI>0.8
	比较适配指数（CFI）	越接近 1 表示模型适合度越好，一般采用 CFI>0.8
	非范拟合指数（TLI）	越接近 1 表示模型适合度越好，一般采用 TLI>0.9
	增量适合度指数（IFI）	越接近 1 表示模型适合度越好，一般采用 IFI>0.9

注：以上资料根据侯杰泰等（2004）、荣泰生（2009）的相关研究整理而得。

另外，Amos 通过临界值 C.R.（Critical Ratio）来检验模型路径参数的有效性，当路径的 C.R. 值大于 1.96 的参考临界值时，说明该路径系数在 $p=0.05$ 的水平上具有统计显著性。

二、结构方程模型的初步检验

为了模型分析的方便，在进行具体操作之前，本研究首先对 SPSS 因子分析所得结论进行命名，将七个因子分别设置为 $X1, X2, \cdots, X7$，各因子的影响变量分别设置为 $Q1, Q2, \cdots, Q22$，具体见表 11.3。

表 11.3　结构方程模型各变量构成表

潜变量	名称	观测变量	名称
$X1$	价值因素	$Q1$	农业支持政策
		$Q2$	农产品合理的种植规模
		$Q3$	上下游企业之间的关系
		$Q4$	农户收益的稳定性
		$Q5$	发达国家对农业的补贴

（续表）

潜变量	名称	观测变量	名称
X2	供给需求因素	Q6	农产品产量的波动
		Q7	农产品价格的波动
		Q8	农产品需求的波动
		Q9	市场供给状况
		Q10	农产品收购成本
X3	技术服务因素	Q11	技术的推广
		Q12	专业技术人才
		Q13	库存安排
X4	利益集团因素	Q14	企业的公关能力
		Q15	消费者的议价能力
X5	物流因素	Q16	农产品运输费用
		Q17	农产品物流体系
X6	产业支持因素	Q18	行业协会等组织的服务
		Q19	电子商务的运用
X7	产业安全因素	Q20	进口依赖过大
		Q21	外资的供给垄断
		Q22	外资的兼并收购

这 7 个潜变量构成了评价农产品产业链割裂影响因素的指标体系,在本部分的研究中,笔者将探究其指标体系各影响因素之间的相互关系,以更好地促进农产品产业链的管理。

结构方程模型中的路径假设为:

假设 1(H1):利益集团间的相互作用有利于促进产业价值的稳定。

假设 2(H2):国家的产业支持政策目标之一是促进产业价值的稳定。

假设 3(H3):产业供给需求的稳定有益于促进产业价值的稳定。

假设 4(H4):国家产业支持政策的另一目标是促进产业供给需求的稳定。

假设 5(H5):利益集团的技术服务优势有利于促进其利益集团功能的更好发挥。

假设 6(H6):技术服务的优势能够促进产业物流体系的发展。

假设 7(H7)：拥有技术服务的优势的产业能够更好地获得国家的产业政策支持。

假设 8(H8)：利益集团的游说功能是产业获得国家政策支持的有益因素。

假设 9(H9)：外资偏好进入价值相对稳定的产业。

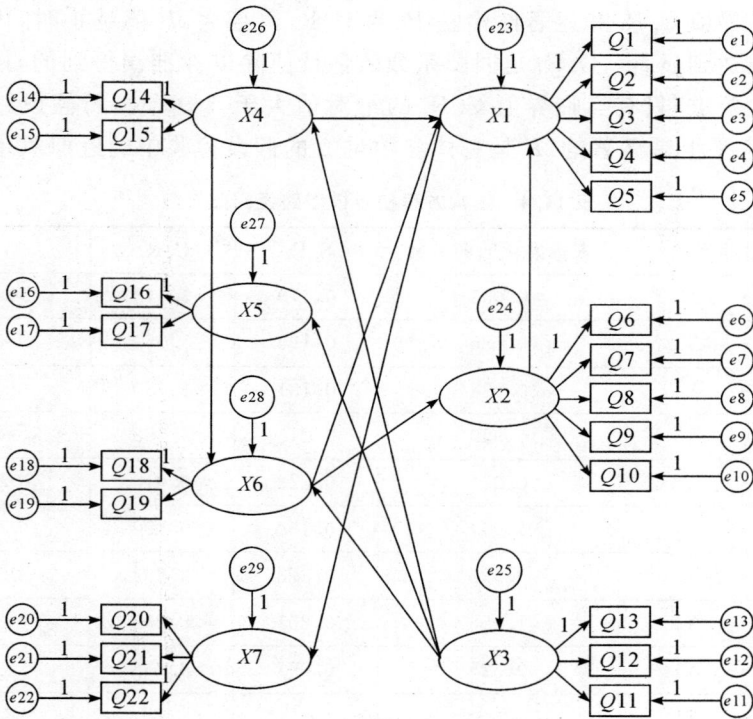

图 11.1　结构方程的初步模型

注：本模型中，$X1$ 代表价值因素，$X2$ 代表供给需求因素，$X3$ 代表技术服务因素，$X4$ 代表利益集团因素，$X5$ 代表物流因素，$X6$ 产业支持因素，$X7$ 产业安全因素。

（一）结构模型的基本参数和指标

本研究结构方程模型中共有样本量为 143 个，共含 58 个变量，其中可观测变量 22 个，潜变量 36 个，外生变量 29 个，内生变量 29 个。

内生观测变量：$Q1,Q2,Q3,Q4,Q5,Q6,Q7,Q8,Q9,Q10,Q11,Q12,Q13,Q14,Q15,Q16,Q17,Q18,Q19,Q20,Q21,Q22$。

内生非观测变量：$X1,X2,X3,X4,X5,X6,X7$。

外生非观测变量：各残差项。

该结构模型中需要被估计的参数有 53 个,自由度为 200,卡方统计量 χ^2 为 323.270,显著性概率 $P=0.000$。

(二)路径参数估计

在对结构方程初步模型路径回归系数进行统计学检验时,我们着重考察临界值 C. R. 和显著性检验 P。表 11.4 显示了结构模型中所估计路径的回归系数及临界值 C. R. 和显著性检验 P,当 C. R. 值越大,P 值越小时,代表该符合或系数达到显著。C. R. 是回归系数的估计值除以标准误得到的,按照本研究的检验要求,只有当临界值 C. R. 的绝对值大于 1.96 时,所假设路径才在 0.05 的水平上是显著的,P 是总体参数是 0 的假设检验中的近似双尾概值。

表 11.4　结构方程初步模型路径回归系数

测量路径	未标准化回归系数	S. E.	C. R.	P
$X4 \leftarrow X3$	0.665	0.170	3.913	***
$X6 \leftarrow X3$	0.795	0.196	5.063	***
$X6 \leftarrow X4$	0.234	0.131	1.783	0.075
$X2 \leftarrow X6$	0.959	0.210	5.562	***
$X1 \leftarrow X2$	0.002	0.222	0.010	0.992
$X1 \leftarrow X4$	0.094	0.193	0.490	0.624
$X1 \leftarrow X6$	0.992	0.373	2.662	0.008
$X5 \leftarrow X3$	1.058	0.201	5.262	***
$X7 \leftarrow X1$	0.325	0.097	3.358	***
$Q1 \leftarrow X1$	1.000			
$Q2 \leftarrow X1$	0.969	0.126	7.675	***
$Q3 \leftarrow X1$	0.591	0.120	5.935	***
$Q4 \leftarrow X1$	1.039	0.132	7.874	***
$Q5 \leftarrow X1$	0.830	0.130	6.389	***
$Q6 \leftarrow X2$	1.000			
$Q7 \leftarrow X2$	0.769	0.140	5.504	***
$Q8 \leftarrow X2$	0.805	0.161	5.999	***
$Q9 \leftarrow X2$	1.334	0.182	7.336	***
$Q10 \leftarrow X2$	0.909	0.160	5.700	***

测量路径	未标准化回归系数	S. E.	C. R.	P
$Q13 \leftarrow X3$	1.000			
$Q12 \leftarrow X3$	1.431	0.217	6.592	* * *
$Q11 \leftarrow X3$	1.997	0.273	7.306	* * *
$Q15 \leftarrow X4$	1.000			
$Q14 \leftarrow X4$	0.939	0.228	5.113	* * *
$Q19 \leftarrow X6$	1.000			
$Q18 \leftarrow X6$	1.016	0.207	5.909	* * *
$Q17 \leftarrow X5$	1.000			
$Q16 \leftarrow X5$	0.597	0.144	5.150	* * *
$Q22 \leftarrow X7$	1.000			
$Q21 \leftarrow X7$	1.513	0.345	5.380	* * *
$Q20 \leftarrow X7$	1.324	0.299	5.423	* * *

注：* * * 代表 $P < 0.001$。

由上表结构方程模型路径回归系数可知，初步模型的假设路径中，$X3 \rightarrow X4$、$X3 \rightarrow X6$、$X6 \rightarrow X2$、$X6 \rightarrow X1$、$X3 \rightarrow X5$、$X1 \rightarrow X7$ 的 C. R. 值都显著大于 1.96，因此假设 H5、H7、H4、H1、H6、H9 得到验证。但是对于路径 $X4 \rightarrow X6$、$X2 \rightarrow X1$、$X4 \rightarrow X1$，C. R. 值均小于 1.96，特别是路径 $X2 \rightarrow X1$、$X4 \rightarrow X1$ 的 C. R. 值在 0.5 以下，因此在此假设 $X2 \rightarrow X1$、$X4 \rightarrow X1$ 路径不成立。路径 $X4 \rightarrow X6$ 因其在经验证据及理论上得到很好的支持，为了避免纯粹追求统计效果而忽略事实依据的情形，本研究暂时将路径 $X4 \rightarrow X6$ 保留，留待修改模型中再次对其进行检验。下面将考察该初步模型的拟合指数，检验模型的拟合优度能否被接受。

（三）拟合指数

表 11.5 列举了结构方程初步模型的各项拟合指数及其判断准则。通过对比我们发现，除了 χ^2 / df、RMR、RMSEA、CFI 达到判断准则的要求外，其他拟合指标均达不到判断准则的要求。

分析结果表明，本研究结构方程模型中 GFI＝0.831，RMR＝0.08，RMSEA＝0.066，AGFI＝0.787，CFI＝0.873，TLI＝0.853，IFI＝0.877，数据拟合程度不够理想。之所以出现这些情况，可能是因为本研究设定的路径关系不理想或遗漏了某些重要的路径关系。为了使模型达到更好的拟合效果以符合统计检验的要求，本研究将依据模型修正指数指标对原模型进行修正，以期能够达到理想的效果。

表 11.5　结构方程初步模型的拟合指数

配适指标		统计值	判断准则
	χ^2	323.270	
	自由度	200	
	χ^2/df	1.616	1.0～3.0
绝对拟合度指标	拟合优度指数（GFI）	0.831*	GFI>0.85
	误差均方根（RMR）	0.08	RMR<0.08
	近似误差均方根（RMSEA）	0.066	RMSEA<0.08
增值拟合度指标	调整拟合优度指数（AGFI）	0.787*	AGFI>0.8
	比较适配指数（CFI）	0.873	CFI>0.8
	非范拟合指数（TLI）	0.853*	TLI>0.9
	增量适合度指数（IFI）	0.877*	IFI>0.9

注：*表示未达到判断准则要求。

三、结构方程模型的第一次调整：修改模型假设

相关研究文献表明，对模型进行调整，可以参考 Amos 软件输出的模型路径参数、修改指数和残差矩阵，通过改变模型的路径假设及添加相关关系等形式来改进模型的拟合优度。本研究对结构方程模型的修改将分两步来完成：首先根据修正指数对初步模型的假设进行修正，然后根据修正指数对模型的残差项进行调整。

通过对初次模型的修正指数进行观察后，我们发现模型主要潜变量之间已经不存在需要添加的路径关系。因此在此部分，笔者将根据初次模型的估计结果，删除利益集团和价值之间的路径关系、供给需求因素和价值之间的路径相互关系。第一次调整后模型的路径假设为：

假设 1（H1）：国家的产业支持政策目标之一是促进产业价值的稳定。

假设 2（H2）：国家产业支持政策的另一目标是促进产业供给需求的稳定。

假设 3（H3）：利益集团的技术服务优势有利于促进其利益集团功能的更

好发挥。

假设 4(H4)：技术服务的优势能够促进产业物流体系的发展。

假设 5(H5)：拥有技术服务的优势的产业能够更好地获得国家的产业政策支持。

假设 6(H6)：利益集团的游说功能是产业获得国家政策支持的有益因素。

假设 7(H7)：外资偏好进入价值相对稳定的产业。

由图 11.2 结构方程模型路径回归系数可知，第一次调整后模型的假设路径中，$X3 \rightarrow X4$、$X3 \rightarrow X6$、$X4 \rightarrow X6$、$X6 \rightarrow X1$、$X3 \rightarrow X5$、$X6 \rightarrow X2$、$X1 \rightarrow X7$ 的 C. R. 值都显著大于 1.96。因此，本部分的假设都得到了验证。

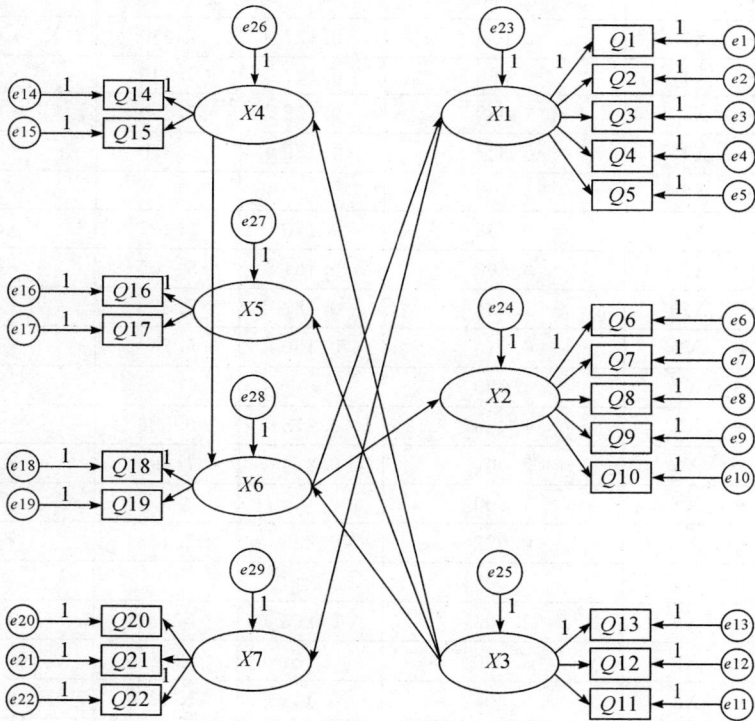

图 11.2　第一次调整后的结构方程模型

注：本模型中，$X1$ 代表价值因素，$X2$ 代表供给需求因素，$X3$ 代表技术服务因素，$X4$ 代表利益集团因素，$X5$ 代表物流因素，$X6$ 产业支持因素，$X7$ 外资因素。

表 11.6 列举了经第一次调整后结构方程模型的各项拟合指数及初始模型的各项拟合指数。通过对比我们发现，经调整后的模型在拟合程度上略有

改善,但与初始模型一样,指标 GFI、AGFI、TLI、IFI 仍尚未通过统计检验。

表 11.6 第一次调整后的 SEM 路径回归系数

测量路径	未标准化回归系数	S.E.	C.R.	P
X4 ← X3	0.657	0.170	3.877	***
X6 ← X3	0.777	0.186	5.169	***
X6 ← X4	0.270	0.127	2.130	0.033
X1 ← X6	1.063	0.211	5.030	***
X5 ← X3	1.057	0.201	5.250	***
X2 ← X6	0.949	0.203	5.667	***
X7 ← X1	0.326	0.097	3.357	***
Q1 ← X1	1.000			
Q2 ← X1	0.973	0.127	7.690	***
Q3 ← X1	0.593	0.120	5.945	***
Q4 ← X1	1.038	0.132	7.856	***
Q5 ← X1	0.827	0.130	6.359	***
Q6 ← X2	1.000			
Q7 ← X2	0.768	0.140	5.497	***
Q8 ← X2	0.806	0.161	5.005	***
Q9 ← X2	1.334	0.182	7.333	***
Q10 ← X2	0.910	0.160	5.700	***
Q13 ← X3	1.000			
Q12 ← X3	1.433	0.218	6.586	***
Q11 ← X3	2.002	0.274	7.299	***
Q15 ← X4	1.000			
Q14 ← X4	0.971	0.235	5.133	***
Q19 ← X6	1.000			
Q18 ← X6	1.003	0.203	5.932	***
Q17 ← X5	1.000			
Q16 ← X5	0.596	0.144	5.136	***
Q22 ← X7	1.000			
Q21 ← X7	1.514	0.346	5.379	***
Q20 ← X7	1.325	0.300	5.422	***

注:*** 代表 $P < 0.001$。

为了增加模型的拟合优度,本研究将再根据模型的修正指数,对残差项之间的相关关系进行修正。表11.7列举了经第一次调整后修正指数大于10的各残差项之间的关系。

表11.7　第一次调整后的拟合指数

	配适指标	统计值	统计值 (初次检验)	判断准则
绝对拟合度 指标	χ^2	323.476	323.270	
	自由度	202	200	
	χ^2/df	1.601	1.616	1.0～3.0
绝对拟合度 指标	拟合优度指数(GFI)	0.831*	0.831*	GFI>0.85
	误差均方根(RMR)	0.08	0.08	RMR<0.08
	近似误差均方根(RMSEA)	0.065	0.066	RMSEA<0.08
增值拟合度 指标	调整拟合优度指数(AGFI)	0.789*	0.787*	AGFI>0.8
	比较适配指数(CFI)	0.875	0.873	CFI>0.8
	非范拟合指数(TLI)	0.857*	0.853*	TLI>0.9
	增量适合度指数(IFI)	0.878*	0.877*	IFI>0.9

注:＊的含义同表11.5。

表11.8　第一次调整后残差项的修正指数

			M. I.	Par Change
$e16$	↔	$e23$	10.009	−0.136
$e18$	↔	$e27$	11.528	0.197
$e10$	↔	$e28$	13.188	−0.122

四、结构方程模型的第二次调整:添加残差项相关关系

在此部分,笔者将对结构方程模型进行第二次调整,调整的依据依然是模型的修改指数及残差矩阵。黄芳铭(2005b)提出了根据修正指数修改模型时的一些原则,包括:①除非有相当的理由,否则尽量保持测量模型中测量误差的相关独立;②在众多可以修正的关系上寻找其是否具有某种形态,只修正一个形态中最主要的影响途径;③一切以理论依据为主,要释放的参数假设辩护太过微弱的话,纵使统计修正指数的指标显示具有很高的影响性,也不可修正。因此本部分在加入修正指标时将首先考察其理论意义,没有为了达到理

想的拟合优度而加入过多不切实际的模型假设。

表 11.8 给出了模型经第一次调整后残差项修正指数,残差项 $e16$ 和 $e23$, $e18$ 和 $e27$,$e10$ 和 $e28$ 的修正指数都大于 10,可能存在相关关系。①$e16$ 为农产品运输费用指标的残差项,$e23$ 为价值因素指标的残差项。运输费用是农产品企业重要的成本支出之一,其高低直接影响到企业的利润水平,甚至对上下游的企业利润水平及消费者的利益也会造成间接影响,其是影响产业价值稳定的重要因素之一。运输费用越高,则产业的价值会表现得越不稳定;反之,产业的价值相对稳定,则运输企业为了维持与相关企业之间的长期合作关系就没有足够的激励去刻意提高产品的物流费用,有益于整个产业体系运输费用的降低。因此,运输费用指标与价值因素指标之间存在着负相关关系,这在理论上是成立的。本模型将引入农产品运输费用指标的残差项与价值因素指标的残差项之间的相关关系。②$e18$ 为行业协会等组织的服务指标的残差项,$e27$ 为物流因素指标的残差项。行业协会等组织的服务指标与物流因素指标间的关系主要表现在两者之间的信息交流功能。行业协会拥有关于整个产业状况的充分信息,而这些信息的获得对于提高整个物流体系的运行效率及节省物流成本都有独特的作用;反之,物流体系拥有整个产业产品运输状况及产销地的专有信息,这些信息有益于行业协会更全面地掌握整个行业的动态,促进行业协会作用的发挥。因此,行业协会等组织的服务指标与物流因素指标之间的相关关系在理论上存在着正相关关系也是可以成立的。本模型将引入行业协会等组织的服务指标残差项与物流因素指标残差项之间的相关关系。③$e10$ 为农产品收购成本指标的残差项,$e28$ 为产业支持指标的残差项。农产品收购成本指标与产业支持指标的残差项的相关关系可以做如下解释:农产品收购成本是产业价值流的重要环节,目前普遍遇到的困难是由于农业集约化程度低导致农产品收购环节多、信息少、成本高,农产品的收购成本占农产品成本的比例不小,因此对于农户和企业来说都产生了不利的影响,进而影响整个产业的健康发展。因此,国家往往会鼓励行业协会的发展来减少其中的成本,采用电子商务等方式减少农产品收购中的信息不对称问题,减少农产品收购环节不必要的成本负担,促进整个产业的健康发展。因此,农产品的低收购成本指标与产业支持指标之间存在着负相关关系,这在理论上是可以成立的。本模型将引入农产品收购成本指标残差项与产业支持指标残差项之间的相关关系。

结构方程模型在经第二次调整(图 11.3)后,其路径参数(表 11.9 和表 11.10)都得到了检验,且相关系数的 C.R. 值也都大于 1.96,其中 $e10$ 和 $e28$、$e16$ 和 $e23$ 呈负相关,$e18$ 和 $e27$ 呈正相关,与先前理论假设的结果相一致。因此,经第二次调整后的模型各参数表现良好,接下来笔者将对模型的拟合优度进行统计学检验。

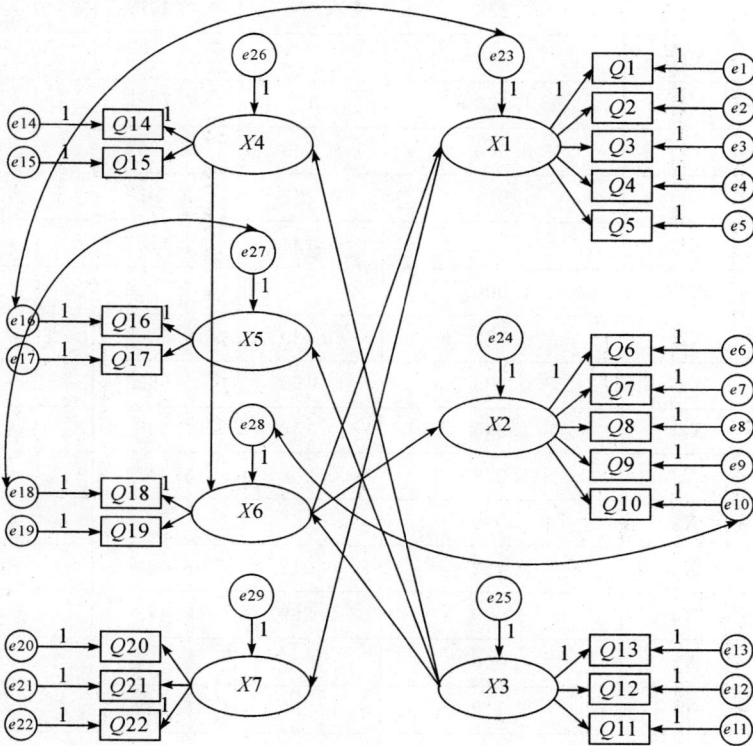

图 11.3　第二次调整后的结构方程模型

注:本模型中,X1 代表价值因素,X2 代表供给需求因素,X3 代表技术服务因素,X4 代表利益集团因素,X5 代表物流因素,X6 产业支持因素,X7 产业安全因素。

表 11.9　第二次调整后的 SEM 路径回归系数

测量路径	未标准化回归系数	S. E.	C. R.	P
X4 ← X3	0.606	0.162	3.732	***
X6 ← X3	0.769	0.177	5.346	***
X6 ← X4	0.295	0.123	2.389	0.017
X1 ← X6	1.039	0.202	5.152	***
X5 ← X3	1.013	0.195	5.185	***
X2 ← X6	0.948	0.195	5.855	***

(续表)

测量路径	未标准化回归系数	S.E.	C.R.	P
X7 ← X1	0.336	0.100	3.367	***
Q1 ← X1	1.000			
Q2 ← X1	1.029	0.132	7.788	***
Q3 ← X1	0.608	0.123	5.926	***
Q4 ← X1	1.074	0.138	7.807	***
Q5 ← X1	0.822	0.134	6.119	***
Q6 ← X2	1.000			
Q7 ← X2	0.772	0.139	5.546	***
Q8 ← X2	0.795	0.160	5.963	***
Q9 ← X2	1.345	0.182	7.398	***
Q10 ← X2	1.239	0.2C8	5.947	***
Q13 ← X3	1.000			
Q12 ← X3	1.422	0.213	6.661	***
Q11 ← X3	2.009	0.269	7.472	***
Q15 ← X4	1.000			
Q14 ← X4	1.119	0.259	5.322	***
Q19 ← X6	1.000			
Q18 ← X6	0.965	0.193	5.011	***
Q17 ← X5	1.000			
Q16 ← X5	0.661	0.131	5.055	***
Q22 ← X7	1.000			
Q21 ← X7	1.511	0.344	5.388	***
Q20 ← X7	1.325	0.299	5.428	***

注：*** 代表 $P < 0.001$。

表 11.10　结构方程模型第二次调整后的相关性参数

相关关系	回归系数	S. E.	C. R.	P
$e10 \leftrightarrow e28$	-0.175	0.054	-3.235	0.001
$e16 \leftrightarrow e23$	-0.125	0.043	-2.893	0.004
$e18 \leftrightarrow e27$	0.195	0.062	3.162	0.002

从表 11.11 中可以看出,第二次调整后模型的各检验指标均达到了可接受的整体拟合优度标准。卡方 χ^2 降低了 41.463, χ^2/df 也显著降低。同时模型的绝对拟合度指标、增值拟合度指标都达到了判断准则的要求。因此,两次修改后的模型已经验证了全部假设,又符合拟合优度的标准,模型通过检验并将作为进一步研究的基础。

表 11.11　第二次调整后的拟合指数

	配适指标	统计值	统计值（初次检验）	判断准则
	χ^2	281.844	323.476	
	自由度	199	202	
	χ^2/df	1.416	1.601	1.0～3.0
绝对拟合度指标	拟合优度指数（GFI）	0.85	0.831*	GFI>0.85
	误差均方根（RMR）	0.074	0.08	RMR<0.08
	近似误差均方根（RMSEA）	0.054	0.065	RMSEA<0.08
增值拟合度指标	调整拟合优度指数（AGFI）	0.809	0.789*	AGFI>0.8
	比较适配指数（CFI）	0.915	0.875	CFI>0.8
	非范拟合指数（TLI）	0.901	0.857*	TLI>0.9
	增量适合度指数（IFI）	0.917	0.878*	IFI>0.9

注:＊的含义同表 11.5。

五、结构方程模型检验结果解释

本研究中结构方程模型经过两次修改好后,各参数的显著性及模型的拟合优度都达到了检验标准,检验表明模型的拟合优度较好,模型较为理想(表 11.12)。图 11.4 为 Amos 软件输出的模型标准化路径图。

表 11.12 SEM 模型潜变量与观测变量的路径参数

测量路径	未标准化因素负荷	标准化因素负荷	S. E.	C. R.	P
Q1 ← X1	1.000	0.703			
Q2 ← X1	1.029	0.742	0.132	7.788	***
Q3 ← X1	0.608	0.454	0.123	5.926	***
Q4 ← X1	1.074	0.745	0.138	7.807	***
Q5 ← X1	0.822	0.570	0.134	6.119	***
Q6 ← X2	1.000	0.629			
Q7 ← X2	0.772	0.554	0.139	5.546	***
Q8 ← X2	0.795	0.486	0.160	5.963	***
Q9 ← X2	1.345	0.855	0.182	7.398	***
Q10 ← X2	1.239	0.791	0.208	5.947	***
Q13 ← X3	1.000	0.604			
Q12 ← X3	1.422	0.711	0.213	6.661	***
Q11 ← X3	2.009	0.882	0.269	7.472	***
Q15 ← X4	1.000	0.623			
Q14 ← X4	1.119	0.644	0.259	5.322	***
Q19 ← X6	1.000	0.515			
Q18 ← X6	0.965	0.580	0.193	5.011	***
Q17 ← X5	1.000	0.826			
Q16 ← X5	0.661	0.581	0.131	5.055	***
Q22 ← X7	1.000	0.502			
Q21 ← X7	1.511	0.735	0.344	5.388	***
Q20 ← X7	1.325	0.659	0.299	5.428	***

注：*** 代表 $P < 0.001$。

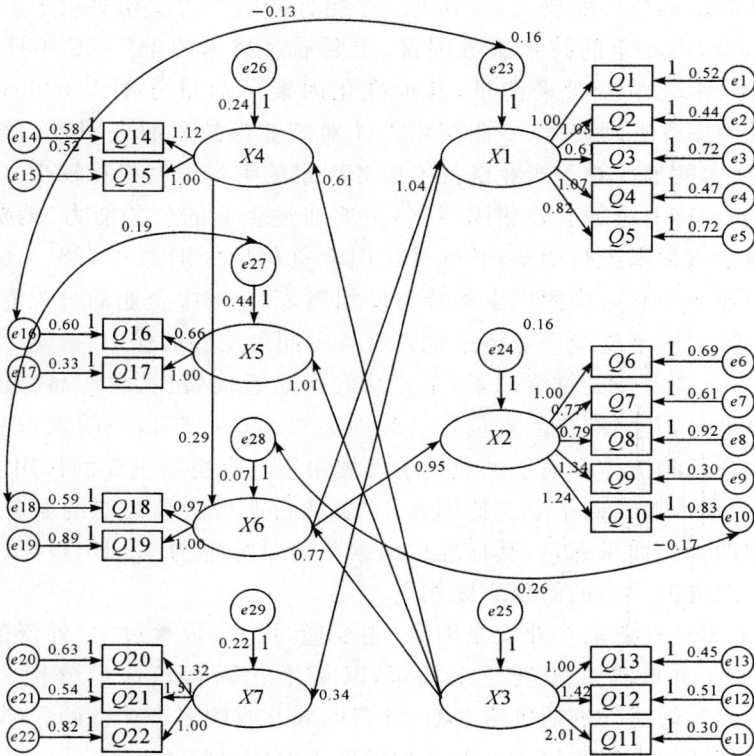

图 11.4 模型标准化路径图

注:本模型中,X1 代表价值因素,X2 代表供给需求因素,X3 代表技术服务因素,X4 代表利益集团因素,X5 代表物流因素,X6 产业支持因素,X7 产业安全因素。

(一)潜变量和各指标间的路径参数解释

X1 表示产业链的价值因素,主要从五个方面来衡量:农业支持政策、农产品合理的种植规模、上下游企业之间的关系、农户收益的稳定性、发达国家对农业的补贴。这五个观测变量和潜变量 X1 之间的标准化因素负荷量分别为 0.703、0.742、0.454、0.745、0.570,说明变量农业支持政策、农产品合理的种植规模、农户收益的稳定性要比变量上下游企业之间的关系、发达国家对农业的补贴对产业链的价值因素解释力度更大。

X2 表示产业链的供给需求因素,主要从五个方面来衡量:农产品产量的波动、农产品价格的波动、农产品需求的波动、市场供给状况、农产品收购成本。这五个观测变量和潜变量 X2 之间的标准化因素负荷量分别为 0.629、0.554、0.486、0.855、0.791,说明市场供给状况、农产品收购成本对产业链的供给需求因素解释力度较大,而其他三个指标的解释力度相对较小。

$X3$ 表示产业链的技术服务因素,主要通过技术的推广、专业技术人才、库存管理技术三个变量来衡量,其标准化因素负荷量分别为 0.604、0.711、0.882,说明库存管理技术、专业技术人才对产业链技术服务因素的解释力度较大,而技术的推广对于产业链技术服务因素的解释力度相对较小。

$X4$ 表示产业链的利益集团因素,主要通过企业的公关能力、消费者的议价能力两个指标来进行衡量,其标准化因素负荷量分别为 0.623、0.644,说明其对于产业链的利益集团因素解释力度相当,产业链中企业的公关能力、消费者的议价能力对于整个产业链来说几乎具有同等重要的作用。

$X5$ 表示产业链的物流因素,主要从农产品运输费用、农产品物流体系两个方面来衡量,其标准化因素负荷量分别为 0.826、0.581,说明农产品的运输费用比农产品物流体系对于产业链的发展来说具有更为重要的作用。

$X6$ 表示产业链的产业支持因素,主要从行业协会等组织的服务、电子商务的运用两个方面来衡量,其标准化因素负荷量分别为 0.515、0.580,其对产业链的产业支持因素的解释力度相当。

$X7$ 表示产业链的产业安全因素,主要通过进口依赖过大、外资的供给垄断、外资的兼并收购三个变量来衡量,其标准化因素负荷量分别为 0.502、0.735、0.659,说明外资的供给垄断、外资的兼并收购对产业链的影响较大,而国外进口依赖过大对于国内产业链的发展影响相对较小。

(二)模型假设路径参数的解释

本研究的结构方程模型检验的七条路径假设,全都达到了显著(表11.13)。国家的产业支持政策对于产业链的价值稳定和需求稳定具有显著的正向作用,即政府对产业的支持力度越大,产业的价值就越加稳定,产业的需求也越加稳定,从而整条产业链也愈加稳定,有利于其更好地发展。模型同时显示出产业的技术服务优势对于其发展的巨大推动作用,技术服务优势对于其利益集团功能的发挥、物流体系的发展、获得国家的产业支持都有积极的促进作用。模型还显示利益集团的游说功能是产业获得国家政策支持的有益因素,利益集团对获得国家产业支持的标准化路径系数虽只有 0.457,但是其在1%的显著性水平上达到了显著,是除技术服务优势之外获得国家产业支持的重要影响因素。最后,模型还显示外资偏好进入那些价值相对稳定的产业。相对那些价值存在很大不确定性的产业,外资更愿意进入那些价值相对稳定的产业,可见外资在选择进入时也十分关注产业存在的潜在风险,特别是对于稳定价值的追求。

表 11.13　结构方程最终模型的路径参数

测量路径	未标准化因素负荷	标准化因素负荷	S. E.	C. R.	P
X4 ← X3	0.606	0.536	0.162	3.732	***
X6 ← X3	0.769	0.299	0.177	5.346	***
X6 ← X4	0.295	0.690	0.123	2.389	0.017
X1 ← X6	1.039	0.825	0.202	5.152	***
X5 ← X3	1.013	0.799	0.195	5.185	***
X2 ← X6	0.948	0.457	0.195	5.855	***
X7 ← X1	0.336	0.614	0.100	3.367	***

注：*** 代表 $P < 0.001$。

（三）假设的相关路径参数的解释

本模型考察了三对残差项之间的相关关系，前文已从理论上对其相关关系做了具体阐释，在此不再具体展开。这三对相关关系 C. R. 值的绝对值均显著大于 1.96，且残差相关关系添加以后，方程模型的卡方检验值有了显著降低，表明这些关系具有有效性和合理性（表 11.14）。$e10$ 是农产品收购成本指标的干扰项，$e28$ 是产业支持因素指标的干扰项，它们之间以 -0.175 的相关系数负向联系。$e16$ 是农产品运输费用指标的干扰项，$e23$ 是价值因素指标的干扰项，它们之间以 -0.125 的相关系数负向联系。$e18$ 是行业协会等组织的服务的干扰项，$e27$ 是物流因素的干扰项，它们之间以 0.195 的相关系数正向联系。

表 11.14　结构方程模型第二次调整后的相关性参数

相关关系	回归系数	S. E.	C. R.	P
e10 ↔ e28	−0.175	0.054	−3.235	0.001
e16 ↔ e23	−0.125	0.043	−2.893	0.004
e18 ↔ e27	0.195	0.062	3.162	0.002

六、结论

在本研究中，首先通过因子分析对影响农产品产业链割裂的影响因素进行了提炼，结果表明价值、供给需求、技术服务、利益集团、物流、产业支持、产业安全 7 大类 22 个变量能够对影响产业链割裂的因素进行很好的解释。通过结构方程建模分析,对农产品产业链割裂的影响因素进行了定量分析。对调查问卷所取得的数据,采用结构方程模型对各影响因素之间的相互关系进行检验,从而提出应对中国农产品产业链割裂可行的措施。

(1)在影响产业链割裂的评价指标中,我们发现价值因素和需求供给因素是对产业链割裂影响最大的两个变量,解释力度分别为 11.444% 和 10.890%;技术服务和利益集团因素的影响其次,分别为 9.227% 和 8.203%;其余变量的解释力度相当,分别为 7.822%、7.535% 和 7.531%。总体而言,此评价指标的方差解释力度为 62.652%,解释力度良好。可见,在农产品产业发展过程中,政府有关管理部门应当重视价值因素和需求供给因素对产业链的重要影响,通过相关政策引导使其保持稳定,减少整个农产品产业链的波动。还有一个值得关注的问题是产业安全因素对农产品产业链的重要影响。通过对问卷的分析我们发现外资对中国农产品产业链具有负面影响,且影响程度较大,对中国的产业安全带来了严重的危害。为促使产业健康发展,中国农业在对外开放过程中,政府应当采取有效的措施积极,引导外资进行合理投资,并规范大宗农产品进出口的相关政策,以引导中国农产品行业的健康发展。

(2)在探讨影响农产品产业链割裂各指标之间的相互关系时,我们发现相关利益集团的游说作用对于产业价值稳定作用的影响不显著,这在一定程度上可以说明各利益集团关注的焦点并不是价值的相对稳定性,而是寻求更多的政府支持。另外,供给需求因素对于价值稳定的促进作用也不显著,这与国内外学者关于大宗商品国际定价权问题的研究结论相一致,大宗商品的价格在更大程度上了受资本市场的影响,而受供给需求的影响不显著,说明农产品的价格存在着一定的投机性,与真实的价格水平可能产生一定的背离。从标准化回归系数来看,政府的产业支持政策对农产品产业链的发展起到了积极的促进作用,特别是对产业链的价值稳定和供给需求稳定,这表明政府的相关产业政策对促进产业的发展起到了积极的作用;技术服务因素也对产业链的发展起着重要的作用,特别是对农产品物流的积极影响显著,这表明技术服务等相关配套辅助措施对产业链的发展也作用巨大,我们应当重视技术的开发及相关服务配套措施的建设,以更好地促进农产品产业链的发展。

(3)在初步模型建立时,我们根据修改指数对前面的理论假设做了修改,删去了影响不显著的理论假设,增加了各变量之间的相关关系。结论表明农产品收购成本与产业支持因素之间存在负相关关系,农产品运输费与价值因素之间存在负相关关系,行业协会等组织的服务与物流因素之间存在着正相关关系。从中我们可以看出,在产业发展过程中,以上各存在相关关系的组织间应当加强沟通协作:对于存在负相关关系的影响的应积极合作,以减小其对农产品产业链的不利影响;对于存在正相关关系的应当强化交流与合作,以更好地发展相互之间的协同作用。

第三节 定价权缺失影响中国粮食安全的实证检验

一、评价指标与数据说明

要检验定价权缺失对中国粮食安全的影响如何,必须首先明确定价权和粮食安全的各项指标。粮食安全指标及相关数据已由第三章给出,而定价权的部分指标已由第十章中的各表给出,计算其余各项指标后,通过建立定价权与粮食安全指标间的回归方程进行检验,进而从中得出定价权缺失影响中国粮食安全的经验证据。

在检验前先根据经验判断对粮食安全的各项指标进行取舍。在粮食生产安全指标方面,由于定价权的存在与否与成灾率关系不大,故选取各年的粮食生产波动率进行分析,变量代号为 A_t;在粮食贸易安全指标方面,定价权的缺失可能会削弱一国的粮食进口能力,而拥有定价权会对国际市场价格产生举足轻重的影响,因而采用各年粮食进口占商品出口总额的比率和国际粮食价格变动率进行分析,变量代号分别为 B_{1t},B_{2t};在粮食流通安全指标方面,采用粮食库存消费比进行分析,变量代号为 C_t;在粮食消费安全指标方面,由于定价权的缺失会导致粮食进口能力不足,进而使得国内粮食生产不能满足消费需求,因而采用营养不足发生率进行分析,变量代号为 D_t;定价权的变量代号为 V_t。由于第十章中定价权指标是分粮食品种讨论的,在这一章将采用四种粮食总体的定价权指标进行分析;而国内粮食生产变动率和国际价格变动率可能为负数,因此采用其绝对值进行分析,通过变动率的大小判断影响的大小。

二、实证检验与结果分析

检验方法与前面章节相同,即首先对各变量序列进行单位根和协整检验,在协整的前提下对各方程进行回归分析。对各变量进行单位根检验的结果如表 11.15 所示。

表 11.15　各变量序列单位根检验结果

变量	检验形式	ADF 估计量	5%临界值	结论
$\ln A_t$	$(0,0,1)$	-0.777	-1.963	不平稳
$\ln B_{1t}$	$(c,t,0)$	-1.805	-3.691	不平稳
$\ln B_{2t}$	$(0,0,3)$	0.054	-1.966	不平稳
$\ln C_t$	$(c,0,1)$	-1.687	-3.052	不平稳
$\ln D_t$	$(c,0,2)$	-0.873	-3.066	不平稳
$\ln V_t$	$(0,0,0)$	-0.657	-1.961	不平稳
$\Delta\ln A_t$	$(c,0,3)$	-10.887^{***}	-3.099	平稳
$\Delta\ln B_{1t}$	$(c,0,0)$	-3.597^{***}	-3.052	平稳
$\Delta\ln B_{2t}$	$(0,0,3)$	-2.927^{***}	-1.968	平稳
$\Delta\ln C_t$	$(0,0,2)$	-1.847^{*}	-1.966	平稳
$\Delta\ln D_t$	$(c,0,1)$	-3.219^{**}	-3.066	平稳
$\Delta\ln V_t$	$(c,t,0)$	-3.707^{*}	-3.710	平稳

注:Δ 为一阶差分变量;$***,**$ 和 $*$ 表示在 1%,5%和 10%水平下显著;检验形式即是否含有常数项、趋势项及滞后阶数。

由单位根检验结果可知各变量序列均为一阶单整,符合协整检验的要求,进而我们对各粮食安全指标变量与定价权商间的相互关系进行 Johansen 协整检验,结果如表 11.16 所示。

表 11.16　各粮食安全指标变量与 $\ln V_t$ 协整检验结果

变量	特征值	迹统计量	5%临界值	结论
$\ln V_t$ 与 $\ln A_t$	0.795	33.832	15.495^{***}	协整
$\ln V_t$ 与 $\ln B_{1t}$	0.518	20.487	15.495^{***}	协整
$\ln V_t$ 与 $\ln B_{2t}$	0.684	26.071	15.495^{***}	协整
$\ln V_t$ 与 $\ln C_t$	0.689	22.712	15.495^{***}	协整
$\ln V_t$ 与 $\ln D_t$	0.785	32.796	25.872^{***}	协整

注:$***$ 表示在 1%水平下显著。

检验结果表明,在 1%的显著性水平上,粮食安全各指标与定价权权商存在至少一个协整关系,可以进行回归分析。回归方程的形式为:

$$\ln S_{it} = a + \ln V_t + \varepsilon_t \tag{11.1}$$

其中 S_{it} 为粮食安全的各个衡量指标，a 为常数项，ε_t 为残差项。利用式（11.1）分别对粮食安全各指标和定价权权商指标进行回归分析，结果列于表11.17中。

表 11.17　定价权权商对粮食安全指标的影响估计结果

方程	估计值	t 统计量	R^2	DW
$\ln A_t$ 与 $\ln V_t$	-0.109	-1.232	0.513	2.014
$\ln B_{1t}$ 与 $\ln V_t$	-0.135^{***}	-2.635	0.739	1.711
$\ln B_{2t}$ 与 $\ln V_t$	-0.055^{***}	-2.246	0.518	1.883
$\ln C_t$ 与 $\ln V_t$	-0.016^{**}	-1.862	0.743	1.755
$\ln D_t$ 与 $\ln V_t$	-0.059^{***}	-2.372	0.598	1.979

注：$***$ 和 $**$ 表示在 1% 和 5% 水平下显著。

回归结果显示，定价权权商的变化不会对中国国内粮食生产波动率产生影响，但对粮食进口与商品出口总额的比率、国际市场价格变动率、粮食库存消费比和营养不足发生率均产生了显著的影响。具体而言，在粮食定价权权商上升 1% 的情况下，粮食进口与商品出口总额的比率下降 0.135%，此时粮食进口能力增强，粮食安全程度也越高；国际市场价格变动率下降 0.055%，国际市场价格波动对中国粮食安全的威胁减小；粮食库存消费比下降 0.016%，此时实现粮食安全的成本减小，有利于保障国家粮食安全；营养不足发生率下降 0.059%，则国内粮食消费安全程度较高。与此相反，粮食定价权权商下降时将导致中国粮食进口能力的削弱，国际市场价格波动对国内粮食安全的影响增大，粮食库存的增加提高了实现粮食安全的成本，还会导致国内营养不足人口比重的上升。因此，拥有粮食定价权能较好地保障国家粮食安全，而粮食定价权的缺失则使国家面临粮食消费、贸易和价格等各方面的威胁。

本章小结

本章简述了定价权的获取对中国粮食安全的战略意义，分析了"大豆风波"的产生过程，并以此为背景剖析了定价权缺失对国内粮食产业及粮食安全的影响机理，指出不仅大豆产业面临着跨国粮商的垄断，稻米、小麦等粮食产业链也不同程度遭到垄断资本的入侵,中国的粮食安全不容乐观。接下来用定价权权商作为粮食定价能力的衡量指标,以国内粮食生产波动率、粮食进口与商品出口总额的比率、国际市场价格变动率、粮食库存消费比和营养不足发生率为粮食安全的衡量指标,实证检验和分析了定价权对中国粮食安全的影响,得出了粮食定价权的获取有利于提高粮食进口能力、有利于平抑国际市场价格波动、有利于降低粮食安全的实现成本和提高粮食消费安全水平等结论。我们认为粮食定价权是直接关系到国家粮食安全能否实现的重大问题。

定价权对中国粮食安全的实现有着特殊的意义,这不仅是由于中国是世界最大的粮食消费国,粮食安全能否实现关系着国计民生,关系着民族兴衰,更是由于中国目前处于全球粮食产业链的底端,不能获取粮食定价权,就意味着国内粮食产业链的发展仍要受发达国家跨国粮商的制约,粮食贸易利益得不到保障,粮食生产者的积极性受到限制,国家发展也会停滞,甚至出现动乱。因此,不仅要意识到定价权对粮食安全的重要性,更要通过各方努力去获取粮食定价权,去实现国家粮食安全,这是摆在中国面前的一个亟待解决的长期性问题。

第十二章 提升中国全球粮食定价权的路径选择

第一节 粮食定价权提升的全球经验

一、保障粮食安全和提升粮食定价权的国际经验

从国际粮食市场发展的现状来看,美国、欧盟、澳大利亚等发达国家和地区不仅是最主要的粮食生产和出口国,也是全球粮食价格的掌握者,尤其是美国凭借其拥有的几大跨国粮商,竭力获取产业链利润,世界各国几乎都有其粮食垄断资本的身影。这些发达国家拥有粮食定价权,从而也能很好地保障国家粮食安全,这与它们国内实行的农业和粮食政策密切相关。本部分以几个典型的国家为例分析其在粮食定价权获取和粮食安全保障方面的经验。

（一）美国

美国是世界上农业最发达的国家之一,其粮食总产量、粮食库存量和粮食出口量在世界总量中的比重分别达到 20%、30% 和 40%,其中以玉米和大豆最为突出。美国在粮食生产和出口方面的优势不仅源于其得天独厚的自然资源,还得益于高度发达的机械化和现代化设备,粮食生产效率高,在科研方面的投入大,粮食产品在国际上拥有很强的竞争力。不仅如此,美国还控制着其国内的几大跨国粮食贸易公司,子公司更是遍布全球各个角落,对世界粮食市场产生着重大的影响。

美国之所以在国际粮食市场有着强大的影响力,这与其农业及粮食产业政策有着紧密的关联。美国的粮食产业政策的变革主要经历了四个阶段:第一阶段是 1933 年颁布的《农业调整法案》,主要以增加农民收入为目标,1953年又制定了《食物援助法案》并成为此后 20 多年向外输出粮食的政策依据;第二阶段是 1996 年颁布的《农业完善与改革法》,这一法案的施行标志着美国农

作物种植面积限制时代的终结,扩大了国内农业经营者的自主权;第三阶段是于2002年和2007年修正了原有的《农业法》,不仅限制进口农产品,更突出了产业的市场导向性(尤利群,2011);第四阶段是于2008年对《农业法案》进行了重新修订(以下称"新法案"),新法案中的农业政策不仅包括直接支付和直接补贴、营销援助贷款、反周期支付及补贴对象与限制支付的相关规定,也强调了生物能源的生产和消费,积极鼓励大幅增加生物能源的生产和使用量。美国的农业政策呈现以下趋势:①农业补贴政策有进一步强化的倾向;②价格支持与收入支持成为农业补贴兼用的两种手段;③逐步增加对农业综合开发和农民收入政策支持力度;④农业补贴工具逐渐由"黄箱"向"绿箱"转变(牛盾,2012)。在农业和粮食产业政策的支持下,2000—2011年美国粮食中的谷物出口额由138.9亿美元上升到379.3亿美元,年均增长9.6%,进口额从30.6亿美元上升到83.5亿美元,年均增长9.6%。美国谷物以出口为主,出口贸易以玉米和小麦为主,且两者的出口总额占谷物出口总额的90%以上,其中,玉米出口额就占谷物出口总额的50%,小麦仅次于玉米,出口额占比40%左右,高粱、稻谷和大麦等其他谷物的总出口额占出口总贸易额的比重则不足10%。

美国粮食出口拥有极强的国际竞争力,在粮食贸易上存在"大国效应",主要表现在:①由于美国政府向来给粮食出口以各项政策支持,促进了国内粮食产业集中度的大幅提高,催生了大型的跨国粮食企业,而这又促使政府对粮食出口方面的支持政策有增无减;②美国政府历来把粮食作为其进行国际政治谈判的工具,期望在一定程度上操控国际粮食市场的供给和价格,以达到其政治目的;③由于粮食出口量在产量中的比重很高,美国政府极力推崇农产品贸易的自由化,试图利用其粮食贸易的竞争优势和开放的国际市场高额垄断利润,并达到掌握全球农业产业链的目的。

美国拥有全球粮食定价权得益于其国内的粮食价格支持政策。早在20世纪20年代美国政府就通过价格支持政策来稳定和提高农民收入,进入21世纪以来更是加大了在农业价格补贴方面的支持力度,尝试利用期权交易形式来保护农产品价格,利用市场分散农产品价格风险,维护农产品价格和农民收入的稳定。从价格政策的演变来看,美国粮食价格政策主要包括最低保护价制度、目标价格补贴制度和价格与人物储备计划等。这些不同时期的价格政策在保护农民利益、调节粮食市场供求和平抑粮食价格波动方面起了重要作用。

众所周知,多数全球粮食定价中心集中在美国,而这些定价中心又以期货定价的方式掌控着全球粮食的期货和现货价格,如芝加哥期货交易中心、纽约期货定价中心等,经过长期的演变和发展,美国已经确立了以期货交易为主的市场体系,期货市场自然而然地成为农产品基准价格的形成中心。从定价特点看,美国采用的是市场定价机制,即通过大宗农产品市场的供求关系确定粮食基准价格。由于期货交易涉及金融企业、贸易企业和农场主,粮食生产和期货价格确定的一般流程为:农业部对外发布粮食主产区当年的生产情况预测和实际统计数据,期货交易商们根据这些数据进行期货交易以确定粮食期货价格,贸易商们则通过期货价格来确定现货价格,农场主根据期货价格和供求趋势确定第二年的生产计划。可见,美国拥有众多的全球粮食定价中心,其完善的国内期货市场体系和畅通的信息传递渠道发挥了重要作用。

(二)欧盟

欧盟是世界主要的粮食生产和消费区,主要生产的粮食作物是小麦和粗粮。据统计,2011年欧盟小麦和玉米的产量分别达到13748.6万吨和6452.4万吨,分别占世界小麦和玉米总产量的11.6%和7.5%。在粮食出口方面,主要是小麦及其产品,2011年小麦出口量为1700万吨,占世界小麦总出口量的11.5%,占欧盟小麦总产量的12.4%,出口量比2010年有较大增长。

从欧盟农业与粮食产业政策的演变来看,主要包括四个大的阶段:第一阶段是于1962年开始实施"共同农业政策"(Common Agriculture Policy,CAP),通过价格支持和出口补贴的方式对粮食价格进行干预,确保农民收入和农业生产率的稳步提高;第二阶段始于20世纪80年代,这一时期欧盟的主要粮食产品出现消费需求剩余,从而使得欧盟由粮食进口国向粮食出口国转变,欧盟开始鼓励粮食出口,并实施非固定的出口补贴制,逐步开放农产品国内市场;第三阶段是20世纪90年代后,实现粮食生产与消费、供给与需求的平衡成为欧盟农业发展政策的立足点,这一时期欧盟降低了粮食生产和出口的补贴,对为此而损失的部分农民进行收入补贴;第四阶段是2002年后欧盟对CAP进行了多次调整,改革的重点内容主要侧重于环境保护和食品安全方面,进一步降低政府对粮食生产的干预,增强农户对市场信号的反应能力,而2011年欧盟在CAP改革政策上建议至2020年现行政策基本不变,在收支水平基本稳定的前提下,在CAP总预算、支出结构和农业公共产品的供给方面做适当调整。

欧盟的粮食产业管理也自成体系,形成了以欧盟委员会为最高机构、各国政府部门及金融机构和加工企业与期货市场为分支的完整体系,其中粮食产业组织机构主要负责向农民发放粮食出口补贴和为各类粮食企业提供公共服务,在确保粮食市场稳定的同时及时向生产者传递了市场信息。另外,很多国家粮食贸易商直接给农民提供金融支持、优惠贷款等服务,极大促进了各国粮食企业发展的活力,增强了欧盟粮食国际贸易的竞争力。

欧盟共同农业政策存在一定的优势,可以概括为政策制定的系统性、财政支农结构的合理性和农村发展政策的战略性三个方面:系统性表现在欧盟共同农业政策有一个系统的政策制定平台和有完善的政策评估体系,各时期的农业政策均对外公布,当外部环境与内部农业条件发生变化时,共同农业政策都能做出及时与准确的政策反馈并进行修正;合理性表现在对于有着重要基础地位的农业,欧盟在农业与农村发展中的各项支出均占财政总预算近50%,且主要用于直接补贴和农村发展,直接补贴支出最多,占农业与农村发展支出的一半以上;战略性表现在欧盟对农业发展及其相关政策的出台高度重视,农村发展财政支出逐年增长并保持在较高水平,同时在政策中注重生态环境的保护和农产品质量的提高,不仅有利于农村的可持续发展,也增强了欧盟农产品的出口优势。

（三）澳大利亚

澳大利亚国土面积广阔,自然资源丰富,虽然农业生产条件并不理想,但由于人口稀少,粮食消费量有限,澳大利亚成为典型的农业出口导向型国家。澳大利亚是世界最重要的粮食生产和出口国之一,麦类是其生产的主要粮食品种,其中小麦产量占其粮食总产量的 70% 以上,大麦产量占 20% 左右。2011 年小麦产量为世界小麦总产量的 4.1%,大麦产量约为 3%。出口方面,大麦出口量占世界大麦出口总量的 15% 左右,小麦出口量占世界小麦出口总量的比重较低,在 10% 左右,但占国内小麦产量的比重则高达 80%。

澳大利亚的粮食产业具有一些明显的特点:20 世纪 90 年代以前作为独立国际性谷物销售机构的小麦局是全国唯一的出口小麦供应商,而 1989 年《小麦销售法》出台后,澳大利亚为打破垄断,增强在国际谈判中的地位,并提高农场主的收入,小麦出口经营权有所放开;澳大利亚实行统一开放的粮食市场流通体制,严把小麦出口的质量关,确保小麦在出口市场上的声誉,不对粮食价格进行政府干预,也不会给予价格保护,以市场的供求关系决定粮食价格,从而国际国内粮食价格的联动性很强。

澳大利亚具有农场规模大、产品国际竞争力强、生产者素质高和社会管理机构健全等特点,这一方面得益于生产、加工和销售高度一体化的农业管理体制以及在农产品质量和可持续发展上的重视,同时在"乌拉圭回合"以后澳大利亚政府大幅削减了扭曲性的农业支持,农业支持政策目标多元化发展,政府通过税收优惠引导生产者合理利用生产资源,提高粮食单位产量,在农场主国际农产品市场信息服务、农产品质量提升技术等方面也予以高度重视。

澳大利亚农业是粗放式经营,但农产品在国际市场上具有较强的竞争力,已经形成了现代化高效率的农业生产和销售格局,这与政府采取的一些独特农业政策有关,突出表现为政府对农产品基本上不实行价格补贴。美国、欧盟、日本等发达国家均对农产品实行较高的价格补贴,而澳大利亚政府则认为实行价格补贴政策往往掩盖了国际市场发出的价格信号,阻碍了农业生产调整;农民以补贴作为其生产决策的依据,不仅不利于农业生产效率的提高,同时国际市场价格的波动会给农民收入带来较大的负面影响。另外,澳大利亚政府在农业的宏观调控、农业科研推广、农业生产性服务等方面都自成体系,这不仅有效地发挥了市场在资源配置中的作用,也提高了政府的运作效率,从而确保了农业的持续发展。

二、发达国家经验对中国获取粮食定价权的启示

从以上国家的分析可以发现,发达国家通过对国内农业和粮食产业给予政策上的大力支持,不仅获得了粮食的定价权,也为粮食安全提供了强大保障。借鉴发达国家发展本国农业和粮食产业的经验,本着安全性、可行性和利益均衡的发展原则,中国在农业和粮食产业的发展方面,在粮食定价权的获取上,在保障国家粮食安全上还有很大的努力空间,总的来说发达国家经验对中国获取粮食定价权进而保障粮食安全方面的启示主要可概括为以下五个方面:①加强农业宏观调控;②在 WTO 的框架内采用多样化的农业补贴政策;③实现从全面补贴向重点选择的转变;④建立农业补贴综合管理体制,提高农民的组织化程度;⑤增加对农业金融方面的支持。

（一）加强农业宏观调控

中国政府对农业的补贴长期存在着目标不够长远、对象和金额比较随意等问题,从而长期内的补贴效果很难集中体现和发挥。虽然国内于 2002 年修订了《中华人民共和国农业法》,但由于强制性条款和宏观调控的缺失,这一法律并不能有效指导中国农业生产的快速发展和农民收入的稳步提高,因而借鉴美欧的成功经验,加强农业立法,加强政府在农业上的宏观调控非常必要。

当前中国农业宏观调控中存在职能不明确、管理效率低下等问题,这是由于国内农业管理部门的机构设置层次多,市场信息传递不畅,部门内部越位、缺位等现象屡见不鲜。农业体制改革的滞后使得产业链严重割裂,农业管理机构各部门之间沟通不畅,对国际市场相关规则的运作程序缺乏经验,运作管

理不协调,资源内耗严重,这些都直接影响中国在国际市场上的竞争力。中国的农业宏观调控政策急需转变,主要包括宏观调控目标的转变、宏观调控管理机构职能的转变和宏观调控方式的转变。

(1)宏观调控目标的转变。在农产品尤其是粮食供给上不仅要注重量的增加,更要注重质的提高即供给结构的改善。必须根据市场需求状况调整生产和供给结构,优化资源配置,保证农产品的有效供给,实现农产品供给结构与需求结构的动态平衡。这是实行农业宏观调控的首要目标。另外还要注重收入目标、环境目标和市场风险目标的转变。

(2)宏观调控管理机构职能的转变。发达国家的农业宏观调控机构大多采用"大农业"的模式,这种模式有横向范围广、纵向范围深的特点,产业行政管理已经超越了一般意义的农业,还包括和农业有密切关系的许多其他产业,如金融、教育等,不仅负责农业的产前、产中、产后的生产全过程的管理,还实现了对农业流通、加工、贸易等产业链条的有效宏观管理。"大农业"模式能有效实现政府职能的一元化,拥有农业政策的制定权和农业发展的决策权,增强宏观管理效率。

(3)宏观调控方式的转变。当前中国正由计划经济向市场经济转变,市场在资源配置中的基础性作用显得更为重要,而对于市场经济运行中自发产生的失灵现象,则应主要运用经济干预手段进行调控以保持经济运行的有序性。积极利用经济杠杆和经济机制对农业进行宏观调控,放开农产品购销价格,建立农产品价格调节和储备制度,完善市场监督体系,充分利用财政金融手段对农业进行宏观调控,加大农业基础设施建设投入和农业财政补贴的支持力度,从根本上消除不利因素,提高农业宏观调控的效率。

(二)在 WTO 的框架内采用多样化的农业补贴政策

当今世界多数发达国家均不同程度对农业进行补贴,这是普遍趋势,因此这与 WTO 农业规则并不相悖。根据发达国家的经验,农业补贴形式可以多样化。中国农业尚未充分利用 WTO 协议,在"绿箱"、"黄箱"政策及例外性规定方面还有很大的实施余地,尤其是"绿箱"政策中的农业补贴措施还有一半以上的条款没有得到充分利用,已用政策的保护力度也有待加强。

保护耕地资源、确保粮食安全和提高农民增收农业增效是农业补贴政策的主要目标,在 WTO 农业协定规则下运用好农业补贴的"绿箱"、"黄箱"政策,对农业补贴进行改革和调整,加大补贴力度,调整补贴结构,确保国家粮食安全和主要农产品有效供给,促进农业增产、农民增收、农村繁荣。要充分重视农业保险补贴以降低农业灾害与市场价格风险,激励农民生产积极性,稳定粮食供给。农业保险业务的开展能有效地分散风险,解决农民粮食生产的后顾之忧。农田水利等基础设施建设是建设现代化农业的前提,也是农业增产增收的重要保证,调整补贴结构,增加农田水平等农业基础设施建设和事后维护的支出,不仅有利于中国农业的规模化经营,也有利于运用现代化高科技技术,实现农业机械化。

（三）实现从全面补贴向重点选择的转变

目前中国的农业补贴涉及面广,几乎包含了从生产到流通的整个过程,而欧美发达国家的农业补贴有很高的集中度,其中美国在给予生产者的补贴中有90%以上的补贴直接投向四大粮食的生产中。中国农业补贴的效果很难体现。在农业补贴总金额一定的前提下,较为合理的选择是突出补贴重点,把有限的农业财政资金补贴到关键产品和区域,这既能获得比较优势和国际竞争力,也能提高农业生产效率和农民的收入水平。

种粮收入是粮食主产区农民的主要收入来源,而稻谷、小麦、玉米和大豆四大品种在国内的消费比例不断提高,因此应重点对粮食主产区农民和粮食四大品种进行重点补贴。巩固和加强农业的基础地位,加大"三农"资金投入,完善强农惠农政策,在继续增加农民生产补贴的基础上,补贴重点向专业大户、农民专业合作组织倾斜。同时农业科技信息技术的不断发展,其在推动农业生产率提高方面的作用日益突出,农业补贴向农村基础教育和农业高科技方面倾斜对于发展中的农业大国来说有非常重要的意义。

（四）建立农业补贴综合管理体制,提高农民的组织化程度

中国一直以来都是实行统分结合、双层管理的机制,农民的组织化程度低,在同政府部门及粮食营销企业打交道时往往处于劣势,农民利益得不到保障。当今世界的许多发达国家农业人口在总人口中的比重很低,但70%以上的人都是农民组织的成员,如在美国比较有影响力的农业性综合组织就有农场局联盟、全国农场主组织、全国农场主联盟等,而中国农民参加各种农民经济组织的人数很少,仅中总数的5%,与发达国家相比相去甚远,而现有的农民组织存在自主创新不足、结构松散等问题,农民组织应有的作用得不到有效发挥。

从市场经济和农业现代化发展的角度来说,农民组织化程度的提高有着必然性,这不仅是中国农业战略转型和市场竞争的需要,更是农民实现和保障自身利益的根本出路所在,可以为中国农业的发展争取更有利的国际环境。因此,要大力发展农民合作组织,加强行业服务,规范市场交易行为,尽快成立

类似农民利益协会的组织来保障农民的利益。政府要充分发挥引导作用,在政策上给农民以优惠,在财政上给农民以资助,在教育和技术上给农民以帮助;借鉴西方发达国家的经验,通过一系列立法来保障农民的利益,可以考虑颁布农民组织法等相关政策措施,采用法律手段促进农民组织化程度的提高,保障中国农民组织化健康有序开展;本着自愿参与的原则,政府可以在适当条件下引导和推动农民组织的成立,并在农民组织规则制定和完善的过程中加以扶持,在一定地区内率先进行组织化的管理,推动农民组织的有序建立和开展。

(五)增加对农业金融方面的支持

目前中国已经建立起比较完善的农业金融机构体系,包括政策金融性质的中国农业发展银行、商业金融性质的中国农业银行和合作金融性质的农村信用合作社等。但从各个具体环节的实行操作上看,这些农业金融机构所提供的金融信贷等服务与实际需求还有一定的距离,农业金融体系有待完善,农村金融市场进一步发展的空间巨大。

(1)建立健全农业金融体系,保障农业金融体系的有效运用。成立专门的农业金融政策的制定与管理机构,对农业信贷等相关金融扶持政策的执行情况进行有效监督,为农业金融的宏观决策提供现实依据。同时对现有的金融机构要进行内部的合理分工与合作,扩大服务对象,增加金融服务的范围和力度,提高金融资源的配置效率。加大国家对农业金融的财政支持力度,鼓励非农金融机构开展农业金融的相关业务,从而促进农业金融市场的繁荣和农村经济的全面发展。

(2)完善农业保险体系。国家尚未对农业保险方面的给予相关的政策支持,农业保险对农村的保障作用几乎不存在。而发达国家的农业保险政策是解决农业发展中的资金问题和国家财政支农的重要内容。农业保险是一种有效的损失补偿手段,在农业风险防范和保障农业生产安全方面有突出作用(罗向明等,2011)。因此,应加大中央财政对农业保险的支持力度,并根据不同的政策目标制定保险补贴标准,如对粮食作物提供较高的保费补贴,对经济作物则提供较低的保费补贴。

第二节 中国粮食安全保障的战略选择

国以民为本,民以食为天,食以粮为源。粮食是人类生存的根本保障,粮食安全战略是国家安全战略的重要组成部分,中国的粮食安全则是世界粮食安全的重要组成部分。中国历史上出现了几次饥荒,当今世界仍有许多人处于温饱线以下。中国政府历来重视"三农"问题,在保障粮食安全问题上丝毫没有放松,始终把13亿人口的吃饭问题看作所有工作的重中之重,在实行强农惠农政策、走中国特色农业现代化道路方面取得了辉煌的成就。保障中国的粮食安全,不仅能解决好13亿中国人的温饱问题,同时也是对世界粮食安全的重大贡献。

一、当前国内外粮食安全的基本形势

2004年开始,中国的粮食生产出现了前所未有的八年连续增长,为中国经济社会的持续健康稳定发展做出了巨大贡献。世界粮农组织(FAO)认为粮食安全应包括粮食供给能力、粮食购买能力、食物的营养结构和市场价格四个最基本的方面,从这四个方面的标准来看,中国的粮食安全仍处于较高水平。但由于国内粮食需求结构出现了转变,国际市场的不确定性因素日益复杂化,中国的粮食安全仍面临诸多新的挑战。

（一）国内粮食需求出现结构性转变

一般而言,粮食需求由居民口粮、饲料用粮、种子用粮和工业用粮四个方面的需求构成。随着居民收入水平的不断提高及工业化进程的逐渐加快,中国粮食的供求总量保持基本平衡,但国内粮食总需求的构成情况却发生明显变化。影响粮食需求的因素很多,随着中国人口增长速度的明显放缓并且开始进入老龄化阶段,人口结构、消费结构和城镇化进程加快三个方面成为中国粮食需求的主要影响因素。

伴随着改革开放政策的深入推行,中国总体的经济形势越来越好,经济实力的增强和人均收入的增长必然带来人民生活水平的提高,一方面人们会更加注重从营养摄入的角度看待粮食消费,肉禽蛋奶消费相对于口粮直接消费的比例不断上升,饲料用粮及工业用粮需求出现急剧增长;另一方面农民工的出现使其身份由粮食生产者转变为第二、第三产业的工作人员,从而增加了粮食需求。

从粮食消费结构来看,中国食用粮的消费量自20世纪末开始下降,饲料粮和工业用粮的消费量则呈现快速增长势头。在不同的品种结构中,中国稻谷和小麦的总需求已经基本保持平衡,而肉禽蛋奶消费增加所导致玉米需求不断上升,并逐渐取代稻谷也成为中国第一大粮食品种,随之而来的将是饲料用粮取代口粮成为粮食的第一大用途。

经济的高速增长必然伴随着城镇化进程的加快，随着人们收入水平的提高和生活质量的改善，非食用粮的需求总量不断增长，需求结构也不断变化，主要表现为畜产品需求增长所导致的饲料用粮需求上升。与城市居民相比，农村居民的食物消费结构相对落后，其热量摄入源主要依赖于碳水化合物，消费结构的差异导致城乡的粮食热量转化率的差异，城镇化以后的农村居民按照城镇居民的食品消费结构改变自己的饮食习惯，同时大体保持自己原有的热量摄入水平，则其人均食用粮食将增加 22 公斤/年（钟甫宁和向晶，2012）。

（二）国际粮食市场的不稳定性因素持续增加

FAO 指出，2007 年至 2009 年，粮食危机之后金融危机、全球经济衰退接踵而至，将世界贫困和营养不足人数推向前所未有的水平，而 2009 年这一数字超过 10 亿。尽管 2010 年后世界经济逐渐走出衰退，但俄罗斯的干旱、美国的高温和水涝导致粮食供应量减少，人们越来越担心市场发生剧烈波动，粮食价格特别是小麦和玉米价格重新开始攀升，一些国家采取了诸如出口禁令和其他出口限制等一些互不协调的政策措施，间接加剧了国际粮食市场的价格波动（联合国粮农组织，2011）。粮价过高过快上涨对全球粮食安全格局产生了严重的冲击，部分国家尤其是非洲地区的许多国家无力买粮，对处于中低收入水平的国家而言，势必对粮食安全保障形成了实质性的挑战。

另一方面，粮食的金融属性逐渐增强，使得越来越多的人把粮食作为一种投机商品，粮价波动效应被人为放大。石油价格上涨导致生物质能源的发展需求也相应增多，这同样是国际粮食价格上涨的重要原因。虽然 2008 年的全球金融危机导致国际油价明显下降，在一定程度上减缓了粮食价格的进一步上涨，但事实证明国际粮价上涨的势头依然强劲。总体上看，国际粮食市场面临的不确定性正在加强。尽管如此，国际粮食市场仍存在很大的空间和潜力，如果能合理规避国际市场风险，这对于中国提高国际粮食市场的利用效率及保障国家粮食安全都有重要意义。

在全球粮食危机的背景下，作为世界最大的粮食出口国，美国为了获得全球粮食市场的垄断利润和由此带来的地缘政治和币缘政治的风险收益，其通过各种补贴政策鼓励玉米生产，并将 40% 以上的玉米作为生产燃料乙醇的原料，这种战略间接控制了玉米的国际价格，实际上是利用其他国家来补贴美国本国的农民（胡小平和星焱，2012）。

二、中国粮食安全的战略选择

面对复杂多变的国际国内形势和不断变化的国际粮食市场，建立健全粮食安全保障体系是中国粮食安全战略的重要内容。在国内粮食安全状况总体良好的大背景下,不论是粮食的生产和消费环节,还是储备和流通环节,如果处理不当都会由于各种原因出现粮食危机,因此必须同时关注粮食产业链各环节的发展。粮食安全保障体系是一个贯穿于生产、流通、消费、储备和贸易等各个环节的复杂体系,为保障中国的粮食安全,也必须从生产、流通、消费、储备和贸易等方面采取相应的对策措施以应对可能出现的粮食危机。

（一）保障粮食供给稳定

中国的粮食产量已经到了相当高的水平,进一步提高粮食产量存在诸多影响因素,而产量再扩大及供给的稳定性能否实现与农民的粮食生产行为有着紧密联系,其中种粮收益的高低将直接影响农民的种粮积极性,是当前中国粮食安全的最重要影响因素。因此,必须通过优化粮食价格支持政策、扩大规模化经营、增加财政惠农支出、建立健全农村公共服务体系等措施保障农民的种粮收益,充分调动农民的生产积极性,从而确保粮食的稳定供给。

1. 优化粮食价格支持政策

当前国际粮食市场的价格风险不断升高,对国内市场造成了一定冲击,进而会影响到农民的种粮收益,必须建立良好的粮食价格调控体系,优化粮食价格支持政策,这对于促进农民种粮收益的快速增长、确保粮食的长期稳定供给、有效协调各方面的利益关系等方面都有重要作用。

总体而言,粮食充分自给是市场价格稳定的前提,农产品集贸市场和批发市场等流通基础设施建设是保障,最低粮食收购价格政策和高效、有力的储备粮调节机制并存是后盾,因此,粮食价格调控政策应主要包括供给保障、市场体系建设和相机抉择的粮食价格干预政策三方面内容。现阶段非传统因素对粮食价格的影响越来越大,一个重要原因是粮食能源化和金融化程度的不断加深。中国国内的粮食生产和经营者中,很少有人精通在金融化的背景下处理粮食问题,对于多数处于信息劣势的农民而言更是如此。我们必须加深对国际粮食市场交易规则的认识,同时优化国内的粮食价格支持政策。

从粮食的用途看,国内的稻谷和小麦主要用于口粮消费,玉米主要用于饲料粮消费,大豆则用于油料和饲料消费,因此稻谷和小麦价格的调控是粮食价格调控的重中之重。随着玉米用途的转变,玉米价格的调控也有加强的必要,但总体来说粮食的市场化程度正在加深,政府部门不应过多地干预粮食市场价格。由于市场失灵的存在,完全依赖于市场价格将使部分农民因种粮收入过低而对粮食产量造成影响,政府在各方面对粮食生产进行价格补贴,但从近几年的实施效果看作用并不明显,反而使得农民间的收入差距扩大。因此,必须完善粮食价格补贴政策,让农民切实享受到补贴的收益。

2006 年后国际粮食价格的波动变得更加频繁,带动了国内粮食价格和生产成本的变化,导致农户原本低下的收入变得更加微薄,粮食价格没有起到有效激励生产的作用,农户的种粮积极性受到明显抑制,同时国际粮食价格上涨引致的通货膨胀压力使得国家稳定粮食价格的目标趋向更为明显,使种粮农民面临高成本、低价格的双重困境。粮食生产面临低技术效率困局,这与粮食价格机制不能充分发挥引导资源配置效率的功能有紧密联系。因此,必须建立公平、合理的粮食价格机制,抑制粮食生产成本的过快上涨,保障农民种粮收益。

2. 扩大规模化经营

农业的规模化经营不仅是农业专业化和现代化发展的必然趋势,也是农民增加收入的重要条件。小农生产、分散经营是中国农业的显著特点,广大农民在面对激烈的市场竞争时显得力不从心,粮食交易过程中难免会遭受利益损失。规模化经营是稳定中国粮食生产的需要,是提高产业综合竞争力、保障国家粮食安全的根本要求。从各国鼓励农业规模化经营的经验来看,主要做法是鼓励土地的相对集中和劳动力转移,对农村合作组织以大力扶持,发展共同经济和委托经营相结合,并在农产品信贷、价格和税收方面实行不同的鼓励政策。这些经验对于中国农业实现规模化经营有重要的借鉴意义。

政府可以通过土地使用权流转的方式集中到粮食生产大户手中,充分发挥规模经济效应,促进粮食产量的提高,优化资源配置效率。同时可以在农村合作组织的建立过程中加以扶持,积极组织力量对农村合作组织的相关人员进行各方面的培训,提高组织化程度;政府还能在民营经济发展中发挥作用,通过适当扶持政策给民营经济增添发展活力,增强其参与市场竞争和抵御市场风险的能力,并结合自身特点与优势,把握农业产业化发展的有利时机,培育新的增长点。

规模化经营的实现形式是多种多样的,结合中国农业发展的特点和各地区农业发展中存在的差异性,首先可优先培育产业内的龙头企业,通过龙头企业的基地建设带动粮农作物的规模化经营,这既符合了农业地区发展的客观规律,又为农业和粮食企业产品质量和竞争力的提升奠定了坚实基础。其次是在国内很多地区建立粮食行业协会,以行业协会的形式推动粮食产品的规模化生产。行业协会以一种产品的生产为纽带,连接着产品的生产、加工和销售等各个环节,在发达国家中行业协会起了非常关键的作用,而在国内行业协会的作用尚未充分发挥。

3. 增加财政惠农支出

自 2006 年全面取消农业税以来,中国逐步建立起了各项惠农补贴制度,通过不断扩大补贴范围、加大补贴力度、规范补贴程序等切实促进了农民增收、农业增效,确保了国家粮食安全,但是在实际运行过程中仍存在补贴总量偏小、补贴方式不合理、补贴法制建设滞后等严重影响惠农补贴政策绩效的因素。必须尽快建立财政惠农补贴政策的长效机制,完善补贴方式以便提高政策绩效,降低补贴成本,突出补贴重点,建立以"绿箱"为主、"黄箱"为辅的补贴体系。

要继续增加对农村基础设施建设和教育等方面的财政支出,通过基础设施建设提高农村现代化的发展水平,在降低粮食生产成本、增加农民种粮收益的同时,还可以促进农村经济文化的转变。要对农民的务工经商活动和乡镇企业提供更多更大的财政优惠,一方面是为了提高农民工的收入,改善他们的生活;另一方面,在基本生存需求得到满足以后,收入因素对从业选择的影响减小,从而当粮食生产出现危机时他们能及时从农民工的身份转化为粮食生产者,确保粮食的稳定供给。

4. 建立健全农村公共服务体系

党的十七届三中全会《中共中央关于推进农村改革发展若干重大问题的决定》提出,要"推进城乡基本公共服务均等化,实现城乡、区域协调发展",这体现了构建统筹城乡的公共服务体系既是"三农"发展的客观需求,也是政府职能转变的要求,更是当前解决民生问题的重要手段(吴江,2011)。推进农村公共服务体系建设是广大农民群众的迫切要求,是加快全面推进小康社会建设和提前基本实现现代化的迫切需要。能否让农村居民享受跟城市居民一样的公共服务体系,不仅关系到中国"三农"问题的妥善解决,更关系到粮食安全和国家安全。由经济发展不平衡导致的社会矛盾主要体现在城乡关系和工农关系的处理上,城乡差距得不到有效遏制,势必影响农村稳定,这将进一步影响国家的农业和粮食安全。

公共服务的严重缺失是制约农村经济社会发展的主要因素,主要表现为农村基础设施和文化教育等方面的公共产品与服务供给不足,效率低下,与城市相比差距明显在扩大,而这些又主要源于中国二元经济结构的存在及政府部门公共服务职能的缺位,中央与地方政府在公共服务方面的分工不合理,现行的财政支付制度不合理从而难以适应市场经济的发展。因此,必须把建立农村公共服务体系和促进公共服务的城乡均等化作为新农村建设的重要任务来抓,通过建设公共服务型政府促进乡镇政府职能的转变,建立农村公共服务投入增长机制,切实提高财政支农资金的使用效率,引入竞争并鼓励社会力量积极参与公共服务。

(二)完善粮食流通体系建设

粮食流通安全是粮食安全的重要组成部分,2006年以后国际国内粮食价格出现了连续波动,中国粮食流通领域的问题越来越受到研究者们的关注。粮食流通是连接生产和消费的桥梁,其安全状况涉及粮食流通体制、粮食价格体制、粮食储备体系、粮食补贴制度和粮食市场体系等多方面的内容。而目前中国粮食流通市场存在效率低、结构不合理等问题,同时受规模小、资金短缺、仓储设施落后以及组织化水平与风险承受能力较低等诸多不利因素的制约,中国农民参与粮食流通的比例还很低。随着中国粮食收购市场的全面开放,影响流通安全的外部因素将大大增加,必须建立适应社会主义市场经济的全国统一、竞争有序、运转灵活、高效安全的粮食流通体系,才能确保国家粮食的长久安全。现阶段可行的措施主要包括加强国家在粮食流通上的宏观调控、培育多元化的市场主体、完善粮食市场体系建设和深化国有粮食购销企业改革等。

1. 加强国家的宏观调控

在整个粮食安全体系中,粮食生产安全是基础,而粮食流通安全则是粮食安全的重要保证。粮食的特殊属性决定了粮食在流通过程中既受到市场机制的调节,又受到国家的干预和调控。虽然市场机制的作用优先于国家干预,但市场失灵的存在使得要进一步加强和改善政府的宏观调控成为必要。国内粮食宏观调控体系、粮食流通调控制度及粮食储备体系、粮食安全预警系统、粮食流通体制的法律法规体系均不完善,需要国家调控政策的引导与支撑。在逐步放开粮食收储市场的同时,国家应通过经济、法律等手段加强对粮食通过市场的管理和调控。在建立健全粮食安全预警监测体系的过程中,政府应及时提供权威、准确的市场信息,合理引导市场主体进行粮食的生产与销售。

国家应制定合理的产业政策,推动粮食主要产销区的粮食收购、粮食仓储建设和各省市场的粮食储备建设,中央财政有必要根据各地区粮食生产和消费的变化,在粮食企业在粮食收购、存储活动过程中给予适当补贴。从粮食实际需求出发,健全国家与地方的粮食储备体系,充分发挥中央储备的供求调节、稳定粮食价格、保护农民利益、确保国家粮食安全等方面的重要作用,建立符合社会主义市场经济改革要求的中央储备粮调控机制。

2. 培育多元化的市场主体

以中储粮为首的粮食收储企业历来受到中央财政的大力扶持,已经占据了国内粮食收储市场的主要份额，粮食收购市场具有单一化发展的特点。现有粮食流通体系由于缺乏市场主体的多元化，对粮食价格波动的敏感度很弱。同时粮食市场主体的组织化程度低，经济规模小且散，严重阻碍了流通效率的提高，不利于粮食市场体系的完善（吴奇修等，2007）。因此，培育多元化的市场参与主体，促进粮食收购存储企业的多样化应当成为中国粮食流通体制改革的重要内容。

一方面，组建若干个国有控股的，集收购、储备、加工、贸易于一体的大型粮食企业集团，发挥规模优势，积极参与国际市场竞争；另一方面要尽快打破粮食流通中的市场垄断，鼓励非国有的粮食加工企业，包括合资企业、独资企业、民营企业等加大投资力度，以平等的权益参与粮食流通市场的竞争，从而建立均衡的市场结构，促进市场效率发挥。同时国家应出台相关政策措施，扶持农民通过合作组织等渠道参与粮食流通环节，提高粮食流通效率和农民收入。

3. 完善粮食市场体系建设

中国粮食市场体系包括现货市场和期货市场，经过多年的发展，中国已经形成了比较完整的粮食批发市场体系，在粮食生产、流通环节，在调节市场供需、稳定粮食价格和保障粮食安全等方面发挥着重要作用。粮食批发市场是产销衔接的主要场所，这对其在实现粮食现货集中批发交易，打破区域分割，构建多层次的粮食批发市场等方面的功能提出了更高要求，应使批发市场成为粮食价格的信息发布中心和粮食流通的集散地。

实践证明期货市场在粮食流通中发挥着价格发现和风险规避的重要功能。2004 年中国主要粮食期货品种体系初步形成后，在充分发挥市场机制的基础性作用、为粮食期货市场的发展创造良好环境等方面发挥了重要作用。现阶段要扩大粮食期货市场的交易品种和参与主体，各级管理部门要积极为粮食企业参与期货套期保值创造便利条件，加大力度培育、规范和发展期货市场，使其在粮食流通体系中更加充分地发挥其应有的重要作用。

4. 深化国有粮食购销企业改革

随着粮食市场化改革的不断推进，中国粮食供求的矛盾已经趋于缓和，市场主体多元化格局也已基本形成，国有粮食购销企业已经从根本上解决了卖粮难的问题，而产权制度的缺陷已经成为当前国有粮食购销企业改革进一步深化的主要障碍，进行产权制度的改革是粮食购销企业得以继续生存与发展的必由之路。因此，要加快粮食购销企业的产权制度改革，建立现代企业制度，转变企业经营机制，使企业真正成为自主经营、自负盈亏的市场主体，鼓励各种形式的粮食企业通过兼并和收购重组等形式扩大经营规模,并按照现代企业制度的要求实行规范动作,在此基础上探索多种形式的产权制度改革模式。

各级政府部门应为国有粮食购销企业进行产权制度改革创造良好环境,主要是积极培育各类粮食经营主体,通过多种方式解决粮食的收购问题,制定切实可行的国有粮食购销企业产权制度股份化、民营化改革方案,并辅以政策支撑。粮食行政管理部门应按照《粮食流通管理条例》的要求履行相职能,对各类形式的粮食企业进行全面引导,在信贷等金融政策的支持上进行适当倾斜。

(三)改善粮食消费安全状况

满足人类基本的生存需求是粮食最基本的作用,无论何种形式的粮食消费问题,最终都将转化为人类的生存问题,因此,粮食的消费安全是粮食安全的重要组成部分和最终目的。随着中国工业化和城市化进程的不断向前推进,人们的生活水平和收入水平不断提高,膳食结构不断改善,近年来生物质能源的发展大大提速,对粮食的消费需求不断提高,粮食的消费安全问题变得更为突出,对国家粮食安全产生了深远影响,粮食的不安全状况反过来又造成了消费信心不足,从而使得粮食消费安全问题进一步加深。消费不安全主要表现为供应量的波动、部分人群获取粮食的能力不足以及营养卫生标准不达标等。为保障粮食的消费安全,有必要从加强消费安全的制度建设、转变粮食消费结构、倡导节粮及适度消费、发展生态农业等方面着手,对相关的对策措施进行深入研究。

1. 加强消费安全的制度建设

当前国内消费市场出现的各种问题,政府监管缺位是一个重要原因,而这又与消费安全制度建设的不完善存在紧密联系。消费安全制度体系既要有完善的市场经济体制和市场制度为支撑,又要通过公平竞争的市场环境和高度发达的市场信用促进消费市场健康、有序的经济秩序的形成。消费安全问题的妥善解决有赖于消费者、生产者和行政职能部门三方的有力监督,同时要加强监督管理部门的纵向监督职能,严厉打击和克服地方保护主义,打破行政垄断和市场垄断。

对于粮食的消费安全尤其是食品安全问题,仅从经济学的角度进行分析是远远不够的,更重要的是从保障消费安全和构建和谐社会的角度出发,充分认识消费安全在粮食安全和国家安全方面的重要性,并采取有效措施加以防范(王启云,2006)。现阶段急需健全法律规范和社会信用制度,严厉打击假冒伪劣商品及售假者,要强化政府部门的监督管理职能及其监管力度,促进消费市场的和谐发展,可在全国范围内建立统一规范的食品安全标准体系,强化粮食从生产—加工—流通—销售全过程的品质管理,从而切实保障粮食的消费安全。

2. 转变粮食消费结构

从中国的粮食消费结构来看,饲料粮和工业用粮的需求量不断增长,其中稻谷和小麦的总需求保持基本平衡,而膳食结构的改善增加了人们对肉禽蛋奶的消费从而使得玉米的需求不断上升。由于粮食在国民经济中有着特殊地位,其种植周期长,价格弹性低,而相比之下其他农作物的生产更具有比较优势,有研究表明减少粮食播种面积的比重与增加农民收入之间存在明显的正相关关系(朱晶,2003),这意味着降低粮食播种面积能提高农民的收入,因此可以通过鼓励农民根据比较优势调整生产结构,将更多的生产资源投入其他农作物的生产中,进而增加农民的收入来源,改善粮食供给和消费结构。现阶段要特别注重玉米的产量和供给,开拓多种渠道增加饲料和工业原料的来源。

3. 倡导节粮及适度消费

在农业经济社会逐步向工业经济社会转化的背景下,粮食供应日益呈现紧平衡的特点,粮食安全脆弱性加强。在耕地面积不断缩小的情况下,粮食产量的提高终究会达到极限,因而注重节流也是保障国家粮食安全的重要一环。在粮食生产过程中,要大力提高防灾、抗灾和减灾的能力,保障粮食产量的稳步提高,并要在此基础上加大科研投入力度,促进粮食储藏和加工技术的发明和利用,减少粮食储运加工过程的损失,提高粮食入库率。

从全国范围看,粮食自给率仍处于较高水平,粮食消费需求及供给在短期内不会对国家粮食安全产生重大影响,但由于地区间的粮食生产潜力不同及运输成本等因素的作用,加之自然灾害的多发造成了粮食生产、调运、销售和消费方面的种种问题,饥饿仍在一定程度和范围内存在,加上粮食用途发生了较大转变,在一定时期内仍可能出现粮食供需矛盾。因此要在除口粮消费外的其他用途方面提高粮食转化率,发明新技术新工艺,改用非粮资源代替工业用粮,同时应倡导适度消费,提高广大人民群众的人文素质,形成人人珍惜粮食、处处节约粮食的良好社会氛围。各地政府部门要明确责任,联合各相关机构和组织抓好粮食产、储、运等环节,并制定可行方案确保各项措施落到实处。

4. 发展生态农业

全球农业的发展模式已经发生了深刻变化,即由传统农业发展模式向石油农业或能源农业模式转变。石油农业就是大量使用以石油产品为动力的农业机械,大量使用以石油制品为原料的化肥、农药、兽药等农用化学品,是一种以资源和环境为代价换取农业发展的模式(王启云,2009)。这种模式在大大提高农业生产率和机械化水平的同时也给食品安全、粮食安全和生态安全等带来了许多问题,主要包括耕地资源的破坏以及引致的粮食产量下降,农用化学品大量使用引致的粮食品质下降及土壤污染,生态环境恶化引致的物种减少等。

发展生态农业,不仅有利于避免大量使用石油产品给中国带来的消费安全问题,也有利于应对粮食消费安全所面临的各种挑战。因此,一方面要把发展生态农业作为国家一项长远的战略任务,通过宣传等形式加深人们对生态农业及其在保障粮食消费安全方面重要性的基本认识;另一方面,加大生态农业基础设施建设的投入和支持力度,通过划拨专项资金的形式大力发展生态农业,对实施生态耕种的地区和主体实行补贴及其他优惠政策,这在促进农民增收的同时也激发了农民发展生态农业的积极性,有助于生态农业体系的形成。

(四)建立健全粮食储备体系

中国的粮食供需关系已经进入长期偏紧的阶段,历史经验证明,粮食储备关系到国家安全、经济发展和社会稳定(贾晋等,2011),建立和维持适度规模的粮食储备是实现粮食安全的重要手段,粮食储备水平的是衡量和评价粮食安全的重要指标(马九杰等,2002)。当前国际粮食价格不断上涨,其波动性特征日益增强,而中国的恩格尔系数持续上涨,2010年已经高达40%,这将严重危害经济发展所取得的成果,急需通过粮食储备来稳定粮食价格及总体物价水平。因此,需要在加强政府对粮食储备的宏观调控、正确处理中央储备与地方储备的关系、提高粮食储备市场的运作效率及发挥农户储备的积极作用等方面努力,构建并完善中国的粮食安全储备体系。

1. 加强政府对粮食储备的宏观调控

中国的粮食储备管理制度存在协调机制不完善、粮食流通市场受跨国粮食企业的垄断竞争和地方储备粮体系建设滞后等诸多问题,尚未建立起一整套管理完善、运营高效的粮食储备综合体系。作为粮食产业链的重要环节,粮食储备市场的安全状况事关国家粮食安全,而政府的行政管理部门在粮食储备体系中的管理职能只能加强而不能削弱,因此要深化改革,加强政府在粮食储备体系建设中的宏观调控,对国有粮食仓储物流设施进行合理监管,促进这些宝贵资产的保值增值,同时要向社会提供优质仓储物流服务,促进粮食储运规模化发展。

坚持和完善中央储备粮垂直管理体制和企业化、市场化运作机制,积极鼓励企业探索专业化和国际化经营的路子。粮食安全坚持立足国内、面向国际的基本原则是维护国家粮食安全、服务粮食宏观调控的需要,也是培育提升企业自身实力的需要。应允许中央储备粮管理企业进入国际市场,充分利用两个市场、两种资源确保储备粮来源及国内市场的稳定,培育和提升企业的核心竞争力和国际竞争力,争取在国际市场获取粮食定价话语权。同时建立完备的信息体系,在此基础上构建粮食储备风险管理机制,防范储备粮管理中的各类风险(张青等,2009)。

2. 正确处理中央储备与地方储备的关系

中国的粮食储备体系包括中央储备和地方储备,中央储备由国务院进行综合管理,由中国储备粮总公司承担相应的收储任务;地方储备由地方各级粮食部门负责相应的收储任务。当前的储备体系存在分工不合理、配合不默契、协调运作效率低等问题,需要建立中央储备粮与地方储备粮有机结合的完整体系。中央储备粮管理部门应以保证国家粮食市场稳定和粮食安全为目标,而地方储备粮管理部门应以保证本地区粮油的正常供应为目标,避免不必要的内部竞争,以发挥各级政府粮食储备的最大效能,取得市场调控和企业经营的最大效益。

在整个国家粮食储备体系中,中央储备与地方储备间应保持一个合理的比例,同时中央储备粮和地方储备粮的功能分工不应相互冲突,而应该是互补的。中央储备主要用于战争、重大灾害和突发事件,以及调节全国大范围的跨区市场供求等,对重要城市及群体的安全储备和全国后备储备粮的储备承担主要责任;地方储备主要用于服务区域经济社会发展,调节地方性、区域性市场供求,对当地的安全储备和商业储备承担主要责任。中央储备体系和地方储备体系都应制定储备粮品种转换的支持政策,根据需求变化适时调整粮食库存储备结构(秦中春,2009)。

3. 提高粮食储备市场的运作效率

当前中国粮食储备市场的运作效率偏低与信息化建设滞后、风险防范能力不足有很大关系。一方面,应加强粮食储备体系信息化建设,构建储备粮管理信息平台。切实加强市场信息的监测和分析,提升信息资源的开发和应用水平,从而为政府的宏观调控提供理论依据。同时应构建粮食储备业务管理信息平台,完善相关信息系统的管理功能,实现信息流、资金流、产品流的统一管理。提升企业在管理和运营上的效率,借助信息化服务平台提升电子商务的发展水平。

在建立和完善储备粮管理的信息服务体系基础上,还应加强风险管理,对市场运行的风险进行监测,并建立相应的风险预警机制和风险防范机制,构建风险防范和监控体系。当前中国的粮食储备体制存在财务、经营等各类风险,需要加强对粮食储备市场的监督和管理,建立健全市场信息服务和监督体系,及时洞悉市场信息的变化,并及时完整地向各部门、各企业传达。要完善对国际粮食市场价格风险的监测,对可能引起国际粮食市场价格波动的信息进行有效跟踪以便及时掌握国际市场的变化趋势,在此基础上制定合理政策调节粮食供求。

4. 发挥农户储备的积极作用

世界各国的粮食储备体系可以分为市场主导型和政府主导型,而中国属于后者,即中国主要是通过政府对粮食的收购与抛售来调节粮食供需以达到对粮食市场进行调控的目的。政府主导型的粮食储备体系有较好地调节市场供给,但效率低、支出大,同时政府对粮食市场的过度干预会导致粮食价格发生偏移,从而不能有效反映市场的供求情况(刘悦等,2011)。可见,地方粮食储备体系有很大的发展潜力,而农户自身的粮食储备也是一个重要的方面。中国农户的粮食储备量很大,农户粮食储备水平的变化对粮食贸易和粮食安全有重要影响并成为影响中国政府及其贸易伙伴制定政策的一个根本因素,而决策部门对农民的粮食储备行为缺乏全面了解(万广华等,2007)。因此,农户储备粮在国家粮食安全中的作用有待进一步发挥。

在中国传统的小农体制下,粮食的生产和消费具有密不可分,农户主要通过增加粮食储备来保证自身的粮食需求,从而间接维护了国家的粮食安全。进入 21 世纪以来,中国农户粮食储备行为发生了明显变化,主要是农户粮食储备量的普遍下降,越来越多农户的粮食需求依赖市场供给,这将会给国家的粮食安全带来更大挑战(刘李峰,2006a)。这要求政府部门密切关注农户粮食储备行为的变化,采取适当有效的政策措施,主动引导农户的粮食储备行为,如国家对农户的粮食储备进行适当补贴,鼓励农户集中存粮,从而在一定程度上消除农户对粮食安全的担忧,这也会极大地节约国家宏观调控的成本,提高市场效率(刘李峰,2006b)。

(五)优化粮食贸易管理机制

世界粮食生产的不均衡决定了国际贸易是粮食安全的重要组成部分,而粮食国际贸易在提高市场效率和技术水平、调节国家粮食供求和价格等方面有着积极作用的同时,也会对粮食安全产生负面的影响,尤其是当今的粮食国际贸易由发达国家的跨国粮商所主导与控制,不仅影响了粮食贸易的收益,也对国内粮食供求造成了冲击,甚至在一定程度上导致国家的粮食安全受制于人。因此,必须加强对粮食贸易的监管,尤其是要对国内的跨国粮食集团进行合理引导,发挥其在促进国内粮食市场发展方面的正面影响,最大程度避免中国的粮食产业链自主权和粮食定价权落于他人之手。现阶段可以从加强国家对粮食贸易的监督管理、合理利用国际国内两个市场两种资源、多角度分散粮食进口风险及大力培育和发展国内粮食加工业等方面着手,完善中国的粮食贸易管理机制。

1. 加强国家对粮食贸易的监管

国家对粮食贸易的监管主要包括数量监管、价格监管与品质监管,通过不同形式的贸易监管达到优化国内粮食生产和消费结构、保障国内粮食价格的稳定和改善粮食消费安全状况等目标。粮食贸易的数量监管是解决粮食供给和提高国家福利水平的重要手段,国际市场虽是调节国内粮食供需矛盾的必要途径,但不在贸易数量上进行合理管制将扰乱国内粮食市场结构,如过度出口玉米将影响国内消费结构的转变,阻碍饲料产业的发展,而过度进口大豆则会挤压国内大豆加工企业的利润空间,进一步降低国产大豆的市场竞争力。因此国家需要对贸易数量进行合理控制,从而保障国内粮食市场的稳定。

粮食贸易的价格监管是稳定国内粮食市场价格、保障粮食安全的重要手段,贸易自由化的发展决定了价格是影响粮食国际竞争力的主要因素。国内粮价过高会导致粮食大量进口并挤占国内粮食市场,国内粮价过低则会导致粮食的大量出口及国内粮食供求关系被破坏,这都将损害国内粮食生产者和消费者的利益。同时,若粮食的出口价格或进口价格决定权旁落,不仅会导致贸易利益的损失,也会导致市场势力的缺失,不利于粮食定价权的获取。根据发达国家的经济发展规律,粮食补贴可以成为价格监管的合理有效手段。粮食补贴包括生产补贴和贸易补贴,生产补贴主要是促进国内粮食生产,尤其是生产资料价格上涨时对生产者进行补贴能有效扩大粮食供给;贸易补贴包括进口补贴和出口补贴,进口补贴是为了促进国内粮食消费,调节供需矛盾,而出口补贴由是为了扩大粮食出口收益,增强出口竞争力。当然在补贴上需要有一个度的把握。

粮食贸易的品质监管是保障贸易声誉和粮食消费安全的重要手段,粮食的品质差异是粮食产业内贸易形成的主要原因,而转基因粮食监管和利用质量标准设置贸易壁垒构成了粮食贸易品质监管的主要内容。贸易自由化的发展促使传统的贸易壁垒日益减少,而诸如技术标准、质量标准等非传统贸易壁垒成为贸易中形式更隐蔽、作用更显著的影响因素,尤其是转基因粮食问题。

中国是世界最大的大豆进口国,而进口大豆主要来源于美国等发达国家,而这些国家以转基因大豆的生产和出口闻名于世。因此,要保障粮食安全,必须加强粮食品质监管。

2. 合理利用国内国际两个市场两种资源

粮食安全是关系国计民生的重大问题,必须从国家利益的战略视角看待和处理粮食安全问题。①要充分利用国内粮食市场来保障国家粮食安全,这是最根本的出发点。首先要维持较高的粮食自给率,因为一旦粮食不能自给,将影响国民的正常消费,从而需要大量进口粮食,在扩大进口风险的同时扭曲了国内的生产和消费结构,影响了生产者和消费者的利益,甚至可能引起大规模的社会动荡,危及国家的长治久安。②要促进国内市场的整合,消除地区间的贸易壁垒,在粮食供求不平衡时能及时有效地进行粮食调运,切实搞好各项基础设施的建设,促进粮食流通的通畅。③要提高农民参与国内市场的程度和效率,加强信息化农村经济组织建设,确保粮食市场的信息准确并高效地传递给广大的粮食生产者,以便进行下一年度的生产安排,保障粮食生产收益。

中国的粮食安全,是国际经济大背景下的粮食安全,是世界粮食安全的重要组成部分,因此并不是孤立的粮食安全。①国家的粮食安全需要国际市场的各种资源。国家经济大开放、国际经济大融合是当今世界发展的大势,粮食市场的发展仅靠自身的努力是远远不够的,促进国际粮食贸易是粮食市场顺利健康发展的必要条件,国内粮食的充分有效供给在一定程度上要依靠国际市场,尤其当国内粮食生产出现滑坡时国际粮食资源显得尤为重要。②世界粮食安全需要各国的粮食安全提供保障。中国是世界粮食贸易大国,尽管已经成为粮食净进口国,但从某些方面来说为消除全球饥荒、保障世界粮食安全做出了贡献,在粮食供大于求的时期国际市场为国内粮食市场提供了广阔的空间。粮食贸易是粮食安全的重要组成部分,中国应合理利用国际粮食市场的各项资源,并保持适度的粮食进口和出口,为解决国家粮食安全提供外部保障。

3. 多角度分散粮食进口风险

充分利用国际粮食市场可以平抑国内生产的波动,稳定粮食供应,从而确保国内粮食的供给安全。但过度依赖国际市场会导致进口风险扩大,进而出现国内粮食市场的稳定性弱化以及粮食安全受制于人等问题。因此,要密切关注世界粮食贸易的发展状况和变化趋势,适时扩大进口来源,分散粮食进口风险。中国粮食的进口来源主要集中于美国、澳大利亚等传统粮食出口大国,而近年来哈萨克斯坦、立陶宛等一些东亚、东欧地区的国家出现了不同粮食品种出口量和人均出口量的快速增长;巴拉圭的大豆人均出口量也已超过美国和巴西成为世界第一;乌拉圭人均大米出口量也已超过泰国和越南,成为世界第一。因此,可以利用和新兴的粮食出口大国发展贸易来扩大进口来源,分散粮食进口风险,提高国家的粮食安全程度。

随着粮食进口量的不断增长,中国已经彻底完成了从粮食净出口国向粮食净进口国的转变,粮食供求长期紧平衡的状况决定了粮食进口量必然出现不断增长的态势,这将对国内粮食市场产生重要影响,粮食进口风险在所难免。国内可以借鉴欧美发达国家的相关做法,建立配额进口专营制度,实行一个窗口对外的集中经营和采购体制,针对现阶段中国粮食市场体系不健全、行业组织发展滞后和国内市场分割等问题,需要尽快建立全国统一大市场,弥补割裂的产业链,完善进口议价机制,根据需要适量进口粮食,最大限度消除粮食进口风险。

4.大力发展国内粮食加工业

粮食加工是粮食产业链中的重要环节,粮食加工业的健康发展对加快农业现代化建设、发送居民生产等方面起到了重要作用。当前中国的粮食加工业面临总体规模偏小、产业布局和产业结构不合理、自主创新能力低下、粮食加工企业受跨国粮食集团的强力竞争等问题,对国民粮食消费和国家粮食安全产生了重要影响。因此,要大力提升粮食加工业的自主创新能力,采用高新科技改造传统产业,促进粮食加工业的转型升级,优化粮食加工的产品和区域结构,充分发挥粮食主产区的资源优势,打造粮食产业园区。

另外,发达国家的跨国粮食企业纷纷进入中国,国内粮食产业链的某些环节已经受其控制,这与国内粮食加工企业发展滞后有密切关系,突出表现为国内粮食加工企业规模小、竞争力不足,难以跨入国际市场。因此,要优化企业结构,大力发展规模较大、竞争力较强的龙头企业,发展具有较强国际竞争力的跨国粮食企业,发挥粮食加工骨干企业在行业发展方面的示范作用;对各粮食加工的中小型企业进行改造,促进其规范化经营,充分发挥自身优势。同时在政策和资金上给中小企业以扶持,鼓励其做大做强,并适时向国际市场进军。

第三节　中国粮食定价权提升的政策建议

在经济全球化、国际国内两个市场融为一体的大环境下,产业链竞争日趋激烈,而产业链竞争的最终目的在于获得商品的国际定价权,在国际大市场中发挥应有的影响力。中国要想在大宗商品贸易中占据有利地位,必须积极参与国际市场价格的形成,让国际社会听到更多的中国声音。粮食作为一种特殊的大宗商品,在国民经济发展中发挥着不可替代的重要作用,国内粮食市场的逐步开放更促使跨国粮食资本大举进入中国,侵蚀了大部分粮食产业链的利润,价格控制权落入外资手中,严重影响了产业链的形成、发展和完善,已经对国家的粮食安全造成了很大的威胁。因此,中国不能再被动地接受国际价格,要掌握粮食产业链的主动权,这必须采取有效的防范策略,并主动参与到国际价格的制定中去,尽快建立中国的国际粮食定价中心。

一、建立健全国内期货市场,形成权威的国际粮食基准价格

期货市场有价格发现和风险规避的基本职能,主要原因在于这一市场开放度高、参与者众多,各类信息能及时准确地为市场参与者提供商品价格和市场变动信息,单个市场参与者估计偏差并不会影响整体估计的准确性。目前几乎所有粮食品种都存在一个国际市场定价中心,如大豆、小麦价格形成于芝加哥商品交易所,大米的国际定价中心在泰国等。中国期货市场与发达国家相比,不仅起步晚、品种少、规模小,而且规则乱、开放度低,直接造成利用其进行套期保值的市场参与者少,无法充分发挥期货市场在价格发现和风险规避上的基础性功能,不能起到促进国际市场定价中心形成的作用。中国是许多大宗粮食商品的集散地,具备良好的现货市场基础,中国的期货市场理应发展成为粮食产品的国内定价中心并力争成为全球粮食交易中心。因此,进一步完善期货市场,利用其定价机制实现中国主导定价,是中长期内应对粮食定价权缺失风险的必然选择。具体措施包括完善国内期货市场建设、增加粮食期货品种、扩大参与国际期货交易的程度、加强期现货市场的紧密联系和培育多元化的交易主体等方面。

(一)培育成熟有效的期货市场,创造全球粮食定价权的有利条件

高效的期货市场可以使其所具有的价格发现、风险转移和信息集散功能得到充分发挥,而成熟的期货市场是保证期货市场功能有效发挥的前提。尽管大连商品交易所已经成为世界上非转基因大豆的定价中心,但中国的期货市场仍尚未发育成熟。与国外拥有较成熟期货交易市场的国家(如美国拥有CBOT 等多个国际性大宗商品期货交易所)相比,包括粮食在内的中国大宗商品的市场化水平明显偏低。现阶段中国粮食仍处于被动接受国际市场价格,承担国际粮价波动带来的各种不利后果的境地,必须尽快采取措施打破国内

粮食市场受跨国垄断资本摆布的不利局面,进而促进粮食流通和贸易的自由化,鼓励本国粮食企业积极进入期货市场,主动参与国际粮食价格的形成,才能改变现状并使中国在激烈的国际竞争中处于更加有利的地位。在市场放开的前提下,还要制定严格的期货市场交易规范,在品种创新的基础上实现技术、合约设计、服务及风险管理制度创新等方面的重大突破,完善政府部门对期货市场的监督管理机制,在防范和化解国际市场风险的前提下逐渐获得全球粮食定价权。

(二)增加期货品种,增强在国际粮食基准价格形成中的影响力

2004 年开始中国相继推出了玉米、大豆 2 号等粮食期货品种,其中随着市场参与者的扩展及交易量的不断上升,大豆价格已成为国内的权威价格并开始对国际市场价格产生了一定的影响。玉米期货作为中国期货市场清理整顿后的第一个上市粮食期货品种,对中国农产品期货市场的发展及国际期货市场的先导性价格都将产生影响。当今的全球粮食定价机制告诉我们,中国要赢得国际市场价格的决定权,必须通过期货市场来完成。针对目前国内粮食期货品种少及由此导致的价格发现功能弱这一突出问题,今后相当长的一个时期内,中国必须继续研究开发新的粮食期货品种,完善农产品期货市场,健全期货市场体系,提高国内企业在国际贸易中的竞争力。可以而且应当借鉴发达国家期货交易所在期货品种发展方面的经验,不仅要增加粮食期货的交易品种,更要做好相应的中长期发展规划,使新品种融入现有的交易体系,同时要积极努力对新品种进行推广,提高国际知名度,从而在国际粮食基准价格的形成过程中占据有利地位。

(三)扩大在国际期货中心的参与度,获取粮食的国际期货定价权

期货对市场变化具有高度的敏感性,为交易者提供准确的市场信息,这也使得全球的期货交易市场都在向国际化方面迅速发展。世界上主要的期货市场已经成为一个国际化的、开放的交易场所,发达国家几乎所有的期货市场都是对外开放的,这也决定了期货市场必须走规范、自由的国际化道路,开放和国际化是世界期货市场发展的不可逆转的趋势。但由于中国期货市场发育不完善,国内参与者在国际期货中心的参与程度很低。在国内尚未形成国际性期货交易中心的情况下,可以通过提高相关企业或机构的国际期货市场参与度促进国内期货市场的完善。具体措施如积极培养专业的国际期货交易人才,简化参与国际期货交易的国内审批和限制条件,深入研究国际期货市场的相关理论,更好地指导粮食期货产品的国际交易,熟悉国际市场中各种期货品

种的交易规则和实质内容,增强政府和企业的国际风险意识。积极扶持国内期货公司做强,鼓励有实力、有竞争潜力的期货机构走出去参与国际竞争。国内期货市场应进一步加强与国际各大期货交易所的合作与交流,学习和借鉴发达国家的经验,引进先进的期货交易模式和交易手段,支持符合条件的机构和人员到境外从事期货套期保值等业务。

(四)加强期现货市场的紧密合作,提升对粮食产业链的指导作用

"粮食产业链战争"的最终目的在于争夺全球粮食定价权,全球粮食定价权的获取则建立在成熟完善的粮食产业链基础之上,而粮食产业链的完善有赖于期货市场的大力支撑。由于期货市场的发展完善与现货市场的发展密切相关,有必要创造各项条件加强期货市场为现货流通服务的工作,增强期货市场价格在指导现货市场价格方面的权威性。打破形形色色的行业垄断,鼓励社会资本进入粮食商品的流通,建立竞争性的粮食市场结构,形成统一开放的现货市场体系。现有研究已经表明,期货市场与现货市场存在紧密的价格联动,期货市场价格发现和运作效率的提高为中国粮食期货市场的进一步发展奠定良好基础,完善的现货市场为期货市场各项功能的进一步发挥提供了依据。国内统一大市场的建立需要完善的现货市场和期货市场,加强期现货市场的合作是提升市场功能、促进市场融合的必要条件,也为粮食定价要的获取提供了基础平台。

(五)培育多元化的交易主体,促进期货市场的发育

中国众多的外贸企业尤其是中小型企业受资金和经验等方面的约束,不擅长利用期货、期权等现代化的金融衍生工具进行套期保值规避风险,同时对国际期货市场的交易规则缺乏认识,在国际粮食市场的博弈中处于劣势,而当国际市场发生较大波动,加上国际垄断资本的炒作,中国粮食企业的劣势尤为明显,只能被动地接受国际粮食市场价格,从而遭受了利益损失。因此,要培育期货市场交易的企业主体,加强在期货市场功能、国际交易规则等方面的培训,提高企业利用期货市场套期保值规避价格风险和参与国际期货竞争的能力。目前引入合格的境外机构投资者参与国内期货投资不失为一个有效、稳妥的方式。在推动港资、澳资参股内地期货投资机构的基础上,制定相关措施引导境外机构投资者在境内进行期货投资,也可以鼓励有条件的国内企业参与境外期货交易(唐衍伟,2006)。另外,要积极为广大的种粮农民以个人身份参与期货市场提供支持。研究表明,期货市场是促进农民增收的重要渠道。目前,利用期货市场指导粮食生产和销售已成为发达国家现代农业体系的常

规做法,而在中国,由于小农户与大市场矛盾的存在,农民进入或者借助期货市场时还存在诸多障碍,期货市场在指导粮食生产和农民增收上的功能有待进一步发挥。目前中国在短期内通过政策引导改变农民在学历等方面的自身条件并不现实,农民参与期货市场的意愿并不强烈。因此需要加强农村信息化建设,加强对农民在期货市场基本知识方面的培训,通过期货订单试点等方式提高农民在期货市场的参与程度。

二、实施企业联盟,争取国际价格谈判优势

从整体上看,中国在某些大宗产品上是国际大买家,但从事国际贸易的大多是中小型企业。而长期以来,中国粮食企业没能统一和联合起来,主要原因是经营过于分散和行业内的无序竞争,从而不能形成较强的国际价格谈判能力,并最终导致粮食国际定价权的缺失。应该适当提高行业准入门槛,加强资源的整合与配置,并通过并购重组等方式提高行业集中度,培育若干个集研发、加工和贸易于一体的、综合实力较强的大型粮食企业及企业集团。应通过行业自律和政府引导来约束企业的市场行为,建立竞争性较强的国内粮食统一大市场。建立一套有效的"价格卡特尔"体系,同样是规避国际市场价格风险、获取并提高全球粮食定价权、维护国家粮食安全的重要手段和有力武器。"价格卡特尔"体系的建立能促进行业内各企业统一协调和自律,有助于实行联合议价,从而打破各企业在国际市场各自为战的不利局面,避免由于相互竞争而提高价格,最终规避粮食贸易中的价格波动风险。中国作为粮食需求和消费大国,更需要尽快成立粮食产业联盟,共同对抗国外企业的垄断行为,增加中国粮食国际采购谈判的筹码,抢夺国际定价权。应通过行业协调、企业自律来实现"价格卡特尔"形式的联盟,避免行政力量的介入,更不能与国内外的反垄断法等法规相冲突。政府各级行政管理部门应在 WTO 规则下,通过宏观调控和政策引导等手段加强对粮食产品的进出口管理,规范经营秩序,改善贸易环境。加快行业协会的建设,发挥其在整个行业中的协调和监督功能,利用行业协会来规范市场和贸易秩序,促使国内粮食企业尤其是中小企业形成统一的企业联盟,共同对抗国际市场风险,提升中国粮食企业在国际贸易中的定价能力,尽早建立中国的全球粮食定价中心。

三、借鉴发达国家的经验,不断尝试参与国际定价

世界上许多发达国家在获取粮食定价权和保障粮食安全方面有着丰富的经验,值得中国学习和借鉴。如美国、日本等成立了农产品价格干预基金,在

提高粮食国际竞争力方面发挥了重要作用。中国可以借鉴其做法,尝试建立价格干预基金,借以弥补中国大宗商品定价的话语权的缺失。中国是全球主要的粮食生产国和消费国之一,获得国际粮食市场的定价权极为必要。价格干预基金的主要作用是平抑大宗商品价格的过快上涨,避免高价格对中国粮食产业和经济的冲击。再如,美国、日本、德国等发达国家已经制定了较为完备的大宗商品战略储备制度,在削弱国际价格波动对其国内企业和经济的影响上发挥了作用,这是发达国家增加贸易谈判筹码和调节其国内供求的常用手段。中国可以立足国情,建设多层次、多品种的战略储备体系,完善国内大宗商品的战略储备体系,根据国内需求采购短缺粮食商品,从而保证粮食价格和国内供给的稳定。

第十三章　结束语

由 2007 年美国次贷危机引起的全球金融危机至今仍在蔓延,丝毫没有消退的趋势。然而,在这场举世瞩目的金融危机发生的同时,另一场全球性的危机也在世界范围内造成了严重的损害。2007 年至 2008 年,国际粮食价格一路飞涨,达到了创纪录的历史最高点,造成了近几十年来最为严重的粮食危机。在经历了短暂的回调之后,国际粮食价格在 2011 年和 2012 年两度飙升,国际社会开始担心刚刚过去的世界粮食危机将再一次出现。

回顾过去六年间的三次国际粮食价格暴涨,每一次都有干旱和洪水等自然灾害的因素,而且随着全球气候变化所导致的极端气候愈加频繁,未来全球粮食生产将更具不确定性。由于"金砖四国"等人口众多的新兴经济体的快速发展,全球粮食需求也在快速攀升,与此同时,全球粮食库存也下降到近几十年来的最低水平。生物燃料的兴起也是近年来粮食危机的主要推动力,一方面生物燃料的需求影响了食品用途的粮食供应;另一方面生物燃料与石油价格的联动增加了粮食价格的剧烈波动。此外,日益增加的金融投机和出口限制也是粮食价格上涨和波动的重要因素。

世界粮食危机的蔓延为中国粮食安全再一次敲响了警钟。作为一个拥有十三亿人口的大国,中国粮食安全的维护不仅是本国经济发展、社会稳定和国家自立的重大问题,也是对国际社会的一项重大责任。2012 年的最新数据显示,中国的稻米、玉米和小麦三种主粮的进口量大幅上升,这些赖以生存的主粮是否会重蹈数年前"大豆危机"的覆辙呢?与国内生产总量相比,这些主粮目前的进口量的比重较低,自给率仍然保持在 95% 以上,但是粮食安全问题却是无远虑则有近忧,必须未雨绸缪。

在全球化的背景下,粮食安全的维护也进入一个全新的领域。目前,世界各国的粮食生产和消费被全球粮食产业链紧紧地联系在一起,粮食安全也不仅仅是一个粮食产业或者农业内部的问题,而要从整个产业链的角度来考量。生产、贸易、流通、消费、储备,全球粮食产业链上的任何一个环节对于粮食安全都至关重要。特别是在中国资本、资源和技术的现实制约之下,必须统筹兼顾国内国际两个市场,充分利用外国资本、资源和技术来辅助维护中国粮食安全。而想在国际市场上游刃有余,就需要强化世界粮食市场的市场实力,努力争取提升全球粮食定价权。

我们的研究就是随着这样一个思路来展开。在分析了全球化背景下世界和中国粮食安全的基本态势之后,我们从全球粮食产业链的各个环节中提炼出影响粮食安全的若干因素,并重点从资本、技术和流通等方面,利用实证方法分析了这些影响因素与粮食安全的互动关系。基于对这些互动关系的解释和分析,我们得以针对各个影响因素分别提出应对的政策方案。根据全球粮食产业链不断融合和国际粮食价格剧烈波动的新现象,我们就粮食的市场势力和全球定价权的问题做了深入的专题研究。最后,在借鉴国际经验的基础上,我们提出了保障中国粮食安全的战略选择和提升粮食定价权的政策建议。我们希望本报告的研究成果能够对政府机构、产业组织和相关企业的决策者提供有益的帮助。

参考文献

Abdulai, A. Spatial and vertical price transmission in food staples market chains in Eastern and Southern Africa: What is the evidence? FAO Trade and Markets Division Workshop on Staple Food Trade and Market Policy Options for Promoting Development in Eastern and Southern Africa, 2007, Rome.

Acquaye, A. K. A. , Traxler, G. Monopoly power, price discrimination and access to biotechnology innovations. AgBioForum, 2005(8):127-133.

Adolfson, M. Export price responses to exogenous exchange rate movements. Economics Letters, 2001, 7(1):91-96.

Alderman, H. Intercommodity price transmittal: analysis of food markets in Ghana. Oxford Bulletin of Economics and Statistics, 1993, 55 (1): 43-64.

Ambrosini, B. Tacit knowledge: some suggestions for operationalization. Journal of Management Studies, 2001, 38(6):811-829.

Anastassopoulos, G. , Traill, W. B. Determinants of foreign entry strategies in Greek food industry. Agribusiness, 1998(14):267-279.

Anderson, K. , Huang, J. , Ianchovichina, E. Will China's WTO accession worsen farm household incomes? China Economic Review, 2004, 15(4): 443-456.

Arnade, C. Using a programming approach to measure international agricultural efficiency and productivity. Journal of Agricultural Economics, 1998, 49(1):67-84.

Athukorala, P. C. , Menon, J. Pricing to market behavior and exchange rate pass-through in Japanese exports. The Economic Journal, 1994, 104 (423):271-281.

Awokuse, T. O. Market reforms, spatial price dynamics, and China's rice market integration: a causal analysis with directed acyclic graphs. Journal of Agricultural and Resource Economics, 2007, 32(1):58-76.

Azar, C. Emerging scarcities: bioenergy-food competition in a carbon constrained world. In: Simpson, R., Toman, M., Ayres, R. (eds.), Scarcity and Growth Revisited: Natural Resources and the Environment in the New Millennium. Resources for the Future, Washington, DC, 2005, pp. 98-120.

Bach, N. L., Saeed, K. Food self-sufficiency in Vietnam: a search for a viable solution. System Dynamics Review, 1992, 8(2):129-148.

Balcombe, K., Bailey, A., Brooks, J. Threshold effects in price transmission: the case of Brazilian wheat, maize, and soya prices. American Journal of Agricultural Economics, 2007, 89(2):308-323.

Balke, N. S., Fomby, T. B. Threshold cointegration. International Economic Review, 1997, 38(3):627-645.

Barlett, D. L., Steele, J. B. Monsanto's Harvest of Fear. Vanity Fair, 2008. http://www.vanityfair.com/politics/features/2008/05/monsanto200805.

Baulch, B. Transfer costs, spatial arbitrage, and testing for food market integration. American Journal of Agricultural Economics, 1997, 79(2):477-487.

Beghin, J. C., Bureau, J. C., Park, S. J. Food security and agricultural protection in South Korea. American Journal of Agricultural Economics, 2003, 85(3):618-632.

Bekkerman, A., Goodwin, B. K., Piggott, N. E. A variable threshold band approach to measuring market linkages. Applied Economics, 2013, 45 (19):2705-2714.

Berndes, G., Hoogwijk, M., van den Broek, R. The contribution of biomass in the future global energy supply: a review of 17 studies. Biomass and Bioenergy, 2003, 25(1):1-28.

Bloodgood, J. M., Morrow, J. L. Jr. Strategic organizational change: exploring the roles of environmental structure, internal conscious awareness and knowledge. Journal of Management Studies, 2003, 40 (7): 1761-1781.

Boehlje, M., Doering, O. Farm policy in an industrialized agriculture. Journal of Agribusiness, 2000, 18(1):53-60.

Bonanno, A., Constance,D. H., Lorenz, H. Rural Sociology, 2002, 65(3): 440-461.

Brambilla, I. Multinationals, technology & the introduction of varieties of goods. Journal of International Economics, 2009(79):89-101.

Brambilla, I., Galina, H., Long,C. X. Foreign direct investment and the incentives to innovate and imitate. Scandinavian Journal of Economics, 2009(111):835-861.

Bravo-Ureta,B. E., Solís,D., López, V. H. M., et al. Technical efficiency in farming: a meta-regression analysis. Journal of Productivity Analysis, 2007, 27(1):57-72.

Brown, L. R. Who Will Feed China. New York: W W Norton, Company, 1995.

Bruins, H. J., Bu, F. X. Food security in China and contingency planning: the significance of grain reserves. Journal of Contingencies and Crisis Management, 2006, 14(3):114-124.

Cafiero,C. Advances in hunger measurement. traditional FAO methods and recent innovations. ESS Working Paper No. 14-04, Food and Agriculture Organization of the United Nations, Rome, 2014.

Chang,C. L., Chen, S. P., Michael, M. Globalization and knowledge spillover: international direct investment, exports and patents. University of Canterbury, Department of Economics and Finance in its Series Working Papers in Economics, 2010(54):1-40.

Chen, J. Rapid urbanization in China: a real challenge to soil protection and food security. Catena, 2007, 69(1):1-15.

Chen, P. C., Yu, M. M., Chang,C. C., et al. Total factor productivity growth in China's agricultural sector. China Economic Review, 2008, 19(4):580-593.

Chen, Q., Goh,C. C., Bo, S., Xu, L. Market integration in the People's Republic of China. Asian Development Review, 2011, 28(1):72-93.

Chen, Z., Huffman, W. E., Rozelle, S. Farm technology and technical efficiency: evidence from four regions in China. China Economic Review,

2009，20(2):153-161.

Chen，Z.，Song，S. Efficiency and technology gap in China's agriculture: a regional meta-frontier analysis. China Economic Review，2008，19(2): 287-296.

Cheng，Y. S. China's grain marketing system reform in 1993—1994: empirical evidence from a rural household survey. China Economic Review, 1996，7(2):135-153.

Cheng，E. J.，Wu，Y. R. Market reform and integration in China in the early 1990s: the case of maize. Working Papers. University of Adelaide, Chinese Economies Research Centre，1995.

Cheung，K.，Lin，P. Spillover effects of FDI on innovation in China: evidence from the provincial data. China Economic Review，2004(15): 25-44.

Ciaian，P.，Kancs，D. Interdependencies in the energy-bioenergy-food price systems: a cointegration analysis. Resource and Energy Economics, 2011，33(1):326-348.

Cline，W. Global Warming and Agriculture: Impact Estimates by Country. Center for Global Development，Peterson Institute for International Economics，Washington，DC，2007.

Cocks，J.，Gow，H. R.，Dunn，D. J. Meeting private grades and standards in transition agriculture: experiences from the Armenian dairy industry. International Food and Agribusiness Management Review，2003，6(1): 3-11.

Coelli，T. J.，Rao，D. S. Total factor productivity growth in agriculture: a Malmquist index analysis of 93 countries，1980—2000. Agricultural Economics，2005，32(s1):115-134.

Coelli，T. J.，Rao，D. S. P.，O'Donnell，C. J.，et al. An Introduction to Efficiency and Productivity Analysis. Springer，2005.

Cruz，J. M.，Nagurney，A.，Wakolbinger，T. Financial engineering of the integration of global supply chain networks and social networks with risk management. Naval Research Logistics，2006，53(8):1-5.

Da Silva，J. G.，Serra，G. E.，Moreira，J. R.，Concalves，J. C.，Goldemberg，J. Energy balance for ethyl alcohol production from crops. Science, 1978, 201(4359):903-906.

Davis,C. G. , Thomas,C. Y. , Amponsah, W. A. Globalization and poverty: lessons from the theory and practice of food security. American Journal of Agricultural Economics, 2001, 83(3):714-721.

De Brauw, A. , Huang, J. , Rozelle, S. The sequencing of reform policies in China's agricultural transition. Economics of Transition, 2004, 12(3): 427-465.

De La Torre Ugarte,D. , He, L. X. Is the expansion of biofuels at odds with the food security of developing countries? Biofuels Bioproducts, Biorefining-Biofpr, 2007, 1(2):92-102.

Deng, X. , Huang, J. , Rozelle, S. , et al. Cultivated land conversion and potential agricultural productivity in China. Land Use Policy, 2006, 23 (4):372-384.

Deolalikar, A. B. , Evenson, R. E. Technology production and technology purchase in Indian industry): an econometric analysis. The Review of Economics and Statistics, 2003(71):687-692.

Derwisch, S. , Kolpainsky, B. , Henson-Apollonio, V. Foreign Direct Investment and Spillovers in Seed Sector Development. Towards an Assessment of the Impact of Intellectual Property Rights. Central Advisory Service on Intellectual Property, 2009.

Diaz-Bonilla,E. , Robinson, S. , Thomas, M. , Yanoma, Y. The WTO, agriculture and developing economies. Asia Pacific School of Economics and Government Working Papers, 2003 (10), http://apsem. anu. edu. au.

Digal, L. N. , Ahmadi-Esfahani, F. Z. Market power analysis in the retail industry: a survey of methods. The Australian Journal of Agricultural and Resource Economics, 2002, 46(4):559-584.

Dorfman, J. H. Looking for government's role as an agricultural safety net. Journal of Agribusiness, 2000, 18(1):105-114.

Dornbusch, R. Exchange rates and prices. The American Economic Review, 1987(77):93-106.

Drabenstott, M. A new structure for agriculture: a revolution for rural America. Journal of Agribusiness, 2002, 18(1):2-5.

Dries, L., Swinnen, J. F. M. Foreign direct investment, vertical integration, and local suppliers: evidence from the Polish dairy sector. World development, 2004, 32(9):1525-1544.

Drivas, K., Giannakas, K. Agricultural cooperatives and quality enhancing R&D in the agri-food system. Paper prepared for presentation at the 98th EAAE Seminar, 2006:12-15.

Dunning, J. H. The Selected Essays of John. Dunning: Edward Elgar, 2002.

Engdahl, W. Seeds of Destruction: The Hidden Agenda of Genetic Manipulation. Global Research, Montreal, 2007.

Erb, K. H. Actual land demand of Austria 1926—2000: a variation on ecological footprint assessments. Land Use Policy, 2004, 21(3):247-259.

Ernst, H. Industrial research as a source of important patents. Research Policy, 1998(27):1-15.

ETC Group. Who Owns Nature? http://www.etcgroup.org/. 2008.

Evrendilek, F., Ertekin, C. Agricultural sustainability in Turkey: integrating food, environmental and energy securities. Land Degradation&Development, 2001(13):61-67.

Falcon, W. P., Naylor, R. L. Rethinking food security for the twenty-first century. American Journal of Agricultural Economics, 2005, 87(5): 1113-1127.

FAO, IFAD, WFP. The State of Food Insecurity in the World 2012. 2012.

FAO. The State of Food and Agriculture 2006: Food Aid for Food Security? Rome, 2006.

FAO. The State of Food and Agriculture 2007: Paying Farmers for Environmental Services. Rome, 2007.

FAO. The State of Food and Agriculture 2010: Women in Agriculture: Closing the Gender Gap for Development. Rome, 2010.

FAO. The State of Food and Agriculture 2012: Investing in Agriculture for a Better Future. Rome, 2012a.

FAO. The State of Food Insecurity in the World 2012: Economic Growth is Necessary but not Sufficient to Accelerate Reduction of Hunger and Malnutrition. Rome, 2012b.

Fiorentino,E. , Karmann, A. , Koetter, M. The cost efficiency of German banks: a comparison of SFA and DEA. Deutsche Bundesbank, 2006.

Froot, K. A. , Klemperer, P. D. Exchange rate pass-through when market share matters. The American Economic Review, 1989, 79(4):637-654.

Fung, H. G. , Leung, W. K. , Xu, X. E. Information flows between the US and China commodity futures trading. Review of Quantitative Finance and Accounting, 2003, 21(3):267-285.

Furman, J. L. , Porter, M. E. , Stern, S. The determinants of national innovative capacity. Research Policy, 2005(31):899-933.

Gagnon, J. E. , Knetter, M. M. Markup adjustment and exchange rate fluctuations: evidence from panel data on automobile exports. Journal of International Money and Finance, 1995,14(2):289-310.

Geoffrey,B. G. , Brockman, P. , Tse, Y. The relationship between US and Canadian wheat futures. Applied Financial Economics, 1998, 8(1): 73-80.

Geoffrey,B. G. , Ciner,C. International transmission on information in corn futures markets. Journal of Multinational Financial Management, 1997, 7(3):175-187.

Georgiadis, P. , Vlachos, D. , Iakovou, E. A system dynamics modeling framework for the strategic supply chain management of food chains. Journal of Food Engineering, 2004, 70(3):351-364.

Getnet, K. , Verbeke, W. , Viaene, J. Modeling spatial price transmission in the grain markets of ethiopia with an application of ARDL approach to white TEFF. Agricultural Economics, 2005(33):491-502.

Gil-Pareja, S. Export price discrimination in Europe and exchange rates. Reviews of International Economics, 2002, 10(2):299-312.

Girma, S. , Gong, Y. , Görg, H. What determines innovation activity in Chinese state-owned enterprises? The role of foreign direct investment. World Development, 2009(37):866-873.

Goldberg, K. Goods prices and exchange rates: what have we learned? Journal of Economic Literature, 1997, 35(3):1243-1272.

Goldberg, K. Measuring the intensity of competition in export markets. Journal of International Economics, 1999(47):27-60.

Gong,B.，Xu，L. C.，Tan，K. Y. Regional protectionism in China：direct micro evidence. China Journal of Economics，2005，1(2)：1-18.

Goodwin,B. K.，Piggott，N. E. Spatial market integration in the presence of threshold effects. American Journal of Agricultural Economics，2001，83(2)：302-317.

Goodwin,B. K.，Schroeder，T. C. Cointegration tests and spatial price linkages in regional cattle markets. American Journal of Agricultural Economics，1991，73(2)：452-464.

Hamilton，J. D. A new approach to the economic analysis of nonstationary time series and the business cycle. Econometrica：Journal of the Econometric Society，1989，57(2)：357-384.

Hausman，J.，Hall，B.，Gfiliches，Z. Econometric models for count data with an application to the patents—R&D relationship. Econometrica，1984(52)：909-938.

Hazell，P.，Pachauri，R. et al. Bioenergy and Agriculture：Promises and Challenges，vol. 2020. IFPRI，Washington，DC，2006.

Herrmann-Pillath,C.，Kirchert,D.，Pan，J. C. Prefecture-level statistics as a source of data for research into China's regional development. The China Quarterly，2002(172)：956-985.

Hjalmarsson，L.，Kumbhakar，S. C.，Heshmati A. DEA，DFA and SFA：a comparison. Journal of Productivity Analysis，1996，7(2-3)：303-327.

Holder，M. E.，Pace，R. D.，Tomas，M. J. Complements or substitutes? Equivalent futures contract markets—the case of corn and soybean futures on US and Japanese exchanges. Journal of Futures Markets，2002，22(4)：355-370.

Horn，F. P.，Breeze，R. G. Agriculture and food security. Annals New York Academy of Sciences，1999，89(4)：9-17.

Huang，J.，Rozelle，S. The emergence of agricultural commodity markets in China. China Economic Review，2006，17(3)：266-280.

Huang，J.，Rozelle，S.，Rosegrant，M. W. China's food economy to the twenty-first century：supply，demand，and trade. Economic Development and Cultural，1999，47(4)：737-766.

Huang，J.，Rozelle，S.，Pray C.，et al. Plant biotechnology in China. Science, 2002, 295(5555):674-676.

Huang, J, Rozelle, S. , Chang, M. Tracking distortions in agriculture: China and its accession to the World Trade Organization. The World Bank Economic Review, 2004, 18(1):59-84.

Huang, J. , Jun, Y. , Xu, Z. , et al. Agricultural trade liberalization and poverty in China. China Economic Review, 2007, 18(3):244-265.

Huang, J. , Liu, Y. , Martin, W. , et al. Changes in trade and domestic distortions affecting China's agriculture. Food Policy, 2009, 34 (5): 407-416.

Hulfauer, G. C. , Schott, J. J. , Elliott, K. A. Economic Sanctions Reconsidered: History and Current Policy (3rd ed.). Institute for International Economics, Washington DC, 1999.

Humphrey, J. Upgrading in Global Value Chains. SSRN Working Paper No. 908214, 2004.

IPCC (Intergovernmental Panel on Climate Change). Climate Change 2007: Synthesis Report. Contribution of Working Groups I, II and III to the Fourth Assessment Report of the Intergovernmental Panel on Climate Change. Cambridge and New York: Cambridge University Press, 2007.

Jin, S. , Huang, J. , Hu, R. , et al. The creation and spread of technology and total factor productivity in China's agriculture. American Journal of Agricultural Economics, 2002, 84(4):916-930.

Jin, S. , Ma, H. , Huang, J. , et al. Productivity, efficiency and technical change: measuring the performance of China's transforming agriculture. Journal of Productivity Analysis, 2010, 33(3):191-207.

Johansson, D. J. , Azar, C. A scenario based analysis of land competition between food and bioenergy production in the US. Climatic Change, 2007, 82(3-4):267-291.

Kastner, T. , Nonhebel, S. Changes in land requirements for food in the Philippines: a historical analysis. Land Use Policy, 2010, 27 (3): 853-863.

Kerckow, B. et al. Competition between agricultural and renewable energy production. Quarterly Journal of International Agriculture, 2007, 46 (4):333-347.

Knetter, M. M. Price discrimination by the U. S. and German exporters. The American Economic Review, 1989, 79(1):198-210.

Knetter, M. M. International comparisons of pricing-to-market behavior. The American Economic Review, 1993, 83(3):473-486.

Koellner, T. Ecosystem Services and Global Trade of Natural Resources: Ecology, Economics and Policies. CRC Press, 2012.

Kumar, N. Technology imports and local research and development in Indian manufacturing. The Developing Economies, 1987(25):220-233.

Levin, A. , Lin,C. F. , Chu,C. S. J. Unit root tests in panel data: asymptotic and finite-sample properties. Journal of Econometrics, 2002, 108(1): 1-24.

Li, L. P. Impact of Market Liberalization on Chinese Rice Economy. University of the Philippines at Los Baños, 1996.

Lin, J. Y. Rural reforms and agricultural growth in China. American Economic Review, 1992, 82(1):34-51.

Liu,B. , Keyzer, M. , van den Boom,B. , Zikhali, P. How connected are Chinese farmers to retail markets? New evidence of price transmission. China Economic Review, 2012, 23(1):34-46.

Liu, X. , Zou, H. The impact of greenfield FDI and mergers and acquisitions on innovation in Chinese high-tech industries. Journal of World Business, 2008(43):352-364.

Lv, L. C. , Wen, S. M. , Xiong, Q. Q. Determinants and performance index of foreign direct investment in China's agriculture. China Agricultural Economic Review, 2010(2):36-48.

Manfred, S. , Kracht, U. Food Security and Nutrition: The Global Challenge. Palgrave Macmillan, 1999.

Mao, W. , Koo, W. W. Productivity growth, technological progress, and efficiency change in Chinese agriculture after rural economic reforms: a DEA approach. China Economic Review, 1997, 8(2):157-174.

Mathews, J. A. , Biofuels: what a biopact between north and south could achieve. Energy Policy, 2007, 35(7):3550-3570.

Matson, P. A. , Parton, W. J. , Power, A. G. , Swift, M. J. Agricultural intensification and ecosystem properties. Science, 1997, 277(5325):

504-509.

McCarl, B. A. Food, biofuel, global agriculture, and environment: discussion. Review of Agricultural Economics, 2008, 30(3):530-532.

McNew, K., Fackler, P. L. Testing market equilibrium: is cointegration informative? Journal of Agricultural and Resource Economics, 1997, 22 (2):191-207.

Mead, R. W. A revisionist view of Chinese agricultural productivity? Contemporary Economic Policy, 2003, 21(1):117-131.

Meadows, D. H. Food and population: policies for the United States. In: Baldwin, D. (ed.), America as an Interdependent World. Hanover, NH: Univ. Press of New England, 1976.

Menon, J. Exchange rate pass-through. Journal of Economic Surveys, 1995, 9(2):197-231.

Mortimer, D. Competing methods for efficiency measurement: a systematic review of direct DEA vs SFA/DFA comparisons. Working Paper No. 136, The Centre for Health Program Evaluation (CHPE), 2002.

Moser, C., Barrett, C., Minten, B. Spatial integration at multiple scales: rice markets in madagascar. Agricultural Economics, 2009, 40(3):281-294.

Nizamuddin, A. Rape and reap: multinational corporations and the politics of food security. Paper presented at the annual meeting of the Midwest Political Science Association 67th Annual National Conference, The Palmer House Hilton, Chicago, IL, 2009. http://www. allacademic. com/meta/p361631_index. html.

Novoselova, T. A. Adoption of GM technology in livestock production chains: an integrating framework. Trends in Food Science and Technology, 2007(18):175-188.

Park, A., Jin, H. H., Rozelle, S., Huang, J. K. Market emergence and transition: arbitrage, transaction costs, and autarky in China's grain markets. American Journal of Agricultural Economics, 2002, 84(1):67-82.

Pick, D. H., Park, T. A. The competitive structure of U. S. agricultural exports. American Journal of Agricultural Economics, 1991, 73 (1): 134-141.

Pimentel, D., Patzek, T. W. Ethanol production: energy and economic issues related to US and Brazilian sugarcane. In: Pimentel, D. (ed.), Biofuels, Solar and Wind as Renewable Energy Systems, Springer, Ithaca, NY, 2008:357-371.

Pindyck, R. The measurement of monopoly power in dynamic markets. Journal of Law and Economics, 1985, 28(1):193-222.

Pingali, P., Raney, T., Wiebe, K. Biofuels and food security: missing the point. Review of Agricultural Economics, 2008, 30(3):506-516.

Qiang, W. et al. Agricultural trade and virtual land use: the case of China's crop trade. Land Use Policy, 2013(33):141-150.

Quinn, P. M. Nation state food security: a simulation of food production, population consumption and sustainable development. Paper presented at the Proceedings of the 20th International Conference of the System Dynamics Society, 2002.

Rathmann, R., Szklo, A., Schaeffer, R. Land use competition for production of food and liquid biofuels: an analysis of the arguments in the current debate. Renewable Energy, 2010, 35(1):14-22.

Ravallion, M. Testing market integration. American Journal of Agricultural Economics, 1986, 68(1):102-109.

Ravallion, M., Chen, S. H. China's (uneven) progress against poverty. Journal of Development Economics, 2007, 82(1):1-42.

Rawski, T. G., Mead, RW. On the trail of China's phantom farmers. World Development, 1998, 26(5):767-781.

Rees, W., Wackernagel, M. Monetary analysis: turning a blind eye on sustainability. Ecological Economics, 1999(29):47-52.

Rozelle, S., Park, A., Huang, J. K., Jin, H. H. Liberalization and rural market integration in China. American Journal of Agricultural Economics, 1997, 79(2):635-642.

Rozelle, S., Huang, J., Otsuka, K. The engines of a viable agriculture: advances in biotechnology, market accessibility and land rentals in rural China. The China Journal, 2005(53):81-111.

Saeed, K. Agricultural Land Use and Food Security in Asia: Green Revolution and Beyond. 2000. http://www.wpi.edu/Images/CMS/SSPS/25.pdf.

Sanogo, I. , Amadou, M. M. Rice market integration and food security in Nepal: the role of cross-border trade with India. Food Policy, 2010, 35 (4):312-322.

Sarbajit, C. Labour market distortion, technology transfer and gainful effects of foreign capital. The Manchester School, 2005(73):214-227.

Sekhar, C. S. C. Agricultural market integration in India: an analysis of select commodities. Food Policy, 2012, 37(3):309-322.

Sen, A. Poverty and Famines: An Essay on Entitlement and Deprivation. Oxford: Clarendon Press; New York: Oxford University Press, 1981.

Sheffrin, A. Critical actions necessary for effective market monitoring. Draft Comments. Dept of Market Analysis, California ISO, FERC RTO Workshop, October 19, 2001.

Sumathi, S. , Chai, S. , Mohamed, A. Utilization of oil palm as a source of renewable energy in Malaysia. Renewable and Sustainable Energy Reviews, 2008, 12(9):2404-2421.

Tan, M. , Li, X. , Xie, H. , Lu, C. Urban land expansion and arable land loss in China—A case study of Beijing-Tianjin-Hebei region. Land Use Policy, 2005, 22(3):187-196.

Tauer, L. W. Input aggregation and computed technical efficiency. Applied Economics Letters, 2001, 8(5):295-297.

Tian, W. , Wan, G. H. Technical efficiency and its determinants in China's grain production. Journal of Productivity Analysis, 2000, 13(2):159-174.

Tilman, D. et al. , Forecasting agriculturally driven global environmental change. Science, 2001, 292(5515):281-284.

Timmer, C. P. Food security and economic growth: an Asian perspective. Asian-Pacific Economic Literature, 2005, 19(1):1-17.

Ting, W. , Multinational risk assessment and management: strategies for investment and marketing decisions. The International Executive, 1988, 30(2):31-33.

Tscharntke, T. et al. Landscape perspectives on agricultural intensification and biodiversity—Ecosystem service management. Ecology Letters, 2005, 8(8):857-874.

Turpin，N. ，Dupraz，P. ，Thenail，C. ，et al. Shaping the landscape：agricultural policies and local biodiversity schemes. Land Use Policy，2009，26（2）：273-283.

UNCTD（United Nations Conference on Trade and Development）. World Investment Report 2009. Transnational Corporations，Agricultural Production and Development，2009.

UNDP（United Nations Development Programme）. Human Development Report 2007/2008. Fighting Climate Change：Human Solidarity in a Divided World. New York，2007.

Van Campenhout，B. Modelling trends in food market integration：method and an application to Tanzanian maize markets. Food Policy，2007，32（1）：112-127.

Walkenhorst，P. Determinants of foreign direct investment in the food industry：the case of Poland. Agribusiness，2001（17）：383-395.

Wang，J. ，Cramer，G. L. ，Wailes，E. J. Production efficiency of Chinese agriculture：evidence from rural household survey data. Agricultural Economics，1996，15（1）：17-28.

Wen，G. J. Total factor productivity change in China's farming sector：1952—1989. Economic Development and Cultural Change，1993，42（1）：1-41.

Wenlee，T. Multinational risk assessment and management：strategies for investment and marketing decisions. The International Executive，1988，30（2）：31-33.

Williams，E. Seeds of Destruction，the Hidden Agenda of Genetic Manipulation. Global Research，2007.

Williams，E. ，Rosen，R. A Better Approach to Market Analysis. Tellus Institute，Boston，July 14，1999.

World Bank. Re-engaging in Agricultural Water Management：Challenges and Options. Washington，DC，2006.

World Bank. World Development Report 2008：Agriculture for Development. Washington，DC，2008.

World Bank. World Investment Report 2009. Washington，DC，2008.

Wright，L. Worldwide commercial development of bioenergy with a focus on energy crop-based projects. Biomass and Bioenergy，2006，30（8）：706-714.

Wu，L. P. Integration of China's major agricultural product markets. The 3rd International Conference on Chinese Economy Has China become a Market Economy? Clermont-Ferrand，France，2001.

Wu，L. P. Food price differences and market integration in China. In：Chen，C. L. ，Findlay，C. （eds. ），China's Domestic Grain Marketing Reform and Integration Canberra. Australia：Asia Pacific Press，2004.

Wu，S. ，Walker，D. ，Devadoss，S. ，et al. Productivity growth and its components in Chinese agriculture after reforms. Review of Development Economics，2001，5(3)：375-391.

Wu，Y. R. Rice Markets in China in the 1990s. Chinese Economies Research Centre（CERC）Working Papers，University of Adelaide，1994.

Wu，Z. P. ，McErlean，S. Market efficiency in the reformed Chinese grain marketing system. China Economic Review，2003，14(2)：115-130.

Würtenberger，L. ，Koellner，T. ，Binder，C. R. Virtual land use and agricultural trade：estimating environmental and socio-economic impacts. Ecological Economics，2006，57(4)：679-697.

Yang，H. ，Zhou，Y. ，Liu，J. Land and water requirements of biofuel and implications for food supply and the environment in China. Energy Policy，2009，37(5)：1876-1885.

Zhang，Q. ，Reed，M. Saghaian，S. Export market pricing decisions and market power in world grain markets：Aduopoly model for soybeans. Selected paper for presentation at the Southern Agricultural Economics Association Annual Meetings，Mobile，Alabama，February 4th-7th，2007.

Zhou，Y. Z. ，Wan，G. H. ，Chen，L. B. Integration of rice markets：The case of southern China. Contemporary Economic Policy，2000，18(1)：95-106.

Zhu，J. Public investment and China's long-term food security under WTO. Food Policy，2004，29(1)：99-111.

安龙送，杜红梅.论农产品贸易的定位——基于粮食安全的视角.经济研究导刊,2007(3):48-49.

白明.从进口原油,铁矿石和铜的贸易看中国如何取得国际定价权.中国物价,

2006(3):5-12.

白明.中国对国际市场大宗能源类商品定价析影响.中国对外贸易,2006(6):2-8.

白人朴.我国农机化作业水平的统计误差分析.现代农业装备,2008(10):72-76.

包宗顺.世界粮食生产,贸易,价格波动与中国的粮食安全应对策略.世界经济与政治论坛,2011(1):134-146.

卜庆军,古赞歌,孙春晓.基于企业核心竞争力的产业链整合模式研究.企业经济,2006(2):59-61.

卜祥.杜邦先锋:"先玉335"稳步扩张.农经,2010(11):10-11.

曹宝明,等.中国粮食安全的现状,挑战与对策研究.北京:中国农业出版社,2011.

曹芳,王凯.农业产业链管理理论与实践研究综述.农业技术经济,2004(1):16-19.

曹茸.我国种业知识产权保护成绩斐然.农民日报,2011-01-26.

曹荣湘.跨国农业食品公司对世界粮食安全的影响.经济与管理研究,2008(8):44-48.

曹玥,李墨丝.如何规避海外并购准入的政治风险.上海国资,2005(11):18-19.

查贵庭.中国稻米市场需求及整合研究.南京农业大学,2005.

常平凡.国际农产品市场的文化,区位与政治竞争格局.世界粮食产业,2006(1):23-25.

陈国宏,郭弢.中国FDI,知识产权保护与自主创新能力关系实证研究.中国工业经济,2008(4):25-33.

陈建华.农产品交易方式研究.广西大学,2008.

陈健鹏.全球生物燃料的发展对国际粮食市场和中国粮食安全的影响.世界农业,2009(4):4-8.

陈卫平.中国农业生产率增长,技术进步与效率变化:1990—2003年.复印报刊资料:农业经济导刊,2006(5):158-158.

陈祥升.中国国际贸易大宗商品定价权缺失的主要影响因素分析.北方经济,2012(9):99-100.

陈颖,陈辉.粮食产业"走出去"是一个大战略.粮食产业经济问题,2007(4):19-22.

陈永昌. 从黑龙江省大豆困境看中国粮食安全. 北方经济论坛, 2009(6)：53-55.

陈甬军. 周末. 市场势力与规模效应的直接测度——运用新产业组织实证方法对中国钢铁产业的研究. 中国工业经济, 2009(11)：45-55.

程国强, 胡冰川, 徐雪高. 新一轮农产品价格上涨的影响分析. 管理世界, 2008(1)：57-62.

仇焕广, 杨军, 黄季焜. 生物燃料乙醇发展及其对近期粮食价格上涨的影响分析. 农业经济问题, 2009(1)：80-85.

邓大才. 粮食经济安全与粮食自给率. 岭南学刊, 2003(1)：55-58.

邓海滨, 廖进中. 制度安排与技术创新：基于负二项式模型的研究. 科学研究, 2009(7)：55-60.

邓家琼. 跨国公司转基因种子技术垄断的产业风险——转基因大豆对中国大豆产业冲击的实证分析. 华中农业大学学报：社会科学版, 2010(4)：10-16.

邓炜. 国际经验及其对中国争夺稀土定价权的启示. 国际经贸探索, 2011(1)：30-34.

丁任重. 消费安全与扩大内需. 消费经济, 2005(3)：3-6.

丁守海. 国际粮价波动对我国粮价的影响分析. 经济科学, 2009(2)：60-71.

董晓霞, 等. 中国肉鸡养殖业的价格传导机制研究——基于 FDL 模型的实证分析. 农业技术经济, 2011(3)：21-30.

杜龙政, 等. 产业链治理架构及其基本模式研究. 中国工业经济, 2010(3)：108-117.

樊明太, 等. 中国贸易自由化及其对粮食安全的影响——一个基于中国农业 CGE 模型的应用分析. 农业经济问题, 2005(增刊)：3-13.

范达娜·席瓦. 失窃的收成：跨国公司的全球农业掠夺. 唐均, 译. 上海：上海人民出版社, 2006：256.

方宏. 全球价值链理论研究综述. 科技情报开发与经济, 2006(23)：177-179.

封志明, 刘宝勤, 杨艳昭. 中国耕地资源数量变化的趋势分析与数据重建. 自然资源学报, 2005, 20(1)：35-43.

付信明. 中国粮食出口结构与国际竞争力的实证分析. 国际贸易问题, 2008(12)：16-21.

傅国华. 运转农产品产业链提高农业系统效益. 中国农垦经济, 1996(11)：96-99.

傅龙波,等.中国粮食进口的依赖性及其对粮食安全影响.管理世界,2001(3):135-140.

高帆.中国粮食安全的理论研究与实证分析.上海:复旦大学出版社,2005.

高焰辉,董金移,张锐.外资与中国粮食安全.中国外资,2009(9):20-25.

高玉强,贺伊琦.基于 Malmquist 指数的主产区粮食直补效率研究.华南农业大学学报,2010(3):49-57.

顾学宁,李全根.加入 WTO 与中国粮食自给战略的可行性研究.粮食与油脂,2001(4):10-12.

关琳.跨国公司在华研发投资的效应研究.硕士学位论文,东北财经大学,2010.

郭海涛.市场势力理论研究的新进展.经济评论,2006(3):13-22.

郭劲光.政府救济政策制定的时序结构与制度安排——基于大宗粮食商品价格波动的视角.农业经济问题,2010(12):25-29.

郭玮,赵益平.威胁粮食安全的主要因素及应对政策.管理世界,2003(11):98-102.

国家粮食局课题组.粮食支持政策与促进国家安全研究.北京:经济管理出版社,2009:79-113.

国家统计局.中国统计年鉴 2011.北京:中国统计出版社,2011.

韩馨仪,罗晶.东北大米直面运输难题.中国财经报,2008-09-02.

何官燕.整合粮食产业链确保我国粮食安全.经济体制改革,2008(3):101-103.

何蒲明.利用农产品期货市场促进粮食物流发展——基于粮食安全的视角.经济管理,2009(2):16-20.

何蒲明等.粮食品种产量波动对粮食总产量波动的影响研究.农业技术经济,2010(3):116-120.

何嗣江,汤钟尧.订单农业发展与金融工具创新.金融研究,2005(4):114-121.

何伟.关于农业发展战略的几个问题.理论视野,2003(1):14-17.

何新华,胡文发.国际环境下的项目政治风险评价模型.同济大学学报(自然科学版),2007,35(11):1572-1577.

河南、山东、河北省农业产业化办公室.中国小麦产业链发展报告.农业经济与科技,2009(7):7-8.

黑龙江省农业产业化办公室.中国大豆产业链发展报告.农业经济与科技,2009(8).

洪岚.粮食供应链整合的量化分析——以北京地区粮食供应链上价格联运为例.中国农村经济,2009(10):58-67.

洪岚,安玉发.中国粮食供应链整合困难的原因探析.中国流通经济,2009(8):33-36.

侯石安.粮食安全与财政补贴政策的优化.管理世界,2008(11):72-73.

胡小平.粮食价格与粮食储备的宏观调控.经济研究,1999(2):49-55.

胡小平,星焱.新形势下中国粮食安全的战略选择——"中国粮食安全形势与对策研讨会"综述.中国农村经济,2012(1):92-96.

胡迎春,刘卿.粮食禁运的风险与中国粮食安全的政策选择.中国农垦经济,2003(8):14-17.

华仁海,刘庆富.国内外期货市场之间的波动溢出效应研究.世界经济,2007(6):64-74.

华仁海,王海民.期货市场与现货市场之间的价格研究.财经问题研究,2006(4):44-51.

华仁海,仲伟俊.中国期货市场期货价格收益,交易量波动性关系的动态分析.统计研究,2003(7):25-30.

黄汉权.中国粮食加工业发展的思路和对策.宏观经济管理,2012(12):42-44.

黄季焜,等.本轮粮食价格的大起大落:主要原因及未来走势.管理世界,2009(1):72-78.

黄静.影响FDI技术外溢效果的因素分析——基于吸收能力的研究.世界经济研究,2006(6):60-66.

黄丽霞.FDI对中国自主创新能力贡献的实证分析.企业导报,2010(3):76-77.

黄小军,甘筱青.旅行社旅游产品Bertrand价格竞争系统动力学分析.商场现代化,2008(33):19-20.

黄志坚,吴健辉,方文龙.基于系统动力学的农业技术传播分析.科技管理研究,2009(4):159-160.

季洪曼.由大豆危机引发的对中国粮食安全问题的思考.时代经贸,2009(1):46-49.

贾晋,等.中国粮食储备体系优化的理论研究评述.经济学动态,2011(3):97-100.

贾伟,秦富.世界主要国家玉米贸易增长的影响分析.国际经贸探索,2012(7):43-46.

蒋国俊,蒋明新.产业链理论及其稳定机制研究.重庆大学学报,2004(1): 36-38.

蒋和平,孙炜琳.我国种业发展的现状及对策.现代农业科技,2005(3):7.

揭晓,王培林.外商独资化趋势的动因分析.经济研究参考,2005(6):37-38.

金相郁.20世纪区位理论的五个发展阶段及其评述.经济地理,2004(24): 294-298.

靖飞.产业链视角下山东省蔬菜种子产业发展研究.南京农业大学,2007.

亢霞,刘秀梅.中国粮食生产的技术效率分析——基于随机前沿分析方法.中国农村观察,2005(4):25-32.

柯炳生.我国粮食自给率与粮食贸易.中国农垦,2006(12):27-29.

课题组.关于订单农业发展的形式,作用及建议.农业经济问题,2001(3): 43-46.

孔祥智,方松海,庞晓鹏,等.西部地区农户禀赋对农业技术采纳的影响分析.经济研究,2004(12):85-95.

匡远配,胡秀琴.中国粮食供求价格弹性实证分析.经济问题探索,2010(2): 13-19.

蓝海涛,王为农.我国中长期粮食安全的若干重大问题及对策.宏观经济研究, 2007(6):7-13.

李碧芳,肖辉.国家产业安全视角下的中国大豆产业研究.湖北农业科学,2010 (8):2002-2005.

李成刚,潘英丽.大豆加工企业遭遇"生死存亡".中国经济时报,2009-06-30.

李春迎,李汝莘.我国小麦生产状况分析及发展对策建议.山东农机化,2004 (11):9-10.

李丰.外资进入对我国粮食安全的影响及对策研究.现代经济探讨,2011(6): 49-54.

李谷成,冯中朝,占绍文.家庭禀赋对农户家庭经营技术效率的影响冲击.统计研究,2008,25(1):35-42.

李国俊,等.国际石油定价机制与中国石油价格防范体系构建.上海经济研究, 2005(6):37-43.

李钧.跨国公司在华研发对本土企业技术创新的溢出效应与挤出效应.社会科学研究,2009(5):34-38.

李明秀.全球贸易不平衡——基于技术垄断视角下的分析.国际经济合作, 2010(5):16-19.

李全根.试论深化粮食流通体制改革的目标和途径.管理世界,2009(8):76-77.

李蕊.FDI与中国工业自主创新:基于地区面板数据的实证分析.世界经济研究,2008(2):15-21.

李仕明.构造产业链,推进工业化.电子科技大学学报(社科版),2002(3):75-78.

李书彦.中国外商直接投资的溢出效应分析.硕士论文,河北工业大学,2006.

李树明,等.基于随机前沿分析的出口型农产品生产技术效率研究.农业技术经济,2011(3):52-58.

李树培.知识资本化,跨国公司技术垄断与我国技术发展.中国国情国力,2009(3):43-46.

李筱菁,任金政.印度农业保险的发展历程及启示.世界农业,2008(11):53-55.

李心芹,李仕明,兰永.产业链结构类型研究.电子科技大学学报(社科版),2004(4):60.

李艺,汪寿阳.大宗商品国际定价权研究.北京:科学出版社,2007:3-11.

李泽聿.中国大豆国际定价权缺失原因分析.价格月刊,2011(9):26-29.

李哲敏,等.中国禽蛋产业链短期市场价格传导机制.中国农业科学,2010(23):4951-4962.

里昕,揭筱纹.基于产业链的企业纵向战略联盟伙伴的选择.生产力研究,2007(3):141-143.

联合国教科文组织统计研究所.发展中国家的科学技术统计指标:展望和挑战,http://www.sts.org.cn/,2002.

联合国粮农组织.2010—2011粮食及农业状况.罗马:联合国粮食及农业组织,2011.

刘春香.比较优势与竞争优势相结合:粮食产业国际竞争力的分析框架.粮食产业经济,2006(5):26-28.

刘贵富.产业链的基本内涵研究.工业技术经济,2007(8):43-47.

刘海月.国际粮食垄断资本跨国投资及其影响研究——以大豆产业为例.成都:四川大学出版社,2011:126-135.

刘金山.市场协调农业产业链———一种探索.上海经济研究,2002(3):32-35.

刘鹃,李永.我国进口贸易发挥技术溢出效应的现实选择.经济论坛,2008(11):46-48.

刘李峰,等.农户粮食储备行为对国家粮食安全影响分析.粮食科技与经济,
　　2006(1):17-19.

刘李峰.对粮改后中国粮食安全问题的思考.新疆农垦经济,2006(2):17-20.

刘林青,周潞.比较优势,FDI与中国农产品产业国际竞争力——基于全球价
　　值链背景下的思考.国际贸易问题,2011(12):29-33.

刘凌.基于 AHP 的粮食安全评价指标体系研究.生产力研究,2007(15):
　　58-60.

刘圻等.供应链融资模式在农业企业中的应用研究.农业经济问题,2011(4):
　　92-99.

刘晓梅.关于我国粮食安全评价指标体系的探讨.财贸经济,2004(9):56-61.

刘岩.利用期货市场帮助农民避险增收初探.中国流通经济,2006(1):60-63.

刘颖.主产区国有粮食购销企业改革的路径选择——以湖北省为例.农业技术
　　经济,2008(3):89-92.

刘永胜,等.入世以来中国粮食贸易与粮食安全问题分析.农业经济,2010(8):
　　3-5.

刘悦,等.世界主要粮食储备体系的比较研究.经济社会体制比较,2011(2):
　　47-53.

刘志彪.产业的市场势力理论及其估计方法.当代财经,2002(11):43-47.

龙方.新世纪中国粮食安全问题研究.湖南农业大学学报(社会科学版),2007
　　(3):7-14.

卢锋.粮食禁运风险与粮食贸易政策调整.中国社会科学,1998(2):32-47.

卢锋.粮食禁运的风险评价.中国国情国力,1998(12):12-14.

卢锋,谢亚.中国粮食供求与价格走势(1980—2007)——价格波动,宏观稳定
　　及粮食安全问题探讨.管理世界,2008(3):70-81.

陆铭,陈钊.分割市场的经济增长——为什么经济开放可能加剧地方保护?经
　　济研究,2009(3):42-52.

吕东辉,等.东北玉米主产区农民利用期货市场增收的制约性因素分析.农业
　　技术经济,2007(6):40-42.

吕东辉,李涛.中国粮食通过市场效率分析:基于期货市场的实证研究.农业技
　　术经济,2011(5):105-109.

罗锋,牛宝俊.国际农产品价格波动对国内农产品价格的传递效应——基于
　　VAR 模型的实证研究.国际贸易问题,2009(6):16-22.

罗锋,牛宝俊.中国粮食价格波动的主要影响因素与影响程度.华南农业大学

学报,2010(2):51-58.

罗万纯,刘锐.中国粮食价格波动分析——基于 ARCH 类模型.中国农村经济,2010(4):30-38.

罗向明,等.收入调节、粮食安全与欠发达地区农业保障补贴安排.农业经济问题,2011(1).

罗叶.市场结构,风险决策与粮食安全——基于四川 20 个粮食主产县调查的实证研究与博弈分析.经济学家,2010(1):57-66.

马九杰,张传宗.中国粮食储备规模模拟优化与政策分析.管理世界,2002(9):95-106.

马九杰,张象枢,顾海兵.粮食安全衡量及预警指标体系研究.管理世界,2001(1):154-162.

马龙龙.中国农民利用期货市场影响因素研究.管理世界,2010(5):1-16.

马士华,林勇,陈志祥.供应链管理.北京:机械工业出版社,2000:44-87.

马述忠,屈艺.市场整合,交易成本与粮食安全——基于中国粮食市场空间价格传导的实证.空间经济学国际研讨会.杭州:浙江大学,2012.

马晓河,蓝海涛.中国粮食综合生产能力与粮食安全.北京:经济科学出版社,2008.

马野青,林宝玉.在华 FDI 的知识溢出效应——基于专利授权数量的实证分析.世界经济研究,2007(5):20-25.

马永欢,牛文元.基于粮食安全的中国粮食需求预测与耕地资源配置研究.中国软科学,2009(3):56-67.

马云飞,张晶星.中国知识产权保护与 FDI 相关性的实证研究.江南大学学报(人文社会科学版),2010(1):96-100.

毛日昇,魏浩.所有权特征,技术密集度与 FDI 技术效率外溢.管理世界,2007(10):31-42.

梅方权,等.粮食与食物安全早期预警系统研究.北京:中国农业科学技术出版社,2006.

苗齐,钟甫宁.中国粮食储备规模的变动及其对供应和价格的影响.农业经济问题,2006(11):9-15.

倪洪兴,刘武兵.农业对外开放与农业产业安全.中国农业科学,2011(9):43-47.

Monchuk, D. C. 中国农业生产非效率的影响因素分析.世界经济文汇,2009(2):47-56.

牛盾,主编.国际农业研究报告.北京:中国农业出版社,2012:345-357.

农村社会经济调查司.我国粮食安全评价指标体系研究.统计研究,2005(8):3-9.

欧阳小迅,黄福华.中国农产品流通效率的试题及其决定因素.农业技术经济,2011(2):76-84.

潘久政.中国对外直接投资的主体发展战略.商场现代化,2007(7):10.

潘美山.中国稻米产业链发展报告.农业经济与科技,2009(6):7-10.

庞守林,等.中美粮食生产成本及结构差异的竞争影响分析.管理世界,2005(1):83-90.

庞英,等.中国粮食生产资源配置效率及其区域差异——基于动态 Malmquist 指数的经验.经济地理,2008(1):113-118.

戚冠丽.论跨国公司直接投资的技术溢出效应.硕士学位论文,对外经济贸易大学,2006.

茜明杰,刘明宇,任将波.论产业链整合.上海:复旦大学出版社,2006.

乔兴旺.中国粮食安全国内法保障研究.河北法学,2008(1):42-48.

乔洋.美国种业发展历程及借鉴.长江证券研究部,2011:5.

秦中春.完善中国粮食储备管理制度.重庆理工大学学报(社会科学版),2009(7):1-7.

邱斌,刘欣.中国未来粮食安全政策研究.安徽农业科学,2008(5):2069-2071.

任静.跨国种业公司在我国的技术垄断策略分析.硕士论文,中国农业科学院,2011.

Robert S. Pindyck 等.微观经济学.高远,等,译.北京:中国人民大学出版社,2009:349.

邵长勇,唐欣.基于粮食安全视角下的中国种子产业发展战略.中国种业,2010(4):11-14.

世界粮食安全委员会.术语辨析和选用.罗马:世界粮食安全委员会第三十九届会议,2012.

帅传敏,等.中国农产品国际竞争力的估计.管理世界,2003(1):97-104.

宋伟良,方梦佳.镀锡自由化对中国粮食安全的影响及对策研究.宏观经济研究,2012(10):30-37.

苏振锋.中国大宗商品国际定价权困境成因及解决路径探析.经济问题探索,2011(4):108-110.

孙宏岭,高詹.粮食供应链管理的时代已经到来.中国粮食经济,2007(6):

43-47.

孙小桥,李娜.浅析我国对外直接投资的主体选择.山西经济管理干部学院学报,2008(8):8-10.

谭砚文.近期我国棉花生产及市场波动的成因分析.山东粮食产业大学学报(社会科学版),2005(1):38-42.

唐华俊,李哲敏.基于中国居民平衡膳食模式的人均粮食需求量研究.中国农业科学,2012,45(11):2315-2327.

唐衍伟,等.中国大宗商品国际定价权的缺失及相关对策研究.中国物价,2006(1):44-48.

陶冶,许龙.我国 R&D 投入与专利产出的关系研究.科技进步与对策,2007(3):7-10.

佟屏亚.简述 1949 年以来中国种子产业发展历程.古今农业,2009(1):41-49.

童生,成金华.我国资源型企业跨国经营的政治风险及其规避.国际贸易问题,2006(1):90-95.

万广华,张藕香.中国农户粮食储备行为的决定因素.中国农村经济,2007(5):13-23.

万广华,周章跃,陈良彪.我国水稻市场整合程度研究.中国农村经济,1997(8):46-52.

汪贵浦,陈明亮.邮电通信业市场势力测度及对行业发展影响的实证分析.中国工业经济,2007(1):21-28.

王德文,黄季焜.双轨制度下中国农户粮食供给反应分析.经济研究,2001(12):55-66.

王方红.产业链视角下现代农业服务模式研究.中南大学,2007.

王凤霞.跨国公司研发机构对本土创新主体的挤出效应.商业研究,2009(10):60-63.

王海燕,刘鲁,杨方廷,等.基于 SD 的粮食预测和政策仿真模型研究.系统仿真学报,2009(10):3079-3083.

王激清,马文奇,江荣风,等.中国农田生态系统氮素平衡模型的建立及其应用.农业工程学报,2007,23(8):210-215.

王剑.外国直接投资对中国农业就业效应的测算.统计研究,2005(3):29-32.

王健,陆文聪.市场化,国际化背景下中国粮食安全分析及对策研究.杭州:浙江大学出版社,2007:25-43,154-181.

王静.浅谈国内外构建新型农业服务体系的经验比较[EB/OL]. http://

www. hi138. com/jingjixue/xinjingji/201201/371703. asp. 2012-12-17.

王雷,樊朝杰.中国服装产业出口贸易市场势力研究——以美国市场为例.国际经贸探索,2011(1):24-29.

王鹏.保障粮食安全亟需培育中国粮食定价权能力——以中国大豆产业定价权为例.中国城市经济,2009(5):70-75.

王鹏."跨国粮企"的全球定价战略.中国经贸,2010(9):64-67.

王其藩.系统动力学.北京:清华大学出版社,1994.

王其藩.系统动力学.上海:上海财经大学出版社,2009:10-11.

王启云.保障消费安全需要农业安全.消费经济,2006(5):27-30.

王启云.发展生态农业,确保消费安全.湘潭大学学报(哲学社会科学版),2009(6):58-62.

王倩,王绍斌.系统动力学方法在县级农业系统结构优化中的应用.辽宁行政学院学报,2007(2):79-81.

王帅.农业跨国公司对中国农业的投资:现状、问题与建议.中国流通经济,2012(1):59.

王万红.产业链视角下现代农业服务模式研究.中南大学,2007.

王文斌,戴金平.国际粮食价格与其产量,消费和库存:基于时间序列的实证研究.国际贸易问题,2009(5):35-40.

王文涛,肖国安.国际化和市场化背景下稳定粮食价格的政策建议.湘潭大学学报,2010(3):60-65.

王小鲁.中国粮食市场的波动与政府干预.经济学,2001(10):171-192.

王晓松,谢申祥.国际农产品价格如何影响了中国农产品价格.经济研究,2012(3):141-153.

王秀清,等.纵向关联市场间的价格传.经济学(季刊),2007(4):885-898.

王雅娟,宋普阳,田志宏.我国农产品贸易条件及变动趋势研究.农业系统科学与综合研究,2007(5):227-235.

王雅鹏,赵绪福.农业产业链,产业化,产业体系的区别与联系.农村经济,2004(6).

王宇露.粮价稳定与粮食市场价格机制建立健全探讨.价格理论与实践,2007(2):34-35.

王雨濛,吴娟.基于粮食安全的资源高效配置问题探讨.农业经济问题,2010(4):58-63.

韦鸿,王磊.粮食价格,农民收入对粮食产量影响分析.农业技术经济,2011

(6).

卫龙宝,许伟良.开放市场条件下粮食生产者价格风险的管理手段与选择.农业经济问题,2003(2):43-45.

魏振祥.期货市场促进农民增收的模式分析.中国农业大学学报,2011(2):169-173.

温力强.中国汽车产业 FDI 技术溢出效应的实证研究.硕士论文,湖南大学,2008.

吴江.加快建立统筹城乡公共服务体系的若干问题.中国机构改革与管理,2011.

吴金明,等.产业链,产业配套半径与企业自生能力.中国工业经济,2005(2):44-50.

吴金明,邵昶.产业链形成机制研究——"4＋4＋4"模型.中国工业经济,2006(4):43.

吴金勇,周烨彬.新农业力量.商务周刊,2010(2):36-40.

吴奇修,樊雪志.中国粮食流通与粮价宏观调控:来自小麦价格波动的启示.价格理论与实践,2007(9):36-38.

吴奇修,黄迈,董志勇.粮食市场波动背景下的农户生产激励研究.价格理论与实践,2008(4):29-32.

吴延兵.R&D 存量,知识函数与生产效率.经济学,2006(5):1129-1156.

吴志华,胡非凡.粮食供应链整合研究——以江苏省常州市粮食现代物流中心为例.农业经济问题,2011(4):26-32.

武拉平.农产品市场一体化研究.北京:中国农业出版社,2000.

武拉平.我国小麦,玉米和生猪收购市场整合程度研究.中国农村观察,1999(4):25-31.

冼国明,严兵.FDI 对中国创新能力的溢出效应.世界经济,2005(10):8-25,80.

肖春阳.中外粮食,粮食安全概念比较.黑龙江粮食,2009(2):40-43.

肖武岭.跨国公司技术垄断战略对我国的启示.科技与经济,2005(6):39-42.

肖湘雄,等.农产品期货市场间波动信息传导与国际定价效率.统计与决策,2008(20):152-154.

谢刚.以美国为鉴:变革背景下中国种业的投资逻辑与思路.齐鲁证券研究所,2011:20.

谢昊男.论国际金融危机下的价格波动与传导.经济体制改革,2010(1):

170-173.

徐斌.争取大宗商品国际定价权的经济学分析.中国物价,2007(5):32-35.

徐菲菲.利用外商直接投资提升我国农业国际竞争力研究.硕士论文,武汉理工大学,2009.

徐楷.跨国公司全球技术垄断的目的,成因及后果.商场现代化,2009(1):13-14.

徐燕.跨国公司投资我国农业的现状,问题与对策.经济纵横,2008(5):11-13.

宣烨,李光泗.FDI对国内企业技术创新影响的实证研究.中南财经政法大学学报,2008(3):108-114.

严北战.产业势力,治理模式与集群式产业链升级研究.科学学研究,2011(1):35.

严恒元.全球食物品种减少危及粮食安全.粮食问题研究,2009(6):44.

杨丽君.中国粮食进口国际定价权问题分析.改革与战略,2012(4):17-19.

杨澍.政府有的放矢,种子行业步入整合期.中原证券研究所,2011:3.

杨巍.外国资本流入与我国农业安全——基于价格传导机制的分析.南京农业大学学报(社会科学版),2009(1):20-25.

杨晓智.世界粮食贸易格局及趋势研究.国际贸易问题,2009(12):9-15.

杨正兵,童葶.小麦贸易格局的演变对中国粮食安全的影响——基于"粮食禁运"的理论分析.中国农通学报,2009(17):320-325.

杨治斌.中美种子产业的若干比较与思考.北京农业,2007(1):11-15.

仰炬,等.中国粮食市场政府管制有效性:基于小麦的实证研究.经济研究,2008(8):42-51.

叶敬忠,安苗.农业生产与粮食安全的社会学思考.农业经济问题,2009(6):9-15.

尤利群.中国粮食国际贸易政策管制研究.北京:经济管理出版社,2011:111-144.

于武,张晓文,韩培.聚焦企业的力量——企业竞争力评价理论与方法研究综述.企业管理,2002(12):78-80.

余莹,汤俊.美国粮食战略主导下的粮食贸易规则.国际观察,2010(1):66-75.

喻闻,黄季焜.从大米市场整合程度看我国粮食市场改革.经济研究,1998(3):52-59.

曾靖.中国工业化对粮食消费的影响及对策研究.安徽农业科学,2012(16):9124-9125.

曾靖,等.中国城镇居民粮食消费状况与安全对策研究.农业现代化研究,2009
　　(5):539-542.

张彩霞.跨国公司农业生物技术垄断,影响及启示.生态经济,2010(3):78-81.

张帆.我国对外直接投资主体的选择和培育.华商,2008(3):35-36.

张广翠.中国粮食安全的现状与前瞻.人口学刊,2005(3):37-41.

张颖译,陈晓明.农业生产资料价格对农民收入增长的影响.财贸研究,2006
　　(6):7.

张吉祥.中国粮食国际贸易定价权的风险分析.调研世界,2007(5):9-12.

张建.国际投资政治风险评估方法分析.科技创业周刊,2004(8):13-15.

张剑雄.对我国粮食安全问题的思考.湖北大学学报(哲学社会科学版),2007
　　(11):78-82.

张巨勇,于秉圭.我国农产品国内市场与国际市场价格整合研究.中国农村经
　　济,1999(9):27-29.

张利庠,张喜才.外部冲击对中国农产品价格波动的影响研究——基于农业产
　　业链的视角.管理世界,2011(1):55-58.

张青,等.中国粮食安全与粮食储备体制改革方向.国家行政学院学报,2009
　　(5):83-87.

张淑萍.粮食价格机制对农户种粮激励作用的分析.调研世界,2012(10):
　　11-17.

张桃林.以农业机械化支撑和引领农业现代化.求是,2012(14):41-43.

张桃林,李忠佩,王兴祥.高度集约农业利用导致的土壤退化及其生态环境效
　　应.土壤学报,2006,43(5):843-850.

张卫星,朱德峰.欧洲水稻生产系统及其发展策略.中国稻米,2007(2):24-27.

张宪春,梁晓娟.论粮食价格波动对农民收入的影响.吉林金融研究,2011
　　(1):15.

张小军,石明明.基于产业链的产业势力模型研究.当代经济科学,2009
　　(4):36.

张效辉.外商直接投资影响我国农业产业结构演变的路径分析.农业经济问
　　题,2010(4):45-47.

张颖华.论自然灾害对居民粮食消费安全的影响.消费经济,2010(3):82-84.

赵刚,林源园.跨国种业公司加紧研发布局中国种业发展面临严峻挑战.中国
　　科技产业,2009(7):71-74.

赵建群.论赫芬达尔指数对市场集中状况的计量偏误.数量经济技术经济研

究,2011(12):43.

赵丽,梁敏.企业竞争力理论综述.商业经济,2009(2):22-23.

赵楠.我国对外直接投资主体和方式的选择.对外经贸实务,2004(1):38-40.

赵荣,乔娟.中美棉花期货与现货价格传导关系比较分析.中国农业大学学报, 2008,13(2):87-93.

赵绪福.贫困山区农业技术扩散速度分析.农业技术经济,1996(4):41-43.

赵绪福.农业产业链的增值效益与拓展优化.中南民族大学学报,2004(4): 108-109.

赵予新.粮食安全价值链及实现方式探析.郑州航空工业管理学院学报,2007 (4):15-17.

郑玲和,非非.跨国公司对华技术控制文献综述.现代商贸工业,2008(8):28- 29.

中国粮食研究培训中心.中国粮食安全发展战略与对策.北京:科学出版社, 2009:324-334.

中国农业部.中国农业发展报告 2010.北京:中国农业出版社,2010.

中国农业科学院农业知识产权研究中心.中国农业知识产权创造指数报 告,2010.

钟甫宁.粮食储备和价格控制能否稳定粮食市场.南京农业大学学报(社会科 学版),2011(2):20-26.

钟甫宁,向晶.城镇化对粮食需求的影响——基于热量消费视角的分析.农业 技术经济,2012(1):43-45.

钟鸣长,郑慕强.技术外溢效应的实证研究——基于高新技术产业与传统产业 的比较.科技管理研究,2009(11):268-270.

钟永光,伯大辉,封红雨.海信集团技术创新能力的系统动力学仿真研究.上海 管理科学,2010(2):92-96.

周代数,等.国际定价权视角下的中国稀土产业发展研究.工业技术经济,2011 (2):73-77.

周力,周应恒.国际粮食市场的可依赖性研究.国际贸易问题,2010(10): 26-34.

周泪,李林.R&D 投资,FDI 技术外溢与创新——基于负二项分布模型的分 析.统计与信息论坛,2010(6):96-100.

周应恒,邹林刚.中国大豆期货市场与国际大豆期货市场价格关系研究——基 于 VAR 模型的实证分析.农业技术经济,2007(1):55-62.

周章跃,万广华.论市场整合研究方法——兼评喻闻,黄季焜〈从大米市场整合程度看我国粮食市场改革〉一文.经济研究,1999(3):75-81.

朱晶.贫困缺粮地区的粮食消费和食品安全.经济学(季刊),2003(4):701-710.

朱晶,钟甫宁.从粮食生产波动的国际比较看中国利用世界市场稳定国内供应的可行性.国际贸易问题,2000(4):1-6.

朱晶,钟甫宁.市场整合,储备规模与粮食安全.南京农业大学学报(社会科学版),2004(3):19-23.

朱修国.农产品批发市场的经济学分析.中国合作经济,2009(3):58-59.

朱泽.中国粮食安全状况研究.中国农村经济,1997(5):26-33.

邹凤羽.中国粮食通过与粮食安全的长效投机研究.河南工业大学学报(社会科学版),2005(3):22-25.

索　引

Z